भारतीय काव्य-विमर्श

भारतीय काव्य-विमर्श

राममूर्ति त्रिपाठी

वाणी प्रकाशन

वाणी प्रकाशन
4695, 21-ए, दरियागंज, नयी दिल्ली 110 002

फ़ोन : +91 11 23273167 फ़ैक्स : +91 11 23275710

शाखाएँ
अशोक राजपथ, पटना 800 004, बिहार

कॉफ़ी हाउस कैम्पस, महात्मा गांधी मार्ग, इलाहाबाद 211 001, उत्तर प्रदेश

महात्मा गांधी अन्तरराष्ट्रीय हिन्दी विश्वविद्यालय, वर्धा 442 001, महाराष्ट्र

सुल्तानिया रोड, मोतिया पार्क, भोपाल 462 001, मध्य प्रदेश

www.vaniprakashan.com
marketing@vaniprakashan.in
sales@vaniprakashan.in

BHARTIYA KAVYA-VIMARSH
by Rammurti Tripathi

ISBN : 978-81-7055-791-3
Criticism

प्रथम संस्करण 2001
आवृत्ति 2020

मूल्य : ₹ 650

यश प्रिंटोग्राफ़िक्स, नोएडा-201 301 (उ.प्र.) में मुद्रित

वाणी प्रकाशन का लोगो मक़बूल फ़िदा हुसेन की कूची से

भारतीय संस्कृति और
चिन्तन के शलाका पुरुष
आचार्य पं. गोविन्द चन्द्र पांडे को
सादर

विषय-सूची

खण्ड–एक : पातनिकी

काव्य का स्वरूप 17

शब्द शक्ति : अभिधा, लक्षणा और व्यंजना आदि 143

खण्ड–दो : भारतीय काव्यात्मवाद

भारतीय काव्यात्मवाद की भूमिका 185

भारतीय काव्यात्मवादों का तुलनात्मक अनुशीलन 191

अलंकार प्रस्थान 212

अलंकार तत्त्व-विमर्श 218

रीति प्रस्थान 251

स्फोट और ध्वनि सिद्धान्त 257

रस सिद्धान्त 283

अभिनवगुप्त का रस-विमर्शन 313

रसबोध 318

काव्य की आत्मा का प्रश्न और रस की स्थिति 325

रस और सौन्दर्य 332

रस और औचित्य की चिरन्तनता 342

अभिनवगुप्त सम्मत साधारणीकरण और परवर्ती चिन्तन 349

वक्रोक्ति सिद्धान्त 384

वक्रोक्तिमत का स्वरूप 396

औचित्य प्रस्थान 409

चमत्कार प्रस्थान 416

अनुमितिवाद 423

परिशिष्ट : नाट्य-स्वरूप (भारतीय अवधारणा) 442

खण्ड-एक

पातनिकी

(भूमिका) पातनिकी

पाश्चात्य प्रभाव में रहने वाले समकालीन साहित्य के समीक्षक प्रायः भारतीय काव्यशास्त्र को समकालीन रचना संसार के सन्दर्भ में अप्रासंगिक कह देते हैं। उनके इस पक्ष के पीछे अनेक तर्क हैं। पहला यह कि काव्य का शास्त्र अपनी समकालीन रचना से निर्गत होता है—इसीलिए वह 'शासन' की अपेक्षा 'अनुशासन' माना जाता है। भारतीय काव्यशास्त्र में उद्‌भावना का काल दसवीं-एकादशवीं शती के आगे नहीं जाता। क्षेमेन्द्र के बाद जितनी उद्‌भावनाएँ हो चुकी थीं—उन्हीं का सम्यक् व्यवस्थापन होता था अथवा आचार्यों की बुद्धि उसी दायरे में पाण्डित्य का उपयोग करती थी। एक खास दायरे में सिमटाव की वृत्ति मध्यकाल की एक प्रवृत्ति भी थी। इस क्रम का भारतीय काव्यशास्त्र समकालीन रचनाओं के सन्दर्भ से निर्गत न होने के कारण अपनी सम्भावना निःशेष कर चुका है—ऐसा ख्याल इन नव-लेखकों का है। दूसरा कारण यह भी है कि काव्य के क्षेत्र में अब इतनी विधाएँ—विशेषकर गद्य के क्षेत्र में आ गई हैं, जिनका दसवीं-ग्यारहवीं शती तक कहीं अता-पता भी नहीं था। तीसरा कारण यह भी कहा जाता है कि तब तक की रचनात्मक मानसिकता की बनावट और बुनावट से समकालीन रचना संसार की उत्सभूत मानसिकता की बनावट में पर्याप्त अन्तर भी आ गया है। आज के रचना संसार पर ही नहीं, आलोचना संसार[1] पर भी पश्चिम छाया हुआ है। इस पश्चिमी रंगत से असम्पृक्त काव्यशास्त्र के मर्मज्ञों को भी अप्रासंगिक कहने की प्रथा चल पड़ी है। आज हम अपना रास्ता स्वयं न बनाकर बने-बनाए रास्ते पर चलने के आदी हो गए हैं। कई चिन्तक तो ऐसे भी हैं, जो आधुनिक होने के लिए परम्परा से कटना आवश्यक मानते हैं। इस सन्दर्भ में विपिन कुमार अग्रवाल के 'आधुनिकता के पहलू'[2] को देखा जा सकता है। उनका पक्ष है कि परम्परा के सन्दर्भ में आधुनिकता को जब हम परखना चाहते हैं तब 'परम्परा' शेयर करने लगती है और आधुनिकता के घटक या तो दब जाते हैं या ओझल होने लगते हैं। अस्तु, इस सन्दर्भ में विवाद का बिन्दु यह नहीं है। प्रस्तुत विवेच्य यह है कि आज की मानसिकता से, सर्जनात्मक मानसिकता

से—अभिव्यक्त रचना की समझ को विकसित करने में भारतीय काव्यशास्त्र की कोई उपादेयता है या नहीं ?

आचार्य रामचन्द्र शुक्ल आधुनिक समीक्षा की गंगोत्री हैं। उनका पक्ष है—'शब्द-शक्ति, रस और अलंकार—ये विषय-विभाग काव्य-समीक्षा के लिए इतने उपयोगी हैं कि इनको अन्तर्भत करके संसार की नई-पुरानी सब प्रकार की कविताओं की बहुत ही सूक्ष्म, मार्मिक और स्वच्छ आलोचना हो सकती है। रिचर्ड्स ऐसे वर्तमान अंग्रेजी समालोचक किस प्रकार अब समीक्षा में बहुत-कुछ भारतीय पद्धति का अवलम्बन करके कूड़ा-करकट हटा रहे हैं—यह मैं शब्द-शक्ति में दिखा चुका हूँ।' उदाहरणों की पृष्ठभूमि पर इन काव्यशास्त्रीय औजारों का प्रयोग करते हुए आचार्य शुक्ल ने निष्कर्ष रूप में कहा—'शब्द-शक्ति, रस, रीति और अलंकार—अपने यहाँ की ये बातें काव्य की स्पष्ट और स्वच्छ मीमांसा में कितने काम की हैं—मैं समझता हूँ, इसके सम्बन्ध में अब और अधिक कहने की आवश्यकता नहीं। देशी-विदेशी, नई-पुरानी—सब प्रकार की कविताओं की समीक्षा का मार्ग इनका सहारा लेने से सुगम होगा।'[3] इसके साथ ही शुक्लजी ने यह भी कहा—'आवश्यकता इस बात की है कि उत्तरोत्तर नवीन विचार परम्परा द्वारा इन पद्धतियों की परिष्कृति, उन्नति और समृद्धि होती रहे।'[4]

शुक्लजी को इसकी भी चिन्ता है कि यह हो कैसे ? पुरातनतावादी लीक छोड़ने को तैयार नहीं, नवीनतावादी को विलायती समीक्षा के लटकों की उद्धरणी और योरप के ग्रन्थकारों की नाम-माला जपने से फुरसत नहीं—रहे 'संस्कृत स्कॉलर'—वे संसार के सामने जो कुछ हो चुका है—उसी को रखने में व्यस्त हैं। इस समय हमारे सामने सन् '83 के 'समसामयिक हिन्दी साहित्य' का दूसरा संस्करण है। उसमें 'आलोचना' पर डॉ. बच्चनसिंह का निबन्ध है। उनका मानना है—'संस्कृत के अनेक काव्यशास्त्रीय ग्रन्थों के प्रामाणिक अनुवाद उपलब्ध हो जाने पर नए आलोचकों को और भी सुविधा हो गई है। वे उनका मन्थन कर उन्हें युगानुरूप नए मोड़ दे सकते हैं, पर यह कार्य काफी परिश्रम-साध्य है। भारतीय काव्यशास्त्रीय परम्परा का जितना गहरा अध्ययन होना चाहिए, नए आलोचकों ने उतना गहरा अध्ययन नहीं किया है।'[5] डॉ. बच्चनसिंह ने भारतीय काव्यशास्त्रियों का संसर्ग-लाभ किया हो—काशी में यह सम्भव है—पर स्वयं वह उसके पण्डित नहीं हैं—तथापि संसर्गवश उन्हें यह अहसास है कि हिन्दी आलोचना-दृष्टि के निर्मित और विकसित होने में भारतीय और योरोपीय परम्पराओं का तलस्पर्शी ज्ञान आवश्यक है—साथ ही नई-पुरानी रचनाओं की भी उसमें अच्छी समझ होनी चाहिए। नई पीढ़ी का यह दायित्व भी है और चुनौती भी।

इस ग्रन्थ से मैं दायित्व और चुनौती की बात नहीं करने जा रहा हूँ—यहाँ तो केवल इतना ही बताना लक्ष्य है कि नए रचना संसार की समीक्षा में भारतीय

काव्यशास्त्रीय मानदण्डों और औजारों की कोई उपयोगिता है या नहीं ? ऊपर के चिन्तकों और आलोचकों की प्रयोगाधृत मान्यताओं और निष्कर्षों से स्पष्ट है कि भारतीय काव्यशास्त्र की अनुपादेयता की बात वे ही लोग करते हैं, जो उसकी क्षमता से अपरिचित हैं। उनके तर्क वायवीय और निस्सार हैं। उनका पहला तर्क यह है कि काव्यशास्त्रीय मानदण्ड आज के रचना संसार से निर्गत नहीं हैं। दूसरा तर्क है–विधाओं का वैविध्य–खासकर गद्य की विधाएँ और तीसरा है–आज के रचना संसार के उत्सभूत मानसिक संगठन के नवाविष्कृत विविधविध उपकरण और मूल्यों की टूटती और बदलती धारणाएँ।

जहाँ तक पहला तर्क है, उसका समाधान यह है कि जिन परिणत-प्रज्ञ और स्तरीय रचनाओं के सन्दर्भ में आचार्यों ने मानदण्ड निकाले हैं, वे 'अपार कवि-परम्परावादी संसार के दो-तीन या पाँच-छह'[6] महाकवियों की ही हैं–जिनकी (रचनाओं की) सम्भावनाएँ आज भी निःशेष नहीं हुई हैं। नव्यतम रचनाकारों के भी वे प्रेरणा-स्रोत और उपजीव्य हैं। दूसरी बात यह है कि वे मानवता की चिरन्तन भूमि के समाहित रचनाकार हैं–उस भूमि के जो मानव को व्याप्त करती हुई मानवेतर प्राणियों की चेतना तक विस्तृत है। वे रचनाकार चराचर जगत् की कसमसाहट को अपने और अपने देश-काल-व्यक्ति के घेरों से अनाक्रान्त और समाहित विश्व-हृदय से अनुभव करते हैं–लोक-हृदय की आँख से देखते हैं। ये वे रचनाकार हैं जो कागज पर या किसी बाह्य भौतिक पदार्थ पर रचना को उरेहने से पहले अपने जीवन को ही समग्रता में रचना की प्रतिमूर्ति बना चुके होते हैं। इसीलिए उनके मानदण्ड पर्याप्त व्याप्ति की सम्भावना से सम्पन्न हैं। अज्ञेय ने स्पष्ट स्वीकार किया है कि वह उस भारतीय रचना-भूमि के सर्जक नहीं हैं, जहाँ रचनाकर अपने व्यक्तित्व का विसर्जन किसी महाशक्ति में कर देता है–अधिक से अधिक वह उस भूमि के रचनाकार हैं, जहाँ अहं का विलयन होता है।[7] मुक्तिबोध भी इतना तो स्वीकार करते ही हैं कि रचनाकार रचना-काल में अपने आत्मचेतस् को विश्व-चेतस् से एकाकार किए रहता है–या उसे इस भूमि का होना चाहिए। इसीलिए काव्य के स्वरूप की यह अवधारणा कि वह एक 'सटीक शब्द' है–आनन्दवर्द्धन और कुन्तक से चलकर श्याम परमार तक चली आती है। सर्जनात्मक अनुभूति अपरिवर्त्य शब्द में काव्य है–इस धारणा में शायद ही किसी को असहमति हो। इस अवधारणा को आचार्य दार्शनिक आधार देते हैं। उनका 'दर्शन' भी अपरोक्षानुभूति पर टिका है। ये आचार्य उन सामान्य तत्वों पर अपनी विवेचना को केन्द्रित करते हैं, जो सर्जनात्मक अनुभूति को 'अभिव्यक्ति' के स्तर पर उसे 'विशिष्ट' बना देते हैं–व्यावहारिक और शास्त्रीय उक्ति से अलग कर देते हैं। कुन्तक इसी तथ्य को व्यक्त करने के लिए 'प्रसिद्ध प्रस्थान व्यतिरेकिणी विचित्र अभिधा' जैसी सूत्रात्मक शब्दावली की उद्भावना करते हैं। उनके इस बाँकपन की भी जान पदार्थ या वर्ण्य

के असाधारण 'स्व-भाव' का प्रतिभा द्वारा उभार है। ध्वनिकार कविता-कामिनी के सम्प्रेष्य उरोजों के सौन्दर्य को आकर्षक बनाने के लिए व्यंजना का झीना आवरण आवश्यक मानता है। रीतिमत का आचार्य ओजस्विता या मधुरता को झंकृत करने के लिए नाद-योजना पर भी बल देता है। निष्कर्ष यह कि ये मानदण्ड अत्यन्त स्वस्थ और सर्जनात्मक अनुभूति से गर्भित रचनाओं से निर्गत हैं—अतः ये अपनी व्याप्ति में असीम सम्भावनाओं से मण्डित हैं।

दूसरा और तीसरा तर्क विधाओं और सर्जनशील मानसिक गठन में उपयुक्त नए-नए उपकरणों से सम्बद्ध है। इसीलिए उन्हें परिष्कृत, समुन्नत और समृद्ध बनाने के दायित्व हम नई पीढ़ी के लोगों पर डालते हैं।

आचार्य शुक्ल आधुनिक समीक्षा की गंगोत्री इसलिए हैं कि उन्होंने आधुनिक रचना की समीक्षा के लिए राष्ट्रीय चिन्तन के क्षितिज को बढ़ाकर अन्तर्राष्ट्रीय स्तर तक फैलाया और ऐसा करना आधुनिक रचना की समझ को विकसित करने के लिए आवश्यक है। इसके लिए उनकी जो 'तैयारी' थी—वह परवर्ती समीक्षकों में नहीं देखी गई। इस सन्दर्भ में श्री अशोक केलकर की '94 की 'प्राचीन भारतीय साहित्य मीमांसा' द्रष्टव्य है, जिसमें उन्होंने 'पूर्व तैयारी' शीर्षक एक अध्याय रखा है और बताया है कि भारतीय काव्यशास्त्र की मीमांसा के लिए उपस्थापक को कैसे-कैसे अपनी तैयारी करनी चाहिए—उसे समझने और मीमांसित करने की पात्रता अर्जित करनी चाहिए। उन्होंने इसके लिए सात कदम चलना तय किया है—

(क) प्राचीन भारतीयों का वाङ्मय विश्व, जिसमें साहित्य निहित है।
(ख) प्राचीन भारतीयों की शास्त्र-पद्धति, जो साहित्य-शास्त्र पर भी लागू होती है।
(ग) प्राचीन भारतीयों का कला-विश्व, जिसमें नाट्यकला निहित है और नाट्यकला से साहित्य का अपना सम्बन्ध है।
(घ) प्राचीनों का विचार-कोश, जो सबसे बड़ा अवरोधक है।
(ङ) प्राचीन भारतीयों के वैचारिक उपकरण।
(च) प्राचीन भारतीयों की दृष्टि में मनुष्य की प्रकृति।
(छ) प्राचीन भारतीयों की दृष्टि में चिह्न व्यापार।

उनकी दृढ़ धारणा है कि इनके बिना साहित्य-शास्त्र की यात्रा आरम्भ करना उचित नहीं होगा। इनसे अनवगत रहकर इस दिशा में चलने पर हम भटक भी सकते हैं या अवरुद्ध भी हो सकते हैं। इस तैयारी के अभाव में आचार्य शुक्ल जैसा प्रातिभ समीक्षक भी भटक गया है औरों की बात क्या की जाए ? पं. केशवप्रसादजी मिश्र, जिनके विषय में कहा जाता है कि काशी में एक ऐसा पतंजलि आया, जो बिना महाभाष्य लिखे चला गया—ने 'मेघदूत' की 'मधुमती भूमिका' में उसका संकेत किया है। संस्कारलब्ध और अर्जनलब्ध ज्ञान-भेद के कारण उनमें कम अन्तर्विरोध नहीं हैं।

सर्जनात्मक अनुभूति—चाहे वह प्राचीन काव्य की हो या नव्यतम रचना की—की उनकी तलस्पर्शी पकड़ अपने आप में असाधारण थी। इस पकड़ को सामान्य पाठक तक पहुँचाने के लिए अपेक्षित दर्शन, भाषा की बारीकियाँ, सामाजिक और ऐतिहासिक बोध और इन सबके साथ भारतीय और पाश्चात्य साहित्य और साहित्य-शास्त्र—सबकी अभूतपूर्व तैयारी उनमें थी। ऐसा व्यक्ति भी भारतीय काव्यशास्त्र का लोहा मानता है—कहीं-कहीं भटक जाता हो—बात दूसरी है।

एक प्रस्ताव के साथ मैं इस वक्तव्य को समाप्त करना चाहता हूँ। प्रस्ताव यह है कि हिन्दी समीक्षा आयातित और निरायातित विचारधाराओं के बहाव में मूल्यांकन की ओर तो मुड़ जाती है परन्तु उसके लिए अपेक्षित व्याख्या या भाष्य की उपेक्षा कर देती है। इस क्रम में 'विश्व-भारती' में प्रकाशित म.म. कविराज गोपीनाथ द्वारा की गई महाकवि रवीन्द्रनाथ की 'बलाका' शीर्षक कविता की व्याख्या द्रष्टव्य है। शुक्लजी के द्वारा नव्यतम रचनाओं की व्याख्या[8] भारतीय औजारों द्वारा जैसी की गई है—उसे पुनरुज्जीवित किया जाय, तभी भारतीय काव्यशास्त्र की प्रासंगिकता का ठोस और प्रामाणिक समर्थन होगा।

कहा जा सकता है कि ये मानदण्ड केवल रूप-पक्ष की परीक्षा करते हैं—वस्तु पक्ष की नहीं। इसमें कोई सन्देह नहीं कि अलंकार, रीति, वक्रोक्ति और ध्वनि भी प्रायः रूप पक्ष का विश्लेषण करते हैं, किन्तु रस-सिद्धान्त प्रभाव पक्ष का तो विश्लेषण करता ही है—उसकी सामग्री का विश्लेषण सामाजिकता का पर्याय वस्तुपक्षीय औचित्य करता है। औचित्य रूपपक्ष का भी होता है और वस्तुपक्ष का भी। वस्तु के साथ-साथ भारतीय आचार्य स्टष्टि या सर्जना को दृष्टि का रूपान्तर मानते हैं—अतः इस मान्यता में चिन्तन पक्ष भी समाहित है। सामाजिकता के उपकरणों की कोई सीमा नहीं है—वह आलोचक की ज्ञानराशि पर निर्भर करती है। यह बात काव्यशास्त्र और नाट्यशास्त्र में बार-बार कही गई है कि ऐसा कोई शिल्प विद्या, ज्ञान तथा कला नहीं है, जो काव्य का अंग न हो—अतः समीक्षक को अर्जित ज्ञान और सहज प्रतिभात्मक सूझ-बूझ तो होनी ही चाहिए। समाज का साँचा भी बदलता रहता है और अनुभूति की बनावट तथा बुनावट भी बदलती रहती है समीक्षक की सम्पृक्ति इन सब क्षेत्रों में भी हो यह आवश्यक है। कुल मिलाकर ये सारे रूप पक्षीय, वस्तुपक्षीय तथा इतरपक्षीय सभी के उपकरण साहित्य के प्रभाव पक्ष या आस्वाद पक्ष में ही नियोजित होते हैं। अतः आस्वाद को केन्द्र में रखकर ही आलोचक का प्रातिभयान अपने क्षेत्र में कहीं भी यथोचित संचरण कर सकता है। रचना की समझ इसी से विकसित होती है।

यह पुस्तक प्रकाशक श्री अरुण माहेश्वरी के अनुरोध पर तैयार की गई है। फलतः इसमें पूर्व प्रयास का अन्तिम सोपान सर्वत्र नहीं ढूँढ़ा जा सकता है। यह प्रयास भारतीय काव्यशास्त्र के जिज्ञासु अध्येताओं को केन्द्र में रखकर किया गया है। इसमें

नवीन उद्भावनाओं और प्रासंगिक समस्याओं की समाहितियों से भी मण्डित किया गया है। प्रयत्न किया गया है, कि भारतीय काव्यशास्त्र समग्रता में प्रस्तुत हो और अपनी युगोचित सम्भावनाओं को भी उजागर करे। इसी आशा और विश्वास के साथ इस कृति को सहृदय पाठकों के हाथ सौंप रहा हूँ–

गच्छतः स्खलनं क्वापि भवत्येव प्रमादतः

राममूर्ति त्रिपाठी
2-स्टेट बैंक कालोनी,
देवास रोड, उज्जैन

सन्दर्भ ग्रन्थ

1. 'कविता के नए प्रतिमान' तथा 'आलोचक का दायित्व' पृ. 13
2. 'हिन्दी का आधुनिकीकरण और अंग्रेजी का दबाव'–शीर्षक लेख।
3. चिन्तामणि–द्वितीय भाग, पृ. 189
4. वही, पृ. 326
5. समसामयिक हिन्दी साहित्य, पृ. 299
6. ध्वन्यालोक, प्रथम उद्योत।
7. आत्मनेपद–अज्ञेय
8. चिन्तामणि भाग-दो–काव्य में अभिव्यंजनावाद।

काव्य का स्वरूप

'व्यवहार' चलाने के लिए भावनाओं और विचारों का सम्प्रेषण आवश्यक ही नहीं—अनिवार्य है। सम्प्रेषण के माध्यम वाचिक भी हैं और अवाचिक भी। वाचिक माध्यम अवाचिक की अपेक्षा सम्प्रेषण में अधिक समर्थ और अपरिमेय विविधताओं से मण्डित होता है। यदि सम्प्रेषणकर्ता प्रतिभासम्पन्न है तो विविधता और नवता निरवधि हो जाती है। सम्प्रेषण का वाचिक माध्यम ही वाङ्मय है। वाङ्मय द्वारा किया गया सम्प्रेषण काव्यात्मक भी हो सकता है और अकाव्यात्मक भी—इसलिए वाङ्मय काव्यात्मक और अकाव्यात्मक—दो प्रकार का कहा गया है।

यों तो वाङ्मय के लिए 'साहित्य'[1] शब्द का व्यापक अर्थ में प्रयोग मिलता है—पर उसका सीमित अर्थ में भी प्रयोग उपलब्ध होता है। सीमित अर्थ में वह केवल 'काव्य'[2] के लिए और कभी-कभी 'काव्य' और 'काव्यशास्त्र'[3] —दोनों के सम्मिलित अर्थ के लिए भी प्रयुक्त किया जाता है, इसलिए यहाँ 'काव्य' और 'साहित्य'—दोनों को समानार्थक मानकर 'व्युत्पत्ति' और 'परिभाषा' के माध्यम से इसके स्वरूप पर विचार किया जाएगा। जब विचार-विशेष के सन्दर्भ में कोई शब्द धीरे-धीरे प्रयोग-प्रचलित सामान्य अर्थ की अपेक्षा विशिष्टताओं से मण्डित होने लगता है, तब वह पारिभाषित हो जाता है। इस स्थिति में उन विशिष्टताओं को बाँधने के लिए 'परिभाषाएँ' दी जाने लगती हैं। इसलिए 'काव्य' या 'साहित्य' के स्वरूप को उभारने के लिए—रेखांकित करने के लिए, प्रकाश में लाने के लिए प्रयोग और परिभाषा का सहारा लेना पड़ेगा। विचाराधीन शब्द यदि अपनी संरचना में यौगिक हुआ तो 'व्युत्पत्ति' का आधार लेना भी सहायक होता है। प्रयोग में व्युत्पत्ति भी ज्ञात-अज्ञात भाव से काम करती है—यदि विशिष्टता उभारनी हो तो परिभाषा की अँगुली पकड़नी पड़ती है। 'साहित्य' या 'काव्य' का स्वरूप स्पष्ट करने के लिए सबसे पहले 'व्युत्पत्ति' को आधार बनाना उचित प्रतीत होता है। यह आवश्यक नहीं है कि 'व्युत्पत्ति' के माध्यम से प्राप्त अर्थ से प्रयोग में प्रचलित उसी शब्द का अर्थ संगत और समंजस हो ही—इसीलिए पण्डितों के बीच एक उक्ति प्रचलित है—'अन्यद्धिव्युत्पत्तिनिमित्तमन्यच्च

प्रवृत्तिनिमित्तम्'—व्युत्पत्ति से जो निमित्त बनता है और प्रवृत्ति (किसी अर्थ के लिए किसी शब्द के प्रयोग में प्रवृत्ति) में जो निमित्त बनता है—परस्पर भिन्न होते हैं—फिर भी यह बात सब जगह लागू नहीं होती। 'पाचक'—जैसा यौगिक शब्द है—इसमें व्युत्पत्ति से जो अर्थ मिलता है, प्रयोग में भी वही अर्थ मिलता है। योगरूढ़ और यौगिकरूढ़-शब्दों में कुछ और बातें भी होती हैं। यौगिक में अवयव-शक्ति निरपेक्ष रूप से काम करती है, योगरूढ़ में रूढ़ि या समुदाय-शक्ति से वह नियन्त्रित रहती है, जबकि यौगिक रूढ़ में दोनों की खिचड़ी अलग-अलग पकती है। 'साहित्य' या 'काव्य'—दोनों ही प्रकृति-प्रत्यय के योग से व्युत्पन्न योगरूढ़ शब्द हैं, जिनकी रूढ़ि-निरपेक्ष अवयवशक्ति से नहीं, रूढ़ि-सापेक्ष अवयवशक्ति से अर्थसंगति बैठाई जाती है। केवल अवयवशक्ति से उनका बहुत ही सामान्य अर्थ मिलता है, जो प्रयोग से मेल नहीं खाता—प्रयोग से मेल रखने के लिए उसे व्युत्पत्तिलभ्य सामान्य अर्थ को रूढ़ि की सीमा में लाना पड़ता है।

इस दृष्टि से 'साहित्य' शब्द पर विचार किया जाय तो व्युत्पत्ति (सहित+य)[4] की दृष्टि से इसका अर्थ होगा—सहित का भाव। सहित का भाव 'सहभाव' है। व्युत्पत्ति से इतना ही अर्थ मिलता है। प्रयोग के प्रस्तुत सन्दर्भ से पता चलता है कि यह सहभाव जिन दो का है—वे हैं—शब्द और अर्थ। जब दो व्यष्टियों का सहभाव हो—तो तीन स्थितियाँ सम्भव हैं—पहले की प्रधानता, दूसरे की प्रधानता अथवा दोनों की समकक्षता। भारतीय परम्परा में शब्द की जहाँ अर्थ की अपेक्षा प्रधानता होती है—वहाँ उसका इतना महत्त्व है कि वह और उसकी आनुपूर्वी अपरिवर्तनीय होती है। परम्परा से यह विश्वास चला आ रहा है कि यह महत्ता केवल वेद में प्रयुक्त शब्दों और उनकी आनुपूर्वी को है। 'वेद' और 'काव्य' से भिन्न वाङ्मय के प्रकार (इतिहास-पुराण आदि) में शब्द और उसकी आनुपूर्वी में वह बात नहीं मानी जाती। हम उन्हें मौखिक परम्परा में बदल भी लें—तो भी यदि उनका (वाच्य) अर्थ सुरक्षित है—तो हमारा काम चल जाता है—कोई हानि नहीं होती। परम्परा का विश्वास है कि जिस 'विशिष्टानुपूर्वीक शब्द-राशि' को वेद कहा जाता है—उनमें अभूतपूर्व और अपरिमेय शक्ति है। उनमें या उनके क्रम में परिवर्तन करने से वह बात समाप्त हो जाती है—वह शक्ति चली जाती है। वाङ्मय के अन्य काव्येतर प्रकार में यह बात नहीं है। इसीलिए माना जाता है कि वाङ्मय का प्रकार-विशेष 'वेद' शब्द-प्रधान है। यहाँ शब्द और अर्थ का सहभाव है—पर इस सहभाव में शब्द प्रधान है और अर्थ अप्रधान। काव्येतर अवशिष्ट वाङ्मय के इतिहास-पुराण आदि रूप में अर्थ-प्रधान सहभाव है—शब्द-प्रधान सहभाव नहीं। वाङ्मय का (काव्य या) 'साहित्य' नामक जो प्रकार है—वहाँ दोनों की समकक्ष स्थिति है—शब्द और अर्थ—दोनों का सहभाव समप्रधान है। इस प्रकार साहित्य अर्थात् सहभाव अर्थात् शब्दार्थ का समकक्ष सहभाव साहित्य है। किसी-किसी ने यहाँ व्यापार-प्राधान्य की बात कह कर उसकी साध्यरूपता पर बल दिया है।

साहित्य-सहभाव–शब्दार्थ का सहभाव

शब्द-प्रधान | अर्थ-प्रधान | उभय-प्रधान या समकक्ष (साहित्य) या व्यापार प्रधान

इसी सन्दर्भ में दूसरा विचारणीय बिन्दु यह आता है कि यह समकक्षता या सम-प्राधान्य निर्णीत किस आधार पर होता है ? परम्परा में वैदिक शब्द अपौरुषेय या पौरुषेय–जो भी माने जाते हों–काव्य या साहित्य पौरुषेय होता[*] है। पुरुष को उसके कर्ता या प्रणेता होने का श्रेय दिया जाता है–अतः काव्य में वह शब्दार्थ पौरुषेय है। पुरुष निर्माण में जिस चरम प्रयोजन से प्रवृत्त होता होगा–उसी की प्रकाशन क्षमता के आधार पर प्रकाशक शब्द और अर्थ को महत्ता दी जाती है। सवाल यह है कि वह प्रयोजन क्या है ? यों तो प्रयोजन पर आगे चलकर विशद रूप से विचार किया जाएगा–पर सामान्यतः यहाँ मैं इतना ही कहना चाहूँगा कि व्यवहार में प्रायः उक्ति या शब्दार्थ अथवा भाषा का प्रयोग भावनाओं और विचारों के सम्प्रेषण के लिए किया जाता है। किन्तु काव्यात्मक भाषा इनके अतिरिक्त 'कुछ और' का सम्प्रेषण करती है और उसी में वाङ्मय के और प्रकारों–शब्द-प्रधान सहभाव-अर्थ-प्रधान सहभाव–से उसकी पृथक्ता है। वही 'कुछ और' अकाव्यात्मक उक्ति से काव्यात्मक उक्ति को अलगाता है। वही उसकी व्यावर्तक विशेषता है–वही उसका असाधारण लक्षण है–उसी से उसका स्वरूप तय होता है। यह 'कुछ और' सहृदय-हृदय-साक्षिक है–सहृदय-संवेद्य है। मैं यह बात जोर देकर कहना चाहता हूँ कि यह 'कुछ और' सर्व-सामान्य को संवेद्य नहीं होता–जिनको संवेदन-गोचर होता है उन्हें मैं 'सहृदय' मानता हूँ। इसके लिए साक्षर होना आवश्यक नहीं है। सहृदयता साक्षर-निरक्षर सबमें सम्भावित है। 'सहृदय' या 'समान हृदय' वही है जिसका रचयिता की सर्जनात्मक अनुभूति (जिसमें 'कुछ और' समाहित रहता है) से संवाद हो–तन्मयीभाव हो। मैं इसे जन-सामान्य से नहीं काट रहा हूँ, क्योंकि सामान्य विशेष का समवाय है। विशेष से शून्य 'सामान्य' गगन-कुसुम ही है। कहा गया है–

'निर्विशेषं न सामान्यं भवेत् शशविषाणवत्'

विशेषहीन 'सामान्य' शशविषाण अर्थात् खरगोश के सींग की तरह कुछ होता ही नहीं। कविता की चरितार्थता सहृदय में ही होती है। 'सहृदय' पर भी विस्तार

* *(जो लोग श्रोत मंत्रों को भी काव्य मानते हैं–वे उसे अपौरुषेय भी कह सकते हैं)*

से विचार आगे किया जाएगा। यहाँ प्रकृत विषय में अप्रकृत विषयक विचार से व्यवधान न उपस्थित हो–इसलिए इनके विस्तार के लोभ का संवरण करते हुए इतना ही कहना चाहता हूँ कि साहित्य या काव्य में सम्प्रेष्य भाव और विचार के साथ 'कुछ और' होता है और वही उसकी अस्मिता या पहचान है। इस 'कुछ और' को विवेचकों ने अपनी-अपनी समझ के अनुसार पकड़ा और समझाने की कोशिश की–पर किसी का समझाना इसलिए अन्तिम नहीं हुआ कि उसकी परिभाषा बन्द नहीं हुई–उसका समझना और समझकर समझाना आज भी जारी है–आज भी उसके स्वरूप पर वैमत्य है–शायद कल भी रहेगा–बात चलती रहेगी।

'कुछ और' रहता है–उसी शब्द और अर्थ में–पर दिखता है–कुछेक आँखों को ही। वे आँखें ही 'कुछ और' होती हैं। कुछ लोग इसे प्रकृति-प्रदत्त 'प्रतिभा' कहते हैं और प्राकृतिक या ईश्वरीय देन मानते हैं। दूसरे अर्जित बताते हैं और तदर्थ अथक संघर्ष और श्रम की अपेक्षा करते हैं। इस पर भी हम विस्तार से चर्चा आगे करेंगे। यहाँ इतना ही कहना है कि 'वे आँखें कुछ और'–जिससे वह शब्दार्थगत 'कुछ और' पकड़ में आता है। निष्कर्ष यह कि–

'कुछ और' + शब्दार्थ = काव्य

शब्दार्थ वे ही समकक्ष हैं, जिनमें इस 'कुछ और' को उभारने की परस्पर प्रतिस्पर्द्धी क्षमता हो। सहृदय जितनी चेतना की आँख गड़ाए उतना ही न तय कर पाए कि इस 'कुछ और' को कौन अधिक उभार रहा है–शब्द या अर्थ ? इसी स्थिति में उनका सहभाव प्रतिस्पर्धी समकक्ष माना जाएगा।

इस 'कुछ और' को विचारकों ने स्पष्ट करते हुए 'चारुता' या 'सौन्दर्य' नाम दिया है। 'चारुता' में 'चर गत्यर्थ' धातु विद्यमान है और 'सौन्दर्य' में क्लेदनार्थ उन्दी। चारुता 'स्थिति' पर प्रतिष्ठित 'गति' में है–'प्रकाश' पर प्रतिष्ठित 'विमर्श' में है। 'सौन्दर्य' क्लेदन अर्थात् चेतना का भीगने में है–चेतना की तदाकार परिणति में है। वही सुन्दर है, जो चेतना पर छा जाय–चेतना से एकरस हो जाय–चेतना और वस्तु का जहाँ भेद मिट जाय। इसीलिए सौन्दर्य या सौन्दर्यानुभूति के सन्दर्भ में बाहर-भीतर का, आत्मगत-वस्तुगत का झगड़ा उठाना व्यर्थ है। जहाँ शब्द अर्थ अनुभूति के इसी धरातल पर उठकर इसी धरातल पर पहुँचा दें–वहाँ साहित्य या काव्य का व्यवहार होता है।

चारुता या सौन्दर्य (कुछ और) पर विचार करते हुए यह कहा जाता है कि जो चेतना को अपनी ओर खींचे वह सुन्दर है–उसमें सौन्दर्य है। अनुभव है कि सजातीय ही सजातीय को खींचता है, विजातीय नहीं। जहाँ कहीं लगता हो कि विजातीय खींचता है–वह तात्त्विक नहीं–आपाततः है। इसीलिए कविवर निराला कहते हैं–"जड़ में आकर्षण कहाँ ?" जड़ में आकर्षण है नहीं–लगता हो किसी को यह बात दूसरी है। होने से होता है–लगने से कुछ नहीं हो जाता। इसीलिए

तात्त्विक बात यह है कि चेतना को आकर्षण चेतना से ही होता है—दोनों सजातीय नहीं, तात्त्विक भूमि पर एक हैं। जो चेतना को जड़ का परिणाम मानते हों—ऐसे जड़ को जड़ में ही आकर्षण होगा। प्रसाद जयशंकर मानते हैं—

"उज्ज्वल वरदान चेतना का सौन्दर्य जिसे सब कहते हैं"

निष्कर्ष यह कि जो खींचता है—वह सुन्दर है। जो सुन्दर है, उसमें आकर्षण है, खिंचाव है—भिगो देने की क्षमता है। आ:कर्षण भी दो धरातल पर होता है—एक ऐन्द्रिय स्तर पर और एक उसका अतिक्रमण करता हुआ—मानस स्तर पर—आत्मिक स्तर पर। मानस स्तर पर बोधपूर्वक और आत्मिक स्तर पर अबोधपूर्वक। इसी आत्मिक स्तर पर होने वाले अबोधस्तरीय आकर्षण को कालिदास ने कहा है—

"तच्चेतसा स्मरति नूनमबोधपूर्वम्"

देश और काल के चौखटे में रमणीय को देखकर और मधुर को सुनकर सुखित प्राणी भी जो अनमना हो उठता है, वह किसी और गहरे में—देश-काल के चौखटे से बाहर की चैतस स्मृति से जो अबोधपूर्वक होती है। यह अचेतन unconcious state of mind की प्रतीति है—concious state of mind को पार कर होने वाली प्रतीति है। यहाँ स्मृति वह 'स्मृति' नहीं है, जो अनुभवपूर्वक होती है—यह प्रतिभानात्मक स्मृति है—जो बोध से परे है। बोध से मतलब बौद्धिक स्तर से है। कालिदास ने पाँच ज्ञानेन्द्रियों में से केवल दो का ही उल्लेख किया है—नेत्र और कर्ण। लगता है रसना, त्वक् और घ्राण—इन्द्रियों में वह बात नहीं है। लगता है कि रसना, त्वक् और घ्राण में जो आकर्षण होता है—वह विषय-वासना के कारण होता है। विषय-वासना के कारण नेत्र और कर्ण भी आकृष्ट होते हैं—पर उनमें उसे लाँघने की भी क्षमता है। एक उदाहरण लें। एक लड्डू है—उसमें रस है—अतः रसना को आकर्षण हो सकता है—आँख महज माध्यम है। वहाँ आँख को रसना-गोचर रस के कारण क्षणिक आकर्षण हो सकता है—पर जो उसका रूप खींचता है—वह क्यों ? यदि रूप में सुडौलपन न हो तो आँखें वैसे नहीं टिकेंगी—जैसे सुडौल होने पर। सवाल यह है कि चक्षु-गोचर सुडौलपन में क्यों आकर्षण है ?—रस सुडौलपन में नहीं है—उससे कौनसी पार्थिव वासना शान्त होती है ? पर मन में किसी अतिरिक्त पार्थिव उपयोगिता से परे—की बुभुक्षा है—वह उस सीनकाफ की दुरुस्ती से सन्तुष्ट होती है। उज्ज्वल नीलमणिकार जब कहता है—

"सौन्दर्यमङ्गकानां यः सन्निवेशो यथायथम्"

तब वह अपार्थिव सौन्दर्य की ही बात करता है। व्यवहार या पार्थिव सुख का उत्पादक आकर्षण लौकिक सुन्दरता है—काव्य-सुख का उत्पादक अलौकिक या लोकोत्तर सुन्दरता या रमणीयता है और इसके होने में सहृदयों का अनुभव ही प्रमाण है। इस अ-पार्थिव या अ-व्यावहारिक लोकोत्तर सुन्दरता की दूसरी पहचान यह है कि यह Impersonal होती है—अव्यक्तिगत होकर व्यक्ति का आस्वाद-गोचर होती

है—इसमें व्यक्ति-व्यक्ति का अविरोध होता है। काव्य या नाट्य की रमणीयता दृश्य होकर या कल्पना-पटल पर उभरकर पार्थिव तृप्ति न पैदा करती हुई भी सबको अविरोधी भाव से अपनी ओर खींचती है। काव्यगत चारुता या सौन्दर्य अ-पार्थिव होता है—विषय-वासना की तृप्ति से हटकर सौन्दर्य की सात्त्विक और मानस बुभुक्षा का शामक होता है। जब घाम, वर्षा और ठण्डक से बचाने की उपयोगिता से परे भवन की अतिरिक्त कलाकारी हमारी किसी अतिरिक्त वृत्ति को सन्तुष्ट करती है, तो वह कला का सौन्दर्य कहा जाता है। काव्य का सौन्दर्य रंजनीय ही नहीं, रमणीय भी होती है—वह कहीं गहरे भिगोता है—निमग्न कर देता है। इस सब कुछ कहने का तात्पर्य यह है कि सौन्दर्य या आकर्षण भी दो प्रकार का है—विषय-वासनातर्पक व्यक्तिगत रूप से भोग्य और उससे ऊपर उठकर सामाजिक रूप से अ-व्यक्तिगत रूप से भोग्य। यह दूसरी चारुता या सुन्दरता ही काव्य की चारुता है—वही 'कुछ और' है, जिसका साक्षात्कार रचयिता अपनी प्रातिभ चेतना की आँखों से करता है। अ-व्यावहारिक और अ-व्यक्तिगत होने में ही इस चारुता या सुन्दरता की लोकोत्तरता है, न कि किसी लोकान्तर की होने में। यही 'कुछ और' है। यह वर्णनीय में भीतर से बाहर तक व्याप्त रहता है। लावण्य अवयवों से अतिरिक्त (कुछ और) होने पर भी भीतर-बाहर व्याप्त रहता है। भीतर रहकर अंगों के सहारे बाहर छलकता है। लावण्य या सौन्दर्य वही है। यही रचयिता का अतिरिक्त (extra) सम्प्रेष्य है—चारुता है, सौन्दर्य है—कुछ और है। यहाँ व्यक्ति व्यक्ति का विरोध शान्त रहता है—अविरोध या सामंजस्य उद्रिक्त रहता है—यही सामंजस्य सौन्दर्य है। यह जहाँ होगा—वहाँ सुन्दरता होगी। ऐसा सौन्दर्य अलोकमांगलिक हो ही नहीं सकता। इस सबसे स्पष्ट हुआ कि शब्दार्थ का सहभाव समकक्ष या परस्पर प्रतिस्पर्द्धी वहाँ होता है, जहाँ वह इसी 'कुछ और' के प्रकाशन में अपार्थिव सौन्दर्य के विभावन में अभिरत है। अभिप्राय यह कि काव्य शब्दार्थ का वह समकक्ष प्रतिस्पर्धी सहभाव है, जो काव्योचित चारुता के प्रकाशन में अभिरत हो।

स्वच्छन्दतावादी समीक्षा के शिखर क्रोचे को छोड़कर शायद ही कोई ऐसा काव्यशास्त्री होगा, जो शब्दार्थ जैसे माध्यम को काव्य या कला का स्वरूप घटक स्वीकार न करता हो। वह तो रूप की या रूपमय अभिव्यंजना को ही कला मानता है। पार्थिव माध्यम बाहृय इन्द्रियगोचर माध्यम उसके अनुवाद के लिए आवश्यक है। मूल रूप तो उसके बिना ही सम्पन्न हो जाता है। यह और ऐसे मत काव्य या कला को सत्ता की नितान्त व्यक्तिगत मानते हैं। हम लोग उन काव्य-चिन्तकों के साथ हैं जो उसे सामाजिक मानते हैं और समाज में भाषा जैसे माध्यम से व्यक्त करते हैं। तत्त्वतः देखा जाय तो उपर्युक्त 'कुछ और' या 'सौन्दर्यानुभूति' (अ-पार्थिव) ही स्थूल स्तर पर भाषा के सहारे आत्म-प्रकाश करती है—भाषा के रूप में व्यक्त हो जाती है। इसीलिए काव्यचिन्तक मानते हैं कि सटीक भाषा ही काव्य है। सटीक

भाषा या शब्दार्थ वही है, जिसका स्थान काव्योचित चारुता के सम्प्रेषण में दूसरा शब्दार्थ न ले सके—वह अपरिवर्तनीय हो। उसे परिवर्तित न किया जा सके। इस स्थापना से तो काडवेल भी सहमत हैं। वह भी कहता है—Poetry is difficult to translate[5] वह भी मानता है—कविता का अनुवाद नहीं हो सकता। इसी स्थापना को अपने शब्दों में ध्वन्यालोककार आनन्दवर्द्धन मानता है—

उक्तयन्तरेणाशक्यं यत्तच्चारुत्वं प्रकाशयन्।
शब्दो व्यंजकतां विभ्रद् ध्वन्युक्तेर्विषयी भवेत्।।

ध्वनि काव्य है और वह व्यंजक शब्द काव्य है, जो अभीष्ट चारुता को व्यक्त करने में अपना स्थानापन्न दूसरे को न बना सके। वक्रोक्तिजीवितकार कुन्तक ऐसे ही शब्द को 'वक्र' कहता है—शैली वैज्ञानिक ऐसे शब्दों के प्रयोग में विचलन या विपथन देखते हैं। अरस्तू इसे ही Strange words कहता है। विश्व के अधिकांश चिन्तक 'शब्द' या 'शब्दार्थ' को काव्यस्वरूप का अनिवार्य घटक मानते हैं। यह अवश्य है कि उसे 'विशिष्ट' प्रकार का होना चाहिए। सामान्यतः व्यवहार और शास्त्र में प्रयुक्त रौंदे हुए रूप से हटकर। यह मात्र उक्ति-वैचित्र्य नहीं है, अपितु रचयिता की सौन्दर्य संवेदना से सम्पृक्त उक्ति योजना है। जिस प्रकार शब्द वे ही काव्य में प्रयुक्त होते हैं जो श्रुतपूर्व होते हैं—पर उसी शब्द और उसी अर्थ के प्रयुक्त होने पर भी ग्राहक या रचयिता को जहाँ उसमें कुछ और या 'अपूर्वता' (नवता) लगे—तो काव्यस्वरूप का अन्तस्तत्व वहीं होगा। रचयिता का प्रवर्तक यही स्फुरणा है और ग्राहक द्वारा ग्राह्य वही चारुता या चमत्कृति है। रचयिता और ग्राहक को यह 'लगना' चाहिए। यह 'लगना' सबका 'लगना' नहीं है—'सहृदय' का ही 'लगना' है—उसी का 'लगना' इस सन्दर्भ में 'लगना' है। इसी से उक्ति में वह 'वैचित्र्य' आता है—जो अन्य प्रकार की अकाव्यात्मक उक्ति से काव्यात्मक उक्ति को अलगाता है। 'विशिष्ट' या अपने 'वैशिष्ट्य' के कारण 'विचित्र उक्ति' या 'उक्तिवैचित्र्य' को जब काव्य कहा जाता है, तब उसका तात्पर्य अर्थ (वाच्य) निरपेक्ष शब्द-मात्र की वक्रता से नहीं होता—प्रत्युत अर्थ-सापेक्ष शब्द की वक्रता से—विचित्रता से होता है। काव्य में यह वाच्यार्थ प्रातिभ-चक्षुगोचर 'असाधारणता' (कुछ और) से मण्डित होता है। आनन्दवर्द्धन, कुन्तक तथा महिमभट्ट—सभी इस 'असाधारणता' को रेखांकित करते हैं। ये सभी मानते हैं कि प्रत्येक ग्राह्य वस्तु में कुछ 'सामान्य' होता है और कुछ 'विशेष'। 'सामान्य' में 'नवता' नहीं होती, नवता 'विशेष' में होती है, जो प्रत्येक देश-काल स्थित वस्तु में क्षणे-क्षणे 'द्रष्टा' को साक्षात्कृत होती है। इसे प्रतिभा की आँख से पकड़ा जांता है, इसीलिए इस काव्योचित वैचित्र्य-मण्डित-बोध को न 'परोक्ष' की संज्ञा दी जाती है और न ही 'प्रत्यक्ष' की—उसे 'प्रत्यक्षायमाण' कहा जाता है—इस दृष्टि से भी उसे लोकोत्तर कहा जाता है। यही क्षणे-क्षणे 'नवता' के रूप से प्रातिभ-चक्षुगोचर 'विशेष' ही 'रमणीयता' है—जो पारिभाषिक और विवक्षित 'रसमयता'

से व्यापक है। इसीलिए दर्पणकार की परिभाषा के विपक्ष में पण्डितराज को काव्य की नई परिभाषा देनी पड़ी। 'वाक्यम् रसात्मकम् काव्यम्' के बदले 'रमणीयार्थप्रतिपादकः शब्दः काव्यम्' दर्पणकार और पण्डितराज 'विशिष्ट शब्द' को काव्य मानते हैं। —भामह और प्रकाशकार की परम्परा 'विशिष्ट शब्दार्थ' को काव्य मानती है। आनन्दवर्द्धन और कुन्तक इसी परम्परा में हैं। दोनों के अपने-अपने तर्क हैं—पर परिनिष्ठित परम्परा व्यवहार के अनुरोध से 'कुछ और' से मण्डित 'शब्दार्थ' को ही मानती है। 'शब्दार्थ' को काव्य मानने से दोनों की समकक्षता—दोनों के सहभाव के समप्राधान्य की बात उभरकर स्पष्ट हो जाती है। व्यवहार, प्रयोग और व्युत्पत्ति भी इसी के पक्ष में है। व्यवहार में काव्य केवल सुना ही नहीं जाता, श्रुतिगोचर (शब्द) ही नहीं होता, 'समझ' में भी आता है—बुद्धिगोचर (अर्थ) भी होता है। व्युत्पत्ति की दृष्टि से देखें तो 'साहित्य' में दो का सहभाव शब्द अर्थ का सहभाव—स्पष्ट है। 'काव्य' (कवेः कर्म काव्यम्) कवि का कर्म है और कवि (कवृ वर्णने) वर्णयिता है—वर्णन उसका कर्म है—इसीलिए कहा गया है—

वर्णना काव्यमुच्यते

'वर्णन' 'दर्शनापूर्वक सम्पन्न होती है। 'दर्शना' पश्यन्ती भूमि पर होती है, 'मध्यमा' पर अनुरूप सामग्री का वाचिक अनुसन्धान होता है—फिर 'वैरवरी' पर वर्णना।'

'वर्णना' में अपूर्वता मण्डित शब्द और अर्थ दोनों अपेक्षित हैं। वास्तव में हमारा साहित्य-दर्शन, शब्द और अर्थ का तादात्म्य मानता है—उनकी पृथक्-पृथक् परिकल्पना सम्भव ही नहीं है। इसलिए परिनिष्ठित और सिद्धान्त पक्ष में 'कुछ और' से मण्डित 'शब्दार्थ' 'विशिष्ट शब्दार्थ' काव्य हो जाता है—वही काव्य या साहित्य है। इस शब्दार्थगत वैशिष्ट्य को किसी ने 'कुछ और' कहा, किसी ने 'नवता' कहा, किसी ने काव्योचित 'चारुता' नाम दिया, दूसरों ने 'अपूर्वता' निरूपित किया, पण्डितराज ने 'रमणीयता' नाम दिया। आनन्दवर्द्धन ने कहा कि कवि कुछ 'अपूर्व' कहने का संकल्प लेता है और संकल्प लेने के बाद 'प्रतिभा' के प्रति आत्मविसर्जन कर देता है—न वह काव्यकर्ता होने का अहंकार करता है, न ही अपूर्व को मूर्त करने में परोपजीवी-परोपरचित का ग्रहण या दर्शन का प्रयत्न करता है। उसका संकल्प प्रतिभा ही सम्पन्न कर देती है। जो रचयिता जितना ही 'स्वस्थ' (स्वभाव-स्थ) होता जाएगा—'स्वभाव' के समीप पहुँचता जाएगा—उसकी आत्म-शक्ति (स्वभाव-शक्ति) उतनी ही समग्रता में क्रियाशील होगी। इसीलिए उपनिषदें स्वभाव में स्थित फलतः स्वस्थ रचनाकार को 'कविर्मनीषी परिभूः स्वयम्भू' कहती हैं। उपचारतः इस मार्ग में आरुरुक्षु और आरूढ़—दोनों को कवि कहने की परम्परा चल पड़ी है। इसी कवि का 'अपूर्वता मण्डित शब्दार्थ' काव्य है। जिस कविकर्म के मूल में 'स्वस्थता' विद्यमान है वहाँ अस्वास्थ्यकर तत्त्वों के प्रवेश की सम्भावना ही नहीं है।

भारतीय काव्य-चिन्तक 'सामान्य' और 'उत्कृष्ट' काव्य की परिभाषा करते हैं। जब कोई 'शब्दार्थौ सहितौ काव्यम्' कहता है या 'रमणीयार्थप्रतिपादकः शब्दः काव्यम्' कहता है, तो वह सामान्य काव्य को परिभाषित करता है, पर जब 'शब्द' या 'शब्दार्थ' में विशेषणों की शृंखला जोड़ने लगता है, तब वह उत्कृष्ट काव्य का लक्षण करता है। उदाहरण के लिए चन्द्रालोककार पीयूष वर्ष जयदेव कहता है—

निर्दोषा लक्षणवती सरीतिर्गुणभूषणा।
सालंकाररसानेकवृत्तिर्वाक्काव्यनामभाक्।।

अर्थात् वह वाक्य काव्य है, जिसमें निम्नलिखित विशेषताएँ हों—(1) दोष का अभाव, (2) लक्षण, (3) रीति, (4) गुण, (5) अलंकार तथा (6) वृत्तियों का सद्भाव। इसी प्रकार शब्दार्थवादियों की परम्परा में मम्मट का लक्षण है—

"तददोषौ शब्दार्थौ सगुणावनलंकृती पुनः क्वापि"

अर्थात् वह शब्दार्थ काव्य है जिसमें दोष का अभाव हो और गुण तथा स्फुट अलंकार मौजूद हों—कहीं क्वचित् अस्फुट भी हों तो चलेगा। इस प्रकार काव्य के इन लक्षणों में शब्द अथवा शब्दार्थमय विशेष्य में अनेक विशेषणों का समावेश कर दिया गया है, जिससे काव्य के उत्कृष्ट रूप का प्रतिपादन स्पष्ट है। अभिप्राय यह कि व्युत्पत्ति और प्रयोग के साथ परिभाषाओं के आलोक में देखा जाय तो काव्य के दो रूपों का निर्धारण होता है—सामान्य स्वरूप और उत्कृष्ट स्वरूप। सामान्य स्वरूप बताने वालों का बल अपने-अपने ढंग से शब्दार्थगत 'अपूर्वता' (कुछ और) के विरूपण पर है।

काव्य प्रयोजन : आत्माभिव्यक्ति अथवा सम्प्रेषण के अतिवादी पक्ष

विद्वानों के बीच एक उक्ति प्रचलित है—'प्रयोजनमनुद्दिश्य न मन्दोऽपि प्रवर्तते'—अर्थात् मन्दबुद्धि प्राणी भी बिना किसी प्रयोजन के किसी भी कार्य में प्रवृत्त नहीं होता—फिर तीव्र बुद्धि सम्पन्न कविजन या सहृदय-ग्राहक जन उसके 'निर्माण' और 'ग्रहण' में क्यों प्रवृत्त होंगे ?—अतः काव्य के निर्माण और ग्रहण के मूल में रचयिता और सहृदय ग्राहक का क्या प्रयोजन हो सकता है—यह एक विचारणीय बिन्दु है। विश्व के काव्य-चिन्तकों ने इस पर अपने-अपने ढंग से पर्याप्त विचार किया है।

आत्माभिव्यक्तिवाद

सबसे पहले यह विचारणीय है कि काव्य-निर्माण-काल में कर्ता या रचयिता कवि को इस बात की बेचैनी रहती है कि वह व्यक्त हो जाय अथवा इस बात की कि दूसरे

लोग उसकी अनुभूति में हिस्सा बँटाएँ, ग्राहक उसकी रचनात्मक अनुभूति को ग्रहण करे ? दूसरे शब्दों में यह कि कवि काव्य का निर्माण आत्माभिव्यक्ति के लिए करता है अथवा परार्थ-सम्प्रेषण के लिए। आत्माभिव्यंजन ही कवि का लक्ष्य है अथवा सामाजिक मूल संवेदना का साक्षात्कार करे—यह अभीष्ट है ? अतिवादी चिन्तक एक-एक पक्ष की पुष्टि में अपने तर्क देते हैं। आत्म-मुखी चिन्तक कर्ता-पक्ष से विचार करता हुआ कहता है कि काव्य लिखा किसी से नहीं जाता है—लिख जाता है या हो जाता है—बनाया नहीं जाता, बन जाता है, उत्पन्न नहीं किया जाता है—हो जाता है और यह सब होता है—अन्तःप्रेरणावश। जिस समय रचयिता अथवा स्रष्टा प्रेरणाभिभूत रहता है—सर्जनात्मिका उल्लासमयी अनुभूति में मग्न रहता है—उस समय उसका ध्यान इस बात की ओर रहता है कि वह व्यक्त हो जाय। वह मधुमय भार उसके सँभाल के बाहर हो जाता है और बाहर आ जाने के लिए अपनी अदम्यता में मार्ग खोजता है—कवि में वह मार्ग वाणी का मार्ग है—इसी रास्ते उसका अन्तस् फूटकर बहने लगता है। रचना-प्रक्रिया की इस पद्धति से विचार करने पर यही प्रतीत होता है कि कवि आत्माभिव्यंजन के लिए ही विवश है—सच पूछा जाय तो वह यह भी जानकर आत्माभिव्यक्ति नहीं करता कि वह उसे करना है। यह तो प्रेरणाभिभूत कवि की विवशता है जो काव्य उसके माध्यम से बन जाता है। जो इस निर्माण प्रक्रिया में मात्र माध्यम है—आत्म-विस्मृत, बेसुध और विदेह है—उसे प्रयोजन की क्या चिन्ता ? आत्माभिव्यंजन ही वहाँ प्रयोजन है। यह बात भी वे कहेंगे, जो उनसे भिन्न और तटस्थ चिन्तक हैं—सिद्धान्त निरूपक आचार्य हैं। इस प्रकार इस पक्ष के समर्थकों का कहना है कि जिन्हें इस प्रक्रिया में अपनी ही सुध नहीं है—जो पूर्णतः माध्यम (Passive) बन गए हैं—उन्हें पर-सम्प्रेषण की क्या चिन्ता ? उन्हें Communication या सम्प्रेषणीयता की क्या खबर ? इस क्रम में उन अतिवादियों का क्या कहना जो काव्य की मानस अभिव्यंजना को ही सब कुछ कहकर काव्य को अन्तःसंवेद्य और नितान्त आन्तरिक तथा व्यक्तिगत बना देते हैं? फलतः लोक से सर्वथा अछूता और अपनी अति बौद्धिकता—पारबौद्धिकता में काव्य को सर्वथा प्रयोजनातीत बताते हैं। एक विचार और है—नितान्त व्यक्तिवादी अस्तित्ववाद। उनका भी सारा कार्य सर्वथा स्वतन्त्र आत्म-निर्माण के क्रम में होता है। उनके आत्म-निर्माण में ही लोक-निर्माण होता है। ये सभी प्रयोजन से आत्म-स्वातन्त्र्य को विघ्नविहत मानते हैं।

सम्प्रेषणवाद

दूसरे वे हैं, जो व्यक्ति-मात्र में निहित मानवीय वृत्तियों को अनिवार्यतः सामाजिक मानते हैं। यदि रचयिता के अन्तस् में कोई ऐसी वृत्ति उदित हुई है जो मानवीय है—तो वह अपने स्वभाव में ही सामाजिक है—परार्थ है। व्यक्ति की मानवीयता—पाशविकता से भिन्न रूप—का उदय उस भूमिका पर होता है, जहाँ वह व्यक्तिगत जीवनयापन

के सन्दर्भ में–अपेक्षित जीवन-निर्वाहकारी क्रियाओं में–अपने साथ-साथ दूसरे का भी ध्यान रखे–आत्मा और आत्मीय से हटकर भी। काव्य-निर्माण पशुओं में नहीं होता–मानव नामधारी प्राणी में ही होता है–अतः वह मानवीय है और मानवीय-वृत्ति की उपज है। और यदि ऐसा है, तो सामाजिक है–परार्थ है–सम्प्रेषण के लिए है। उन मार्क्सवादियों का क्या कहना जो यह मानते हैं–Conciousness is conditioned by being मानव-चेतना, सामाजिक सत्ता से परिचालित है। जब मानव-चेतना मात्र सामाजिक अस्तित्व से परिचालित अथवा उसी की उपज है–तब काव्य-निर्माण जैसी वृत्ति जो सोसाइटी (Society) अर्थात् समाज के उदात्ततम ढाँचे (Super structure) से सम्बद्ध है–उससे असम्पृक्त कैसे रह सकती है ?

सामंजस्य का पक्ष

समस्या-विशेष से सम्बद्ध होकर अतिवादी दृष्टियाँ जो भी समाधान देती हों–वे उन-उन वादियों के लिए चाहे एकान्ततः और आत्यन्तिक रूप में ग्राह्य हों–वैचारिक स्तर पर, पर भारतीय चिन्तन की पहचान सामंजस्य में है। अतः भारतीय चिन्तक यही मानते हैं कि निर्माण में रचयिता का आत्माभिव्यंजन और स्वान्तः सुख भी है और सम्प्रेषण भी। 'नानापुराण निगमागम-सम्मत' बोलने वाला समन्वयवादी लोकनायक गोस्वामी तुलसीदास एक तरफ 'स्वान्तः सुखाय' काव्य-लेखन की बात करता है और दूसरी तरफ कहता है–

कीरति भनिति भूति भलि सोई।
सुरसरि सम सबकर हित होई।।

यह सही है कि व्यक्ति कवि की स्व-पर-भाव से अनाक्रान्त चेतना जब रचनात्मक महाशक्ति में विसर्जित हो जाती है और वही प्रतिभा नामक (शिवा) पराशक्ति उसके अपूर्वार्थ निर्माण सम्बन्धी संकल्प को कार्यान्वित करती है–तब जो आनन्दोच्छल चेतन दशा रहती है–उससे बढ़कर स्वान्तः सुख की दिशा और क्या हो सकती है ? वह आत्म-प्रकाश या आत्माभिव्यक्ति ही है। भारतीय चिन्तन भारत के सारस्वत प्रदेश कश्मीर में काष्ठापन्न स्थिति को आनन्दवर्द्धन और अभिनवगुप्त में पहुँचता है। ये लोग शैवी-दृष्टि के चिन्तक हैं–फलतः सर्जना प्रक्रिया को चाहे 'विश्व' की हो या 'काव्य-जगत्' की हो–समान ही मानते हैं। उभयत्र रचनात्मक शक्ति आनन्दोच्छल है–जगत् या काव्य-जगत् उसी का आत्म-प्रकाश है और यह आत्म-प्रकाश उसका स्वभाव है। स्वभाव आनंदमय है। चिन्तन की इस प्रक्रिया में काव्य आत्माभिव्यंजन है–जिसमें रचयिता आनन्दमग्न रहता है। वहाँ माना जाता है–

"आनन्दोच्छलिता शक्तिः सृजत्यात्मानमात्मना"

आनन्दोच्छल आत्म-शक्ति प्रतिभा स्वयं ही स्वयं को रचती है–तभी वह 'नियतिकृतनियमरहित' मानी जाती है, इसीलिए कहा गया है–"चितिः स्वतन्त्रा

विश्वसिद्धि हेतुः'' मम्मट उसे 'अनन्य परतन्त्र' कहते हैं। चिन्तन की इस प्रक्रिया में काव्य स्वान्तः सुखाय आत्माभिव्यंजन है—पर ऐसा आत्माभिव्यंजन लोकमंगलपर्यवसायी होता है—भाषा का सामाजिक माध्यम लेकर मूर्त होने से लोकमंगलकारी भी होता है—पदार्थ सम्प्रेषणात्मक भी होता है। सत्य को दृष्टि-भेद से उसकी समग्रता में अनुभव किया जा सकता है—एक ही दृष्टि से समग्र सत्य को नहीं पकड़ा जा सकता। एक तरफ से देखते हैं, तो वह 'स्वान्तः सुखाय' आत्माभिव्यंजन है और दूसरी ओर से देखते हैं, तो सम्प्रेषण माध्यम भाषा का सहारा लेने से—सामाजिक माध्यम को स्वीकार करने से पदार्थ सम्प्रेषण भी है—लोकहितकारी भी है। चेतना की 'स्व' स्थ भूमि से उपजी हुई और वहीं पहुँचा देने वाली वाग्धारा अ-लोकमांगलिक कैसे हो सकती है ? आत्माभिव्यक्ति के पक्ष से प्रयोजनातीत होकर भी लोकमंगल की दृष्टि से सप्रयोजन है। यों आत्माभिव्यक्ति भी अपने-आप में एक प्रयोजन ही है। इसलिए प्रयोजन का विचार तो करना ही होगा। इसलिए किसी ने ठीक ही कहा है—

सर्वस्यैव हि शास्त्रस्य कर्मणो वापि कस्यचित्।
यावत् प्रयोजनं नोक्तं तावत् तत् केन गृह्यते।।

अर्थात् सभी शास्त्रों और सभी प्रकार के कर्मों का जब तक प्रयोजन न बताया जाय, तब तक उससे जुड़ेगा कौन—उसके निर्माण में प्रवृत्त होगा कौन ? अतः प्रयोजन का विचार तो निर्माण और ग्रहण में प्रवृत्ति की दृष्टि से करना ही पड़ेगा।

प्रयोजन—असत् पक्षवाद

भारतीय चिन्तन में काव्य-प्रयोजन के सम्बन्ध में जहाँ-तहाँ विरोधी स्वर सुनाई पड़ते हैं। 'काव्यालापांश्च वर्जयेत्'—एक ऐसा ही स्वर है। इन लोगों का आशय यह है कि काव्य हमारी सुप्त वासनाओं को जगाकर उसमें रमाता है। वासनाओं को उभाड़कर वह पाठक के व्यक्तित्व को असन्तुलित कर देता है—जिससे बचना चाहिए—उसमें डुबो देता है। गीताकार कहता है कि विषय-व्यासंग मानव को वासना के गर्त में डाल देते हैं—इसलिए वाङ्मय का वह प्रकार, जिसमें वासनाओं को उभाड़ा जाता हो—प्रतिकूल प्रभावकारी होने से वर्जनीय है। राजशेखर ने भी 'काव्यमीमांसा' में ऐसे ही लोगों का पक्ष रखते हुए कहा है—'असदर्थाभिधायित्वात नोपदेष्टव्य काव्यम्'—अर्थात् काव्य असत्-अविद्यमान या कुत्सित अर्थों का अभिधान करते हैं,—इसलिए बालकों को उसे नहीं पढ़ाया जाना चाहिए। पाश्चात्य जगत् में प्लेटो ने भी नागरिकों के लिए काव्य को प्रतिकूल प्रभावकारी माना है और कवियों को ससम्मान अपने राज्य से निष्कासन के लिए परामर्श दिया है। पश्चिम में सर फिलिप सिडनी ने An apology to poetry में प्लेटों का मुँहतोड़ उत्तर दिया है—अरस्तू ने काव्य का अनुकूल प्रभाव निरूपित किया है। सिडनी ने बताया है कि सभी काव्य प्रतिकूल प्रभाव नहीं पैदा करते—बेहतर तो यह है कि प्रतिकूल प्रभाव उत्पन्न करने वाले लेखन को काव्य

माना ही क्यों जाए ! ऊपर काव्य के स्वरूप पर विचार करते हुए कहा गया है कि कवि-कर्म किसी सात्त्विक शक्ति की अन्तःप्रेरणा से 'स्व' स्थ चेतना का आत्म-प्रकाश है—ऐसी रचना से अलोकमांगलिक प्रभाव पैदा हो ही नहीं सकता। यदि कहीं असामाजिक और अलोकमांगलिक प्रभाव उत्पन्न करने वाला प्रसंग आता भी है, तो वह निषेध्य रूप से मांगलिक उपदेश ही बन जाता है। काव्य निर्माण के पीछे रचनाकार की चेतना यदि रचनात्मक है, तो उसका परिणाम विध्वंसात्मक हो कैसे सकता है ? उसमें करणीय और अकरणीय—सभी का प्रसंग आ सकता है—पर करणीय ही उपदेष्टव्य नहीं है—क्या 'अकरणीय' का ध्वंसात्मक परिणाम दिखा कर निषेध्य रूप से उसका भी उपदेश अनावश्यक है ? रही बात वासना के उभारने की—सो वासना—विशेषकर रागात्मक वासना अपने-आप में कुत्सित नहीं है। काव्य-स्वरूप-निरूपण के प्रसंग में कहा गया है कि काव्य का प्रयोजन अपार्थिव सौन्दर्य के आस्वाद में है—रागात्मक वासना को मांसल धरातल से ऊपर मानस और आत्मिक धरातल पर उठा ले जाया जाय तो उसके अधोगामी परिणाम तो नष्ट हो ही जाते हैं—ऊर्ध्वगामी वृत्तियाँ भी पैदा होती हैं। वह रागात्मक वासना व्यक्तिगत पार्थिव स्तर पर ध्वंसात्मक है—पर वही रागात्मक वासना अ-व्यक्तिगत स्तर पर पाठक को उठाकर रचनात्मक स्वभाव का बना देती है—हैवान से इनसान बना देती है—उसके हृदय का परिष्कार कर देती है—उसके भावों का व्यायामपूर्वक उदात्तीकरण हो जाता है। उसके भावों में अपने-पराए की संकीर्ण भावना को अतिक्रान्त कर जाने की क्षमता आ जाती है। दूसरों के सुख-दुःख में रमते रहने के कारण मानवता के स्रोत सहानुभूति का क्षेत्र बढ़ जाता है। वही वासना जो स्व-पर-भाव की सीमा में रहकर दुःखद लगती है—ध्वंसात्मक असर डालती है—काव्य के ऐन्द्रजालिक प्रभाव से उस सीमा का अतिक्रमण कर लोकमंगल पर्यवसायी सुखद प्रभाव डालती है—अतः वासना को जगाना हर दशा में हानिकर नहीं है। रचयिता यदि रचयिता है तो वासना की रचनात्मक सम्भावना उजागर होती है। संसार की प्रत्येक वस्तु अच्छी और बुरी हो सकती है—देखना यह है कि उसका कौन-सा पक्ष उभारा गया है। रचयिता अपने स्वभाव के अनुसार उसका अच्छा पक्ष ही उजागर करेगा—अतः वासना का उभरना सर्वात्मना दोषावह नहीं होता। अरस्तू की व्याख्या निषेधात्मक विरेचन की है—भारतीय व्याख्या विधेयात्मक आस्वाद और स्वस्थ प्रभाव की है। इसीलिए इन आक्षेपकारों का समुचित उत्तर देते हुए विष्णुपुराणकार ने कहा है—

काव्यालापांश्च ये केचिद् गीतकान्याखिलानि च।
शब्दमूर्तिधरस्यैते विष्णोरंशाः महात्मनः।।

अर्थात् काव्यालाप तथा निखिल गीत शब्द के आकार में मूर्त महात्मा विष्णु के ही रूप हैं—वे वर्जनीय नहीं—वन्दनीय हैं। इनसे लोकरक्षा और लोकमंगल का विधान होता है। दूसरी बात यह है कि जो काव्य सत्वमयी शक्ति की अन्तःप्रेरणा

से (Inspiration) समुद्भूत हैं—वे क्योंकर असत् या कुत्सित होंगे ? वह शक्ति रचनात्मक स्वभाव की है—उसकी उपज अस्वास्थ्यकर कैसे होगी ? अग्नि-पुराणकार कहता है—

नरत्वं दुर्लभं लोके विद्या तत्र सुदुर्लभा।
कवित्वं दुर्लभं तत्र शक्तिस्तत्र सुदुर्लभा।।

इस विश्व की शिरोमणि सृष्टि मानव है। मानव होना ही बड़ी दुर्लभ वस्तु है। उसमें विद्या का प्रकाश हो—सारस्वत ज्योति उन्मीलित हो—यह उससे भी दुर्लभ है। मानव में सारस्वत ज्योति का उन्मीलन हो और वह कवित्व के रूप में हो—यह बड़े सौभाग्य की बात है और फिर कवित्व के अनुरूप 'शक्ति' का उन्मेष हो जाय—तो मानवता चरितार्थ हो जाय। इन तमाम तर्कों और प्रमाणों के आलोक में काव्य की उपादेयता निर्विवाद है—उसका प्रयोजन 'असत्' नहीं, 'सत्' यानी उपादेय है। काव्य का प्रयोजन सत् है।

उक्त पद्धति से विचार करते हुए आचार्यों ने काव्य का प्रयोजन 'सत्' माना है। कारण स्पष्ट है। रचयिता रचयिता है, तो उसका काव्य अपनी अखण्डता में सदर्थविधायी ही होगा। खण्ड रूप में असत् अर्थ का अभिधान हुआ भी—तो परिणाम की दृष्टि से निषेध्य रूप में गृहीत होकर अपनी अखण्डता में सदर्थ का ही अभिधायक होगा। किसी भी प्रकार की प्रवृत्ति जब अभीष्ट होती है—तब आचार्यगण मानव को उसमें प्रवृत्त कराने के लिए अर्थवाद वाक्य बोलते हैं।—प्रशंसापरक वाक्य बोलते हैं, इसीलिए वे यहाँ तक कह जाते हैं कि काव्य से सब कुछ प्राप्त हो जाता है—यहाँ तक कि चारों प्रकार के पुरुषार्थ—धर्म, अर्थ, काम और मोक्ष। आचार्य भामह कहते हैं—

धर्मार्थकाममोक्षाणां वैचक्षण्यं कलासु च।
करोति कीर्तिं प्रीतिं च साधुकाव्य निषेवणम्।।

सत्प्रेरणा से निर्मित साधु-काव्य के निषेवण या पाठ से धर्म, अर्थ, काम और मोक्ष में तो वैचक्षण्य या व्युत्पत्ति हासिल होती ही है—सब प्रकार की कलाओं का बोध अनायास हो जाता है। इनके अतिरिक्त कीर्ति और प्रीति भी मिलती है। इस प्रकार भामह ने चतुर्विध पुरुषार्थ सम्बन्धी तथा समस्तविध कला सम्बन्धी व्युत्पत्ति प्राप्त करने का माध्यम काव्य को बताया है। यश और आनन्द के स्रोत रूप में भी काव्य का उल्लेख किया गया है। दर्पणकार विश्वनाथ ने इसे और आगे बढ़ाते हुए यहाँ तक कह दिया—

चतुर्वर्गफलप्राप्तिः सुखादल्पधियं प्रति।
काव्यादेव यतस्तेन तत्स्वरूपं निगद्यते।।

अर्थात् मन्दबुद्धि वालों को भी अनायास तथा आनन्दप्रद ढंग से धर्म, अर्थ, काम तथा मोक्ष सम्बन्धी व्युत्पत्ति या विवेक ही नहीं प्राप्त होता—स्वयं वे पुरुषार्थ

ही प्राप्त हो जाते हैं और यह लाभ केवल काव्य से ही होता है। कारण यह है कि मनुष्य को यह विवेक होना चाहिए कि किस कार्य में प्रवृत्त हो और किससे निवृत्त हो—ताकि वह इन पुरुषार्थों की प्राप्ति के अनुरूप विवेक-शक्ति को समृद्ध कर सके। काव्य में सत् और असत् के मिश्रित रूप संसार का रचनात्मक उपस्थापन होता है—पहला विधेय रूप में और दूसरा निषेध रूप में। कौन विधेय है—किसमें प्रवृत्ति होनी चाहिए, कौन निषेध्य है—किससे निवृत्ति होनी चाहिए ?—इसका पता काव्यगत निरूपित परिणामों से चलता है। राम और रावण तथा उनके आचरण इसी के प्रतीक हैं। प्रतिपादन की इस प्रक्रिया से यह सिद्ध होता है कि काव्य विवेक संवर्धन द्वारा चतुर्वर्ग-फल-प्राप्ति में साधन है, जैसा कि भामह ने कहा है न कि साक्षात्। अतः उसकी उपपत्ति में उनका तर्क है कि काव्य स्तोत्रात्मक काव्य के निर्माण और श्रवण से साक्षात् धर्म की प्राप्ति कराता है। फिर वेद-वाक्य भी है कि यदि एक भी शब्द रचयिता द्वारा सुप्रयुक्त और गृहीता द्वारा सम्यक् रूप से ज्ञात हो तो वह इह-लोक और परलोक—उभयत्र कामधुक्—इच्छानुरूप फलप्रद होता है। रचयिता की अर्थ-प्राप्ति तो प्रत्यक्ष सिद्ध है—दक्षिणा, रायल्टी, पुरस्कार—सभी मिलते हैं। अर्थ मिल गया तो काम-प्राप्ति हो ही जाएगी। काव्य-निर्माण और पाठ या श्रवण से उत्पन्न धर्म के फल में यदि आसक्ति न रखी जाय तो मुक्ति की भी सम्भावना बनती है। मोक्ष में उपयोगी वाक्यों की समझ तो विकसित होती ही है। यह सही है कि चतुर्वर्ग-फलप्राप्ति वेद-शास्त्र जैसे अकाव्यात्मक वाङ्मय से भी होता है, परन्तु एक तो उसकी पद्धति नीरस है—इसीलिए वह क्लेशकर मार्ग है। दूसरे वहाँ मन्दबुद्धि वालों की गम नहीं है—परिणत और परिपक्व बुद्धि वाले ही उसे पा सकते हैं। काव्य का माध्यम सुखद माध्यम है और सामान्य जन भी उसका लाभ उठा सकते हैं। जब सामान्य लोग भी आनन्दमय पद्धति से काव्य द्वारा यह सब कुछ प्राप्त कर सकते हैं तब विद्वानों के लिए कहना ही क्या। अभिप्राय यह कि काव्य सर्व-सामान्य के लिए उपादेय है।

दूसरे आचार्य मानते हैं कि काव्य से चारों प्रकार के पुरुषार्थों की प्राप्ति—समस्त प्रकार के फलों की प्राप्ति काव्य से साक्षात् सम्भव है—यह पक्ष उपपन्न और प्रामाणिक नहीं है। सचाई यह है कि काव्य असाक्षात् या परम्परा ही समस्त प्रकार का फल दे सकता है—साक्षात् तो निर्माण और ग्रहण की दृष्टि से परिगणित फल ही मिल सकता है, इसीलिए वाग्देवतावतार मम्मट कहते हैं—

काव्यं यशसेऽर्थकृते व्यवहारविदे शिवेतरक्षतये।
सद्यः परनिर्वृतये कान्तासम्मिततयोपदेशयुजे।।

यहाँ निर्माण और ग्रहण—दोनों पक्षों से काव्य-प्रयोजन की बात की जा रही है। कर्ता-पक्ष से तीन प्रयोजन हैं—यशः प्राप्ति, अर्थ प्राप्ति और शिवेतर (अकल्याण) की क्षति। तीसरा फल उभयनिष्ठ है। ग्रहीता के पक्ष से व्यवहारोपयोगी ज्ञान प्राप्ति,

सद्यः परा निर्वृति (रसास्वाद या प्रीति) तथा कान्तासम्मित उपदेश। उत्तम कोटि की स्तरीय रचयिता की व्यक्ति-चेतना लोक-चेतना से एकरस होती है—उसके हृदय का रागात्मक विस्तार विश्वव्यापी होता है। उसका हृदय लोक-हृदय होता है—अतः लोकमंगल उसके स्वभाव में होता है—लोकमंगल उसकी काव्य-प्रवृत्ति के केन्द्र में स्वभावतः होता है। उसकी इस प्रकृति का केन्द्र ग्राहक लोक (सहृदय) ही है। इसीलिए प्रयोजन का सन्दर्भ मुख्यतः ग्राहक का सन्दर्भ बन जाता है। इसीलिए ग्रहण या ग्राहक को ही केन्द्र में रखकर पौरस्त्य और पाश्चात्य काव्यचिन्तकों में अतिवादी और समन्वयी पक्ष पैदा हो गए हैं। ऊपर ग्रहीता को केन्द्र में रखकर जो प्रयोजन कहे गए हैं—विचार करने पर कुल ले-देकर अन्ततः ये दो ही ठहरते हैं—व्युत्पत्ति और प्रीति। व्यवहारोपयोगी ज्ञान प्राप्ति तो व्युत्पति है ही—कान्तासम्मित (न कि वेद-शास्त्रादि की तरह राजाज्ञा की भाँति राजसम्मित अथवा सहृत्सम्मित) उपदेश भी व्युत्पत्ति का ही आधान करता है। अतः इन दोनों का समावेश 'व्युत्पत्ति' में हो जाता है—शेष है—सद्यः परानिर्वृत्ति या प्रीति। इस प्रकार ग्रहण की दृष्टि से दो ही प्रयोजन बने—प्रीति और व्युत्पत्ति।

एक दल विचारकों का पौरस्त्य और पाश्चात्य चिन्तकों में ऐसा है, जो व्युत्पत्ति या विवेक को ही काव्य का प्रयोजन कहता है। उसका मन्तव्य इस प्रकार है। हमारी संस्कृति (गन्तव्य—स्वभाव की उपलब्धि पर केन्द्रित आचार-विचार) मानती है कि मानव और उससे भिन्न (मानवेतर) प्रकृति तत्त्वतः एक ही चिन्मय सत्ता के व्यावहारिक धरातल पर दो रूप हैं—इसीलिए उनमें परस्पर प्रतिस्पर्द्धा नहीं, सहयोग या साहाय्य है। इसीलिए हमारे शास्त्र, काव्य और काव्य-शास्त्र—सभी एक स्वर से उनकी साहाय्य-वृत्ति का ऊर्ध्वबाहु उद्घोष करते हैं। शास्त्र (वेद) कहता है—

पूर्णा दर्वीपरापत, सुपूर्णा पुनरापत

देवता अर्थात् प्रकृति की अधिष्टात्री चिन्मयी शक्ति या शक्तियाँ ही हैं। मानव पूर्ण दर्वी की आहुति देवता के पोषण और संवर्धन के निमित्त देता है और बदले में देवता वैसे ही भरकर उसे अपने ढंग से लौटा देता है। इस पवित्र क्रियात्मक माध्यम को हम यज्ञ कहते हैं। हमारी संस्कृति में यज्ञ जीवन जीने का पर्याय बन गया। यह यजन साहाय्य वृत्ति का ही दूसरा नाम है। गीताकार कहता है—'सहयज्ञाः प्रजाः सृष्ट्वा...' स्रष्टा ने प्रजा की सृष्टि यज्ञ के साथ ही की और कहा कि इस वृत्ति द्वारा ही तुम लोग समृद्ध बनो।

देवान् भावयतानेन ते देवा भावयन्तु वः।
परस्परं भावयन्तः श्रेयः परमवाप्स्यथ।।

इस यज्ञ द्वारा प्रजा देवताओं का और देवता प्रजा का भावन करे। इस प्रकार के परस्पर भावन से वे दोनों परम श्रेय को प्राप्त करें। 'भगवदनुग्रह पवित्रितवाक्' कालिदास इस सांस्कृतिक चेतना को दोहराते हुए कहता है—

दुदोह गां स यज्ञाय सस्याय मघवादिवम्।
सम्पद्विनिमयेनोभौ दधतुर्भुवनद्वयम्।।

मानव शिरोमणि रघु ने यज्ञ के लिए पृथ्वी का और देव-शिरोमणि इन्द्र ने भूमि पर धन-धान्य की समृद्धि के लिए स्वर्लोक का दोहन किया। मतलब यह कि दोनों अपनी-अपनी प्रवृत्तियों में अपने को नहीं—अपने से भिन्न को केन्द्र में रखते हैं और एक दूसरे की उन्नति-अवनति की चिन्ता करते हैं और अनुरूप आचरण करते हैं। नाट्यशास्त्र में भी यही चेतना सक्रिय है। वहाँ भी मानव की बढ़ती अक्षमता और गिरती हुई दशा को देखकर देवगण पितामह के पास चिन्तातुर मुद्रा में पहुँचते हैं और निवेदन करते हैं कि लोक मानव को व्युत्पन्न करना चाहिए। चारों वेद नितान्त जटिल और समाधिगम्य हैं—उनके समझने की क्षमता अब इन गिरती हुई क्षमता के मनुष्यों में नहीं है, लेकिन मानवता को चरितार्थ इन्हें भी करना है और तदर्थ व्युत्पत्ति आवश्यक है—फलतः पंचम वेद का—किसी सुगम प्रकार के वेद का निर्माण तदर्थ आवश्यक है। अतः पितामह ने पंचम नाट्यवेद का निर्माण किया, ताकि मानव व्युत्पन्न हो सके। उन्होंने कहा—

''विश्रामजननं लोके नाट्यमेतद् भविष्यति''

निश्चय ही यह नाट्य वेद 'विश्रान्ति' प्रदान करेगा। वह व्युत्पत्ति पैदा करने की रसमय पद्धति थी। पितामह की ओर से 'व्युत्पत्ति' प्रधान प्रयोजन भी था—रसमय साधन (कान्तासम्मित उपदेश) परन्तु ग्रहीता लोक की ओर से रसमयता ही परम प्रयोजन बन गई और आचार्यों ने दार्शनिक भूमि पर इसकी पुष्टि भी कर दी। 'व्यक्तिविवेककार' महिमभट्ट कहते हैं—

'कवि व्यापारो हि विभावादिसंयोजनात्मा रसाभिव्यक्त्य व्यभिचारी काव्यमुच्यते तच्चाभिनेयानभिनेयार्थत्वेन द्विविधम्। सामान्येनोभयमपि च तत् शास्त्रवत् विधिनिषेधव्युत्पत्ति फलम्। केवलं व्युत्पाद्य-जनजाड्याजाड्यतारतम्यापेक्षया काव्यनाट्यशास्त्ररूपोऽयमुपयमात्रभेदो न फलभेदः।'

अर्थात् काव्य कवि-कर्म है—कवि का व्यापार-विशेष है। वह व्यापार है—विभावादि सामग्री का संयोजन। ऐसा संयोजन जो अव्यभिचरित रूप में रस-निष्पादक हो सके। यह रसपर्यवसायी या रसात्मक काव्य दो प्रकार का है—दृश्य और श्रव्य—अभिनेय और अनिभिनेय। शास्त्र की भाँति सामान्यतः दोनों प्रकारों का लक्ष्य ग्राहक को उचित प्रवृत्ति और निवृत्ति के विवेक को समृद्ध करना है—व्युत्पन्न बनाना है। इस प्रकार चाहे काव्य हो या शास्त्र—दोनों का प्रयोजन एक ही है—व्युत्पन्न बनाना—फर्क इतना ही है कि शास्त्र का ग्राहक प्रबुद्ध—अजड़ है और उसकी तुलना में काव्य का ग्राहक जड़। फलतः शास्त्र और काव्य केवल दो उपाय हैं—उपेय एक ही और वह है व्युत्पत्ति। यह रहा व्युत्पत्तिवादी का पक्ष।

दूसरी ओर दशरूपककार धनंजय हैं, जो इनका खण्डन करते हुए 'प्रीतिवाद'

(आनन्दवाद) का समर्थन करते हैं। भामह भी व्युत्पत्तिवादी हैं। धनंजय ने इनसे वैमत्य व्यक्त करते हुए कहा कि आनन्द का प्रवाह उत्पन्न करने वाले रूपकों का प्रयोजन व्युत्पत्ति मात्र–ऐसा कहने वाले मन्दबुद्धि हैं। वस्तुतः वे बेचारे भोले-भाले साधु हैं–आस्वाद-विमुख। वे आस्वाद क्या जानें ? वे दूर से ही नमस्करणीय हैं। बस, इन भोले बाबाओं को नमस्कार। कहा गया–

आनन्दनिः स्यन्दिषु रूपकेषु व्युत्पत्तिमान्त्रं फलमल्पबुद्धिः।
योऽपीतीहासादिवदाह साधुः तस्मै नमः स्वादुपराङ्मुखाय।।

कहाँ व्युत्पत्ति मात्र देने वाले इतिहास आदि रूखे शास्त्र और कहाँ आनन्दप्रवाही काव्य ?

ये अतिवादी पक्ष हैं। हमारी तत्त्वतः सांस्कृतिक पहचान समन्वय में है। भारतीय प्रकृति के चिन्तकों में अन्ततः अतिवादों का सामंजस्य ढूँढ़ निकाला जाता है। अभिनवगुप्त पादाचार्य ने यही किया। 'ध्वन्यालोकलोचन' में उन्होंने कहा–"इह प्रभुसम्मितेभ्यः श्रुतिस्मृतिप्रभृतिभ्यः कर्त्तव्यमिदमित्याज्ञामात्रपरमार्थेभ्यः ये न व्युत्पन्नाः, न चाप्यस्येदं वृत्तममुष्मात् कर्मण इत्येवं युक्तियुक्तकर्मफलसम्बन्धप्राप्तिकारिभ्यो मित्रसम्मितेभ्य इतिहासशास्त्रेभ्यः लब्धव्युत्पत्तयः अथ चावश्यं व्युत्पाद्याः प्रजार्थसम्पादन-योग्यताक्रान्ताः राजपुत्रप्रायास्तेषां हृदयानुप्रवेशमुखेन चतुर्वर्गोपायव्युत्पत्तिराधेया। हृदयानुप्रवेशश्च रसास्वादमय एव। स च रसश्चतुर्वर्गोपायव्युत्पत्तिनान्तरीयकविभावा-दिसंयोगप्रसादोपनत इत्येवं रसोचितविभावाद्युपनिबन्धे रसास्वादवैवश्यमेव स्वरसभाविन्यां व्युत्पत्तौ प्रयोजनमिति प्रीतिरेव व्युत्पत्तेः प्रयोजिका। न चैते प्रीतिव्युत्पत्तीभिन्नरूपे एव-द्वयोरेकविषयत्वात्, विभावाद्यौचित्यमेव हि सत्यतः प्रीतिर्निदानमित्यसकृदवोचाम्। विभावादीनां तत्तद्रसोचितानां यथास्वरूपसंवेदनं फलपर्यन्तीभूततया व्युत्पत्तिरित्युच्यते।"

अर्थात् राजपुत्र जैसे लोगों को प्रजा की सुरक्षा और संरक्षा के निमित्त व्युत्पन्न तो बनाना ही है। व्युत्पन्न बनाने के साधन राजाज्ञा सदृश श्रुति-स्मृति रूप शास्त्र हैं–जो विधेय और निषेध्य का निर्देश करते हैं। इनके अतिक्रमण पर प्रायश्चित्त करना पड़ता है। हो सकता है सुकुमार-मति वाले राजकुमारों को यह मार्ग रास न आए–उनके गले न उतरे और यथाकथंचित् उतर भी जाय तो प्रवृत्ति न हो। यही बात इतिहास-पुराण जैसे मित्रसम्मित वाङ्मय से भी सम्भव हो सकती है। यह सही है कि मित्र की तरह इतिहास-पुराण आदि अपने परामर्श का अतिक्रमण करने पर दण्ड नहीं देते। गो कि वे भी दृष्टान्तपूर्वक बताते हैं कि इस व्यक्ति को इस कर्म का यह फल मिला–यानी किस कर्म का परिणाम किस तरह के फल से है–ये सारी बातें इतिहास-पुराण कराते ही हैं। इस प्रकार यह रास्ता भी सम्भव है, पर रूक्ष होने से उनके लिए ग्राह्य न बन सकें। फिर उनके अनुरूप कोई न कोई रास्ता तो खोजना ही पड़ेगा, क्योंकि उन्हें व्युत्पन्न बनाना आवश्यक है। ऐसी स्थिति में कुछ ऐसा होना चाहिए, जो उन्हें बलात् आकृष्ट कर ले और सब कुछ

सानन्द और निरायास गले के नीचे उतर जाय—रक्त में घुल-मिल जाय—हृदय में उतरकर संस्कार बन जाय। हृदय भी उस सामग्री के प्रति स्वयं उन्मुख हो जाय। मतलब यह कि जिसमें उनका मन रम जाय—ऐसी सामग्री सामने रखी जानी चाहिए। वह चाहे सुनाई जाय या मंच पर अभिनीत की जाय। रस में निमग्न कर देने वाला काव्यात्मक वाङ्मय यदि उनके हृदय में अपनी रसमयता के कारण अनायास उतर जाय तो कर्म-फल-सम्बन्ध निरूपक और औचित्य-मण्डित समाजानुमोदित सामग्री अनायास उनके हृदय में उतर जाएगी और व्युत्पत्ति आहित हो जाएगी। इस पद्धति से देखने पर प्रीति और व्युत्पत्ति कोई परस्पर विरोधी वस्तु नहीं लगते। रसावेश में व्युत्पत्ति अनायास हो जाएगी। प्रीति मुख्य लाभ है—व्युत्पत्ति अनिवार्य रूप से अनुषंगतः। इस प्रकार दोनों का सामंजस्य बैठ जाता है। यह बात बार-बार कही गई है कि विभावादि सामग्री में औचित्य का निर्वाह ही प्रीति का असाधारण कारण है। औचित्य ही रस की परा-उपनिषद् है। औचित्य-बोध ही तो व्युत्पत्ति है। दूसरे शब्दों में कहें तो कह सकते हैं कि तत्-तत् रस की दृष्टि से समुचित विभावादि सामग्री का यथास्वरूप फल (प्रीति) पर्यन्त संवेदन ही व्युत्पत्ति है। इस प्रकार प्रयोजन के सम्बन्ध में चलते-चले आते हुए अतिवादी पक्षों का अभिनव ने सामंजस्य बैठा दिया। इस प्रीति की प्रकृति पर विचार हुआ और उसे व्यक्तिगत आस्वादगोचर मानकर भी अ-व्यक्तिगत कहा गया। अ-व्यक्तिगत इसलिए कि एक ही सामग्री से अनेक व्यक्ति (समाज) एक साथ निर्विरोध और निर्बाध आनन्द उठा रहे हैं।

सहृदय (प्रीति का आश्रय)

ऊपर कहा गया कि काव्य का भरपूर आस्वाद 'सहृदय' ही ले सकता है। उसकी चरितार्थता सहृदय के हृदय पर ही रचयिता की अनुभूति से संवाद द्वारा होती है। दोनों के पार्थक्य बोधक-देश, काल एवं वैयक्तिक सम्बन्ध—उनके एकीभूत चेतना-पटल से विगलित हो जाते हैं। इसीलिए प्रीति या आस्वाद को 'विगलित वेद्यान्तर' कहा जाता है। वहाँ रसोचित सामग्री से पृथक् वेदनीय का विगलन हो जाता है। रचयिता द्वारा बोए गए बीज को फलीभूत होने के लिए अपेक्षित जमीन निर्मल होनी चाहिए—विशदीभूत—मनोमुकुर होना चाहिए।

'सहृदय' शब्द का सर्वाधिक पुराना प्रयोग जिस अथर्ववेद में मिलता है—नाट्यवेद के निर्माता ब्रह्मा ने 'रस' वहीं से लिया था। वहाँ कहा गया है—

सहृदयं साम्मनस्यमदिवेषं कृणोमि

इस अथर्ववेद के उपवेद आयुर्वेद में रस सम्बन्धी पुष्कल और प्रचुर सामग्री प्राप्त है। परवर्ती आलंकारिकों ने इसके अनेक पर्याय दिए—सुमनस्, सचेतस् आदि। प्रयोग में स्थिर 'सहृदय' ही रहा। यहाँ 'सहृदय' का अर्थ व्याख्याकारों ने 'समान-हृदय' दिया है। 'समान' के अर्थ में 'स' का विधान आर्ष है।

नायकस्य कवेः श्रोतुः समानोऽनुभवस्ततः

नायक तो कवि की ही सृष्टि है—अतः समानता रचयिता और ग्राहक के हृदयों की है। हृदय समान होगा तो अनुभव भी समान होगा। अनुभव का समान होना ही तो संवाद है, तन्मयीभाव है। प्रायः यह कहा जाता है कि रचयिता तो रचता ही है, ग्राहक भी अपनी दृष्टि से मूल रचना को पुनः सृष्ट करता है। पुनः सृष्ट करने की बात विवादास्पद नहीं है—भिन्न सृष्टि की बात विवादास्पद है। यदि सहृदय (रचयिता के हृदय के) समान हृदयवाला है, तो समान सृष्टि ही होगी। आनन्दवर्द्धन कहते हैं—

तदवत् सचेतसां सोऽर्थो वाच्योर्थविमुखात्मनाम्।
बुद्धौ तत्त्वार्थदर्शिन्यां झटित्येवावभासते।।

सहृदय का झुकाव वाच्यार्थ पर नहीं होता। उसकी तत्त्वग्राहिणी बुद्धि में जो है, उसको ग्रहण करने वाली बुद्धि में वह (प्रतीयमान) अर्थ शीघ्र स्फुरित हो जाता है। इस कथन के आलोक में स्पष्ट है कि सहृदय की बुद्धि में वही अर्थ प्रतिभासित होता है, जो रचयिता के बोध में रहकर रचना को उतारता है।

'सहृदय' शब्द की मार्मिक व्याख्या पहले आनन्दवर्द्धन ने की। उन्होंने दो विकल्प खड़े किए और कहा कि यह सहृदयता है क्या ? सन्दर्भ है—शब्दों की चारुता का। पर्यायवाची शब्दों में विशिष्ट या कोई शब्द ही काव्योपयोगी या सटीक क्यों माना जाता है ? देह, शरीर, काय—ये पर्यायवाची हैं, परन्तु

"जिमि अविवेकी सेव शरीरहि"

यहाँ 'शरीर' शब्द ही क्यों उपयुक्त और चारु प्रतीत होता है। वाच्यार्थ-बोध तो सभी करा देते हैं। वाच्यार्थ बाधित नहीं है—अतः लक्षक होने के कारण उपयुक्त जान पड़ता हो—यह भी नहीं कहा जा सकता। वाचकता सर्वसामान्य है—अतः वह 'शरीर' शब्द के प्रयोग में कारण नहीं है। लक्षकता है ही नहीं तब क्या कहा जाय—यह कि कुछ और ही है, उसमें जो सहृदय संवेद्य है। तमाम पर्यायवाची अन्य (देह-काय) शब्दों में सहृदयों को वह 'कुछ और' (चारुता) नहीं प्रतीत होता—'शरीर' शब्द में दिखाई पड़ता है। इस पर से सहृदयता के ही विषय में दो विकल्प खड़े किए जाते हैं—वह रस-भाव निरपेक्ष काव्याश्रित समय विशेष की अभिज्ञता है अथवा रस-भावादिमय काव्य-स्वरूप के परिज्ञान की निपुणता ? मतलब काव्य-स्वरूप गत रसभावादिमयता को पकड़ लेने की क्षमता का ही नाम सहृदयता है अथवा इससे हटकर काव्याश्रित समय-विशेष—संकेत-विशेष की अभिज्ञता ? काव्य के अन्तस्तत्त्व चारुता को पकड़ लेने की क्षमता का ही नाम सहृदयता है—वह चारुता वाचकता और लक्षकता के कारण नहीं—इन दोनों से अतिरिक्त व्यंजकता के कारण आती है। जहाँ-जहाँ वह व्यंजकता होगी, वहाँ-वहाँ चारुता होगी। यदि उस चारुता के कारण को शब्दगत न मानकर सहृदयों के अपने घर का कोई आरोपित संकेत-विशेष

माना जाएगा, तो उसका स्वरूप अनियत हो जाएगा। दूसरे शब्दों में कहें तो यह कि शब्द-विशेष में प्रतीत होने वाली चारुता का निमित्त शब्द ही की कोई क्षमता है—जिससे चारुता का नियत सम्बन्ध है अथवा सहृदयों की अपनी कोई मनमानी उद्भावना है ? परवर्ती पक्ष में कोई नियम नहीं बनेगा—स्वैराचार हो जाएगा—जो अनुभव के विपरीत जाता है। अतः पहला विकल्प ही मान्य है। सबका निचोड़ यह है कि काव्यगत अन्तस्तत्त्व है—चारुता या रसभावादिमयता—इसी को पकड़ लेने की क्षमता का नाम सहृदयता है। यह क्षमता जिसमें विद्यमान है—वह 'सहृदय' है। रसभाव-तर्पक शब्दनिष्ठ (व्यंजकता) को जो पकड़ ले—वही सहृदय है। सहृदय या विदग्ध वही है, जो शब्द की व्यंजना को पकड़ ले। यह अवश्य है कि उस व्यंजक शब्दार्थमय शरीर को सुन्दर होना चाहिए।

आगे चलकर अभिनवगुप्त ने अपनी साहित्यशास्त्रीय टीकाओं—'लोचन' तथा 'अभिनवभारती'—और दार्शनिक ग्रन्थों—तन्त्रालोक, परात्रिंशिका, ईश्वर प्रत्यभिज्ञाविवृति विमर्शिनी—में इसके स्वरूप पर भिन्न-भिन्न कोणों से प्रकाश डाला। ये कोण हैं—चिति, चेत्य और चित्त। चिति के कोण से देखा जाय तो सहृदयता होगी—स्वहृदय-संवाद-भाजकता। चेत्य पक्ष पर बल दिया जाय तो उसका स्वरूप होगा—'वर्णनीयतन्मयीभवनयोग्यता' और चित्त पक्ष से कहा जाय तो उसका अर्थ होगा—'तादात्म्यसमापत्ति योग्यता।' 'स्वहृदय-संवाद-भाजकता' की दो प्रकार की व्याख्याएँ हैं—(1) जो अपने हृदय को संवाद के क्षेत्र में प्रमाण रूप से भजन करता हो—मानता हो—वह सहृदय और उसकी यही क्षमता सहृदयता है। दूसरी व्याख्या यह सम्भावित है कि जो अपने हृदय का कवि-हृदय से संवाद भजन कर लेता हो—जमा लेता हो—उसकी क्षमता सहृदयता है। इस व्याख्या में आश्रय (चिति) 'जो' पर बल है। चेत्य या विषय पक्ष पर बल देकर व्याख्या की जाय तो काव्य की वर्ण्य सामग्री भावना से चेतना पर छा जाती है—वह तन्मय हो जाती है—अथवा वर्ण्य सामग्री ही तन्मय या 'प्रकाशमय' हो जाती है। जिस हृदय में यह योग्यता हो वह सहृदय है। वर्णनीयतन्मयीभवन की योग्यता ही सहृदयता है। वर्ण्य सामग्री प्रकाशमय होकर चिति का महाविस्फार करती है। चित्त, जो शैवी दृष्टि में चित् का ही संकुचित रूप है—पक्ष से देखा जाय तो सहृदयता चित्त की वह योग्यता है, जिससे उसमें वर्ण्य से चित्त की तादात्म्यापत्ति तत्काल हो जाती है।

'सहृदय' में 'हृदय' शब्द की अभिधा शैवी दृष्टि में 'विमर्श' में मानी गई है। रसज्ञ सहृदय जिस समय रसास्वाद में निमग्न होता है, उस समय चिति का प्रकाशांश वेद्य-विश्रान्त रहता है और विमर्शांश उद्रिक्त रहता है। इस 'विमर्श' या 'हृदय' के उदग्र रहने से यही उसकी पहचान बन जाती है। इसलिए उद्रिक्त विमर्श नामक 'हृदय' से युक्त होने के कारण उसे 'सहृदय' कहा जाता है। 'प्रकाश' और 'विमर्श' में विमर्श नामक हृदय की प्रधानता से उसे 'सहृदय' कहा जाता है।

'सहृदयता' की एक अन्य व्याख्या परात्रिंशिका में है। वहाँ कहा गया है—''वीर्यविक्षोभात्मा हि सहृदयता।'' शुक्रक्षोभ ही सहृदयता है। शुक्र ही शरीर के स्तर पर हमारी शक्ति है अथवा 'शक्ति' ही शरीर के स्तर पर 'शुक्र' है। इस 'शुक्र' की तीन दशा हैं—अक्षुब्ध, क्षुब्ध और उत्तेजित। सुन्दर रूप आदि विषय के सम्पर्क में आने पर भी यदि शुक्र अक्षुब्ध ही रह जाय तो उस व्यक्ति को जड़ माना जाता है और यदि उत्तेजित हो जाय तो पशु। पर यदि स्पन्दात्मक क्षोभ-दशा ही संयमवश बनी रहे तो यही क्षोभ-दशा ही सहृदयता है। सौन्दर्य संयत का ही भोग्य है। कालिदास के शिव को 'संयमिनामग्रगण्य' कहा गया है। तभी वह पार्वती के रूप-सौन्दर्य का बिना क्षरण संयतभूमि पर निरवधि-काल तक भोग कर पाते हैं। शक्ति के साथ शिव उत्तेजित हो ही नहीं सकता, अन्यथा उसका शिवत्व ही चला जाएगा। इसीलिए देवताओं की ओर से अग्नि की प्रार्थना पर क्षरण शक्ति से हटकर होता है। लोकमंगल के निमित्त इस क्षरण में उनकी शिवता अक्षुण्ण है। वज्रयानी मार्ग में इसी शुक्र को गगनोपम बनाकर वज्रवत् स्थिर कर दिया जाता है—फिर अचंचल शुक्र का क्षरण होता ही नहीं।

'सहृदय' में 'हृदय' शब्द का लाक्षणिक अर्थ भी लिया गया है। 'हृदय' अर्थात् 'उत्कृष्ट हृदय'—जिसके हृदय में उत्कर्ष हो वह 'सहृदय' हो। हृदयगत इस उत्कर्ष के आधान में पाँच कारणों का उल्लेख किया गया है।

सुकुमारता—चित्तगत सुकुमारता का मतलब उस क्षमता से है, जिसके कारण परकीय सुख-दुःख स्वकीय बन जाता है। अभिनव ने उदाहरण देते हुए कहा है कि जैसे कोई सुकुमार रमणीय अपने प्रिय को कँकरीली जमीन पर चलती हुई देखती है तो इस कदर सी-सी करती है, जैसे वही चल रही हो।

काव्यानुशीलन—दूसरा कारण है। काव्य का अनुशीलन करते-करते परकीय सुख-दुःख में रमने की क्षमता उत्कृष्ट रूप में हृदय में उभर आती है।

'प्राक्तन-पुण्य-परिपाक' हृदयगत उत्कर्ष का तीसरा और 'विमल प्रतिमानशीलता' तथा 'नैर्मल्य' चौथा और पाँचवाँ कारण है। इन पाँच कारणों से 'हृदय' उत्कृष्ट हृदय हो जाता है—हृदय में उत्कर्ष का आधान हो जाता है। यही उत्कृष्ट हृदयवाला व्यक्ति सहृदय है। इस प्रकार काव्य-प्रयोजन-प्रीति के आश्रय सहृदय की व्याख्या सम्पन्न हुई।

काव्यहेतु

क्रिया या कर्म-मात्र को सम्पन्न करने के लिए 'शक्ति' की आवश्यकता होती है। काव्य भी कवि-कर्म है—अतः इसको भी सम्पन्न करने के लिए 'शक्ति' की आवश्यकता है। काव्यस्वरूप प्रयोजन और सहृदय—तीनों पर विचार के सन्दर्भ में हमारे 'गन्तव्य' का नियन्त्रण-कक्ष दृष्टिगत रहा है। चाहे 'व्यवहार' हो, 'शास्त्र' हो या 'काव्य'—

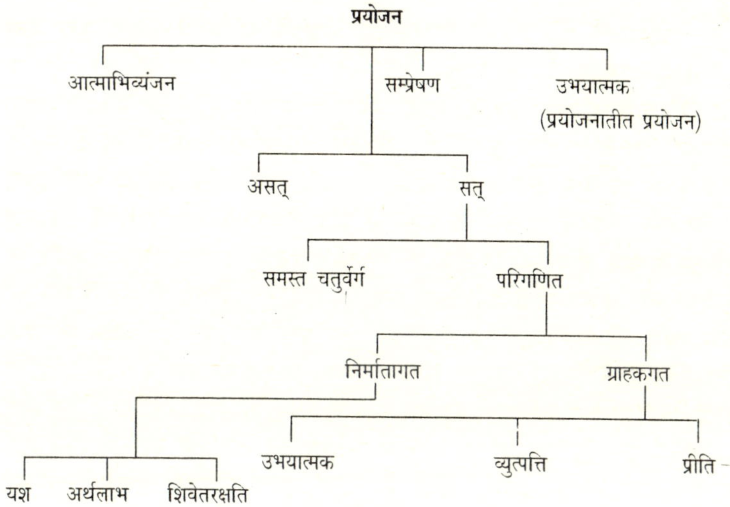
प्रयोजन
आत्माभिव्यंजन
सम्प्रेषण
उभयात्मक (प्रयोजनातीत प्रयोजन)
असत्
सत्
समस्त चतुर्वेग
परिगणित
निर्मातागत
ग्राहकगत
यश
अर्थलाभ
शिवेतरक्षति
उभयात्मक
व्युत्पत्ति
प्रीति

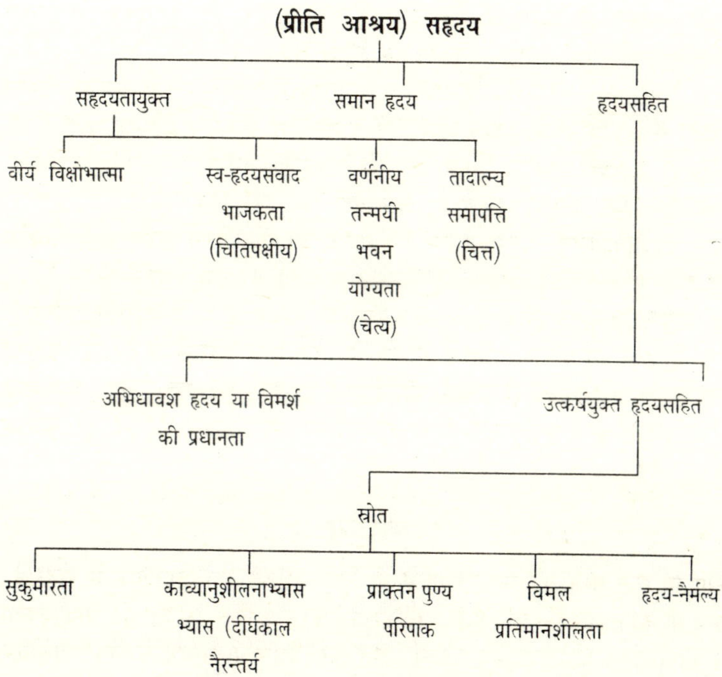
(प्रीति आश्रय) सहृदय
सहृदयतायुक्त
समान हृदय
हृदयसहित
वीर्य विक्षोभात्मा
स्व-हृदयसंवाद भाजकता (चितिपक्षीय)
वर्णनीय तन्मयी भवन योग्यता (चेत्य)
तादात्म्य समापत्ति (चित्त)
अभिधावश हृदय या विमर्श की प्रधानता
उत्कर्षयुक्त हृदयसहित
स्रोत
सुकुमारता
काव्यानुशीलनाभ्यास भ्यास (दीर्घकाल नैरन्तर्य
प्राक्तन पुण्य परिपाक
विमल प्रतिमानशीलता
हृदय-नैर्मल्य

'गन्तव्य' से ये सभी जुड़े हुए हैं और 'गन्तव्य' है—मानवभाव—स्वभाव की उपलब्धि, उसकी चरितार्थता। हमारा समूचा दार्शनिक चिन्तन उसे 'आनन्द' स्वरूप मानता है। उपनिषदें 'रसो वै सः' कहकर पुकारती हैं, इसीलिए प्रयोजन पर विचार करते हुए 'प्रीति' (रस) को मूर्धन्य निरूपित किया गया। 'रसभावादिमयकाव्यस्वरूपपरिज्ञान-नैपुण्य' द्वारा आनन्दवर्द्धन ने जहाँ एकतरफ 'काव्यस्वरूप' को 'रसभावादिमय' कहा, वहाँ उसके अधिकारी 'सहृदय' की पहचान उसी के ग्रहण सम्बन्धी क्षमता में बताई। 'ध्वनि' का प्रतिपादन करते हुए भी उन्होंने कहा—'अतएव च इतिवृत्तमात्रवर्णनप्राधान्येऽङ्-गाङगिभावविरहितरसभावनिबन्धे च कवीनामेबंविधानिस्खलितानि भवन्ति इति रसादिरू पव्यंग्यतात्पर्यमेवैषां युक्तमिति यत्लोऽस्माभिरारब्धो न ध्वनिमात्राभिनिवेशेन' (ध्व, तृ.उ.)। अर्थात् कवियों में कभी-कभी यह देखा जाता है कि इतिवृत्त-मात्र के वर्णन को वे प्रमुखता देते हैं अथवा रस-भाव के निबन्ध में अंगागिभाव के निर्वाह में शिथिल हो जाते हैं। इसीलिए इन प्रकारों के स्खलनों को देखते हुए मेरी दृष्टि रसादि रूप व्यंग्य की ओर ही लगी रहती है। आनन्दवर्द्धन का यह सारा प्रयास केवल ध्वनि-मात्र के प्रतिपादन में अभिनिविष्ट नहीं है—बल्कि केन्द्र में वही गन्तव्य है। इसीलिए वह मानते हैं कि कवि-कर्म 'विभावादि संयोजनात्मा' है। रस-निष्पादक विभावादि सामग्री का प्राण है—औचित्य। औचित्य यानी कथ्य सामग्रीगत सामाजिकता और अभिव्यक्तिगत अंगांगिभाव का निर्वाह। कवि में इसके विवेक और अनुरूप विधान क्री 'शक्ति' होनी चाहिए।

भारतीय काव्य-चिन्तन की व्यवस्थित परम्परा में लक्षणकारों ने चूँकि काव्य का 'उत्कृष्ट' और 'सामान्य'—द्विविध स्वरूप निरूपित किया है—अतः उसके 'हेतु' पर विचार भी दोनों रूपों पर दृष्टि रखकर किया है। जब उनकी दृष्टि में काव्य का 'सामान्य' रूप रहता है, तब 'पृथक्कारणतावाद' का पक्ष लेते हैं। और जब 'उत्कृष्ट' रूप सामने रहता है, तब 'समुदितकारणतावाद'। काव्य या कवि-कर्म के लिए 'शक्ति' की अपेक्षा है—पर यह 'शक्ति' दो प्रकार की है—सहजा और उत्पाद्या—जन्मजात और अर्जित। जन्मजात पर तो कुछ कहना नहीं है—पर अर्जित 'शक्ति' के लिए प्रयत्न करना पड़ता है। प्रयत्न में 'व्युत्पत्ति' और 'अभ्यास' का स्थान है। 'उत्कृष्ट काव्य' की कारणता पर विचार करने वाले सहजा 'शक्ति' के साथ-साथ 'व्युत्पत्ति' और 'अभ्यास' को भी आवश्यक मानते हैं। उनका मन्तव्य है कि उत्कृष्ट काव्य के लिए जिस सहजा शक्ति की आवश्यकता है—वह खान से निकले हुए हीरे की तरह होती है। उसमें निहित ज्योति को और प्रभास्वर करने के लिए जैसे शाण पर चढ़ाया जाता है, उसी प्रकार जन्मजात सहजा शक्ति में निखार लाने के लिए यह आवश्यक है कि उसे व्युत्पत्ति और अभ्यास के शाण पर चढ़ाया जाय—उसमें व्युत्पत्ति और अभ्यास के माध्यम से और निखार लाया जाय। इस प्रकार 'उत्कृष्ट काव्य' के प्रति व्युत्पत्ति, अभ्यास और इनसे सुसंस्कृत शक्ति—तीनों सम्मिलित या

समुदित रूप से 'चक्रचीवरादि न्याय' से कारण माने जाते हैं। जिस प्रकार घड़े के निर्माण में कुलाल चक्र, चीवर, दण्ड, आदि को सम्मिलित रूप से कारण रूप में उपयोग में लाता है—ठीक उसी प्रकार यहाँ भी तीनों सम्मिलित रूप से कारण कहे गए हैं। इस वाद के उपस्थापकों में प्रतिनिधि रूप से आचार्य मम्मट को लिया जा सकता है। उन्होंने 'काव्यप्रकाश' में कहा है—

शक्तिर्निपुणता लोकशास्त्रकाव्याद्यवेक्षणम्।
काव्यज्ञशिक्षयाभ्यास इति हेतुस्तदुद्भवे।।

अर्थात् शक्ति, लोक-शास्त्र तथा काव्य के निरीक्षण-परिशीलन से प्राप्त निपुणता (व्युत्पत्ति) और काव्यज्ञ के चरणों में बैठकर प्राप्त शिक्षा का अभ्यास—ये तीनों उत्कृष्ट काव्य के प्रति समुदित रूप से न कि अलग-अलग कारण हैं।

ऊपर कहा गया है कि मम्मट उत्कृष्ट काव्य की कारणता पर विचार कर रहे हैं और उसमें तीन—शक्ति, व्युत्पत्ति और अभ्यास को कारण मानते हैं। उन्होंने 'शक्ति' को कवित्व का बीजभूत संस्कार कहा है। वह संस्कार महापुरुषों के प्रसाद से भी उत्पन्न हो सकता है। वह एक प्रकार का अदृष्ट है। काव्य केवल अदृष्ट शक्ति से भी बनता है और केवल व्युत्पत्ति तथा अभ्यास से, परन्तु, यदि तीनों समुदित रूप में सक्रिय हों तो उत्कृष्ट काव्य होता है—अन्यथा सामान्य काव्य। ऐसी स्थिति में यह कहना कि शक्ति ही व्युत्पत्ति और अभ्यास से सुसंस्कृत होकर उत्कृष्ट काव्य पैदा करती है—कम से कम मम्मट के सन्दर्भ में संगत नहीं होगा। मम्मट के सन्दर्भ में यही मानना चाहिए कि तीनों की सम्मिलित कारणता है न कि दो से परिष्कृत शक्ति की। व्युत्पत्ति और अभ्यास से भी स्वतन्त्र काव्य बन सकता है। निरा बालक अदृष्टात्मक शक्ति से ही काव्य बना लेता है और जन्मजात संस्कार रूप शक्ति के अभाव में व्युत्पत्ति तथा अभ्यास से। इस प्रकार दो से संस्कृत शक्ति काव्य के प्रति कारण है—यह मम्मट का अभिप्राय नहीं है। पण्डितराज जगन्नाथ ने भी मम्मट का खण्डन करते हुए उक्त प्रकार का ही आशय स्पष्ट किया है। मम्मट पर आगे और विचार किया जाएगा।

हाँ, रुद्रट ने अपने 'काव्यालंकार' में यह अवश्य कहा है कि असार (दोष) निरास (निवारण) और सार (अलंकार) ग्रहण से चारु-काव्य के निर्माण में तीन कारण हैं—शक्ति, व्युत्पत्ति और अभ्यास। दण्डी ने भी माना है कि नैसर्गिक प्रतिभा, निर्मल शास्त्र ज्ञान और कठिन अभ्यास ये काव्य को सम्पन्न बनाने में कारण हैं। वामन ने भी तीन कारण माने हैं—लोक, विद्या और प्रकीर्ण। लोक से उनका आशय है—लोक व्यवहार का ज्ञान और विद्या से शास्त्रज्ञान। 'प्रकीर्ण' में छह की परिगणना की है। (1) लक्ष्य-ज्ञाता—लक्ष्य ग्रन्थों का परिशीलन (2) अभियोग यानी अभ्यास (3) वृद्ध-सेवा (गुरु से प्राप्त शिक्षा) (4) अवेक्षण (उपयुक्त शब्द को रखना और अनुपयुक्त को निकालना) (5) प्रतिभान (स्फुरण) और (6) अवधान (मानसिक एकाग्रता)। दण्डी

तीन कारण की बात कहकर भी मानते हैं कि यदि इन तीनों में जन्मान्तर की वासना से होने वाला अद्भुत प्रतिभान न भी हो तो भी केवल श्रुत और अभ्यास से भी उपासित सरस्वती अद्भुत चमत्कार खड़ा कर देती है। अभिप्राय यह कि तीन कारणों की बात दण्डी, रुद्रट और वामन जैसे-जैसे यानी थोड़े-बहुत हेरफेर के साथ सभी करते हैं—पर रुद्रट में बात थोड़ी और साफ होकर उठाई गई है। मम्मट में वह और व्यवस्थित होकर आई है।

रुद्रट ने दण्डी और वामन की अपेक्षा थोड़ी बात और साफ की। दण्डी प्रतिभा, श्रुत (व्युत्पत्ति) और अभियोग (अभ्यास) की बात करते हैं और वामन बेतरतीब सब इकट्ठा कर देते हैं—रुद्रट ने प्रतिभा की जगह 'शक्ति' कहकर भी उसे प्रतिभा से अभिन्न मान लिया है। यद्यपि यह कहा है कि दूसरों ने 'शक्ति' को ही 'प्रतिभा' माना है। रुद्रट के अनुसार 'शक्ति' का स्वरूप मम्मट की 'वृत्ति' में स्पष्ट की गई शक्ति (कवित्व बीजभूत संस्कार) से कहीं न कहीं, किसी न किसी तरह भिन्न है। यह बात ध्यान देने की है कि मम्मट ने कहीं नहीं कहा कि शक्ति और प्रतिभा एक हैं। उसका कारण है—पहले रुद्रट को देख लिया जाय। वह कहते हैं कि शक्ति वह हेतु है, जिसके होने पर समाहित चित्त में अनेकविध अर्थ और प्रसन्न पद स्फुरित होते हैं। रुद्रट कहते हैं कि दूसरों ने इसे ही प्रतिभा कहा है। यह शक्ति दो प्रकार की होती है—सहजा और उत्पाद्या। जन्मजात होने से सहजा उत्पाद्या से बड़ी मानी जाती है। सहजा बड़ी इसलिए है कि यह अपने संस्कार के लिए केवल अभ्यास आदि अन्य हेतुओं की अपेक्षा करती है न कि उत्पत्ति के लिए, जबकि उत्पाद्या उत्पत्ति के लिए श्रुत और अभ्यास की अपेक्षा करती है। 'शक्ति' महज अपना संस्कार करती है—शक्ति यानी सहजा शक्ति। यही खान से निकली मणि की तरह है, जिसमें व्युत्पत्ति और अभ्यास से और निखार आ जाता है। मम्मट की 'शक्ति' सम्बन्धी अवधारणा से रुद्रट की शक्ति सम्बन्धी अवधारणा भिन्न है। पहला कारण यह है कि रुद्रट शक्ति और प्रतिभा को एक कहते हैं—मम्मट ऐसा नहीं कहते। दूसरा कारण यह है कि रुद्रट ने 'शक्ति' के सहजा और उत्पाद्या—दो भेद कहे। मम्मट मौन हैं—उन्होंने ऐसा नहीं कहा। तीसरे, यह कि मम्मट स्पष्टतः तीन कारण कह रहे हैं—'त्रितयमिदं व्याप्रियते' कहकर तो रुद्रट भी तीन कारण कह रहे हैं—बल्कि यह भी कह रहे हैं कि ये तीनों व्यापारशील होते हैं—पर यह नहीं बताते कि इन कारणों का व्यापार क्या है ? मम्मट का मौन इसका उत्तर देता है। फिर जब यह मान लिया जाय कि व्युत्पत्ति और अभ्यास से संस्कृत 'शक्ति' कारण है, तो कारण तो 'शक्ति' ही हुई—उसी के होने पर समाहित चित्त में काव्यानुरूप शब्दार्थोपस्थिति या उनकी स्फुरणा होती है। शेष दो सहजा शक्ति के उपस्कारक मात्र हैं—आप चाहें तो उन्हें परम्परया कारण मान सकते हैं। इस स्थिति में सहजा ही नहीं, उत्पाद्या भी अकेले कारण है। व्युत्पत्ति और अभ्यास तो उनके उत्पादक

हैं। इस स्थिति में 'त्रितयमिदं व्याप्रियते'—रुद्रट का यह कथन संगत नहीं होता। दण्डी तो 'उत्पाद्या' की बात भी नहीं करते—नैसर्गिकी प्रतिभा, श्रुत और अमन्द अभियोग की ही बात करते हैं। हाँ, बाद में यह अवश्य कहते हैं कि केवल श्रुत और अभ्यास से भी कविता अच्छी बन सकती है। इससे उनका यह आशय बहुत स्पष्ट नहीं है कि ये दोनों साक्षात् कारण हैं या 'शक्ति'—के उत्पादन द्वारा। वैसे यह आशय निहित होना ही चाहिए। इससे निष्कर्ष यही निकला कि काव्य-निर्माण में 'शक्ति' ही कारण है—वह असंस्कृत, संस्कृत और उत्पन्न—किसी भी प्रकार की हो सकती है। पर शक्ति के व्यापार का प्रश्न असमाहित ही रह जाता है।

भामह का पक्ष है कि काव्य किसी प्रतिभासम्पन्न व्यक्ति का ही कार्य है। यों कवि को चाहिए कि वह शब्दार्थ की प्रतिपत्ति अर्जित करे, विशेषज्ञ की उपासना करे और दूसरों के निबन्धों का परिशीलन। दण्डी और रुद्रट द्वारा आरव्ध पक्ष को 'अलंकार-तिलक' कार वाग्भट ने स्पष्ट कर दिया और कहा कि प्रतिभा ही काव्य का कारण है—व्युत्पत्ति और अभ्यास उसके संस्कारक हैं। यायावरीय राजशेखर भी मानता है कि शक्ति ही केवल काव्य का कारण है। आनन्दवर्द्धन भी 'शक्ति' को महत्त्व देता है। वह कहता है—अ-व्युत्पत्ति से उभरते दोष को 'शक्ति' दबा देती है—हाँ, यदि 'शक्ति' न हो—तो दोष स्पष्ट उभर आता है। 'काव्यानुशासन' कार हेमचन्द्र 'प्रतिभा' को ही काव्य-हेतु बताता है और उसे त्रिधा विभाजित करता है—सहजा, औपाधिकी तथा संस्कार्या। इनके चिन्तन में इनका जैन दर्शन सक्रिय है। जैन दर्शन आत्मा पर काषायवश आवरण मानता है। क्षय-उपशम की विधि से यदि आकाशवत् व्याप्त और अनन्त ज्ञानमय आत्मा पर से आवरण हट जाता है, तो वह प्रतिभा सहजा है—मन्त्रबल और देवता के प्रभाव से या अन्य दृष्ट उपाय से प्राप्त होने वाली औपाधिकी तथा व्युत्पत्ति और अभ्यास से संस्कार्य है तो संस्कार्या। लोचनकार अभिनवगुप्त भी कहते हैं कि शक्ति ही प्रतिभान है—वर्णनीय वस्तु विषयक नूतन उल्लेख इसके स्वभाव में होता है। साहित्यमीमांसाकार मङ्खु ने कहा है कि कवि 'श्रुताभियोग प्रतिभा-शक्ति' युक्त होता है। मतलब इन्होंने व्युत्पत्ति, अभ्यास, प्रतिभा और शक्ति—चार का होना कवि के लिए आवश्यक बताया। राजशेखर ने उन आचार्यों का जिन्होंने एक (शक्ति) की जगह दूसरे (प्रतिभा) का प्रयोग किया है, उनका समन्वय करते हुए कहा कि शक्ति शब्द का प्रतिभान में औपचारिक प्रयोग है—दोनों भिन्नार्थक हैं। राजशेखर काव्यमीमांसा में स्पष्ट कर देते हैं कि 'शक्ति' सम्पन्न को ही 'प्रतिभा' और 'व्युत्पत्ति' होती है। व्यवहार में कहा गया है और अनुभव साखी भरता है कि प्रतिभान और व्युत्पत्ति उसे ही होते हैं जो 'शक्ति' सम्पन्न होता है। इससे स्पष्ट है कि शक्ति और प्रतिभा—एक नहीं हैं—उनमें कार्यकारण भाव सम्बन्ध है। 'शक्ति' होती है तो 'प्रतिभान' होता है। यह भ्रम परवर्ती आलंकारिकों तक में प्रवहमान है कि शक्ति और प्रतिभा एक हैं। राजशेखर ने इसे स्पष्ट कर

दिया है कि प्रतिभा शक्ति से भिन्न है। जहाँ दोनों को एक कहा जा रहा है अथवा एक की जगह दूसरे का प्रयोग किया जा रहा है—वह सब औपचारिक या लाक्षणिक है।

इस पृष्ठभूमि पर काव्यप्रकाशकार मम्मट के पक्ष का पुनः विचार किया जाय। वे उत्कृष्ट काव्य के कारण पर विचार करते हुए कहते हैं कि शक्ति या कवित्व-बीजभूत संस्कार-विशेष, व्युत्पत्ति और अभ्यास—ये तीन कारण हैं और सम्मिलित रूप में अखण्ड कारण हैं। यदि प्रकाशकार अभ्यास और व्युत्पत्ति का संस्कार्य मानते 'शक्ति' को—तब 'शक्ति' ही कारण होती—पर यहाँ तो तीनों की अखण्ड कारणता मानी जाती है—'चक्रचीवरादि न्याय' से। पण्डितराज जगन्नाथ काव्य-सामान्य की कारणता पर विचार करते हैं और कहते हैं—''प्रतिभैव केवला कविगता कारणम्।'' केवल कविगत 'प्रतिभा' ही काव्य का करण है और ऐसा कहते हुए वह प्रकाशकार से अपना वैमत्य व्यक्त करते हैं। वे तीन कारण नहीं मानते। उनका कहना है—व्यवहार में निरक्षर और अनभ्यासी भी अन्य कारणों से 'कविता' करता हुआ व्यवहार में—इतिहास में देखा गया है। मूक कवि ने 'पंचशती' लिखी। कबीर और प्रसाद ने काव्य लिखे—इन लोगों ने किस महाविद्यालय में गुरु से शिक्षा ली या अभ्यास किया ? कहाँ से व्युत्पत्ति प्राप्त की ? दूसरी ओर मैथिलीशरण गुप्त स्लेट और पेंसिल घिसते-घिसते, पढ़ते-लिखते अपने कवि-गुरु की देखरेख में व्युत्पत्ति और अभ्यास के बल पर कवि बन गए। इससे पण्डितराज जगन्नाथ ने अपने इतिहास से अनेक उदाहरण लेकर यह तय किया कि केवल शक्ति या केवल व्युत्पत्ति और अभ्यास से 'तृणारणिमणि' न्याय से काव्य बन सकता है—तीनों की सम्मिलित कारणता नहीं है। पण्डितराज को यह नहीं मालूम कि प्रकाशकार उत्कृष्ट काव्य की कारणता पर विचार कर रहे हैं। इस माने में दोनों एक मत हैं कि 'प्रतिभा' और 'शक्ति' भिन्न हैं। 'प्रतिभा' काव्यानुकूल शब्द और अर्थ का स्फुरण है, जबकि शक्ति कवित्व-बीजभूत संस्कार विशेष या महापुरुष प्रसाद आदि से जन्य अदृष्ट-विशेष है। 'संस्कार' से ही 'स्फुरण' होता है—अतः दोनों में कारण-कार्य का भेद राजशेखर ने सही कहा है। उन लोगों के विचार जो शक्ति या प्रतिभा को संस्कार-विशेष कह देते हैं या जो दोनों को 'स्फुरणा' कहकर एक कर देते हैं—असमीक्षित और असमीचीन है।

सम्प्रति, समस्या यह है कि ये दोनों—मम्मट और पण्डितराज परस्पर विरुद्ध हैं—अतः दोनों में से कौन ठीक है ? मेरा पक्ष है कि दोनों ठीक हैं। उसकी उपस्थापनाओं में विरोध नहीं है—दृष्टि में भेद है। काव्य प्रकाशकार प्राचीन मान्यता के हैं और पण्डितराज नवीन। जिस कारणता पर विचार किया जा रहा है—प्राचीनों और नवीनों की धारणा में उस पर मतभेद है। प्राचीन मानते हैं—''व्यापारवदसाधारणं कारणं करणम्—'' और नवीन मानते हैं—''फलयोगाव्यवहितं कारणं करणम्''। प्राचीन 'कारण' और 'फल' के बीच 'व्यापार' का व्यवधान मानते हैं। व्यापारशील असाधारण

कारण को प्राचीन 'करण' कहते हैं और नवीनों का पक्ष है कि करण उस कारण को कहना चाहिए जो फल या कार्य से अव्यवहित हो–व्यवहित को कारण मानने पर परम्परया सम्बद्ध भी कारण हो जाएँगे। इसीलिए रुद्रट द्वारा प्रस्तुत 'व्यापार' की समस्या 'शक्ति' से भिन्न 'प्रतिभा' को मानने पर हल हो जाएगी। संस्कार, व्युत्पत्ति और अभ्यास असाधारण कारण हैं और 'प्रतिभा' व्यापार। यह 'व्यापार' पारिभाषिक है। व्यापार वह है, जो कारण से जन्य हो और उससे जन्य का जनक। 'प्रतिभा' संस्कार, व्युत्पत्ति और अभ्यासजन्य भी है और अन्तिम जन्य काव्य का आन्तरालिक जनक या उत्पादक भी। इसीलिए रुद्रट की अपेक्षा मम्मट का पक्ष जो उत्कृष्ट काव्य के लिए है–सही है। पण्डितराज काव्यात्मक कार्य या फल से अव्यवहित या अव्यवहित पूर्ववर्ती 'प्रतिभा' नामक तत्त्व को ही कारण या करण मानते हैं। इस प्रकार दोनों का मत दृष्टि-भेद से सही है। पण्डितराज एक बात और कहते हैं, जिसे किसी ने नहीं कहा। वह है–प्रतिबन्धकाभाव' की कारणता। उनका कहना है कि कभी-कभी मन्त्रबल से कवि की शक्ति को प्रतिबद्ध कर दिया जाता है–अवरुद्ध कर दिया जाता है–फलतः काव्य नहीं होता। जब अवरोधक हटा दिया जाता है, तब अप्रतिहत शक्तिवश प्रतिभा सक्रिय हो जाती है–काव्य बनने लगता है।

सम्प्रति, प्रतिभा, शक्ति, व्युत्पत्ति और अभ्यास पर स्वतन्त्र विचार किया जाना चाहिए। इस क्रम में सबसे पहले आती है–प्रतिभा। 'व्युत्पत्ति' की दृष्टि से देखा जाय तो इसकी दो व्युत्पत्तियाँ मिलती हैं–करण व्युत्पत्ति और भावव्युत्पत्ति। करणव्युत्पत्ति है–'प्रतिभायतेऽनया इति प्रतिभा।' जिसके द्वारा प्रतिभान हो–स्फुरण हो–काव्यानुकूल शब्दार्थमयी सामग्री स्फुरित होने लगे वह प्रतिभा है। इस दृष्टि से 'शक्ति' ही प्रतिभा हो जाएगी। दूसरी व्युत्पत्ति है–'प्रतिभानं प्रतिभा।' प्रतिभान व्यापार–स्फुरण व्यापार ही प्रतिभा है। 'प्रतिभा' में प्रकाश या दीप्ति अर्थवाली 'भा' धातु है–अतः उसका शाब्दिक अर्थ है–आकस्मिक प्रकाश-कौंध-स्फुरण। पण्डितराज भी यही कहते हैं।

रहा यह कि 'प्रतिभा' क्या है ?–उसकी प्रत्यभिज्ञापक रेखाएँ कौन-कौनसी हैं ? क्या वह ज्ञान का कोई स्वतन्त्र रूप है ? क्या वह स्वीकृत प्रमाणों में ही अन्तर्मुक्त है ? या अपना स्वतन्त्र महत्त्व रखता है ? दार्शनिक क्या कहते हैं ? काव्य-चिन्तक क्या समझते हैं ? प्रतिभा प्रकाश है–कौंध है–आकस्मिक स्फुरण है–तो वह केवल कुछ दृश्यों को ही प्रकाशित करती है–पूर्व से विद्यमान को ही सामने लाती है या कुछ नया उपजाती भी है–नया करती भी है ? अभिप्राय यह कि प्रतिभा के सम्बन्ध में अनेक प्रश्न हैं–जिन पर विचार किया जाना चाहिए। इन प्रश्नों पर विचार किया भी गया है।

वस्तुतः जब हमें जीवन मिला है तो उसके साथ जिजीविषा भी लगी है और

जिजीविषा है तो उसे चरितार्थ होना ही है। चरितार्थ होना है, तो जिजीविषु को जगत् से जुड़ना होगा और यह जुड़ना ज्ञानपूर्वक होगा। ज्ञान विषय के साथ इन्द्रिय सन्निकर्ष की अपेक्षा रखता है—जहाँ यह सम्भव नहीं है वहाँ प्रत्यक्ष गृहीत व्याप्ति-बोध से अनुमान का सहारा लेना पड़ेगा। जहाँ यह भी नहीं चलेगा, वहाँ विश्वास पर 'शब्द' प्रमाण ही काम देगा। तत्त्वतः देखा जाय तो चाहे प्रत्यक्ष हो या शब्द-ज्ञान—दोनों स्रोतों से जो अर्थ-ज्ञान होता है वह ग्राहक के संस्कार-भेद से भिन्न होता है (फलतः उसे स्वार्थानुमान या परार्थानुमान का सहारा लेना पड़ता है) तर्क से ही काम चलाना पड़ता है। तर्क सीमातीत नहीं है—उसकी भी सीमा है। वह जिस बुद्धि से चलता है—वह स्वयं अप्रतिष्ठित है—अतः एक और प्रकार के ज्ञान अनुभव-सिद्ध ज्ञान को मानना पड़ता है—यह सहसा कौंधता है—तार्किक ज्ञान की तरह स्तर-दर-स्तर नहीं होता। इसमें प्रामाणिकता और ताजगी दोनों रहती हैं। इस ज्ञान से व्यवहार का दूरगामी संवाद होता ही है। शास्त्रकारों का विचार है कि इस प्रातिभ-बोध का दायरा पशु-पक्षियों से लेकर लौकिक मानव से होता हुआ सन्तों और ऋषियों तक व्याप्त है। पशु-पक्षियों में वह स्वभाव-वश स्फुरित होता है। बया को आकाश में किसने घोंसला बनाना सिखाया ? अबोध शिशु को स्तन से दूध खींचना किसने बताया ? कहीं-कहीं इस प्रतिभा या प्रज्ञा को अन्तःकरण का ही परिष्कार जनित रूप निरूपित किया गया है और कहीं-कहीं सर्वथा उससे भिन्न—आत्मसामर्थ्य या आत्मशक्ति—स्वरूपशक्ति—निरावृत चैतन्य या चेतन की शक्ति। छान्दोग्य उपनिषद में कहा गया है—''मनोऽस्य दिव्यं चक्षुः।'' शुक्र यजुर्वेद की वाजसनेय संहिता में शिव संकल्प मन्त्र के सन्दर्भ में भी इसी आशय की पुष्टि की गई है। इस विषय पर पौरस्त्य-पाश्चात्य शास्त्रों में बड़े ही विस्तार से विचार उपलब्ध है—सबका यहाँ उपस्थापन सम्भव नहीं है और उपस्थापन से प्रकृत विषय भी प्रतिहत और व्यवहित हो जाएगा—अतः आगे एक संक्षिप्त सारणी दे रहा हूँ जिज्ञासु जन तत्-तत् शास्त्रों का अवलोकन करें।

यहाँ केवल काव्यचिन्तकों की 'प्रतिभा' सम्बन्धी अवधारणा का थोड़ा विवेचन किया जाएगा। 'प्रतिभा' के स्वरूप के सम्बन्ध में हेमचन्द्र की दार्शनिक अवधारणा ऊपर कही गई है। सम्प्रति दो साहित्यिक आचार्यों का मत प्रस्तुत करना चाहूँगा। प्रसंगतः और आचार्य भी खिंचे हुए आ सकते हैं। महिमभट्ट ने 'तत्त्वोक्तिकोश' नामक कोई शास्त्र लिखा था, जिसकी प्रतिभास्वरूप सम्बन्धी कुछ पंक्तियाँ 'व्यक्ति-विवेक' में उद्धृत हैं—वे इस प्रकार हैं—

> उच्यते वस्तुनस्तावद् द्वैविध्यमिह विद्यते।
> तत्रैकमत्र सामान्यं यद्विकल्पैकगोचरः।।114।।
> स एव सर्वशब्दानां विषयः परिकीर्तितः।
> अतएवाभिधेयन्ते सामान्यं बोधयन्त्यलम्।।115।।

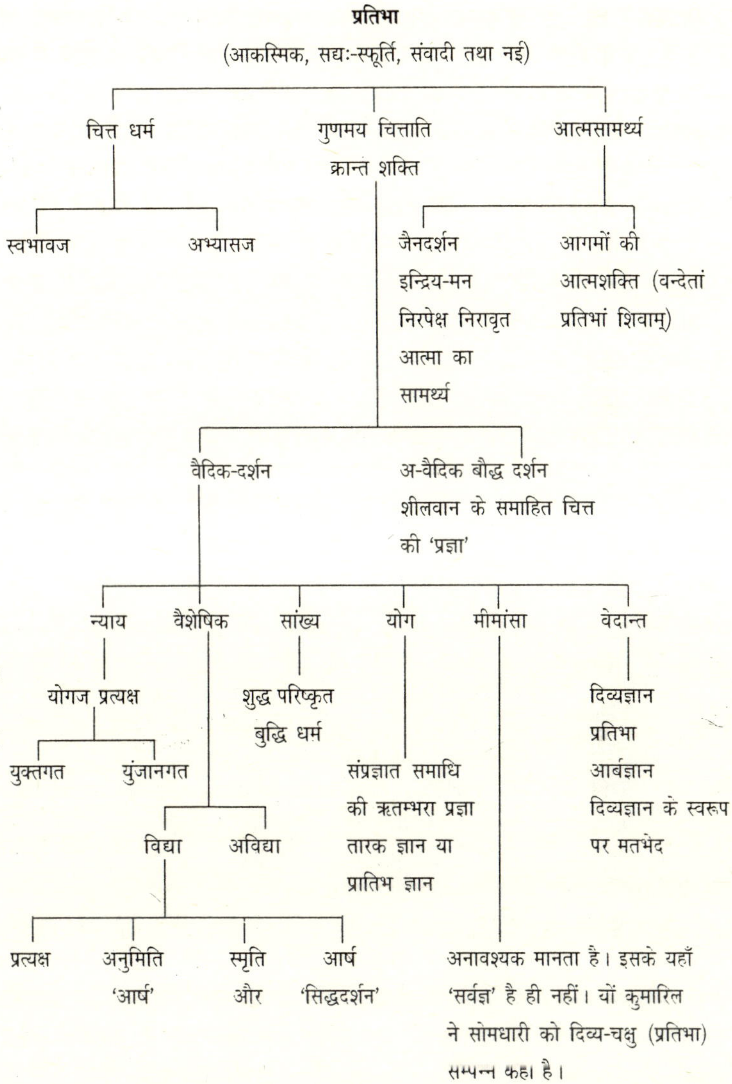
प्रतिभा
(आकस्मिक, सद्यः-स्फूर्ति, संवादी तथा नई)
चित्त धर्म
गुणमय चित्तातिक्रान्त शक्ति
आत्मसामर्थ्य
स्वभावज
अभ्यासज
जैनदर्शन इन्द्रिय-मन निरपेक्ष निरावृत आत्मा का सामर्थ्य
आगमों की आत्मशक्ति (वन्देतां प्रतिभां शिवाम्)
वैदिक-दर्शन
अ-वैदिक बौद्ध दर्शन शीलवान के समाहित चित्त की 'प्रज्ञा'
न्याय
वैशेषिक
सांख्य
योग
मीमांसा
वेदान्त
योगज प्रत्यक्ष
युक्तगत
युंजानगत
शुद्ध परिष्कृत बुद्धि धर्म
संप्रज्ञात समाधि की ऋतम्भरा प्रज्ञा तारक ज्ञान या प्रातिभ ज्ञान
दिव्यज्ञान प्रतिभा आर्षज्ञान दिव्यज्ञान के स्वरूप पर मतभेद
विद्या
अविद्या
प्रत्यक्ष
अनुमिति 'आर्ष'
स्मृति और
आर्ष 'सिद्धदर्शन'
अनावश्यक मानता है। इसके यहाँ 'सर्वज्ञ' है ही नहीं। यों कुमारिल ने सोमधारी को दिव्य-चक्षु (प्रतिभा) सम्पन्न कहा है।

विशिष्टमस्य यद्रूपं तत् प्रत्यक्षस्य गोचरः।
स एव सत्कविगिरां गोचरः प्रतिभाभुवाम्।।116।।
रसानुगुणशब्दार्थचिन्तास्तिमितचेतसः।
क्षणं स्वरूपस्पर्शोत्था प्रज्ञैव प्रतिभा कवेः।।117।।
सा हि चक्षुर्भगवतस्तृतीयमिति गीयते।
येन साक्षात्करोत्येष भावांस्त्रैलोक्यवर्तिनः।।18।।
इत्यादि प्रतिभातत्त्वमस्माभिरूपपादितम्।
शास्त्रे तत्त्वोक्तिकोशाख्य इति नेह प्रपञ्चितम्।।119।।

इसका आशय इस प्रकार है—प्रत्येक वस्तु के दो रूप होते हैं—एक सामान्य और विशेष। सामान्य रूप में ग्राहक अपने संस्कार के अनुरूप विकल्प कर सकते हैं—पर प्रत्यक्ष प्रमाण से वस्तु का जो 'विशेष' रूप गृहीत होता है—उसमें विकल्प की कोई गुंजाइश नहीं है। कारण, उसमें गृहीत वस्तु की वैयक्तिक विशेषताएँ सामने निर्भ्रान्त रूप में प्रस्तुत रहती हैं। इन दोनों में जो 'सामान्य' रूप है—शब्द जैसे परोक्ष प्रमाण से उसी का अभिधेय रूप में बोध होता है, जो 'विशिष्ट' रूप है वह अ-परोक्ष या प्रत्यक्ष-प्रमाण का विषय होता है। यही 'विशिष्ट' रूप प्रतिभा-प्रसूत कवि की वाणी से उपस्थापित किया जाता है। काव्य-स्वरूप निरूपण के अवसर पर बताया गया है कि कवि-प्रयुक्त शब्द जो अर्थ देता है—उसमें 'कुछ और' होता है जो अकाव्यात्मक शब्द से उपस्थापित अर्थ में नहीं होता। इसका कारण यह है कि कवि जिस आँख से देखता है, अ-कवि में वह आँख है ही नहीं। असल में होता यह है कि जिस समय रसानुरूप शब्दार्थ की चिन्ता में कवि का चित्त समाहित होता है, उस समय उसकी ज्योतिष्मती प्रज्ञा से वस्तुगत असाधारणता (कुछ और) असाधारण विशेषता—स्वरूप स्पर्शकारी विशेषता का साक्षात्कार होता है। यह समाहित चेतस् कवि की प्रज्ञा ही प्रतिभा है। यही भगवान शिव की तीसरी आँख कही जाती है। इससे कवि त्रिलोकवर्ती भावों का साक्षात्कार कर लेता है। तत्त्वोक्तिकोश नामक ग्रन्थ में इस प्रतिभा तत्त्व पर महिम ने जमकर विचार किया है। इस प्रकार कवि जिस चारुता का काव्योचित शब्दों से सम्प्रेषण करता है, उसका बोध ग्राहक अर्थगत 'विशिष्ट' रूप के साक्षात्कार से ही कर सकता है।

आनन्दवर्द्धन ने भी इस मर्म का उद्घाटन करते हुए कहा है—"वाच्यानां च काव्ये प्रतिभासमानानां यद्रूपं तत्तुग्राह्यविशेषाभेदेनैव प्रतीयते।" वाच्य अन्य शास्त्र में भी होते हैं और काव्य में भी—पर काव्य में जो प्रतिभासमान वाच्य अर्थ होता है वह कुछ और ही लिए रहता है—वह प्रत्यक्ष ग्राह्य 'विशिष्ट' से एकरस होकर प्रतीत होता है।

अभिनवगुप्त ने 'प्रतिभा' के विषय में कहा है—

यदुन्मीलनशक्त्यैव विश्वमुन्मीलति क्षणात्।
स्वात्मायतनविश्रान्तां वन्दे तां प्रतिभां शिवाम्।।

प्रतिभा कवि-रूप शिव की आत्मशक्ति शिवा ही है। वह निरन्तर स्वरूप में विश्रान्त रहती है। इसके बहिर्मुख होते ही क्षण-भर में समस्त विश्व उन्मीलित हो जाता है। इसीलिए मम्मट जब कहता है कवि भारती को 'अनन्य परतन्त्र' तब उसका यही आशय है कि कवि और उसकी (शक्ति-व्युत्पत्ति-अभ्यास विशिष्ट) प्रतिभा के अतिरिक्त और किसी का तन्त्र उस पर नहीं है। कवि काव्यसृष्टि में अपनी प्रतिभा का वैसे ही सहारा लेता है जैसे शिव सृष्टि के लिए आत्मशक्ति शिवा का। अपार काव्य संसार में कवि ही एक प्रजापति है—यह उसकी रुचि है—इच्छा-शक्ति है कि जैसा वह चाहता है—वैसा परिणाम होता रहता है। कहा गया है—

अपारे काव्य-संसारे कविरेकः प्रजापतिः।
यथास्मै रोचते विश्वं तथेदं परिवर्तते।।

अभिनवगुप्त ने 'अभिनवभारती' में भी इसी आशय का विशदन करते हुए कहा है—

"कवेरपि स्वहृदयायतनसततोदितप्रतिभाभिधानषरवारदेवतानुग्रहोत्थित विचित्रापूर्वार्थ निर्माणशक्तिशालिनः प्रजापतेरिव काम-जनितजगतः।" (प्रथम अध्याय) अर्थात्—कवि और प्रजापति का कार्य एक ही तरह का है। कवि के हृदय में आयतन बनाकर प्रतिभा नामक वाग्देवता सतत उदित रहती है। उसी के अनुग्रह से 'विचित्र' और 'अपूर्व' अर्थ का निर्माण होता है। अन्यत्र भी 'लोचन' में अभिनव ने कहा है—"अपूर्ववस्तु निर्माण क्षमा प्रज्ञा प्रतिभा।" प्रतिभा अपूर्व वस्तु के निर्माण में क्षम है। 'प्रतिभा' वह आलोक है, जो सभी प्रकार के देश-काल-व्यक्ति सम्बन्धी आवरणों को हटाकर अज्ञात का अपरोक्षीकार करा देती है। राजशेखर ने भी 'काव्यमीमांसा में इस तथ्य का अनावरण करते हुए कालिदास की प्रतिभा का उदाहरण दिया है, जो देश-देशान्तर, लोक-लोकान्तर की वार्ता का चित्र प्रस्तुत करती है। इस सन्दर्भ में स्पष्ट है कि वह अज्ञात का ज्ञान भी कराती है और अपूर्व का निर्माण भी। इन दोनों उपायों से 'चारुता' का सम्प्रेषण करती है—कहीं निर्माण करके और कहीं सर्व सामान्य को अज्ञात जो है उसका साक्षात्कार करके। 'वाक्यवक्रता' या 'वस्तुवक्रता' का निरूपण करते हुए कुन्तक ने बताया है कि लोकोत्तर आह्लादकारी वैचित्र्य या वक्रता वस्तु के स्वभाव में है—पर वह सर्वसामान्य के लिए 'अव्यक्त' (लीन) रहती है—सहज प्रतिभा उसे पकड़ लेती है और चारुता संवाहक उस वैशिष्ट्य से मण्डित वर्ण्य वस्तु का सम्प्रेषण करती है। काव्यत्व इसी में निहित है। कहा है—

लीनं वस्तुनि येन सूक्ष्मसुभगंतत्त्वं गिरा कृष्यते, निर्मातुं
प्रभवेन्मनोहरमिदं वाचैव यो वा कविः वन्दे द्वावपि...

अर्थात् जो काव्योचित चारुता कही जाती है—वह वस्तु में 'सहज' भी होती है और विचित्र-मार्गों द्वारा 'आहार्य' भी। सहज चारुता को उभारने वाला वैशिष्ट्य स्वभाव में ही लीन रहता है—वही सूक्ष्म सुभग-तत्त्व है। प्रतिभा उसका साक्षात्कार

करती है—वस्तु का यह स्वभावगत चारुतापरक वैशिष्ट्य नित नूतन होता है। कारण वह स्वभाव स्पन्दात्मा है। वह स्वयं चिर-रमणीय चेतना का ही एक रूप है। फलतः वह रमणीय है। इसीलिए कवि सर्वत्र सौन्दर्य देखता है। सौन्दर्य के परिनिष्ठित सिद्ध को सब तरफ सौन्दर्य ही दिखाई देता है। सौन्दर्य को सिद्धि ही तभी समझनी चाहिए, जब उसे सभी सुन्दर लगे—फलतः वह सबको चाहने लगे। यह सुकुमार मार्ग के कवि की प्रतिभा है—कि जो सहज सौन्दर्य-मण्डित वस्तु है—उसी का वर्णन करती है—उसकी प्रतिभा स्पन्द-स्वभावमय वस्तु को पकड़ती है इसीलिए कुन्तक कहते हैं—

'यत् किंचनापि वैचित्र्यं तत्सर्वं प्रतिभोद्भवम्'

सौन्दर्य एकमात्र प्रतिभा की करामात है। यदि कवि 'विचित्र-मार्ग' का है, तो उसकी 'प्रतिभा' शक्ति (संस्कार) सम्भूत न होकर 'व्युत्पत्ति' और 'अभ्यास' प्रसूत होगी। वह जो है—उसमें नहीं रमता—वह कुछ 'निर्माण' करना चाहता है—अतः इस मार्ग का कवि अलंकरण द्वारा उत्पादित—असहज चारुता का आहरण करता है। ये दोनों ही वन्द्य हैं। मतलब प्रतिभा अज्ञात का ज्ञान भी कराती है और नया निर्माण भी करती है। उसके दोनों कार्य हैं। 'नवता' ही रचना का प्राण है और वह उभयविध रचना में विद्यमान है। कहीं-कहीं 'प्रतिभा' के तीन रूप बताए गए हैं—सहजा, आहार्या और औपदेशिकी। आहार्या और उत्पाद्या एक ही हैं—व्युत्पत्ति की दृष्टि में एक में अर्थ-आहरण पर बल है और अन्यत्र उत्पादन स्रोत-व्युत्पत्ति और अभ्यास पर। औपदेशिकी प्रतिभा में उपदेश पर—गुरुजनों द्वारा दिए गए दिव्य उपदेश पर बल है, जिससे सहसा कोई उत्तम शक्ति शिष्य में संक्रान्त हो जाती है। 'आहार्या' में विचित्र मार्ग से कवि अर्थाहरण करता है—यह आहूत अर्थ अयोनिच्छाय—सर्वथा अछूता भी होता है और अन्ययोनिच्छाय—अन्य संस्पृष्ट भी होता है। अयोनिच्छाय—तीन प्रकार के हैं—आलेख्य प्रख्य, प्रतिबिम्बवत् और तुल्यदेहिवत्। पहला और दूसरा निष्प्राण होने से अग्राह्य हैं—पर तीसरा ग्राह्य है। ऐसा संवाद चल सकता है।

राजशेखर ने 'प्रतिभा' पर निर्माण ही नहीं, ग्रहण की दृष्टि से भी विचार किया है—और उसे कारयित्री तथा भावयित्री—दो प्रकार का माना है। निर्माता में कारयित्री और भावक में भावयित्री। इस भावक में 'सहृदयता' भी होनी चाहिए और 'भावना' भी। सहृदयता से उपस्कृत भावना जब सक्रिय होती है, तब शब्द प्रतिपाद्य अर्थ की रमणीयता अनुभव में आने लगती है। इस प्रकार भावयित्री ही कारयित्री को चरितार्थ करती है।

'सहजा' प्रतिभा के मूल में 'शक्ति' और 'उत्पाद्या' के मूल में 'व्युत्पत्ति' और 'अभ्यास' है। 'शक्ति' को कहीं-कहीं 'प्रतिभा' या 'प्रतिभान' कहा गया है—वह उपचारवश है—लाक्षणिक है। तथ्य यह है कि 'शक्ति' कारण और सहज प्रतिभा—उसका प्रतिफल। यह शक्ति 'संस्कार' विशेष है। यह जन्मान्तरीय भी हो

सकती है और महापुरुषों के प्रसाद से भी आ सकती है। रुद्रट चूँकि दण्डी का साक्ष्य देते हुए मानते हैं कि प्रतिभा और शक्ति एक ही है—इसीलिए जहाँ वह 'शक्ति' (प्रतिभा) को उपकार्य और 'व्युत्पत्ति'—अभ्यास को उपकारक मानकर प्रधान-अप्रधान या विषमकक्ष निरूपित करते हैं, वहीं प्रकाशकार मम्मट शक्ति, व्युत्पत्ति और अभ्यास को समकक्ष हेतु बताते हैं और 'प्रतिभा' को इनका व्यापार। जैसे भ्रमण व्यापार द्वारा दण्ड घट का कारण है—उसी प्रकार प्रतिभा द्वारा शक्ति आदि तीनों सम्मिलित रूप में उत्कृष्ट काव्य के लिए एक कारण।

हेतु (शक्तिः प्रतिभा)

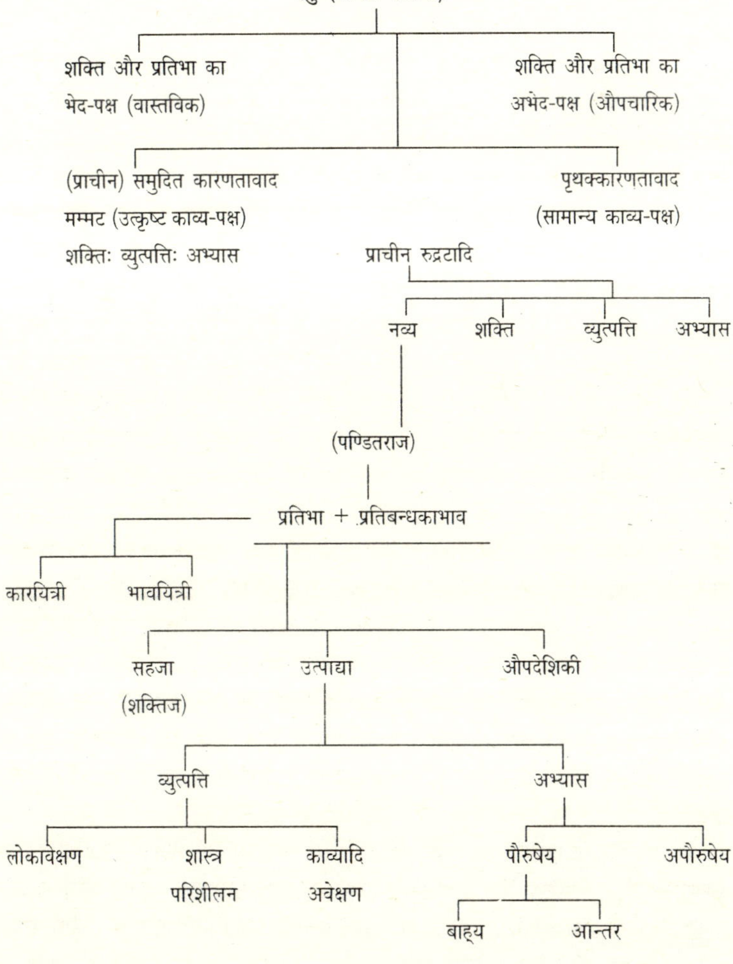

'व्युत्पत्ति' कभी 'निपुणता' और कभी 'उचितानुचित विवेक' के नाम से भी जानी जाती है। इस व्युत्पत्ति का स्रोत है—लोक-निरीक्षण, शास्त्र-परिशीलन और काव्यादि का अनुशीलन। लोक में चेतन-अचेतन का स्वभाव-वैशिष्ट्य-बोध जितना ही होगा—उतना ही संवाद-पर्यवसायी काव्य की विश्वसनीयता होगी। शास्त्र-बोध से उसमें निरूपणीय वैचारिक पक्ष उपोद्बलक होगा। काव्यानुशीलन से तत्-तत् समाज और राष्ट्र में प्रचलित अपनी-अपनी परम्परा का बोध होता है। आदि पद से कलाओं का बोध भी अपेक्षित है। अभिप्राय यह कि ये नये और समानान्तर संसार की रचना करने वाले स्रष्टा को ऐसा क्या है, जो नहीं जानना चाहिए। व्युत्पत्ति इसी ज्ञानार्जन का नाम है।

'अभ्यास' किसी बात को पुनः पुनः करने का नाम है। काव्यज्ञ से सीख लेनी चाहिए और तदनुरूप दीर्घकाल तक निरन्तर प्रयत्न चलना चाहिए। 'अभ्यास' आन्तरिक भी होता है और बाह्य भी। आन्तरिक अभ्यास का नाम समाधि है। चित्त करणीय से हटा और दुर्घटना घटी—रचना का ध्वंस हुआ। बाह्य अभ्यास से रचना को सीखे हुए साँचे में ढालने का दीर्घकाल तथा निरन्तर किया जाता हुआ प्रयत्न है। यह पौरुषेय के साथ अ-पौरुषेय भी है। दिव्याराधन अ-पौरुषेय कार्य-साधक होता है। इस प्रकार काव्य-हेतु पर संक्षेप में वक्तव्य कह दिया गया।

रचना-प्रक्रिया

कहा जाता है कि भारतीय काव्य-चिन्तकों का काव्य-चिन्तन ग्रहण-पक्षीय है—ग्राहकगत आस्वाद पर केन्द्रित है। निर्माण-पक्ष उपेक्षित है—उस पर कुछ कहा ही नहीं गया। वस्तुतः ऐसा नहीं है। अलंकारमत, रीतिमत और वक्रोक्तिमत निर्माण-पक्ष से ही किए गए चिन्तन के परिणाम हैं। निर्माता की यह चिन्ता है कि शब्दार्थ में वह क्या डाल दिया जाय, रचना-क्रम में कि अ-काव्यात्मक शब्द से उसकी पृथक् पहचान बन जाय ? अलंकार और रीतिवादियों ने सामग्री—अलंकार और गुण-पर बल दिया। सौन्दर्य का स्रोत काव्योचित सौन्दर्य का स्रोत एक ने केवल 'अलंकार' को और दूसरे ने व्यापक स्तर पर दोषाभाव, अलंकार और गुण को बताया। वक्रोक्तिवादी ने कवि-व्यापार 'प्रतिभा' पर अपना ध्यान केन्द्रित किया और कहा काव्योचित चारुता का स्रोत वक्रता या कवि व्यापार प्रतिभा ही है—'वक्रत्वं कविव्यापारः।' काव्य में जो कुछ भी सौन्दर्य है—वह इसी 'प्रतिभा' की करामात है।

"यत् किंचनापि सौन्दर्य तत्सर्वं प्रतिभोद्भवम्"—पर निर्माण-पक्ष से विचार करने वालों की अपेक्षा रचना-प्रक्रिया पर कहीं अधिक ग्रहण-पक्ष से विचार करने वालों ने कहा। सबसे पहले 'रस' को काव्य का सर्वस्व मानने वाले आनन्दवर्द्धन ने इसका उपक्षेप किया। उन्होंने कहा—

काव्यस्यात्मा स एवार्थस्तथा चादिकवेः पुरा।
क्रौंचद्वन्द्ववियोगोत्थः शोकः श्लोकत्वमागक्तः।।

परिणत-प्रज्ञ रचयिताओं की रचना आनन्दमयी सर्जनात्मक अनुभूति का समुच्छलन कही गई है। प्रमाण रूप में काव्य का इतिहास बताते हुए आनन्दवर्द्धन ने कहा कि काव्य का अन्तस्तत्त्व तो रसमय सर्जनात्मक अनुभूति ही है। प्रमाण है वाल्मीकि का आदिकाव्य–जो क्रौंच-युगल में से एक की सम्भोग-काल में हुई हत्या से उत्पन्न शोक की परिणति थी। वास्तव में यह शोक उस मुनि का है, जिसकी चेतना विश्व-चेतस् से एक है–स्व-पर-भाव से मुक्त है–अतः उसका शोक करुण-रस में परिणत हो गया और करुण-रस का ऐसा उफान आया कि वह वाणी के माध्यम से बाहर छलक पड़ा। वस्तुतः जब तक व्यक्ति चेतस् विश्व-चेतस् से तादात्म्यापन्न नहीं होता, व्यक्ति-हृदय लोक-हृदय से एकात्म नहीं होता–तब तक सम्भाव्य रचनात्मकता अपनी समग्रता में मूर्त नहीं होती। इस रास्ते का सबसे बड़ा अवरोध (संकीर्ण) अहंकार है–जो विश्व-चेतस् को स्व-पर-भाव से आक्रान्त रखता है। रचनाकार की चेतना को इस ग्रहण से मुक्त होना अनिवार्य है। रचनाकार अपने क्षेत्र का स्वतन्त्र प्रजापति है–यह बात पहले कही जा चुकी है।

अभिनवगुप्त ने इस प्रक्रिया का पल्लवन किया और दूसरे दार्शनिक संकेत दिए–जिनसे इस पक्ष का उपबृंहण किया जा सकता है। उनकी पंक्तियाँ इस प्रकार हैं–

"स एव तथाभूतविभावतदुत्थाक्रन्दाद्यनुभावचर्वणया हृदय-संवादतन्मयीभवन-क्रमादास्वाद्यमानतां प्राप्तः, करुणरसरूपतां लौकिकशोकव्यतिरिक्तां स्वचित्तद्रुतिसमास्वाद्य-सारां प्रतिपन्नः, परिपूर्णकुम्भोच्चलनवत् चित्तवृत्तिनिःष्यंदस्वभाववागविलापादिवच्च समयानपेक्षत्वेऽपि चित्तवृत्तिव्यंजकत्वादिति नयेनाकृतकतयैव आवेशवशात् समुचितशब्दच्छन्दोवृत्तादिनियन्त्रितश्लोकरूपतां प्राप्तः।"

इसके पहले कि इन पंक्तियों में निहित रचना-प्रक्रिया के सोपानों का विवरण दिया जाय–उस पीठिका और उन ग्रन्थियों को स्पष्ट कर लिया जाय, जो इसे समझने के लिए आवश्यक हैं। मूल कारिका में प्रक्रान्त विषय और इतिहास के व्याज से ग्रन्थकार का प्रतिपाद्य है कि वस्तुतः काव्य की आत्मा ध्वनि-मात्र नहीं है, अपितु रस-ध्वनि है। समस्या यह है–यहाँ इतिहास की एक घटना अंकित कर दी गई है–तो इससे निष्कर्ष क्या निकाला जाए ? इतिहास में किसी काव्य के लिए ऐसा हो गया–इससे यह मान लिया जाय कि यह काव्य-मात्र के लिए सत्य है ? क्या इतिहास देश-काल-घटित विशेष का आख्यान करता है या घटना में निहित किसी सामान्य सत्य को मुखर करता है ? पाश्चात्य राष्ट्रों में History की जो भी मान्यता हो–भारतवर्ष में 'इतिहास' सामान्य सत्य का ही विशेष द्वारा आख्यान करता है। सामान्यतः लोग कहते हैं 'इतिहास' के संरचनात्मक दृष्टि से तीन घटक

हैं–इति+ह+आस। इनका अर्थ किया जाता है–इति-इत्थम्–इस प्रकार अथवा यह सब, ह-निश्चयेन-निश्चयपूर्वक, आस-बभूव-हुआ। कुल मिलाकर इसका अर्थ हुआ–इस प्रकार यह सब निश्चय ही घटित हुआ। घटित होगा तो देश-काल में होगा और देश-काल में होगा तो 'विशेष' ही होगा। निष्कर्ष यह कि अतीत में घटित घटनाओं का विवरण ही इतिहास है। मर्मज्ञों का विचार कुछ और है। उनका कहना है–'इतिहास' में 'आस' भूतकाल का नहीं–निरन्तर वर्तमान का बोधक है। इतिहास का अर्थ–'इस प्रकार घटित हुआ'–यह नहीं, प्रत्युत 'इस प्रकार होता रहा है'–यह है। महाभारतकार इतिहास का स्वरूप स्पष्ट करते हुए कहता है–

धर्मार्थकाममोक्षाणामुपदेशसमन्वितम्।
पुरावृत्तकथाख्यानमितिहासं प्रचक्षते।।

इतिहास में अतीत का सब कुछ तो लिया नहीं जा सकता–अतः चुनाव किया जाता है। चुनाव किया जाएगा तो किसी उद्देश्य से। जीवन के उद्देश्य को पुरुषार्थ कहा जाता है–अतः इस उद्देश्य को ध्यान में रखकर चुनाव किया जाता है। फिर चुनाव का लक्ष्य यह भी है कि जो पढ़े उसका भी हित हो–अतः चुनाव उपदेशमय घटनाओं का हो। इसीलिए इस श्लोक में कहा जा रहा है कि धर्मादि पुरुषार्थों से सम्बद्ध उपदेशपरक अतीत की घटनाओं का आख्यान इतिहास है। इसमें जिन घटनाओं का आख्यान होता है–उससे निष्कर्ष निकलता है कि वैसा अतीत में ही नहीं हुआ–ऐसा तो निरन्तर होता ही रहता है। यह एक चिरन्तन सत्य है कि सत् और असत् में संघर्ष चलता ही रहता है और अन्ततः सत् की असत् पर विजय होती है। हैवान पर इनसान हावी होता है। निष्कर्ष यह कि हमारे यहाँ इतिहास के व्याज से जो कहा जाता है–वह सामान्यीकृत होता है–अतः आनन्दवर्द्धन ने कारिका से जो इतिहास की विशेष घटना उद्धृत की है–वह सामान्यकाव्य पर लागू होता है–वह काव्य-सामान्य के मूल उत्स की बात है। अतः इस विशेष घटना के माध्यम से एक सामान्य सत्य का अनावरण किया जा रहा है कि उत्कृष्टतम काव्यों का स्रोत करुण-रस ही रहा है। करुण-रस-विशेष का भी सामान्यीकरण हो तो 'रस' कहा जा सकता है और आनन्दवर्द्धन यही कहना भी चाहते हैं। वैसे वे 'माधुर्य' वश सर्वाधिक द्रुतिकारी प्रभाव शृंगार और विप्रलम्भ की अपेक्षा करुण में ही मानते हैं। प्रकाशकार का अनुभव भिन्न है–वे सर्वाधिक द्रुति विप्रलम्भ में मानते हैं। यह बड़ा विवादास्पद प्रश्न है कि कवि अपने काव्यात्मक कर्म के मूल में कहीं गहरे बेचैनी (अपने को पुनः पाने की बेचैनी) अनुभव करता है और यह सब उसी के निराकरण का प्रयास है या विश्रान्ति का अतिरेक उच्छलन है। दार्शनिक सृष्टि से मूल में आनन्दातिरेक का उच्छलन मानते हैं। कहा है–

"आनन्दोच्छलिता शक्तिः सृजत्यात्मानमात्मना"

आनन्दोच्छलित शक्ति अपने से आत्म-विस्तार करती है–अपने को विश्वात्मक रूप

में प्रकाशित करती है।

वस्तुतः आनन्दवर्द्धन की यह कारिका कई प्रश्न खड़े करती है। पहला तो यही कि वध किसका हुआ था—क्रौंच का या क्रौंची का ? दूसरा यह कि स्रष्टा में रस की स्थिति होती है, क्या जो छलक कर बाहर आ जाती है और काव्य बन जाती है। तीसरा प्रश्न यह कि इस सम्पूर्ण रसवाद की प्रक्रिया में विभावादि आन्तरालिक सामग्री ही सब कुछ है अथवा स्रष्टा की आत्मा का सौन्दर्य भी कहीं है ? और चौथा यह कि क्या सचमुच काव्य-मात्र का बीज रस करुण है ? और पाँचवाँ यह कि रचना-प्रक्रिया में सोपान कौन-कौन से हैं ? दर्शन क्या कहता है ?

जहाँ तक पहला प्रश्न है—स्पष्ट है कि वाल्मीकि रामायण में क्रौंच का वध कहा गया है, जबकि ध्वन्यालोक की वृत्ति और 'लोचन' में ही नहीं, राजशेखर की 'काव्यमीमांसा' में भी क्रौंची-वध का उल्लेख है। 'रामायण' में स्पष्ट कहा गया है—

तं शोणितपरितांग चेष्टमानं महीतले।
दृष्ट्वा क्रौंची रुरोदार्ता करुणं रवे परिभ्रमा।।

खून से लथपथ और धरती पर छटपटाते हुए मरणोन्मुख क्रौंच को देखकर क्रौंची आर्त होकर आकाश में उसके इर्द-गिर्द घूमती हुई करुण-क्रन्दन करती रही। इसके विपरीत वृत्ति-ग्रन्थ में स्पष्ट कहा गया है—"निहत-सहचरी-विरह-कातर-क्रौंचाक्रन्द....." इत्यादि। लोचनकार ने भी 'सहचरीहननोद्भूतेन' ही कहा है। राजशेखर ने भी स्पष्ट कहा है—"निषादनिहतसहचरीकं क्रौंच-युवानम्।" इस प्रकार इस मूल घटना और साहित्यिक परम्परा में अन्तर्विरोध उभरने पर किस पक्ष को मान्यता दी जाय ? समाधान या समन्वय के लिए चिन्तित काव्यशास्त्री कभी तो मूल पाठ को बदल देते हैं—जैसे 'दीधितिकार' कहते हैं—"निहत-सहचर-विरह..." और कभी व्याख्या ही अन्यथा कर देते हैं—"निहतो यो सहचरीविरहकातरः क्रौंचः..." इत्यादि। पर तीसरा वर्ग समन्वय का तीसरा रास्ता अपनाता है। इनका पक्ष है कि यह ध्वनि का सन्दर्भ है। यहाँ वाल्मीकि कहते हैं—

मा निषाद प्रतिष्ठां त्वमगमः शाश्वतीः समाः।
यत् क्रौंचमिथुनादेकमवधीः काममोहितम्।।

जिसका ध्वनित अर्थ यह है—'हे निषाद, अर्थात् रावण, तुम्हें कभी भी अविचल स्थिति प्राप्त न हो, क्योंकि तुमने क्रौंच-युगल में से एक अर्थात् सीता का अपहरण करके हत्या से भी बदतर काम किया है।' इसलिए यहाँ व्यंजना से क्रौंची-वध का ही आशय लिया जाना चाहिए। पर निषादपरक अर्थ करने में च्युत* संस्कृति दोष है।

---

* ***टिप्पणी***—*'मा' के योग में 'गमः योगा, न कि 'अगमः' अतः 'मा' को पृथक् न मानकर समग्र रूप में 'मानिषाद'—एक पद मानना चाहिए—जिसका अर्थ होगा—*

विष्णु

दूसरा प्रश्न यह है कि क्या 'कविगतो बीजस्थानीयो रसः' ठीक है ? क्या कवि-कवयिता-वर्णना में संलग्न होकर विश्रांति-धाम रस का अनुभव करता है ? मतलब रस विश्रान्ति दशा है और सर्जना अ-विश्रान्तिशील-क्रियामयता। एक ही मानस में एक ही काल में विश्रान्ति और अविश्रान्ति—दोनों ? दोनों की सत्ता तो है—सवाल संगति का है। जब दोनों की सत्ता अनुभव-सिद्ध है तब यही मानना पड़ेगा कि स्रष्टा रस भोग में नहीं, सर्जनात्मक परिणति देने की प्रक्रिया में संलग्न रहता है अथवा सर्जना या प्रतिभा उदग्र होकर अपने प्रणाल से अभिव्यक्ति में तत्पर रहती है। परन्तु अनुभव (भोग) ही तो रस की सत्ता में प्रमाण है—तब विश्रान्ति-रूप अनुभव मानना ही पड़ेगा—फलतः उक्त समाधान जँचता नहीं है। हाँ, अनुभव को उत्पन्न करने के लिए यह मान लिया जाय कि एक ही व्यक्ति जब 'सहृदय' का रूप ग्रहण करता है, तब रस-भोक्ता और जब रचयिता का रूप ग्रहण करता है—तब स्रष्टा। शतपत्र-भेदन न्याय से यह क्रम चलता रहता है। जो भी हो—है एक बड़ा विचारणीय और मनोवैज्ञानिक प्रश्न। अथवा समाधान यह भी है कि 'पश्यन्ती' भूमि पर 'दर्शना'—सर्जनात्मक अनुभूति का साक्षात्कार होता है, मध्यमा पर अनुरूप सामग्री का स्फुरण और वैखरी स्तर पर 'वर्णना'।

तीसरा प्रश्न यह है कि क्या सचमुच करुण ही काव्य का बीज है ? इस पक्ष की पुष्टि में काफी-कुछ कहा गया है। पूरब में भी और पश्चिम में भी इस आशय के वक्तव्य मिलते हैं। पश्चिम में भी कहा गया है—our sweetest songs are those that tell of saddest thoughts पूर्व का प्रसंग तो प्रकान्त है ही। कालिदास कहता है—

रम्याणि वीक्ष्य मधुरांश्च निशम्य शब्दान्।
पर्युत्सुकीभवति यत्सुखितोऽपि जन्तुः...।

इत्यादि श्लोक की व्याख्या करते हुए कहा जाता है कि पर्युत्सुकीभाव दुष्यन्त का ही नहीं है, कालिदास का भी है—कालिदास का ही नहीं है—उनके भीतर के कवि (सामान्य) का है। दूसरी बात यह भी है कि स्वयं कालिदास के काव्यों में नाटक और नाटकों में शाकुन्तलम् में करुण-परक श्लोक चतुष्टय प्रख्यात है। भवभूति तो यहाँ तक कह गए—

एको रसः करुण एव

सामान्य मानवीय प्रकृति निरीक्षण भी यही कहता है कि मानव में दूसरों के दुःखी होने का भाव जितना व्यापक और आम है, उतना दूसरों के सुख में सुखी होने का भाव नहीं है। ये सब बातें आनन्दवर्द्धन द्वारा इतिहास के माध्यम से निरूपित करुण के बीज-भाव की पुष्टि करती हैं, परन्तु यहाँ भी समस्या है। अभिनवगुप्त की शैवी-दृष्टि से सर्जना की व्याख्या की। शैवी-दृष्टि से रस का सार चमत्कार

है और चमत्कार पूर्णा के हिन्ता* पूर्ण अहम् का बोध शिवशक्ति के (सामरस्य या) सहकार से करता है। शिव अपने स्वरूप का बोध या परामर्श आत्मशक्ति (विमर्श) के सहारे करता है। इस आत्म-परामर्श में जो विस्मयावह प्रतीति होती है–वह 'चमत्' इस अनुकरणात्मक शब्द द्वारा व्यक्त की जाती है–'कार' प्रत्यय लगाकर उस प्रतीति को ही 'चमत्कार' कहा जाता है। यह 'चमत्कार' आदि रस है–शृंगार रस है। विश्व-सृष्टि के मूल में यही रस-तत्त्व प्रतिष्ठित है। जो विश्व-सृष्टि के मूल में है वही काव्य-सृष्टि के भी मूल में भी होना चाहिए और जब यह होना चाहिए–तब शैवी-धारा का आचार्य करुण को केन्द्र में रखने का समर्थन कैसे कर रहा है ? अभिनवगुप्त आनन्दवादी तो हैं ही।

शृंगारवादी धारा के पक्ष में और भी तर्क हैं। सबसे पहला तर्क तो यही है कि जो बीज में होता है, वही फलात्मक परिणति में भी होता है। यदि बीज में पर्युत्सुकीभाव को माना जाय तो काव्यास्वाद की परिणति वेला में भी अभाव-बोधजन्य बेचैनी या व्याकुलता होनी चाहिए–पर होती है–सद्यः परा-निवृत्ति, विश्रान्ति। अभिनव काव्य प्रयोजन में 'प्रीति' का समर्थन करते हैं। दूसरे यह कि कालिदास के श्लोक चतुष्टय में जो 'वैक्लव्य' है–वह पुत्री-वियोग (वात्सल्य का वियोग-पक्ष–जो आलम्बन-निरपेक्ष नहीं, सापेक्ष है) से उत्पन्न है न कि मरणजन्य। यह कहना कि पण्डितराज जगन्नाथ ने शोक की परिभाषा यही दी है, अतः वही करुण का स्थायी भाव है–मैं उससे असहमत हूँ। परिभाषा है–"पुत्रादि-वियोगमरणादिजन्मा वैक्लव्याख्यश्चित्त-वृत्ति विशेषः शोकः"–शोक मरण से होता है–वियोग से नहीं। वियोग में रति-प्रधान रहती है–शोक गौण और करुण के शोक में शोक-प्रधान रहता है–रति गौण। शोक निरपेक्ष या निरालम्ब रति है, पर वियोग की सापेक्ष और सावलम्ब। विप्रलम्भ में आलम्बन की सत्ता रहती है–सामने नहीं रहती–यह बात दूसरी है। वह आलम्बन जीवित रहता है–अतः उसके सहारे रति बनी रहती है। भवभूति पर भी राग हावी न होता तो सुखान्त करने की जरूरत क्या थी ? भास ने दुःखांत नाटकों की परम्परा अवश्य छोड़ी है।

इस प्रकार काव्य-प्रवृत्ति का बीज रस करुण है या शृंगार ?–यह समस्या खड़ी होती है। विवाद इस बात का भी है कि मधुरतम या उत्तम रस कौन है ?–करुण या विप्रलम्भ शृंगार। पहले कहा जा चुका है कि आनन्दवर्द्धन* 'करुण' में सर्वाधिक

---

* महेश्वरो विश्वमेषितुं ज्ञातुं कर्तुञ्चोन्मुरवीभवन्।
यक्तिस्वभावः परमः हृदय त्रिकोणमधुमांसलोल्लासः महामञ्जरी का दूसरा नाम है।

* शृंगार एव मधुरः परः प्रह्लादनो रसः।
तन्मयं काव्यमाश्रित्य माधुर्यं प्रतिष्ठति।।
शृंगारे विप्रलम्भाख्ये करुणे च प्रकर्षवत्।।
माधुर्यमार्द्रतां याति यतस्तत्राधिकं मतः। ध्वन्यालोक।।

हृदय की द्रुति मानते हैं और प्रकाशकार विप्रलम्भ शृंगार* में। दोनों के अपने अनुभव हैं—पर परवर्ती मुनि को प्रमाण माना जाय तो मम्मट का विप्रलम्भ शृंगार वाला पक्ष ही माना जाएगा। वस्तुतः दोनों पक्षों के पक्ष-विपक्ष में बहुत-कुछ कहा जा सकता है।

इस समस्या का एक समाधान तो यह भी है कि सर्जक की प्रवृत्ति के मूल में 'रस' (या रसपर्यवसायी 'विशेष') की स्थिति रहती है—भेदभूत रस की स्थिति नहीं। नाट्यशास्त्रकार कहता है—

"न हि रसादृते कश्चिदर्थः प्रवर्तते"

यह मूल रस है—उसे शान्त समझें या शृंगार या दोनों को आत्मसात् करने वाला स्वरूप-परामर्श। किसी पक्ष से जितना सम्भव हो—सोचना चाहिए। पर्युत्सुकीभाव-पक्ष से यह कहा जा सकता है कि मूल सृष्टि और काव्य-सृष्टि में अन्तर है। मूल सृष्टि आनन्द की उच्छल अभिव्यक्ति है—काव्य-सृष्टि मूल सृष्टि की सृष्टि है। व्याख्या इसकी काव्य-चिन्तकों के बीच तरह-तरह से होती है। दार्शनिक स्तर पर कहा गया है—

चिदात्मैव हि देवोऽन्तः स्थितमिच्छावशाद् बहिः।
योगीव निरुपादानमर्थजातं प्रकाशयेत्।।

अव्यक्त जब व्यक्त भाव-रूप इच्छावश बाहर आता है, तो तिरोधानरूपा शक्ति के कारण वह अभाव के साथ ही आता है—अतः सृष्टि का स्वरूप भावाभावात्मक है। यह अभाव-बोध-अपूर्णता-बोध-स्वेच्छया गृहीत संकोच जीवात्मा में पर्युत्सुकीभाव देश-काल की सीमा में लाख तृप्ति हो जाने के बावजूद बनाए रखता है, इसलिए पर्युत्सुकीभाव का कारण रचयिता जीवात्मा में सम्भव है। रुचि और संस्कार-भेद से दोनों पक्षों से बहुत-कुछ कहा जा सकता है।

हाँ, इतिहास के व्याज से—इतिहास के वाल्मीकि के व्याज से एक दूसरा सामान्य सत्य भी आता है। दूसरा सामान्य सत्य यह है कि सर्जनात्मक प्रतीति में चित्तगत रागात्मक सत्व का प्राधान्य होता है। सर्जनात्मक प्रतीति में आत्म-चेतस् और विश्व-चेतस् का तादात्म्य होता है—मुनि का चेतस् तो निरन्तर इसी विशेषता से मण्डित होता है। इसीलिए अभिनवगुप्त ने कहा—"न तु मुनेः शोकः' शोक एक उद्वेजक चित्त-वृत्ति है। उद्वेग व्यक्तिगत राग-द्वेष की भूमि पर होता है—मुनि के मन में व्यक्तिगत राग-द्वेष है ही नहीं—अतः दुःखात्मक प्रतीति के निमित्त के नष्ट हो जाने से दुःखात्मक और उद्वेजक प्रतीति भी नष्ट हो गई—इसीलिए मुनि को उद्वेजक शोक हुआ ही नहीं—विपरीत इसके अनुरूप सामग्री के साहाय्य से वही शोक करुण रस में बदल गया। मुनि का चित्त सर्वदा रचनात्मक होता है—रचनाकार

---

* आह्लादकत्वं माधुर्यं शृंगारे द्रुतिकारणम्।
करुणे विप्रलम्भे तच्छन्ति चातिशयान्वितम्।। काव्यप्रकाश।।

की रचनात्मक मनोभूमि रचनाकाल में किसी रहस्यमय निमित्तों से परिचालित होती है।

इस उपर्युक्त चिन्तन के आलोक में यह तय है कि वाल्मीकि में—आदिकवि में—कवि में रसात्मक प्रतीति छलककर काव्यात्मक परिणति पा गई—शोक एक विशिष्ट प्रक्रिया से श्लोक बन गया। मतलब रसात्मक मनोदशा काव्यात्मक परिणति ग्रहण करती है—वह रसात्मक मनोदशा करुण की हो या शान्त अथवा शृंगार की हो—अथवा इन विशेष-विशेष रसों में अनुस्यूत सामान्य रस-स्वरूप-परामर्शमय स्थिति हो। समाधि की पारमार्थिक दशा से कवि की समाहित दशा में स्वरूप-परामर्श के अतिरिक्त एक तो रत्यादि स्थायी भाव के आस्वाद का प्राधान्य होता है—दूसरे यह विभावादि से सम्मिश्र प्रतीति होने के कारण भी अपना वैशिष्ट्य रखती है। इस प्रकार क्रमागत प्राचीन भारतीय आचार्यों का पक्ष रचना प्रक्रिया के सन्दर्भ में यह हुआ कि कवि या रचनाकार की सर्जनात्मक मनोदशा रसमय होती है—वह रस रुचि-भेद से करुण हो या शृंगार अथवा शान्त। वही रसमय मनोदशा उच्छलित होकर काव्य बन जाती है। आनन्दवर्धन ने केवल इतना ही कहा।

अभिनव ने आगे बढ़ाया इस मसले को। उन्होंने सर्जनात्मक रसमय मनोदशा किस सामग्री से होती है, वह मनोदशा किस प्रकार काव्यात्मक परिणति पाती है—इस पर और विचार किया और विभिन्न सोपानों के निर्देश किए। ऊपर 'लोचन' से जो उद्धरण किया गया—उसके आलोक में निम्नलिखित सोपान बनाए जा सकते हैं।—

(1) रचना के लिए सर्जनात्मक मनोदशा अपेक्षित है और तदर्थ अनुरूप सामग्री तथा उसकी चेतना को स्व-पर-भाव की चेतना से मुक्ति आवश्यक है। भारतीय चिन्तक इससे निचलीभूमियों को रचनात्मक नहीं मानते। अज्ञेय ने स्वयं को और युवा कवियों में अधिकांश को इस स्तर पर रचनाकार नहीं माना है। उन्होंने लिखा है—"काव्य रचना या किसी भी कला-सृष्टि का अधिकार तभी आरम्भ होता है" जब व्यक्तित्व का सम्पूर्ण विलयन हो जाय। यह मानना तो दूर की बात रही—आज का कवि साधारणता इतना भी नहीं मानता कि कविता या कला-सृष्टि व्यक्ति के विलयन का माध्यम है कि कविता द्वारा कवि (अपने व्यक्ति को) वृहत्तर इकाई न विलीन कर देता है। वरंच आज का कवि तो कविता को व्यक्तितत्व की, व्यक्ति के अहं की प्रखरतर अभिव्यक्ति और उस अहं को पुष्ट करने वाली रचना मानता है। कवि का लक्ष्य उसकी आत्मा का सत्य है। यह भी कहना ठीक होगा कि यह सत्य व्यक्तिबद्ध नहीं है—व्यापक है। और जितना ही व्यापक है, उतना ही काव्योत्कर्षकारी है, किन्तु यदि यह हम मान लेते हैं तब हम 'व्यक्ति-सत्य' और 'व्यापक-सत्य' की दो पराकाष्ठाओं के बीच में उसके कई स्तरों की उद्‌भावना कहते हैं और कवि इन स्तरों में से किसी पर भी हो सकता है।' छायावादोत्तर मार्क्सवादी चिन्तक रचनात्मक मनोदशा को अ-व्यक्तिबद्ध तो मानते है परन्तु उसे 'सामूहिक भाव' [Collection emotion] तक ही ले जाते हैं—सर्वहारा का भाव ही 'सामूहिक भावे' है—शोषक वर्ग इस परिधि

से बाहर है। मुक्तिबोध ने अवश्य व्यक्ति-चेतस् और विश्व-चेतस् के एक होने की बात कही है। बहरहाल-भारतीय काव्यचिन्तक व्यक्ति-चेतना के समग्र विसर्जन की बात करता है और महाचेतना के सक्रिय होने की बात करता है। रचना में (संकीर्ण) अहंकार बाधक है—अतः उसका विगलन साधक है—फलतः उसका विलयन होना ही चाहिए। आनन्दवर्धन की मान्यता है—कवि में रचनात्मक मनोदशा का उदय प्राक्तन पुण्य परिपाक से होता है—वह कुछ 'अपूर्व' रचना का संकल्प लेता है—पर इस संकल्प को चरितार्थ करने का कर्तृत्व-बोध उसे अपनी चेतना में नहीं रहता। वह माध्यम मर रह जाता है। प्रतिभा ही यह सब करती है—वही महाचेतना है—

वन्दे तां प्रतिभां शिवाम्

अ-व्यक्तिबद्ध सामग्री और रचयिता की चेतना जिस सर्जनात्मक चेतना का निर्माण करती है—उस आलोक में सामग्री सात्त्विक प्रकृति की हो जाती है—उसकी परिणति रसात्मक हो जाती है। इस प्रकार किसी रहस्यमय कारण से रचना में प्रवृत्ति और प्रवृत्ति के साथ ही कर्तृत्व-बोध से मुक्ति पहला सोपान है।

(2) इस चेतना से सहृदयता सहकृत भावनावश सामग्री की चर्वणा और चर्वणा से (नायक और रचयिता का) हृदय-संवाद। वाल्मीकि (कवि की) चेतना सदैव विश्व-चेतस् से एकरस है—अतः लौकिक घटनाएँ भी उन पर अ-लौकिक प्रभाव डालती हैं। पर व्यवहारबद्ध कवि को रचनाकाल में ऐसा होना पड़ता है। रचना-काल की स्वपर भाव-बद्ध सामग्री रचना-वेला में व्यावहारिक दंशों से मुक्त होकर छन जाती है और अनुद्वेजक ही नहीं अनुकूल भी प्रतीत होने लगती है।

(3) हृदय-संवाद से तन्मयी-भवन की स्थिति आती है।

(4) तन्मयी-भाव चेतना पर सामग्री का छा जाना है। इसी को चेतना की तदाकार परिणति या सौन्दर्यानुभूति भी कहा जा सकता है। इसे ही आचार्यगण विगलित वेद्यांतर दशा कहते हैं।

(5) यही सौन्दर्यानुभूति-तन्मयीभवन आस्वादात्मक परिणति प्राप्त करती है। यही अपने अदम्य आवेग में उफन उठती है।

(6) अन्ततः यही उफान परिपूर्ण कुम्भ की छलकन की भाँति भरे हुए अन्तःकरण से छलक उठता है। शोकाकुल व्यक्ति का भरा हुआ मानस वागविला में चित्तवृत्ति की व्यंजक होने से सहज ही फूट पड़ता है। ठीक इसी प्रकार रचयिता का परिपूर्ण अन्तःकरण समुचित, छन्द और शब्द-आदि से नियन्त्रित कविता में प्रकाशित हो जाता है।

आनन्दवर्धन के करुण (मधुरतम) के ही अनुरूप अभिनव भी दृष्टान्त अभिव्यक्ति में उसी का लेते हैं, पर यही अभिनवगुप्त जब सृष्टि का दार्शनिक क्रम निरूपित करते हैं, तब सृष्ट्यात्मक अभिव्यक्ति का मूल आनन्दोच्छल शक्ति या शिवा को ही मानते है—वही आत्मगत विश्व का वमन है। वही स्वहृदयायतनसततोदित

प्रतिभाभिधान पर वाग्देवता है। मतलब इस शैवी-धारा में प्रतिभा, शिवा, शक्ति या सरस्वती–ये सब परस्पर पर्याय हैं। जीवात्मा संकुचित शिव ही है–साधारणीकृत सामग्री से 'प्रकाश' स्वरूप होकर वह चितिशक्ति का विस्फार ही करती है। यहाँ प्रकाश आत्म-विश्रान्त रहता है और विमर्शा उद्रिक्त रहता है–आस्वाद की यह भूमि 'दर्शना' है–

'प्रकाशस्यात्मविश्रान्तिरहम्भावों हि कीर्तितः'

'दर्शना' [Vision] ही 'वर्णना' में परिणत होती है–तभी 'कवि' संज्ञा सार्थक होती है–

''दर्शनाद् वर्णनाच्चैव लोके जाता कवि श्रुतिः''

अपनी बात को पुनः दौहरा दूँ। वाल्मीकि की चेतना निरन्तर–अर्थात् लोक दशा में भी स्व-पर-भाव से अनाक्रान्त है–अतः सृष्टि के विषयों और घटनाओं को उसी रूप में ग्रहण करती है–गृहीत का साधारणीकरण नहीं होता–साधारणीकृत रूप में ही ग्रहण होता है। अनाकर्ष कवि से आर्ष कवि का यह अन्तर है। इसीलिए लोक की घटनाएँ भी उन्हें विभाव और अनुभाव रूप में ही गृहीत होती हैं–लोकोत्तर शब्द से ही उनका व्यवहार सम्भव है। कारण है–गृहीत सामग्री का लोकोत्तीर्ण रूप से प्रतीति-स्व-पर-भाव से आक्रान्त व्यवहार दशा की प्रतीति से भिन्न-प्रतीति। उस सामग्री की चर्वणा या पुनः पुनः भावना से शोकमग्न क्रौंची की मनो-दशा से हृदय-संवाद होता है–तदनन्तर रचनाकार का चित्त तन्मयी भाव की प्रक्रिया से गुजरता हुआ चेतन पद पर आरूढ़ हो जाता है–सभी अप्रकाशमय गृहीत विषय और स्वयं चित्त भी–'प्रकाश' मय हो जाते हैं–यही चिति-शक्ति का महाविस्फार है–आस्वाद दशा है–स्वरूप परामर्श है–पूर्णता-बोध है–'दर्शना' है। यही रसमयता परिपूर्ण कुम्भवत् छलक कर बाहर आ जाती है और उसी महावेश में प्रतिभा 'अपूर्व-विचित्र' अर्थ को समुचित शब्द और छन्दोवृत्त में बाँधकर ढालने लगती है। शैवी-दृष्टि में भी मूल सृष्टि प्रक्रिया में कुछ ऐसा ही क्रम घटित होता है। वहाँ कहा गया है कि उपादान-संभार से निरपेक्ष कला-श्लाघ्य शूली जगत् चित्र का निर्माण करता है। उसे अतिरिक्त भित्ति की भी आवश्यकता नहीं है। वह कलाकार भी स्वरूप-परामर्श करता हुआ आनन्दोच्छल हो उठता है–उसकी स्वभाव-भूता शक्ति आनन्दोच्छल होकर आत्म-विस्तार करने लगती है–अपने से अपने को विश्व-चित्र रूप में उरेहने लगती है। कवि की भी शक्ति स्रक्ष्यमाण (जिस अपूर्व सृष्टि की रचना की जाने वाली है) की 'दर्शना' करती हुई 'वर्णना' में परिणत हो जाती है।*

---

* गोस्वामी तुलसीदास ने भी यही बात अपने ढंग से कही है–

अस मानस मानस चख चाही। भइ कवि-बुद्धि विमल अवगाही।।
भयउ हृदयं आनन्द उछाहू। उमगेउ प्रेम प्रमोद प्रवाहू।।
चली सुभग कविता सरिता सी। राम विमल जस जल भरिता सी।।

–मानस, बालकाण्ड, 39 वाँ दोहा

काव्य-प्रभेद

भारतीय काव्यशास्त्र में काव्य के प्रभेद पर कुल पाँच दृष्टियों से विचार किया गया है—भाषा, शैली, बन्ध, इन्द्रिय-माध्यम तथा अर्थ या अर्थगत चारुता।

भामह ने भाषा की दृष्टि से विचार करते हुए कहा है—

"संस्कृतं प्राकृतं चान्यदपभ्रंश इति त्रिधा"

अर्थात् भाषा की दृष्टि से काव्य के तीन रूप देखे जाते हैं—संस्कृत, प्राकृत और अपभ्रंश। दण्डी ने इन तीनों रूपों की तो चर्चा की ही है—एक चौथा भेद इनके मिश्रण से माना है। साहित्यदर्पणकार विश्वनाथ ने भी कहा है—

"करम्भकस्तु भाषाभिर्विविधामिर्विनिर्मितम्"

इस मिश्रित काव्य-रूप का नाम उन्होंने 'करम्भक' दिया है। भाषा के आधार पर किया गया विभाजन काव्य-भेद के क्षेत्र में कोई महत्त्वपूर्ण योगदान नहीं करता—सम्भवतः इसीलिए इस आधार पर आचार्यों ने विचार करना अनावश्यक समझा और यह परम्परा उपेक्षित हो गई। इनसे पूर्ववर्ती आचार्य रुद्रट ने 'त्रिधा' पक्ष के विपक्ष में वाक्य के भाषा-भेद से छह भेद किए—प्राकृत, संस्कृत, मागध, पिशाच, शूरसेनी। छठी है—अपभ्रंश, जिसके देश-विशेष-भेद से अनेक भेद सम्भव हैं। हेमचन्द्र ने महाकाव्य के प्रसंग में उनके विभिन्न भाषाबद्ध रूपों की चर्चा की है और कहा है कि महाकाव्य संस्कृत, प्राकृत, अपभ्रंश तथा ग्राम्य अपभ्रंशबद्ध देखे जाते हैं।

दूसरा आधार है—शैली। यों तो शैली का सम्बन्ध शील से है, पर यहाँ उससे मेरा अभिप्राय गद्य और पद्य से है। 'पद्य' की परिभाषा दी गई है—'छन्दोबद्ध पदं पद्यम्'—छन्दोबद्ध पद ही पद्य है। गद्य का स्वरूप कहा गया है—'अपादः पदसन्तानः पद्यम्'—पाद में न बँधी हुई पद-राशि ही गद्य है। छन्दोबद्ध पद पादबद्ध होते हैं। इसी आधार पर भामह ने काव्य के दो भेद कहे हैं—गद्य-काव्य और पद्य-काव्य। दण्डी ने उसमें 'मिश्र' कहकर एक भेद और जोड़ दिया। वामन ने भामह की बात दुहराई। आगे तीन भेद वाली बात ही आवृत्त होती रही। वाग्भट ने वाङ्मय के दो भेद बताए—छन्दोनिबद्ध और अच्छन्द और फिर प्रत्येक के दो-दो भेद बताए—शुद्ध और मिश्र। कुछ लोगों ने पहले गद्य, पद्य और मिश्र—जैसे भेद बताए और फिर मिश्र के दो भेद कर दिए—श्रव्य और दृश्य। काव्यानुशासनकार हेमचन्द्र ने कहा है—

"गद्यपद्यमयी साङ्का सोच्छ्वासा चम्पूः"

गद्य-पद्यमय काव्य को चम्पू कहा जाता है। इसमें उच्छ्वास होते हैं। विश्वनाथ महापात्र ने कहा कि गद्य-पद्यमय काव्य चम्पू है। यदि गद्य-पद्यमयी राज-स्तुति हो तो उसे विरुद कहा जाता है। 'चम्पू' के विषय में इतना और विचार करना चाहिए कि गद्य और पद्य का मिश्रण दृश्य-काव्य में भी देखा जाता है और श्रव्य-काव्य में भी। श्रव्य-काव्य के अन्तर्गत आने वाले कथा-काव्य में वक्त्र तथा अपवक्त्र नामक छन्दों की योजना रहती है—पर उसमें 'चम्पू' संज्ञा का व्यवहार नहीं होता। व्यवहार

तो दृश्य-काव्य के लिए भी चम्पू का नहीं होता। देखना यह है कि इस व्यवहार के न होने के मूल में क्या है ? वास्तव में इसे 'गद्य-पद्यमय' होना चाहिए। 'मयट्' प्रत्यय 'स्वरूप' के अर्थ में भी होता है और 'प्राचुर्य' के अर्थ में भी। यहाँ वह प्रत्यय 'प्राचुर्य' अर्थ में प्रयुक्त है। अभिप्राय यह कि चम्पू-काव्य में गद्य और पद्य—दोनों का प्राचुर्य होना चाहिए। नाटक में पद्य की प्रचुरता नहीं होती। दूसरे वह दृश्य-काव्य है—चम्पू श्रव्य-काव्य है। हाँ, 'मिश्र' के यदि दो भेद—दृश्य और श्रव्य किए गए हैं। तो एक में रूपक और दूसरे में 'चम्पू' आएगा। कथा नामक गद्य-काव्य में भी पद्य प्रचुर मात्रा में नहीं होगा—वहाँ केवल गिनती के दो-चार पद्य मिल जायँ तो बहुत हैं। इसीलिए 'चम्पू' का लक्षण अतिव्याप्त नहीं है।

बन्ध या सम्बन्ध के आधार पर

बन्ध या सम्बन्ध के आधार पर पहले दो भेद सम्भव हैं—बन्धरहित और बन्धसहित। बन्धरहित को 'मुक्तक' कहते हैं और बन्धसहित को 'प्रबन्ध'। मुक्तक के भी रागमयता और छन्दोबद्धता के आधार पर दो भेद हैं—गेय और अगेय। प्रायः भक्तिपरक स्तोत्र-काव्य गेय होते हैं। इसी प्रकार रसमयता, चारुता और शुद्धता के आधार पर पुनः तीन भेद सम्भव हैं—रसमय, चमत्कार-प्रधान सूक्तमय और विशुद्ध पद्य के रूप। क्रिया समाप्ति एक ही पद्य में हो रही है या अनेक में—इस आधार पर भी मुक्तक के अनेक भेद किए गए हैं। दण्डी ने मुक्तक, कुलक, कोश तथा संघात जैसे भेद करते हुए कहा है कि भेद तो बहुत हैं—पर वे सर्गबद्ध-काव्य के अंग होने से निरन्तर से नहीं कहे जा सकते।

अभिनवगुप्त ने 'मुक्तक' पर विचार करते हुए कहा है कि जो पद्य एक दूसरे से सर्वथा अनालिंगित या मुक्त हो—उसे संज्ञा में कन् प्रत्यय होने पर यह शब्द बनता है। मुक्तक प्रबन्ध से पृथक् काव्य रूप में कहा गया है तथापि यदि प्रबन्ध में भी कोई ऐसा पद्य है, जो पूर्वापर निरपेक्ष होकर स्वतन्त्र आस्वाद्यता की पात्रता रखता है, तो उसे भी मुक्तक कहा जा सकता है। आगे इस मुक्तक के विभेदों पर प्रकाश डालते हुए कहा गया है—मुक्तक, सन्दानितक, विशेषक तथा कलापक आदि क्रिया-समाप्तिमूलक भेद हैं। साहित्य दर्पणकार ने मुक्तक, युग्मक, सन्दानितक, कलापक एवं कुलक—नाम से पद्य के पाँच प्रभेदों की चर्चा की है। काव्यादर्श के टीकाकार ने कुछ और प्रभेदों की ओर इंगित किया है—मुक्तक, कुलक, युग्मक, सन्दानितक, कलापक, वाणावली, युगलक, गुणवती, प्रभद्रक तथा करहाटक आदि। दो पद्यों की एक क्रिया से समाप्ति हो तो सन्दानितक, तीन से क्रिया-समाप्ति हो तो विशेषक, चार से हो तो कलापक और पाँच या उससे अधिक पद्यों की एक क्रिया से परिसमाप्ति हो तो कुलक माना जाता है। लोचनकार ने क्रिया-समाप्ति के आधार पर तो ये भेद बताए ही हैं, अवान्तर क्रिया द्वारा भी पद्य समाप्त हो

जाय—पर एक विषय के वर्णन से सम्बद्ध हों तो उसे पर्यायबन्ध कहा जाता है। जैसे वसन्त-वर्णन के उद्देश्य से यदि कई पद्य अवान्तर क्रिया से सम्पन्न होने पर भी निर्मित होते हैं, तो उन्हें 'पर्यायबन्ध' कहा जाएगा। धर्मादि पुरुषार्थों में से किसी एक से जुड़े पद्य समुदाय हों तो उसे परिकथा, एक देश वर्णन हो तो खण्डकथा और समस्त फलों से परिसमाप्ति होने वाली हो तो सकलकथा कही जाती है। आनन्दवर्द्धन से पहले* माना जाता था कि मुक्तकों में रस-निष्पत्ति नहीं हो सकती, परन्तु अमरुक कवि के मुक्तकों को पढ़कर लगा कि उनसे भी रस-निष्पत्ति हो सकती है। अग्निपुराणकार ने भी माना है—

"मुक्तकः श्लोक एकैकश्चमत्कारक्षमः सताम"

काव्यमीमांसाकार राजशेखर ने अन्य आधारों पर मुक्तक के भेद बताए हैं—शुद्ध, चित्र, कथोत्थ, संविधानकभू और आख्यानकवान् जिस मुक्तक का वर्ण्य इतिहासरहित हो, वह शुद्ध है। उसी बात या वर्ण्य का विस्तार से चित्रण हो तो 'चित्र' कहा जाएगा। जो श्लोक या पद्य कथा से उठाया जाय वह कथोत्थ है। जिस रचना में एक रंजक संविधान या घटना उतार दी गई हो वह 'संविधानक' कहा जाता है। आख्यानकवान् मुक्तक वह कहा जाता है, जहाँ इतिहास को रंगीन बनाकर उतारने में कल्पना की सहायता ली गई हो।

मुक्तकों के संग्रह दो प्रकार के होते हैं—एक तो वह जहाँ सजातीय विषयों का संग्रह हो और उनमें व्रज्याक्रम हो। हेमचन्द्र का पक्ष है कि अपना या दूसरों द्वारा रचित सूक्ति समुच्चय का नाम कोश है। 'संघात' मुक्तकों का वह संग्रह है, जिनमें एक ही बात अलग-अलग ढंग से कही गई हो।

प्रबन्ध

इस काव्यरूप में सम्बन्धसहित या सम्बन्धसापेक्ष पद्यों का विधान रहता है। साहित्यदर्पणकार ने इसके तीन भेद किए हैं—महाकाव्य, खण्डकाव्य और काव्य।

महाकाव्य

इसकी परिभाषा भामह से ही मिलने लगती है और समय-समय पर लिखे गए महाकाव्यों की विशेषताओं को दृष्टिगत कर आचार्यों ने बराबर कुछ न कुछ जोड़ा-घटाया है। इन आचार्यों की परिभाषाओं में कुछ तो समान बातें मिलती हैं—पर कुछ अतिरिक्त तत्त्व भी मिलते हैं। उन सबका सम्मिलित रूप में यहाँ विवरण प्रस्तुत किया जा रहा है।

---

* वामन ने कहा है—"नानिबद्धं चकास्त्येकतेजः परमाणुवत्" अर्थात्—मुक्तक तेज के एक परमाणु की भाँति दीप्त या शोभित नहीं होता। आगे कहा, "क्रमसिद्धिस्तयोः स्रगुत्तंसवत्"—मुक्तक प्रबन्ध का सोपान है।

(1) यह अनभिनेय और सर्गबद्ध होता है। साहित्यदर्पणकार का विचार है कि 'नातिस्वल्पा नातिदीर्घाः सर्गा अष्टाधिका इह'—सर्गों की संख्या आठ से कम नहीं हो। वे बहुत छोटे भी न हों और बहुत बड़े भी न हों। प्रबन्ध का अवच्छेद हो या न हो—इस प्रश्न पर भामह और दण्डी के बाद रुद्रट ने विचार किया और निर्णय दिया कि प्रबन्ध को अवच्छेदों में विभक्त किया जाना चाहिए। उनका नाम 'सर्ग' रखना चाहिए—पर उनकी संख्या आठ से कम न हो। दर्पणकार और रुद्रट के इन वक्तव्यों का मूल क्या है ? रामायण और महाभारत को भी आनन्दवर्द्धन ने महाकाव्य कहा है—एक में सात काण्ड हैं और एक-एक काण्ड में अनेक सर्ग हैं। महाभारत में अठारह पर्व हैं और प्रत्येक पर्व में शताधिक अध्याय। क्या महाकाव्य का लक्षण और उसके अन्तर्गत अवच्छेदों (खण्डों) पर विचार करते समय इनका ध्यान नहीं रखना चाहिए था ? आखिर लक्षण लक्ष्य-ग्रन्थ के ही आधार पर तय होते हैं। या तो यह मान लिया जाय कि यह कोई निर्णायक या सुचिन्तित लक्षण नहीं है या फिर इस आशंका की संगति ढूँढ़नी चाहिए। रामचरित मानस में भी अवान्तर प्रकरणों से सम्वलित सात ही काण्ड हैं। काव्य के आठ से कम खण्ड न हों—इस नियम में कोई गहरा औचित्य लक्षित नहीं होता। क्या ऐसा तो नहीं है कि 'कुमारसम्भव' को आठ सर्ग का ही महाकाव्य मानकर यह विधान दर्पणकार ने किया हो, पर अनेक लोग अष्टम सर्ग के भी तथाकथित संभोग पर आपत्ति करते हैं और आराध्य के ऐसे संभोग वर्णन को कालिदास का नहीं मानते। स्वयं आनन्दवर्धन ने भी ध्वन्यालोक में इस संभोग-वर्णनगत दोष को शक्ति-संवृत निरूपित किया है। जो हो, आठ सर्ग के निर्धारण में कोई ठोस औचित्य लक्षित नहीं होता। हाँ, रामायण और महाभारत को आर्ष-काव्य मानकर नियमों से परे रख दिया जाय और अनार्ष कवियों में प्रथम स्थान प्राप्त कालिदास के कुमार सम्भव को आठ सर्ग का मान लिया जाय—तब यह निर्धारण कथंचित् संगत प्रतीत होता है। अस्तु।

(2) आरम्भ में मंगलाचरण हो—वह मंगलाचरण आशीर्वादात्मक नमस्कारात्मक तथा वस्तुनिर्देशात्मक—में से किसी भी प्रकार का हो सकता है। यह परम्परा सर्वस्वीकृत है—यद्यपि भामह ने इसकी कोई चर्चा नहीं की और न ही रुद्रट ने। दण्डी ने इसका उल्लेख किया है, इसीलिए इस विधान पर कोई आपत्ति नहीं की जा सकती।

(3) प्रयोजन के विषय में प्रायः सभी एकमत हैं कि पुरुषार्थ-चतुष्टय में से कोई एक प्रधान प्रयोजन हो। भामह-रुद्रट आदि तो यहाँ तक कहते हैं कि रसमय महाकाव्य में चारों पुरुषार्थों का प्रसंग लाना चाहिए।

(4) कथा पुरुषार्थ प्रयोजन से सम्बद्ध होगी तो तदुपयोगी व्यापार से फलानयन करने वाला नेता या नायक अनिवार्य है। इसकी चर्चा सभी—भामह, रुद्रट, दण्डी आदि ने की है। यह आवश्यक और अनिवार्य उपकरण है। आचार्यों ने कहा है कि महाकाव्य को चाहिए कि पहले नगरी का वर्णन करे—तदनन्तर उसमें नायक

के वंश की प्रशंसा—फिर त्रिवर्ग की उपासना में निरत, तीनों प्रभु-शक्तियों से समन्वित और विजिगीषु नायक का न्यास करे। साहित्यदर्पणकार का कहना है कि नायक एक हो—वह देव हो या सद्वंशजात क्षत्रिय। 'रघुवंश' को देखकर उसका कहना है कि नायक अनेक भी हो सकते हैं। वे एक-वंशीय कुलीन भूप हों—यह आवश्यक है। उसे धीरोदात्त के गुणों से युक्त होना चाहिए। इसे हेमचन्द्र और महापात्र विश्वनाथ दोनों ने कहा है। नायक के विषय में रुद्रट ने भी अपना पक्ष रखा है।

(5) कथावस्तु को एकमत से सभी ने पंचसन्धि-समन्वित कहा है। साथ ही यह भी कहा है कि यह कथावस्तु प्रख्यात भी हो सकती है और उत्पाद्य भी।

(6) कथा की सरस योजना आवश्यक है। भामह ने कहा—"रसैश्च सकलैः पृथक्"—सकल रसों की योजना होनी चाहिए। दण्डी ने भी कहा कि कथा 'रसभाव-निरन्तर' हो। रुद्रट का कहना है—"असमग्रविकासा ये येच समग्ररसयुक्ताः" —महाकाव्य में असमग्र अनेक रस हो सकते हैं—पर समग्र हो तो एक रस। असल में ध्वनिमत-प्रस्थान से पूर्व काव्यांग का अंगी के साथ व्यवस्थित विचार नहीं था। आनन्दवर्द्धन ने दृश्य-काव्य की भाँति श्रव्य-काव्य के भी मुक्तक और प्रबन्ध—दोनों में 'रस' को अंगी रूप से प्रतिपाद्य बताया। प्रबन्ध-ध्वनि पर विचार करता हुआ आनन्दवर्द्धन कहता है—

विभावानुभावसञ्चार्यौचित्यचारुणः।
विधिः कथा शरीरस्य वृत्तस्योत्प्रेक्षितस्य वा।।
इतिवृत्तवशायातां त्यक्त्वाननुगुणां स्थितिम्।
उत्प्रेक्ष्याप्यन्तराभीष्टरसोचितकथोन्नयः।।
सन्धियसन्यङ्गघटनं रसाभिव्यक्त्यपेक्षया।
न तु केवलया शास्त्रस्थितिसम्पादनेच्छया।।
उद्दीपनप्रशमने यथावसरमन्तरा।
रसस्यारव्धविश्रान्तिरनुसन्धानमङ्गिनः।।
अलंकृतीनां शक्तावप्यानुरूप्येण योजनम्।
प्रबन्धस्य रसादीनां व्यञ्जकत्वे निबन्धनम्।।

आनन्दवर्द्धन ने महाकाव्यात्मक प्रबन्ध में रस व्यंजना पर पहले-पहल और जमकर विचार किया। रही-सही पूर्ति लोचनकार आदि ने की। उन्होंने बताया कि कथानक—चाहे उत्पाद्य हो या प्रख्यात—का शरीर उसका संयोजन विभाव, अनुभाव तथा संचारी के औचित्य-गर्भ-विधान से चारु रूप में हो। विभाव का औचित्य प्रसिद्ध ही है। भाव की योजना और उसका औचित्य नायक की प्रकृति के अनुरूप होनी चाहिए। प्रकृति तरह-तरह की हो सकती है। वह दिव्य भी हो सकती है और मानुष आदि भी। फिर उसमें भी उत्तम, मध्यम तथा अधम हो सकती है। इस प्रकृति को दृष्टिगत कर यथायथ भाव से असङ्कीर्ण स्थायी भाव की योजना उचित कही

जाती है। अन्यथा दिव्य प्रकृति के अनुसार मनुष्य की और मनुष्य की प्रकृति के अनुसार दिव्य की शृंगार योजना की जाएगी, तो इसे अनुचित ही कहा जाएगा। काव्य विनेय जन के रसमय उपदेश के लिए होता है और यह प्रयोजन काव्यार्थ में प्रवृत्ति से सम्पन्न होगा। प्रवृत्ति काव्य सामग्री की विश्वसनीयता से सम्भव है। विश्वसनीयता प्रकृति-विरुद्ध अनुचित वर्णन से खण्डित होती है—फलतः काव्य नीरस हो जाता है—अब यदि किसी मनुष्य राजा का उत्साह सप्तार्णवलंघन में दिखाया जाय, तो यह अविश्वसनीय होने से अनुचित और नीरस माना जाएगा। हाँ, दिव्य-मानुष प्रकृति में यथाकथंचित् सम्भव हो सकता है। उनके प्रभावातिशय की व्यंजना होती है—ऐसे वर्णनों से। इसीलिए नाट्य-शास्त्र में प्रकृति का जमकर विचार किया गया है। प्रख्यात इतिवृत्त हो या उत्पाद्य—अनौचित्य सर्वत्र वर्जित है। यह बात केवल उत्साह के ही सन्दर्भ में नहीं हैं, शृंगार के सन्दर्भ में भी मानवीय है। ग्राम्य-शृंगार और दिव्य-प्रकृति के सात्त्विक शृंगार में अन्तर है। इस अन्तर का ध्यान रखना चाहिए। महाकवि भी इस औचित्य-संहिता का उल्लंघन करता है, तो वह दोष ही माना जाएगा—भले ही कवि की शक्ति से ग्राहक को आस्वाद-प्रवाह में बाधा न हो। इसलिए वह अनुकरणीय नहीं है। भरतादि मुनियों द्वारा निर्दिष्ट आचार संहिता ही सब कुछ नहीं है—पर उपेक्षणीय भी नहीं है। उसके साथ-साथ रचयिता को चाहिए कि वह पूर्व-प्रतिष्ठ महाकवियों के प्रबन्धों का परिशीलन करे और अपनी सूझबूझ का, प्रतिभा का—इस्तेमाल भी करे—इस तरह समाधिस्थ होकर रसोपयोगी सामग्री का नियोजन करे। उत्पाद्य कथा में सारा दायित्व रचयिता का है—पर प्रख्यात कथा में भी अपने लक्ष्य के विरुद्ध कुछ दिखाई पड़ता हो—तो उसमें अन्यथा प्रकल्पन की छूट है। प्रबन्धों में अनेकत्र रसोचित कल्पनाएँ देखी गई हैं। कवि को स्वेच्छानुभावी न होकर रस-परतन्त्र होना चाहिए। कवि जो है—उसकी जानकारी इतिहासकार की भाँति नहीं देना चाहता प्रत्युत पाठक को रसमग्न कर व्युत्पन्न बनाना चाहता है। अतः इतिहासकार की तरह वह केवल इतिवृत्त का निर्वाह नहीं करता।

प्रत्येक आचार्य ने सन्धि-निर्वाह की बात कही है। आनन्दवर्द्धन उस सन्दर्भ में भी कहते हैं कि कवि का लक्ष्य शास्त्रीय स्थिति का सम्पादन नहीं है—रस की अभिव्यक्ति है। सन्धियों और उसके अंगों का भी निर्वाह यदि रसाभिव्यक्ति में बाधक बनता है, तो छोड़ दिया जाना चाहिए। 'रत्नावली' में सन्धि-संध्यङ्गों की घटना रस-व्यंजक है—पर 'वेणीसंहार' में वह ठीक नहीं हो सकी है—तथापि रचयिता ने शास्त्रीय स्थिति का परिपालन करने के लिए कर दिया।

चौथी बात यह ध्यातव्य है कि रस-व्यंजन में प्रसंग देखकर आरब्ध रस-निर्वाह को दीप्त या शान्त कर देना चाहिए—'रत्नावली' इस सन्दर्भ में आदर्श है। आरब्ध का यदि अवसरोचित विच्छेद हो गया है, तो भी ज्ञात-अज्ञात भाव से उसका अनुसन्धान बना रहना चाहिए—अन्यथा भाव का स्थायित्व प्रतिहत हो जाएगा।

पाँचवीं बात ध्यान में रखने की यह है कि रसनिष्पत्ति के लिए शब्दार्थ का सुन्दरीकरण आवश्यक है और सुंदरीकरण के लिए अलंकारों का नियोजन। अलंकार-नियोजन में भी सावधानी की जरूरत है। हर कवि 'शक्त' नहीं होता—अतः उससे तो प्रमाद सम्भव है ही—'शक्ति' रहने पर भी अति-विश्वास से प्रयोग में प्रमाद सम्भव है। अतः प्रमाद न हो अलंकार-विधान में—फलतः सचेत रहना चाहिए।

लोकोत्तर आह्लाद या रस के निष्पादन में सामग्री के साथ सामग्री के सम्प्रेषण में बाँकपन (प्रसिद्ध-प्रस्थान-व्यतिरेकिता) का भी आधान होना चाहिए—जो प्रतिभा-साध्य है। कुन्तक ने भी प्रबन्ध-वक्रता पर विचार करते हुए कुछ बातें कही हैं। उनकी भी चर्चा प्रसंगोचित है। कुन्तक 'प्रबन्ध-वक्रता' का स्वरूप स्पष्ट करते हुए कहते हैं कि प्रबन्ध के बाँकपन का लक्ष्य है—विनेय या व्युत्पाद्य ग्राहक में आनन्द की निष्पत्ति। इसके लिए कुछ नियम हैं। उपजीव्य स्रोतों से प्रबन्धकार इतिवृत्त ग्रहण करता है। उस उपजीव्य स्रोत में इतिवृत्त से और ही रस की निष्पत्ति होती है—पर प्रबन्धकार उसकी उपेक्षा करता है और एक भिन्न ही रस की स्थिति बना देता है। उदाहरण के लिए 'रामायण' और 'महाभारत' से अनेक प्रबन्धकारों ने इतिवृत्त लिये—पर उनका निर्वाह मूल से भिन्न रस में किया। यह अवश्य है कि जिस इतिवृत्त को लिया, उसे आरम्भ से अन्त तक लोकोत्तीर्ण (वक्रता-गर्भ) शैली में श्रीसम्पन्न करके रखा। रामायण और महाभारत का अंगीरस क्रमशः करुण और शान्त है (कुन्तक ने दोनों का अंगीरस शान्त बताया है)। कुन्तक ने 'रामायण' की कथा को उपजीव्य बनाकर लिखे गए 'उत्तररामचरित' में शृंगार और 'महाभारत' को उपजीव्य मानकर लिखे गए 'वेणीसंहार' में वीर रस का निष्पादन किया है।

रसोचित बाँकपन लाने का दूसरा प्रकार यह है कि प्रबन्ध के नायक का प्रभावशाली उपस्थापन हो। इसके लिए उपजीव्य इतिवृत्त से प्रभावशाली प्रसंगों का ही ग्रहण किया जाय—जब और जहाँ उसे लगे कि अमुक प्रसंग या इतिवृत्त के इस भाग के बाद का भाग विरस और अप्रभावशाली है—तब और तहाँ से उपजीव्य का इतिवृत्त भाग छोड़ दिया जाय।

उक्त बाँकपन लाने का प्रबन्ध-वक्रता का तीसरा प्रकार वहाँ होता है, जहाँ आधिकारिक कथा के फल और उपाय का सम्बन्ध अन्तरायस्वरूप अवान्तर कार्य के आ जाने से हो—फलतः आधिकारिक कथा विरस हो जाय—तो प्रबन्ध की समाप्ति इस अन्तरायभूत प्रसंगान्तर पर ही कर दी जाय। यदि ऐसा करने से विरस या विधिवत् होती हुई कथा अपूर्व आभा से दीप्त हो उठे—तो प्रबन्धगत बाँकपन का यह तीसरा प्रकार होगा। उदाहरण के लिए 'शिशुपाल-वध' की कथा को लें। वहाँ की आधिकारिक कथा यज्ञपरक है—उसमें प्रथम-पूज्य श्रीकृष्ण घोषित हुए। अन्तरायभूत कायान्तर शिशुपाल का प्रताप है। यहाँ आधिकारिक कथा इसी अन्तरायभूत कार्यान्तर (शिशुपाल का वध) में ही निष्पन्न हो जाती है—शिशुपाल-वध

से ही कथा-सम्पन्न हो जाती है।

प्रबन्ध की वक्रता का अगला प्रकार वहाँ होता है, जहाँ नायक किसी एक ही प्रयोजन की निष्पत्ति में प्रवृत्त हो, परन्तु अपने प्रभाव और पौरुष के चमत्कार से उसी के समान और अनेक प्रयोजन सिद्ध कर ले। इससे भी अन्ततः आनन्द में प्रकर्ष होता है। कारण, नायक 'स्फारयशः सम्भारभाजन' हो जाता है। जीमूतवाहन का चरित्र ही उदाहरण है। गया वह आत्मदानपूर्वक एक की रक्षा करने—उस एक की तो वहाँ रक्षा हो ही गई, उसकी स्वयं की और नाग-कुल की भी रक्षा हो गई।

प्रबन्धगत वर्ण्य वस्तुगत वक्रता की बात छोड़ें—प्रबन्ध की आत्मभूत घटना को व्यंजित करने वाली (कृति की) संज्ञा भी एक चमत्कार पैदा करती है—जैसे, अभिज्ञानशाकुन्तल, मुद्राराक्षस आदि।

अगला प्रकार भी है। एक ही कथा को आधार बनाकर भिन्न-भिन्न प्रबन्ध लिखे जा सकते हैं, तथापि प्रातिभ स्फुरण से उनमें अपूर्व वक्रता का आधान हो जाता है।

इस प्रकार प्रबन्धगत रसमयता को लेकर इन आचार्यों ने पर्याप्त विचार किया। भामह, दण्डी और रुद्रट ने केवल रसमयता का उपक्षेप किया था। इन मध्यवर्ती आचार्यों के विवेचन का लाभ परवर्ती आचार्यों को मिला। हेमचन्द्र ने महाकाव्य के लक्षणों में 'अर्थ-वैचित्र्य' का समावेश किया और 'अर्थ-वैचित्र्य' में 'रसभावनिरन्तरता' का। यह दण्डी द्वारा प्रयुक्त शब्दावली है। साहित्य दर्पणकार ने 'रस' के विषय में आनन्दवर्द्धन से प्रेरणा ली है। वहाँ एक अंगीरस के विधान की भी बात कही है और वीर (उत्साह) तथा श्रृंगार (रति) के सम्बन्ध में ही औचित्य निर्वाह की चर्चा की गई है। शान्त तो सबकी प्रकृति है और प्रकाशकार ने श्रव्य-काव्य के सन्दर्भ में, 'शान्तोऽपि नवमो रसः' कहा है। 'अष्टावेव रसाः नाट्ये' नाट्यशास्त्र कहता है। इन सारी बातों को दृष्टिगत कर दर्पणकार ने कहा—

"श्रृंगारवीरशान्तानामेकोङ्गी रस इष्यते"

श्रृंगार, वीर और शान्त में से किसी एक को अंगीरस बनाया जाना चाहिए। 'अंगानि सर्वेऽपि रसाः'—अंग रूप में सभी रसों की योजना की जा सकती है।

(7) रसमयता को उद्रिक्त करने के लिए महाकाव्यों में वर्णनों की योजना का विधान है। भामह की अपेक्षा दण्डी ने काव्य में वर्णन तत्त्व पर विशद प्रकाश डाला है। रुद्रट ने 'काव्यालंकार' में और विस्तार दिया। नगरी, राजवंश, राज्य, राजवृत्त, शरद आदि ऋतु, गुणी, प्रतिपक्षी, वाद-विवाद, युद्ध-प्रमाण, प्रसंगागत अटवी, कानन, सरसी, समुद्र, जलधि, द्वीप, भुवन, स्कन्धावार निवेश, युवक्रीड़ा, रवि, प्रातः, सायम्, सन्ध्या, चन्द्रोदय, रजनी, युवक-समाज, संगीत, पान-श्रृंगार आदि के वर्णन की बात कही। इस सन्दर्भ में उनके सारे वर्णन, लगता है वीर रस या युद्ध के सन्दर्भ के हैं। उनका संकेन्द्रण महाकाव्य में उत्साह स्थायी भाव के अभिव्यंजन में है। भामह ने एक बात बड़े महत्त्व की कही है और वह यह कि 'युक्तं लोक स्वभावेन'—यह

वर्णन जैसा लोक में सम्भव है, वैसा ही हो। साहित्यदर्पणकार ने भी इसकी लम्बी-चौड़ी तालिका दी है और रुद्रट की तरह सन्दर्भ-विषेश (रण-प्रयाण) में सन्दष्ट न कर उसे मुक्त रखा है।

(8) यों तो सर्ग के विषय में ऊपर कहा ज़ा चुका है, तथापि कुछ और वक्तव्य हैं। महाकाव्य के आरम्भिक सर्ग में कहीं क्वचित् खलों की निन्दा और सज्जनों की प्रशंसा देखी जाती है। सर्ग-भर प्रवाहमयता बनाए रखने के निमित्त एक ही छन्द का विधान हो—पर अन्त में बदल दिया जाय। कोई-कोई सर्ग छन्दों की विविधता से भी पूरित होता है। सर्ग के अन्त में भावी सर्ग की सूचना दी जानी चाहिए।

(9) इस महाकाव्य का नाम कवि, वर्ण्य-विषय तथा नायक-नाम के आधार पर प्रायः रखा जाता है। सर्ग का नाम सर्गान्तर्गत उपादेय कथा के आधार पर भी रखा जाता है।

आर्ष महाकाव्यों में सर्ग की जगह आख्यान, प्राकृत महाकाव्यों में 'आश्वास' तथा अपभ्रंश महाकाव्य में 'कडवक' संज्ञा का प्रयोग होता है। इस प्रकार संस्कृत लक्षण ग्रन्थों में अपभ्रंश भाषा-बद्ध महाकाव्यों तक को ध्यान में रखकर महाकाव्य की स्वरूपगत विशेषताओं का उल्लेख किया गया है। भाषा (हिन्दी) बद्ध महाकाव्यों को दृष्टिगत कर महाकाव्य के स्वरूप पर अद्यतन चिन्तकों ने बहुत-कुछ जोड़ा-घटाया है। छायावाद-पूर्व भाषाबद्ध महाकाव्य तीन आदर्शों पर रचे गए—संस्कृत के क्लैसिकल महाकाव्य, अपभ्रंश के महाकाव्य (पुराण) तथा फारसी मसनवी। इन धाराओं का प्रतिनिधित्व करने वाले महाकाव्य हैं—रामचन्द्रचन्द्रिका, रामचरितमानस तथा पद्मावत। आचार्य रामचन्द्र शुक्ल और उनके पट्ट-शिष्य आचार्य विश्वनाथ प्रसाद मिश्र ने पारम्परिक स्वरूप को दृष्टिगत रखते हुए कहा कि महाकाव्य के स्वरूप-घटक दो प्रकार के हैं—बहिरंग और अन्तरंग। अन्तरंग में चार की परिगणना की जा सकती है—(1) वस्तु योजना या प्रबन्ध योजना (2) भाव व्यंजना (3) संवाद योजना और (4) वर्णन तथा वर्णना। शेष बहिरंग तत्त्व हैं। छायावादी काव्य बहिर्मुख और विवरण-प्रधान महाकाव्य की प्रकृति से भिन्न है—वह अन्तर्मुख और भावमय है इसीलिए उस प्रकृति के अनुसार लिखा गया प्रबन्ध काव्य 'कामायनी' शिथिल महाकाव्य निरूपित हुआ और उसे विवादास्पद बना दिया गया। डा. नगेन्द्र ने तो दो ही तत्त्वों को प्रामुख्य दिया—महत्त्व और काव्यत्व। वस्तु, पात्र, प्रयोजन महान् या उदात्त हों और उपस्थापन में काव्यत्व हो। उनका तर्क है कि लक्ष्यानुसारी लक्षण होता है—लक्षणानुसारी लक्षय नहीं।

काव्य या एकार्थ काव्य

प्रबन्ध काव्य के इस भेद की उद्भावना महापात्र विश्वनाथ ने की है। उन्होंने 'खण्डकाव्य' नामक प्रसिद्ध प्रबन्ध-भेद की परिभाषा में कहा है कि 'खण्डकाव्य'

(महाकाव्य नहीं) 'काव्य' के 'एक देश' (खण्ड) का अनुसरण करता है। यह 'काव्य' नामक काव्य-भेद कौन सा है ? सामान्य काव्य का भेद 'काव्य' ही हो—यह भी एक विलक्षण बात है। कुछ तो इसका व्यावर्तक विशेषण होना चाहिए—जो इसे सामान्य काव्य से पृथक् कर सके—पृथक् पहचान बना सके। विश्वनाथ की कमी विश्वनाथ ने पूरी की। पं. विश्वनाथ प्रसाद मिश्र ने उसमें 'एकार्थ' विशेषण जोड़ा और 'एकार्थकाव्य' संज्ञा दी। परिभाषा इस प्रकार दी—

भाषा विभाषा नियमात् काव्यं सर्गसमुज्झितम्।
एकार्थ-प्रवणैः पद्यैः सन्धिसामग्रयवर्जितम्।।

इस लक्षण-श्लोक में कुल चार तत्त्व बताए गए हैं—

(1) नियमतः उसे या तो आद्यन्त 'भाषा' ही में लिखा जाना चाहिए या 'विभाषा' में ही निर्मित होना चाहिए। ऐसा नहीं कि कुछ भाषा में हो और कुछ विभाषा में।

(2) महाकाव्य सर्ग-बद्ध होता है, पर 'काव्य' सर्गहीन होता है। कहीं-कहीं 'सर्गसमुज्झितम्' की जगह पाठ 'सर्गसमुत्थितम्' मिलता है। इस स्थिति में इन परस्पर विरोधी पाठों में कौन स्वीकार्य और कौन परिहार्य—इसका 'काव्य' के उदाहरण-स्वरूप कृति से निर्णय होगा। उदाहरण-रूप में दो वृत्तियाँ मिलती हैं--भिक्षाटन तथा 'आर्यविलास'। 'भिक्षाटन' नामक यह एकार्थ-काव्य 'काव्यमाला' प्रकाशन के अन्तर्गत द्वादश गुच्छ में हो चुका है। यदि वह यही है। जैसा कि उसके अन्तिम श्लोक से विदित होता है, तो 'सर्गसमुज्झितम्' पाठ ही ठीक जान पड़ता है। श्लोक है—

"वृत्तं वसन्ततिलकं विजयः शिवस्य भिक्षाटनं कविरसौ शिवभक्त दासः
श्रृंगार एव हि रसस्तदिह प्रबन्धे श्रद्धानकस्य यदि सूक्तिविनोद-शीलः।"

वसन्तलिका छन्द में लिखे हुए श्रृंगार रस के इस प्रबन्ध-काव्य में चालीस पद्धतियाँ हैं। इनमें क्षीणकथा-धारा है—पर प्रबन्ध की-सी विषय की विविधता और बिखराव नहीं है। श्रृंगार का प्रवाह एकोन्मुख है—वही उसका मुख्य 'अर्थ' है—इसीलिए मिश्रजी ने इसे 'एकार्थकाव्य' कहा है।

(3) तीसरी विशेषता है—पद्यों की एकार्थ-प्रवणता। इसकी ओर संकेत ऊपर किया जा चुका है।

(4) चौथी विशेषता है—सन्धि की समग्रता का अभाव। सन्धियाँ हों—क्योंकि प्रयोजनोन्मुख कथा है। सारी सन्धियाँ न हों।

खण्ड-काव्य

रुद्रट ने प्रबन्ध-काव्य का द्विधा विभाजन किया है—लघुकाव्य और महाकाव्य। 'महा' की अपेक्षा में 'लघु' की स्थिति मानी है। हेमचंद्र ने श्रव्य-काव्य के अन्तर्गत केवल 'मुक्तक' और 'महाकाव्य' की चर्चा की। लक्षण ग्रन्थों में 'लघुकाव्य' जैसी प्रतिष्ठित संज्ञा को छोड़कर 'खण्डकाव्य'—जैसी संज्ञा की उद्भावना के पीछे कोई रहस्य है

या यों ही 'लघु' की जगह 'खण्ड' रख दिया ? रुद्रट ने लघुकाव्य में उदाहरण दिया है मेघदूत का और साहित्यदर्पणकार भी उसी मेघदूत का उदाहरण प्रस्तुत करते हैं—अर्थात् जो लघुकाव्य है, वही खण्डकाव्य है—उदाहरण के आलोक में यह निर्भ्रान्त है। 'लघु' और 'खण्ड' में फर्क तो प्रतीत होता है। लघु महान् का संक्षिप्तीकृत रूप भी हो सकता है। हनुमान ने 'लघु' रूप ही धारण किया था—'खण्ड' रूप नहीं। 'खण्ड' तो महान् या समग्र का 'एकदेश' होता है। दर्पणकार परिभाषा में कहते भी हैं—

"खण्डकाव्यं भवेत्काव्यस्यैकदेशानुसारि च"

स्पष्ट ही इस लक्षण-वाक्य में उसे 'एकदेशानुसारि' कहा गया है। यहीं समस्या खड़ी होती है कि 'एकदेश' किसका ? उत्तर श्लोकार्ध ही में दिया गया है—'काव्यस्य'। 'काव्यस्य' का अर्थ 'महाकाव्यस्य' तो होगा नहीं—पर नहीं, दर्पण के टीकाकार हरिदास सिद्धान्तवागीश का कहना है—"अत्र चकारोपादानात् काव्यस्य पूर्वनिरुक्तस्य महाकाव्यैस्येत्यर्थः"—अर्थात् काव्य अर्थात् महाकाव्य। यहाँ 'तस्य' सर्वनाम का भी प्रयोग हो सकता था और वह अव्यवहित पूर्ववर्ती 'काव्य' का परामर्शक हो सकता था। इस पक्ष में टीकाकार आड़े आता है—वह काव्य से महाकाव्य का आशय लेना चाहता है—पर 'तस्य' से व्यवहित का भी परामर्श सम्भव है जैसे "दुःखत्रयाभिधाताज्जिज्ञासा तदपघातके हे, तौ"—में 'तद्' व्यवहित 'दुःखत्रय' का परामर्शक है। यह कहना कि लक्षण-वाक्य में 'तस्य' का प्रयोग छन्दोभंग करता है—अतः 'काव्यस्य' का प्रयोग ही संगत है फलतः 'काव्य' को 'महाकाव्य' का ही एकदेश मान लिया जाय—इस तरह की क्लिष्ट कल्पना से पहले यह भी देख लेना चाहिए कि 'खण्डकाव्य' काव्य (एकार्थकाव्य) का ही एकदेश क्यों नहीं हो सकता ? 'काव्य' में कथा तो होती है—'महाकाव्य' की तरह पंचसन्धि-समन्वित न होकर कुछ कम हो सकती है—उसका एकदेश हो सकती है। दर्पणकार ने 'एकदेश' कहकर 'खण्ड' अभिधान की सार्थकता भी बना दी है। सवाल फिर खड़ा किया जा सकता है कि 'मेघदूत' की कथा किस 'काव्य' का एकदेश है ?—है कोई प्रमाण ? किस 'महाकाव्य' का एकदेश है—है कोई उत्तर ? पर इसी जगह यदि यह उद्भावना की जाय कि 'महाकाव्य' में समग्र जीवन की कथा होती है और 'खण्डकाव्य' में जीवन के एकदेश की—तो बात कुछ विश्वसनीय होती दिखाई पड़ती है। पर परवर्ती कलात्मक महाकाव्यों में (शिशुपालवध आदि में) यह भी नहीं है। शिशुपाल-वध का प्रसंग है पर किसी के समग्र जीवन की घटना वहाँ भी नहीं है। यदि 'समग्र' का अर्थ 'जितना है' उतना ही लिया जाय तो 'मेघदूत' की कथा भी समग्र हो जाएगी। लक्षण-वाक्य में कथित 'काव्य' का अर्थ 'काव्य' ही क्यों न लिया जाय—वहाँ भी कथा तो होती है—'एकोन्मुख' होती है—वर्णनों का विस्तार या जाल नहीं होता—यह दूसरी बात है। आचार्य विश्वनाथ प्रसाद मिश्र का विचार यह है कि मानदण्ड महाकाव्य ही है—उसी की अपेक्षा

एकार्थ-प्रवण होने से काव्य 'काव्य' (एकार्थ-काव्य) है और उसी का एकदेश होने से (और छोटा रूप होने से) खण्ड-काव्य। उनकी दृष्टि में 'एकार्थ' तो स्वयं छोटा है, अब उसका छोटा या खण्ड रूप क्या होगा ? मेरा विचार यह है कि जब दर्पणकार 'काव्य' का प्रतिपद प्रयोग स्पष्ट करते हैं, तो उसकी अन्यथा व्याख्या क्यों की जाए ? कथा महाकाव्य और काव्य—दोनों में होती है—तारतम्य की दृष्टि से खण्डकाव्य सबसे छोटा है—तो मध्यवर्ती 'काव्य' का ही एकदेश मान लिया तो क्या ऐसी अड़चन आ रही है ? फिलहाल ये पक्ष हैं—आगे भी विचार का द्वार उन्मुक्त है।

भाषा, शैली और बन्ध के अतिरिक्त चौथा आधार है—इन्द्रिय माध्यम। कला या काव्य का आस्वाद दो ही इन्द्रियों से लिया जाना सम्भव है—श्रोत्रेन्द्रिय अथवा चक्षुरिन्द्रिय। श्रोत्रेन्द्रिय का विषय श्रव्य काव्य है और चक्षुरिन्द्रिय का विषय दृश्य-काव्य (मुद्रण-यन्त्र के प्रचार-प्रसार से श्रव्य की जगह पाठ्य-काव्य संज्ञा का भी प्रयोग होने लगा है।) सुना 'शब्द' जाता है, 'पढ़ी' लिपि जाती है। 'लिपि' शब्दों का प्रतीक है। 'शब्द' भावनाओं और विचारों के यादृच्छिक ध्वन्यात्मक प्रतीक हैं। इस प्रकार लिपि प्रतीक का प्रतीक है। इस श्रव्यकाव्य की गद्य और पद्यबद्ध दो शैलियाँ हैं। कोई कलाकृति अपना आस्वाद, स्पर्श, घ्राण तथा रसना इन्द्रिय का विषय बनकर नहीं देती। श्रव्यकाव्य की पद्यबद्ध शैली के अन्तर्गत 'बन्ध' को दृष्टिगत कर मुक्तक और प्रबन्ध—जैसे दो भेद कर लिए गए हैं। सम्प्रति, गद्यबद्ध शैली में जिन प्रभेदों की चर्चा है—उनका भी उल्लेख किया जाना चाहिए।

इसके पूर्व कि गद्य-बद्ध विधाओं पर दृष्टिपात किया जाय—गद्य-शैली के प्रकारों पर विचार कर लिया जाय। गद्य-शैली के आचार्यों ने (वामन ने) पहले तीन भेदों का उल्लेख किया—वृत्तगन्धि, चूर्णक तथा उत्कलिकाप्राय। वृत्तगन्धि में स्पष्ट ही वृत्त की गन्ध की शर्त है, जबकि शेष दो में जहाँ चूर्णक समासमुक्त है, वहाँ उत्कलिकाप्राय समासयुक्त। वैसे दर्पणकार विश्वनाथ ने वामनोक्त तीन भेदों के साथ 'मुक्तक' को जोड़कर कुल संख्या चार कर दी है। इनकी दृष्टि में उत्कलिकाप्राय दीर्घ समासमय और चूर्णक अल्प समासमय होता है। 'मुक्तक' को समासमुक्त कहने के कारण ही दर्पणकार को वामन से हटकर अन्यथा कथन करना पड़ा है।

गद्यबद्ध-काव्य प्रकारों के सम्बन्ध में भामह ने कहा है कि वे दो हैं—(1) कथा एवं आख्यायिका। परवर्ती आचार्यों ने उत्तरोत्तर न केवल इनके लक्षणों में कुछ जोड़ा और घटाया है, अपितु इन दो के अतिरिक्त और प्रभेदों का भी उल्लेख किया है।

आख्यायिका

(1) समुचित और प्रसन्न-मधुर शब्दावली में रची गई हो।
(2) उदात्त वर्ण्य हो।

(3) इसमें अध्याय 'उच्छ्वास' के नाम से विभाजित हों।

(4) इसमें कथा का उपस्थापक स्वयं नायक हो—जो अपने कार्यकलाप का वर्णन करे (यह नियम इतिहास की रक्षा की ओर इंगित करता है) इसमें कथा ऐतिहासिक होती है।

(5) समय-समय पर वक्त्र तथा अपवक्त्र नामक मात्रिक छन्दों का विन्यास हो—जो भावी अर्थ का शंसन करते हों।

(6) कविकृत साभिप्राय कथानक से युक्त हो।

(7) इसमें कन्याहरण, संग्राम और विप्रलम्भ शृंगार आदि वर्णित हों।

कथा

आख्यायिका की तरह यह भी गद्यबद्ध होती है—परन्तु इसमें उसकी तरह वक्त्र तथा अपवक्त्र नाम के छन्द नहीं होते और न ही 'उच्छ्वास' संज्ञा से उसके विभाजन होते हैं। भाषा संस्कृत और अपभ्रंश हो सकती है। इसमें कथा का उपस्थापक स्वयं नायक नहीं होता—बल्कि अन्य कोई होता है (इस प्रकार की बात 'प्रख्यात' की जगह 'कल्पना' का मिश्रण करने के लिए कही गई है)। अभिजात कुल का नायक अपना कार्य-कलाप अपने ही मुख से वर्णन भी कैसे कर सकेगा ?

भामह की इन परिभाषाओं से अपनी असहमति प्रदर्शित करते हुए दण्डी कहते हैं कि ये क्या भेदक हुए ? एक नायक द्वारा कही जाती और दूसरी नायकेतर द्वारा। तर्क यह दिया गया कि नायक अपने द्वारा अपना कार्यकलाप कैसे कहेगा ? दण्डी का विपक्ष में यह कहना है कि यदि सही-सही बात नायक ने अपने मुख से कह ही दी तो इसमें दोष क्या है ? और कथा तथा आख्यायिका के लिए भामह ने जो नियम निर्धारित किए हैं—उनका विपर्यय भी लक्ष्य ग्रन्थों में देखा जाता है। वर्णयिता नायक हो या गैर हो—इससे क्या फर्क पड़ता है ? दूसरा भेदक है—वक्त्र तथा अपवक्त्र—छन्दों के विन्यास का। 'कथा' में 'आर्या' होती है और आख्यायिका में वक्त्रापवक्त्र—इससे भी क्या होता है ! अरे, यह छन्द नहीं वह छन्द। रहा यह कि एक जगह 'उच्छ्वास' संज्ञा होती है और अन्यत्र और कुछ—इससे भी इन भेदों की मूल प्रकृति में क्या फर्क आ जाएगा ? रहा—कन्याहरण, संग्राम तथा विप्रलम्भोदय—ये विशेषताएँ तो और काव्यरूपों में भी होती हैं। अभिप्राय यह है कि ये विशेषताएँ भेदक नहीं हैं—अतः इनके आधार पर कथा और आख्यायिका जैसे भेद कोई अर्थ ही नहीं रखते। वास्तव में ये सभी आख्यान-काव्य की विभिन्न जातियाँ हैं।

दण्डी ने वैमत्य तो व्यक्त कर दिया और आधार भी दिए, परन्तु परवर्ती आचार्यों ने इसे मान्यता नहीं दी। भामह के द्वारा किए गए भेद स्वीकृत हुए। वाग्भट, विद्याधर, विश्वनाथ महापात्र आदि सभी ने इनका अनुसरण किया—दोनों भेद माने और उनके लक्षण भी स्वीकार किए।

हेमचन्द्र ने अपने 'काव्यानुशासन' में पहले काव्य के इन्द्रिय माध्यम के आधार पर दो भेद दिए—श्रव्य एवं प्रेक्ष्य। श्रव्य के भी भेद बताए—महाकाव्य, कथा, आख्यायिका, चम्पू और अनिबद्ध। आख्यान या कथा-साहित्य के और भी भेद सम्भव हैं। 'अग्निपुराण' तथा 'लोचन' टीका में इनके नामों के उल्लेख हैं, स्वयं हेमचन्द्र ने अपने 'काव्यानुशासन' में कई नामों के उल्लेख किए हैं—

(1) **उपाख्यान**—प्रबन्धों के बीच दूसरों को समझाने के लिए नल आदि की कही हुई कथा ही उपाख्यान है।

(2) **निदर्शन**—जहाँ तिर्यक् योनि वालों या उनसे भिन्न प्राणियों की चेष्टाओं द्वारा कार्य या अकार्य का निर्णय कराया जाय, वह निदर्शन नामक काव्य-भेद होता है। उदाहरण के लिए पंचतन्त्र लिया जा सकता है।

(3) **प्रवह्लिका**—प्रधान व्यक्ति के विषय में जहाँ दो व्यक्ति परस्पर वाद-विवाद कर रहे हों और वह वाद-विवाद भी आधा प्राकृत में हो तो वहाँ चेटक आदि के समान यह प्रभेद होता है।

(4) **मन्थल्लिका**—प्रेतभाषा या महाराष्ट्र भाषा में जो छोटी कथा लिखी जाती है, उसे मन्थल्लिका कहते हैं। अनङ्गवती इसमें दृष्टान्त है। यह एक और प्रकार की भी होती है। असल में जहाँ पुरोहित, अमात्य आदि के द्वारा आरब्ध कार्य समाप्त न हो सके और इसलिए कर्ता उपहासास्पद हो जाय तो वहाँ यह प्रभेद होता है।

(5) **मणिकुल्या**—अगाध जल के तल में निहित वस्तु जैसे पहले लक्षित नहीं होती—पर बाद में धीरे-धीरे वह ज्यों-ज्यों ऊपर आती है—बढ़ने लगती है, त्यों-त्यों झलकने लगती है। मणिकुल्या इसी प्रकार की गद्य कृति है। इसका उदाहरण है—मत्स्यहस्ति।

(6) **परिकथा**—जहाँ धर्मादि चतुर्वर्ग में से किसी एक को ध्यान में रखकर भिन्न-भिन्न प्रकार की अनन्त वृत्तान्त योजना हो और शूद्रक आदि की भाँति जिगीषुओं द्वारा श्रुत हो—वहाँ यह प्रभेद होता है। लोचनकार अभिनवगुप्त पाद भी परिकथा की उक्तरूपता से अक्षरशः सहमत हैं। अग्निपुराण में भी गद्यकाव्य के पाँच भेद बताए गए हैं, जिनमें से एक परिकथा है। इनका कहना है कि कथा आख्यायिका के मिश्रण से परिकथा होती है।

(7) **खण्ड-कथा**—जहाँ ग्रन्थान्तर में प्रसिद्ध किसी कथा का उसके मध्यभाग से या करीब-करीब अन्त-भाग से इतिवृत्त लिया जाकर वर्णित हो—वहाँ यह प्रभेद होता है। लोचनकार ने भी दूसरे शब्दों में बात यही कही है। 'एकदेशवर्णना'—और क्या है ? अग्निपुराण में इस प्रभेद का परिचय इस प्रकार है—खण्ड-कथा का नायक अमात्य या द्विज होता है। इसमें करुण अथवा चारों प्रकार के विप्रलम्भ में से कोई एक प्रकार होता है। परिकथा और खण्ड-कथा में इनके मत में और बातें समान हैं—अन्तर यह है कि खण्ड-कथा पूरी नहीं होती—वह कथा का अनुधावन करती

है—पर परिकथा में ऐसी बात नहीं है।

(8) **सकल कथा**—'परिकथा' में कोई एक प्रयोजन होता है, परन्तु सकल कथा में चारों प्रयोजन होते हैं। लोचनकार ने भी यही बताया है और इतना और जोड़ा है कि खण्ड-कथा और सकल कथा प्रायः प्राकृत में ही प्रसिद्ध हैं।

(9) **उपकथा**—किसी एक पात्र में प्रसिद्ध कथान्तर का जहाँ उप-निबन्ध हो वहाँ यह भेद होता है।

(10) **वृहत्कथा**—पिशाच-भाषा में लिखी हुई और अद्भुत अर्थों से भरी हुई कथा वृहत्कथा (बड्डकहा) कही जाती है। इन सभी प्रभेदों की चर्चा करने के पश्चात् हेमचन्द्र ने कहा है कि असल में ये सब कथा के ही प्रभेद हैं। दण्डी ने भी तो यही बात कही थी।

(11) अग्निपुराणकार ने एक और प्रभेद की चर्चा की है, जिसका नाम है—कथानिका। इसमें सुखपर्यवसायी भयानक, गर्भ में करुण और अन्त में अद्भुत का समावेश होता है। अर्थ की योजना सुदृढ़ होती है, परन्तु औद्धात्य नहीं होता।

इन्द्रिय माध्यस्य के आधार पर श्रव्य के प्रभेदों की चर्चा के अनन्तर सम्प्रति 'दृश्य-काव्य' पर विचार प्रस्तुत है।

दृश्य या प्रेक्ष्य-काव्य

'दृश्य' के पर्याय रूप में 'नाट्य', 'रूप' तथा 'रूपक'—जैसी संज्ञाओं का प्रयोग किया जाता है। यद्यपि इन चारों पर्यायों का लक्ष्य धर्मी एक ही है। तथापि व्युत्पत्ति की दृष्टि से चारों धर्मी की चार विभिन्न विशेषताओं की ओर इंगित करते हैं। 'दृश्य' उसकी दृक् इन्द्रिय गोचरता, 'रूप' दृश्यता को, रूपक समारोप को और नाट्य सात्त्विक (नटन-अवस्पन्दन-वेपथु) भाव-जैसी विशेषता को इंगित करता है। उदाहरणार्थ एक ही संज्ञी की तीन पर्यायवाची संज्ञाएँ—इन्द्र, शक्र और पुरन्दर तीन अलग-अलग विशेषताओं—ऐश्वर्य, शक्ति और पुरध्वंसन—को इंगित करती हैं। ठीक यही बात 'दृश्य' के पर्यायवाची संज्ञाओं पर भी लागू होती है।

जिस प्रकार काव्य 'कवि-कर्म' है, उसी प्रकार नाट्य 'नट-कर्म' है। शारदातनय ने 'भाव-प्रकाशन' में कहा है—

"नटकर्मैव नाट्यं स्यादिति नाट्यविदां मतम्"

नट-कर्म नटन है, जिसका आशय है—सत्वप्रतिष्ठ अभिनय। नट धातु का अर्थ है—अवस्पन्द। अवस्पन्द वेपथु (कम्प) एक सात्त्विक भाव है। यह समग्र सन्दर्भ को देखते हुए सात्त्विक-बहुल अभिनय का उपलक्षण माना जाता है। बात यह है कि परवर्ती आचार्यों ने भी नाट्य के स्वरूप को स्पष्ट करने के लिए लक्षण लिखे। ऐसे आचार्यों में दशरूपककार धनंजय का प्रमुख स्थान है। उन्होंने अभिनेता के कोण से नाट्य की परिभाषा प्रस्तुत की—

'अवस्थानुकृतिर्नाट्यम्'

और धनिक ने उसकी व्याख्या की–

"काव्योपनिबद्धधीरोदात्ताद्यवस्थानुकारः चतुर्विधाभिनयेन तादात्म्यापत्तिर्नाट्यम्।"

अर्थात् काव्य में वर्णित धीरोदात्त आदि पात्रों की विभिन्न अवस्थाओं का अनुकरण ही नाट्य है। इसका आशय है–आंगिक, वाचिक, सात्त्विक और आहार्य–चारों प्रकार के अभिनय द्वारा नट की अनुकार्य से तादात्म्यापत्ति (एकरूपता की प्राप्ति)। दृश्य होने के कारण इसे 'रूप' और नट पर अनुकार्य का आरोप होने से 'रूपक' भी कहा जाता है। अवस्थानुकार नृत्य में भी होता है–पर उसमें आंगिक अभिनय की प्रचुरता होती है। जिस प्रकार 'नाट्य' अवस्पन्दार्थक नट धातु से व्युत्पन्न है, उसी प्रकार 'नृत्य' गात्र-विक्षेपार्थक नृती धातु से। तीसरे नृत्य प्रस्तुत करने वाले को लोक व्यवहार में नर्तक कहा जाता है और नाट्य प्रस्तुत करने वाले को नट। चौथे नृत्य की संज्ञा प्रेक्षणीयक है और नट-कर्म की संज्ञा नाट्य। पाँचवें नाट्य रसाश्रय होता है और नृत्य भावाश्रय। नाट्य में विभावादि संसर्ग पदार्थ-संसर्गात्मक वाक्यार्थ का स्थानीय है जबकि नृत्य में उसके अंगभूत पदार्थ। इस प्रकार यह स्पष्ट है कि सात्त्विक अभिनय-बहुल नट-कर्म ही नाट्य है।

वैसे तो कोश[6] और व्याकरण[7] ग्रन्थों में नृत्य, गीत और वाद्य के समुदाय अर्थ में भी प्रयुक्त माना गया है। इस समुदाय को तौर्यत्रिक अथवा संगीत[8] भी कहा जाता है, परन्तु होगा यह कोश और व्याकरण का अर्थ–व्यवहार में 'प्रयोग' रूप नट-कर्म को ही नाट्य कहा जाता है। अभी-अभी कहा गया है कि नृत्य और नाट्य सर्वथा भिन्नार्थक हैं–फिर भी मेदिनी कोशकार का यह कथन–

"नाट्यं तौर्यत्रिके लास्ये"

स्वीकार्य होगा ? व्यामुग्ध लोक व्यवहार पर आश्रित ये वचन हैं–अतः इन्हें एक तर्कसंगत भूमि पर स्वीकृति नहीं दी जा सकती।

नाट्य नट-कर्म है–इस संगत तथ्य को स्वीकार करते हुए भी उसकी पहचान को समग्रता में उभारने के लिए कुछ और भी कहना आवश्यक है। एक कठिनाई यह भी है कि इस नाट्य के उपकरणों की इयत्ता और उसकी परिगणना नाट्यशास्त्र के पारदृश्वा मुनि भरत भी निर्धारित नहीं कर पाते। वह कहते हैं कि जिस इतिहास नामक पंचम नाट्य-वेद की रचना करने जा रहे हैं, उसमें ऐसा कोई ज्ञान, ऐसा कोई शिल्प, ऐसी कोई विद्या और ऐसी कोई कला नहीं है, जो इसका अंग न हो[9]–जिसका इसमें समावेश न हो। अन्ततः यहाँ तक कह दिया कि इस नाट्य का अन्त पाना, इसके लिए उपादेय सामग्री का परिगणन कराना असम्भव है। उसका कारण यह है कि उसमें उपयोगी शिल्प और शास्त्र की इयत्ता[10] नहीं है। फिर भी इसका आशय यह नहीं है कि नाट्य-रूप की अपनी कोई समग्र पहचान इन्हीं कारणों से न उभर पाई हो या कि आचार्यों की आँखों से वह ओझल रह गई हो।

पौरस्त्य-पाश्चात्य सभी चिन्तकों ने एक विशिष्ट प्रकार की प्रभाव-सृष्टि में नाट्य की पहचान बताई है। यह प्रभाव भारतीय सन्दर्भ में 'रसात्मक' कहा गया है–रसात्मकता श्रव्य-काव्य का भी सर्वस्व है–पर वैसा साक्षात्कार कल्प नहीं है जैसा नाट्य में। अभिनव ने यही कहकर नाट्य की पहचान को रेखांकित किया है और नाट्यशास्त्र से भी संगत बताया है।

"काव्ये तु गुणालंकारमनोहरशब्दार्थशरीरे लोकोत्तररसप्राणके हृदयसंवादवशात् निमग्नकारा तावद्भवति चित्तवृत्तिः। किन्तु सर्वस्य प्रत्यक्षसाक्षात्कारकल्पा तत्र न धीरुदेति।" (अभिनव भारती, पृष्ठ 185) गुण और अलंकार से सुन्दर शब्दार्थ रूप शरीर वाले काव्य में प्राण स्थानीय रस ही है। वहाँ भी हृदय-संवाद के कारण चित्तवृत्ति उसमें डूब जाती है, लेकिन 'नाट्य' की बात कुछ और ही है। वहाँ प्रत्यक्ष साक्षात्कार जैसी जो चेतना बनती है, वह श्रव्य-काव्य से सम्भव नहीं है। इसी विशेषता में नाट्य की भारतीय पहचान निहित है। यहाँ 'प्रत्यक्ष साक्षात्कार' शब्द भी रेखांकनीय है। साक्षात्कार भी साक्षात् और परंपरया दो प्रकार का होता है। यहाँ का साक्षात्कार साक्षात् (direct) साक्षात्कार है। इसमें भारत की पहचान यह है कि वह जीवन का परम प्रयोजन 'साक्षात् अपरोक्षानुभूति'–को मानता है। श्रुति चैतन्य या 'स्वभाव' को प्रत्यक्ष प्रमा कहती है। श्रुति में ही कहा गया है–'यत्साक्षादपरोक्षाद् ब्रह्म'–ब्रह्म आत्मा का 'स्वभाव' साक्षात् अपरोक्ष (प्रत्यक्ष) है। उसे प्रत्यक्ष के लिए स्वभावेतर पदार्थों की भाँति–प्रमाणान्तर की अपेक्षा नहीं है–वह उनको आत्मप्रकाश का माध्यम नहीं बनाता–इसीलिए साक्षात् प्रत्यक्ष माना जाता है। 'रसो वै सः'–वही रस है–वही नाट्य का परम प्रयोजन है–वही उसकी पहचान है। इसीलिए भले नाट्य में तमाम प्रकार के ज्ञानों की अपेक्षा हो–पर इसका यह मतलब नहीं कि नाट्य 'भानुमती का कुनबा' है। वह एक अखण्ड रचना है, जिसकी अपनी उक्त प्रकार की पृथक् पहचान है। इसीलिए इस पहचान को केन्द्र में रखकर नाट्यशास्त्रकार ने कहा है–"त्रैलोक्यस्यास्य सर्वस्य नाट्यं भावानुकीर्तनम्।"–सम्पूर्ण त्रिलोकी का भावानुकीर्तन ही नाट्य है। अन्यत्र लोकवृत्तानुकरण को नाट्य कहा गया। क्या अनुकरण ही भावानुकीर्तन है–या अन्य कुछ ?' अभिनवभारतीकार कहता है–"तदिदमनुकीर्तन-मनुव्यवसायविशेषो वा नाट्यापरपर्यायो नानुकार इति भ्रमितव्यम्"–(अभिनव भारती, पृष्ठ 187)। नाट्य तत्त्वतः अनुकीर्तन या अनुव्यवसाय है–न कि अनुकार। ऐसा भ्रम नहीं होना चाहिए। पर निष्कर्ष रूप में जो नाट्य की पहचान है–वह तो 'प्रत्यक्षसाक्षात्कार कल्पा (रसात्मक) धी' ही है। इसीलिए अभिनवगुप्त कहता है–"तेन रस एव नाट्यम्" यही उसकी असाधारण पहचान है–फलतः जहाँ कहीं 'अनुकार' या 'अनुकरण' को नाट्य का स्वरूप बताया गया है (यहाँ तक कि स्वयं नाट्यशास्त्र में)–वहाँ उसका शाब्दिक अर्थ अभीष्ट नहीं है। जब किसी सन्दर्भ विशेष में किसी शब्दकोश-व्याकरण सम्मत शाब्दिक अर्थसंगत न लगे, तब उसका सन्दर्भोचित आशय

ढूँढ़ना चाहिए। अभिनव ने यही किया है। उनका कहना है कि 'अनुकार' तो नकल है—भणौवा है जिसका लक्ष्य छिछला मनोरंजन है। फिर जिसकी नकल की जाती है—वह उपहासास्पद हो जाता है—अनुकरणीय नहीं—उससे विनेय-प्रेक्षकगण को उपदेश देकर व्युत्पन्न कैसे बनाया जाएगा ? काव्य का प्रयोजन रसमग्न कर व्युत्पन्न बनाना है। यह उद्देश्य अनुकार का शाब्दिक अर्थ लेकर कम से कम इस प्रसंग में संगत नहीं होगा। फिर अनुकार नियत का होगा या अनियत का ? नियत व्यक्ति के पीठ-पीछे उसकी नकल उतारी जा सकती है। क्या नाट्य में नट ने उस नियत व्यक्ति का प्रत्यक्ष दर्शन किया है ? और नहीं किया है, तो बिना दर्शन किए ही जो कुछ करेगा, वह अनु (पीछे) करण कैसे कहा जाएगा ? अनियत व्यक्ति के अनुकरण का तो कोई अर्थ ही नहीं होता। निष्कर्ष यह कि उसका शाब्दिक अर्थ नहीं—आशय ग्रहण किया जाना चाहिए। एक आशय अभिनेता के कोण से धनंजय और शारदातनय ने ग्रहण किया। वह संगत है। समग्र पहचान के कोण से अभिनव बोलता है। नाट्यशास्त्रकार कहीं 'अनुकरण' कहता है—

"येनानुकरणं ह्येतनुनाट्यमेतन्मया कृतम्"

और कहीं उसे 'भावानुकीर्तन' कहता है। फिर उसके कथनों में तो संगति होनी चाहिए। इसीलिए अभिनव उसे 'अनुकीर्तनमनुव्यवसायो वा' कहते हैं। फिर कथंचित् विभाव (वस्तु या व्यक्ति) का अनुकरण हो भी जाय तो भी शोक आदि भाव का अनुकरण कैसे होगा ? कारण, अनुकरण सदृशकरण ही तो है और सदृश भिन्न होता है। फिर शोक से भिन्न किस भाव का अभिनय शोक का अनुकरण कहा जाएगा ? अस्तु, अनुकरण अनुभावन भी नहीं है—क्योंकि अनुभव का सम्बन्ध प्रत्यक्ष से ही है—विशेष से ही है। यहाँ जिस नट-कर्म या प्रस्तुति को नाट्य कहा जा रहा है, वह अपनी रसव्यंजकता में साधारणीकृत (सामान्य) है—इसीलिए कालातीत-देशातीत होकर भी सभी काल और सभी देश में होने की सम्भावना रखता है। यहाँ की सामग्री निर्दिष्ट 'विशेष' नहीं—सम्भाव्य सामान्य होती है—अरस्तू के शब्दों में Probable impossibility भी होती है। उसका अनुव्याहार या अनुकीर्तन या वर्णन ही सम्भव है। यह अनुदर्शन (vision) के बाद होता है। नाट्यशास्त्र में ये सारे शब्द प्रयुक्त हैं। वास्तव में रचना के स्तर पर 'अनुव्याहार' नाट्य या नट-कर्म के स्तर पर अनुकरण और सहृदय के स्तर पर अनुव्यवसाय से होता है। काल की चक्राकार धारणावश या अनुव्यवसाय 'अनुदर्शन' के रूप में रचनाकार में ही विद्यमान है। इस 'अनु' के पीछे 'लोक' है—सुख-दुःखमय लोक-स्वभाव है।

वास्तव में 'नाट्य' का अपनी समग्रता में परिचय देना हो तो 'नट-कर्म' के आगे-पीछे जो 'मूल' और 'प्रयोजन' है—वहाँ तक जाना पड़ेगा। 'नट-कर्म' या 'प्रयोग' में कवि-रचित काव्य उतारा जाता है—अतः इसकी शुरुआत वहीं हो जाती है। कवि की प्रतिभा में श्रव्य-काव्य भी रचा जाता है और दृश्य-काव्य (नाट्य) भी—और दोनों

के मूल में 'रसात्मक' दर्शना, उल्लासमयी सर्जनात्मक अनुभूति रहती है—पर श्रव्य-काव्य की रचना प्रक्रिया में 'रंग-चेतना' घटक रूप में विद्यमान नहीं रहती—'दृश्य-काव्य' में रहती है। अभिप्राय यह कि 'नाट्य' उतना ही नहीं है—जितना 'नट-कर्म' के रूप में दिखाई पड़ता है। अपनी समग्रता में वह कवि और ग्राहक-सर्जन और ग्रहण के स्तरों को भी आत्मसात् करता है—इसीलिए आधुनिक चिन्तन में उसे विविधायामी कहा जाता है।* उसका आयाम सर्जना से लेकर प्रस्तुति से होते हुए ग्रहण तक जाता है। एक विशेष बात यह भी ध्यातव्य है कि ग्रहण और सर्जन के स्तरों की अनुभूति भी एक ही है—एक बीज स्थानीय है और दूसरा फल-स्थानीय। प्रस्तुति वृक्ष स्थानीय है। मतलब ये आयाम मिलकर एक वृत्त बनाते हैं। भारतीय पहचान विकास की इस वृत्ताकार अवधारणा में भी निहित है। हमारी विकास की अवधारणा सीधी ऊर्ध्व-रेखीय या 'लीप' पद्धति की नहीं है। इसलिए 'नाट्य' स्वरूप का समग्रता में विचार करने के लिए उसे सर्जना के कोण से भी देखना होगा। सर्जना के स्तर पर सर्जक जो रसात्मक या आनन्दोच्छल 'दर्शन' करता है—सर्जनात्मक अनुभूति करता है—उसमें रंगचेतना भी कहीं निहित है। वहाँ तमाम उपकरण एक विशिष्ट आकार में ढलते हैं।—यही नया आकार सर्जनात्मक अनुभूति है—वही नाट्य की पहचान बनकर व्यक्त होती है—अतः सर्जना के कोण से अनुकार का आशय नई सृष्टि से है, जिसमें रंगचेतना निहित है और निहित रहकर उसका और काव्य रूपों से व्यावर्तक बनती है। कवि इसी सर्जनात्मक अनुभूति का 'अनुकीर्तन' करता है।

अभिनव ने कहा कि यह दर्शन (vision) प्रातिभस्फुरण में उभरे उपकरण अनुभव-गोचर नहीं होते। कारण, अनुभव उसका होता है, जो प्रत्यक्ष दृष्ट-विशेष हो। नाट्योपयोगी सामग्री का सम्बन्ध एक तो अतीत और भविष्य से भी होता है—दूसरे ऐसा होकर भी साधारणीकृत होता है—यानी कालविशेष से असम्बद्ध होता है—'विशेष' नहीं—सामान्य होता है—अतः उसका अनुभावन हो ही नहीं सकता—शब्द द्वारा अनुकीर्तन ही हो सकता है।

नाट्य स्वरूप का विचार इस प्रकार सर्जना, प्रयोग या प्रस्तुति के अतिरिक्त ग्रहण के पक्ष से भी किया गया है। इस पक्ष से उसे 'अनुव्यवसाय' कहा गया है। न्यायशास्त्र में 'अनुव्यवसाय' ज्ञान के ज्ञान को कहते हैं। उपचारतः यहाँ हम उसे अनुभवात्मक ज्ञान का पुनः अनुभव कह सकते हैं। और स्पष्ट कहें तो अनुभूत की अनुभूति कह सकते हैं। बात यह है कि रसानुभूति के लिए आचार्यों ने वासना का होना अनिवार्य बताया है। ग्राहक की अपनी ही वासना का पुनरास्वाद रसानुभूति है। यह वासना पूर्वानुभव ही है—उसे जन्मान्तर (तदानीन्तन) और इस जन्म

** नाट्य में कवि, नट, ग्राहक, सूत्रधार और समीक्षक-सभी शामिल हैं।*

(इदानीन्तन) का भी होना चाहिए। इस प्रकार अपनी ही वासना का पुनरास्वाद-अनुभूत की अनुभूति ही तो है। यही ग्रहण की दृष्टि से अनुव्यवसाय है। इस प्रकार नाट्य सर्जन के कोण से—अनुकीर्तन है। नया सृजन है। इसमें अहन्ता का परामर्श भी निहित है।

प्रस्तुति की दृष्टि से—तादात्म्यापत्ति है—सामान्य या साधारणीकृत रूप होने से उपचारतः इसे भी अनुकीर्तन कहा जा सकता है।

ग्रहण के कोण से—अनुव्यवसायात्मक है—अनुभूत की अनुभूति है—आस्वाद है—समग्र प्रभाव है—साक्षात्प्रत्यक्षकल्प अनुभूति है।

इस नाट्य से होने वाली अनुव्यवसायात्मक प्रतीति और उसका विषय—दोनों ही लोकोत्तर हैं। उसकी लोकोत्तरता का आख्यान करते हुए बताया—"तत्र नाट्यं हि नाम लौकिकपदार्थव्यक्तिरिक्तं तदनुकार-प्रतिबिम्ब-आलेख्य-सादृश्य-आरोप-अध्यवसाय-उत्प्रेक्षा-स्वप्न-माया-इन्द्रजालादि विलक्षणं तद् ग्राहकस्य सम्यग् ज्ञान-भ्रांति-संशय-अनवधारण-अनध्यवसाय विज्ञानभिन्नतया आस्वादनरूपसंवेदनसंवेद्यं वस्तु रसस्वभावमिति।" (अभिनव भारती)। अर्थात्—नाट्योपयोगी पदार्थ लौकिक पदार्थ से भिन्न हैं। अर्थात्—मंच पर जो नट राम का आकार धारण करके आता है—ग्राहक उसे देखते हुए यह नहीं समझता कि (1) यह (राम) राम का अनुकरण है। (2) या राम का प्रतिबिम्ब अथवा (3) चित्र है। (4) वह यह भी नहीं समझता कि यह राम नहीं, उसके समान कोई अन्य है न वह यही समझता है कि उसके द्वारा सादृश्यवशात् राम का (5) आरोप कर लिया गया है। (6) अध्यवसाय में उपमान या अप्रस्तुत (राम) से प्रस्तुत (नट) का निगरण होता है—सो ऐसा भी कुछ यहाँ अनुभव नहीं होता है। (7) प्रेक्षक नट में राम की सम्भावना करता हो—यह भी नहीं है। (8) अथवा किसी मन्त्रादिजनित अदृश्य शक्ति से प्रेक्ष्य अविद्यमान राम का प्रकाशन कर देता हो—सो भी नहीं। कारण, प्रेक्षक मायावी नहीं है और न ही वह (9) स्वप्न देखता है—कारण उसकी आँखें खुली हैं और सामने देख रहा है। (10) प्रेक्षक ऐन्द्रजालिक भी नहीं है। मंचस्थ राम इन्द्रजाल की करामात नहीं है। इन दस-विध रूपों से भिन्न उनका प्रत्यक्ष होता है—प्रेक्षक देखता है।

मंच की सामग्री ही लोकोत्तर नहीं है, लौकिक सामग्री से भिन्न नहीं है, प्रत्युत उसकी प्रतीति भी लोकोत्तर है—लौकिक प्रतीतियों से भिन्न है। लोक में होने वाली प्रतीतियाँ इतने प्रकार की सम्भव हो सकती हैं—सम्यग् ज्ञान, भ्रान्ति, संशय, अवधारण तथा अनध्यवसाय। इस सन्दर्भ की प्रतीति इनमें से किसी भी प्रकार की नहीं है। मंचस्थ राम के विषय में न तो हम यही समझते हैं कि 'यही राम है' (दूसरा नहीं) और न यही समझते हैं कि 'यह राम ही है' (और कोई नहीं)। सम्यक् ज्ञान या निश्चयात्मक यथार्थ ज्ञान के ये ही दो प्रकार हैं। प्रेक्षक जो समझता है उसको न वह उस समय और न ही बाद में भ्रम समझता है। संशय की दशा में तो होता

ही नहीं। मंचस्थ पात्र के विषय में उसकी सुस्पष्ट प्रतीति रहती है। अनवधारण परिचित वस्तु के विषय में तब तक रहता है, जब तक वह पूर्ण रूप से प्रकाश में नहीं आ जाता। मंचस्थ पात्र पूर्ण रूप से प्रकाशित और परिचित है। इसी प्रकार इस प्रतीति को अनध्यवसाय भी नहीं कहा जा सकता। कारण, अनध्यवसाय सर्वथा अपरिचित वस्तु या व्यक्ति के विषय में होता है। मंच की सामग्री अपरिचित है ही नहीं। इस प्रकार यह अनुव्यवसायात्मक प्रतीति अपने किस्म की एक अलग ही प्रतीति है। इस विस्तृत विवेचन से यह स्पष्ट है कि 'नाट्य' की भारतीय परम्परा में क्या अवधारणा है।

'नाट्य' स्वरूप का सांगोपांग विवेचन नाट्यशास्त्र में प्रस्तुत किया गया है। ऊपर उसके स्वरूपलक्षण की बात कही गई है—सम्प्रति, उसके अंग-उपांगों की भी संक्षिप्त चर्चा की जा रही है, ताकि प्रतिज्ञात का संगत निर्वाह किया जा सके। अंग की बात दो कारिकाओं में आई है—एक है—

योऽयं स्वभावो लोकस्य सुखदुःखसमन्वितः।
सोऽङ्गाद्यभिनयोपेतो नाट्यमित्यभिधीयते।।

और दूसरी कारिका है—

रसा भावा अभिनया धर्मीवृत्तिप्रवृत्तयः।
सिद्धिः स्वरास्तथातोद्यं गानं रङ्गश्च संग्रहः।।

सुख-दुःख लोक-स्वभाव अंगादि के अभिनय से युक्त होकर नाट्य कहा जाता है। यहाँ अंगादि की तीन तरह की अभिनव ने व्याख्या की है—(1) आंगिक आदि अभिनय (2) विभावादि रूप अंग का अभिनय तथा (3) शाखा और नृत्त तथा गीत का अभिनय। पर इसको आत्मसात् करने वाला 'संग्रह' दूसरा है। संग्रह का मतलब है—सम्यक् ग्रहण करा देने वाला—जिसके द्वारा जान लेने पर फिर जिज्ञास्य (नाट्य) के विषय में किसी अतिरिक्त प्रमाण की आवश्यकता न रह जाय—वही संग्रह है। इस संग्रह श्लोक में जिन अंगों की चर्चा की गई है—उनका ठीक बोध हो जाय तो नाट्य स्वरूप के बोध में किसी प्रमाणान्तर की अपेक्षा ही न रह जाय। ये अंग हैं—रस, भाव, अभिनय, धर्मी, वृत्ति, प्रवृत्ति तथा सिद्धि, स्वर, आतोद्य, गान और रंग। इनमें प्रथम छह नाट्य के अन्तरंग तत्त्व हैं और परवर्ती छह बहिरंग। अन्तरंग छह में महत्त्वपूर्ण तत्त्व पूर्व-पूर्व हैं। वस्तुतः इन अंगों के विवेचन में नाट्यशास्त्र पूरा आ जाता है और इससे इसका विस्तार समझा जा सकता है। यहाँ नितान्त संक्षेप में इनकी चर्चा से नाट्य-स्वरूप का सांगोपांग उपस्थापन किया जा रहा है। सर्जना के मूल में ही रस है और पर्यावसान में भी। रस से नाट्य व्याप्त है। वही सबका मूल है—अतः कहा गया—'न हि रसादृते कश्चिदर्थः प्रवर्तते'—आनन्द से कटकर कोई अर्थ प्रवृत्त नहीं होता। अर्थमात्र की प्रवृत्ति के मूल में रस है—विभेद-रहित मात्र रस है—वह रस जहाँ अवान्तर विभेद निःशेष हो जाते हैं। यह एक-एक सम्मिश्र

और समुदाय रूप प्रतीति है—पर मिश्रण इतना आनुपातिक है कि वह सबको समेटते हुए कुछ और ही हो जाता है। इसमें विभाव-अनुभाव-संचारी से अंकुरित, दीप्त तथा पुष्ट स्थायी प्रमाता की आवरणहीन चिदानन्दमयी आत्मा का गोचर होता है। साहित्यशास्त्र में इसी 'रस' की अपेक्षा से 'भाव' का स्वरूप निर्धारित हुआ है। ऐसा न करने से मनोविज्ञान के आलोक में सोचने वाले रामचन्द्र शुक्ल को परेशानी हुई है। वह मानते हैं कि भाव के तीन घटक हैं—अनुभूति (सुख-दुःखमयी) पक्ष, निमित्त बोध पक्ष और वेगयुक्त प्रवृत्ति पक्ष। 'उत्साह' नामक (स्थायी) भाव में यह लक्षण घटित नहीं होता। वहाँ कभी-कभी उत्साह के निमित्त का बोध स्पष्ट नहीं होता। राम के अश्वमेध के अश्व के पीछे-पीछे सोत्साह चलने वाले सैनिकों में निमित्त (उत्साह का आलम्बन) का बोध हमेशा नहीं है। इसीलिए नाट्यशास्त्र या साहित्यशास्त्र में 'रस' से 'भाव' की सत्ता निर्धारित है। 'भाव' भी 'भवन' (होना) नहीं है—'भावन' है जिसका अर्थ व्यापन है। जिस प्रकार गन्ध से वस्त्र भावित होता है—व्याप्त हो जाता है, वैसे ही जिससे प्रमाता का अन्तस् व्याप जाता है—वह भाव है। अभिनवगुप्त उसे चित्तवृत्ति रूप मानते हैं। संख्या में 49 हैं।

प्रमाता के अन्तस् का भावन अभिनय से होता है—जो आंगिक, वाचिक, सात्त्विक और आहार्य भेद से चार प्रकार का होता है। अभिनय के दो रूप और कहे गए हैं—सामान्याभिनय और चित्राभिनय। चारों प्रकार के अभिनयों का समानीकृत प्रयोग मंच पर कैसे किया जाय—इसका विचार सामान्याभिनय में है। पक्वान्न निर्माण में उपयोगी सामान बनिया अलग-अलग देता है—पर सूपकार उनका समुदित प्रयोग करने में अपनी एक विशिष्ट कला का प्रयोग करता है। पक्वान्न में उन पदार्थों की अपनी-अपनी विशेषता तो है ही—सूपकार द्वारा उनके समुदित और आनुपातिक प्रयोग में भी है। इसके पीछे निहित विवेक से कुछ और ही बात पक्वान्न में आ जाती है। चित्राभिनय का सम्बन्ध केवल आंगिक अभिनय से है, जबकि 'सामान्याभिनय' का सबसे है। चिन्तकों के बीच चित्राभिनय विवादास्पद है। तथापि भरत ने लोक-प्रमाण को केन्द्र में रखकर आंगिक अभिनयों द्वारा भौतिक जगत् के पदार्थों के लिए तो प्रतीक विधान किया ही है। मानव के अन्तर्जगत् को भी चित्रात्मक शैली में प्रस्तुत करने की विधि निर्दिष्ट की है।

मंच पर जो कुछ भी किया जाता है, वह अभिनय ही है—पर जब या जहाँ तक लोकानुवर्ती है, तब तो वह लोकधर्मी है, पर जब इस लोक-स्वभाव को प्रगाढ़ और प्रभावी बनाने में वह यथार्थ असमर्थ होने लगता है—तब कल्पना का सहारा लेना पड़ता है। ये कल्पनातीत प्रयोग धीरे-धीरे रूढ़ि बनने लगते हैं और अपना एक व्यक्तित्व विकसित कर लेते हैं। तो नाट्य-अभिनय-मात्र में प्रयुक्त देखे जाने के कारण नाट्यधर्मी कहे जाते हैं। जनान्तिक, अपवारित, स्वगत (अश्राव्य) और आकाश-भाषित आदि नाट्यधर्मी प्रयोग हैं। यह सही है कि इनका उपयोग लोक-स्वभाव

के ही उपस्थापन में होना चाहिए। भरत वेद या शास्त्र और अध्यात्म की अपेक्षा नाट्य में लोक को ही ज्यादा प्रमाण मानते हैं।

लोक-स्वभाव की मंच पर की जाने वाली अभिनयात्मक अनुकृति में कुछ स्थिर दृश्य होते हैं और कुछ गत्यात्मक व्यापार। यही व्यापार वृत्ति है। वृत्तियों को 'नाट्यमातरः' कहकर उसकी महत्ता बताई गई है। यह व्यापार वाग्व्यापार भी है और उससे भिन्न रूप भी। वाग्व्यापार भारतीय वृत्ति है—यह नटाश्रित होती है—शेष अर्थरूपा हैं। शृंगार रस के सन्दर्भ में कैशिकी, वीर में सात्वती तथा रौद्र और वीभत्स में आरभटी वृत्ति का प्रयोग किया जाता है। इनके भी बहुत से अंग-प्रत्यंग कहे गए हैं। अभिनवगुप्त पुरुषार्थ-साधक व्यापार को वृत्ति कहते हैं। चूँकि पुरुषार्थ चार हैं इसलिए वृत्तियाँ भी चार हैं।

वृत्तियों के ही अनुरोध से प्रवृत्तियों का विचार करते हुए माना गया है कि देश-भेद से लोगों के वेष, भाषा और आचार तथा जीविका-साधन अलग-अलग हैं। जब प्रसिद्ध विचित्रताओं से मण्डित ये व्यापार अपने-अपने भू-भाग का ख्यापन करने लगे तब उन्हें 'प्रवृत्ति' कहा जाना चाहिए। जब मंच पर वृत्तियों का प्रयोग हो तो उससे देश-विशेष की प्रवृत्ति की झलक मिलनी चाहिए। पुर-जनपद की विशिष्टता उभरनी चाहिए। व्यक्ति जब अभिनय करे तो उसका व्यक्तिगत वैशिष्ट्य छलककर सामने आ जाय। उसके प्रत्येक व्यापार में यह छाप होनी चाहिए। नाट्यशास्त्र में भारत के भू-भाग का चतुर्धा विभाजन कर उन्हीं के आधार पर चार प्रवृतियाँ बना दी गई हैं—दाक्षिणात्या, आवंतिका, औड्रमागधी और पांचालमध्यमा। दाक्षिणात्य की प्रवृत्ति शृंगार प्रधान, आवन्तिका की धर्म-शृंगार प्रधान, औड्रमागधी की प्रवृत्ति घटाटोपी है। इसमें भारती और आरभटी का समन्वय मिलता है। आवन्तिका में कैशिकी और सात्वती का। पांचालमध्यमा में सात्वती और आरभटी वृत्तियों का प्रयोग मिलता है। भरत ने प्रवृत्ति के आधार पर पात्र के रंगमंच पर प्रवेश का विधान किया है। द्वार के अभाव में दाक्षिणात्य और आवन्ती पात्र दक्षिण पार्श्व से और पांचाल मध्यमा तथा औड्रमागधी के पात्र वाम-पार्श्व से रंगमंच पर प्रस्तुत होते हैं। हो सकता है भरत के इस विधान में प्रवृत्तिभेद ही कारण हो। प्रवृत्ति पर राजशेखर और भोज ने भी विचार किया है। राजेशखर ने प्रवृत्ति, वृत्ति और रीति का विषय-भेद किया है। उनका पक्ष है कि प्रवृत्ति में वेष-विन्यास-क्रम, वृत्ति में विलास-विन्यास-क्रम और रीति में पद-विन्यास-क्रम का विचार किया जाता है। भोजराज ने चार की जगह पाँच वृत्तियाँ मानी हैं—यह अवश्य है कि अन्यत्र चार की ही बात की गयी है। जिस नवीन प्रवृत्ति की उन्होंने चर्चा की है—वह है—पौरस्त्या। इन पर कहीं न कहीं राजशेखर का प्रभाव है।

'नाट्य' के स्वरूप निर्वचन में उपयोगी ये अन्तरंग अंग हैं। स्वर, आतोद्य, गान और रंग उपरंजक होने से बहिरंग हैं—पर 'सिद्धि' का स्थान कुछ विशिष्ट

है। 'नाट्य' स्वरूप की समग्रता सर्जन से ग्रहण तक परिव्याप्त है–कहीं आरम्भ है तो कहीं परिसमाप्ति मध्य में तो वह मूर्त है ही–इस नाट्य की सिद्धि इसकी समग्रतः काष्ठापन्नता में मानी जाती है। इसकी सिद्धि में शरीक होने वाला प्रेक्षक ही उसका निकष है। कालिदास के नट ने कहा है–

"आपरितोषाद् विदुषां न साधु मन्ये प्रयोगविज्ञानम्"

मर्मज्ञ का परम संतोष प्रयोग की सिद्धि का निकष है। यह सिद्धि दो प्रकार की है–दैवी और मानुषी। प्रयोग कब सिद्ध माना जाता है ? तभी न, जब मर्मी प्रेक्षक परितुष्ट हो जाय। परितुष्ट मर्मी प्रेक्षक कभी सन्तोष की सचेत शरीर या वाचिक अभिव्यक्ति कर देते हैं और कभी-कभी इतना निमग्न हो जाते हैं कि प्रस्तुति की प्रशंसा की सुधि ही नहीं रह जाती। पहली मानुषी और दूसरी दैवी सिद्धि है। इसी प्रकार प्रस्तुति में भी जब तक आंगिक, वाचिक और आहार्य–अभिनय का प्राधान्य रहे, तब तक मानुषी और जब सात्त्विक अभिनय के प्रभाव में सब निष्पन्न हो–तो दैवी सिद्धि माननी चाहिए। भरत ने इस प्रयोग सिद्धि के सन्दर्भ में अनेक प्रकार के साधक-बाधक तत्त्वों का निरूपण किया है।

स्वर, आतोद्य, गान और रंग–बहिरंग उपकरण हैं। स्वर का विनियोग आतोद्य (वाद्य) गान में होता है। गीत और वाद्य नाट्य प्रयोग में अलात-चक्र की तरह मिले रहते हैं। पूर्व रंग के विधान में इसका संकेत भरत ने किया है। नाट्य प्रेक्षणोपयोगी मानसिकता तैयार करने में इनका योगदान है। स्वर नाद है और अपने अनाहत रूप में वह पराशक्ति है–यही स्फोट व्यंजक है। नाद के भेद श्रुतियाँ हैं। श्रुतियों से उत्पन्न अनुरणनात्मक स्वन् ही स्वर हैं–जो श्रोता के मन का रंजन करते हैं। ये सात हैं–षड्ज, ऋषभ, गान्धार, मध्यम, पंचम, धैवत और निषाद। ये स्वर वादी, संवादी, अनुवादी और विवादी चार प्रकार के (अन्य आधार पर) हैं। स्वरों का संयोग ग्राम है। इसे ग्राम (समुदाय) इसलिए कहा जाता है कि इसमें स्वर, श्रुति, मूर्च्छना, ताल, जाति और राग–आदि का व्यवस्थापन होता है। गान क्रिया ही वर्ण है और वह चार प्रकार का होता है–आरोही, अवरोही, स्थायी और संचारी। इस प्रकार स्वर घटित गीत पर पर्याप्त विचार किया गया है। गीत या गान–जो स्वर घटित होता है, उसका उपयोग राग-जनन या रंजन में है–साथ ही भाव और रस की निष्पत्ति में भी उसका योग है। ध्रुवागान इसी का एक भेद है, जिसके पाँच प्रकार हैं और पूर्वरंग में उनका प्रयोग होता है। ये पाँच हैं–प्रावेशिकी, नैष्क्रामिकी, आपेक्षिकी, प्रासादिकी और अन्तरा।

स्वर तथा गान में उपयोगी है–वाद्य। ये चार प्रकार के हैं–तत (वीणा आदि), अवनद्ध (मृदंग, पटह आदि), सुषिर (वंशी और वेणु आदि) तथा घन (झाल आदि)। गीत की भाँति वाद्य भी ताल और लय पर आश्रित होते हैं।

इन सबके प्रयोग का आधार है–रंग। भरत ने नाट्य योगों में सबसे पहले

'रंग' पर विचार किया है। इसे रंगशाला या नाट्य मंडप भी कहा जाता है। नाट्य-यज्ञ की संकल्पना यहीं मूर्त होती है। रंगशाला वह स्थान है—जहाँ राग-द्वेष-विहीन सामाजिक प्रेक्षकों का रंजन होता है। यों तो वस्तुतः रंग नाट्य ही है और उसका आधार है—नाट्यमण्डप। नाट्य मण्डप या नाट्यवेश्म पर पुरातन-अद्यतन—अनेक आचार्यों ने विचार किए हैं—पर अनेक ऐसे ग्रन्थिल बिन्दु हैं, जो अभी भी चिन्तकों के लिए चुनौती बने हुए हैं। उनके स्वरूप के सम्बन्ध में मतभेद हैं।

माप की दृष्टि से नाट्य-मण्डप के तीन प्रकार हैं—ज्येष्ठ, मध्यम और कनिष्ठ। यह माप भी हस्त और दण्ड (चार हाथ का एक दण्ड) भेद से दो प्रकार का है। आकार की दृष्टि से इनमें से प्रत्येक के तीन प्रकार हैं—व्यस्र (आयताकार), चतुरस्र (वर्गाकार) तथा त्र्यस्र (त्रिकोण)। इस प्रकार नाट्य-मण्डप के कुल अट्ठारह प्रकार हैं। इनमें से ज्येष्ठ मण्डप देवता के लिए, मध्यम राजा के लिए और कनिष्ठ सामान्य जनता के लिए होता है। दिव्य-नाट्य-मण्डप इच्छा-सम्पाद्य होते हैं और मानुष-मण्डप प्रयत्न-सम्पाद्य। बहुत बड़ा मण्डप दृश्य-श्रव्य की कठिनाई पैदा करता है और बहुत छोटा भी उतना सौविध्ययुक्त नहीं है। अतः मध्यम कोटि का मण्डप ही सामान्यतः प्रशस्त माना गया है। नाट्यशास्त्रसम्मत नाट्य-मण्डप की तालिका अगले पृष्ठ पर देखें। नाट्य-मण्डप का चित्र भी पृथक् से देखें। नाट्यवेश्म का विचार नाट्य के अपने स्वभाव के अनुसार भी सम्भव है। यह आविद्ध स्वभाव का भी हो सकता है और सुकुमार स्वभाव का भी। पहले में ऊर्जस्वी या उत्कट वेग या गति और दूसरे में सुकुमारता होती है। पहले में उद्धत अंगहार, छेद्य, आहव, माया, इन्द्रजाल, पुस्त, पुरुष-प्रभाव-बाहुल्य, तथा सात्वती और आरभटी का प्रयोग होता है। नाटक, प्रहसन, प्रकरण, भाण, वीथी, अंक तथा वाटिका सुकुमार श्रेणी के नाट्य हैं—शेष आबिद्ध। सुकुमार रूपक लोक-वृत्तान्त के आश्रित होते हैं।

नाट्यशास्त्र में लोकप्रियता और सुकरता के कारण मध्यम कोटि में भी मध्यम मान का और चतुरस्र कोटि में अवर मान का नाट्य मण्डप विवेचित हुआ है। पहला होगा 64×32 का और दूसरा 32×32 का।

आयताकार या व्यस्र का मध्यम भेद : विवरण

यह मण्डप चौंसठ हाथ लंबा और बत्तीस हाथ चौड़ा होता है। फिर चौंसठ हाथ वाली लम्बाई को दो भागों में विभाजित करना चाहिए। इस प्रकार बत्तीस-बत्तीस हाथ के दो वर्ग बन जाएँगे। इनमें से अगला भाग दर्शकों के बैठने के लिए होगा। पृष्ठवर्ती भाग के पुनः बराबर-बराबर (16×32 तथा 16×32) दो भाग करें। तदनन्तर प्रेक्षकोपवेश से लगा अगला भाग 16×22 है—उसका पुनः द्विधा विभाजन करें 8×32 तथा 8×32। अगला भाग रंगपीठ है और पिछला रंगशीर्ष। इन सबके पीछे वाला 16×32 भाग नेपथ्यगृह के रूप में स्थापित करें।

नाट्यशास्त्रसम्मत नाट्य-मण्डप

आयताकार-मध्यम

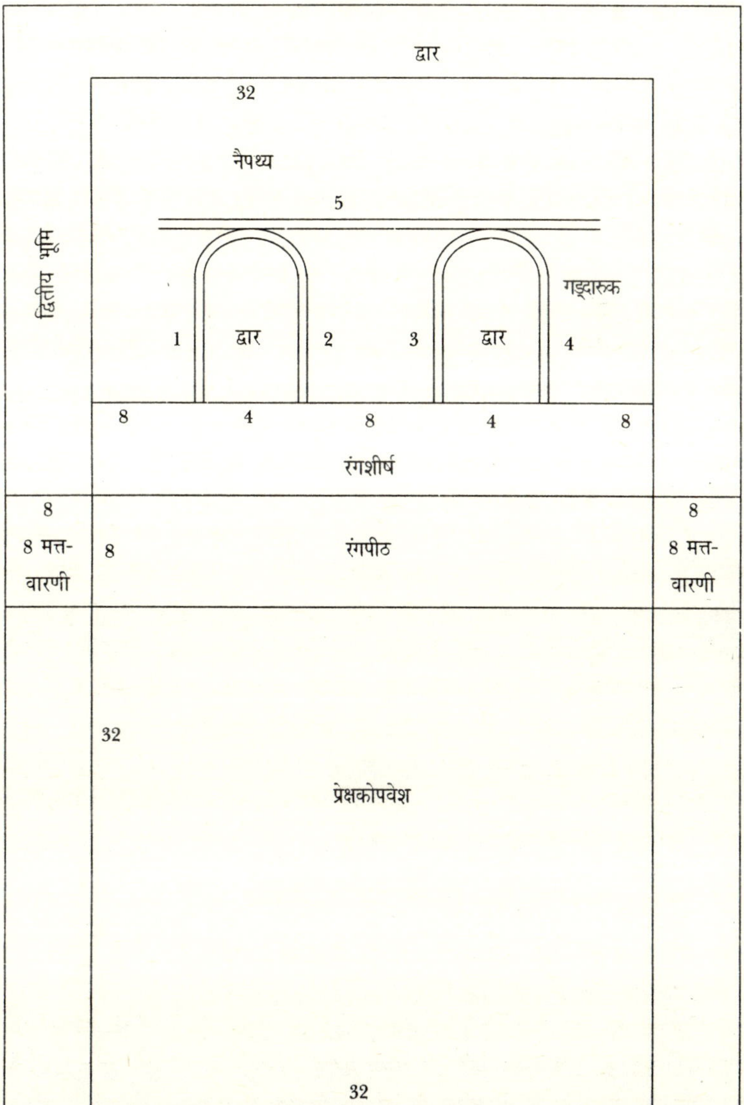

नोटः– प्रेक्षकोपवेश से 1½ हाथ ऊँचा रंगपीठ तथा समस्तरीय मत्तवारणी हो। रंगशीर्ष और नेपथ्य भी इसी स्तर के हैं। मण्डप शैलगुहाकार हो।

अभिनवभारतीकार ने यवनिका का स्थान स्पष्ट ही रंग-पीठ और रंगशीर्ष के बीच रखा है। डा. मनमोहन घोष रंगपीठ और रंगशीर्ष को एक ही मानते हैं—अतः इनकी दृष्टि से यवनिका का स्थान ने नेपथ्य गृह के द्वारों पर है।

मत्तवारणी

नाट्य-मण्डप से सम्बद्ध कई प्रयोग या संज्ञाएँ हैं, जिनका अर्थ निर्धारित नहीं होता। 'मत्तवारणी' संज्ञा ऐसी ही है। इसके सम्बन्ध में कई प्रश्न हैं। यहा संज्ञा नाट्यशास्त्रेतर प्रयोगों और कोश के साक्ष्य पर 'मत्तवारण' है, मत्तवारिणी है या मत्तवारणी ? इसका अर्थ 'बराण्डा' है 'मत्तवारणों की श्रेणी' है अथवा वह स्थान जहाँ से मतवालों का निवारण किया जाता है ? यह रंगपीठ के एक ही ओर वर्गाकार होती है या दोनों ओर ? वर्गाकार ही होती है या रंगपीठ और रंगशीर्ष (8+8-16×8) के सम्मिलित पार्श्व में आयताकार ? रंगपीठ धरातल से डेढ़ हाथ ऊपर उठा हुआ होता है या एक हाथ ? रंगपीठ प्रेक्षकोपवेश से ऊँचा हो या नीचा ? इन तमाम विकल्पों के बीच अभिनव का मत है कि मत्तवारिणी रंगपीठ के दोनों बगल में हो रंगपीठ और मत्तवारणी की ऊँचाई डेढ़ हाथ (समस्तरीय) हो। और साथ ही वर्गाकार। रंगपीठ प्रेक्षकोपवेश से नीचा नहीं—ऊँचा हो।

रंगशीर्ष और षड्दारुक

रंगशीर्ष नेपथ्य और रंगपीठ के बीच है। इससे सम्बद्ध 'षड्दारुक' का विधान है। इस षड्दारुक के सम्बन्ध में भी विभिन्न धारणाएँ हैं। एक पक्ष का कहना है कि यह षड्दारुक छह काष्ठखण्डों से निर्मित है। नेपथ्य और रंगशीर्ष के बीच जो दीवार है, उसके सामने एक दूसरे से आठ हाथ के अन्तर पर पहले दो खम्भे गाड़ें। फिर चार-चार हाथ के अन्तर पर दोनों की विपरीत दिशाओं में दो खम्भे (द्वार निर्माण के निमित्त) गाड़ें। इन चारों खम्भों के नीचे एक और ऊपर एक काष्ठखण्ड स्थापित करें। इस प्रकार यह 'षड्दारुक' का रूप होगा। यहाँ जो दो द्वार बनें—वे मेहराबदार हों।

दूसरे लोग तीन द्वार (तिदरी) की बात करते हैं। दोनों किनारों पर दो खम्भे, बीच में दो खम्भे और ऊपर-नीचे दो खम्भे—कुल छह हुए।

तीसरे लोग अन्यथा व्याख्या करते हैं। इसमें (1) ऊह (2) प्रत्यूह (3) निर्व्यूह (4) संजवन (5) खम्भों पर बने हुए सिंह, साँप या हाथी आदि अनुबन्ध और (6) कुहर—अर्थात् उन तख्तों पर खुदे हुए पर्वत नगरों की कुंजें तथा गह्वर आदि रूप—ये षड्दारुक हैं। ऊह स्तम्भ के ऊपर के सिरे से निकला हुआ काष्ठ है। प्रत्यूह उससे आगे निकली हुई तुला है। निर्व्यूह अर्थात् तुला के किनारों से निकले हुए तख्तों की दीवार है। संजवन का मतलब है—भित्ति के समान आकाश में निकले हुए तख्ते।

तीनों की व्याख्याओं में पात्रों की प्रवृत्ति (रंग पीठ पर) के लिए दो दरवाजों का प्रावधान है। प्रो. सुब्बाराव ने चौथी व्याख्या की है। रंगीशीर्ष का तल कूर्म-पृष्ठ या मत्स्य-पृष्ठ जैसा न हो अपितु दर्पण-तलवत् स्वच्छ हो–स्तम्भ, खूँटी, खिड़की, कोण और अवान्तर द्वार एक-दूसरे के सम्मुख न हों। नाट्य-मण्डप शैलगुहाकार द्विभूमि होना चाहिए। इसमें हलकी हवा पहुँचाने वाली खिड़कियाँ हों साथ ही यह कि आवाज गूँजनी नहीं चाहिए। विपरीत इसके गंभीर और सुस्पष्ट हो।

शैलगुहाकार द्विभूमि

द्विभूमि की विभिन्न व्याख्याएँ की गई हैं। (1) दो भूमि अर्थात् रंगपीठ के नीचे तथा ऊपर की दो भूमियों से युक्त। (2) प्रदक्षिणात्मक घेर की तरह मूल रंगशाला के चारों और मत्तवारणी को आत्मसात् करती हुई दो भूमियाँ। (3) मण्डप के ऊपर शैलगुहाकार दूसरी मंजिल। (4) पाठ बदलने से शैलगुहाकारी द्विभूमि–एक चौथी व्याख्या है कि नाट्य मण्डप एक समान भूमि का ही होना चाहिए। (5) पाँचवीं व्याख्या भट्टताँत की है। वह द्विभूमि का अर्थ–दो-दो भूमि–ऊँची-नीची भूमि करना चाहते हैं–सोपानकार प्रेक्षकोपवेशन रंग पीठ से लेकर द्वार तक। इस प्रकार नाट्य-मण्डप की भित्तियों का निर्माण कर उस पर प्लास्टर कराए–चूना लगवाए और रंग-बिरंगे चित्र बनवाए।

नाट्यशास्त्र में मध्यम चतुरस्र की भी सांगोपांग उपस्थापना की गई है। जिज्ञासुजन उसका विस्तार वहाँ देख सकते हैं।

नेपथ्यगृह से रंगशीर्ष या रंगपीठ पर नटों के प्रवेश के लिए दो द्वारों की बात ऊपर कही जा चुकी है। इन्हीं दोनों दरवाजों के बीच में वाद्य-यन्त्रों को रखा जाना चाहिए। तीसरा द्वार नेपथ्य के पिछले भाग में तथा चौथा प्रेक्षागृह का (दर्शकों के प्रवेश के लिए), द्वार हो। इस प्रकार कुछ लोग चार द्वार और कुछ लोग पहले दो द्वार वाद्य के लिए, दूसरे दो द्वार (प्रवेश तथा निर्गम के लिए) नटों के लिए और तीसरे दो द्वार प्रेक्षकों के लिए–कुल छह द्वारों की बात करते हैं।

यह रहा नाट्यांग का विवरण। यहाँ तक नाट्य के स्वरूप का लक्षण और अंग निरूपण द्वारा नाट्य-स्वरूप का सांगोपांग विवेचन समाप्त हुआ।

स्वरूप के बाद प्रभेद की बात आती है। नाट्य के रसाश्रय होने से दस भेद होते हैं और उप-नाट्य या उप-रूपक के अठारह। नृत्य के सात भेद हैं–डोम्बी, श्रीगदित, भाण, भाणी, प्रस्थान, रासक तथा काव्य। नृत्य केवल भावाश्रय होते हैं। दश-रूपककार ने नाट्य के तीन तत्त्व बताए हैं।–वस्तु, नेता और रस। इनके भेद से रूपक में अनेक भेद हो जाते हैं। ये दस हैं–नाटक, प्रकरण, भाण, प्रहसन, डिम, व्यायोग, समवकार, वीथी, अंक और ईहामृग। इनमें से नाटक सबकी प्रकृति है–शेष अवान्तर विशेषताओं के कारण भिन्न होते जाते हैं।

इन रूपकों का आरम्भ हो—इसके पहले 'पूर्वरंग' होता है। रंगशाला में विघ्न-शान्ति के लिए कुशीलव जिसे पूर्व में सम्पादित करते हैं—उसे पूर्वरंग कहा जाता है। इस पूर्वरंग के कहीं 19 और कहीं 22 प्रभेद कहे गए हैं। प्रत्याहार, अवतरण, आरम्भ, आभावणा, वक्त्रपाणि, परिघट्टना, संघोटना, मार्गा-सारित, आसारित, गीतविधि, उत्थापन-विधि, परिवर्तन, नान्दी, शुष्कावकृष्टा, रंगद्वार, चारी, महाचारी, त्रिगत तथा प्ररोचना। इनमें से पूर्ववर्ती नौ रंगशीर्ष और रंगपीठ के बीच पड़ी जवनिका के पीछे वीणा और भाण्ड-वाद्य की संगति से प्रस्तुत किए जाते हैं। अवशिष्ट दस जवनिका के हटा दिए जाने के बाद रंगपीठ पर सम्पन्न होते हैं। इनके उपस्थापन में नृत्त और पाठ्य का संयुक्त प्रयोग होता था तथा गीत और वाद्य के साथ उन्हें रखा जाता था। इस पूर्व रंग विधान के मूल में चार उद्देश्य समाहित हैं—(1) विघ्नों के नाश के लिए देवताओं की स्तुति। (2) श्रव्यगान-विद्या तथा नृत्य द्वारा प्रेक्षक वर्ग में प्रस्तुति के प्रति उत्सुकता पैदा करना। (3) संगीतमय वातावरण द्वारा सामाजिक के चित्त को आत्मनिष्ठ और प्रयोज्य नाटक के प्रति समाहित करना तथा (4) प्रेक्षक की हृदय-ग्रंथि का भंजन—मानसिक विक्षेप का विनाश—व्यवहार जगत् की परेशानियों से उत्पन्न मानसिक गाँठों का गलाव।

पूर्वरंग के सम्पन्न होने पर मंच पर स्थापक प्रवेश करता है। उस समय अर्थानुगामिनी ध्रुवा मध्यलय में गाई जाती है और स्थापक 'प्रस्तावना' प्रस्तुत करता है। दशरूपककार का पक्ष है कि पूर्वरंग का विधान हो जाने पर सूत्रधार मंच से हट जाता है और फिर वही या उसी के गुणों से मण्डित और उसी की तरह दूसरा पात्र स्थापक के नाम से मंच पर प्रवेश करता है और काव्यार्थ की स्थापना करता है। काव्यार्थ का स्थापन या सूचन करने के ही कारण वह स्थापक कहा जाता है। यदि स्थापनीय कथावस्तु दिव्य है, तो दिव्य-रूप में और मर्त्य है, तो मर्त्य-रूप में तथा मिश्र है, तो उभयात्मक रूप में उपस्थित होकर उपस्थापक नट काव्यार्थ की सूचना देता है—यह सूचना चार में से किसी एक रूप की हो सकती है—बीजात्मक, आरम्भात्मक पात्रात्मक अथवा पूरी की पूरी कथा का ही संक्षिप्त संसूचन हो सकता है। उदाहरण के लिए 'उदात्तराघव' में कथावस्तु की संक्षिप्त सूचना, 'रत्नावली' में फलसाधक विधि (प्रारब्ध) रूप बीज का उपक्षेप, अन्यत्र श्लेष द्वारा प्रस्तुत वृत्त का प्रतिपादक वाग्-विशेष रूप मुख (आरम्भ) की प्रस्तुति तथा 'अभिज्ञान शाकुन्तल' में पात्र (दुष्यन्त) की सूचना दी गई है।

आमुख द्वारा काव्य-कथा का विभिन्न रूपों में संसूचन तथा रंगशाला में विराजमान प्रक्षेकों के संगीत द्वारा चित्तरंजन के अनन्तर किसी भी ऋतुपरक श्लोक का ज्ञान होना चाहिए। फिर इसी क्रम में भारती-वृत्ति का सहारा लेकर आगे बढ़ना

चाहिए। भारती-वृत्ति के बारे में पहले कहा जा चुका है। इस प्रकार रूपक (नाटक) से सम्बद्ध पूर्वरंग जब प्रस्तावना के साथ सम्पन्न हो जाय, तब नटों को चाहिए कि वे कथावस्तु को अभिनय के माध्यम से मंच पर प्रेक्षकों के समक्ष प्रस्तुत करें।

भारती-वृत्ति नटाश्रित वाग्व्यापार है। इसके चार भेद हैं–प्ररोचना, वीथी, प्रहसन और आमुख। प्ररोचना उपस्थाप्य सन्दर्भ की प्रशस्ति है। इस सन्दर्भ में नाट्य कृति, नट तथा प्रेक्षकों की परिषद्–सभी समाविष्ट हैं। रत्नावली की प्ररोचना देखें–

श्रीहर्षो निपुणः कविः परिषदप्येषा गुणग्राहिणी।
लोके हारि च वत्सराजचरितं नाट्ये च दक्षाः वयम्।।
वस्त्वैककमपीह वाञ्छितफलप्राप्तेः पदं किं पुनः।
मद्भाग्योपचयादयं समुदितः सर्वो गुणान्तर्गणः।।

श्रीहर्ष प्रस्तुत नाट्य-काव्य का प्रणेता कवि निपुण है। जिस परिषद् के समक्ष इसे प्रस्तुत किया जा रहा है–वह भी गुणग्राहिणी है। जिस वत्सराज का चरित प्रस्तुत किया जाने वाला है, वह नितान्त मनोहारी है। जहाँ तक नाट्य या अभिनय का सम्बन्ध है–उपस्थापक नट नितान्त दक्ष है। इसकी एक-एक वस्तु वांछित फल की प्रापिका है। अधिक क्या कहा जाय नटों के सौभाग्य से अपेक्षित सभी प्रकार के गुण-गण विद्यमान हैं। ऐसी होती है प्ररोचना। इस आलोक में स्पष्ट है कि प्ररोचना वह प्रशस्ति वाक्य है, जो सभी सम्बद्ध नट और प्रेक्षकों को प्रस्तुति की ओर उन्मुख कर देता है।

वीथी और प्रहसन का उपयोग आमुख में होता है। वीथी एक रूपक-भेद भी है और प्रहसन भी। वीथी के कुछ अंग आमुख के भी अंग हैं, जैसे–उद्घात्यक, अवलगित, प्रपंच, त्रिगत, छल आदि तेरह हैं। इनका यथासम्भव उपयोग होता है। यही बात प्रहसन के सम्बन्ध में कही जाती है। दशरूपक में आमुख या प्रस्तावना का स्वरूप बताते हुए कहा गया है, वह एक चित्र (विस्मयावह) उक्ति है। सूत्रधार नटी या मार्ष से इसी चित्रोक्ति में बात करता है और ऐसे ढंग से बात करता है कि प्रस्तुत कथा का उपक्षेप हो जाता है–सूत्रपात हो जाता है। इस चित्रोक्ति को प्रयोगातिशय, कथोद्घात तथा प्रवृत्तक कहा जाता है। दर्पणकार ने उद्घात्मक और अवलगित–जो वीथी के अंग हैं–उनका भी उल्लेख किया है। कतिपय उदाहरण इस प्रकार हैं–

प्रयोगातिशय

इस प्रकार के आमुख में स्पष्ट आने वाले कथागत पात्र का–जो अंक के आरम्भ में मंच पर प्रविष्ट होता है–नामोल्लेखपूर्वक निर्देश किया जाता है। उदाहरण के लिए अभिज्ञान शाकुन्तल में आमुख के अन्तर्गत सूत्रधार कहता है कि इस गीत के द्वारा उसका मन वैसे ही पीछे-पीछे भगा जैसे यह राजा दुष्यन्त वेगपूर्वक दौड़ते

हुए मृग के पीछे-पीछे। यहाँ का वाक्य है–

एष राजेव दुष्यन्तः

कथोद्‌घात

इस प्रकार के आमुख में नट सूत्रधार द्वारा उच्चरित वाक्य या उस वाक्य के आशय को दुहराता हुआ मंच पर उपस्थित होता है। जैसे–रत्नावली को ही देखें–अंक के आरम्भ में सूत्रधार द्वारा उच्चरित वाक्य 'द्वीपादन्यस्मादपि...' यौगंधरायण दुहराता हुआ मंच पर प्रवेश करता है। इसी प्रकार आशयपरक वाक्य दुहराता हुआ 'वेणीसंहार' में भीम मंच पर आता है।

प्रवृत्तक

(प्रवृत्त) उपस्थित कालगत गुण की समानता दिखाते हुए यानी (उसी गुण-साम्यपरक) श्लेष के सहारे जहाँ मंच पर प्रविष्ट होने वाले पात्र की सूचना दी जाय। उदाहरण के लिए एक नाटक में शरद ऋतु का वर्णन किया गया है। उसमें ऐसे श्लिष्ट पदों का प्रयोग है, जिनसे एक तरफ शरद ऋतु का परिचय मिलता है और दूसरी ओर मंच पर प्रविष्ट होने वाले राम नामक पात्र के भी गुणों का वर्णन हो जाता है–उसके आने की सूचना भी मिल जाती है। इस आमुख के साथ कथा का विस्तार अभिनय के माध्यम से प्रस्तुत होता है। यों तो दशरूपक में वीथी के भी अंकों का सोदाहरण निरूपण किया गया है।

कथावस्तु

नाटक की कथावस्तु के माध्यम से रूपक की कथावस्तु का सम्यक् विवेचन किया गया है। यहाँ पर वस्तुतत्व का अवसरोचित रूप ही प्रस्तुत होगा–विस्तार आगे।

नाटक में नायक प्रख्यात वंश का राजर्षि या दिव्य नायक होता है, वह त्रयी का त्राता, प्रशस्त गुणों से युक्त, प्रतापी, कीर्तिकामी, महोत्साही महीपति होता है। इसलिए आवश्यक है कि तदनुरूप प्रख्यात आधिकारिक कथा भी होनी चाहिए। आधिकारिक कथा अधिकारी की कथा होती है और अधिकारी वह होता है, जो अधिकारसम्पन्न हो। अधिकार कहा जाता है–प्रमुख प्रयोजन को। प्रयोजन-प्रधान या प्रमुख भी होता है और गौण अथवा अवान्तर भी।

इस प्रख्यात कथा को निर्धारित उद्देश्य (रस और पुरुषार्थ) के अनुरूप गढ़ लेना चाहिए। सम्भव है, उस प्रख्यात कथा में कुछ ऐसी बातें हों, जो नीरस और अनुचित हों–तो रचनाकार को यह छूट है कि वह उनका परित्याग कर दे और उसकी जगह रसानुरूप तथा अधिकारीगत औदात्य के अनुरूप अन्यथा प्रकल्पन कर ले। तदनन्तर यह तय करे कि उसका आरम्भ कहाँ से किया जाय और अन्त

कहाँ किया जाय। आदि-अन्त निश्चित करके उस समग्र कथा का पंचधा विभाजन किया जाय–ताकि कथा का विकास आनुपातिक और सन्तुलित रूप से हो सके। रस-निर्वाह को दृष्टिगत कर सन्धिसंज्ञक विभागों को स्थिर पर लें। सन्धि का मतलब 'जोड़' से नहीं है, बल्कि जुड़ने वाले (सन्धीयमान) कथाखण्डों से है। सम्पूर्ण कथावस्तु का पंचधा विभाजन हो और प्रत्येक खण्ड को सन्धि संज्ञा दी जाय। ये पाँच सन्धियाँ हैं–मुख, प्रतिमुख, गर्भ, विमर्श या अवमर्श तथा निर्वहण। प्रत्येक सन्धि में एक अवस्था और एक अर्थ-प्रकृति होती है। नाटक में सन्धियों पाँच होती हैं–मुख, प्रतिमुख, गर्भ, विमर्श तथा निर्वहण। इनके भी अवान्तर खण्ड होते हैं। जिनकी संख्या 64 है। आगे वस्तुतत्त्व का विस्तार से और स्वतन्त्र विवेचन करते हुए बताया जाएगा कि गौण और प्राधान्य के आधार पर आधिकारिक और प्रासंगिक–दो भेद किए जाएँगे। प्रासंगिक के दो अवान्तर भेद–पताका और प्रकरी। पताका नामक नाटक की प्रासंगिक कथावस्तु में पाँचों नहीं, बल्कि एकाध सन्धि कम होती है। प्रकरी सन्धिविहीन होती है। नाटक की कथावस्तु का इस प्रकार सन्तुलित विभाजन और आदि-अन्त निश्चित करने के बाद यह देखना चाहिए कि आरम्भ में कथा सरस है या नीरस। यदि कथावस्तु नीरस हो तो उसे मंच पर दृश्य नहीं करना चाहिए। अपितु उसकी सूचना 'विष्कम्भक' के माध्यम से दे दी जानी चाहिए और यदि आरम्भ से कथावस्तु सरस हो–तो 'अंक' का आरम्भ कर दिया जाना चाहिए। अंक की कथावस्तु सरस होती है–अतः उसको मंच पर दृश्य किया जाता है। इस आरम्भ का आमुख द्वारा उपक्षेप होना चाहिए।

अंक में नेता या नायक की उपस्थिति आवश्यक है और चरित प्रत्यक्ष दिखाया जाना चाहिए। अंक या उत्संग या गोद। इसमें नायक के व्यापार का साक्षात् निर्देश होता है, बिन्दु के उपक्षेप से अर्थ परिमित मात्रा में ही विद्यमान रहता है, अनेकविध प्रयोजनों का भी सांकेतिक विधान रहता है और रसोपयोगी उपकरणों के विनियोजन से रसमयता तो रहती ही है।

विभाव, अनुभाव तथा संचारी के यथोचित सन्निवेश से अंगी का परिपोष होना चाहिए। कवि को इस बात का निरन्तर ध्यान रहे कि कथा में निहित सन्धियों के अंगों में या वर्णन को आलंकारिक बनाने में ऐसा आसक्त नहीं हो जाना चाहिए कि मूल कथा उससे व्यवहित होने लगे। अंग-अंग रूप में रहे–अंगी रस का तिरोधान या गौण-भाव किसी भी रूप में न हो। रस अंगीरूप से एक ही हो–वीर रस या शृंगार।

मंच पर कुछ व्यापार या दृश्य प्रदर्शन के नाम पर वर्जित हैं, जैसे–लम्बा रास्ता, वध, युद्ध, राज्य तथा देश में विप्लव, संरोध, भोजन, स्नान, सुरत, अनुलेपन तथा वस्त्र-परिधान ग्रहण। इनका प्रत्यक्ष निर्देश नहीं होना चाहिए। जहाँ तक अधिकारी नायक के वध का सम्बन्ध है–उसको दिखाना तो दूर, वध की सूचना भी नहीं

होनी चाहिए। हाँ, आवश्यक देवकार्य, पितरकार्य आदि की सूचना दे सकते हैं।

अंक में एक दिन का कार्य-व्यापार दिखाया जाना चाहिए और उसका एक लक्ष्य में पर्यवसान होना चाहिए। नायक तो आसन्न होना ही चाहिए। पात्रों की संख्या तीन या चार हो और अंक के अन्त में उनका निर्गम हो जाना चाहिए। पताका स्थानकों का भी यहाँ प्रयोग हो और बीज की भाँति बिन्दु का भी विन्यास होना चाहिए—इस प्रकार प्रवेश आदि से मण्डित अंक का विधान हो। अंकों की संख्या न्यूनतम पाँच हो और अधिकतम दस।

प्रकरण

प्रकरण की कथावस्तु उत्पाद्य और व्यावहारिक तथा लोकसम्मत सामाजिक (यथार्थपरक) किस्म की हो। इसमें अमात्य, विप्र या वणिक् में से किसी एक को नायक बनाना चाहिए। प्रकृति में वह धीर प्रशान्त हो। वाधकों के बीच धर्म, अर्थ तथा काम—जैसे पुरुषार्थों में तत्पर हो। शेष सन्धि, प्रवेशक तथा रस आदि का विधान जैसा नाटक में कहा गया है, वैसा ही हो। असल में यह वस्तु, नेता तथा रस ही हैं, जिनकी दृष्टि से रूपकों में भेद होता है—शेष यथावत् होता है। अंकों की संख्या भी कहीं वही और कहीं कम-ज्यादा होती रहती है। इसमें नायिका दो प्रकार की होती हैं—कुलांगना और गणिका। कहीं-कहीं केवल एक ही कुलांगना या वेश्या और कहीं दोनों तरह की नायिकाएँ होती हैं। कुलजा अन्तःपुर में होती है और वेश्या बाहर। इस विधान का अतिक्रमण नहीं होना चाहिए। इस आधार पर प्रकरण के तीन भेद देखे जाते हैं। 'तरंगदत्त' में वेश्या, पुष्पदूषितक में कुलजा तथा मृच्छकटिक में दोनों तरह की नायिकाएँ हैं। संकीर्ण प्रकरण वह होता है, जो छलछद्मबाज, द्यूतकार और चोरों से युक्त होता है। इस दृष्टि से 'मृच्छकटिक' संकीर्ण प्रकरण है।

नाटिका

यद्यपि दशरूपक में इसकी गणना नहीं है। तथापि नाटक और प्रकरण के सांकर्य से यह संकीर्ण रूप होता है। इसीलिए दोनों रूपक भेदों (शुद्ध) का संकीर्ण रूप नाटिका बाद में बताई जा रही है। जब दोनों का सांकर्य है, तो उसे नाटिका भी कह सकते हैं और प्रकरणिका भी—पर प्रसिद्ध है 'नाटिका'—संज्ञा ही। नाटी संज्ञा से दोनों का ग्रहण सामान्यतः माना जाता है, पर धनिक की टिप्पणी है कि यह ठीक नहीं है। कारण, न तो प्रकरणिका का कहीं नाम लिया गया है और न ही उसका लक्षण किया गया और तत्त्वतः भेद न होने से दो मानना उचित भी नहीं है। प्रकरण से प्रकरणिका का वस्तु, नेता और रस—किसी का भी भेद नहीं है। दशरूपकों में 'नाटिका' संज्ञा का उल्लेख न करके भी मुनि ने जो उसका लक्षण कह दिया—उससे उनका

अभिप्राय यह है कि नाटक और प्रकरण के सांकर्य से ही जब इसका स्वरूप स्पष्ट है, तब फिर भी अलग से इसका लक्षण देना यह नियम बना देना है कि इनके सांकर्य से यदि कोई भेद हो तो उसे नाटिका ही कहना चाहिए।

नाटिका में वस्तु प्रकरण की तरह कल्पित और नायक नाटक की तरह प्रख्यात होना चाहिए। प्रकृति में यह नायक धीर ललित हो। शृंगार अंगीरस हो। इसमें स्त्री पात्रों की प्रचुरता होती है—इसीलिए यह संज्ञा भी स्त्रीलिंग परक (नाटिका) है। इसमें अंकों की संख्या चार है। वृत्ति कैशिकी होती है अंक और पात्र की संख्या के भेद से इसके अनेक भेद भी होते हैं। इस नाटिका में जो पट्टमहिषी या देवी होती है, वह ज्येष्ठा कही जाती है। यह स्वभाव से प्रगल्भ और राजकुलप्रसूत होती है। गम्भीर प्रकृति की मानिनी नायिका होती है। इसी की इच्छा से कठिनाइयों के साथ नेता

नर्म (वैदग्ध्यक्रीड़ित) (1+2+3×3 = 18)

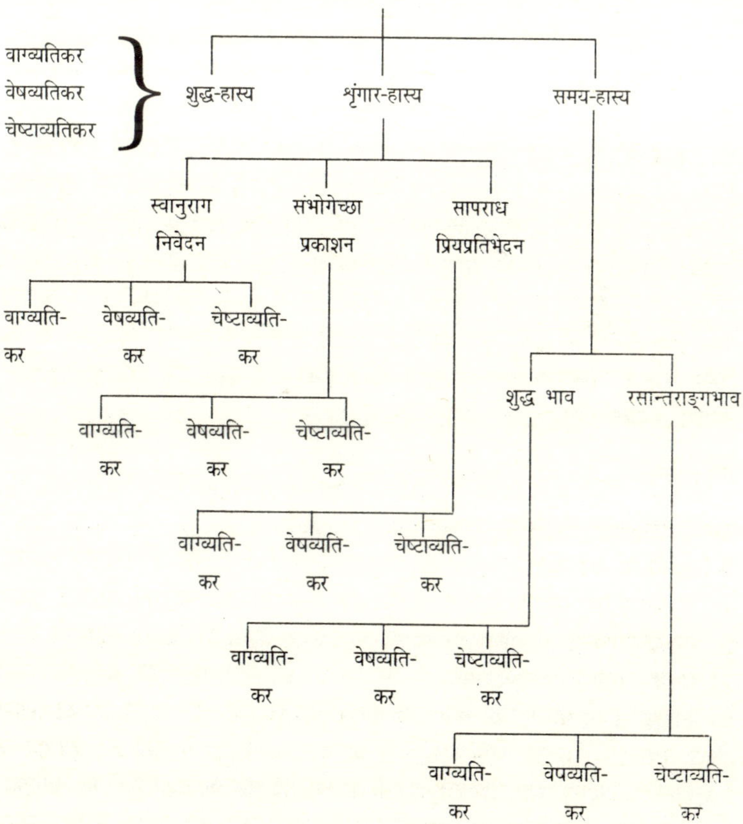

का वांछित कनिष्ठा से संगम सम्भव होता है। वांछित प्राप्य नायिका गम्भीर, नृपवंशजा, मुग्धा और दिव्य तथा अतिमनोहर होती है। अन्तःपुर में रहने से इधर-उधर से श्रुतिगोचर या चक्षुगोचर होने से दोनों में राग उत्पन्न हो जाता है। यह नवोदित राग धीरे-धीरे बढ़ता जाता है। देवी से डरता हुआ नायक इस राग में प्रवृत्त होता है। इसमें कैशिकी वृत्ति अपने चारों भेदों–नर्म (18 प्रकार), नर्मस्फिंज, नर्मस्फोट तथा नर्म-गर्म–के साथ प्रति अंक में प्रयुक्त रहती है। वैदग्ध्यक्रीड़ित ही नर्म है और यह अट्ठारह प्रकार का होता है।

नर्मस्फिंज–सुखकर आरम्भ और भयकारी पर्यवसान होता है।

नर्मस्फोट–में भावांकुरण से अल्प रस की सूचना होती है।

नर्मगर्म–में विशेष प्रयोजनवश प्रियतम द्वारा छल-छद्म का सहारा लेकर अनुराग व्यक्त किया जाता है।

भाण

भाण में धूर्त का चरित अभिनीत होता है–वह स्वानुभूत भी हो सकता है और परानुभूत भी। इसका वर्णन एक निपुण और पण्डित विट करता है। आकाशभाषित के माध्यम से सम्बोधनपूर्वक स्वयं ही उक्ति-प्रयुक्ति करता रहता है। शौर्य, सौभाग्य और प्रशस्ति के द्वारा वीर और शृंगार का प्रकाशन होना चाहिए। भारती-वृत्ति का प्रचुर प्रयोग हो। अंक एक हो और कथावस्तु कल्पित हो। मुख तथा निर्वहण–दो सन्धियाँ हों। लास्य अपने दस अंगों के साथ प्रयुक्त किया जाय।

प्रहसन

भाण की ही तरह प्रहसन भी होता है। इसकी भी वस्तु कल्पित होती है। दो सन्धियाँ–मुख तथा निर्वहण होती हैं। दसविध लास्य का भी प्रयोग होता है। इसके तीन प्रकार होते हैं–शुद्ध, विकृत और संकीर्ण।

शुद्ध–इसमें हास्य अंगीरस होता है। इसी रस के विभाव रूप में पाखण्डी जैन, बौद्ध, सीधे-सादे विप्र, जातिमात्रोपजीवी पात्र प्रयुक्त होते हैं। उनकी अपनी प्रकृति के अनुरूप व्यवहार आचरित होता है। चेट और चेटी का भी व्यवहार निबद्ध होता है।

विकृत–कामुकादि के वाग्व्यवहार और वेष से हास्य पैदा किया जाता है। अपने स्वरूप से च्युत नपुंसक, कंचुकी तथा तपस्वी हास्य के विभाव होते हैं। इनके कारण यह विकृत माना जाता है।

संकीर्ण–वीथी के जो तेरह अंग पहले गिनाए गए हैं–उद्घात्यक, अवलगित, प्रपंच, त्रिगत, छल, वाक्केलि, अधिवल, गण्ड, अवस्यन्दित, नालिका, असत्प्रलाप, व्यवहार और मृदव–उनसे संकीर्ण होने के कारण इन्हें संकीर्ण कहते हैं। इनमें षड्विध हास्य का प्रचुर प्रयोग होना चाहिए।

डिम

इसमें प्रख्यात कथावस्तु का प्रयोग होना चाहिए। कैशिकी को छोड़कर शेष सभी वृत्तियाँ होती हैं। इसमें देव, गन्धर्व, यक्ष, राक्षस तथा महोरग नेता होते हैं। ये ही नहीं, भूत-प्रेत तथा पिशाच आदि सोलह नेता होते हैं। ये सभी अत्यन्त उद्धत होते हैं। हास्य और शृंगार रस नहीं होता—शेष छहों रसों से यह रूपक दीप्त होता है। इसमें माया, इन्द्रजाल, संग्राम, क्रोध-उद्‌भ्रान्त-चेष्टित, चन्द्र तथा सूर्य के ग्रहण का प्रयोग होता है। अंगी रस के रूप में रौद्र रस होता है। इसमें चार अंक तथा विमर्श को छोड़कर चार सन्धियाँ होती हैं। त्रिपुरदाह इसका उदाहरण है। शेष प्रस्तावना आदि नाटक की ही तरह होता है।

व्यायोग

इसका इतिवृत्त प्रख्यात होता है। इसमें प्रख्यात और उद्धत स्वभाव के लोग होते हैं। गर्म और विमर्श सन्धि नहीं होती। रस डिम की ही भाँति इसमें भी होते हैं। यहाँ के संग्राम का निमित्त स्त्री नहीं होती। उदाहरण के लिए परशुराम-विजय को लिया जा सकता है। इसमें पिता के क्रोध के कारण परशुराम ने सहस्रार्जुन का वध किया था। इसमें एक ही दिन का चरित अभिनीत होता है। एक ही अंक होता है। पात्र बहुत होते हैं। बहुत से नटों का योग (व्यायोग) होने से इसे व्यायोग कहा जाता है।

समवकार

समवकार में भी नाटक आदि की भाँति आमुख का विधान किया जाता है। इसमें देवासुर की प्रख्यात वस्तु होती है। विमर्श को छोड़कर शेष सभी सन्धियाँ होती हैं। देव तथा असुरों को मिलाकर कुल बारह नायक होते हैं। उन नायकों के अपने अलग-अलग लक्ष्य होते हैं। वीर रस अंगी होता है। इसका उदाहरण है—समुद्रमंथन। अंक तीन होते हैं। इनमें से प्रथम अंक की कथा-वस्तु द्वादशनालिका (12 2-24 घटिका) की हो। अन्तिम दो में दूसरा चार और तीसरा दो नालिका का इतिवृत्त प्रस्तुत करता है। कपट प्रत्यंक में हो—वह वस्तु-स्वभावगत हो, दैवकृत हो या अरिकृत। इसमें नगर का उपरोध, युद्ध, बात तथा अग्नि आदि के उपद्रव, धर्म-शृंगार, अर्थ-शृंगार तथा काम-शृंगार में से एक-एक का तीनों अंकों में प्रयोग हो। यथोचित रूप में वीथी के अंगों का प्रयोग हो। बिन्दु और प्रवेशक का उपयोग यहाँ न हो। इसमें प्रयोजन या अर्थ समवकीर्ण रहते हैं—इसीलिए इन्हें समवकार कहा जाता है।

वीथी

यह भी भाण की तरह होती है। वीथी का अर्थ है–मार्ग या अंगों की पंक्ति। इसमें शृंगार रस सूच्य होता है–अतएव कैशिकी वृत्ति होती है। अन्य रसों का भी संस्पर्श हो सकता है। उद्घात्यक आदि अंगों वाली प्रस्तावना का प्रयोग होता है। इसमें पात्रों की संख्या दो-एक होती है।

अंक

इसे उत्सृष्टिकांक कहा जाता है, ताकि 'अंक' से इसकी पहचान अलग बन सके। इसका इतिवृत्त प्रख्यात होता है–फिर उसका विस्तार अपनी बुद्धि से करना चाहिए। इसमें करुण रस अंगी होता है। नेता प्राकृत कोटि के लोग होते हैं। इसमें भाण की ही तरह सन्धि और वृत्यंग का विधान होना चाहिए स्त्रियों की परिदेवना होनी चाहिए। युद्ध वाणी से ही हो। जय और पराजय का विधान भी इसी सीमा में हो।

ईहामृग

इसे ईहामृग संज्ञा इसलिए दी गई है कि इसमें मृग जैसी अलभ्य नायिका के लिए इच्छा और प्रयत्न होते हैं। वस्तु मिश्र प्रकार की हो–ख्यात भी अख्यात भी। अंक चार हों। सन्धियाँ तीन हों। नायक और प्रतिनायक नर भी हो सकता है और दिव्य भी। इसमें कोई नियम नहीं हैं। ये धीरोद्धत हों और साथ ही प्रख्यात। प्रतिनायक भ्रान्त मति का होने से अयुक्तकारी होता है। जो दिव्य स्त्री उसे न चाहे–बलात् उसका प्रतिनायक द्वारा अपहरण हो–फलतः शृंगाराभास का विधान भी थोड़ा-थोड़ा दिखाया जाय। इस प्रकार उस स्त्री को केन्द्र में रखकर धीरे-धीरे नायक और प्रतिनायक में परस्पर संघर्ष की मात्रा बढ़ती जाय और जब संघर्ष अपनी पराकाष्ठा पर आ जाय, तब रोक दिया जाय। रोकने का कोई न कोई बहाना ढूँढ़ लिया जाय। यद्यपि उस महात्मा का वध प्राप्त हो–तथापि वध किया नहीं जाना चाहिए।

नाट्य-तत्त्व

भारतीय आचार्यों में भरत ने नाट्यशास्त्र के अन्तर्गत नाट्यांगों पर विस्तार से चर्चा की है, जिसका उल्लेख ऊपर किया जा चुका है। धनंजय ने रूपकों के तीन विभेदक–वस्तु, नेता और रस कहे हैं–

वस्तु नेतारसस्तेषां भेदकः

वस्तुगत, नायकगत और रसगत भेद से रूपकों का परस्पर भेद होता है। इस कथन के आधार पर सामान्यतः यह मान लिया है कि नाट्य के तीन (भारतीय) तत्त्व हैं–वस्तु, नेता और रस। इनमें सबसे पहले है–वस्तुतत्त्व।

इसका विभाजन अनेक आधारों पर किया गया है। पहला आधार है–उसकी प्रधानता और अप्रधानता का। कथा या नाट्यवस्तु दो प्रकार की होती है–एक है आधिकारिक और दूसरी है–प्रासंगिक। प्रधान कथा आधिकारिक होती है और गौण प्रासंगिक उदाहरण के लिए रामायण में राम-सीता का वृत्त आधिकारिक है। उसका अंगभूत वृत्त प्रासंगिक है–जैसे विभीषण, सुग्रीव आदि का वृत्तांत। आधिकारिक कथा अधिकारी की कथा है और अधिकारी वह है, जो प्रमुख प्रयोजन या फल का आश्रय हो। प्रासंगिक कथा आधिकारिक के प्रमुख प्रयोजन के लिए होती है–यह भिन्न बात है कि प्रसंगतः उसका अपना प्रयोजन भी होता है। जो प्रासंगिक कथा दूर तक चलती हो उसे पताका कहते हैं। पताका इसलिए कहते हैं कि वह नायक के असाधारण चिह्न पताका की तरह होती है और उसका उपकारक होती है। जो कुछ दूर तक ही चलती हो, वह प्रकरी कही जाती है। रामायण में श्रमणा (शबरी) के वृत्तान्त को लिया जा सकता है।

चूँकि पताका का प्रसंग चल रहा है, इसलिए पताका-स्थानक जैसे नाटकीय प्रयोग की भी चर्चा समयोचित हो जाती है। दशरूपककार ने इसके दो प्रकार निरूपित किए हैं–(1) अन्योक्ति पद्धतिपरक तथा (2) तुल्य-विशेषणगर्भ। पहले का उदाहरण 'रत्नावली' से लीजिए। वैतालिक सायंकाल का वर्णन कर रहा है। प्रस्तुत है, उदयन और रत्नावली का वृत्तान्त तथा अप्रस्तुत है सूर्य और कमलिनी का व्यापार। अप्रस्तुत वृत्त अभिधा में कहा जा रहा है, जो व्यंजना से प्रस्तुतार्थ का प्रकाशन कर रहा है। श्लोक इस प्रकार है–

> यातोऽस्मि पद्मनयने समयो ममैष सुप्ता मयैव भवती प्रतिबोधनीया।
> प्रत्यायनामयमितीव सरोरुहिण्याः सूर्योऽस्तमस्तकनिविष्टकरः करोति।

अस्ताचल के शिखर पर अपनी किरणों को समेटकर (रात्रि के लिए) प्रस्थान करता हुआ प्रभाकर मानो कमलिनी को अपने हाथों (किरण) से सहला-सहलाकर सुलाता हुआ यह आश्वासन दे रहा है कि प्रातःकाल उदित होकर वह उसे पुनः जगाएगा। प्रस्थान उसकी विवशता है। उसका समय है। उधर उद्यान से वसन्तोत्सव से निवृत्त होकर प्रस्थित उदयन अपनी रत्नावली को आश्वासन देता रहा है कि समय पर उसकी खोज-खबर अवश्य लेगा। दोनों वृत्त समकाल समानान्तर चल रहे हैं।

दूसरा उदाहरण भी उसी 'रत्नावली' से दिया जा रहा है। इसमें उदयन अपनी गुप्त हरकतों से पट्टमहिषी वासवदत्ता को नाराजगी की दशा में पहुँचा देने की बात सोच रहा है। यहाँ प्रस्तुत संकेतित भविष्य में घटित होने वाला है। श्लोक है–

> उद्दामोत्कलिकां विपाण्डुररुचं प्रारब्धजृम्भां क्षणात्।
> आयासं श्वसनोद्गमैरविरलैरातन्वतीमात्मनः।।

अद्योद्यानलताभिमां समदनां नारीभिवान्यां ध्रुवं।
पश्यन् कोपविपाटलद्युतिमुखं देव्याः करिष्याभ्यहम्।।

मदन नामक वृक्ष से लिपटी हुई लता में कलिकाएँ उद्दाम भाव से उभर आई हैं। लगता है, सारी लता सफेद-सफेद हो रही है। निरन्तर प्रवहमान हवा के झकोरों से इधर-उधर जाती हुई लता लगता है आयास अनुभव कर रही है। कैसी मनोरम है यह लता। इसकी ओर लगी हुई मेरी कामुक आँखें इस दृश्य में कुछ और ही देख रही हैं। देख यह रही हैं जैसे कोई उद्दाम भावनाओं से भरी हुई सकामा नायिका, जिसकी शंखिया गुराई हो—बार-बार जम्माई ले रही हो। इच्छा की तृप्ति न होने से गरम-गरम और लम्बी-लम्बी आहें भर अपनी बेचैनी व्यक्त कर रही हो। निश्चय ही अपनी रागपूर्ण ललचाई आँखों से उसे देखता हुआ मैं महारानी के मुख को क्रोध से लाल बना दूँगा।

वास्तव में सराग नेत्रों से रत्नावली की ओर देखता हुआ उदयन आगे चलकर महारानी वासवदत्ता को नाराज करने वाला है।

(1) गौण-प्रधान-भाव के अतिरिक्त वस्तु-विभाग का दूसरा आधार है—इतिहास और कल्पना। इतिहास से यदि कथावस्तु ली गई है, तो प्रख्यात और उद्भावित है—तो कल्पित। अंशतः दोनों तरह की सामग्री है—तो मिश्र।
(2) तीसरा आधार है—कथावस्तु की प्रकृति। वह प्रकृति दिव्य भी हो सकती है और मर्त्य भी। कभी-कभी इनका सम्मिश्रण भी सम्भव है।
(3) चौथा आधार है—प्रयोजन। इसे ही त्रिवर्ग माना या कहा जाता है। यह है—धर्म, अर्थ और काम। कभी इतिवृत्त शुद्ध किसी एक प्रयोजन से सम्बद्ध रहता है और कभी किन्हीं दो (धर्म-अर्थ, धर्म-काम, अर्थ-काम) और कभी तीनों से। इस आधार पर भी वस्तु का भेद होता है। (तालिका नीचे देखें)
(4) इस प्रयोजन के साधन पाँच बताए गए हैं—बीज, बिन्दु, पताका, प्रकरी और कार्य। वस्तुतः इसके स्पष्टीकरण के लिए आचार्यों ने यह बताया

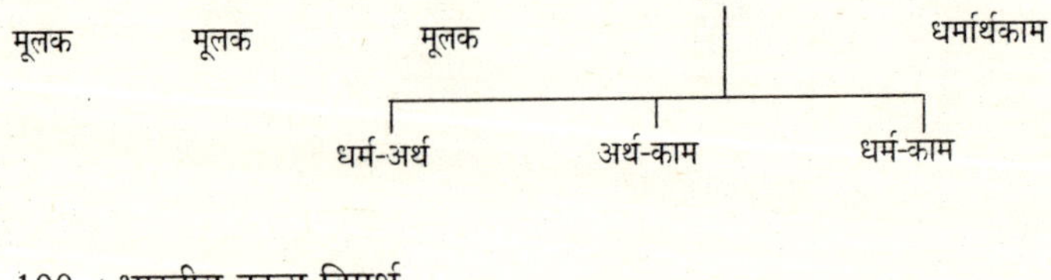

है कि उच्चवर्गीय संतति भावी कर्तव्य का निर्वाह कर सके–इसलिए उनका व्युत्पादन आवश्यक है। व्युत्पत्ति का माध्यम काव्य-नाट्य से भिन्न वाङ्मय–वेद, इतिहास तथा पुराण आदि भी हैं, पर व्युत्पाद्य की प्रकृति के अनुरूप काव्य-नाट्य सुगम उपाय हैं–यह बात काव्य प्रयोजन के सन्दर्भ में विस्तार से कही जा चुकी है। इस काव्य या नाट्य में फल के प्रति अनुरूप प्रयत्न करने वाले नायक की सफलता की ओर और विरूप प्रयत्न करने वाले प्रतिनायक की असफलता की ओर ले जाया जाता है।

इस प्रकार इन विविध चेष्टाओं और घटनाओं द्वारा इन लोगों को व्युत्पन्न बनाया जाता है। साथ ही यह भी ध्यान देने की बात है कि उसी प्रक्रिया से अनायास व्युत्पत्ति का आधान करने वाले आनन्दप्रद नाट्य में नायक द्वारा गृहीत पाँच उपाय बताए गए हैं। कारणगत या उपायगत पाँच अवस्थाएँ भी होती हैं। इन अवस्थाओं के सम्पादक कर्ता या नायक का वृत्तान्त या व्यापार विस्तृत होगा। संतुलन के लिए उन्हें पाँच भागों में विभक्त कर लेना चाहिए। उन्हीं पंचधा विभक्त इतिवृत्त खण्डों को सन्धि कहा जाता है। लोचनकार ने कहा है–"एवमेताः कारणावस्थास्तत्सम्पादकं यत् कर्तुरितिवृत्तं पञ्चधा विभक्तम्, त एव मुखप्रतिमुखगर्भावगर्श- निर्वहणाख्या अन्वर्थनामानः पञ्चसन्धय इतिवृत्तं खण्डाः–सन्धीयन्ते इति कृत्वा।" (लोचन, पृष्ठ 338-39)

इस प्रकार समस्त इतिवृत्त के पाँच खण्ड और तदनुरूप सन्धियाँ पाँच होती हैं–अतः अवस्थाएँ भी पाँच और अर्थप्रकृतियाँ भी पाँच होती हैं। सारणी इस प्रकार है–

	सन्धि		
1.	मुखसन्धि	अवस्था अर्थप्रकृति	–आरम्भ –बीज
2.	प्रतिमुख	,,	प्रयत्न बिन्दु
3.	गर्भ	,,	प्राप्याशा पताका
4.	विमर्श	,,	नियताप्ति प्रकरी
5.	निर्वहण	,,	फलागम कार्य

सन्धि

ऊपर कहा गया है कि कथावस्तु का निर्वाह सन्तुलित और आनुपातिक हो—इसलिए उसके पाँच खण्ड कर लिए जायँ[11] प्रत्येक कथाखण्ड सप्रयोजन होता है, पर यह गौण या अवान्तर प्रयोजन है। अवान्तर प्रयोजन वाले इन कथांशों को सन्धि[12] कहते हैं। मुख्य प्रयोजन से ये सभी जुड़े हैं। सन्धि इन अवान्तर कथा का जोड़ नहीं है। उस जोड़ में अवस्था और अर्थ-प्रकृति किस तरह समा सकेंगी ? कथाखण्डों में ही उनका समावेश सम्भव है। जोड़ को सन्धि मानने से एक तो 'बिन्दु' नाम की अर्थ-प्रकृति में उसकी अतिव्याप्ति हो जाएगी और दूसरे जिन कथांशों में अवस्थाएँ और अर्थप्रकृतियाँ समाहित हैं—उनमें अव्याप्ति होगी। अव्याप्ति ही क्यों, असम्भव भी कहा जा सकता है। इसके पाँच प्रकार ऊपर ही कहे जा चुके हैं।

मुखसन्धि

इस कथाखण्ड में 'बीज' नामक उपाय की उत्पत्ति होती है जिससे अनेक प्रकार के रस की स्थितियाँ सम्भव होती हैं। इसमें आरम्भ नाम की एक अवस्था भी होती है। इस 'बीज' और 'आरम्भ' के समन्वय से इस सन्धि के बारह अंग होते हैं—उपक्षेप, परिकर, परिन्यास, विलोभन, युक्ति, प्राप्ति, समाधान, विधान, परिभावना, उद्भेद, करण और भेद।

सन्धि के साथ 'अवस्था' और 'अर्थप्रकृति' (उपाय) का स्वरूप भी स्पष्ट करना आवश्यक है। नाट्यशास्त्र में कहा गया है।

संसाध्ये फलयोगे तु व्यापारः कारणस्य यः।
तस्यानुपूर्व्या विज्ञेयाः पञ्चावस्थाः प्रयोक्तृभिः ।।

अर्थात्—फल के साथ सम्बन्ध सिद्धि के लिए नायक द्वारा किए जाने वाले व्यापार की स्थितियों को ही 'अवस्था' कहते हैं। धनंजय (दशरूपककार) का विचार है कि 'फल' की अभिलाषा से प्रारब्ध कार्य या व्यापार की ही क्रमिक स्थितियों को पाँच अवस्था के रूप में कहा गया है। अभिनवगुप्त ने यह भी बताया है कि फलाभिलाषी कर्ता द्वारा गृहीत उपाय की ही पाँच अवस्थाएँ होती हैं—आरम्भ, यत्न, प्रात्त्याशा, नियताप्ति और फलागम। इसे और स्पष्ट करते हुए कहा गया है कि उपाय की बीज की भाँति पाँच अवस्थाएँ होती हैं—स्वरूप (बीज की अविकृत स्थिति की तरह)। (2) स्वरूप की अपेक्षा किंचित् उच्छून (जल एवं मृत्तिका के संयोग से कुछ फूले हुए बीज की विकृत दशा)। (3) कार्यसम्पादन योग्यता। (4) विघ्न के उपस्थित हो जाने से उपाय की सिद्धि के प्रति आशंका से ग्रस्त होना। (5) प्रतिपक्ष के प्रति निवृत्त होने से विघ्नाभाव फलप्राप्ति की सुदृढ़ स्थिति। 'प्रतापरुद्रीयम्' की व्याख्या में उक्त क्रम से थोड़ा अन्तर लक्षित होता है। उन्होंने कहा है—(1) स्वरूप

की अविकृत स्थिति से उच्छूनात्मक विकृत दशा में आना। (2) कार्य सम्पादन योग्यता। (3) प्रतिबन्धक के हट जाने से कार्य का निश्चय। (4) विघ्नाभाववश फल की दृढ़ स्थिति।

इस प्रकार 'अवस्था' के स्वरूप के विषय में यद्यपि एक वर्ग 'कार्य' से और दूसरा 'करण व्यापार' से सम्बन्ध बनाता है–पर अर्थतः दोनों का मन्तव्य एक ही प्रतीत होता है। जहाँ तक अर्थ-प्रकृति का सम्बन्ध है–'अवस्था' के अतिरिक्त दूसरा तत्त्व जो सन्धि के लिए अपेक्षित है–'अर्थ-प्रकृति' कहा जाता है। भरत नाट्यशास्त्र में इसकी कोई परिभाषा प्रस्तुत नहीं की गई है। धनिक ने अवश्य कहा है, "अर्थप्रकृतयः प्रयोजनसिद्धि हेतवः"–अर्थात् 'अर्थप्रकृति' में 'अर्थ' का अभिप्राय है–'प्रयोजन' और 'प्रकृति' का अर्थ है–कारण। कुल मिलाकर प्रयोजन के मूल कारण या साधक-तत्त्व को 'अर्थप्रकृति' कहा जाता है। लोचनकार अभिनवगुप्तपाद ने इसकी व्याख्या और भूमिका इस प्रकार प्रदान की है। उन्होंने कहा है कि अर्थप्रकृतियों का अन्तर्भाव इन्हीं में समझना चाहिए। वैसे 'अर्थप्रकृति' के पाँच भेदों–बीज, बिन्दु, पताका, प्रकरी और कार्य–की चर्चा सभी ने की है, पर अभिनवगुप्त ने 'पताका' और 'प्रकरी' का अनैक्य देखकर अर्थप्रकृति के नाम पर मुख्यतः बीज, बिन्दु और कार्य पर ही विचार किया है। 'अर्थप्रकृति'–शब्द पर इनके और दशरूपककार के अभिप्राय में अन्तर है। दशरूपककार उसे प्रयोजन-साधक कहते हैं और अभिनवगुप्त इस प्रकार उसका अभिप्राय खोलते हैं–अर्थ-प्रयोजन, प्रकृति-कर्ता का स्वभाव, विशेष-प्रयोजनसिद्धि के लिए कर्ता का स्वभाव-विशेष। दशरूपककार ने बाह्य कारणों पर बल दिया है, पर लोचनकार ने कर्ता की मूल हेतुभूत मानस-क्षमता पर बल दिया है। इनका कहना है कि 'बीज' से अभिप्राय कर्ता द्वारा समस्त (करिष्यमाण) हेतु-व्यापार का समाकलन सन्दर्शन है। 'बिन्दु' से अभिप्राय–अवान्तरप्रयोजनों से मुख्य प्रयोजन का सम्बन्ध विच्छेद हो जाने पर 'सन्धान' करना–जोड़ना है। इसे ही उन्होंने अनुसन्धान कहा है। कार्य अर्थात् व्यवसाय-विशेष। नियम भी है कि किसी भी लक्ष्य सिद्धि के प्रति उन्मुख कोई भी कार्यकर्ता पहले मन में सबका सन्दर्शन या समाकलन करता है–तदनन्तर उसकी अभिव्यक्ति की इच्छा करता है और अन्त में अपेक्षित 'व्यवसाय' सम्पन्न करता है। इस प्रकार बीज, बिन्दु एवं कार्य-रूप अर्थप्रकृतियाँ चूँकि सन्दर्शन, अभिव्यक्ति की इच्छा और व्यवसाय-विशेष जैसे कर्ता के स्वभाव से सम्बद्ध हैं, इसीलिए उन्हें लाक्षणिक स्तर पर 'प्रकृति' कह दिया गया है। मतलब वे मूलतः बाह्य व्यापारों या घटनाओं से ही सम्बद्ध हैं पर विशेष प्रकार की मानस प्रवृत्तियों के फलस्वरूप इनका प्राकट्य होता है–अतः मानस स्थिति से अभिन्न कर दिया गया है। इसीलिए इस रहस्य पर ध्यान न देकर अन्य विद्वानों ने अर्थप्रकृतियों को मानस स्वभाव ही मान लिया–(अभिधा में)–यह ठीक नहीं है। फिर जब लाक्षणिक या औपचारिक रूप में ही ये प्रकृतियाँ हैं–तब

दशरूपककार और लोचनकार के मन्तव्यों में कोई खास अन्तर लक्षित नहीं होता और होना भी नहीं चाहिए। कारण, अर्थप्रकृति का विचार वस्तु-विश्लेषण के सन्दर्भ में आया है—अतः उसी के अंगरूप में इसका विवेचन युक्तिसंगत और उपयुक्त होगा।

अभिनवगुप्त ने अर्थप्रकृति के प्रभेदों में से पहले-पहल बीज, बिन्दु तथा कार्य पर ही मुख्यतः विचार प्रस्तुत किया है—तदनन्तर पताका एवं प्रकारी के विषय में विवेचनार्थ प्रवृत्त होते हुए यह भूमिका प्रस्तुत की है कि नायक प्रायः तीन प्रकार के होते हैं—स्वायत्तसिद्धि, सचिवायत्तसिद्धि एवं उभयायत्तसिद्धि। यदि नायक अभीष्ट सिद्धि के प्रति स्वतः समर्थ है अथवा सिद्धि केवल उसी के अधीन है, तब तो उपर्युक्त तीन ही अर्थप्रकृतियाँ सम्भव हैं—पर यदि 'सचिवायत्त सिद्धि' है, तो सिद्धि के लिए प्रवृत्त सचिव तीन स्थितियों से गुजर सकता है—केवल नायक की सिद्धि के लिए केवल अपनी सिद्धि के लिए और दोनों की सिद्धि के लिए। इस स्थिति में फुटकर रूप से अथवा विस्तार से सचिव की भी अपनी प्रासंगिक कथा आ सकती है—जो पताका और प्रकरी नाम से जानी जाती है। 'सचिव' शब्द का व्यापक दृष्टि से सहायक अर्थ किया जाना चाहिए। हाँ, इस प्रसंग में इतना और भी ध्यान देने की बात है कि नायक सम्बन्धी फल के निर्वाह के अन्त तक चलने वाली आधिकारिक कथा में पाँचों सन्धियाँ होनी चाहिए, परन्तु सचिव या सहायक से सम्बद्ध प्रासंगिक कथा में इन पाँचों सन्धियों का होना न तो आवश्यक है और न सम्भव ही।

अर्थप्रकृति के प्रसंग में एक भ्रान्ति और देखने में आती है। वह यह है कि 'कार्य' और 'फलागम' में लोग प्रायः अन्तर नहीं करते, जो अवश्य होना चाहिए। 'कार्य' की गणना 'अर्थप्रकृति' के अन्तर्गत होती है—'प्रयोजनसाधक' के अन्तर्गत है—अतः 'कार्य' पूर्ववर्ती साधनों की अपेक्षा उनका 'साध्य' होने से यदि एक ओर 'कार्य' कहा जाता है, तो दूसरी ओर प्रमुख प्रयोजन या समग्र फलसम्पत्ति का सम्पादक होने से कारण भी कहा जाता है। उदाहरणार्थ 'रामायण' को लें—यहाँ कार्य है—रावण-वध और समग्र फलसम्पत्ति राज्याभिषेक या राम-राज्य। रावण-वध जैसा कार्य समग्र पूर्ववर्ती प्रयासों और साधनों का फल है—पर दूसरी ओर 'रामराज्य' का कारण भी है। कहा जा सकता है कि 'रामराज्य' जैसा शुद्ध फल राम जैसे नायक का लक्ष्य हो। सकता है क्या ? इसके सम्बन्ध में काव्य की दृष्टि से विचार करने पर लगता है कि 'रावण-वध' तो फलागम नहीं हो सकता। कारण, फल वही होता है, जो नायक द्वारा प्राप्त किया जा सके। 'वध' अभावात्मक होने से राम द्वारा प्राप्य नहीं हो सकता। राम का अभीष्ट फल है—रामराज्य। राम लोकमंगल के लिए अवतीर्ण हैं—अतः लोक उनका राज्य चाहता है और लोक की इच्छा में उनकी इच्छा विसर्जित है। अतः वही प्राप्य है और वही फल है। इस फल तक पहुँचने में 'वध' कार्य है—पर वह कर्त्तव्य है—फल नहीं। कहा जा सकता है कि रामायण का प्रतिपाद्य

तो कुछ और ही है–'प्रभु प्रतिपाद्य राम भगवाना'। पर थोड़ा ध्यान देने से यह बहुत ही स्पष्ट हो जाएगा कि यह कवि का प्रतिपाद्य है–नायक का प्राप्य नहीं। आशंका तो फिर भी हो सकती है कि राम का लक्ष्य है–लोकमंगल, न कि व्यक्तिगत राज्य-प्राप्ति, जैसा–संकीर्ण स्वार्थ, लेकिन जैसा कि ऊपर कहा गया है कि रामराज्य लोकेच्छा में मंगलार्थ विसर्जित राम की इच्छा है, जो लोक-मंगल का प्रतीक है। रामराज्य वह फल नहीं है, जिसका 'राम' व्यक्तिगत भोग करते हैं।–यह तो भवभूति के शब्दों में–

स्नेहं दयां च सौख्यं च यदि वा जानकीमपि।
आराधनाय लोकस्य मुञ्चतो नास्ति मे व्यथा।।

रामराज्य लोक मंगल का पर्याय है। हाँ, यह कहा जा सकता है कि यदि रामराज्य और लोकमंगल पर्याय हैं, तो क्यों न 'लोकमंगल' को ही पर्याय मान लिया जाय ? रामराज्य–जैसे विवादास्पद शब्द को क्यों चुना जाए ? तो इस विषय में मेरा अपना अभिमत यह है कि 'फलागम' की परिभाषा ही इसका निर्णायक है। उसे ऐसे शब्दों में कहा जाना चाहिए कि दोनों लक्ष्य सिद्ध हो जायँ। लोकमंगल का पर्याय यदि 'रामराज्य' को चुना जाता है, तो एक तरफ वह नायक को प्राप्त होने से 'फल' भी कहा जा सकता है और दूसरी ओर अपनी प्रवृत्ति में सात्त्विक और लोकमांगलिक होने से उसकी संकीर्णता भी जाती रहती है। पर 'रामराज्य' की जगह यदि 'लोकमंगल' शब्द का प्रयोग किया जाय, तो उसका प्रापक राम की जगह 'लोक' हो जाएगा। इसलिए इस विवाद से बचने के लिए तथा लक्षण-निर्वाह के लिए भी 'रामायण' का 'कार्य' रावण-वध और 'फलागम' रामराज्य ही माना जाना चाहिए। निष्कर्ष यह कि 'कार्य' और 'फलागम' में अन्तर माना जाना चाहिए।

सन्धियों के सम्बन्ध में अन्तिम मन्तव्य यह है कि काव्य प्रणेता 64 उपांगों से युक्त पाँच सन्धियों के निर्वाह को ही अपना लक्ष्य न बनाए। इनकी विचारणा जिस लक्ष्य से की गई है, उस लक्ष्य की सिद्धि के अनुगुण ही इनकी योजना की जाय। स्वयं भरत और धनंजय ने इन उपांगयुक्त सन्धिभेदों का प्रयोजन बताते हुए कहा है कि वे कुल छह हैं–अभीष्ट अर्थ की रचना, वृत्तान्त का सम्यक् निर्वाह, प्रयोग से राग-प्राप्ति, अप्रकाश्य का अप्रकाशन, प्रकाश्य का प्रकाशन तथा चमत्कारी अभिख्यान। आनन्दवर्द्धन ने भी सन्धियों की उपयोगिता पर विचार करते हुए कहा है कि दृश्य काव्य या काव्य का लक्ष्य मूलतः रसनिष्पत्ति है। इसी की दृष्टि से सन्धि एवं सन्ध्यंग की योजना की जानी चाहिए। यदि 'रसनिष्पत्ति' तथा 'शास्त्रीय स्थिति निर्वाह' में विरोध पड़ता हो, तो शास्त्रीय स्थिति के निर्वाह को शिथिल किया जा सकता है–

सन्धिसन्ध्यंगघटनं रसाभिव्यक्त्यपेक्षया।
न तु केवलया शास्त्रस्थितिसंपादनेच्छया।।

इस प्रासंगिक चर्चा से यद्यपि मूल चर्चा थोड़ी व्यवहित हो गई है, तथापि इसकी दुष्परिहार्यता को देखते हुए यह व्यवधान उचित है।

प्रसंग चल रहा था मुखसन्धि[13] का और उसका लक्षण बताते हुए कहा गया कि उसमें नाना प्रकार के रसों की सम्भावनाओं वाले बीज की स्थिति तथा 'आरम्भ' नाम की अवस्था का विधान आवश्यक है। 'बीज'[14] एक ऐसा संक्षिप्त कथन है, जो कार्य-साधक हो, आगे चलकर, जिसका विस्तार सम्भव हो और साथ ही उसका महत्त्व एक विशिष्ट हेतु के रूप में हो। इस प्रकार 'बीज' के समान होने से इसे 'बीज' कहा जाता है। इसी प्रकार फलागम को केंद्र में रखकर जहाँ तदर्थ औत्सुक्य[13] मात्र दिखाया जाय—वहाँ यह अवस्था होती है। उदाहरण में जहाँ तक इनके समन्वय का सम्बन्ध है—'रत्नावली' से उदाहरण लिया जा सकता है। इस नाटिका का फलागम है—वत्सराज को रत्नावली की प्राप्ति (काम पुरुषार्थ) और उसके कारण चक्रवर्तिता की उपलब्धि। इसके लिए दो ही कारण हैं—एक तो दैव की अनुकूलता और दूसरे यौगन्धरायण के प्रयास। यौगन्धरायण कहता है—कः सन्देहः। द्वीपादन्यस्माद्...से लेकर 'प्रारम्भेऽस्मिन् स्वामिनः वृद्धि हेतो' तक। इस संक्षिप्त कथन में दैव-साहाय्य और अपने संकल्पात्मक प्रयास—दोनों का कथन है, जो आगे चलकर पल्लवित होने वाला है। इसी प्रकार प्रथम अंक पर्यन्त विस्तृत इसी इतिवृत्त खण्ड (वसन्तोत्सव) में यौगन्धरायण कहता है—'इदमहं सम्पादयामि'—यह मैं अभी सम्पन्न करता हूँ—इससे उसकी उत्सुकता स्पष्ट है। वत्सराज सचिवायत्त राजा है। उसके अभीष्ट की सिद्धि सचिव यौगन्धरायण के हाथ में है—यदि प्रारब्ध या दैव की अनुकूलता मिली। दोनों बातों का संकेत देता हुआ, वह कहता है—

"प्रारम्भेऽस्मिन् स्वामिनो वृद्धिहैतौ दैवे चेत्थं दत्तहस्तावलम्बे"

देव का हस्तावलम्ब मिल चुका है और स्वामी की अभीष्ट सिद्धि के निमित्त कार्यारम्भ भी किया जा चुका है।

प्रतिमुखसन्धि

कथा के इस खण्ड में कथा का बीज-भाव कुछ पात्रों से लक्षित कर लिया जाता है और कुछ को अलक्षित रखा जाता है—पर अन्त तक जाते-जाते सबके सामने स्पष्ट रूप से आ जाता है। इसमें 'बिन्दु' नाम की 'अर्थप्रकृति' और 'प्रयत्न' नाम की अवस्था होती है। उदाहरण के लिए 'रत्नावली' का दूसरा अंक लें। इसमें वत्सराज और सागरिका का समागम मूल उद्देश्य है और उसका बीज है—दोनों का पारस्परिक अनुराग। सुसंगता और विदूषक इसे जानते हैं—पर वासवदत्ता नहीं जानती थी। सो, चित्रफलक पर अंकित चित्र से उसने भी अन्त अन्तक अनुमान लगा ही लिया। इस प्रकार यह कथा-खण्ड प्रतिमुखसन्धि के रूप में जाना जाता है। इसके तेरह अंग हैं। इसमें 'बिन्दु' और 'प्रयत्न' की योजना होनी चाहिए।

बिन्दु

अवान्तर प्रयोजन वाले दो इतिवृत्त खण्डों के योजक को बिन्दु कहते हैं और फलप्राप्ति के लिए की जाने वाली योजनात्मक चेष्टा को 'प्रयत्न' अवस्था कहते हैं। इस अवस्था में अत्यन्तत्वरा के साथ नायक व्यापारशील और सक्रिय होता है। उसे फल या अभीष्ट संकल्प पूरा करना है और जब वह शीघ्र पूरा होता नहीं दीखता—तब उसकी त्वरामयी प्रवृत्ति सम्भव है। 'रत्नावली' में सुसंगता चित्र बनाती है—पत्रलेखन आदि वत्सराज से समागम के उपाय करती है। स्वयं सागरिका कहती है—"क्या करूँ ? मिलने का कोई अन्य उपाय भी तो नहीं है। जैसे-तैसे उनका चित्र बनाकर आत्मतोष कर रही हूँ।" 'बिन्दु' का उदाहरण प्रथम अंक की समाप्ति पर एक घटना घटित होती है। वसन्तोत्सव समाप्ति पर है। सागरिका अपनी सहेली सुसंगता के साथ छिपकर लता की ओट से वह दृश्य देख रही है। उसे नहीं मालूम था कि वह कौन और किस नाम का राजा है। जिसकी पूजा वासवदत्ता कर रही है। वसन्तोत्सव पर वैतालिक उसकी प्रशस्ति में एक श्लोक पाठ करता है, जिसमें उसका परिचय है। सागरिका को अत्यधिक आश्चर्य होता है कि यह तो वही नाम है, जिसके लिए पिता ने मुझे विदा किया था, यहीं से सागरिका के मन में उदयन के प्रति राग पैदा होता है और फिर कथा आगे बढ़ती है। यदि कथा में यह प्रसंग न लाया जाता, तो कथा विच्छिन्न हो जाती—फलतः इस योजक अंश को बिन्दु कहा जाता है। प्रतिमुख-सन्धि में इन दोनों की योजना रहती है—इसके तेरह अंग इस प्रकार हैं—विलास, परिसर्प, विधूत, शम, नर्म, नर्मयुति, प्रगभन, निरोध, पर्युपासन, वज्र, पुष्प, उपन्यास तथा वर्णसंहार।

गर्भसन्धि

प्रतिमुखसन्धि में अंशतः लक्षित और अंशतः अलक्षित—फलतः किंचित् उद्भिन्न 'बीज' का इस कथाखण्ड में विशेष विकास होता है। यह अवश्य है इसमें बाधाएँ भी आने लगती हैं—फलतः बीज का विकसित सूत्र बीच-बीच में टूटता-सा लक्षित होता है—फिर जुड़ता भी चलता है। फलभोक्ता उसका निरन्तर अनुसन्धान करता रहता है। इस मनोदशा में यह तय नहीं हो पाता कि वांछित प्रयोजन की उपलब्धि होगी ही। पर आशा का सूत्र टूटता नहीं, अपितु बना रहता है। इस सन्धि में प्राप्त्याशा नाम की अवस्था होती है। 'पताका' नामक अर्थप्रकृति हो भी सकती है और नहीं भी हो सकती। 'पताका' नामक अर्थप्रकृति तब होगी, जब प्रासंगिक कथा के पीठमर्द नायक की अपेक्षा मूल प्रयोजन की सिद्धि में हो—अन्यथा नहीं होगी। 'रत्नावली' से ही उदाहरण लें। इस सन्धि में बाधाओं के कारण 'बीज' गर्भ में चला जाता है। इसके बारह अंग हैं—अभूताहरण, मार्ग, रूप, उदाहरण, क्रम, संभ्रह, अनुमान,

तोटक, अधिबल, उद्वेग, संभ्रम तथा आक्षेप।

रत्नावली के तृतीय अंक में वत्सराज उदयन और सागरिका के पारस्परिक समागम में वासवदत्ता (पट्टमहिषी) ही अन्तराय या बाधक है—अतः उसी का वेष धारण कर सागरिका (यौगन्धरायण के वेष में) विदूषक के साथ उदयन से मिलने जाती है—पर यह भण्डा फूट जाता है और दोनों पर वज्र टूट पड़ता है। इस प्रकार बार-बार दोनों की प्राप्ति और अन्तरायवश विच्छेद की प्रक्रिया चलती रहती है, लेकिन उपाय का क्रम बन्द नहीं होता—उसका अन्वेषण होता रहता है। अन्ततः वत्सराज इस निष्कर्ष पर पहुँचता है कि पट्टमहिषी वासवदत्ता के अनुकूल हुए बिना समागम का कोई रास्ता नहीं है। गर्भस्थ बीज का अनुसन्धान चलता रहता है।

पताका का उदाहरण पहले दिया जा चुका है। प्राप्त्याशा नामक अवस्था के विषय में यह कहना है कि इस अवस्था में लक्ष्य की प्राप्ति के लिए उपाय चलते रहते हैं—बावजूद इसके कि बाधाएँ आ रही हैं—अतः प्राप्ति की सम्भावना निरस्त नहीं होती बनी रहती है।

विमर्श या अवमर्श सन्धि

विमर्श या अवमर्श का अर्थ है—पर्यालोचन। यह पर्यालोचन क्रोधावेश में हो रहा हो, व्यसनवश हो रहा हो या लोभवश—किसी कारण से हो सकता है। इस पर्यालोचन से यह तय किया जाता है कि इस प्रकार से यह लक्ष्य प्राप्त किया जा सकता है। इस कथा-खण्ड में गर्भस्थ बीज परिस्थितियोंवश ऊपर आ जाता है। उदाहरण के लिए 'रत्नावली' का ही चतुर्थ अंक लें। अग्निबिद्रव तक आते-आते वासवदत्ता का हृदय सागरिका के प्रति पिघलने लगता है और जब संयोगवश सिंहल से भेजे गए लोग दरबार में रत्नावली को पहचान लेते हैं—तब यह वासवदत्ता को भी ज्ञात हो जाता है कि यह सागरिका उसकी सम्बन्धी रत्नावली है—फिर तो वह अन्तराय नहीं रह जाती। अथवा अभिज्ञान शाकुंतल का वह प्रसंग लें, जहाँ राजा दुष्यन्त को मछुए से वह अंगुलीयक प्राप्त हो जाता है, जिसके दर्शन से शापान्त हो जाता है। शाप ही सबसे बड़ा विघ्न था—दुष्यन्त और शकुन्तला के समागम में इस विघ्न की निवृत्ति से शकुन्तला की स्मृति जग जाती है, तब उसके मित्र देवराज एक संयोग जुटा देते हैं।

इस कथा-खण्ड में नियताप्ति नाम की अवस्था तथा प्रकरी नामक अर्थप्रकृति होती है। लक्ष्य-प्राप्ति में मुख्य अन्तराय का जब शमन हो जाय, तब प्राप्ति का निश्चय हो जाता है। इसे ही नियत की आप्ति या प्राप्ति कहा जाता है। प्रासंगिक कथा हो तो प्रकरी हो सकती है। इसकी सम्भावना इसलिए अधिक रहती है कि इस विमर्शसन्धि के इतिवृत्त-खण्ड में छोटी-मोटी घटना ऐसी घटित होती है, जिससे अपाय का उच्छेद हो जाता है—बाधा हट जाती है। 'अभिज्ञान शाकुंतल' में मछुवारे

और सिपाहियों की स्वल्पकालिक घटना ऐसी ही है। इसके तेरह अंग हैं—अपवाद, संफेट, विद्रव, द्रव, शक्ति, द्युति, प्रसंग, छलन, व्यवसाय, विरोध, प्ररोचना, विचलन तथा आदान।

निर्वहण सन्धि

बीज से जुड़ी हुई पूर्ववर्ती सन्धियों में बिखरी हुई घटनाओं का इस कथा-खण्ड में निर्वाह कर दिया जाता है—सबका संयोजन इस प्रकार हो जाता है कि सभी मूल प्रयोजन से जुड़कर अपनी चरितार्थता स्पष्ट कर देते हैं। रत्नावली का ही उदाहरण लें। यहाँ आप देखेंगे कि अन्त में सागरिका (रत्नावली) वसुभूति, वाभ्रव्य, रूपण्वान आदि तमाम पात्र और उनके व्यापार किस प्रकार रत्नावली से उदयन के समागम में जुड़ जाते हैं। दरबार में उपस्थित सागरिका को देखकर वसुभूति वाभ्रव्य से कहता है... "यह कन्या (सागरिका) तो राजपुत्री (रत्नावली) की तरह लग रही है।" बात आगे बढ़ती है और वासवदत्ता से रत्नावली का रिश्ता खुल जाता है। फिर तो पश्चात्ताप की आग में रत्नावली के अपराध-जनित सारे मनोभाव जलकर राख हो जाते हैं। वह बिलखती हुई रत्नावली को अपना लेती है और उदयन को सहर्ष सौंप देती है। इस प्रकार वत्सराज रत्नावली का चिरवांछित समागम घटित हो जाता है और वह दुश्मनों पर विजय प्राप्त कर चक्रवर्ती भी बन जाता है। कथा की समाप्ति हो जाती है।

इसमें 'कार्य' रूप अर्थप्रकृति और 'फलागम' रूप अवस्था का समन्वय रहता है। समग्र फलसम्पत्ति ही फलागम है—रत्नावली में इसका रूप ऊपर निर्दिष्ट है। इसमें अर्थ और काम-समग्र फलसंपत्ति है। खोए हुए राज्य-भाग का मिलना अर्थ है, चक्रवर्तिता की प्राप्ति 'अर्थ' है, जबकि रत्नावली समागम 'काम'। 'कार्य' का परिचय देते हुए दशरूपककार ने कहा है—'कार्य त्रिवर्गः'। कार्य फल का ही दूसरा नाम है और वह तीन प्रकार है—धर्म, अर्थ तथा काम। दर्पणकार ने भी यही बात दूसरे शब्दों में कही है। उनका कहना है कि जो साध्य रूप से अपेक्षित हो, जिसकी प्राप्ति के निमित्त कार्यारम्भ किया गया हो तथा जिसकी सिद्धि होने पर प्रयत्न व्यापार समाप्त हो जाय—उसे 'कार्य' कहा जाता है। इस परिभाषा से 'फलागम' और 'कार्य' का अन्तर स्पष्ट नहीं होता। वैसे मैंने आरम्भ में ही प्रयत्न किया है कि अन्तर स्पष्ट हो सके। 'कार्य' अन्ततः अर्थप्रकृति का अंग है। फलतः उसे फलागम का किसी भी रूप में साधन होना चाहिए। निर्वहण सन्धि के चौदह अंग हैं—सन्धि, विबोध, ग्रथन, निर्णय, परिभाषण, प्रसाद, आनन्द, समय, कृति, भाषा, उपगूहन, पूर्वभाव, उपसंहार तथा प्रशस्ति।

एक और दृष्टि से कथावस्तु का विभाजन किया जाना चाहिए। सबसे पहले उसके दो भाग कर लें—कुछ अंश सूच्य हों और कुछ दृश्य-श्रव्य। कथावस्तु में जो

अंश नीरस हो—परन्तु कथा-सूत्र को संबद्ध रूप से प्रस्तुत करने में सहायक हो—उसकी केवल सूचना दिला देनी चाहिए। इस अंश को 'सूच्य' कहते हैं। दृश्य या मंच पर प्रदर्शनीय वह अंश होता है, जो मधुर, उदात्त तथा रागभाव से निरन्तर मण्डित हो।

सूच्य कथा-भाग को अर्थोपक्षेपक कहा जाता है और यह पाँच प्रकार के होते हैं—विष्कम्भक, प्रवेशक, चूलिका, अंकास्य तथा अंकावतार। अर्थ-कथांश-का उपक्षेपक-सूचक होने से इन्हें अर्थोपक्षेपक कहते हैं।

विष्कम्भक

अतीत अथवा अनागत कथांश का एक या दो मध्यम प्रकृति के पात्रों द्वारा जहाँ संक्षेप में ज्ञापन (सूचन) किया जाय—वहाँ विष्कम्भक नाम का सूच्य होता है। यह विष्कम्भक भी दो प्रकार का होता है—शुद्ध और संकीर्ण यदि सूचना देनें वाला पात्र मध्यम प्रकृति का है—वह चाहे एक हो या अनेक—तब तो शुद्ध विष्कम्भक होता है। परन्तु यदि सूचना देने वाले पात्र मध्यम कोटि के साथ नीच भी हों—तो उसे संकीर्ण विष्कम्भक कहा जाना चाहिए। शुद्ध विष्कम्भक 'अभिज्ञानशाकुन्तलम्' के तीसरे अंक के पहले है। इसमें एक ही पात्र है—शिष्य, जो मंच पर (आश्रम में) दुष्यन्त के प्रवेश और अस्वस्थ शकुन्तला के उपचार की सूचना देता है। इसी नाटक में 'मिश्र विष्कम्भ' के अनेक प्रयोग हैं, जैसे—चतुर्थ अंक का आरम्भ देखें। इसमें अनेक पात्र हैं। शिष्य भी है और अनसूया तथा प्रियंवदा भी—जो दुर्वासा के शाप की साक्षिणी है।

प्रवेशक

प्रवेशक भी अतीत अथवा भावी कथांश का ज्ञापक होता है। इसकी कई पहचान हैं—

(1) इसमें अनुदात्त उक्ति होनी चाहिए।

(2) नीच वर्ग के पात्र हों (या हो)—एक या अनेक।

(3) दो अंकों के बीच इसकी स्थिति हो—मतलब पहले अंक के आरम्भ में न हो।

इस प्रकार विष्कम्भक और प्रवेशक—दोनों अंक के आरम्भ में ही होते हैं। इसका उदाहरण है—मालविकाग्निमित्र के तृतीय अंक का आरम्भिक सूच्यांश, जिसमें समाहितिका और मधुकरिका का पारस्परिक संवाद है—प्रवेशक कहा गया है। शाकुन्तलम् के षष्ठांक का पूर्ववर्ती सूच्यांश किसी की दृष्टि में मिश्र विष्कम्भक और किसी की दृष्टि में प्रवेशक है। इसमें अनुदात्त उक्तियाँ हैं और निम्न-स्तरीय पात्र—अतः 'प्रवेशक' कहना ही ठीक लगता है।

चूलिका

चूलिका का सूचनार्थ प्रयोग अंक के मध्य में होता है। इसमें नेपथ्य से कोई पात्र सूचना देता है। नेपथ्य से दी गई प्रत्येक सूचना 'चूलिका' ही है। जैसे—राजा द्वारा तिरस्कृत शकुन्तला जब पृथिवी से विवर माँगती है—तभी नेपथ्य से आवाज आती है—''आश्चर्य, आश्चर्य''। इस तरह नेपथ्य से तमाम सूचनाएँ अंक के बीच में दी जाती हैं।

अंकास्य

यह न तो विष्कम्भक और प्रवेशक की भाँति अंक के आदि में होता है और न चूलिका की भाँति अंक के मध्य में। इसकी स्थिति अंक के अन्त में होती है। इसमें अंक के अन्त में मंचस्थ पात्र आगे आने वाले अंक के आरम्भ (आस्य) की सूचना देकर मंच से चले जाते हैं। अगले अंक का आरम्भ तद्नुसार होता है। उदाहरण के लिए 'वीरचरित' के द्वितीय अंक का अन्त लिया जा सकता है। यहाँ मंच पर पात्र सुमन्त्र आता है और शतानन्द तथा जनक से कहता है कि इन लोगों को वशिष्ठ तथा विश्वामित्र परशुराम के साथ बुला रहे हैं। अंक के अन्त में शतानन्द और जनक की कथा चल रही थी—उसका विच्छेद कर उन्हें वहाँ चलने को कहा जाता है, जहाँ वशिष्ठ विश्वामित्र तथा भार्गव बैठे हुए हैं। अगले अंक में ये ही तीनों ऋषि मंच पर बैठे हुए दिखाई देते हैं।

अंकावतार

अंकास्य की भाँति इसका भी प्रयोग अंक के अन्त में ही होता है। अंकास्य में पूर्ववर्ती और परवर्ती अंकों की कथा का विच्छेद होता है—प्रसंगान्तर प्रस्तुत होता है—पर अंकावतार में यह नहीं होता—यहाँ उनका 'अविच्छेद' रहता है। पूर्वांक के अंक की कथा की धारा परवर्ती अंक के भी आरम्भ में अविच्छिन्न रहती है—अविच्छेद के साथ ही परवर्ती अंक का अवतरण होता है—अतः उसे अंकावतार कहा जाता है। उदाहरण के लिए 'मालविकाग्निमित्रम्' के प्रथम अंक का ही अन्त लें। अंकान्त में राजा अग्निमित्र, परिचर, देवी और विदूषक मंचस्थ हैं। विदूषक नाट्याचार्यों की संगीत परीक्षा के निमित्त उनसे कहता है कि वे लोग प्रेक्षागृह में जाकर संगीत का साज जुटाएँ और जब सब हो जाय, तब सूचना भेजें अथवा मृदंग की धमक सुनकर ही हम लोग आ जाएँगे। इसके बाद मृदंग शब्द-श्रवण के बाद प्रथम अंक के अन्त में स्थित वे ही सारे पात्र द्वितीय अंक के आरम्भ में आ खड़े होते हैं। इस प्रकार यह 'अंकावतार' संज्ञा सार्थक है।

श्राव्यता-अश्राव्यता के आधार पर विभाजन

नाट्य-धर्म की अपेक्षा से वस्तु का पुनः त्रिधा विभाजन किया जाता है। मंच पर पात्रों का जो संवाद प्रस्तुत किया जाता है, उसमें से कुछ संवाद तो ऐसे होते हैं, जिन्हें यह मान लिया जाता है कि मंचस्थ सभी पात्र सुन रहे हैं—यह होता है—सर्वश्राव्य। इसके लिए 'प्रकाशम्' शब्द का प्रयोग होता है। कुछ संवाद ऐसे होते हैं जिनके लिए यह मान लिया जाता है कि इसे मंचस्थ 'नियत' पात्र ही सुन रहे हैं—शेष पात्र नहीं सुन रहे हैं। इसे नियतश्राव्य कहा जाता है। इसके दो भेद होते हैं—जनान्तिक और अपवारित। जनान्तिक वहाँ होता है, जहाँ दो जन परस्पर आमन्त्र करते हैं। जिन मंचस्थ पात्रों से उस आमन्त्रण की गोपनीयता वांछित रहती है, उसकी ओर नट त्रिपताका-मुद्रा में अपना हाथ कर देता है। त्रिपताका-मुद्रा का आकार यह है कि इसमें सभी अंगुलियाँ खड़ी रहती हैं—केवल अनामिका थोड़ी वक्र रहती है। अपवारित में इस प्रकार की मुद्रा का प्रयोग नहीं होता है, बल्कि जो दो या अनेक जन आपस में रहस्य मन्त्रणा करते हैं—वे जिससे गोपनीयता चाहते हैं—उसकी ओर से मुँह घुमा लेते हैं—पीठ कर देते हैं। इस प्रकार यहाँ का संवाद अपवारणपूर्वक होता है—फलतः उसे अपवारित कहते हैं। जनान्तिक संज्ञा का अर्थ है—जहाँ दो जन अन्तिक (समीप) रहकर गुप्त मन्त्रणा करते हों। तीसरा प्रभेद है—अश्राव्य—कथा का वह भाग है, जिसे पात्र अपने मन में सोचने का अभिनय करता है। इसे 'स्वगत' भी कहा जाता है।

मंच पर कुछ व्यापार लोक-व्यवहार के अनुसार होते हैं और कुछ नाट्य की अपनी रूढ़ियाँ या परम्पराएँ होती हैं। पहला लोकधर्मी कहा जाता है और दूसरा नाट्यधर्मी। जैसे यदि सर्वश्राव्य लोकधर्मी है, तो जनान्तिक, अपवारित और स्वगत नाट्यधर्मी हैं। नाट्यधर्मी का एक प्रयोग और है। वह है—आकाशभाषित। आकाशभाषित का स्वरूप इस प्रकार है—यहाँ एक ही पात्र होता है और वह आकाश की ओर लक्ष्य बाँधे रहता है—ऊपर की ओर देखता रहता है। वह एक पात्र की कल्पना कर लेता है—वस्तुतः जिस पात्र से वह उत्तर-प्रत्युत्तर करता है—वह वहाँ रहता नहीं। वह स्वयं उस कल्पनातीत पात्र की कल्पित उक्ति को 'क्या कहते हो...ऐसा'—इस प्रश्न के साथ अनूदित करता है और फिर उसका समाधान या प्रत्युत्तर देता है। निष्कर्ष यह कि इस प्रकार की उक्ति-प्रत्युक्ति जहाँ हो वह 'आकाशभाषित' है। इस प्रकार कथावस्तु के इतने रूप प्रस्तुत किए गए हैं।

पात्र-विवेचन

भारतीय दृष्टिकोण से नाट्य का दूसरा तत्त्व है—पात्र। पात्र प्रायः दो प्रकार के होते हैं—पुरुष एवं स्त्री। प्रायः कहने का अभिप्राय यह है कि राजकुल में नपुंसकों की भी स्थिति रहती है, पर वे अत्यन्त नगण्य होने के कारण इस प्रसंग में विचार

के विषय नहीं बनेंगे।

पुरुष-पात्रों में सर्व-प्रधान स्थान 'नेता' का है। 'नेता' कई प्रकार के होते हैं, जिनका परिचय आगे दिया जाएगा। इन नेताओं के सामान्य गुण अधोलिखित हैं–विनय, माधुर्य, त्याग, दक्षता, प्रिय-भाषिता, लोकोपास्यता, वाग्मिता, कुलीनता, स्थैर्य, वीरता, यौवन, बुद्धि, उत्साह, स्मृति, प्रज्ञा, कला, मान, शौर्य, दार्ढ्य, तेजस्विता, शास्त्रदृष्टि आदि।

ये नेता चार प्रकार के होते हैं–धीरोदात्त, धीर ललित, धीरशान्त एवं धीरोद्धत। उक्त विशेषताओं के अतिरिक्त इनकी अपनी अलग-अलग विशेषताएँ भी हैं।

धीरोदात्त–यह महासत्त्व, अतिगम्भीर, क्षमावान् तथा अविकत्थन होता है। इसमें अपेक्षाकृत स्थैर्य की मात्रा अधिक होती है और अहंकार विनय की भावना से ढका रहता है। महासत्त्व का अर्थ है, वह पुरुष जिसका अन्तःकरण शोक, क्रोध आदि से शीघ्र अभिभूत न हो सके। इसमें प्रतिज्ञात अर्थ के निर्वाह की पूरी क्षमता होती[16] है। उदास वही हो सकता है, जिसमें औदात्य हो। औदात्य का अर्थ है–विजिगीषुता-विजय की इच्छा–सबसे बढ़कर रहने की इच्छा। सर्वोत्कर्ष अनासक्ति पूर्वक जीवन निर्वाह करने वाले को शीघ्र प्राप्त होता है। अनासक्ति-शम-प्रधान व्यक्तियों में भी होती है। पर काम-प्रधान व्यक्तियों से इनका अन्तर यह है कि वे निष्काम बुद्धि से लोक-संग्रह करते हैं और धीरोदात्त सकाम भाव से। यद्यपि सकाम भाव एवं अनासक्ति में आपाततः विरोध जान पड़ता है। पर समन्वय की दृष्टि से यह कहा जा सकता है कि इसकी आसक्ति अन्य साधारण जनों की सी उत्कर्ष-बाधक तत्त्वों में नहीं रहती। हालाँकि, उत्कर्ष-तत्त्वों में आसक्ति रह सकती है। इस प्रकार धीरोदात्त की अनासक्ति से हमारा यही अभिप्राय है।

नाटक के नायक धीरोदात्त होते हैं। जाति की दृष्टि से वे क्षत्रिय होते हैं। उदाहरणार्थ, उत्तररामचरित के राम, अभिज्ञान शाकुन्तलम् के दुष्यन्त–ये सब धीरोदात्त ही हैं।

धीर ललित–यह निश्चिंत–राज्य के योग-क्षेम विषयक चिन्ता से रहित, ललित कलाओं में आसक्त, सुखी एवं मृदुस्वभाव का है। रत्नावली नाटिका का उदयन इसका अच्छा उदाहरण है। धीरललित का प्रयोग नाटिका में होता ही है। जाति की दृष्टि से यह भी क्षत्रिय ही होता है।[17]

धीरशान्त–ऊपर जो नेता के सामान्य गुणों का उल्लेख है, धीरशान्त में उन सबकी स्थिति होती है। जाति की दृष्टि से यह ब्राह्मण, वैश्य एवं अमात्य आदि होते हैं। प्रायः ये 'प्रकरण' के नायक होते हैं। यद्यपि निश्चिंतता आदि प्रमुख गुण इसमें भी होते हैं, फिर भी स्वभाव की दृष्टि से प्रधानता शान्तता की ही होती है, लालित्य की नहीं। उदाहरणार्थ 'मालती माधव' का माधव या मृच्छकटिक का 'चारुदत' लिया जा सकता है।[18]

धीरोद्धत्त–इसे शौर्य आदि का बड़ा अभिमान होता है। इसमें असहिष्णुता की पराकाष्ठा होती है। मन्त्रबल से अविद्यमान वस्तु का भी प्रकाशन करने वाली माया शक्ति भी इसमें रहती है। वंचना तो इसे स्वभाव सिद्ध होती है। स्थैर्य का नाम नहीं, रौद्रभाव का क्या पूछना ? आत्मश्लाधा से उसे बड़ा सन्तोष होता है। रावण, परशुराम जैसे लोग इसके उदाहरण[19] हैं।

इन चारों प्रकार के नायकों के सम्बन्ध में थोड़ा समझ लेना चाहिए। ये चारों प्रकार ब्राह्मण, क्षत्रिय, वैश्य एवं शूद्र की भाँति नायक की चार जातियाँ नहीं हैं, बल्कि ये एक विशेष प्रकार की अवस्थाएँ हैं। जैसे, एक ही बैल वत्स, वृषभ एवं महोक्ष की अवस्था उन-उन अपेक्षित गुणों के आविर्भूत हो जाने के पश्चात् प्राप्त कर लेता है, उसी प्रकार एक पात्र भी नायक के भिन्न-भिन्न गुणों के आ जाने से कभी धीरोदात्त, कभी धीरशान्त, कभी धीरललित और धीरोद्धात कहा जा सकता है। उदाहरणार्थ, एक परशुराम को ही लीजिए जब वे रावण को लक्ष्यकर 'वीर चरित' नामक नाटक में सन्देश भेजते हैं–''ब्राह्मणों का उल्लंघन न करने से आपकी ही विभूति प्रशस्त होगी। यदि आपने ऐसा न किया, तो समझो कि यह परशुराम फिर विकृत-चित्त हो जाएगा।'' इस प्रकार के उदात्त-सन्देश से परशुराम का एक जगह औदात्य लक्षित होता है। दूसरे स्थल पर वही परशुराम जब यह कहते हुए सुने जाते हैं–''ब्राह्मण जाति पुण्यमयी है'' तो वे धीरशान्त लक्षित होते हैं और यह दोष हो, सो भी नहीं। हाँ, यह स्मरण रखने की बात है कि पात्र दो प्रकार के होते हैं–अंगी एवं अंग। अंगभूत नायकों में अवस्थान्तर का प्रदर्शन उचित है। अंगी नायक में कई अवस्थाओं का सद्भाव प्रदर्शित करना ठीक नहीं है। बात यह है कि अंगी नायक महासत्त्व होता है, यदि उसमें क्षण-क्षण पर अवस्था का परिवर्तन दिखाया जाएगा, तो इसका अर्थ यह होगा कि वह अव्यवस्थित है, उसमें कोई व्यवस्था नहीं। विपरीत इसके जब अंगभूतनायकों में विभिन्न अवस्थाएँ दिखाई जाएँगी, तो उनकी अव्यवस्था अंगीनायक का उत्कर्ष सिद्ध करेगी। नायक का उत्कर्ष साध्य है ही। अब, धीरोदात्त नायक राम से छिपकर वालि-वध कराना, उनकी महासत्त्वता को धक्का देना है। यही कारण है कि 'वीरचरित' में इस ऐतिहासिक तथ्य का अपलाप किया गया है।

उक्त चतुर्विध नायक में से शृंगार की दृष्टि से प्रत्येक के चार भेद कहे गए हैं–अनुकूल, दक्षिण, धृष्ट एवं शठ।

अनुकूल–अनुकूल नायक एक नायिका वाला होता है। उदाहरणार्थ, राम को ले लीजिए। लक्षणकारों ने इस नायक का स्वरूप बताते हुए कहा है।

''अनुकूलस्त्वेकनायिकः''

दक्षिण–शेष तीन प्रकार के नायकों में से प्रत्येक अनेक नायिका से सम्बन्ध रखते हैं। इन तीनों में सर्वोत्तम होता है–दक्षिण[20]। सबसे पहली विशेषता इन नायक

की यह होती है कि इसका सम्बन्ध यद्यपि अनेक नायिकाओं से होता है, पर उसे सामाजिक दृष्टि से अनुचित नहीं कहा जाता। कारण यह है कि इस नायक की नायिकाएँ दो प्रकार की होती हैं–स्वकीया एवं कभी-कभी परकीया। परकीया यद्यपि दो प्रकार की होती हैं–ऊढा एवं अनूढा, तथापि दक्षिण नायक यदि अपनी नायिकाओं से आगे बढ़ता है, तो अनूढा तक ही। अवशिष्ट धृष्ट एवं शठ ऊढा-परोढा तक बढ़ जाते हैं। दूसरी विशेषता इस कोटि के नायकों की यह होती हैं कि वे 'ज्येष्ठा' में बराबर सहृदयतापूर्ण व्यवहार करते हैं, किंवा सभी नायिकाओं में सम-बुद्धि रखते हैं। प्रायः ये लोग वशीन्द्रिय होते हैं, अन्यथा मर्यादा के अतिक्रमण की सम्भावना प्रतिक्षण सम्भव है। भरत ने ऐसे ही ज्येष्ठ नायकों के लिए कहा है–

मधुरस्त्यागी रागं न याति मदनस्य नापि वशमेति।
अवमानितश्च नार्यां विरज्यते स तु भवेज्जयेष्ठः।।

अर्थात् दक्षिण नायक ज्येष्ठ होता है और ज्येष्ठ इसीलिए होता है कि यह मधुर, त्यागी, अनभिनिवेशी एवं वशी होता है। यदि किसी पत्नी ने तिरस्कार किया, तो वह उससे विरक्त भी हो जाता है, ये सारी विशेषताएँ तभी सम्भव हो सकती हैं, जब उस नायक का सब में समान राग हो। 'रत्नावली' का उदयन ऐसा ही नायक है। अभिज्ञान शाकुन्तलम् का नायक ऐसा ही नायक है।

शठनायक–दक्षिण की भाँति शठनायक का भी अनेक से सम्बन्ध होता है, अन्तर इतना ही है कि दक्षिण में सहृदयता होती है, अतः वह किसी भी नायिका के लिए कोई अप्रिय कार्य नहीं करता। शठनायक गूढ़ ढंग से विप्रियकारी होते हैं–

'गूढ़ विप्रियकृत् शठः'।

धृष्ट–दक्षिण एवं शठ से इसकी समता यह है कि 'दक्षिण' की भाँति यह अनेक नायिकाओं से सम्बन्ध रखता है और शठ की भाँति विप्रियकारी भी होता है, फिर भी अन्तर यह होता है कि यह शठ कि तरह गूढ़ ढंग से विप्रियकारी नहीं, बल्कि बिल्कुल खुले रूप में होता है। यहाँ तक की परकीया नायिका से सम्भोग के फलस्वरूप उत्पन्न विकृतियों को बिना हटाए सामने चला आता है। अपनी नायिका के सामने आते समय परकीय सम्भोग के फलस्वरूप यदि माथे में महावर लगी है, तो लगी रहे–इसकी उसे कोई चिन्ता नहीं।

यहाँ भी विचारणीय बात यह है कि इन चारों अवस्थाओं का विधान प्रधान एवं अप्रधान दोनों प्रकार के पुरुष पात्रों में होना चाहिए या नहीं ? आचार्यों की धारणा है कि इन अवस्थाओं को सभी पात्रों में प्रदर्शित किया जा सकता है–चाहे पात्र अंगी हो या अंग। धनिक ने कहा है–''दक्षिणाद्यवस्थानां 'पूर्वां प्रत्यन्यया हृतः' इति नित्यसापेक्षत्वेनाविभांवादुपात्तावस्थातोऽवस्थान्तराभिधानमंगांगिनोरप्यविरुद्धम्'–दाक्षिण्य का उदय तभी सम्भव है, जब नायक ज्येष्ठा से हटकर कनिष्ठा

नायिका की ओर आकृष्ट हो जाए। ऐसी ही स्थिति में यदि वह सहृदतापूर्ण व्यवहार करेगा, तब दक्षिण कहा जाएगा। अन्यथा यदि वह किसी की ओर आकृष्ट ही नहीं है, तब तो स्वभावतः सर्वत्र समवृत्ति रहेगी ही, उसमें सहृदयता, असहृदयता के प्रश्न के उठने की सम्भावना क्या है ? सहृदयता का पता सहानुभूतिपूर्वक व्यवहार करने से लगता है और ऐसे व्यवहार की आवश्यकता किसी उत्तरदायित्व का निर्वाह करने के लिए किया जाता है या किसी के क्लेश को मिटाने के लिए किया जाता है। समझने की बात है कि यहाँ क्लेश क्या होगा ? सिवाय इसके कि कहीं ज्येष्ठा यह न समझे कि नायक मेरी ओर से उदस्त है। प्रेम-गर्भ किसी भी व्यापार में कमी आई कि नायिका को क्लेश हुआ। तो ऐसे ही अवसर पर दाक्षिण्य का दर्शन होता है। इस 'दाक्षिण्य' को दृढ़ करने के लिए यदि बीच-बीच में कहीं शाठ्य एवं धाष्ट्र्य का भी उन्मेष दिखाई पड़े, जिससे नायिका को क्लेश सम्भव हो तो दक्षिण नायक को चाहिए कि इन सबका मार्जन करके वह अपने दाक्षिण्य वाले पक्ष का दृढ़ीकरण अन्ततः कर ले और बिना उस ज्येष्ठा नायिका के समर्थन से, बिना उसकी रुचि के कोई भी कार्य न करे। इस प्रकार नायक के सब सोलह प्रभेद हुए। दर्पणकार ने उत्तम, मध्य एवं अधम की दृष्टि से प्रत्येक के तीन-तीन भेद करते हुए सब 48 प्रकार के नायक[21] कहे हैं।

नायक एवं उसका सहायक वर्ग

नायक के सहायकों में प्रमुख हैं—पताका नायक, पीठमर्द, विट एवं विदूषक। इस प्रकार दशरूपककार की अपेक्षा अन्य आचार्यों—दर्पणकार, भरत आदि—ने और भी बहुत प्रकार के सहायकों की चर्चा कही है। ये सहायक राजा के जीवन के विभिन्न पक्षों में उपयोगी होते हैं।

पताका नायक—इसे पीठमर्द कहते हैं। नायक के लक्ष्य-साधन में इसका बड़ा हाथ होता है। ऊपर, दूर तक चलने वाली प्रासंगिक कथा को 'पताका' कहा गया है। इसी का नायक पताकानायक कहा जाता है। नायक के 'सामान्यगुण' प्रायः इसमें भी होते हैं। हाँ, नायक की अपेक्षा गुण की दृष्टि से थोड़ा न्यून अवश्य होता है।

शृंगार पक्ष की दृष्टि से—नायक के सहायकों में विट, चेट, विदूषक, मालाकार, रजक, ताम्बूलिक, गान्धिक, सुहृद आदि हैं। ये वे पुरुष पात्र हैं, जो नायक में अनुरक्त हों, परिहास आदि में निपुण हों, कुपित कामिनी के मान भंजन में समर्थ हों और नायक के कार्य में औदासीन्य आदि दोषों से रहित हों। दशरूपककार का मत है कि विट को नायकोपयोगी गीत आदि विधाओं में से किसी एक विधा का पण्डित होना चाहिए। भरत का विचार है कि विट वेश्योपचार कुशल, मधुर, दक्षिण, कवि, ऊहापोह-क्षम, वाग्मी एवं चतुर होता है। 'दर्पण' में दोनों मतों का मिश्रण मिलता

है। एक बात विशेष भी है और वह यह कि विट वह होता है, जिसने सम्भोग में इतना पैसा उड़ा डाला हो कि निर्धन हो गया हो। दशरूपककार ने **'चेट'** का नाम नहीं लिया। दर्पणकार ने उसे इतना प्रसिद्ध बताया कि उसका परिचय ही देना अनावश्यक समझा। हाँ, भरत ने अवश्य कहा है—''कलह-प्रिय, नाना प्रकार की कथाओं का विशेषज्ञ, वद् रूप, मान्य एवं अमान्य जन में अन्तर न रखने वाला व्यक्ति चेट कहा जाता है।'' **विदूषक** की विभिन्न विशेषताओं में से भरत ने केवल आकारगत विशेषताओं को कहा है, जैसे, वह कुब्ज, वामन, दन्तुर, द्विजिह्व, विकृतानन एवं पिंगलाक्ष होता है। दशरूपककार का कहना है कि वह हँसोड़ तथा हँसाने वाला होता है। धनंजय का कहना है कि हास्यकारी कहने से भरतोक्त सभी आकारगत-विशेषताएँ अपने आप आ जाती हैं। दर्पणकार का कहना है कि वह कर्म्म, वेष एवं आकार—सबसे हँसाता है। नाम उसका प्रायः कहीं कुसुम, कहीं बसन्तक आदि रहा करता है।

अर्थचिन्तन की दृष्टि से उसके सहायक को मन्त्री कहते हैं। राजा को उनके अन्तःपुर में सहायता प्रदान करने वाले व्यक्तियों में वामन, षण्ड, किरात, म्लेच्छ, आभीर, कुब्ज एवं शकार आदि का नाम लिया जा सकता है। सबका स्वरूप नाम ही से विदित है। शकार के विषय में दर्पणकार का कहना है कि वह मत्त, मूर्ख, अभिमानी, नीचवंशोद्भूत एवं ऐश्वर्य-सम्पन्न होता है। यह राजा की अपरिणीता परन्तु भोग्या नायिका का भाई होता है। **दण्डनीति** में सहायक लोगों को सुहृत्, कुमार एवं आटविक कहते हैं। सामन्त एवं सैनिक भी इसी में परिगणित हैं। **धर्म्म-सहाय** पात्रों में ऋत्विक् पुरोहित, वेदविद्, तापस और आत्मवेत्ता का प्रमुख स्थान है।

इन लोगों में पीठमर्द, मन्त्री एवं पुरोहित आदि उत्तम कहे जाते हैं। विट एवं विदूषक मध्यम तथा शकार एवं चेट आदि अधम कहे जाते हैं। ताम्बूलिक एवं गान्धिक का समावेश अधम कोटि के ही पात्रों में है।

प्रसंगतः **दूत के विषय में** भी देख लेना चाहिए। दूत वह है, जो किसी कार्य के लिए कहीं भेजा जाए। यह तीन प्रकार का होता है—निसृष्टार्थ, मितार्थ एवं संदेशहारक।

निसृष्टार्थदूत का लक्षण यह है कि वह जिसके द्वारा जिसके पास कुछ कहने-सुनने के लिए भेजा जाता है—उन दोनों के हृदय का मर्म समझाकर स्वयं बात-व्यवहार करता है और कार्य की भी सुश्लिष्ट योजना करता है। यह दूत अत्यंत बुद्धिमान् होता है। उक्त विशेषता से सम्पन्न दूती को 'निसृष्टार्थ' कहते हैं। माघ काव्य में शिशुपाल के द्वारा कृष्ण के पास भेजा हुआ दूत निसृष्टार्थ दूत है और मालती माधव में लवंगिका निसृष्टार्थ दूती है। **मितार्थदूत** अल्पभाषी एवं कार्य की सिद्धि करने वाला होता है। किरातार्जुनीय का वनेचर इसका अच्छा उदाहरण है। शाकुन्तलम् में मिश्रकेशी मेनका द्वारा प्रेषित मितार्था दूती है। संदेह हारक का कार्य

यथोक्त संदेश मात्र पहुँचाना होता है। मितार्थदूत मध्यम और संदेशहारक अधम दूत है।

नायक के सहायक पात्रों में प्रायः इन्हीं का निर्देश किया जाता है।

प्रतिनायक—यह लोभी, स्तब्ध, पापी एवं व्यसनी होता है। नायक शत्रु होने से यह प्रतिनायक कहा जाता है। धीरोद्धत नायक प्रायः ऐसे ही होते हैं। प्रायः कहने का मतलब यह है कि वेणी संहार के भीम धीरोद्धत हैं, पर प्रतिनायक नहीं।

नायक के आठ सात्विक गुण—शोभा, विलास, माधुर्य, गाम्भीर्य, स्थैर्य, तेज, ललित एवं औदार्य ये आठ गुण हैं,

नायिका निरूपण—नायिका में भी नायक के वे ही सामान्य गुण होते हैं। नायिका मोटे तौर पर तीन रूपों में विभक्त की गई है—स्वीया, परकीया एवं सामान्या। **स्वीया** नायिका का चिह्न यह माना जाता है कि वह अपने पति में ही अनुराग रखे, दूसरे में नहीं। स्वीया असल में पतिव्रता होती ही है। यही कारण है कि पति में अनुरागिणी होने पर भी कदाचित् परगामिनी हो जाए, तो उसे स्वीया नहीं कहा जा सकता। यद्यपि स्वीया का ही एक प्रभेद 'मुग्धा' भी है, जो शृंगार से अपने अन्तःकरण को अभी तक आर्द्र नहीं कर सकी है—अतः उसमें उक्त चिह्न पति में ही राग का उद्‌बोध नहीं हो पाता, तथापि उसे स्वीया के भीतर गिन लेने का कारण यह है कि अभी भले उसमें अज्ञानवश पति के प्रति रति-भाव का उदय न हुआ हो, पर उदय होने की योग्यता है। शील-संरक्षण, आर्जव एवं क्षमा आदि इस कोटि की नायिकाओं की प्रमुख विशेषताएँ हैं।

स्वीया के भी तीन प्रभेद हैं—मुग्धा, मध्या एवं प्रगल्भा।

मुग्धा—इसमें पति मात्र के प्रति दाम्पत्य-राग अव्यक्त अवस्था में निहित रहता है। काम एवं तारुण्य का प्रथम उन्मेष यहीं होता है। रति-क्रिया में यह सदैव वक्रस्वभाव धारण किए रहती है। पहले तो पति के अपराध एवं अनपराध का ज्ञान न होने से पति के प्रति क्रोध ही नहीं होता और कहीं कदाचित् किसी प्रकार का प्रणय कोप हुआ भी तो बड़ी ही सरलता से उसे प्रसन्न कर लिया जा सकता है। लज्जा की मात्रा इसमें बहुत ही अधिक होती है।

मुग्धा के भी दो रूप हैं—ज्ञात यौवना एवं अज्ञात यौवना। जिसे शैशव एवं तारुण्य के भेदक चिह्नों का अच्छा परिज्ञान है, वे **ज्ञात यौवना** और जिन्हें नहीं ज्ञात है वे **अज्ञात यौवना** कही जाती हैं। यही अज्ञात यौवना-मुग्धा क्रमशः कुछ काल बीतने के पश्चात् तब तक **'नवोढ़ा'** कही जाती हैं, जब तक सम्भोग-वेला में राग-तत्त्व की अपेक्षा लज्जा एवं भय की ही भावना अधिक उमड़ी रहती है। रति-भाव इनमें सदा ढका सा रहता है। यही मुग्धा ज्यों-ज्यों पति से गाढ़ सम्पर्क प्राप्त करती जाती है, त्यों-त्यों भय एवं लज्जा की भावना कम होती जाती है और विश्वास बढ़ता जाता है। इस अवस्था में आने पर इसे **'विश्रब्धनवोढ़ा'** कहा जाता

है। ये सारे विभाग मुग्धा के व्यवहारों को ध्यान में रखकर किए गए हैं।

मध्या–जहाँ मुग्धा में लज्जा एवं भय का प्राधान्य रहा करता है और रति उससे ढकी रहा करती है, वहाँ मध्या में लज्जा तथा मादन-भाव दोनों की समान स्थिति रहती है। जहाँ मुग्धा में रति एवं तारुण्य अंकित होता रहता है, वहाँ मध्या में थोड़ा और बल पकड़ने लगता है। इसका सुरत विचित्र होता है। वचन में थोड़ी प्रगल्भता आ जाती है, क्रीड़ा का भाव थोड़ा दबने लगता है। अपराध एवं अनपराध का इसे स्पष्ट ज्ञान होता है। पति के सापराध होने पर धैर्य की मनोदशा में वक्रोक्ति तथा अधैर्य की स्थिति में परुष वाक् का प्रयोग करती है। सुरत क्रिया के आनन्द में यह बेसुध की मुद्रा तक पहुँच जाती है। पति मात्र में अनुराग का होना तो सामान्य चिह्न है।

यही मध्या पति पर जब अत्यन्त विश्वस्त हो जाती है, तब अति **विश्रब्धनवोढ़ा** नाम से पुकारी जाती है।

प्रगल्भा–यह रति-केलि-कलाप में कोविद होती है, पर अपने पति के ही साथ। यद्यपि केलि-कलाप-कोविदा वेश्या एवं कुलटा भी होती हैं, यथापि उनका यह प्रावीण्य अनियत व्यक्तियों में फैला रहता है, इसीलिए उन्हें प्रगल्भा संज्ञा प्राप्त नहीं होती। तारुण्य एवं काम-भाव गाढ़ हो जाता है। लज्जा अब नाम मात्र की रह जाती है।

'मान' की दृष्टि से मध्या एवं प्रगल्भा में से प्रत्येक के तीन-तीन रूप होते हैं–धीरा, अधीरा एवं धीराधीरा। धीरा का कोप व्यंग्य रूप से प्रकाश में आता है, अधीरा का खुले रूप में और धीराधीरा का थोड़ा अव्यक्त एवं थोड़ा व्यक्त–दोनों रूपों में बाहर आता है। फिर भी मध्या और प्रगल्भा के इन भेदों में भी थोड़ा अन्तर है और अन्तर यों है–मध्याधीरा का क्रोध वाणी से व्यंग्य अथवा किसी चिह्न से अनुमेय होता है। इस प्रकार **मध्या धीरा** में अनुराग प्रिय तक, लज्जा एवं रति समान-स्तर तक तथा क्रोध-प्रादुर्भाव व्यंग्य रूप तक ही सीमित रहा करता है। धीरा की अपेक्षा **अधीरा** अपने क्रोध का प्रकाश खरी-खरी एवं ताना-भरी बातों से करती है। **धीराधीरा** में कोप-प्रकाश का माध्यम वचन एवं रुदन दोनों होता है।

प्रौढ़ा या प्रगल्भा अपनी **धीरावस्था** में कोप का प्रकाशन रति-क्रिया में उदासीनता के माध्यम से करती है। **अधीरावस्था** में तर्जन एवं ताड़न तक भी करती है। **धीराधीरावस्था** में दोनों प्रकार के अनुभावों का मिश्रण रहता है।

कुछ लोगों का यह विचार है कि उक्त धीराधीरादिभेद स्वीया में ही होते हैं, परकीया में नहीं। पर यह विचार ठीक नहीं है। असल में सोचा जाय तो ये तीनों भेद मान-मूलक ही हैं। इस प्रकार जहाँ 'मान' होगा, वहीं ये अवस्थाएँ हो सकती हैं।

'मध्या' एवं 'प्रगल्भा' की इन छह अवस्थाओं में से प्रत्येक की दो-दो अवान्तर दशाएँ और होती हैं–ज्येष्ठा तथा कनिष्ठा। इस प्रकार सब मिलाकर बारह प्रभेद

हुए। ज्येष्ठा एवं कनिष्ठा—ये भेद नायक के स्नेह की दृष्टि से हैं। **ज्येष्ठा** वह नायिका है, जो परिणीत हो और भर्ता का स्नेह आपेक्षिक दृष्टि से अधिक प्राप्त करती हो। **कनिष्ठा** वह परिणीता नायिका है, जो आपेक्षिक दृष्टि से पति का स्नेह कम प्राप्त करती हो। जहाँ तक स्नेह की अल्पाधिक-प्राप्ति का प्रश्न है, वह परकीया एवं सामान्य में भी सम्भव है, पर वे जिनका स्नेह पाने के कारण परकीया एवं सामान्या कही जाती हैं, उनकी परिणीता नहीं होती। इस प्रकार स्वीया के तेरह भेद हुए—एक मुग्धा एवं बारह मध्या तथा प्रगल्भा।

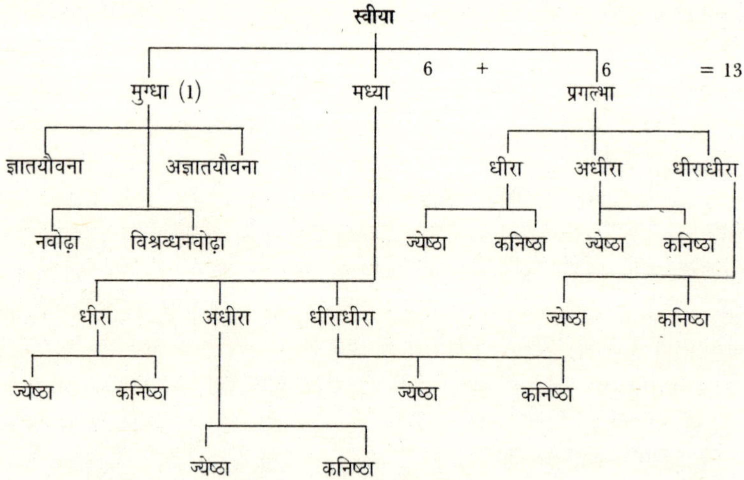

परकीया—जिस नायिका पर अपना स्वत्व न हो, वह परकीया कही जाती है। अथवा यह भी कहा जा सकता है कि परकीया वह नायिका है, जो पर पुरुष में अव्यक्त रूप से अनुराग रखती हो। सामान्यवनिता भी पर पुरुष में अनुराग रखती है, पर उसका अनुराग व्यक्त होता है। अव्यक्त अनुराग मुग्धा का भी होता है, पर उसका आलम्बन पर-पुरुष नहीं होता। रस मंजरी के टीकाकार, अनन्त पण्डित (व्यंग्यार्थ कौमुदीकार) का विचार है कि असल में परकीया नायिका का स्वरूप यों समझना चाहिए—परकीया नायिका का अनुराग पर पुरुष पर होता है—वह अनुराग अव्यक्त भी हो सकता है और व्यक्त भी। दूसरी विशेषता इसकी सामान्या से यह होती है कि सामान्या अर्थ-मूलक प्रेम करती है और परकीया में इस तरह की बात नहीं होती। हाँ, कुछ नायिकाएँ ऐसी भी हो सकती हैं, जो सामान्या या वेश्या की संज्ञा न प्राप्त की हों, पर अन्य पुरुष में अर्थ के लोभ से भी प्रेम करती हों, तो उनका क्या होगा ? उनके विषय में यह कहा जा सकता हैं कि है तो वे परकीया ही, पर कभी-कभी व्यवहार वेश्या का सा भी करने लगती हैं।

यह परकीया मोटे तौर पर दो प्रकार की होती हैं—परोढ़ा एवं कन्या। पर-पुरुष

से प्रेम करने वाली नायिका विवाहित भी हो सकती है और अविवाहित भी। विवाहित हो तो परोढ़ा एवं अविवाहित हो तो कन्या कही जा सकती है। प्रश्न इस विभाजन पर यह होता है कि जो विवाहित है, वह तो पर (अन्य) की है, अतः परकीया कही जा सकती है, पर जो अविवाहित है, उसे क्यों परकीया कहा जाता है ? वह तो पर या दूसरे की है नहीं ? इस प्रश्न के दो उत्तर हो सकते हैं। पहला यह कि भविष्य में चलकर उसका 'पर' से ही सम्बन्ध होना है, अतः उस भविष्य की दृष्टि से उसे परकीया कहा जा सकता है। दूसरा यह कि यहाँ 'पर' शब्द का अभिप्राय 'अपना न होने' से है, चाहे फिर वह किसी की हो—अन्य व्यक्ति की परिणीता हो अथवा अपने माता, पिता के अधिकार की हो। परोढ़ा पर—परिणीता है—इसलिए परकीया कही जा सकती है और कन्या पर पर (माता-पिता) का स्वत्व है, इसलिए परकीया कही जाती है।

काव्यों में मुक्तक के क्षेत्र में परोढ़ा परकीया का भी वर्णन बड़े खुले ढंग से होता है, पर प्रबन्ध काव्यों में इसका नायिका के रूप में कहीं भी वर्णन उपलब्ध नहीं होता। हाँ, सामान्या कभी-कभी एकोन्मुख होने के कारण दृश्य काव्य में नायिका के रूप में लक्षित की जाती हैं। हाँ, परकीया दो प्रकार की होती हैं—कन्या तथा परोढ़ा। कन्या का नायिका के रूप में श्रव्य तथा दृश्य उभयत्र वर्णन मिलता है, पर परोढ़ा का कहीं भी नहीं। मुक्तक काव्यों में दोनों प्रकार की नायिकाओं का वर्णन उपलब्ध होता है। इसके उदाहरणों से नायिका निरूपण भरा हुआ है। प्रबन्ध काव्यों में भी यदि परोढ़ा परकीया का समावेश हो सकता हो, तो वह केवल आध्यात्मिक दृष्टि से। उदाहरणार्थ, गोपियों को लिया जा सकता है। गोपियों के सम्बन्ध में भी भक्तों के दो मत हैं—एक दल उन्हें स्वकीया कहता है, तो दूसरा परकीया। कुछ लोगों का विचार है कि भारतीय साहित्य में लौकिक दृष्टिकोण से परोढ़ा की चर्चा मुसलमानी प्रभाव है। हो सकता है उन लोगों के कारण इस प्रवृत्ति को उतेजना मिली हो। असल में यहाँ भी यह कहा जा सकता है कि परोढ़ा के साथ प्रेम के दो रूप हैं—नायिका की ओर से प्रार्थित और नायक की ओर से प्रार्थित। पहले रूप में पुरुष की गम्भीरता की रक्षा है और दूसरे में उसका अनावरण। हो सकता है कि पहला रूप भारतीय साहित्य में चलता रहा हो और दूसरे तरह के क्षेत्र में मुसलमानी प्रभाव हो। जो भी हो, परकीया का सामान्यतः यही परिचय है।

आचार्यों ने परकीया के और भी कई रूप लक्षित किए हैं—गुप्ता, विदग्धा, लक्षिता, कुलटा, अनुशयाना, मुदिता आदि।

गुप्ता—इसकी विशेषता यह होती है कि यह सुरत-गोपन के यत्न में बराबर रहती है। इसके भी तीन भेद होते हैं—1. वृत्तसुरतगोपना 2. वर्तिष्यमाणसुरतगोपना, 3. एवं वृत्तवर्तिष्यमाणसुरतगोपना। पहली बीती सुरतक्रिया के छिपाने का यत्न करती है, दूसरी आगे होने वाले सुरत को प्रच्छन्न करना चाहती है और तीसरी में दोनों

विशेषताएँ होती हैं।

विदग्धा–इसमें सुरत के लिए अवसर ढूँढ़ निकालने का पूरा वैदग्ध्य होता है। यह वैदग्ध्य जब वाणी के द्वारा व्यक्त होता है, तब विदग्धा को वाग्विदग्धा और जब क्रिया के माध्यम से हो, तब **क्रिया-विदग्धा** कहते हैं।

लक्षिता–इसकी सुरत-क्रिया अन्य लोगों को लक्षित रहती है।

कुलटा–का स्वरूप इतना प्रसिद्ध है कि उसके बताने की आवश्यकता नहीं।

अनुशयाना–संकेत-निकेत के विषय में चिन्ता करने वाली होती है। यह चिन्ता तीन प्रकार से हो सकती है। पहला यह कि वर्तमान संकेत स्थल नष्ट हो गया हो इसकी चिन्ता हो, दूसरा यह कि भविष्य में संकेत-निकेत कहाँ बनाया जाए, इसकी चिन्ता हो और तीसरा यह कि शून्य संकेत स्थल में पति के पहुँचने के अनुमान से चिन्ता हो गई हो।

मुदिता–वह नायिका है, जिसके अभीष्ट पर-सम्भोग के रास्ते के रोड़े हट गए हों।

सामान्या–वह नायिका है, जो वित्त मात्र के लिए सकल पुरुषों में अनुराग रख सकती हो। कहीं-कहीं 'सामान्या' नायिका का प्रेम वित्त-मूलक न होकर शुद्ध भी देखा गया है। उदाहरण के लिए अग्निमित्र एवं ऐरावती, चारुदत्त एवं वसन्त सेना को ही ले लें, दोनों का प्रेम वित्तमूलक नहीं है। सारांश यह कि जिस प्रकार कभी-कभी परकीया के पर-पुरुष सम्बन्ध में वित्त भी निमित्त हुआ दिखाई पड़ता है, उसी प्रकार सामान्या के प्रेम में भी कभी-कभी अर्थ की उपेक्षा दिखाई पड़ती है। इस स्थिति में 'सामान्या' का लक्षण क्या होना चाहिए ?

परकीया के प्रेम में कभी-कभी अर्थमूलकता होती है, पर आरम्भ शुद्ध प्रेम से ही होता है, उसी प्रकार वेश्या का प्रेम अर्थमूलक ही होता है, अर्थ ही के कारण आरम्भ होता है, बाद में चलकर वह स्नेह मूलक हो जाता है। सो, स्नेह मूलक प्रेम जब हो जाता हो, तब आप चाहें तो उसे सामान्या की कोटि से पृथक् कर परकीया मात्र भी कह सकते हैं, ठीक उसी प्रकार जैसे परकीया के प्रेम में वित्त की गन्ध देखकर उसे वेश्या कह दिया जाता है।

हाँ, रही बात अग्निमित्र तथा चारुदत की। सो वहाँ भी अग्निमित्र राजा है, जो विभिन्न प्रकार की सम्पत्ति प्रदान कर सकता है। अतः ले भले न ऐरावती अर्थ, पर यदि धन-दृष्टि न होती तो ऐरावती ने किसी महर्षि में प्रेम क्यों नहीं किया ? क्यों राजा के साथ प्रेम करने चली ? हाँ, चारुदत्त और वसन्तसेना का प्रेम अलबत्ता सौन्दर्य एवं शील के आकर्षण पर टिका हुआ है। पर विचार किया जाय तो वसन्तसेना आरम्भ में उन्मुख उस दृष्टि से हुई होगी, बाद में भले वह वृत्ति समाप्त हो गई हो और सौन्दर्य तथा शील ही प्रेम का सम्बल बना हो। सारांश यह कि काल-विशेष में सामान्या का अनुराग भले वित्त से हटकर सौन्दर्य को आधार बना ले, पर आरम्भ

एवं प्राचुर्य वित्त को ही आधार बनाकर होता हुआ दिखाई पड़ेगा। निष्कर्ष यह है कि वित्त मात्र से सम्पन्न पुरुष की ओर उन्मुख होने वाली नायिका 'सामान्या' कही जा सकती है।

सामान्या के भी तीन रूप मिलते हैं–1. अन्यसम्भोगदुःखिता, 2. वक्रोक्तिगर्विता तथा 3. मानवती। **अन्यसम्भोगदुःखिता** नायिका वह है, जिसने अपने रमण के विषय में यह जान लिया हो कि उसने किसी और के साथ सम्भोग कर लिया है, इसीलिए मेरे पास न आ सका। वक्रोक्तिगर्विता के भी दो रूप हैं–प्रेमगर्विता एवं सौन्दर्यगर्विता। जिसे अपने विषय में अपने रमण के प्रेम का गर्व हो वह प्रेमगर्विता और जिसे अपने सौन्दर्य का गर्व हो, वह सौन्दर्य-गर्विता कही जाती है। मानवती वह है, जिसमें 'मान' की वृत्ति उदित हो गई हो। प्रिय के अपराध की प्रतिक्रिया में उदित हुई नायिका की चेष्टा को मान कहते हैं। यह मान भी तीन प्रकार का होता है–लघु, मध्यम तथा गुरु। जो सरलता से दूर किया जाए, उसे **लघुमान** और जो कष्टतर उपाय से हटाया जा सके, उसे **मध्यममान** कहते हैं। कष्टतम उपाय से अपनेय मान को **गुरुमान** कहते हैं। ये तीन रूप–**साध्य मान** के हैं। एक **असाध्य मान** भी होता है, पर उसके होने पर रस नहीं, रसाभास हो जाता है। लघुमान परस्त्री दर्शन से, मध्यमान गोत्रस्खलन से तथा गुरुमान पर स्त्री सम्भोग से उत्पन्न होता है। पहला साधारण कुतूहल से, दूसरा असत्य भाषण एवं शपथ से, तीसरा चरण-पात एवं भूषण आदि के दान से निवृत्त हो जाता है। प्रकरण में सामान्या को रक्त, प्रहसन में अरक्त भी और नाटक में इसका सर्वथा अभाव रहना चाहिए।

इस प्रकार मुग्धा का **एक,** मध्या एवं प्रगल्भा के **बारह,** परकीया के **दो** तथा सामान्या एक **एक**–सब मिलकर सोलह प्रभेद हुए। इनमें से प्रत्येक की आठ-आठ अवस्थाएँ होती हैं–स्वाधीनपतिका, वासकसज्जा, विरहोत्कण्ठिता, खण्डिता, कलहान्तरिता, विप्रलब्धा, प्रोषित-प्रिया और अभिसारिका। इस दृष्टि से सब 128 भेद हुए। एक बात अवश्य विचार करने की है और वह यह कि ये आठ अवस्थाएँ उक्त सोलहों प्रकार की नायिकाओं में से मुग्धा को छोड़कर अन्यत्र ही सम्भव हैं, अतः इन अवस्थाओं का सम्बन्ध पन्द्रह नायिकाओं से ही हो सकता है, मुग्धा से नहीं। फिर 128 प्रभेद किस प्रकार हो सकेंगे ? बात यह है कि मुग्धा में अज्ञान-वश या लज्जावश इस धीराधीरा आदि प्रभेदों की स्थिति नहीं आने पाती, तब ये अवस्थाएँ कहाँ से आ जाएँगी ? बात ठीक है, फिर भी जो सोलहों से इन अवस्थाओं का सम्बन्ध दिखाया गया है, वह परम्परा के अनुरोध से। मुग्धा के भी नवोढ़ा वाले रूप से यथाकथंचित् इन अवस्थाओं का सम्बन्ध जोड़ा जा सकता है।

(1) **स्वाधीनपतिका**–यह नायिका है, जिसका पति सदैव सन्निहित तथा अधीन ही और इसीलिए जो सदा प्रसन्न रहे। सन्निधान वाली शर्त केवल स्वाधीनपतिका ही में मिल सकती है। अन्यत्र सन्निधान हो भी, तो वहाँ हर्ष की वृत्ति नहीं मिलेगी

और इस हर्षाभाव का कारण होगा रमण का आधीन न होना अर्थात् अपने मन का होना। एष्यत्प्रिया नायिका में यही तो होता है कि पति यद्यपि सन्निहित है, पर नायिका की इच्छा के विरुद्ध वह गमन के लिए तैयार होने वाला है।

(2) **वासकसज्जा**–वासक शब्द का अर्थ है वार या दिन। इस प्रकार जो नायिका स्वयं अपने को एवं अपने गृह को इसलिए सुसज्जित करे कि आज उसका पति आने वाला है, तो वह नायिका वासकसज्जा कही जाएगी। सारांश यह कि 'आज हमारा प्रिय दिन है'–यह सोचकर जो सुरतसामग्री एकत्र करे, वही वासकसज्जा।

(3) **विरहोत्कण्ठिता**–यह अवस्था उस नायिका में प्रादुर्भूत होती है, जो संकेत स्थल में पहले से जाकर बैठी हो, जिसके निरपराध रमण के आने में विलम्ब हो रहा है, अवधि समाप्त न होने के कारण जिसमें आशा बनी हो। प्रोषित-भर्तृका की स्थिति भिन्न है। प्रोषितभर्तृका नायिका का रमण प्रवास से लौटने की एक नियत तिथि रखता है, परन्तु संकेत-स्थल के नायिका का समय नियत नहीं रहता। इसमें अरति, सन्ताप, जँभाई, अंगों का टूटना, कपट-रुदित स्वावस्था-निवेदन आदि बातें रहती हैं।

(4) **खण्डिता**– वह नायिका है, जिसका पति अन्य नायिका से रात्रि में उपभोग करने के पश्चात् सम्भोग चिह्नों को लिए-दिए प्रातः या कभी भी आ पहुँचे। इसकी चेष्टाएँ हैं–अस्फुटालाप, चिन्ता, सन्ताप, निःश्वास, मौन एवं अश्रुपात।

(5) **कलहान्तरिता**–वह नायिका है, जिससे उसके रमण ने संकेत स्थल में जाने का वचन दे दिया हो, पर बाद में स्वयं परितप्त एवं चिन्तित हो। इसकी चेष्टाएँ हैं–भ्रान्ति, सन्ताप, सम्मोह, निःश्वास, ज्वर एवं प्रलाप आदि।

(6) **विप्रलब्धा**–वह नायिका है, जिसने पति का पहले निरादर कर दिया हो, पर जब वह पहुँचे तो रमण को अनुपस्थित पाए। इस प्रकार वह ठगी जाने से विप्रलब्धा कही जाती है। इसकी चेष्टाएँ हैं–निर्वेद, निःश्वास, सखीजन को उपालम्भ, चिन्ता, अश्रुपात एवं मूर्च्छा आदि।

(7) **अभिसारिका**–वह नायिका है, जो स्वयं पति के पास अभिसरण (गमन) करे या स्वयं पति को ही अपने पास अभिसृत (आगत) करा ले। इसकी चेष्टाओं में प्रमुख ये हैं–समयानुरूप वेष, भूषण, शंका, प्रज्ञा-नैपुण्य, कपट एवं साहस आदि। इसके सामान्यतः दो रूप होते हैं–निशाभिसारिका एवं दिवाभिसारिका। निशाभिसारिका के भी दो अवान्तर प्रभेद होते हैं–शुक्लाभिसारिका एवं कृष्णाभिसारिका। उजियारी रात में अभिसरण करने वाली पहली और अन्हियारी रात में अभिसरण करने वाली दूसरी होती है।

इन आठों में से पहली दो–स्वाधीनभर्तृका, वासकसज्जा को छोड़कर शेष दुःखी ही रहती हैं।

कुछ लोग नायिका के उक्त 128 प्रभेद पर आपित्त करते हैं। उनका कहना

है कि परकीया नायिका में, जो कन्या तथा परोढ़ा दो प्रकार की होती हैं, कभी भी उक्त आठों अवस्थाएँ सम्भव नहीं हैं। इन परकीया नायिकाओं में केवल तीन ही रूप सम्भव हैं—विरहोत्कण्ठिता, अभिसारिका तथा विप्रलब्धा। कारण उसका यों है—जो नायिका कन्या या परपरिणीता है, उसमें स्वाधीन पतित्व का सर्वथा असम्भव है। सोचने की बात है कि जो परकीया कन्या है, उसके पास दूसरा नायक सदा क्यों सन्निहित रहेगा ? और रह कैसे सकता है सदा सन्निहित ? उसके माता-पिता रहने देंगे ? यही दशा परोढ़ा की भी है, जिसका अपना पति है, उसके पास दूसरा नायक कैसे सदा सन्निहित रह सकता है ? सारांश यह कि परकीया कभी भी स्वाधीन पतिका नहीं हो सकती। इसी प्रकार वह खण्डिता भी नहीं हो सकती। बात यह है कि पर पुरुष का अपनी निजी पत्नी से सम्भोग सदा सम्भव है, अतः उससे सम्भोग कर सम्भोग चिह्नों में लिपटा हुआ नायक आए भी तो वह क्यों रुष्ट होगी ? इसीलिए कलहान्तरिता भी नहीं हो सकती। जब पर-पुरुष के अपराध से रोष ही नहीं होगा, तब वह फटकारेगी काहे को ? और जब फटकारेगी ही नहीं, तब उसकी रति कलह से अन्तरित व्यवहित—क्यों होगी ? इसी प्रकार यह प्रोषितभर्तृका भी नहीं हो सकती। इसका जार तो सदा दूर देश में रहता ही है, अतः प्रवास की क्या बात ? परकीया चूँकि गुप्त ढंग से सम्भोग करती है, अतः वासकसज्जा भी नहीं हो सकती।

परकीया का सम्भोग प्रायः संकेत स्थल में निर्विघ्न होता है, अतः संकेत से सम्बद्ध अवस्थाएँ ही इसमें सम्भव हैं। संकेत में नायक-आगमन से पूर्व वह विरहोत्कण्ठिता हो सकती है। बाद में विदूषक की सहायता पाने पर अभिसरण भी कर सकती है अथवा कहीं किसी कारण से प्रिय संकेत स्थल पर नियत समय से न पहुँच पाया, तो विप्रलब्धा भी हो सकती है।

इस प्रकार परोढ़ा तथा कन्यका में जब ये पाँच-पाँच अवस्थाएँ सम्भव नहीं हैं, तो 128 में से दस अवस्थाएँ कम हो जाएँगी, फिर सब 118 प्रभेद ही सम्भव होंगे।

यह संशोधन दशरूपककार का है, परन्तु दर्पणकार की इसमें अरुचि है। उनका अभिप्राय यह जान पड़ता है कि परोढ़ा की दृष्टि में पति के गृह तथा कन्या की दृष्टि से पिता के गृह में कोई विश्वस्त पुरुष सदा रह सकता है और गुप्त ढंग से उसका सम्बन्ध बना रह सकता है, अतः वह स्वाधीन भर्तृका हो सकती है। इसी प्रकार नायिका का स्वभाव होता है कि उसे अपने प्रिय का दूसरे से सम्भोग असह्य होता है। इस स्थिति में यदि वह अपनी पत्नी से सम्भोग क्यों न करे, पर जब उन चिह्नों से चिह्नित होकर आएगा, तो वह रुष्ट अवश्य होगी और रोष के कारण वह कलहान्तरिता भी हो सकती है। कहीं कार्यवशात् जार के बाहर चले जाने पर प्रोषित भर्तृका भी हो सकती है। सारांश यह है कि ये 128 दशाएँ स्थिर

एवं सुचिन्तित हैं।

कुछ लोगों की यह आपत्ति है कि स्वीया का सम्बन्ध संकेतस्थल से क्यों होगा ? उसे अपने घर में क्या भय है, जो बाहर सुरत-सम्भोग के लिए प्रस्थित होगी ? असल में यह बात उन राजाओं के विषय में, जो अनेक पत्नियों के पति हुआ करते थे, सोचने से समझ में आएगी कि स्वीया क्या संकेत गमन करती है। पारस्परिक कलह से बचाने के लिए दक्षिण नायक ऐसा कर सकता है। अथवा मन में इच्छा ही हुई कि आज कहीं बाहर चलना चाहिए, तो उस इच्छा को कौन रोक सकेगा ?

कविरत्न भानुदत्त उपर्युक्त आठ ही नहीं, और भी अवस्थाएँ सम्भावित मानते हैं। उदाहरणार्थ, प्रोष्यतपतिका नामक ही एक अवस्था लीजिए। इसकी उक्त आठ अवस्थाओं में से किसी में भी अन्तर्भाव सम्भव नहीं है। संकेत से असम्बद्ध होने के कारण यह विप्रलब्धा, विरहोत्कण्ठिता तथा अभिसारिका तो हो नहीं सकती। भर्ता सन्निहित है, इसलिए प्रोषितपतिका हो नहीं सकती। कलहान्तरिता भी नहीं हो सकती, क्योंकि इसने पति का अपमान किया नहीं। खण्डिता है, नहीं क्योंकि इसका प्रिय परकीय सम्भोग चिह्न से रहित है। वासकसज्जा है नहीं, क्योंकि इसका पति सन्निहित ही है, कहीं से आने वाला होता और नायिका साज-सज्जा में व्यस्त होती, तो इस तरह का कोई प्रश्न भी उठता है। स्वाधीन पतिका होती, तो उसका पति उसकी इच्छा के विरुद्ध विदेश-गमन का प्रयत्न ही करने को क्यों उद्यत होता ? सारांश यह है कि इसे एक अलग अवस्था ही माननी चाहिए।

अस्तु ! उक्त 128 नायिकाओं में से प्रत्येक के उत्तम, मध्यम एवं अधम ये तीन भेद होते हैं। दिव्य अदिव्य एवं दिव्यादिव्य की दृष्टि से पुनः तीन-तीन भेद हो सकते हैं। सब मिलकर 128×3×3 = 1052 भेद सम्पन्न होते हैं।

उत्तम नायिका वह होती है, जो अहितकारी प्रियतम से भी हितकर व्यवहार ही करती है। हिताहितकारी प्रियतम से हितकर एवं अहितकर व्यवहार करने वाली नायिका मध्यम होती है। अधम वह है, जो प्रिय के हितकर होने पर भी अहितकर ही व्यवहार करे।

ये सब अवस्थाएँ अलग-अलग तो होती ही हैं, कभी-कभी कई का एकत्र समवस्थान भी सम्भव है।

जिस प्रकार नेता के विभिन्न सहायक होते हैं, उसी प्रकार नायिका के भी सहायक होते हैं। इन्हें दूती, दासी, सखी, रजकी आदि उपमाता की लड़की, पड़ोसिन, भिक्षुकी, चित्रकारिणी आदि कहते हैं। सखी का कार्य होता है—मण्डन उपालम्भ, शिक्षा, परिहास, सम्मेलन, विरहनिवेदन आदि।

नायक के ऊपर दो दृष्टियों से प्रभेद किए गए हैं। तीसरी दृष्टि से भी नायक का प्रभेद निरूपित किया जा सकता है। यह दृष्टि है नायिका के भेद से नायक का

भेद। नायिका स्वीया, परकीया तथा सामान्या तीन प्रकार की होती हैं, अतः नायक भी पति, उपपति तथा वैशेषिक की दृष्टि से तीन प्रकार के होते हैं। जाति एवं अवस्था के भेद से नायक के भी कई भेदोपभेद सम्भव हैं। भानुदत्त ने नायकगत अवस्था भेद का विरोध करते हुए कहा है कि अवस्था-कृत-भेद नायिका ही में सम्भव है, नायक में नहीं। नायक में केवल स्वभाव भेद से भेद होता है। अवस्था भेद से भेद मानने पर नायक के भी विप्रलब्ध तथा खण्डित आदि प्रभेद होंगे और ऐसा होने के लिए नायिका को अन्य-सम्भोग-चिह्नित होना पड़ेगा, जिससे रसाभास की स्थिति सम्भव है।

नायिका का अलंकार

युवतियों की तरुनाई में सौन्दर्य के अभिवर्द्धक कुछ सत्त्वगुण-जनित तत्त्व या धर्म होते हैं, जिन्हें अलंकार कहते हैं। संख्या में ये सब बीस होते हैं। आचार्यों ने इन्हें तीन भागों में विभक्त कर रखा है—अंगज, अयत्नज एवं स्वभावज।

अंगज—भाव, हाव और हेला।

अयत्नज—शोभा, कान्ति, दीप्ति, माधुर्य, प्रगल्भता, औदार्य और धैर्य सब सात हैं।

स्वभावज—लीला, विलास, विच्छित्ति, विभ्रम, किलकिंचित्, मोट्टायित, कुट्टमित, विव्वोक, ललित एवं विहृत—सब दस हैं।

अंगज अलंकार

भाव—शृंगार की प्रथम प्रथम उत्पन्न मनोवृत्ति को भाव कहते हैं। इसके उदय होने से पहले मन में इस प्रकार की कोई विकृति नहीं रहती, अवस्था के प्रभाव से सहसा कुछ और ही मनोवृत्ति होने लगती है। शृंगार का जो बीज अन्तःकरण में अब तक शुष्क पड़ा हुआ था, तरुनाई की नमी पाकर थोड़ा उच्छून होने लगता है—फूटने लगता है।

हाव—भाव की बढ़ी हुई अवस्था है। इस अवस्था में सम्भोग की इच्छा का प्रकाशन भौंहों एवं आँखों की हरकतों से होने लगता है। पर, ये हरकतें अभी ऐसी अस्फुट रहती हैं कि समझदार लोग ही उसकी आन्तरिक इच्छा का अनुमान कर पाते हैं।

हेला—हाव की बढ़ी हुई अवस्था है। इस अवस्था में जो चेष्टाएँ होती हैं, वे इतनी स्फुट होती हैं कि कोई भी उनसे आन्तरिक सम्भोगेच्छा का अनुमान कर सकता है।

इस प्रकार यद्यपि ये तीनों अलंकार एक मानस-धर्म ही हैं, तथापि उन्हें अंगज कहने का रहस्य यह जान पड़ता है कि उन मानस-वृत्तियों का प्रकाश शारीरिक अवयवों से होता है।

अयत्नज अलंकार

ये तत्त्व इस प्रकार के हैं कि तरुनाई में अपने-आप फूट-फूटकर लहलहाने लगते हैं, उनके लिए कोई यत्न अपेक्षित हो, सो नहीं।

शोभा–रूप या सौन्दर्य, तरुनाई, कोमलता, कुसुम, चन्दन, वस्त्र एवं आभरण धारण करने से उत्पन्न सुख–ये सब मिलकर शरीर में जो कुछ पैदा करते हैं, वही शोभा है।

कान्ति–वही शोभा तब 'कान्ति' शब्द से कही जाती है, जब मन्मथ के उन्मेष से उसमें घनीभाव आ जाता है।

दीप्ति–कान्ति का ही वृद्धिंगत स्वरूप दीप्ति है।

माधुर्य–हर अवस्था में लक्षित होने वाला, बना रहने वाला सौन्दर्य हो ही माधुर्य कहा जाता है।

प्रागल्भ्य–मनः क्षोभपूर्वक उत्पन्न होने वाले भय का विरोधी तत्त्व है।

औदार्य–अपराध, अनपराध जैसी पति की हर दशा में विनय का भाव बनाए रखना उदारता है।

धैर्य–यह एक चापल्य-विरोधी मनोवृत्ति है, जिसके उदित होने का प्रभाव यह होता है कि नायिका आत्मश्लाघा नहीं करती।

स्वभावज अलंकार

स्वभावज एवं अयत्नज का अन्तर यह होता है कि अयत्नज भाव अपनी उत्पत्ति में किसी प्रकार के यत्न की अपेक्षा नहीं करते, पर स्वभावज यत्न-साध्य होते हैं। फिर भी इन्हें स्वभावज इसलिए कहते हैं कि नायिकाओं का यौवन में उस प्रकार के यत्नों के विधान का स्वभाव हो जाता है। सारांश यह कि ऐसे यत्नों की स्वभावतः इच्छा होती है।

लीला–प्रिय की वाणी, वेष आदि से सम्बद्ध शृंगारिक चेष्टाओं का अनुकरण ही लीला है।

विलास–प्रिय के अवलोकन काल में नायिका के अंगों एवं क्रियाओं में जो तात्कालिक छटा उत्पन्न हो जाती है, वही विलास है।

विच्छित्ति–शोभावर्द्धक थोड़े भी वेष-निर्माण को विच्छित्ति कहते हैं।

विव्वोक–अत्यन्त गर्व एवं अभिमान के कारण अभीष्ट शृंगारिक लाभ की भी अपेक्षा विव्वोक है।

विभ्रम–प्रिय से मिलन की जल्दीबाजी में अलंकारों का अव्यवस्थित ढंग से धारण कर लेना विभ्रम कहा जाता है।

किलकिंचित्–सुरतकाल में विभिन्न क्रीड़ाओं के फलस्वरूप क्रोध, आँसू, हर्ष

एवं भय जैसे अनेक भावों का मिश्रण ही किलकिंचित् कहा जाता है।

मोट्टायित–प्रिय जन सम्बन्धी बातचीत करते हुए या उसका अनुकरण करते हुए चित्त का भावना-विभोर हो उठना मोट्टायित कहा जाता है।

कुट्टमित–शृंगार या सुरतकाल में केश, अधर, स्तन आदि का स्पर्श अथवा ग्रहण करने पर यद्यपि नायिका को हर्ष होता है, तथापि लज्जा वश निषेध-सूचक हाथ एवं शिर हिलाने की मुद्रा कुट्टमित कही जाती है।

ललित–सौकुमार्यपूर्ण ढंग से अंग विन्यास 'ललित' कहा जाता है।

मद–सौभाग्य एवं यौवन आदि से समुद्भूत अभिमान के कारण जो छाया हुआ विकार है, वही मद है।

विहृत–सुरतकाल में अवश्य वक्तव्य वस्तु का भी लज्जातिरेक में न कह पाना विहृत है।

मद से अतिरिक्त उपर्युक्त दस स्वभावज अलंकारों की चर्चा दशरूपककार ने की है, पर दर्पणकार ने दस की जगह अट्ठारह अलंकारों की चर्चा की है। मद के साथ ग्यारह ऊपर कहे जा रहे हैं, रहे सात, सो उनका भी परिचय लीजिए।

तपन–प्रिय का विच्छेद हो जाने पर अर्थात् विरह-दशा में स्मरावेश के कारण होने वाली सन्ताप-द्योतक चेष्टाओं को तपन कहते हैं।

मौग्ध्य–वल्लभ के समक्ष ज्ञात-तत्त्व को भी इस मुद्रा से पूछना, मानो उसे इसका कोई ज्ञान ही न हो, तो इस मुधर जिज्ञासा को मौग्ध्य कहा जाता है।

विक्षेप–आधा शृंगार कर लेने पर निरर्थक इधर-उधर दृष्टिपात करती हुई अपने वल्लभ के सामने किसी गोपनीय वृत्तान्त का कथन विक्षेप कहा जाता है।

कुतूहल–रमणीय वस्तु के दर्शन होने पर चित्र में चपलता का उद्रेक हो आना कुतूहल है।

हसित–यौवन की स्थिति आ जाने पर वृथा हास की प्रवृत्ति हसित कही जाती है।

चकित–प्रिय के सामने किसी छोटे-मोटे कारण से भी चकित हो उठने की मुद्रा चकित है।

केलि–विहार-काल में पति के साथ की जाती हुई क्रीड़ा का नाम केलि है।

इनके अतिरिक्त और भी ऐसी बहुत-सी चेष्टाएँ एवं मुद्राएँ हैं, जिन्हें मुग्धा, कन्यका तथा अन्य नायिकाएँ किया करती हैं। दर्पणकार ने उनका सविस्तार कथन किया है।

दृश्य काव्य में इस प्रकार नायक एवं नायिका तथा उनके परिचारकों की चर्चा की जानी चाहिए।

नाट्य का तीसरा तत्त्व है–रस। इसका विवेचन उत्तरार्ध के 'रस सिद्धांत' में होगा।

अर्थ की दृष्टि से काव्य-प्रभेद

बन्ध एवं इन्द्रियमाध्यस्थ्य की दृष्टि से विचार करने के पश्चात् सम्प्रति, अर्थ की दृष्टि से काव्य-प्रभेद पर कुछ कहना-सुनना क्रम-प्राप्त है—आवश्यक है। ध्वनि-प्रस्थान के प्रस्थापन से पूर्व लक्षण ग्रन्थों में अर्थ की दृष्टि से कहीं भी कोई उल्लेख काव्य-भेद का नहीं मिलता। उसका कारण इस प्रकार है—

अर्थ की दृष्टि से जो प्रभेद किया जाता है, वह अर्थ हेतुक तारतमिक चमत्कार के कारण। यह निर्विवाद सिद्ध है कि काव्य का उद्देश्य 'सौन्दर्य' या 'चमत्कार' में निहित है। इस पक्ष पर पहले काफी विस्तार से चर्चा की जा चुकी है। काव्य में शब्दार्थ चारुता, सौन्दर्य या चमत्कार का वाहक होता है—उपदेश, नीति या तथ्य-निवेदन गौण होता है। काव्य से भिन्न वाङ्मय का लक्ष्य पाठक को जानकारियाँ देना होता है—कहीं यदि चामत्कारिक अभिव्यक्ति अपने क्रम में आ जाय तो उसे अपनेआप यों ही आ गया समझना चाहिए। चारुता या चमत्कार दो कारणों से सम्भव है—(1) वाग्वैदग्ध्य और (2) रस। इन दोनों में भी भारतीय प्रकृति के हिसाब से 'रस' ही उपयुक्त पड़ता है। अग्निपुराणकार ने कहा है—

"वाग्वैदग्ध्यप्रधानेऽपि रस एवात्रजीवितम्"

दोनों कारणों से आने वाली 'चारुता' का स्रोत ध्वनि सम्प्रदाय के आचार्यों के अनुसार प्रतीयमान अर्थ के कारण होता है। इन लोगों के मत से काव्य के जितने रूप होते हैं—यदि उनसे 'चमत्कार' अनुभूत होगा तो प्रतीयमान के संस्पर्शवश। पण्डितराज जगन्नाथ ने कहा भी है—"ने तादृशोऽस्ति कोऽपि वाच्योऽर्थो यो मनागनामृष्टप्रतीयमान एव स्वतो रमणीयता—माधातु प्रभवति"—अर्थात् ऐसा कोई भी वाच्यार्थ नहीं मिलेगा, जो प्रतीयमान से अछूता रहकर निरपेक्ष रूप से स्वयं रमणीयता या लोकोत्तर चमत्कार पैदा कर सके। वैदग्ध्य-व्यंजन और रस-प्रत्यायन जो चमत्कार के मूल स्रोत हैं—व्यंजना शक्ति के ही विलास हैं। प्रतीयमान अर्थ इसी व्यंजना के बल पर मिलता है। अभिप्राय यह कि जब तक व्यंजना की स्थापना नहीं हुई थी, तब तक चारुता का स्रोत प्रतीयमान अर्थ लोगों की बुद्धि में स्पष्ट नहीं था और स्पष्ट नहीं था, इसीलिए इसके कारण अनुभूत चमत्कार भी अविश्लेषित था। इसीलिए इस आधार पर काव्य-प्रभेद की चर्चा भी नहीं होती थी। यही कारण है कि ध्वनि-प्रस्थान से पूर्व अर्थ के आधार पर काव्य-प्रभेद पर चर्चा नहीं हुई। ध्वनि-प्रस्थान को केंद्र में रखकर अर्थ के आधार पर विपक्षी महिमभट्ट और सपक्षी प्रकाशकार मम्मट, दर्पणकार विश्वनाथ महापात्र तथा रसगंगाधरकार पण्डितराज जगन्नाथ ने काव्य के प्रभेदों पर अपने विचार दिए।

महिमभट्ट और काव्य-प्रभेद

महिमभट्ट आनन्दवर्द्धन के व्यंजनासिद्धान्त या ध्वनि-सिद्धान्त के विरोधी हैं। उनकी स्थापना है कि शब्द की एक ही शक्ति होती है और वह एक ही बार काम करती है। इस शक्ति का नाम है–अभिधा। अभिधा को ही शब्द की एकमात्र शक्ति मानने वाले और भी आचार्य हैं, जो महिम से हटकर असंकेतित यानी साक्षात् असम्बद्ध अर्थ तक ले जाने का प्रयत्न करते हैं–पर भट्ट उनका विरोध करता है। कहते हैं कि साक्षात् सम्बद्ध (संकेतित) अर्थ के प्रति शब्द को कारण मानना चाहिए। असम्बद्ध एवं असंकेतित अर्थों के प्रति शब्द को कारण मानने से यह दुरवस्था होगी कि अन्यत्र भी परम्परा सम्बद्ध वस्तुओं में कार्यकारण भाव का व्यवहार होने लगेगा। पुष्प-विकास के प्रति वसन्त ही नहीं, वह घड़ा भी कारण कहा जाएगा, जिसके द्वारा उस वृक्ष को सींचा गया। अतः ऐसी दुर्व्यवस्थाओं से बचना हो तो एकमात्र यही रास्ता है कि साक्षात् सम्बद्ध वस्तुओं में ही कार्य-कारण-भाव माना जाय। ऐसा मानने पर शब्द को केवल साक्षात् संकेतित अर्थ के प्रति ही कारण मानना होगा। अन्य लोग जिस लक्ष्य और व्यंग्य अर्थ के प्रति शब्द को कारण मानते हैं–वह ठीक नहीं। असल में ये लक्ष्य और व्यंग्य अर्थ शब्द से नहीं, अर्थ से मिलते हैं। एक अर्थ से मिलने वाला–प्रतीत होने वाला दूसरा अर्थ यदि सम्बन्ध स्मरणपूर्वक प्रतीतिगोचर होता हो, तो वहाँ अनुमान का ही व्यवहार होता है। कारण वह स्मर्यमाण सम्बन्ध नियत प्रकार का होगा और नियत सम्बन्ध का ज्ञान व्याप्ति ज्ञान है। यही तो अनुमान है। अनुमान एक प्रमाण है और जो अर्थ भिन्न प्रमाण से प्राप्त होता है–प्रमाणान्तर-लभ्य या लब्ध होता है, वह शब्द प्रमाण का प्राप्य नहीं होता–शब्द का अर्थ नहीं होता। कहा ही गया है, "अनन्यलभ्यो हि शब्दार्थः"–शब्द का अर्थ वही माना जाता है, जो उसके अतिरिक्त किसी अन्य प्रमाण से न माना जाय। इस दृष्टि से भट्ट की मान्यता है कि वाच्यार्थ से प्राप्त होने वाले (सम्बद्ध) लक्ष्य और व्यंग्य अर्थ अनुमेय हैं–अनुमान प्रमाण से उपलभ्य हैं–वे शब्द के अर्थ ही नहीं हैं। प्रकाशक (वाच्यार्थ) और प्रकाश्य (लक्ष्य-व्यंग्य) दोनों प्रकार के अर्थ जिस सम्बन्ध से सम्बद्ध होते हैं–उसकी स्मृति प्राप्य अर्थ की उपस्थिति में कारण है। ठीक उसी प्रकार जैसे धूम से अग्नि का ज्ञान होने के लिए धूम और अग्नि रूप अर्थों के पारस्परिक सम्बन्ध का ज्ञान होना चाहिए। इसी प्रकार वाच्य अर्थ से लक्ष्य या व्यंग्य किसी प्रकार के अर्थ का ज्ञान होने के लिए दोनों का सम्बन्ध स्मरण (ज्ञान) आवश्यक है। सो, और लोग जिन असंकेतित अर्थों को शब्द से ही सम्बद्ध करते हैं और उन्हें शब्द की शक्ति से प्राप्त बताते हैं–ये दोनों ही बातें ठीक नहीं हैं–असल में ये लक्ष्य और व्यंग्य कोटि के अभिमत अर्थ अर्थलभ्य हैं और अनुमेय हैं। इस प्रकार जिसे ध्वनि सम्प्रदायानुयायी प्रतीयमान या व्यंग्य कहा करते थे–उसे

ये अनुमेय कहते हैं। मतलब इनके अनुसार अर्थ–काव्य से प्राप्त अर्थ दो[22] प्रकार के हुए–साक्षात् सम्बद्ध वाच्य अर्थ और असाक्षात् सम्बद्ध अनुमेय अर्थ। काव्य में यह अनुमेय अर्थ तीन प्रकार का होता है–वस्तुरूप, अलंकाररूप और रसात्मक। इनमें से पहले दो वाच्य भी हो सकते हैं पर अन्तिम अनुमेय ही होगा। यह अनुमान लौकिक नीरस अनुमान से भिन्न काव्यानुमान कहा जाता है। यह तर्कानुमान की भाँति कर्कश नहीं होता। दूसरे तर्कानुमान से काव्यानुमान का प्रयोजन भी भिन्न होता है। तर्कानुमान से व्यवहारोपयोगी प्रवृत्ति और निवृत्ति होती है और काव्यानुमान से चमत्कार मात्र। व्यक्ति-विवेक 'व्याख्यान' नामक टीका में स्पष्ट ही व्याख्याकार ने–महिम का आशय स्पष्ट करते हुए लिखा है–'काव्यानुमानं तर्कानुमानविलक्षणम्, काव्यस्य चमत्कारसारत्वात्। न्यायमुखेनापि चमत्कारविश्रान्तेः। तर्कानुमानन्तु कर्कश-न्यायरूपतया प्रवृत्तं तर्कस्य कर्कशातामुद्वहति। काव्ये तद्वैपरीत्यात् सहृदयानामधिकारात् न व्याप्त्यादिमुखेनानुमानप्रदर्शनसमर्थनमिति।' (व्य.वि.व्या.प्र. वि.,पृष्ठ 66)

अर्थात्–काव्यानुमान तर्कानुमान से विलक्षण है। कारण यह है कि काव्य का सर्वस्व चमत्कार मात्र ही है। द्वार या उपाय न्याय का भले ही लिया जाय, पर पर्यवसान चमत्कार-लाभ में ही है। तर्कानुमान की बात भिन्न है–वह कर्कशन्याय का सहारा लेकर चलता है–अतः तर्क की कर्कशता यहाँ संक्रान्त हो जाती है। काव्य में इसकी सर्वथा उलटी स्थिति होती है और यहाँ तार्किकों का नहीं, सहृदयों का साम्राज्य होता है। इसीलिए व्याप्ति आदि की प्रक्रिया का नीरस प्रसार यहाँ नहीं होता। यह अनुमेय अर्थ चमत्कारी होता है। यद्यपि लोक में यह देखा जाता है कि आनन्द या चमत्कार अनुमेय अर्थ से नहीं होता, बल्कि प्रत्यक्ष अनुभूत अर्थ से ही होता है–तथापि काव्य की कुछ महिमा ही ऐसी होती है कि यहाँ अनुमेय अर्थ भी चमत्कारी हो जाता है। प्रत्यक्ष अनुभूत अर्थ भी वैसा चमत्कार नहीं पैदा कर सकते, जैसा कि सत्कवि द्वारा वर्णित शब्दों में प्रतीत होकर चमत्कार पैदा करते हैं और तब क्या पूछना–जब वह वाच्य अर्थ से अनुमेय के रूप में पहुँचा दिया जाय।[23]

निष्कर्ष यह कि काव्य में सर्वाधिक चमत्कार पैदा करने वाला अर्थ अनुमेय ही है। इस सिद्धान्त के साथ-साथ यह भी समझना चाहिए कि इन्होंने ध्वन्यालोककार की इस उपस्थापना का कि ध्वनि-काव्य उत्तम काव्य है–खण्डन किया है और कहा है–"काव्यमात्रस्य ध्वनिविषयत्वेनेष्टत्वात्, तस्य रसात्मकत्वोपगमात्।" अर्थात्–काव्य के किसी प्रकार-विशेष की संज्ञा 'ध्वनि' अभीष्ट नहीं है–ध्वनि का विषय काव्य मात्र है। काव्य होगा तो ध्वन्यात्मक ही होगा। काव्य का कोई भेद ध्वन्यात्मक होगा और अन्य अध्वन्यात्मक–यह नहीं। बात यह है कि काव्य वहीं हो सकता है, जहाँ रसमयता हो और जहाँ रसमयता न होगी वहाँ काव्य ही न होगा। कारण, रस ही काव्य की

आत्मा है। स्वयं ध्वन्यालोककार कहता है—"काव्यस्यात्मा स (रसः) एवार्थः।" काव्य की आत्मा रस ही है। फिर रस के अभाव में काव्यत्व क्या ? और जहाँ भी रस होगा, वहाँ अनुभव में आएगा। अनुभूत रस कभी अप्रधान या गौण हो ही नहीं सकता। रस चमत्कार प्राण है। चमत्कार हो और वह गौणता का कारण होगा ? निष्कर्ष यह कि काव्य का कोई प्रकार होता ही नहीं—काव्य काव्य है—यदि प्रकार है, तो वही मात्र। उसमें भेद-प्रभेद की कल्पना करना नीरस उक्ति को मानना है। कारण ऐसा माने बिना भेद-प्रभेद की कल्पना ही नहीं होगी। निष्कर्ष यह कि इनके यहाँ काव्य का एक ही प्रकार है और वह काव्य—जहाँ चमत्कार प्राण रस की स्थिति है।

ध्वन्यालोककार और काव्य-प्रभेद

सम्प्रति ध्वनि प्रस्थापक परमाचार्य आनन्दवर्द्धन और ध्वनि-प्रस्थान के अन्य आचार्य काव्य के विषय में क्या कहते हैं—यह देखा जाना चाहिए। इनका सिद्धान्त है कि चारुता काव्य की आत्मा है और उसका स्रोत है—प्रतीयमान। प्रतीयमान के संस्पर्श के बिना चारुता आ नहीं सकती। वृत्तिकार होकर आनन्दवर्द्धन कहते हैं—"सर्वथा नास्त्येव सहृदय-हृदयहारिणः काव्यस्य स प्रकारो यत्र न प्रतीयमानार्थसंस्पर्शेन सौभाम्यम्। तदिदं काव्य-रहस्यं परमिति सूरिमिः विभावनीयम्।" (ध्वन्यालोक, तृतीय उ., पृष्ठ 475)। अर्थात्—सहृदयों के हृदय को आवर्जित करने वाले काव्य का ऐसा कोई प्रकार नहीं है, जिसे प्रतीयमान अर्थ के संस्पर्श का सौभाग्य न मिला हो। यह काव्य का परम रहस्य है—सूरियों को इस पर विचार करना चाहिए। आनन्दवर्द्धन का पक्ष है कि जो प्रतीयमान काव्य-व्यपदेश के लिए अपेक्षित चारुता का स्रोत है—उसकी स्थिति प्रधान भी हो सकती है और गौण भी। इसलिए काव्य के दो ही भेद हो सकते हैं—ध्वनि और गुणीभूत व्यंग्य। प्राचीनों ने चित्रकाव्य की भी बात की है—पर आनन्दवर्द्धन उसे मुख्य काव्य नहीं मानते—विपरीत इसके कहते हैं कि वह आकार की दृष्टि से काव्यानुकार है—काव्याभास है। तत्त्वतः तो वे यह मानते हैं कि अलंकार (चित्र) भी प्रतीयमान अर्थ से संस्पृष्ट रहते हैं। इस तथ्य को भामहादि प्राचीन आलंकारिक भी स्वीकार करते हैं। वे कहते हैं...

"सैषा सर्वत्र वक्रोक्तिः कोऽलङ्कारोऽनया विना"

वक्रता या अतिशय के बिना कोई अलंकार अलंकार हो ही नहीं सकता—इसलिए वह प्रतीयमान रूप से अलंकार मात्र में विद्यमान है। फलतः अलंकारों (चित्रों) की स्वतंत्र विधा या उनका स्वतंत्र प्रकार मानने की जगह गुणीभूत व्यंग्य के ही रूप में उनको स्वीकार करना चाहिए और गहरे उतरा जाय और वहाँ भी रसादि की पर्यालोचना की जाय तो 'ध्वनिरेव काव्यम्'—काव्य का केवल एक ही प्रकार मिलेगा और वह होगा—ध्वनिकाव्य।

प्राचीन आचार्यों ने जो 'चित्र' काव्य की बात की है—फिर वह क्या है ? चित्र तो निष्प्राण होता है—जिसका मतलब हुआ 'प्रतीयमान'—अर्थ रूप प्राण से निरपेक्ष। पर यह कैसे मान लिया जाय कि वहाँ प्रतीयमान अर्थ की सत्ता नहीं है। प्रतीयमान तीन तरह का होता है—वस्तु, अलंकार और रस। जिन अलंकारात्मक वाच्य उक्तियों में वस्तु की व्यंजना न होती हो, अलंकार की व्यंजना न होती हो—न हो, रसात्मक प्रतीयमान की सत्ता का अभाव कौन कह सकता है ? रसादि का अभाव जहाँ हो—ऐसा कोई काव्य प्रकार हो ही नहीं सकता। उनके कहने का आशय यह है कि काव्य में कोई न कोई बात (वस्तु) तो कही जाएगी। कोई भी बात या वस्तु संसार की ऐसी हो ही नहीं सकती, जिससे कोई चित्तवृत्ति न बने—चित्त पर असर न हो। चित्त को प्रभावित करने में अन्ततः वह वस्तु विभाव (या निमित्त) होगी ही। और यदि ऐसा है, तो चित्तवृत्ति-विशेष ही तो रस है—रस और है क्या ? फिर कवि ऐसी वस्तु के लिए वाग्-रचना करेगा ही क्यों जो चित्त पर असर न डाले ? फिर कोई वस्तु ऐसी हो ही नहीं सकती, जो किसी न किसी प्रकार का असर चित्त पर न डालें। और यदि ऐसा न हो तो कवि उधर प्रवृत्त ही क्यों होगा ? धनिक ने तो आगे बढ़कर यहाँ तक कह दिया—

रम्यं जुगुप्सितमुदारमथापि नीच—
मुग्रं प्रसादिगहनं विकृतं च वस्तु।
यदि वाप्यवस्तु कविभावकभाव्यमानं
तन्नास्ति यन्नरसभावमुपैति लोके।।

अर्थात्—इस् संसार में वस्तु चाहे जैसी भी हो—रमणीय हो, जुगुप्सित हो, उदार हो, नीच हो, उग्र हो, अनुग्र या अवदात हो, गहन हो या विकृत हो—वस्तु ही क्यों वह अवस्तु ही क्यों न हो—कवि भावक की भावना का विषय बनने पर रस या भाव का प्रकाश करेगी ही, चित्त पर असर डालेगी ही। मतलब यह कि कवि द्वारा प्रयुक्त ऐसा कोई वाक्य नहीं होगा, जो प्रभावकारी न हो, चित्तवृत्ति पैदा न करे—रसावह न हो। इस प्रकार जब सर्वत्र रस की स्थिति है, तब 'चित्र' (निष्प्राण काव्य) शब्द का अर्थ क्या हुआ ? प्राचीन लोग 'चित्र' का प्रयोग करते हैं ?

अब प्राचीनों का समर्थन ही करना हो तो सुनिए। यह सही है कि काव्य-कवि-कर्म रूप वर्णना का ऐसा कोई प्रकार नहीं है—जहाँ रसात्मक प्रतीयमान की सत्ता न हो। यह हो सकता है कि स्वयं कवि की विवक्षा का विषय न हो—कवि का सम्प्रेष्य वह न हो। वह अपनी वर्णना में शब्दालंकार या अर्थालंकार का ही चमत्कार सम्प्रेषित करना चाहता हो—तो ऐसे सन्दर्भों में काव्यार्थ को रसहीन कल्पित किया जा सकता है। काव्य का वही अर्थ होता है, जो कवि की विवक्षा में हो। कवि की विवक्षा रसपरक न हो तो भी वाच्यार्थ के सामर्थ्य से रस की प्रतीति होगी—पर वह क्षीणतर पड़ जाएगी। इस दृष्टि से भी वर्णना में नीरसता की परिकल्पना की जा सकती है और चित्रकाव्य

को सार्थकता मिल सकती है—उसे भी काव्य का प्रकार कहा जा सकता है। इस प्रकार विवक्षा के होने पर एकमात्र ध्वनि-काव्य का और उसके (रसादिविषयक) न होने पर चित्र-काव्य की भी सत्ता मानी जा सकती है। एक और बात है। कवि प्राथमिक या आभ्यासिक भी हो सकते हैं और परिणत-प्रज्ञ भी। प्राचीनों की बात छोड़ें—जहाँ तक इदानीन्तन आनन्दवर्द्धन प्रभृति का सम्बन्ध है—वे मानते हैं कि प्राथमिक या अभ्यासरत कवियों की प्रवृत्ति 'चित्र' में हो सकती है—उनकी प्रवृत्ति चित्र-काव्य में हो सकती है या काव्यानुकारी चित्र में हो सकती है, परन्तु परिणत-बुद्धि वाले कवियों की दृष्टि में तो एकमात्र ध्वनि ही काव्य है और उसी में उनकी प्रवृत्ति हो सकती है। इस प्रकार 'चित्र' (काव्यानुकारी) का आशय निम्नलिखित तीन स्थितियों में सम्भव है—

(1) रसभावविवक्षा शून्य वर्णना में
(2) वाच्य-सामर्थ्यवश (रस-भावादि के) प्रतीत होने पर दुर्बलतर होने के कारण प्राधान्य के अभाववश व्यपदेश-लाभ न करने से।
(3) किसी वस्तु की सत्ता मात्र से उसके होने का व्यवहार लोक में नहीं देखा जा सकता, अपितु उसकी प्रभावकारी सत्ता होने से उसका नाम लिया जाता है। प्राथमिक या आभ्यासिक कवियों की वर्णना में प्रतीयमान की प्रभावकारी सत्ता नहीं होती, इसलिए ध्वनिकार ने कह दिया—
"काव्ये उभे ततोऽन्यद्यत्तच्चित्रभिधीयते"

वश इसी से उनका सिद्धान्त नहीं मान लिया जाना चाहिए कि वह काव्य के दो (ही) भेद मानते हैं। यदि ऐसा अभीष्ट होता तो 'एव' (काव्ये उभे एव) कहते—जैसा कि रस-ध्वनि को काव्य की आत्मा मानने के विषय में कहते हैं—"काव्यस्यात्मा स एवार्थः" अथवा "ध्वनिरेव काव्यम्"। हाँ, यह अवश्य है कि 'काव्ये उभे' कारिका में है और 'ध्वनिरेव काव्यम्' वृत्ति में। मैं कारिकाकार और वृत्तिकार को एक ही मानता हूँ। यथाश्रुतार्थग्राहिता आनन्दवर्द्धन के यहाँ नहीं चलेगी। सामान्यतः यह कहा जा सकता है कि ध्वनिकार काव्य के दो भेद मानते हैं।

परवर्ती ध्वनि-मतानुयायी और काव्य-प्रभेद

(क) काव्यप्रकाशकार—मम्मट

इनका पक्ष है कि काव्य के अर्थगत आस्वाद या चमत्कार के आधार पर तीन भेद हैं—उत्तम, मध्यम और अधम। जहाँ वाच्यार्थ से व्यंग्यार्थ चमत्कार में बढ़कर हो, वहाँ उत्तम काव्य है। इसे ध्वनि-काव्य भी कहा जाता है। जहाँ व्यंग्यार्थ का चमत्कार वाच्यार्थ से बढ़कर न हो—न्यून या समकक्ष हो—वहाँ गुणीभूत व्यंग्य-काव्य होता है। मम्मट का पक्ष है कि लक्ष्य के अनुसार लक्षण का विचार होना चाहिए। वह मानते हैं कि व्यंग्यरहित काव्य अधम होता है। इसे चित्र-काव्य भी कहा जाता है। इसके दो भेद हैं—शब्दचित्र और अर्थचित्र।

इस सन्दर्भ में पुनः विचारार्थ कुछ प्रश्न उपस्थित हैं। ध्वन्यालोककार चित्र को काव्यानुकार मानते हैं–मम्मट उसे काव्य का एक भेद मानते हैं। चित्र का चित्रत्व बनाए रखने के लिए उसे 'अव्यंग्य' कहकर निष्प्राण आलेख्य की तरह कहना चाहते हैं। कवि परम्परा में जब शब्द-चित्र और अर्थ-चित्र बहुतायत से वर्णना के रूप में–लक्ष्य के रूप में उपलब्ध हैं, तब उनकी उपेक्षा कैसे की जा सकती है ? स्वयं आदिकवि वाल्मीकि के सुंदर काण्ड के पंचम सर्ग में सभी श्लोक अंत्यानुप्रासयुक्त ही नहीं हैं–उनका पद्मबंध में भी विन्यास है। स्वयं 'चित्र' को काव्यानुकार मानने वाले आनन्दवर्द्धन ने भी अपने 'देवीशतक' में प्रभूतमात्रा में चित्रबन्ध का विन्यास किया है। फिर तो कवि परम्परा में इसका प्रवाह विद्यमान है। फिर इसे काव्य-प्रभेद के सन्दर्भ में कैसे छोड़ा जाए ? इसलिए मम्मट ने उसको काव्य के अन्तर्गत लिया है।

मम्मट के इस सन्दर्भ में दो बातें विचारणीय हैं, एक तो यह कि जहाँ एक ओर आनन्दवर्द्धन यह कहते हों कि उन लड़खड़ाती हुई वाणी वाले असंयत कवियों में 'चित्र' की वर्णना देखकर उसके लिए यथाकथंचित् क्षेत्र कल्पित कर लिया गया है, वहाँ वाग्देवतावतार मम्मट अत्यन्त सहजता से इसे काव्य-प्रभेद के रूप में स्वीकार कर लेते हैं–इसके पीछे रहस्य क्या है ? दूसरा यह कि प्रकाशकार मम्मट जिस 'काव्य' के प्रभेद रूप में 'अधम' या 'चित्र' की चर्चा कर रहे हैं, वह 'उत्कृष्ट काव्य' के प्रभेद रूप में स्वीकृत है। उन्होंने स्वयं सम्मिलित कारणतावाद के अनुसार (उद्भवे-उत्कृष्टतया भवे उत्पत्तौ) उत्कृष्ट काव्य का विशिष्ट लक्षण प्रस्तुत किया है। इस प्रकार 'चित्र' या 'अधम' उत्कृष्ट काव्य का भेद ? एक तो 'उत्कृष्ट' का भेद 'अधम' यही असंगत लगता है। वाग्देवतावतार यह कहकर क्या कर रहे हैं ? तीसरा प्रश्न यह भी है कि मम्मट ध्वनिवादी हैं और ध्वनिवादी प्रतीयमानरहित में चमत्कार या चारुता मानता नहीं। फिर जहाँ चमत्कार या चारुता होती नहीं–वहाँ सामान्य काव्य भी नहीं होगा–उत्कृष्ट काव्य की तो बात ही अलग है।

वास्तव में वाग्देवतावतार वाग्देवतावतार हैं–उन्हें इन सभी बातों का ध्यान है। उक्त सन्दर्भ में सबसे पहली बात यह ध्यान देने की है कि लक्षण लक्ष्य के अनुसार चलता है–उसे नकार कर नहीं चलता। वाल्मीकि और आनन्दवर्द्धन, कालिदास प्रभृति जिस तरह की चित्र-वर्णना को प्रश्रय देते हैं–उसे लक्षणकार नकार कैसे सकता है ?–अतः उसे काव्यात्मक लक्ष्य के रूप में तो लेना ही पड़ेगा और उसके लिए एक अनुरूप खाता खोलना पड़ेगा। यह खाता 'अधम' का ही होगा। अब, दूसरा सवाल यह है कि 'उत्कृष्ट' का भेद 'अधम' कैसे होगा ? इसका उत्तर यह है कि उत्कृष्ट का मतलब 'निरतिशय' नहीं है–इस उत्कृष्ट में 'सातिशय' अन्तर्भुक्त है। 'चित्रकाव्य' के निर्माण में भी सातिशय क्षमता है–इसमें जहाँ उत्कृष्टता दृष्टिगोचर होगी–उसका ही ग्रहण होगा। क्या चित्रकाव्य में उत्कृष्ट-अपकृष्ट का अन्तर नहीं

होगा ? अवश्य होगा—अतः यह भी कोई चिन्तनीय बिन्दु नहीं है। तीसरी आपत्ति यह है कि ध्वनि सम्प्रदायानुगामी 'प्रतीयमान' रहित (अव्यंग्य) को काव्य कैसे मानेगा ? इसी प्रश्न का उत्तर देते हुए 'प्रदीप' कार गोविन्द ठक्कुर ने 'अव्यंग्यम्' का अर्थ किया—'अस्फुटतरातिरिक्त व्यंग्यरहितम्'-अस्फुटतर व्यंग्यरहित। 'अव्यंग्य' का तात्पर्य व्यंग्य-मात्र से शून्य नहीं अपितु गूढ़ स्फुट, अगूढ़स्फुट तथा अस्फुट प्रकार के व्यंग्यों से रहित—अर्थात् अस्फुटतर व्यंग्य सहित। नगण्य होने के कारण उसे 'अव्यंग्य' कहा गया है।

चित्रकाव्य के इन दो भेदों पर भी आपत्ति की गई है। कहा गया है कि कुछ लोग केवल शब्दचित्र को मानते हैं और कुछ केवल अर्थचित्र को। अपने-अपने पक्ष में कई तर्क भी देते हैं। एक का यानी 'अर्थचित्र' वादी का पक्ष यह है कि काव्य का लक्ष्य रस-व्यंजना है और रस के व्यंजक विभावादि के रूप अर्थ हैं—अतः अर्थ का सुन्दरीकरण होना चाहिए। इस क्रिया में उपयोगी अर्थलंकार ही हैं—अतः अन्तरंग होने से केवल अर्थचित्र को ही मान्यता दी जानी चाहिए। 'शब्दचित्र' के पक्षधरों का तर्क है कि काव्य अपने शब्दात्मक रूप में ही पहले श्रोता को कर्णगोचर होता है और उसकी श्राव्यता ही आकृष्ट करती है। अर्थालंकार क्या है ? क्या नहीं है ?—यह तो लक्षण-बोध के बाद जानकार को ज्ञात होता है। अतः शब्दचित्र ही महत्त्व का है। इस विवाद का निर्णय करते हुए प्रकाशकार कहते हैं—

"इष्टं द्वयं तु नः'

उन्हें दोनों ही भेद अभीष्ट हैं। कारण, अभीष्ट चमत्कार में दोनों का परस्पर प्रतिस्पर्द्धी योगदान है।

एक बात और। चित्रकाव्य के दो भेद होते हैं—का मतलब यह है कि दो से कम नहीं होते हैं—एक उभयात्मक भी हो सकता है, जिसे 'संकर' या 'संसृष्टि' कहते हैं।

अन्ततः एक बात और। 'चित्र' का मतलब वैचित्र्य, कुतूहल जनक, आलेख्य तथा विस्मयकर—जैसे विभिन्न अर्थ हैं। काव्य में अद्भुत रसवर्ती विस्मयतत्त्व पर किसे विवाद होगा ? फिर ऐसा कोई तत्त्व-चिन्तक काव्य में नहीं दिखाई पड़ता, जिसे 'वैचित्र्य' में अरुचि हो। फिर किस अर्थ में 'चित्र' को लिया गया कि आनन्दवर्द्धन ने उसे काव्य की परिधि से ही बाहर कर दिया और मम्मट ने काव्य की परिधि में रखा भी तो अधम मानकर। समाधान यह है कि लिया तो गया है उसे 'वैचित्र्य' के ही अर्थ में—पर वह वैचित्र्य भी दो प्रकार का है। एक तो रस-भावादि-निरपेक्ष और दूसरा है—रस-भावादि-सापेक्ष शब्दार्थगत-वैचित्र्य। पहले की अपेक्षा दूसरा हीन माना जाता है—इसलिए एक ने काव्य की परिधि से बाहर कर दिया और दूसरे ने अधम बना दिया। 'चित्र' का दूसरा अभिप्राय उसके चित्रवत् होने में है—जो निष्प्राण होता है। इस निष्प्राणता को भी विवक्षा—कवि विवक्षा की

दृष्टि से देखा गया है। काव्य-कोटि या काव्य-प्रभेद का निर्धारण इसी विवक्षा से होता है। कवि की विवक्षा यदि शब्द-सौष्ठव के प्रदर्शन में ही है–उसकी प्रतिभा का संरम्भ उसी पर है–तो ग्रहीता का उसी का चमत्कार पहले गृहीत होगा और जो पहले गृहीत होता है, उसी को स्थान मिल जाता है–उसी का व्यवहार होने लगता है। इसी प्राथमिकता-प्राधान्य के आधार पर शब्दचित्र या अर्थचित्र का निर्धारण भी होता है। कवि की विवक्षा जब रस-भावादि के प्रतीयमान के कारण होने वाली चारुता से हटकर वाच्य-अर्थ की चारुता पर ही केंद्रित हो जाती है, तब अर्थचित्र का व्यवहार होता है। इस प्रकार वाग्देवतावतार का अपना पक्ष स्पष्ट है।

(ख) साहित्यदर्पणकार महापात्र विश्वनाथ का पक्ष

दर्पणकार भी प्रकाशकार की भाँति ध्वनिमतानुयायी हैं। यह मानते हैं कि रसात्मक वाक्य ही काव्य है। ध्वनिकार परिणत-बुद्धि कवियों की रसमूलक प्रवृत्ति ही मानते हैं। ध्वनि यानी रस-ध्वनि को ही काव्य की आत्मा स्वीकार करते हैं। 'रस' का मतलब यथाकथंचित् नहीं प्रत्युत व्यवस्थित स्थिति है। इसलिए काव्य-व्यवहार के लिए रस की व्यवस्थित स्थिति अनिवार्य है। यह रसमयता कभी साध्य होती है और कभी वाच्यार्थ की उपस्कारिका। समासोक्ति में ऐसा देखा जा सकता है। रसमयता या रसादिमयता उभयत्र स्फुट है। इस स्थिति में जहाँ वह प्रधान है–वहाँ ध्वनि या उत्तम काव्य है और जहाँ गौण है, वहाँ गुणी-भूत-व्यंग्य। इस प्रकार काव्य के दो ही भेद हैं–तीसरा नहीं। तीसरा प्रकार चित्रवत् निष्प्राण है–अतः प्राण या आत्मरूप (स्फुट रसमय) व्यंग्य के अभाव में वह काव्य ही नहीं है–अतः काव्य का प्रभेद हो ही नहीं सकता। अपने पक्ष की पुष्टि में वह ध्वन्यालोककार के 'काव्ये उभे' को उद्धृत करते हैं। अन्ततः वह यह भी स्वीकार करते हैं कि यह गुणीभूत-व्यंग्य का प्रकार भी रसादि तात्पर्य की पर्यालोचनावश ध्वनि-काव्य ही सिद्ध होता है। आनन्दवर्द्धन का यह साक्ष्य है। इस प्रकार मम्मट से इनका पक्ष भिन्न है। मम्मट भी आनन्दवर्द्धन का ही आशय रखते हैं और दर्पणकार भी–पर दोनों की दृष्टि में उनका आशय अलग-अलग है। एक आशयग्राही है और दूसरा यथाश्रुतार्थग्राही। परम्परागत लक्ष्य को ध्यान में रखकर विचार किया जाय तो 'चित्र' को काव्य की परिधि में रखना होगा। लक्षण लक्ष्यानुसारी होते हैं। पण्डित रामचन्द्र शुक्ल़ जब रसमय वाक्य को ही काव्य कहते हैं और नीरस को 'सूक्ति' तथा 'पद्य'–तब वह दर्पणकार का ही अनुगमन करते हैं। आनन्दवर्द्धन चित्र या अलंकार काव्य को भी गुणीभूत में और गुणीभूत को भी रसादि पर्यालोचनापूर्वक ध्वनि में और ध्वनि को अन्ततः रस-ध्वनि में–कम से कम परिणत-प्रातिभ कवियों के सन्दर्भ में उठा ले जाते हैं लेकिन शब्द-सामर्थ्य की वस्तुनिष्ठ प्रक्रिया और कवि-विवक्षा का अनुधावन–दोनों में बलाबल का विचार किया जाय तो कवि की विवक्षा को महत्त्व दिया जाना चाहिए। यदि कवि की

विवक्षा को महत्त्व दिया जाता है, तो काव्य के तीन भेद प्रतिष्ठित हो जाते हैं। परम्परा के अनुरोध से जब आलोककार वस्तुनिष्ठ होते हैं, तब उन्हें चित्रकाव्य का पृथक् क्षेत्र कल्पित करना ही पड़ता है। इसलिए इस सन्दर्भ में आत्मनिष्ठ आनन्दवर्द्धन के आत्मनिष्ठ अनुयायी दर्पणकार हैं और वस्तुनिष्ठ आनन्दवर्द्धन के अनुयायी वस्तुनिष्ठ विवेचक प्रकाशकार हैं। कहा जा सकता है कि 'विवक्षा' को महत्त्व देने वाला वस्तुनिष्ठ और वाक्य या वाच्य-सामर्थ्य को महत्त्व देने वाला आत्मनिष्ठ—यह कैसा विवेक ? उत्तर यह है कि विवक्षा की कल्पना परम्परा के पालन के अनुरोध से है—अतः उसकी नीयत वस्तुनिष्ठ है।

(ग) पण्डितराज जगन्नाथ और काव्य-प्रभेद

पण्डितराज भी ध्वनि-मतानुयायी हैं—अतएव वह मानते हैं कि ऐसा कोई भी वाच्यार्थ नहीं है, जो प्रतीयमान से असंस्पृष्ट रहकर स्वतः अपने बल पर चमत्कार पैदा कर सके। प्रतीयमान ही काव्य की आत्मा है—चारुता का स्रोत है। व्यक्तिविवेककार इसमें थोड़ा संशोधन करते हैं और मानते हैं कि वस्तु से वस्तु की प्रतीय-मानता तो चमत्कारी हो सकती है—पर उससे पुनः होने वाली प्रतीयमानता से रचना प्रहेलिका बन जाती है। प्रहेलिका काव्य नहीं है, इसीलिए अभिनवगुप्त की शर्त है कि 'गुणालंकारोपस्कृत' सुन्दर शब्दार्थमय शरीर और प्रतीयमान शरीरी के समुचित सम्बन्ध होने पर ही काव्यत्व की सम्भावना उदित होती है। अस्तु, कह यह रहा था कि पण्डितराज को दर्पणकार से असहमति व्यक्त करने के लिए पण्डितराज को अलग परिभाषा (काव्य की) बनानी पड़ी। दर्पणकार की 'रसमयता' से पण्डितराज की 'रमणीयता' की परिधि व्यापक है और उसके होने में पण्डितराज सहृदयों के हृदय को साक्षी मानते हैं। वह मानते हैं कि 'रसमयता' को काव्यत्व को मूलाधार मानने से कई सवाल खड़े होते हैं, जिनका समाधान कठिन है। सवाल यह है कि 'रसमयता' से आशय समग्र और व्यवस्थित 'रसमयता' से है, तो वस्तु-ध्वनि का सर्वसम्मत लक्ष्य भी अव्याप्त रह जाएगा। यदि यथाकथंचित् रसमयता से तात्पर्य है, तो 'गाय चर रही है'—जैसी अकाव्यात्मक उक्तियाँ भी काव्य हो जाएँगी। अतः इससे भी व्यापक किसी ऐसे तत्त्व की—अकाव्य से काव्य के व्यावर्तक तत्त्व की खोज की जानी चाहिए, जिससे कि परम्परा में काव्य-रूप से प्रतिष्ठित रचनाओं का काव्य-रूप में समावेश हो जाय—अतः उन्होंने 'रसमयता' की जगह 'रमणीयता' को पकड़ा। रमणीयता की व्याख्या हुई लोकोत्तर आह्लाद उत्पन्न करने वाली अर्थगत विशेषता। इसे उन्होंने सहृदय-हृदय-साक्षिक 'चमत्कार' विशेष निरूपित किया। यह 'रस' गत 'चमत्कार' से व्यापक है। कहा गया है—

"रसे सारश्चमत्कारः सर्वत्राप्यनुभूयते"

रसगत सार के रूप चमत्कार रहता है और इसका अनुभव सभी सहृदयों को

है—पर रमणीयता के पर्याय रूप में प्रतिष्ठित चमत्कार उससे व्यापक है। उसकी परिधि रस-सार-चमत्कार से लेकर विशुद्ध वाच्य अलंकार और आकर्षक शब्द-सौष्ठव तक व्याप्त है। हाँ, परम्परा के नाम पर अत्यंत क्लेश-साध्य चित्रबन्धों तक इस चमत्कार को ले जाना अतिवाद है। वह विशुद्ध बौद्धिक व्यायाम है—उसमें सर्जक का सम्पूर्ण व्यक्तित्व प्रकाशित नहीं होता। यह व्यक्तित्व ज्ञात-भाव से नहीं, अज्ञात-भाव से प्रकाशित होना चाहिए। परम्परा के साक्ष्य का—लक्ष्य के अनुधावन का जिस विवशता के साथ आनन्दवर्द्धन ने अपने ग्रन्थ में उल्लेख किया—वह 'रसमयता' की अपेक्षा इसी व्यापक 'रमणीयता' के अनुरोध से। कौन कहेगा कि—

विनिर्गतं मानदमात्ममंदिरात् भवत्युपश्रुत्य यदृच्छयापि यम्।
संसम्भ्रेन्द्रदुतपातितार्गला निमीलिताक्षीवभियामरावती।।

में रमणीयता नहीं है। यहाँ की कल्पना बड़ी रमणीय है। वस्तुस्थिति यह है कि हयग्रीव अपने गृह से यों ही जब बाहर पग धरता है, तब इन्द्र इतना भयभीत हो जाता है कि अमरावती के दरवाजे की अर्गला लगा देता है। वह घर से ही पग निकालता है—नगर से नहीं—वह भी ऐसे ही—किसी उद्देश्य-विशेष से नहीं है। इतना ही सुनकर इन्द्र इतना डर जाता है कि महज अमरावती का दरवाजा ही नहीं बन्द करता, बल्कि उसमें वजनदार अर्गला भी जड़ देता है। उस वास्तविक स्थिति पर कवि की कल्पना है कि अर्गला जड़कर वह दरवाजा क्या बन्द करता है—मानो अमरावती नगरी ही भय के मारे आँख बन्द कर लेती है। यहाँ पर ग्राहक की चेतना पर इस उत्प्रेक्षा का ही प्रभाव पहले-पहल ऐसा छा जाता है कि पहले तो इन्द्रगत सामग्री पुष्ट 'विभाव' की ओर जाती ही नहीं। कवि की प्रतिभा का संरम्भ भी इसी प्रकार की वाच्य अर्थगत रमणीयता पर है—अतः सहृदय ग्राहक का भी वहीं संवाद होता है। यह प्रथम प्रतीत चमत्कार या रमणीयता रस की नहीं है। ऐसे ही गंगा का यह वर्णन 'स्वच्छन्दोच्छलदच्छकच्छकुहररच्छातेतराम्बुच्छटा...' भी अपने शब्द-सौष्ठव से ग्राहक को चमत्कृत कर देता है। अनुप्राप्त नियोजनगत कवि की प्रतिभा का झुकाव व्यंग्य (व्यतिरेक) अलंकार और रस को पीछे ढकेल देता है। 'रमणीयता' की व्याप्ति इस प्रकार 'रसमयता' की अपेक्षा अधिक दिखाकर काव्य की व्याप्ति बढ़ा दी है—अतः पण्डितराज काव्यगत आस्वाद के आधार पर काव्य के चार भेद मानते हैं—ध्वनि या उत्तमोत्तम काव्य, गुणीभूत व्यंग्य या उत्तम काव्य, अर्थचित्र मध्यम-काव्य और शब्दचित्र अधम काव्य है। हाँ, विशुद्ध चित्रबन्धों को यह भी काव्य नहीं मानते—और न मानने का कारण 'रमणीयता' का अभाव है। ऐसा मानते हुए वह प्रकाशकार से भी आगे बढ़ते हैं और कहते हैं कि रमणीयता के आधार पर काव्य के तीन नहीं चार भेद हैं। अर्थचित्र और शब्दचित्र की रमणीयता में सुस्पष्ट तारतमिक भेद है—अतः चित्रकाव्य के भी दो भेद माने जाने चाहिए। गुणीभूत व्यंग्य काव्य के सम्बन्ध में भी इनकी भिन्न मान्यता है। वह कहते हैं, कि जहाँ प्राचीन लोग

'अप्रधान-व्यंग्य' मात्र को गुणीभूत व्यंग्य-काव्य कहते हैं, वहाँ रसगंगाधरकार 'एव' लगाते हैं—नियम बनाते हैं। अर्थात् वहीं व्यंग्य गुणीभूत होता है, जो 'अप्रधान' ही हो। यदि कोई 'व्यंग्य' किसी भी अर्थ की अपेक्षा अप्रधान भी हो गया भले ही अन्य की अपेक्षा प्रधान ही क्यों न हो—तब भी उसे गुणीभूत-व्यंग्य नहीं कहा जाना चाहिए। इसलिए पण्डितराज उसे ध्वनि मानते हैं। उदाहरण लें—

अयं स रशनोत्कर्षी पीनस्तनविमर्दनः।
नाभ्यूरुजघनस्पर्शी नीवीविस्रंसनः करः।।

यह अपरांगव्यंग्य नाम का गुणीभूत व्यंग्य काव्य 'काव्यप्रकाश' में निरूपित है। यहाँ करुण शृंगार की अपेक्षा प्रस्तुत और प्रधान रस है। परन्तु सामग्री शृंगार की प्रचुर है। अतः सामग्री-प्राचुर्य के कारण यहाँ शृंगार की प्रधानता है। कवि की प्रतिभा शृंगार की ही सामग्री ज्यादा एकत्र कर अपना झुकाव उस पर स्पष्ट करती है। प्रकाशकार यहाँ गुणीभूत-व्यंग्य मानते हैं। पण्डितराज अपना वैमत्य दिखाते हुए कहते हैं कि यहाँ व्यंग्य-शृंगार—निश्चय ही करुण की अपेक्षा अप्रधान है, परन्तु 'अप्रधान' ही नहीं है, वह वाच्य की अपेक्षा प्रधान भी है—अतः इसमें ध्वनि-काव्य माना जाना चाहिए।

इस प्रकार अर्थगत चमत्कार के आधार पर तरह-तरह के विचार मिलते हैं, लेकिन मान्य रहा ध्वनि-प्रस्थान में तीन भेद वाला पक्ष ही।

सन्दर्भ ग्रन्थ

1. साहित्य-पाथोनिधिमन्थनोत्थ काव्यामृतं रक्षत हे कवीन्द्राः।
2. साहित्य-विद्याश्रमवर्जितेषु...।
3. साहित्ये सुकुमार वस्तुनि...।
4. सहितयोः (शब्दार्थयोः) भावः साहित्यम्।
5. illussion and Reality, page 10
6. तौर्यत्रिकं नृत्यगीतवाद्यं नाट्यमिदं त्रयम्—अमरकोश, 1-7-10
7. तौर्यत्रिकं नृत्यगीतवाद्यं नाट्यं च तत् त्रयम्—शब्दरत्नाकर, 1-8-90
8. नृत्यं, वाद्यं तथा गानं त्रयं संगीतमुच्यते।
9. न तज्ज्ञानं न तच्छिल्पं न सा विद्या न सा कला।
   नासौ योगो न तत्कर्म नाट्येऽस्मिन् यन्न दृश्यते—नाट्यशास्त्र
10. न शक्यमस्य नाट्यस्य गन्तुमन्तः कथञ्चन।
    कस्माद् बहुत्वाच्छिल्पानां शास्त्राणां चाप्यनन्ततः—नाट्यशास्त्र
11. इतिवृत्तं तु नाट्यस्य शरीरं परिकीर्तितम्।
    पञ्चभिः सन्धिभिस्तस्य विभागः संप्रकल्पितः।।—नाट्यशास्त्र
12. अन्तरैकार्थसम्बन्धः सन्धिरेकान्वये सति।—दशरूपक, 1/23
13. मुखं बीजसमुत्पत्तिः नानार्थरससम्भवा।

अङ्गानि द्वादशैतस्य बीजारम्भसमन्वयात्।।–दशरूपक

14. स्वल्पोद्दिष्टस्तु तद्धेतुः बीजं विस्तार्यनेकधा।–दशरूपक
15. औत्सुक्यमात्रमारम्भः फललाभायभूयसे।–दशरूपक
16. महासत्त्वोऽति गम्भीरः क्षमावानविकत्थनः।
    स्थिरो निगूढ़ाहंकारो धीरोदासत्त दृढ़व्रतः।।–दशरूपक 214.5
17. निश्चिन्तो धीरललितः कलासक्तः, सुखी सृदुः। 2।3 द.रू.
18. सामान्यगुणयुक्तस्तु धीरशान्तो द्विजादिकः। 2।4 वही
19. दर्पमात्सर्यभूमिष्ठो मायाछद्मपरायणः।
    धीरोद्धतस्त्वहंकारी चलश्चण्डो विकत्थनः।। द.रू.2।4।5
20. दक्षिणोऽस्यां सहृदयः–दशरूपक, द्वितीय प्रकाश
21. एषाञ्च त्रैविध्यात् सर्वेषामुत्तमाधममध्यमत्वेन।
    उक्त नायकभेदाश्चत्वादिंशत्तथाष्टौ च।–सा.द. 3।46
22. अर्थोऽपि द्विविधो वाच्योऽनुमेयश्च। तत्र शब्दव्यापारविषयो वाच्यः। स एव मुख्य उच्यते। यदाहुः–श्रुतिमात्रेण यत्रास्य तादर्थ्यमवसीयते। तं मुख्यमर्थ मन्यन्ते गौणं यत्नोपपादितम्। इति। तत् एव तदनुमिताद्वा लिङ्गभूताद्योऽन्योऽर्थोमीयते–सोऽनुमेयः–व्यक्तिविवेक, प्रथम विमर्श।
23. प्रत्यक्षोऽपि ह्यर्थः साक्षात् संवेद्यमानः सचेतसां न तथा चमत्करोति, चमत्कारमातनोति यथा स एव सत्कविना वचनगोचरतां गमितः। यदुक्तम्...
    वाक्शक्त्यर्पिता भावास्तन्मयीभावयुक्तितः।
    यथा स्फुरन्त्यमी काव्यान्न तथाऽध्यवक्षतः किल।।
    इति-सोऽपिच तेषां न तथा स्वदते यथा तैरेवानुमेयतां नीतः।

–व्यक्तिविवेक, प्रथम विमर्श, पृष्ठ 73

शब्द-शक्ति

काव्य को शब्द एवं अर्थ का रमणीय मिलन बिन्दु कहा गया है, तो काव्य जिन-जिन प्रकार के शब्दों एवं अर्थों का मिलित रूप है। देखना यह है कि वे शब्द एवं अर्थ कितने प्रकार के होते हैं। प्रसिद्धि है कि शब्द तीन प्रकार के होते हैं—वाचक, लक्षक एवं व्यंजक। इसी प्रकार अर्थ भी तीन प्रकार के होते हैं—वाच्य, लक्ष्य तथा व्यंग्य। कोई-कोई तात्पर्यार्थ नामक एक अतिरिक्त अर्थ की भी चर्चा करते हैं। जब हम शब्द और अर्थ के सम्बन्ध पर विचार करते हैं, तो हमारे सामने तीन बातें आती हैं—

1. शब्द एवं अर्थ परस्पर सम्बन्ध रखते हैं।
2. हम अल्पज्ञ प्राणियों के लिए शब्द मन चाहा अर्थ नहीं देते, बल्कि एक नियत अर्थ प्रदान करते हैं।
3. इसी प्रकार यह भी देखने में आता है कि ये नियत शब्द नियत अर्थ को सभी के लिए सब समय न देकर नियत व्यक्ति के लिए ही नियत समय पर देते हैं।

इस प्रकार यदि उक्त नियम पर विचार किया जाय, तो यह प्रश्न खड़ा होता है कि आखिर ऐसा क्यों होता है ? है वह कौन-सा तत्त्व जो इस नियम का मूल है। जितना भी विचार किया जाय, अन्ततः यही निष्कर्ष निकलता है कि उक्त नियम का कारण है 'नियत पद का नियत पदार्थ से सम्बन्ध[1]'। यह सम्बन्ध जिस समय जिस व्यक्ति को ज्ञात हो जाता है, उसी समय से उसी व्यक्ति के लिए वे नियत शब्द नियत अर्थ प्रदान करते हैं, जो कोई नियत व्यक्ति नियत भाषा के नियत शब्द एवं अर्थ के नियत सम्बन्ध को जानता है, उसी के लिए ये शब्द सार्थक होते हैं। यही पद का पदार्थ से सम्बन्ध 'वृत्ति' या 'शक्ति' के नाम से अभिहित किया जाता है। अर्थज्ञान में इन्हीं का उपयोग होता है। इस शक्ति ज्ञान के अभाव में लौकिक व्यवहार ही नहीं चल सकते। अतः इस शक्ति का सांगोपांग विवेचन आवश्यक है। प्रस्तुत विवेचन में इसी शब्द-शक्ति के स्वरूप एवं प्रभेदों पर विचार किया जाएगा।

विचारकों ने अब तक शब्द-शक्ति के कुल सात प्रभेदों की स्थापना की है और वे हैं–(1) अभिधा (2) लक्षणा (3) व्यंजना (4) तात्पर्य (5) रसना (6) भावना तथा (7) भोग।

अभिधा

प्रमाणों में जो स्थिति प्रत्यक्ष की है, शक्तियों में वही अभिधा की। शब्द-शक्ति के सम्बन्ध में विचार करने वाला कदाचित् ही कोई ऐसा विचारक हो, जिसने इसको अस्वीकार किया हो अथवा प्राथम्य न दिया हो। तात्पर्य यह कि अभिधा की स्थिति सभी लोगों ने मानी है। व्यक्ति विवेककार महिमभट्ट ने तो शब्द की एक ही शक्ति मानी और उसका नाम 'अभिधा' दिया–'शब्दस्यै[2] कामिधा शक्तिः'। इसी प्रकार प्राचीन वैयाकरण कौण्डभट्ट ने भी एक ही अभिधा शक्ति मानी है। यह दूसरी बात है कि उसके प्रसिद्ध अभिधा एवं अप्रसिद्ध अभिधा ये दो भेद हैं।

इस अभिधा के स्वरूप के सम्बन्ध में कई मत हैं। नैयायिकों की धारणा वैयाकरणों से पृथक् है और मीमांसकों की इन दोनों से पृथक्। नैयायिकों में भी दो मत हैं। एक का सम्बन्ध प्राचीन नैयायिकों से है और दूसरे का नवीन नैयायिकों से। प्राचीन एवं नवीन से आधुनिक एवं पुरातन अर्थ को न लेकर आपेक्षिक प्राचीनता और नवीनता समझनी चाहिए। नैयायिकों की भाँति वैयाकरणों में भी प्राचीन एवं नव्य के नाम से दो दल हैं।

(क) प्राचीन नैयायिकों का कहना है कि सृष्टि काल में विभिन्न पदार्थों का निर्माण करने के बाद ईश्वर की इच्छा हुई कि 'अमुक पद से अमुक[3] अर्थ का बोध हो'। ईश्वर की यही इच्छा शब्द की अभिधा शक्ति कही जाती है। ईश्वर की यही इच्छा परम्परा से संसार में चली आ रही है। इस परम्परा के प्रवर्तक भी ईश्वर ही थे। ईश्वर की इस परम्परागत इच्छा का ही जिसे परिज्ञान है, उसे पद का ज्ञान होते ही अर्थ स्मरण हो आता है।

यहीं यह प्रश्न होता है कि ईश्वर ने सृष्टि के आरम्भ में ही निर्मित पदार्थों का उनके वाचक शब्दों से सम्बन्ध ग्रहण कराया होगा। संसार में तब से न जाने कितने पदार्थ बने, बनते जा रहे हैं और बनते जाएँगे। इन नूतन पदार्थों की संज्ञा से ईश्वर का कोई सरोकार नहीं जान पड़ता, इनकी संज्ञा का निर्धारण तो मनुष्यों की इच्छा से ही हुआ होगा। फिर इस मानवीय इच्छा को संकेत या अभिधा कहें या नहीं ? प्राचीन नैयायिक इसे शक्ति मानने के पक्ष में नहीं हैं और न ऐसी नवाविष्कृत संज्ञाओं को संज्ञा ही। वे इन्हें परिभाषा[4] या पारिभाषिक पद कहना चाहते हैं और इच्छा को एक मानवीय संकेत मात्र।

नव्य-नैयायिकों का विचार यह है कि शक्ति इच्छा सामान्य को मानना चाहिए, चाहे वह ईश्वर की इच्छा हो या मनुष्य की, वह नित्य हो या अनित्य। शर्त यह

है कि वह इच्छा हो और इसका उक्त नियत रूप हो। मीमांसकों से अतिरिक्त अनीश्वरवादी इस मत के अनुकूल ही होंगे।[5]

(ख) दूसरे प्रकार के विचारकों के दल में वेदान्ती, मीमांसक एवं आलंकारिक आते हैं। ये लोग शक्ति के उपर्युक्त रूप में अरुचि रखते हैं। अरुचि का कारण बताते हुए इन लोगों ने कहा है कि जिस प्रकार ईश्वर की इच्छा ज्ञात होने से मनुष्य पद–ज्ञान से पदार्थ प्रतीति कर लेता है, उसी प्रकार 'अमुक शब्द से अमुक अर्थ जाना जाता है' यह ईश्वरीय ज्ञान अथवा 'इस शब्द से इस अर्थ के बोध का प्रयत्न करता है।' यह ईश्वरीय प्रयत्न भी ज्ञात होकर पद से पदार्थ की स्मृति करा सकता है। ऐसी स्थिति में उक्त ज्ञान या उक्त प्रयत्न को भी अभिधा क्यों न कहा जाय ? 'इच्छा' के पक्ष में कोई पुष्ट तर्क न होने से इन लोगों को तीनों तत्त्वों में से प्रत्येक को शक्ति मानना ही पड़ेगा। इस प्रकार नैयायिकों को शक्ति के तीन रूप मानने पड़ते हैं। मीमांसक आदि इस गौरव से बचने के लिए शक्ति को एक पृथक् पदार्थ ही मान लेते हैं। वस्तुतः इस गौरव एवं लाघव का विचार वहीं किया जाता है, जहाँ प्रयक्ष की गम नहीं है। प्रत्यक्ष प्रमाण से यदि कोई वस्तु अनेक संख्या में सिद्ध हो जाय तो उसे लाघवार्थ एक ही नहीं माना जा सकता। अस्तु, तो कह यह रहे थे कि शक्ति एक पृथक् पदार्थ है। सभी प्रकार के कारणों में कार्यों की उत्पत्ति के अनुकूल सामर्थ्य को शक्ति कहते हैं। इसी प्रकार विभिन्न अभिधेयार्थ का प्रतीति में अपेक्षित शब्द सामर्थ्य ही शक्ति है–वही अभिधा है। सारांश यह है कि अभिधा एक स्वतंत्र पदार्थ है, वह इच्छा, ज्ञान या यत्न रूप नहीं है।

(ग) तीसरा दल है वैयाकरणों का। इन लोगों में भी नैयायिकों की भाँति प्राचीन एवं नवीन ये दो दल हैं–ऐसा ऊपर निवेदन किया जा चुका है। भूषणकार कौण्ड आदि प्राचीन वैयाकरणों का मत यह है कि शक्ति के उपर्युक्त दोनों रूप ठीक नहीं हैं, किन्तु विचार करने से ऐसा जान पड़ता है कि जिस प्रकार ज्ञानेन्द्रियों में अपने-अपने विषयों–शब्द, स्पर्श, रूप, रस, गन्ध, स्पर्श–के प्रति अनादि काल से सिद्ध बोधकता है, उसी प्रकार शब्दों में भी अपने-अपने अर्थों की अनादिकालीन बोधकता सिद्ध ही है। शब्दों की यही अर्थ 'बोधकता' अभिधा है।

नव्य वैयाकरणों में मंजूषाकार नागेश भट्ट का नाम बड़े आदर के साथ लिया जाता है। इनका यह कहना है कि किसी शब्द में किसी अर्थ की 'बोधकता' तभी सम्भव है, जब उस शब्द का उस अर्थ से कोई सम्बन्ध निश्चय हो। तात्पर्य यह कि 'बोधकता' अपनी सिद्धि के लिए जिस 'सम्बन्ध' की कल्पना की अपेक्षा करती है, उसी 'सम्बन्ध' को ही क्यों न 'अभिधा' मान लें। यह सम्बन्ध 'वाच्य वाचक भाव सम्बन्ध' स्वरूप पड़ेगा। यही शक्ति का स्वरूप है। यह सम्बन्ध अनादि एवं सादि दोनों प्रकार का है।

नागेश भट्ट का यह भी विचार है कि अन्य लोग 'शक्ति', 'संकेत' एवं 'सम्बन्ध' को प्रायः पर्याय मानते हैं, पर यह समझ भ्रान्त है। वस्तुतः 'शक्ति' कहते हैं 'वाच्य वाचक[6] भाव सम्बन्ध' को। शब्द एवं अर्थ के 'सम्बन्ध' से वस्तुतः शब्दार्थ का तादात्म्य या भेदाभेद सम्बन्ध समझा जाना चाहिए। तुलसीदास जी ने भी शब्द एवं अर्थ के सम्बन्ध के विषय में कहा है–"कहियत भिन्न, न भिन्न"। 'संकेत' इन दोनों पारिभाषिक पदों से सर्वथा भिन्न है। 'संकेत' का तात्पर्य है वृद्धों का 'यह गौ पद का वाच्य है' अथवा 'इसका वाचक गौ पद है' –इत्यादि शब्द प्रयोग।

(घ) भूषण में एक[7] कुब्जशक्ति वाद का भी उल्लेख है। कुछ लोगों का कहना है कि वाक्यार्थ अभिधेय है। हाँ, जिस प्रकार कुब्ज व्यक्ति अपने कुछ अवयवों से कार्य करता है और कुछ पंगु अवयवों से कार्य करने में असमर्थ रहता है, ठीक उसी प्रकार वाक्य की अभिधान शक्ति पदार्थांश में ज्ञात होने के कारण कार्य करती है, पर वाक्यार्थ के अवशिष्ट अन्वयांश में वह पंगु होने के कारण असमर्थ है। इस प्रकार समस्त वाक्यार्थ अभिधा का ही विषय है।' पर शक्ति को इस कुब्जरूपता पर बहुतों को विश्वास नहीं है। उसका कारण है, कुब्ज शक्तिवादियों की परस्पर विरोधी उक्ति या युक्ति। कुब्ज शक्तिवादी कहते हैं–'अन्वयांश में शक्ति अज्ञात रहकर उपयोगिनी होती है'–स्पष्ट ही इस तर्क में वदतोव्याघात है। भला जो वस्तु अज्ञात है, वह उपयोगिनी क्यों कर हो सकेगी। यद्यपि यह चर्चा शक्ति के स्वरूप पर प्रकाश नहीं डालती, पर एक विलक्षण वाद होने के कारण इसका उल्लेख कर दिया जाता है।

इस शक्ति के स्वरूप की भाँति इसके आश्रय के सम्बन्ध में भी काफी मतभेद है। (क) नैयायिकों का विचार है कि श्रूयमाण सार्थक शब्द, जो अनित्य कहे जाते हैं–वे ही शक्ति के आश्रय हैं। (ख) मीमांसक नित्य वर्णसमुदाय रूप पद को ही शक्ति का आश्रय मानते हैं। (ग) जबकि वैयाकरण स्फोटात्मा शब्द को शक्ति का आश्रय मानते हैं।

नैयायिकों का यह भी विचार है कि शक्ति वस्तुतः संस्कृत के पदों में है, अपभ्रंश शब्दों में नहीं। उसका कारण यह है कि एक ही संस्कृत शब्द के देश-भेद से अनेकानेक अपभ्रंश शब्द हो सकते हैं, जैसा कि भगवान भाष्यकार ने कहा है कि–"एकस्य शब्दस्य गावी, गोणी, गोपोतालिका...इत्येवमादयोऽपभ्रंशाः। इस प्रकार यदि अपभ्रंश शब्दों में भी शक्ति मानी जाय, तो एक ही अर्थ की अनेकानेक शब्दों में अनेक शक्तियाँ माननी पड़ेंगी। प्रश्न यह है कि यदि अपभ्रंश शब्दों में शक्ति नहीं है, तो इसका तात्पर्य यह कि वे शब्द अशक्त हैं और क्या अशक्त शब्दों से कभी अर्थ-बोध हुआ है ? नहीं। परन्तु व्यवहार प्रायः अपभ्रंश शब्दों से ही चलता है। अतः यदि उक्त युक्ति पूर्णतः स्वीकार कर ली जाय, तो मानना होगा कि ये शब्द अर्थबोध में अशक्त हैं और ऐसी स्थिति में व्यवहार का एक क्षण भी चल पाना दुष्कर है। पर व्यवहार उन्हीं शब्दों से निरन्तर चलता है, यदि अर्थ बोध न होता,

तो यह कब सम्भव था ? इस प्रकार व्यवहार एवं शास्त्र की यह विसंगति एक समस्या है। प्रश्न इसके परिहार का है।

नैयायिक इस प्रश्न का समाधान करते हुए कहते हैं कि किसी शब्द से अर्थ बोध के लिए यह आवश्यक ही नहीं है कि वह उस अर्थ में शक्त हो ही, कभी-कभी यह भी देखा जाता है कि भ्रान्त पुरुष किसी अन्य अर्थ में अशक्त शब्द से भी वांछित अर्थ का बोध कर लेता है। हाँ, यह अवश्य है कि अशक्त शब्द से जो अर्थ बोध होता है, वह प्रामाणिक नहीं होता, पर अशक्त शब्द से अर्थ बोध होता ही नहीं, यह बात माननीय नहीं है। बालक जिन शब्दों का उच्चारण करते हैं, वे टूटे, फूटे अधूरे शब्द ही क्या अभिमत के अर्थ के बोधन में शक्त होते हैं ? कदापि नहीं, फिर भी उनसे अर्थ बोध होता ही है। इससे निष्कर्ष यह निकाला जा सकता है कि अर्थ बोध में पद चाहे अशक्त हों, पर शक्ति ज्ञान यदि है, तो अर्थ बोध में कोई अड़चन नहीं आ सकती। अर्थबोध की वेला में पद चाहे अशक्त हों, पर शक्ति ज्ञान अपेक्षित है। उस अशक्त पद को सुनकर जो शक्ति ज्ञान कार्य करता है, वह प्रामाणिक न हो, पर उसी अपभ्रंश के श्रवण से स्मृत मूल संस्कृत पद में अपेक्षित अर्थ की जो शक्ति है और उस शक्ति का ज्ञान है, वह सर्वथा प्रामाणिक है। अर्थबोध अपभ्रंश एवं संस्कृत दोनों प्रकार के शब्दों से होता है। प्रामाणिकता, अप्रामाणिकता तथा साक्षात् और परम्परा की बात अलग है।

इस पक्ष के विपरीत नागेश इत्यादि वैयाकरणों का विचार है कि जिस प्रकार संस्कृत शब्दों में प्रामाणिक शक्ति होती है, उसी प्रकार अपभ्रंश[8] शब्दों में भी अभिमत अर्थ की प्रामाणिक शक्ति होती है, भ्रामक नहीं। जहाँ तक अर्थबोध का प्रश्न है, समान रूप से संस्कृत एवं अपभ्रंश शब्दों के शक्त रहते हुए भी यदि एक की शक्ति को प्रामाणिक और दूसरी को अप्रामाणिक कहा जाय, तो इसमें कोई निर्णायक कारण देना पड़ेगा। पर इस प्रसंग में ऐसा कोई निर्णायक हेतु दिखाई पड़ता नहीं। अतः शक्ति दोनों प्रकार के शब्दों में रहती है और वह भी प्रामाणिक होती है। हाँ, अपने विश्वास के अनुसार इन भारतीय दार्शनिकों ने दोनों प्रकार के शब्दों में अन्तर यह माना है कि संस्कृत के साधु शब्दों के उच्चारण से धर्म उत्पन्न होता है, पर अपभ्रंश शब्दों के उच्चारण से अधर्म होता है। इन साधु शब्दों का ही प्रयोग यज्ञ-याग आदि में होना चाहिए, असाधु शब्दों का नहीं। यज्ञ के प्रसंग में शास्त्रकारों ने जो यह कहा है—नानृतं वदेत्—अर्थात् झूठ नहीं बोलना चाहिए, सो यहाँ झूठ से तात्पर्य असाधु शब्दों का ही है।[9]

सम्प्रति, यह देखना चाहिए कि विभिन्न शास्त्रकारों के मत से अभिधा की स्थिति क्या है ? तार्किक आलंकारिक महिमभट्ट शब्द की शक्ति एकमात्र अभिधा को ही मानते हैं। साथ ही उनका कहना यह भी है कि प्रत्येक शब्द का एक ही अर्थ होता है। भाषा वैज्ञानिकों का भी यही मत है, प्रत्येक शब्द एकार्थक ही हैं।

जो शब्द नानार्थक जान पड़ते हैं, वस्तुतः वे भिन्न-भिन्न स्रोतों से आए हुए एक आकार के विभिन्नार्थक शब्द होते हैं। वे दोनों शब्द एक ही भाषा में जब आ जाते हैं, तब उन दो शब्दों को एक ही मान लिया जाता है और उन्हें अनेकार्थक कह दिया जाता है। महिमभट्ट का तर्क दूसरा है। उनका कहना है कि जहाँ एक शब्द से एक अर्थ के अतिरिक्त और अर्थ भी होते हों, वहाँ यह समझना चाहिए कि उन अन्य अर्थों की प्रत्यायक सामग्री उस शब्द के अतिरिक्त कुछ और है। यों तो सामग्री की अपेक्षा उस एक अभिधेयार्थ के लिए भी है, अन्यथा क्या कारण है कि 'गंगा में घर है'—ऐसे औपचारिक वाक्यों में गंगा शब्द भी अपना एकमात्र एक अभिधेय अर्थ को समर्पित नहीं कर पाता ? निश्चय है कि वहाँ अनुकूल सामग्री नहीं है। एक शब्द का एक ही अर्थ होता है—इस पक्ष में कई तर्क हैं—(1) पहली बात तो यह है कि शब्द से अर्थ का तादात्म्य सम्बन्ध होता है और तादात्म्य दो में ही होता है, अतः एक शब्द से एक ही अर्थ का सम्बन्ध हो सकता है। दूसरा तर्क यह है कि महाभाष्यकार कहते हैं—'सकृदुच्चरितः शब्दः सकृदेवार्थं प्रत्याययति',—अर्थात् शब्द एक बार उच्चरित होकर एक ही अर्थ प्रदान कर सकता है। तीसरा तर्क यह है—'अर्थ-भेदेन शब्द-भेदः'—अर्थात् जितने अर्थ प्रतीत होते हैं निश्चय है कि वे विभिन्न-विभिन्न शब्दों के हैं। अर्थ अर्थ का भेद होने से शब्द का भी भेद होता है। अतः जिन स्थलों पर नाना अर्थों की प्रतीति होती है, वहाँ प्रत्येक अर्थ की प्रतीति कराने वाले भिन्न-भिन्न शब्द होते हैं। अन्य विचारक शब्द की जिन अतिरिक्त शक्तियों की चर्चा करते हैं, महिम उन सबका खण्डन करते हैं। इनका कहना है कि शब्द से साक्षात् सम्बन्ध है अभिधेयार्थ का, शेष उसी प्रकार के अन्य अर्थ वाच्यार्थ से सम्बद्ध होकर ही प्रतीत होते हैं अर्थात् वाच्यार्थ उनका किसी न किसी निमित से ज्ञापन करता है और ज्ञापन में वाच्यार्थ साधन है। साधन से क्रमिक रूप से नियत रूप में प्रकाशित होने वाले अर्थमात्र अनुमेय होते हैं। इस प्रकार इनके यहाँ शब्द प्रयोग के अनन्तर जितने प्रकार के अर्थ प्रतीत होते हैं, वे सभी दो प्रकार के है—(1) वाच्य[10] (2) एवं अनुमेय। शब्द का व्यापार एकमात्र अभिधेय अर्थ के प्रति ही है और वह है अभिधा।

प्राचीन वैयाकरण कौण्ड भी शब्द की 'बोधकता' रूप एक ही अभिधा शक्ति मानते हैं। वह प्रसिद्ध एवं अप्रसिद्ध दो प्रकार की होती है। इनकी प्रसिद्ध शक्ति ही और लोगों की अभिधा है और अप्रसिद्ध लक्षणा।

आलंकारिकों एवं नव्य-वैयाकरणों के अतिरिक्त प्रायः अन्य लोग शब्द की दो शक्तियाँ ही मानते हैं और वे हैं—अभिधा एवं लक्षणा।

इस अभिधा शक्ति के कहीं-कहीं तीन और कहीं-कहीं चार भेद किए गए हैं—योग, रूढ़ि, योग-रूढ़ि एवं यौगिक रूढ़ि (क) योग शक्ति उन अभिधायक शब्दों में रहती है, जो प्रकृति एवं प्रत्यय के योग से बने होते हैं और उनमें से प्रत्येक की

शक्ति से प्राप्त अर्थ ही युक्त पद का अर्थ हो। उदाहरणार्थ—पाचक शब्द 'पचधातु एवं ण्वुल्' प्रत्यय के योग से बना है। यहाँ प्रकृत्यंश का अर्थ है—पाक और प्रत्यांश का अर्थ है—'कर्ता'। सब मिलाकर युक्त पद का अर्थ हुआ 'पाककर्ता'। यह अर्थ इस शब्द के प्रत्येक अवयव से निकला है। यद्यपि योगरूढ़ि शक्ति जिन शब्दों में रहती है, उनमें भी प्रकृति एवं प्रत्यय का स्पष्ट योग रहता है और अवयव शक्ति अर्थात् योग शक्ति का उपयोग यहाँ भी होता है, तथापि उक्तस्थल से यहाँ यह अन्तर होता है कि यौगिक का उपयोग यहाँ भी होता है, तथापि उक्तस्थल से यहाँ पर अन्तर होता है कि यौगिक पदों की योग शक्ति रूढ़ि शक्ति से नियन्त्रित नहीं होती, जब कि योगरूढ़ पदों की योग शक्ति रूढ़ि शक्ति से नियन्त्रित होती है। यौगिक पदों की योग शक्ति अनियन्त्रित होकर फैलती है, योगरूढ़ शब्दों की योग शक्ति रूढ़ि से प्राप्त अर्थ की सीमा में ही घूमती रहती है, उसको लाँघने की शक्ति उसमें नहीं होती। उदाहरण है—पंकज शब्द। यहाँ पंकज शब्द की निष्पत्ति—पंक+जनि+ड— के योग से है। अवयव शक्तियों की सहायता से जो मिलित अर्थ आया, वह यों होगा—'पंक से उत्पत्ति लेने वाला'। उक्तरीति से यद्यपि पंकज शब्द का अर्थ पंक से उत्पन्न होने वाले सभी पदार्थों के हो सकते हैं, तथापि जल से उत्पन्न होने वाले सभी अर्थों में यह शब्द शक्त नहीं है, बल्कि इस शब्द की सामुदायिक या रूढ़ि शक्ति जितने अर्थ में है, उतनी ही दूर तक इसका संचरण होता है। रूढ़ि केवल 'कमल' रूप अर्थ में ही है, अतः अवयव शक्ति वही तक जाएगी। जिन शब्दों में यौगिक रूढ़ि शक्ति होती है, वे भी प्रकृति एवं प्रत्यय के ही योग से बनते हैं। फिर भी उक्त दोनों शक्तियों के कार्य से इस शक्ति का कार्य सर्वथा भिन्न है। भिन्नता इस माने में है कि यहाँ योग एवं रूढ़ि दोनों शक्तियाँ पृथक्-पृथक् कार्य करती हैं। यह स्थिति न तो यौगिक पदों में है और न रूढ़ पदों में ही। उदाहरणार्थ—एक शब्द है—उद्भिद्। यहाँ 'उद्भिद्' शब्द की रूढ़ि शक्ति उद्भिद् नामक याग विशेष अर्थ देती है (उद्भिदा यजेत्)। इस शब्द की योग शक्ति से जो अर्थ निकलता है, वह है—वनस्पति (उत् ऊर्ध्व भिनत्तीति उद्भिद्=) जो पदार्थ जमीन फोड़कर बाहर निकले, वह उद्भिद् है। यहाँ रूढ़ि शक्ति से जो अर्थ निकलता है, उसका योग शक्ति के अर्थ से कोई सम्बन्ध नहीं है। इन तीनों प्रकार के शब्दों को 'व्युत्पन्न' कहते हैं। इन शब्दों के अतिरिक्त कुछ शब्द ऐसे होते हैं, जो अव्युत्पन्न कहे जाते हैं, ऐसे ही शब्दों में सामुदायिक या रूढ़ि शक्ति होती है। उदाहरण के लिए डित्थ, कपित्थ आदि शब्द लिए जा सकते हैं, जहाँ प्रकृति एवं प्रत्यय के योग का कुछ आभास ही नहीं मिलता। ये शब्द किसी व्यक्ति या पदार्थ विशेष में रूढ़ हैं।

रूढ़ शब्दों के सम्बन्ध में शास्त्रकार एक मत नहीं हैं। आचार्य पाणिनि तो इस पक्ष में हैं कि प्रातिपदिक अव्युत्पन्न भी होते हैं—'उणादयोऽव्युत्पन्नानि

प्रातिपदिकानि'।[11] अर्थात् उणादि में जिन प्रातिपदिकों की चर्चा की गयी है, वे अव्युत्पन्न हैं, परन्तु निरुक्तकार यास्क ने सभी शब्दों को धातुज[12] माना है, अर्थात् सभी शब्द यौगिक ही होते हैं। इनका कहना है कि 'सर्वे शब्दाः यौगिकाः।' उणादि सूत्रों के प्रणेता शाकटायन का मत है कि सभी शब्द यौगिक हैं। इसी प्रकार भाष्यकार ने भी कहा है—"अथवा यदृच्छा शब्दा अपि यौगिकाः" परन्तु फिर भी कुछ शब्द ऐसे अवश्य जान पड़ते हैं, जिनके अवयवों का कुछ पता नहीं चलता। चार्वाकों ने इसी कारण वेद में प्रयुक्त जर्फरी, तुर्फरी जैसे न जाने कितने शब्दों को निरर्थक माना है, पर सायण ने इन सभी को धातुओं से निष्पन्न करने का प्रयत्न किया है। कुमारिल ने भी वैदिक शब्दों पर विचार करते हुए 'तामास' शब्द को पकड़ा है और उस पर विचार करते हुए उसे योग शक्ति से रहित माना है और उसे भिन्न स्रोत से आया हुआ माना है। आधुनिक भाषा विज्ञान के पण्डितों ने तो भाषाओं के पारस्परिक लेन-देन पर विचार करके ऐसी न जाने कितनी कठिनाइयों को दूर करने का प्रयत्न किया है।[13]

इस सम्बन्ध में दो विचार और शेष हैं—अभिधा का ग्रहण होता कैसे है ? और उसके विषय कौन-कौन से होते हैं। प्रथम प्रश्न के सम्बन्ध में एक कारिका है—

शक्तिग्रहं व्याकरणोपमानकोशाप्तवाक्याद्व्यवहारतश्च।
वाक्यस्य शेषद्विवृतेर्वदन्ति सान्निध्यतः सिद्धपदस्य वृद्धाः।।

अर्थात् शक्ति ग्रह के आठ साधन हैं—व्याकरण, कोश, उपमान, आप्तवाक्य, व्यवहार, वाक्यशेष, विवृति और सिद्ध पदों का सान्निध्य। इन सब साधनों में मूर्द्धन्य है व्यवहार। बालक सबसे पहले लोकव्यवहार से यह सीखता है कि अमुक पद की अभिधा अमुक अर्थ में है। शास्त्रों में इस विषय का बहुत ही विचार किया गया है।

अत्यधिक संक्षेप रूप में प्रथम प्रश्न का विचार करने पर द्वितीय प्रश्न यह रह जाता है कि शब्द की अभिधा होती किन अर्थों में है ? इस प्रश्न पर भी विचारकों में ऐकमत्य नहीं है। (क) वैयाकरणों का विचार है कि यद्यपि शक्तिग्रह प्रवर्तक और निवर्तक वाक्यों से ही होता है और प्रवृत्ति या निवृत्ति का सम्बन्ध होता है व्यक्ति विशेष से, अतः व्यवहार द्वारा व्यक्ति में ही संकेत होना चाहिए, तथापि व्यक्ति में संकेत मानने से आनन्त्य एवं व्यभिचार दोषों की प्रसक्ति हो जाएगी, अतः संकेत व्यक्ति में न मानकर उसकी उपाधियों[14] में मानना चाहिए। उपाधि भी दो प्रकार की होती है—स्वाभाविक एवं आरोपित। स्वाभाविक के भी दो भेद हैं।—प्राणप्रद एवं विशेषाधान हेतु। प्रथम को जाति कहते हैं और द्वितीय के दो भेद हैं—सिद्ध एवं साध्य। सिद्ध को गुण एवं साध्य को क्रिया कहते हैं। आरोपित धर्म को ही संज्ञा कहते हैं। इस प्रकार उपाधि चार प्रकार की हुई, जाति, गुण, क्रिया एवं यदृच्छा।

अभिधा के ये ही चारों विषय हैं। संसार में पदार्थों के जो चार प्रकार लक्षित होते हैं, वे इसी प्रकार उपपन्न हो सकते हैं। अन्यथा यदि केवल व्यक्ति में शक्ति मानी जाय, तो सभी शब्द व्यक्ति वाचक ही हो जाएँगे और ऐसी स्थिति में–'डित्थ गौ शुक्ल एवं चल है।'–इस वाक्य के सभी पदार्थ व्यक्ति वाचक होने से और प्रस्तुत प्रसंग में व्यक्ति एक गौ के ही होने से चारों पदार्थ पर्यायवाची हो जाएँगे, जो अनुभव सिद्ध नहीं है। अतः व्यक्ति में संकेत न मानकर उपाधि में ही शक्ति मानना उचित है। इसी को भाष्यकार ने कहा है–"चतुष्टयी शब्दानां प्रवृत्तिरिति महाभाष्यकाराः"। आलंकारिक वैयाकरणों के ही अनुयायी हैं।

नैयायिकों का कहना है कि केवल जाति में शक्ति मानने से व्यक्ति की प्रतीति शाब्द न होगी और केवल व्यक्ति में शक्ति मानने से आनन्त्य एवं व्यभिचार होगा, अतः 'विशिष्ट' (जाति विशिष्ट व्यक्ति) में ही शक्ति माननी चाहिए।

मीमांसक उक्त चारों प्रकार के पदार्थों को जाति वाचक ही कहते हैं, अतः वे केवल 'जाति' में ही अभिधा मानते हैं।

बौद्धों के यहाँ सत् (भावात्मक पदार्थ) मात्र क्षणिक होते हैं, अतः असत्-अभाव भेद में ही शक्ति मानते हैं। इसे वे 'अपोह' या 'अतद्व्यावृत्ति' के नाम से पुकारते हैं। किसी भी शब्द के प्रयोग से व्यक्ति जैसे क्षणिक पदार्थ के अतिरिक्त जो सर्वत्र स्थिर पदार्थ प्रतीत होता है, वह है 'अन्य से भेद' अतद्व्यावृत्ति। अतः वही वह स्थिर अंश है, जो स्थायी एवं अनुगत होने के कारण अभिधा का विषय बन सकता है।

इस प्रकार अत्यन्त संक्षेप में अभिधा के विषय में प्रायः सभी अपेक्षणीय बातें दी गईं।

लक्षणा

व्यवहार द्वारा जिन साक्षात् संकेतित अर्थों का अभी-अभी विचार हुआ है, वे ही शब्दों के मुख्य अर्थ कहे जाते हैं। प्रायः लोकव्यवहार ऐसे ही शब्दों से चलता है, जिनका लक्ष्य मुख्यार्थ द्वारा ही पूरा होता है। इस अर्थ के लिए शब्द का जो व्यापार है, वही अभिधा कहा जाता है। व्यवहार में कभी ऐसा भी देखा जाता है कि बड़े से बड़े सतर्क व्यक्ति भी कभी-कभी इस प्रकार के शब्दों का प्रयोग कर देते हैं कि या तो उसका प्रयोग भी असंगत जान पड़ता है या संगत हो भी तो विशेष उपयोग नहीं जान पड़ता और ध्यान से देखा जाय, तो व्यवहार में कुछ ऐसे शब्द भी मिलेंगे, जो न जाने कब से व्यवहार मुख्यार्थ से हट चुके हैं और कुछ अन्य ही अर्थ में प्रयुक्त होते चले आ रहे हैं। उदाहरणार्थ, निम्नलिखित तीन वाक्य हैं, जिनमें उक्त तीनों स्थितियाँ स्पष्ट हो जाएँगी।

(1) असंगत वाक्य–'अभाव की चपल बालिके'–अभाव को और बालिका ?

कितनी असंगति है ? भला कहीं जड़ को और वह भी अभाव, उससे और बालिका से क्या सम्बन्ध ?

(2) अनुपयोगी शब्द—'मैं कह रहा हूँ'—यहाँ जो क्रिया है, उसी से पता लग जाता है कि वक्ता उत्तम पुरुष में है, फिर उक्तार्थ की प्रतीति कराने वाले 'मैं' पद की विशेष उपयोगिता क्या है ?

(3) परम्परागत मुख्यार्थ से बिछुड़े हुए शब्द—'बनारस शहर धार्मिक है' —अब आप ही बताएँ, बनारस शहर जैसे जड़ पदार्थ में धार्मिकता क्या कभी सम्भव है ? धार्मिकता एक वृत्ति है, जो अन्तःकरण से सम्बद्ध है और अन्तःकरण क्या कहीं जड़ में सुना गया है ? इसी प्रकार एक दूसरा उदाहरण है—'यह कुशल है'। यहाँ 'कुशल' शब्द का मुख्यार्थ है—'कुश ग्रहण करने वाला'। आप सोंचे, इस मुख्यार्थ की दृष्टि से कुशल शब्द अपने मुख्यार्थ से हटकर 'चतुर' रूप अन्य अर्थ में प्रयुक्त हुआ है। यही हाल ऊपर के 'बनारस' का भी है। ऐसे वाक्यों में लोक रूढ़ि निरन्तर बनारस शब्द को बनारसवासियों के अर्थ में प्रयुक्त करती है।

ऐसे स्थलों में प्रश्न यह है कि ये असंगत या अनुपयोगी शब्द मुख्यार्थ से विरत होकर भी कुछ करते हैं या विरत ही रहते हैं। यदि यह मान लिया जाय कि वे कुछ अर्थ नहीं देते, तो इससे सतर्क प्रयोक्ता की सतर्कता जाती रहेगी और सिद्ध होगी उसकी उन्मत्तता। क्योंकि उन्मत्त व्यक्ति ही निरर्थक शब्दों का प्रयोग करता है, अप्रमत्त एवं सतर्क व्यक्ति शब्द-प्रयोग करे और उसका कुछ अर्थ ही न हो, यह कभी सम्भव नहीं। दूसरी बात यह है कि श्रोता को स्वयं वक्ता के ऐसे शब्द अनुपयोगी या असंगत नहीं जान पड़ते, वे ऐसे शब्दों के प्रयोग से उलटे और सन्तुष्ट एवं चमत्कृत ही होते हैं। फिर आखिर रहस्य क्या है ? उक्त वाक्यों में 'अभाव की बालिके', 'मैं', 'बनारस' और 'कुशल' ऐसे ही शब्द हैं, जिनका उस प्रकरण में अपने वाच्यार्थ की दृष्टि से कोई उपयोग ही नहीं है, पर प्रयोग में ऐसे पद बराबर आते हैं और जहाँ आते हैं, वहाँ इन्हें असंगत या अनुपयोगी न कहकर अत्यन्त उपादेय कहा जाता है। काव्यजगत् के तो ऐसे ही पद सर्वस्व हैं। काव्य की ऐसे पदों पर बड़ी ममता होती है। पर यह सारा ममत्व उन शब्दों की उपादेयता पर ही निर्भर है। उपादेयता ऐसे शब्दों की तभी मानी जा सकती है, जब वे कुछ अर्थ देते हों और अर्थ तभी देंगे, जब उनमें उस अर्थ को देने की शक्ति होगी। उन शब्दों को उपादेय बनाने वाले ये अर्थ निश्चय हो वाच्यार्थ से पृथक् होते हैं, क्योंकि लक्षणा में तीन बातों को कारण मानते हैं—(1) मुख्यार्थबोध, (2) मुख्यार्थ सम्बन्ध एवं (3) रूढ़ि अथवा प्रयोजन। प्रकाशकार मम्मट इन्हीं प्राचीन मीमांसकों के मत को मानते हैं और उन्हीं के अनुसार लक्षणा के स्वरूप का परिचय देते हैं।

नव्य-विचारकों ने लक्षणा को 'शक्य सम्बन्ध'[15] रूप बताया है। अर्थात् शब्दार्थ का लक्ष्यार्थ के साथ जो सम्बन्ध है, वही लक्षणा कही जा सकती है। प्रथम मत

में यह सम्बन्ध भी ज्ञानात्मा लक्षणा के निमित्तों में से ही एक माना गया है। इस मत में प्रथम मत के तीन निमित्तों में से दो को ही—बाध एवं सम्बन्ध-निमित्त माना गया है, अवशिष्ट एक को तो स्वयं लक्षणा ही मान लिया गया है। पण्डितराज जगन्नाथ ने अपने 'रसगंगाधर'[16] में इसी नव्य मत को ही स्वीकार किया है।

सच पूछा जाय, तो दूसरा अर्थात् नव्यों का मत ही ग्राह्य है। कारण यह है कि शक्ति का सामान्य रूप 'सम्बन्ध' ही निश्चय किया गया है। यह 'सम्बन्ध' सम्बन्धियों के भेद से भिन्न-भिन्न होता जाएगा ? उदाहरणार्थ जब अभिधा रूप सम्बन्ध विशेष के सम्बन्धी हैं—शब्द एवं अर्थ, तब लक्षणारूप सम्बन्ध विशेष के सम्बन्धी होंगे—वाच्यार्थ एवं लक्ष्यार्थ। यहाँ लक्षणा, शब्दार्थ या वाच्यार्थ का लक्ष्यार्थ के साथ जो सम्बन्ध है, वही है। उदाहरण के लिए 'गंगा में घर है'—यह एक वाक्य है और गंगा पद का 'प्रवाह' मुख्यार्थ है तथा 'तीर' अमुख्यार्थ। यहाँ प्रवाह एवं तीर का जो 'सामीप्य' सम्बन्ध है, वही लक्षणा है। इस प्रकार परिनिष्ठितमत 'सम्बन्ध' वाला ही है। इस उदाहरण में 'सम्बन्ध' रूप लक्षणा का सम्बन्ध शक्य या वाच्य अर्थ से है, अतः वस्तुतः लक्षणा अर्थनिष्ठ ही है, शब्द से इसका सम्बन्ध शक्य या वाच्य अर्थ से है, वस्तुतः लक्षणा अर्थनिष्ठ ही है, शब्द से इसका सम्बन्ध तो औपचारिक ही है।

ऊपर लक्षणा को शक्यार्थ का सम्बन्ध कहा गया है और शक्यार्थ पद की अभिधा से प्राप्त अर्थ है। संस्कृत साहित्य में पद शब्द का कई अर्थों में प्रयोग किया गया है। व्याकरण शास्त्र के मनीषियों का विचार है कि पद वाक्य में प्रयोगार्ह शब्दों को ही कहना चाहिए। वाक्य में प्रयोगार्ह शब्द दो प्रकार के होते हैं—सुबन्त और तिङ्न्त। पाणिनीय सूत्र ही है—'सुप्तिङ्न्तं[17] पदम्' अर्थात् सुबन्त और तिङ्न्त की पद संज्ञा पद हो। हिन्दी की दृष्टि से इन्हें कारक एवं समापिका क्रिया कह सकते हैं। नैयायिकों की धारणा पद के सम्बन्ध में कुछ और ही है। उनकी दृष्टि से शब्द से पद बनाने में वैयाकरणों की भाँति विभक्ति के योग की अपेक्षा नहीं है। ये लोग किसी भी शब्द को पद कह सकते हैं। शर्त यह है कि वह शब्द किसी अर्थ में शक्त हो। मुक्तावलीकार ने कहा है—''शक्तं पदम्''[18]। उदाहरणार्थ वैयाकरणों के वाच्यार्थ की दृष्टि से उनकी असंगति या अनुपयोगिता तो पहले ही सिद्ध हो चुकी है।

इतने विचार से कोई भी यह निष्कर्ष निकाल सकता है कि ऐसे शब्द भी उपादेय हैं और उपादेय हैं इसलिए सार्थक हैं, क्योंकि अर्थदान पर ही उनकी उपादेयता निर्भर है और यह अर्थ वाच्यार्थ से भिन्न कोई अमुख्य अर्थ है। साथ ही यह भी निश्चित है कि इस अर्थदान में वह शब्द शक्तिमान है।

अस्तु, यह सब मान लेने पर भी प्रश्न यह उठता है कि ऐसे शब्दों से जो अर्थ निकलते हैं, उन अर्थों के वाचक शब्द जब उपस्थित हैं, तब उन वाचक शब्दों

की अवहेलना क्यों की जाती है ? प्रयोक्ता मुख्य शब्द का प्रयोग न कर अमुख्य[19] शब्द का प्रयोग करता ही क्यों है ? क्या ईप्सित अर्थ के वाचक शब्द का परिज्ञान उसे नहीं है कि अमुख्य शब्द द्वारा वांछित अर्थ का बोध कराता है ? निश्चय है कि मुख्य शब्द से परिचित रहकर भी प्रयोक्ता अमुख्य शब्द का प्रयोग करता है ? ऐसा करने में उसकी अवहेलना कारण नहीं है, कुछ न कुछ विशेष प्रयोजनवश वह ऐसा करता है। यह प्रयोजन मुख्य शब्द के प्रयोग द्वारा प्राप्त नहीं हो पाता। अथवा कभी-कभी परम्परागत प्रयोग से बाध्य होकर भी उसे ऐसा करना पड़ता है। सारांश यह कि जिस प्रकार इस अमुख्यार्थ की प्राप्ति में वाच्यार्थ का अनुपयोगी या बाधित होना अपेक्षित है, इसी प्रकार रूढ़ि (परम्परा) या प्रयोजन का होना भी।

इस प्रसंग में यह भी विचारणीय है कि यह अमुख्य अर्थ मनमाना अर्थात् वाच्यार्थ से बिल्कुल सम्बन्ध नहीं रखने वाला होता है या वाच्यार्थ सम्बद्ध होता है। प्रथम पक्ष अव्यवस्था का जनक है, अतः द्वितीय पक्ष ही युक्तियुक्त जान पड़ता है। आधुनिक कविता में मनमानी उड़ान के होने से आज का पाठक अधिक अव्यवस्था का अनुभव करता है। अतः व्यवस्था स्थापित करने के लिए यह अपेक्षित है कि वह अमुख्यार्थ कुछ नियमों से बद्ध हो। इस अवसर पर विद्वानों का विचार है कि अमुख्यार्थ से मुख्यार्थ का सम्बन्ध होना नितान्त अपेक्षित है। यह सम्बन्ध भी चाहे जैसा हो, सो नहीं, बल्कि सहृदय समाज से स्वीकृत होना चाहिए। आचार्यों ने दो, चार सम्बन्धों[20] का निर्देश किया भी है।

शक्ति-विचार के नेतागण इस अमुख्यार्थ को लक्ष्यार्थ संज्ञा देते हैं और इस अर्थ की प्राप्ति में शब्द की जो शक्ति है, उसे लक्षणा और जिस शब्द में यह शक्ति होती है, उस शब्द को लक्षक शब्द कहते हैं।

लक्षणा का स्वरूप और प्राचीन तथा नव्य आचार्य

(क) लक्षणा के स्वरूप के सम्बन्ध में प्राचीनों के दो प्रकार के विचार हैं। प्राचीन मीमांसक लक्षणा को 'ज्ञान'[21] स्वरूप मानते हैं। और इसमें यहाँ पद निर्माण में प्रकृति एवं प्रत्यय (सुप्) दोनों का योग अपेक्षित है अर्थात् दोनों को मिलाकर पद संज्ञा प्रदान की जाती है। जब कि इनके यहाँ दोनों में से प्रत्येक को किसी न किसी अर्थ में शक्त होने के कारण पद कहा जाता है। इन्हीं पदों से प्राप्त शक्यार्थ का सम्बन्ध 'लक्षणा' कहा जाता है।

(ख) मीमांसक पद के साथ-साथ वाक्य को भी लक्षणा मानते हैं। पर वाक्यार्थ शक्यार्थ नहीं है। शक्यार्थ तो पद का अर्थ है। अतः उससे लक्षणा होगी कैसे ? इसी आपत्ति से बचने के लिए मीमांसकों ने लक्षणा का स्वरूप कुछ और ही निश्चित किया रहे। वे 'बोध्यार्थ[22]-सम्बन्ध' को लक्षणा कहते हैं। इस बोध्यार्थ के परिवेश में शक्यार्थ एवं वाक्यार्थ दोनों का समावेश हो सकता है, क्योंकि पदार्थ या वाक्यार्थ

दोनों ही पद या वाक्य के बोध्य अर्थ हैं।

लक्षणा के स्वरूपनिरूपण के अनन्तर अब उसके प्रभेदों पर आइए। यद्यपि इसके प्रभेदों पर भी शास्त्रकार एकमत नहीं हैं, तथापि सर्वसम्मत एवं संक्षिप्त प्रभेद इस प्रकार है। पहले पहल इसके दो प्रभेद किए जाते हैं—निरूढ़ा एवं प्रयोजनवती। प्रयोजनवती के भी दो प्रभेद किए जाते हैं। इस प्रभेद के मूल में सम्बन्ध की विभिन्न रूपता काम करती है। अर्थात् जहाँ शक्यार्थ एवं लक्ष्यार्थ में सादृश्य सम्बन्ध होता है, वहाँ गौणी और जहाँ सादृश्य से अन्य सम्बन्ध होते हैं, वहाँ शुद्धा लक्षणा का प्रयोग होता है। शुद्धा के चार भेद होते हैं। उपादान लक्षणा, लक्षण-लक्षणा, सारोपालक्षणा और साध्यवसाना लक्षणा। गौणी प्रयोजनती लक्षणा के दो भेद हैं—सारोपा और साध्यवसाना। इस प्रकार प्रयोजनवती के छह तथा निरूढ़ा का एक—कुल मिलाकर सात प्रभेद होते हैं।

साहित्यशास्त्र तथा साहित्येतरशास्त्र में कुछ चिन्तक ऐसे हैं, जो लक्षणा शक्ति को ही अस्वीकार करते हैं। **साहित्यशास्त्र** में ध्वनिमत इतना महत्त्व का हुआ कि चिन्तकों में दो ही दल हुए—एक वह जो उसका समर्थक था और दूसरा वह जो उसका विरोधी था। विरोधियों में लक्षणा का विरोध मिलता है। ध्वनिपूर्व ध्वनित्त्व से अपरिचित आचार्यों में अभिधा में अन्तर्भुक्त अथवा पृथक् रूप से उल्लिखित लक्षणा की चर्चा मिलती है। उदाहरणार्थ, भामह द्वारा लिखित 'शब्दाश्छन्दोऽभिधानार्थाः'—की व्याख्या में उद्भट ने अभिधा को लक्षणा या गुणवृत्ति का उपलक्षण स्वीकार किया है। वामन का प्रसिद्ध सूत्र ही है—'सादृश्याल्लक्षणा वक्रोक्तिः' जहाँ लक्षणा का उल्लेख है। ध्वनि परवर्ती आचार्यों का चिन्तन केंद्र बन गया—ध्वनि। अतः सचेत होकर वे लक्षणा के पक्ष अथवा विपक्ष में बोलने लगे। लोचनकार ने ठीक कहा है कि 'लक्षणा' स्वीकार करने वाले ज्ञात-अज्ञात-भाव से प्रयोजन के रूप में व्यंजना की सत्ता स्वीकार कर ही लेते हैं—शब्दशः कहें या न कहें। ध्वनि परवर्ती आचार्यों में महिमभट्ट स्पष्ट ही लक्षणा का विरोध करते हैं और कहते हैं—

"शब्दस्यैकाभिधा शक्ति; नार्थवृत्तिरतः परा।"

शब्द की एक ही शक्ति होती है और वह है—संकेत-सापेक्ष अभिधा। एक (वाच्य अर्थ) से दूसरे (लक्ष्य अर्थ) की प्राप्ति नियत सम्बन्ध स्वरूप व्याप्ति ज्ञान के अधीन है—फलतः वह अनुमान प्रमाण का क्षेत्र है—शब्द प्रमाण का क्षेत्र ही नहीं है। 'अभिधावृत्तिमातृका' कार मुकुलभट्ट, 'वक्रोक्तिजीवित' कार कुन्तक, सरस्वतीकण्ठाभरण के टीकाकार रत्नेश्वर तथा प्राचीन वैयाकरण लक्षणा को अभिधा में ही अन्तर्भुक्त रखने के पक्षधर[23] हैं। साहित्यशास्त्र से भिन्न दर्शनशास्त्रों में खासकर तार्किक, मीमांसक (वेदान्ती भी) और वैयाकरण विचार करते हैं। ये केवल प्राचीन वैयाकरण हैं जो लक्षणा को अप्रसिद्ध अभिधा कहकर रह जाते हैं—पर बाद के नागेश आदि आधुनिक वैयाकरण स्पष्ट रूप से लक्षणा और व्यंजना की महिमा गाते हैं। शेष

दो तो स्वीकार करते ही हैं।

बात चल रही थी—लक्षणास्वरूप निर्धारण के पश्चात् उसके प्रभेदों की। विभिन्न आचार्यों ने उसके विभिन्न प्रभेदों की चर्चा की है और इन प्रभेदों के विभिन्न आधार भी बनाए हैं। इन प्रभेदों की संख्या 42 से बढ़कर दर्पणकार ने 80 तक पहुँचा दी है। वास्तव में साहित्यशास्त्र में 'चमत्कार' को केन्द्र में रखकर किया गया विभाजन ही सार्थक है—इससे कटकर या हटकर किए गए विभाजन का कोई अर्थ नहीं है। इस दृष्टि से मैं प्रकाशकार मम्मट का ही विभाजन संगत मानता हूँ। पण्डितराज भी उन्हीं के साथ हैं। उनकी भेद-सारणी इस प्रकार है—

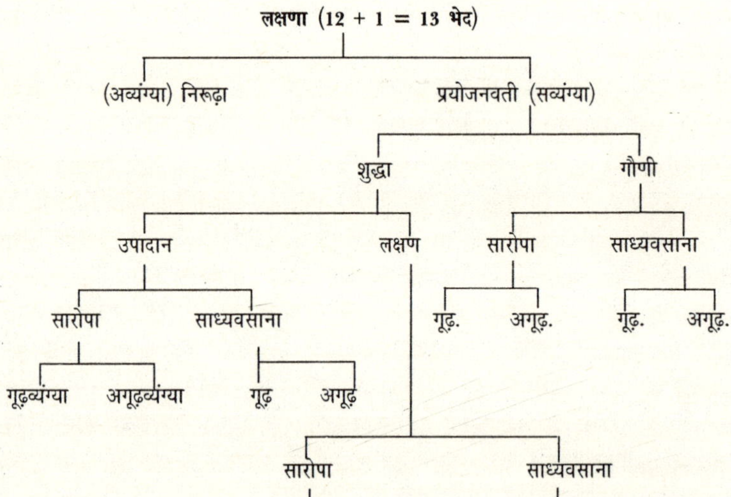

निरूढ़ा—यह लक्षणा अभिधा की तरह रूढ़ हो जाती है—फलतः कभी-कभी मूल अर्थ ही भुला दिया जाता है। आज 'कुशल' शब्द का मूल अर्थ—कुश लाने वाला (शास्त्र नियमानुसार विवेकपूर्वक कुश उखाड़ने वाला)—लोगों को भूल गया है—व्यवहार में विवेकी या चतुर—अर्थ ही रूढ़ होकर प्रचलित हो गया है। वैसे 'लक्षणा' की शर्तें—मुख्यार्थवाध तथा प्रयोजन—कभी यहाँ भी काम करती रही होंगी—आज वे विस्मृत हैं। अतः लक्षणा के अन्तर्गत रखते हुए भी प्रयोग में अन्यार्थगत रूढ़ि के कारण इसे **निरूढ़ा** कहा जाता है।

प्रयोजनवती शुद्धा उपादानलक्षणा—जिन प्रयोगों में लक्षणा का प्रयोजन जीवित है—वह प्रयोजनवती है। वाच्यार्थ और लक्ष्यार्थ का सम्बन्ध यदि सादृश्यात्मक न

होकर सादृश्याभिन्न है—तो वह 'शुद्धा' है। लक्ष्यार्थ की परिधि में यदि वाच्यार्थ का भी उपादान (ग्रहण) है, तो उसे 'उपादान' लक्षणा कहा जाएगा। प्रयोजनांश यदि सहृदय-असहृदय सभी को तत्काल स्पष्ट हो जाता है, तो उसे गूढ़ व्यंग्या और यदि केवल सहृदय ही समाधि लगाकर प्राप्त कर सके तो गूढ़व्यंग्या है। यदि अप्रस्तुत के साथ प्रस्तुतबोधक पद भी प्रयुक्त हो—आरोप्यमाण और आरोपविषय—साथ ही प्रयुक्त हों तो 'सारोपा' (आरोप सहित होने के कारण) और केवल अप्रस्तुत या आरोप्यमाण प्रयुक्त हो तो—अप्रस्तुत द्वारा प्रस्तुत का निगरण हो—तो अध्यवसान (निगरण) सहित होने के कारण साध्यवसाना कही जाती है।

'लाल पगड़ी आ रही है'—प्रयोग में ऐसा वाक्य भी आता है और 'यह लाल पगड़ी आ रही है'—ऐसा भी। पहले वाक्य में प्रस्तुत (व्यक्तिविशेष) का बोधक यह सर्वनाम प्रयुक्त नहीं है, जबकि दूसरे में है—अतः पहले प्रयोग में प्रस्तुत अविद्यमान है—वह अप्रस्तुत से निगीर्ण है—फलतः अध्यवसान है और दूसरे में विद्यमान है—अतः एक पर दूसरे का आरोप है। 'लाल पगड़ी वाला' कहने की जगह 'लाल पगड़ी' कहने से राजकीयपुरुष का आतंक स्पष्ट है। कोई भी समझ लेता है—अतः प्रयोजनांश व्यंग्य अगूढ़ है। प्रयोजनांश ज्यादा ध्यान देने पर समझ में आए तो गूढ़।

प्रयोजनवती शुद्धा लक्षण लक्षणा—यहाँ भी ऊपर की सारी बातें—सारा ढाँचा लागू किया जा सकता है—केवल एक अन्तर ध्यान देने योग्य है। वह 'उपादान' लक्षणा थी और यह 'लक्षण' लक्षणा है। यहाँ लक्ष्यार्थ की परिधि में वाच्यार्थ का कत्तई समावेश नहीं होता। अ-समावेश का मतलब यह है कि पदार्थान्तर से इस लक्ष्यार्थ का सम्बन्ध से अन्वय में उसका कोई योगदान नहीं होता। उदाहरण के लिए—'गंगा में घर है' या 'इस गंगा में घर है'—ये प्रयोग हैं। यहाँ 'गंगा' शब्द जिस लक्ष्यार्थ को दे रहा है—वह है 'तीर', कहने को आप 'गंगातीर' भी कह सकते हैं—पर 'गंगा' का लक्ष्यार्थ की परिधि में समावेश नहीं है। कारण, जिस 'घर' से आधाराधेय भाव सम्बन्ध वक्ता को विवक्षित है—वह सम्बन्ध प्रवाहमयी गंगा की अपेक्षा के बिना ही उत्पन्न हो जाता है। उपादान लक्षणा में ऐसा नहीं है—'लाल पगड़ी आ रही है'—में लक्ष्यार्थ व्यक्ति है—पर उसके सिर पर लाल पगड़ी है—जो चलते समय साथ है—गमन क्रिया का जिस व्यक्ति के साथ कर्ता रूप में सम्बन्ध है—वह लाल पगड़ी से युक्त है। अतः लक्षण लक्षणा में वाच्यार्थ का त्याग रहता है—लक्ष्यार्थ की परिधि में समावेश नहीं रहता, जबकि उपादान लक्षणा में रहता है। शेष सारी बातें वैसी ही समझनी चाहिए।

प्रयोजनवती गौणी लक्षणा—यह लक्षणा वहाँ होती है—जहाँ वाच्यार्थ और लक्ष्यार्थ के बीच सादृश्य सम्बन्ध रहता है। यहाँ भी यदि प्रस्तुत और अप्रस्तुत सह-प्रयुक्त हैं, तो आरोप-युक्त लक्षणा होने से सारोपा और केवल अप्रस्तुत प्रयुक्त है—प्रयुक्त उससे निगीर्ण है—तो अध्यवसान सहित होने के कारण 'साध्यवसाना'। रूपक अलंकार

में सारोपा गौणी लक्षणा होती है और रूपकातिशयोक्ति या अतिशयोक्ति में साध्यवसाना। एक उदाहरण लें–

> **मुख चंद्र** चन्द्रिका से नित
> मैं उठता था मुँह धो के

यहाँ प्रस्तुत (मुख) और अप्रस्तुत (चन्द्र)–दोनों सह प्रयुक्त हैं–अतः एक पर दूसरे का–अप्रस्तुत का–आरोप है। फलतः यह सारोपा गौणी लक्षणा का उदाहरण हुआ। यही प्रयोग यदि प्रस्तुत-मुख-रहित कर दिया जाय–तो साध्यवसाना का उदाहरण बन जाएगा। अथवा निम्नलिखित उदाहरण लें–

> खिड़की से **चाँद** झाँक रहा है

यहाँ चाँद अप्रस्तुत है–उससे प्रस्तुत-मुख निगीर्ण है–फलतः अध्यवसान है। अध्यवसान सहित होने से यह लक्षणा साध्यवसाना कही जाती है।

शुद्धा के अन्तर्गत आने वाली **उपादान** और **लक्षण लक्षणा** का उपयोग ध्वनि के क्रमशः अर्थान्तर संक्रमित और अत्यन्त तिरस्कृत वाच्य ध्वनि के अन्तर्गत है। यहाँ व्यंग्य गूढ़ होता है–न कि अगूढ़। यदि प्रयोक्ता की विवक्षा गूढ़ व्यंजना से प्राप्त अर्थ के प्रति है, तो चमत्कार का केंद्र वही होगा और वहाँ ध्वनि काव्य होगा। पर यदि इन स्थलों में प्रस्तुत-अप्रस्तुत के बीच होने वाले आरोप या अध्यवसान के प्रति विवक्षा हुई और वही चमत्कार का केन्द्र बना तो 'हेतु' अलंकार की स्थिति होगी। यह शर्त अवश्य है कि अप्रस्तुत या प्रस्तुत–जिनके बीच हेतु-हेतुमद्भाव सम्बन्ध है–वहीं हेतु अलंकार होगा। इससे भिन्न सम्बन्ध वाले प्रायोगिक स्थलों में भी यदि चमत्कार अनुभवसाक्षिक है, तो कोई अलंकार हो सकता है–आलंकारिकों ने इस पर विचार नहीं किया–हम लोगों को करना चाहिए।

फिलहाल लक्षणा के इन छह भेदों में से प्रत्येक तरतमभावापन्न चमत्कार सम्पन्न है। अतः इनका उपयोग हो सकता है–इसलिए ये भेद सार्थक हैं।

तात्पर्यशक्ति

लोक व्यवहार में आज्ञापरक वाक्यों का प्रयोक्ता (उत्तमवृद्ध या प्रयोजक वृद्ध) जब कभी प्रवर्तक ('जाओ' आदि) या निवर्तक ('मत जाओ' आदि) वाक्यों का प्रयोग करता है, तब उसे कार्य रूप में परिणत करने वाला व्यक्ति (मध्यमवृद्ध या प्रयोज्यवृद्ध) उक्त वाक्य के अर्थ का सम्पादन करता है। इस प्रकार के लोक व्यवहार का तटस्थ दर्शक एवं पद तथा पदार्थ के सम्बन्ध की व्युत्पत्ति को चाहने वाला बालक उस वाक्य को भी सुनता है और उसके अर्थ का भी प्रत्यक्ष करता है। बालक जब उस मध्यम वृद्ध की अभिज्ञता पर विश्वास कर लेता है, तब वह यह सोचता है कि उस वाक्य का मध्यमवृद्ध द्वारा किए गए अर्थ से कोई न कोई सम्बन्ध अवश्य है। तभी तो वाक्य के उच्चारण के अनन्तर उस प्रकार के अर्थ का सम्पादन किया

गया। इस प्रकार पहले पहल उसे सम्पूर्ण वाक्य का पूरे वाक्यार्थ से सम्बन्ध गृहीत होता है। पीछे वही बालक जब उस वाक्य में से किसी पद के हटाने से वाक्यार्थ से भी किसी पदार्थ को हटा हुआ देखता है अथवा वाक्य में किसी नवागत पद के कारण वाक्यार्थ में भी किसी नवागत पदार्थ का दर्शन करता है, तो पृथक्-पृथक् पदों का भी उन उन पदार्थों से जो सम्बन्ध है, उसका भी ग्रहण करने लगता है। इसी सम्बन्ध को 'वाच्यवाचकभाव सम्बन्ध' कहते हैं। यही अभिधा का स्वरूप है। इसी के ज्ञान से हम किसी पद के वाच्यार्थ तक पहुँच पाते हैं।

उक्त रीति से जो संकेतग्रह होता है, उस वेला में पदार्थ जिस रूप से रहेंगे, उसी रूप से और उतने ही में संकेत मानना पड़ेगा। इतना तो निश्चित ही है कि व्यक्ति-विशेष ही सामने उपस्थित होगा और वाक्यार्थ के सन्दर्भ में होने के कारण वह स्वतन्त्र नहीं किन्तु अन्वित रूप में अर्थात् अन्य पदार्थों से सम्बद्ध रूप में ही होगा। सारांश यह है कि यही 'सम्बद्ध व्यक्ति' पद का संकेतित होगा, अर्थात् इसी रूप में संकेतग्रह होगा। इस प्रकार मीमांसकों का एक दल पद की शक्ति 'अन्वित पदार्थ' में मानता है और दूसरा दल इसका विरोध करता है। प्रथम का आग्रह यह है कि पदार्थ अन्वय के साथ संकेतित होते हैं, अतः पद की अभिधा अन्वित पदार्थ ही में रहती है। जब कि दूसरे का विचार है कि अन्वयांश सदैव अपूर्व अर्थात् नवीन होता है और इसीलिए अस्थिर भी। अतः उसमें शक्ति स्वीकार करना उचित नहीं। दूसरी आपत्ति यह है कि ऐसे में अनन्तानन्त शक्तियाँ कल्पित करनी पड़ेंगी। अतः अन्वय रहित अर्थ ही संकेतित अर्थात् पदार्थ होगा। प्रथम मत वाले 'अन्वित' में अभिधा मानते हैं, इसलिए उन्हें अन्विताभिधानवादी कहते हैं, जब कि दूसरे मत वाले अन्वयरहित पदार्थ में ही अभिधा मानते हैं और अन्वयांश की प्रतीति बाद में आकांक्षा, योग्यता, सन्निधि एवं तात्पर्य के बल से प्राप्त करते हैं। वे लोग अभिहित का अन्वय मानते हैं, इसलिए अभिहितान्वयवादी कहे जाते हैं।

अभिहितान्वयवादियों के यहाँ वाक्य से वाक्यार्थ-बोध या शाब्द-बोध करने में एक प्रश्न खड़ा होता है और वह यों है—वाक्यार्थ के दो टुकड़े होते हैं—पदार्थ और अन्वय। वाक्य सुनने के अनन्तर वाक्यगत विभिन्न पदों से पदार्थमात्र की स्मृति तो अभिधावृति से हो जाएगी, पर अन्वयांश के लिए कोई वृत्ति स्वीकार न करने से उसकी उपस्थिति नहीं हो सकती और जिस किसी प्रकार से उसकी उपस्थिति हो भी जाय तो वाक्यार्थ बोध या शाब्द-बोध में उसका प्रवेश नहीं हो सकता, क्योंकि नियम यह है कि वाक्यार्थ में या शाब्द-बोध में उतनी ही सामग्री का प्रवेश हो पाता है, जितनी कि शब्द की शक्ति या वृत्ति से लाई गई[24] हो। अतः यदि अन्वयांश का शाब्द-बोध में प्रवेश कराना है, तो उसके लिए अवश्य किसी न किसी वृत्ति की कल्पना करनी ही पड़ेगी। शब्द व्यापार की अपेक्षा न रखने वाले पदार्थों को भी यदि वाक्यार्थ में प्रवेश की छूट दे दी जाय, तो इसका अर्थ यह होगा कि चाहे

कोई भी अर्थ हो, किसी भी तरह से आया हो, नियत वाक्य की परिधि में बैठ सकता है। पर इससे अव्यवस्था होगी। अतः अभिमत पदार्थों के निवेश और अवांछित के अप्रवेश के लिए किसी न किसी वृत्ति को मानना आवश्यक है। अभिहितान्वयवादियों ने अन्वयांश की प्राप्ति के लिए 'तात्पर्य' नाम की वृत्ति मानी है।[25] साहित्यदर्पणकार ने इस बात को स्पष्ट ही कहा है–"तात्पर्याख्यां वृत्तिमाहुः पदार्थान्वयबोधने"। अर्थात् पदार्थों के पारस्परिक अन्वय बोध में उपयोगी वृत्ति को लोग तात्पर्य वृत्ति कहते हैं।

इस तात्पर्य वृत्ति की चर्चा और रूपों में भी हुई है। दशरूपककार ने भी एक तात्पर्य वृत्ति की कल्पना की है और उसका स्वरूप भिन्न है। इनकी तात्पर्य वृत्ति का फैलाव काफी लम्बा है। यह वृत्ति केवल अन्वय बोध ही नहीं, बल्कि निर्बाध प्रतीत होने वाले सभी विवक्षित अर्थों (वाच्य एवं व्यंग्य) तक जाती है। इसे उन्होंने वाक्य की अभिधान शक्ति ही कहा है। उनका कहना है 'तात्पर्यं न तुलाधृतम्' –अर्थात् तात्पर्य की मात्रा तराजू पर तौलकर निर्धारित नहीं की गयी है।

कुछ इसी से मिलता-जुलता मीमांसकों का 'यत्पर शब्दः स शब्दार्थः' यह न्याय भी है। इस न्याय का अर्थ यह है कि शब्दों का प्रयोग जिस तात्पर्य से किया जाता है, वही उसका मुख्यार्थ होता है। इन लोगों के मत से वाक्यार्थ में जो अंश विधेय होता है, उसी में वाक्य का तात्पर्य होता है और जितने में तात्पर्य होता है, उतने में ही उस वाक्य का प्रामाण्य है। स्मरणीय है कि यह सिद्धान्त वैदिक वाक्यों को ध्यान में रखकर ही स्थिर किया गया है। यहाँ वाक्य का ही कोई पद विधेयांश की प्रतीति कराता है और वही विधेयांश तात्पर्यार्थ होता है। इस विवेचन के आधार पर तात्पर्य के उक्त दोनों स्वरूपों से इस तात्पर्य का अन्तर स्पष्ट लक्षित होता है। यहाँ तात्पर्यार्थ किसी वाक्य में प्रयुक्त शब्द का विधेय अर्थ ही है। वह न तो अन्वयांश रूप है और न तो निर्बाध रूप से प्रतीत होने वाला विवक्षित अर्थ ही। यहाँ का तात्पर्यार्थ उक्त दोनों तात्पर्यार्थों से विलक्षण है अर्थात् प्रथम पक्ष में तात्पर्यार्थ अन्वयांश है। द्वितीय पक्ष में कोई भी उपात्त या अनुपात्त शब्द से आया हुआ विवक्षित अर्थ तात्पर्यार्थ है पर तृतीय पक्ष में उपात्त शब्द द्वारा निवेदित विधेयांश मात्र ही तात्पर्यार्थ है। प्रथम पक्ष के लिए ही अदग्धदहन न्याय का प्रयोग किया जाता है।

रसना व्यापार

शब्द के इस व्यापार[26] की चर्चा साहित्यदर्पणकार ने की है। अभिनव भारती में भी इसका संकेत है। उनका कहना है कि 'रस' की प्रतीति-अनुभूति व्यंजना-व्यापार से माननी ठीक नहीं है। इसे स्वादन या रसना जैसे एक विलक्षण व्यापार का कार्य मानना चाहिए। व्यंजना-व्यापार पहले से ही सिद्ध अर्थ का प्रकाशन करता है, जैसे प्रदीप पहले से ही सिद्ध या विद्यमान घट का प्रकाशन करता है। रस एवं उसके

प्रकाशक विभावादि में वही सम्बन्ध नहीं है, जो घट एवं दीप में। जिस प्रकार व्यंजक प्रदीप से पूर्व ही और उससे सर्वथा निरपेक्ष रूप से घट की सत्ता पहले से सिद्ध है, उसी प्रकार रस के प्रकाशक विभावादि से पूर्व ही एवं उससे निरपेक्ष रूप से रस की सत्ता कहाँ सिद्ध है ? अतः यहाँ व्यंग्य-व्यंजकभाव मानना ठीक नहीं है। इस स्थल में इसीलिए एक पृथूक एवं सबसे विलक्षण व्यापार मानना उचित है।

भावकत्व या भावना व्यापार

भुक्तिवादी भट्टनायक ने काव्य की तीन[27] शक्तियाँ मानी हैं–अभिधा, भावना एवं भोग। काव्य का लक्ष्य है, रस का भोग कराना और यह कार्य काव्य विभावादिरूप पदार्थ का उपस्थापन करके करता है, किन्तु काव्य-वाक्य में प्रयुक्त पदों से अभिधा द्वारा जो शकुन्तला आदि पदार्थ प्रतीत होते हैं, वे पहले पहल शकुन्तला के रूप से प्रतीत होते हैं। विचार करने की बात है कि पाठक या श्रोता, जिसे शृंगार रस की प्रतीति होती है, उसकी रति का आलम्बन शकुन्तला क्यों कर हो सकेगी ? परिस्थिति यह है कि श्रोता को शृंगार रस की अनुभूति होती है और यह अनुभूति आलम्बन के बिना बन नहीं सकती, पर आलम्बन शकुन्तला के अतिरिक्त कुछ है नहीं और उसका आलम्बन होना युक्तिसिद्ध नहीं है। अतः इस अड़चन को दूर करने के लिए शकुन्तला की इस रूप में प्रतीति होनी चाहिए, जिस रूप में वह पाठक, श्रोता इत्यादि सामाजिकों के रति भाव का वह आलम्बन बन सके। इस रसोपयोगी रूप की प्राप्ति के लिए भावना नाम के व्यापार की कल्पना की गई है। भावना व्यापार के फलस्वरूप वह शकुन्तला अपनी उन सारी विशेषताओं का परित्याग कर देती है, जिनसे मुक्त होकर प्रतीत होने पर वह आलम्बन बन पाती है। वह साधारण नायिका के ही रूप में प्रतीति का विषय रह जाती है। अब इस रूप में आलम्बन बन जाती है और इस प्रकार रस निष्पति हो जाती है।

भोजकत्व या भोग

भट्टनायक ने भोग व्यापार का कार्य रसानुभव को माना है। भोग के स्वरूप का विशेषण करते हुए उन्होंने कहा है–"विभाव आदि का ज्ञान होने पर एक समय वह आता है, जब अन्तःकरण में रजोगुण एवं तमोगुण को दबाकर सत्वगुण प्रबल हो जाता है। और इसके उद्रेक (प्राबल्य) का फल यह होता है कि मन के सारे विक्षेप शान्त हो जाते हैं तथा चित्तवृत्ति आनन्दमयी हो आती है। ज्ञान स्वरूप चित्तवृत्ति आनन्द के साथ-साथ विभाव आदि सामग्री को भी विषय किए रहती है। इस प्रकार रसोपयोगी विषयों से संवलित आनन्दमयी संवित्ति ही भोग का तत्त्व है। द्वैतवादी शैवागमिक अपने साम्प्रदायिक अर्थ में **भोग** शब्द का प्रयोग करते हैं। कुछ लोग शांकर अद्वैतवाद के आलोक में भी इसकी व्याख्या करते हैं।

आलंकारिक उपर्युक्त छह शब्दशक्तियों से अतिरिक्त एक व्यंजना नाम की शक्ति भी मानते हैं। ये लोग उक्त कुछ शक्तियों से व्यंजना को सर्वथा पृथक् मानते हैं। और इनमें से कुछ को व्यंजना के स्वरूप से पृथक् नहीं मानते। इसकी विशेष चर्चा आगे की जा रही है।

व्यंजना

व्यंजना शक्ति का सामान्यतः अर्थ होता है प्रकाशन-शक्ति[28]। यह प्रकाशन-शक्ति प्रकाशक के अनुरूप भिन्न-भिन्न होती है। दीप तो प्रकाशन करता ही है, किसी न किसी अर्थ का प्रकाशन करती है चेष्टा भी। इतना ही नहीं राग (संगीत के) भी विभिन्न रसों का प्रकाशन ही करते हैं। तमाम ज्योतिष्पिण्ड प्रकाशक ही तो हैं।[29] ऐसे प्रकाशक की दूसरी संज्ञा ज्ञापक भी है। कारण कि जो दो वर्ग हैं, वे हैं ज्ञापक और कारक। ज्ञापक या प्रकाशक का कारक (जनक) कारण से यही अन्तर है कि कारक या जनक (मिट्टी आदि) कारण जब किसी पदार्थ (घड़े आदि) को प्रकट करते हैं, तब उस समय वे कारक कारण कार्य से अपनी सत्ता पृथक् नहीं रख पाते। वे कार्य के रूप में परिणत होकर वही हो जाते हैं, उनकी उपलब्धि कार्य से पृथक् होकर नहीं होती। प्रकाशक कारणों में यह बात नहीं है। वे जिस पदार्थ को प्रकट करते हैं, उनसे पृथक् अपनी सत्ता रखते हैं। इस प्रकार कारक कारणों से भिन्न इन प्रकाशकों का व्यापार ही व्यंजन व्यापार या प्रकाशन व्यापार है। दीप घट का ज्ञापक या प्रकाशक है। प्रकाशनात्मक कार्य के समय दीप अपनी सत्ता घट से सर्वथा पृथक् रखता है।

यहाँ पर हमें जिस व्यंजन या प्रकाशन-शक्ति का विचार करना है, उसका सम्बन्ध शब्द से है अर्थात् उसकी चर्चा हमें एक शब्द-शक्ति के रूप में करनी है। प्रश्न है क्या शब्द भी प्रकाशक है ? उसके द्वारा भी कुछ अर्थ प्रकाश में आते हैं ? तो प्रत्यक्ष, अनुमान आदि प्रमाण जिस प्रकार किसी अर्थ का ज्ञान कराते हैं, वैसे ही शब्द भी। तमाम अन्य प्रमाणों में शब्द भी एक प्रमाण है और उससे भी अर्थों का प्रकाशन होता ही है। ध्यान रखने की बात यह है कि शब्द-प्रयोग के अनन्तर प्रतीत होने वाले सभी अर्थ शब्द-प्रमाण के ही विषय नहीं होते। कुछ प्रमाण ऐसे भी हैं, जिनमें शब्द-प्रयोग होता है, शब्द की सहायता ली जाती है और उसके अनन्तर अर्थ प्रतीत होते हैं, फिर भी वे शब्द प्रमाण से प्राप्त नहीं कहे जाते। शब्द प्रमाण से उपलब्ध अर्थ तो वही कहा जा सकता है, जिसमें किसी अन्य प्रमाण की गम न हो। शब्द का अर्थ होने के लिए केवल इतना ही आवश्यक नहीं है कि वह अन्य प्रमाण से न प्राप्त हो, बल्कि साथ ही यह भी अपेक्षित है कि वह अर्थ शब्द के ही किसी न किसी व्यापार से प्राप्त हो। ऐसा ही अर्थ शब्द का अर्थ है, फिर भी स्मरणीय है कि इन सभी अर्थों की दृष्टि से शब्द को हम उनका प्रकाशक

नहीं कह सकते और इसीलिए शब्द के प्रत्येक अर्थ में शब्द के व्यापार को प्रकाशन व्यापार नहीं कह सकते। समस्या यह खड़ी होती है कि किस अर्थ को लेकर उसके प्रति हम शब्द को प्रकाशक कहें और क्या कारण है कि अन्य अर्थों के प्रति हम शब्द को प्रकाशक न कहें ?

पहले यह देखा जाय कि किस अर्थ को लेकर शब्द को प्रकाशक और उसके व्यापार को प्रकाशन व्यापार कहा जाय ? यह फिर बाद में विचार करेंगे कि क्यों उसी अर्थ के प्रति शब्द को हम प्रकाशक कहें ?

विचारकों ने यह तय किया है कि शब्द-प्रयोग के अनन्तर शब्द की वृत्तियों से जो अर्थ मिलते हैं या मिल सकते हैं, वे दो प्रकार के होते हैं–(i) निर्बाध प्रतीत होने वाले एवं (ii) सबाध प्रतीत होने वाले। 'लक्षणा' के अवसर पर बताया गया है कि लक्षणा मुख्यार्थ के बाध होने पर ही अर्थदान के लिए प्रवृत्त होती है, अतः शब्द की लक्षणा शक्ति से प्राप्त होने वाला अर्थ सबाध प्रतीत होने वाला अर्थ है। निर्बाध प्रतीत होने वाले अर्थों के कई प्रकार एवं स्तर हैं। अथवा संक्षेप में यह कह सकते हैं कि लक्ष्यार्थ के अतिरिक्त शब्द की वृत्तियों से मिलने वाले सभी अर्थ निर्बाध प्रतीत होने वाले हैं। अर्थात् लक्षणा वृत्ति के अतिरिक्त पूर्व परिच्छेद में चर्चित (व्यंजना के अतिरिक्त) पाँच शब्द-वृत्तियों–तात्पर्य, अभिधा, भोग, भावना एवं रसना–हैं। इनमें से प्रत्येक द्वारा प्राप्त अर्थ निर्बाध प्रतीत होने वाला अर्थ है। इन पाँचों में भी अभिधा एवं तात्पर्य वृत्ति से प्राप्त होने वाले वाच्यार्थ या अन्वयार्थ (तात्पर्यार्थ) को लेकर शब्द को प्रकाशक नहीं कहा जा सकता। व्यंजनावादियों ने अवशिष्ट शक्तियों–भावना, भोग, रसना–से निर्बाध प्रतीत होने वाले अर्थों को लेकर शब्द को प्रकाशक कहा है। इन्हीं वृत्तियों से प्राप्त होने वाले अर्थों के प्रति शब्द का जो व्यापार है, उसे प्रकाशन व्यापार कहा जाता है और यही व्यंजना व्यापार है। आगे अवसर आने पर यह सिद्ध किया जाएगा कि भावना, भोग एवं रसना व्यंजना ही है–व्यंजना के ही विभिन्न रूप हैं, उनकी व्यंजना के अतिरिक्त कोई सत्ता नहीं है पर व्यंजना इन तीनों से अतिरिक्त भी कार्य करती है। उसकी प्रसारभूमि और भी है। केवल उन तीनों के कार्य तक ही सीमित नहीं। इस प्रकार यह स्पष्ट किया गया कि किन अर्थों की दृष्टि से शब्द को प्रकाशक एवं उसके व्यापार को प्रकाशन या व्यंजना कहा जाना चाहिए।

दूसरा प्रश्न यह है कि क्यों इन्हीं तीन शक्तियों (भावना, भोग, रसना) से प्राप्त अर्थ को 'प्रकाश्य' या 'व्यंग्य' कहना चाहिए और अन्य शक्तियों से प्राप्त अर्थ को नहीं ? वस्तुतः यह बात सकारण है। उक्त तीनों शक्तियों तथा व्यंजना के इनसे अतिरिक्त रूप से प्रकाश में आने वाले अर्थ शब्द के अपने अर्थ (वाच्यार्थ) नहीं होते, बल्कि वे अर्थान्तर होते हैं अर्थात् दूसरे शब्दों के वाच्यार्थ होते हैं अथवा सर्वथा वाच्यार्थ होते ही नहीं। इन दोनों स्थलों में शब्द का अर्थान्तर की प्रतीति कराने में जो व्यापार है, उसे प्रकाशन ही कहना युक्तियुक्त है।

इस विश्लेषण के आधार पर 'व्यंजना' का स्वरूप स्थिर करना चाहें, उसकी परिभाषा बताना चाहें, तो यों कह सकते हैं–

'प्रमाणान्तर से अप्राप्त, किन्तु शब्द प्रमाण से प्राप्त उस अर्थ के प्रति किया गया व्यापार व्यंजना है, जो शब्द की अभिधा, लक्षणा एवं तात्पर्यवृत्ति से उपलब्ध न हुआ हो।'

उक्त विश्लेषण के अतिरिक्त इस परिभाषा को समझने में इसकी सोदाहरण व्याख्या की आवश्यकता है। पहले एक उदाहरण देकर वहाँ किसी पारिनिष्ठित व्यंग्यार्थ को स्थिर कर लें, फिर उसमें परिभाषा गत सारी शर्तों को घटाएँ तो अच्छा होगा।

किसी मजदूर का वाक्य है–'बाबूजी ! अब तो शाम हो गई।' विचार किया जाय कि मजदूर इन शब्दों को खर्च करके किस मनोगत भाव का प्रकाशन करना चाहता है। स्पष्ट है कि मजदूर का अभिप्रेत यहाँ समय बताना नहीं है, किन्तु यह कि–**'अब हमें छुट्टी होनी चाहिए'**–यही अर्थ शब्द का प्रकाश्य है और इसी में शब्द का प्रकाशन-व्यापार है।

उक्त परिभाषा के तीन अवयव हैं–(i) व्यंजना एक विशेष अर्थ की प्राप्ति में शब्द का व्यापार है (ii) दूसरा यह कि वह अर्थ प्रमाणान्तर से अप्राप्त हो (iii) तीसरा यह कि वह अर्थ शब्द की अभिधा, लक्षणा एवं तात्पर्य वृत्ति से न आया हो, पर आया उसी शब्द की क्षमता विशेष से हो।

जहाँ तक प्रथम अवयव की बात है, 'अब हमें छुट्टी होनी चाहिए' यह एक विशेष अर्थ है और इस अर्थ की प्राप्ति में शब्द का जो व्यापार है, वह व्यंजना है। दूसरी शर्त है कि वह अर्थ ऐसा हो, जो प्रमाणान्तर से अप्राप्त हो। प्रमाणान्तर से तात्पर्य है–शब्द प्रमाण से अतिरिक्त प्रमाण। शब्द प्रमाण से अतिरिक्त सब सात प्रमाण हैं, जो किसी प्रकार की अर्थ-प्रभा (ज्ञान) में कारण (उपाय) हैं। वे सात हैं–प्रत्यक्ष, अनुमान, उपमान, अर्थापत्ति, अनुपलब्धि, ऐतिह्य एवं सम्भव। उक्त व्यंग्य अर्थ में सातों प्रमाणों में से किसी की गति नहीं है। उक्त व्यंग्यार्थ किसी ज्ञानेन्द्रिय से प्रतीत नहीं हुआ है, अतः प्रत्यक्ष की तो सम्भावना ही नहीं है। अनुमान प्रमाण का विषय यह अर्थ क्यों नहीं है इस प्रश्न का सीधा उत्तर यह है कि अनुमान का हेतु अव्यभिचारी एवं अकृत्रिम होता है, जब कि व्यंजक कृत्रिम एवं व्यभिचारी होता है। उपमान प्रमाण की सहायता वहाँ ली जाती है, जहाँ एक सदृश पदार्थ से दूसरे सदृश पदार्थ का ज्ञान कराना अभीष्ट हो। यहाँ ऐसी कोई बात नहीं है। 'अर्थापत्ति' को तो वैशेषिक विद्वान् अनुमान के भीतर ही समेट लेते हैं, अतः उसकी चर्चा अनुमान के साथ ही लगी है। अनुपलब्धि वह प्रमाण है, जो किसी पदार्थ के अभाव का ज्ञान कराता है। यहाँ जो व्यंग्यार्थ है, वह अभाव रूप नहीं है। 'ऐतिह्य' प्रमाण को शब्द प्रमाण के भीतर ही आचार्य लोग रख लेते हैं और 'सम्भव' को अनुमान में। सारांश यह कि उक्त व्यंग्यार्थ शब्द प्रमाण से ही लभ्य हैं, प्रमाणान्तर

से नहीं। तीसरी शर्त यह कि वह व्यंग्यार्थ शब्द की अभिधा, लक्षणा एवं तात्पर्य शक्ति से लभ्य न हो। प्रयोक्ता के वाक्यों में जितने पद हैं, उनकी अभिधा उक्त अभिप्रेत अर्थ में नहीं है। अतः इस उक्त वाक्यार्थ के कोई भी (पदार्थ रूप) अवयव अभिधा से लक्ष्य नहीं है। तात्पर्य वृत्ति वाच्य पदार्थों के अन्वयांश के लिए होती है। यहाँ के पदार्थ ही जब वाच्य नहीं, तो उनके सम्बन्ध की बात ही करनी निरर्थक है। इस प्रकार उक्त वाच्यार्थ के दोनों अवयवों–पदार्थ, अन्वय–में न तो अभिधा ही कार्य करती है और न तात्पर्य ही। लक्षणा का प्रसंग यहाँ इसलिए नहीं उठ सकता है, कि उसके उठने का कारण ही नहीं है। लक्षणा तब होती है जब वाक्य का वाच्यार्थ बाधित असंगत या अनुपयोगी होता है, यहाँ न तो वाक्यार्थ बाधित है और न असंगत और न अनुपयोगी ही।

इस प्रकार परिभाषा की तीनों शर्तें यहाँ ठीक उतर गईं और एक ढंग से व्यंजना का स्वरूप स्थिर हो गया। इस शक्ति को सक्रिय करने के लिए एक तरफ सन्दर्भ बोध आवश्यक है और दूसरी ओर ग्राहक में प्रतिभा का होना।

व्यंजना के स्वरूप के सम्बन्ध में शास्त्रकारों ने दो ढंग से विचार किए हैं– (i) निषेध मुखेन तथा (ii) विधि मुखेन। 'निषेध मुखेन' से तात्पर्य यह कि व्यंजना का अपना भावात्मक रूप क्या है ?–यह न बताकर उसका परिचय 'नेति', 'नेति' के माध्यम से दिया जाय। अर्थात् व्यंजना अभिधा नहीं, लक्षणा नहीं, तात्पर्य नहीं, बल्कि इनसे भिन्न जो कुछ शब्दशक्ति है, वही व्यंजना है। उक्त परिभाषा इसी 'निषेध-मुख' वाली पद्धति से ही व्यंजना के स्वरूप का परिचय देती है। वस्तुतः साहित्यशास्त्र के उच्चतम ग्रन्थों में व्यंजना के स्वरूप-निरूपण का प्रयास अधिकतर ही क्या, प्रायः पूर्णतः इसी पद्धति से किया गया है। 'विधि मुख' से कहीं विचार है भी तो वह इतना क्षीण-काय है कि 'निषेध-मुखी' पद्धति की बीहड़ झाड़ी में बेचारा तिरोहित हो गया है।

विधिमुखी विचारकों में पण्डितराज जगन्नाथ, प्रसिद्ध वैयाकरण नागो जी भट्ट तथा कुछ अन्य मनीषी हैं।

(1) पण्डितराज का मत है कि व्यंजना या व्यक्ति 'चित्' ही है। अपनी पुस्तक रस गंगाधर में रस-निरूपण के अवसर पर एक जगह कहा है कि 'व्यक्तिश्च[30] भग्नावरण चित्'–अर्थात् भग्नावरण चित् ही व्यक्ति या व्यंजना है। प्राचीन विचारकों ने भी व्यंजना को 'ज्ञान स्वरूप' ही स्वीकार किया है। उक्त चित् सर्वदा 'व्यक्ति' या व्यंजना की स्थिति में नहीं है, बल्कि जब विभाव, अनुभाव एवं संचारी के सम्मिलित व्यापार के फलस्वरूप इन विषयों के प्रति आत्मा के चिदंश पर पड़ा हुआ आवरण भंग हो जाता है, तभी वह उन विभावादिकों का प्रकाशक होने के कारण औपचारिक रूप से 'व्यक्ति' कहा जाता है।

परन्तु व्यंजना या प्रकाशन का एक यही रूप नहीं है, हाँ व्यंजना के प्रकाशक

भेद से जितने भिन्न-भिन्न रूप होते हैं, उनमें से एक यह भी है।

(2) दूसरा विचार नागेश जी का है। इन्होंने भी अपनी प्रसिद्ध पुस्तक लघु-मंजूषा में व्यंजना के स्वरूप पर कुछ विचार किया है और बताया है कि व्यंजना 'संस्कार' विशेष है और वस्तुतः वह व्यंजना तब है, जब ग्राहक व्यंजक वाक्य के प्रयोक्ता एवं प्रसंग आदि की विशेषताओं के ज्ञान से तथा अपनी प्रतिभा के बल से उसे उद्‌बोधावस्था में या जागरावस्था में ले आता है। सारांश यह कि वक्ता आदि के वैचित्र्य तथा ग्राहक की प्रतिभा के बल से **'जगाया गया संस्कार'**[31] ही व्यंजना है। अथवा संस्कार ही वह अंजन है, जिसके योग अन्यार्थ बोधक शब्द (ग्राहक के संस्कार भेद से) अन्य अन्य अर्थ देने लगते हैं।

यह मत बड़ा सुविचारित है। अनुभव भी कहता है कि ग्राहक व्यंजक वाक्यों के श्रवण के अनन्तर वाच्यार्थ से सन्तुष्ट नहीं होता, अतः वक्ता, देश एवं काल आदि के सन्दर्भ में उस वाच्यार्थ से सम्बद्ध अनेक संस्कार जगने लग जाते हैं—अनुसन्धान आरम्भ हो जाता है और उन्हीं में से किसी अभिप्रेत अर्थ का जगा हुआ संस्कार व्यंग्यार्थ का स्मरण कराकर वहाँ तक हमें पहुँचा देता है। मनुष्य के अन्तःकरण में विविध प्रकार के संस्कार पड़े हुए हैं। वे अपने सम्बन्धी के ज्ञान से उभड़ते चले जाते हैं। इस प्रकार के उभाड़ का वेग सबमें नहीं होता, बल्कि जो प्रतिभाशील लोग होते हैं, उन्हीं में होता है।

(3) कुछ लोगों का विचार है कि व्यंग्यार्थ, शब्द का एक अर्थ है और शब्दों के जितने अर्थ होते हैं, वे सब शब्द की शक्ति द्वारा ही प्राप्त होते हैं। शक्ति चाहे कोई हो, उनका एक सामान्य रूप तो होना ही चाहिए, फिर कुछ अन्य विशेषताओं के कारण वह शक्तिमात्र का सामान्य रूप अवान्तर प्रभेदों में विभक्त हो। प्रथम अध्याय में शक्ति का सामान्य रूप 'सम्बन्ध' (पद का पदार्थ से) ही बताया गया है और उसके अनुसार अभिधा तथा लक्षणा 'सम्बन्ध' विशेष रूप की निश्चित भी ही गई हैं। इस रीति से 'व्यंजना' को भी 'सम्बन्ध' रूप ही होना चाहिए। सम्बन्ध रूप होने पर भी अभिधा और लक्षणा जैसे एक ही नहीं हैं, बल्कि सम्बन्धियों के भेद के कारण भिन्न-भिन्न हैं, वैसे ही व्यंजना भी सम्बन्ध रूपा होती, फिर भी किसी भेदक के कारण भिन्न हो जाती, तो एक मान्य विचार-पद्धति होती।

व्यंजना के स्वरूप का परिचय देते हुए डा. नगेन्द्र[32] ने कहा है—"व्यंजना शब्द की वह शक्ति है, जो कल्पना (चित्र विधायिनी शक्ति) को उकसाए।" उन्होंने लिखा है कि—"अपनी कल्पना शक्ति का नियोजन करके कवि भाषा शब्दों को एक ऐसी शक्ति प्रदान करता है कि उन्हें सुनकर सहृदय को केवल अर्थ बोध ही नहीं होता, वरन् उसके मन में एक अतिरिक्त कल्पना भी जग जाती है जो परिणति की अवस्था में पहुँचकर रस संवेदन में विशेषतया सहायक होती है। शब्द की इस अतिरिक्त कल्पना जगाने वाली शक्ति को ही ध्वनिकार ने व्यंजना और

रस के इस सम्बन्ध रूप को ही 'रस-ध्वनि' कहा है।''

अब इन चारों मतों की युक्तियुक्तता पर विचार करना चाहिए। सबसे पहले हम अन्तिम मत को ही लेते हैं। यह मत काफी सुविचारित न होने के कारण ग्राह्य नहीं है। पहला दोष इस पक्ष में तो यही दिया जा सकता है कि व्यंजना यदि एक शब्द शक्ति है, तो उसका कार्य होगा–'अर्थ-प्रकाशन', न कि 'कल्पना का जागरण'।

इस मत में व्यंजना को शब्द की एक शक्ति के रूप में निर्देश करते हुए भी उसका कार्य बताया गया है–कल्पना का जागरण। नगेन्द्र जी ने इस कल्पना शब्द का प्रयोग 'चित्रविधायिनी शक्ति' के रूप में किया है। इस मत की परीक्षा करने के लिए आवश्यक यह है कि हम पहले कल्पना का स्वरूप निश्चय कर लें। हिन्दी साहित्य के क्षेत्र में 'कल्पना' शब्द कहाँ से आया ? इस प्रश्न में जो सम्भावनाएँ की जा सकती हैं, वे यही हैं कि या तो यह (i) भारतीय संस्कृत साहित्य से आया होगा अथवा (ii) स्वयं उद्भावित होगा या (iii) दूसरे साहित्य से अनूदित होकर आया होगा। जहाँ तक प्रथम सम्भावना है, वह ठीक नहीं। संस्कृत साहित्य के लक्षण ग्रन्थों में 'काव्य हेतु' के प्रसंग में कल्पना की चर्चा सर्वथा नहीं है हाँ, अन्यत्र अवश्य है। यहाँ तो शक्ति, व्युत्पत्ति एवं अभ्यास की ही चर्चा है। कहीं-कहीं 'समाधि' तथा 'प्रतिभा' की भी चर्चा है। हाँ, साहित्यशास्त्र के लक्षण ग्रन्थों के अतिरिक्त अन्य वेदान्त-परक शास्त्रों में 'कल्पित'–(कल्पना की गई) आदि की चर्चा अवश्य आई है। यहाँ 'कल्पना' शब्द मिथ्या ज्ञान या मिथ्या रचना के लिए अनेकशः प्रयुक्त हुआ है। अमरकोशकार[33] ने भी 'प्रबन्ध'[34] **कल्पना** कथा तथा 'कल्पना सज्जना समे'–इन दो स्थानों पर इसकी चर्चा की है। यहाँ पर 'रचना' के अर्थ में कल्पना शब्द का प्रयोग है। व्युत्पत्ति (Derivation) की दृष्टि से विचार करें तो यह शब्द सामर्थ्यार्थक 'क्लृपू' धातु से निष्पन्न हुआ है, अतः इसका अर्थ हुआ 'सामर्थ्य'। श्री हर्ष[35] ने भी 'श्रद्धालुसंकल्पितकल्पनायाम्' में 'कल्पना' को 'सिद्धि' के अर्थ में प्रयुक्त किया है। 'हाथी को सजाने' के अर्थ में भी 'कल्पना' का अर्थ 'रचना' करते हुए उसका पर्याय 'स्तोकसत्या' (कम सच्ची) भी दिया है। इस तरह विविध अर्थों में प्रयुक्त होता हुआ 'कल्पना' शब्द हिन्दी में अथवा हिन्दी में क्यों, जिस अर्थ में नगेन्द्रजी ने लिया है, उस अर्थ में 'कल्पना' शब्द का स्रोत संस्कृत साहित्य में नहीं है। हिन्दी में भी आज यह शब्द प्रायः उक्त अर्थ में ही चल रहा है। 'चित्रविधायिनी शक्ति' के अर्थ में 'कल्पना' शब्द अंग्रेजी (Imagination) इमैजिनेशन का अनुवाद है, हिन्दी साहित्य की अपनी मौलिक उद्भावना नहीं। अतः ऊपर से तीनों सम्भावनाओं में से अन्तिम सम्भावना ही ग्राह्य है।

(Imagination) इमैजिनेशन शब्द का अर्थ है[36] 'The Faculty of Forming image in mind' अर्थात् कल्पना वह शक्ति है, जिसके बल से अन्तःकरण में नव-प्रतिभाओं का निर्माण होता है। भारतीय दृष्टि से विचार करें, तो कल्पना का

स्वरूप इस प्रकार समझाया जा सकता है–हमारी ज्ञानेन्द्रियाँ वस्तुओं या भावों का जब उपेक्षात्मक नहीं, किन्तु अपेक्षात्मक ढंग से अनुभव करती हैं, तब उसका अन्तःकरण में जो संस्कार उत्पन्न होता है, वह गाढ़ होता है। गाढ़ होने का तात्पर्य यह है कि थोड़ी सी उत्तेजना पाने पर वे शीघ्र ही उमड़ जाते हैं। ये संस्कार सूक्ष्म रूप से पूर्वानुभूत भावों को उनकी छोटी-छोटी विशेषताओं के साथ संचित रखते हैं। जब कभी आन्तर मनोराग अन्तःकरण को विवश कर देता है कि वह उनके बाहर होने की व्यवस्था करे और वह व्यवस्था ऐसी हो कि दूसरे उन मनोभावों को उसी रूप में ग्रहण कर सकें, तो स्थूल की सृष्टि शुरू हो जाती है, ताकि इसी के माध्यम से मनोभाव हृदयान्तर में संक्रमण कर सकें, तब कल्पना शक्ति जागरूक होकर सृष्टि-योजना में संलग्न हो जाती है। इस नव-सर्जन में अन्तःकरण की सारी वृत्तियाँ कार्य-प्रवण हो जाती हैं। चित्त अनुसन्धानपूर्वक सम्बद्ध संस्कारों को जगाता है, मन की संकल्प-विकल्पात्मा क्रिया से बुद्धि एक निश्चित रूप खड़ा करती है। बुद्धि का यह रूप तर्क प्रधान नहीं होता, बल्कि ऊहापोह की विवेक शक्ति से भिन्न उसका सहज, अतर्क प्रतिष्ठ रूप है। काण्ट का (Aesthetic Imagination) एस्थेटिक इमैजिनेशन प्रायः यही है।

संस्कृत साहित्य में आधुनिक 'कल्पना' के मेल में कोई वस्तु है, तो 'प्रतिभा' ही। इन दोनों के स्वरूप पर जितना ही विचार किया जाय, दोनों की एकरूपता बहुत दूर तक पुष्ट ही होती जाएगी। संस्कृत साहित्य में प्रसिद्ध आलंकारिक आचार्य अभिनव गुप्त पाद ने 'प्रतिभा' का स्वरूप कई स्थानों पर बताया है। एक जगह कहा है–'प्रतिभा'[37] अपूर्व वस्तु निर्माणक्षमा प्ररा अर्थात् अपूर्व वस्तु के निर्माण में समर्थ कवि की प्रज्ञा ही प्रतिभा है। कहीं-कहीं प्रतिभा का पर्याय लोचनकार ने 'प्रख्या'[38] भी कहा है और उसका भी व्यापार है कारणकलाप के बिना अपूर्व वस्तु का निर्माण करना (अपूर्वं यद्वस्तु प्रथयति बिना कारण कलाम्)। अभिनव ने इसे काव्य-शक्ति के रूप में भी बताया है–'शक्तिः[39] प्रतिभानं वर्णनीयवस्तुविषयनूतनल्लेख-शालित्वम्'। यहाँ काव्य शक्ति प्रतिभा के रूप में कही गई है और उसका कार्य भी लगभग वही है अर्थात् यहाँ भी वर्णनीय वस्तु से सम्बद्ध नव-नव पदार्थों का उल्लेख होता है।

प्रतिभा के इस विवेचन में स्पष्ट ही उसे अन्तःकरण का एक वह व्यापार कहा गया है, जो 'अपूर्व वस्तु का निर्माण करे।' कल्पना भी तो यही करती है। प्रतिभा के इस रूप की चर्चा और आचार्यों ने भी की है और प्रायः सबकी मिलती-जुलती ही उपस्थापना है। पण्डितराज जगन्नाथ ने कहा है, काव्य घटना के अनुकूल[40] शब्द एवं अर्थ की उपस्थिति प्रतिभा है। रुद्रट ने भी शक्ति का यही रूप बताया है। उन्होंने कहा है कि शक्ति[41] वही है, जिसके बल से समाधिस्थ मन में नव-नव पदार्थों तथा अक्लिष्ट अर्थात् सरस पदों का स्फुरण होता रहे।[42] राजशेखर ने भी

बताया है कि प्रतिभा वही है, जो विविध प्रकार के शब्द, अर्थ, उक्ति, अलंकार एवं इसी प्रकार अन्य उपयोगी तत्त्वों का प्रतिभास कराती हो। शिव में सतत विश्राम करने वाली पर-प्रतिभा की भाँति कवि की प्रतिभा भी विलक्षण विश्व का उन्मीलन करती है। शक्ति[43] एवं प्रतिभा कहीं समान अर्थ में और कहीं-कहीं असमान अर्थ में भी प्रयुक्त होते हैं।[44]

इस प्रकार जैसे भारतीयों ने प्रतिभा को काव्य-हेतु के रूप में पकड़ा है और उसकी चर्चा की है, उसी प्रकार अंग्रेजी कवियों ने भी (Imagination) को काव्य-बीज के रूप में निर्दिष्ट किया है। शेली ने कहा है–"Poetry is expression of Imagination" अर्थात् कविता कल्पना का बाह्य रूप है।

इस लम्बी चर्चा का लक्ष्य यही सिद्ध करना है कि प्रतिभा और कल्पना कार्य की दृष्टि से एक ही तत्त्व हैं। आचार्य शुक्ल ने भी प्रतिभा[45] एवं कल्पना को एक कहा है।

जैसे कर्ता की दृष्टि से कल्पना एवं प्रतिभा प्रायः एक हैं, वैसे ही ग्राहक की दृष्टि से काव्यार्थ के ग्रहण में भी कल्पना और प्रतिभा एक हैं। अब इस एकता के आलोक में उक्त आलोच्य वाक्य को लेना चाहिए, जिसमें व्यंजना का स्वरूप उपस्थित किया है। इन्होंने शब्द की व्यंजना शक्ति का कार्य कल्पना का जागरण माना है। डा. साहब कल्पना के जागरण से पूर्व ही व्यंजना व्यापार की क्रिया समाप्त करते हैं। कल्पना जागरण के अनन्तर काव्य में रसावस्था तक पहुँचने में जो भी स्तर पार करने पड़ते हों, आपके मत से व्यंजना की वहाँ कोई आवश्यकता ही नहीं है (यहाँ कल्पना या व्यंजना का विचार ग्राहक के ही पक्ष से है)। कल्पना के जग जाने पर काव्यों में ग्राहक की दृष्टि से होता यह है कि ग्राहक उसी शक्ति के बल से कवि के विशेष शब्दों या चित्रमय शब्दों के अर्थों को चित्र रूप में ग्रहण करता है। कर्ता की कल्पना शक्ति जिन चित्रों को समन्वित करके शब्द योजना करती है, ग्राहक की कल्पना शक्ति उन्हीं तारों की उघाड़ती है और उन विभावादि रूप चित्रों का साक्षात्कार कराती है और कल्पित या भावित अर्थ रसानुभूति तक पहुँचाते हैं। इस भावित सामग्री एवं रसानुभूति के मध्य में इतना सूक्ष्म व्यापार होता है कि उसका पता तक नहीं चलता। इसीलिए भारतीय आचार्य रस को असंलक्ष्य क्रम व्यंग्य कहते हैं। यहाँ क्रम इस प्रकार हुआ–शब्दश्रवण→अभिधासमर्पित वाच्यार्थ→(कल्पना से प्राप्त अर्थ) भावित अर्थ→रसानुभूति। अर्थात् शब्द श्रवण के अनन्तर प्रथम स्तर पर ग्राहक शब्दों की अभिधा शक्ति से पदार्थों को 'विशेष' रूप बोधित करता है। द्वितीय स्तर में भावना या जाग्रत कल्पना से उस 'विशेष' अर्थ को रसोपयोगी स्थिति में ले आता है, फिर अन्त में इन्हीं भावित अर्थों की सहायता से रसानुभूति होती है। यह रसानुभूति उन भावित अर्थों से व्यंग्य होती है अर्थात् व्यंजना द्वारा आती है। स्पष्ट है कि इस भारतीय प्रक्रिया में भावित अर्थों

एवं रसानुभूति के बीच भी व्यंजना कार्य करती है, जब कि डा. साहब ने उसे प्रथम एवं द्वितीय स्तर के ही बीच समाप्त कर दिया है। प्रथम स्तर है, शब्द श्रवण से अभिधेयार्थ तक पहुँचना और द्वितीय स्तर में हम अभिधेयार्थ से भावित या 'कल्पित अर्थ' वाले स्तर तक पहुँचते हैं। डा. साहब की व्यंजना इस स्तर को पार नहीं करती।

हाँ, 'वाच्यार्थ' एवं 'भावितार्थ' के बीच भी व्यंजना है, पर वह भी कल्पना-जागरण-कर्त्री शक्ति के रूप नहीं, बल्कि स्वयं 'कल्पना' के रूप में, क्योंकि कल्पना या भावना यदि एक मान ली जायँ, तो आचार्य अभिनव की दृष्टि से जब भावना और व्यंजना एक हैं, तो कल्पना और व्यंजना भी एक हो सकती हैं। इस दृष्टि से भी उक्त परिभाषा ठीक नहीं है।

अब डा. साहब ने व्यंजना का जो रूप बताया है, उसमें देखना चाहिए कि यह बहुरुपिया व्यंजना क्या कभी वह रूप भी धारण करती है ? यह अवश्य एक विचारणीय बात है कि आखिर, शब्द एवं वाच्यार्थ बोध के अनन्तर जो कल्पना जागती है, उसको जगाने वाला कौन है ? संसार का कोई कार्य अकारण नहीं होता, अतः कल्पना का जागरण भी अकारण नहीं है, अवश्य उसका कुछ कारण है। यहाँ जो कुछ दृष्टिगोचर है, वह शब्द ही है या बहुत हुआ तो शब्द का वाच्यार्थ है। इन्हीं में कुछ ऐसी शक्तियाँ हैं, जो कल्पना को उकसाती हैं। शब्द एवं वाच्यार्थ की वह उत्तेजक शक्ति अभिधा, लक्षणा एवं तात्पर्य नहीं है, फिर भी है, उसकी कोई शक्ति। उसका क्या नाम दें ? इस कल्पना की उभाड़ में शब्द या वाच्यार्थ की महिमा न मानकर सहृदय ग्राहक की ही व्यक्तिगत विशेषता मानें, तब भी यह प्रश्न बना ही रह जाता है, उसकी यह व्यक्तिगत विशेषता, जो कल्पना को सजग करती है, क्यों अचानक कार्यशील हो गई ? वहाँ तो शब्दार्थ की सामर्थ्य माननी होगी ?

अब, इस ढंग से यह कहा जा सकता है कि शब्द की यह सामर्थ्य व्यंजनाशक्ति इसलिए नहीं है कि वह किसी प्रकार के शब्दार्थ को देने में उपयोगी नहीं है, जैसा कि पहले कहा जा चुका है। भावना के रूप में व्यंजना 'साधारणीकृत' रूप में अर्थ ही देती है, तृतीय स्तर की व्यंजना रस रूप अर्थ ही देती है, अतः इन दोनों रूपों में तो व्यंजना शब्द की शक्ति है, पर तृतीय रूप जो डा. साहब को अभिमत है, वह कोई शब्दार्थ नहीं देता, अतः व्यंजना नहीं है। यह तर्क बहुत कुछ ठीक जान पड़ता है। वस्तुतः शब्दार्थ के तथाकथित सामर्थ्य को व्यंजना नहीं, बल्कि भावना=कल्पना=व्यंजना उत्थापक सहकारी सामग्रियों में से एक मानना चाहिए। शब्दार्थ की यह सामर्थ्य भी अपनी नहीं है, बल्कि वह प्रकरण, वक्ता, बोद्धव्य आदि के वैशिष्ट्य से उसमें आता है। आग्रह की बात अलग है।

फिर भी हम यह स्पष्ट कह देना चाहते हैं कि कल्पना, प्रतिभा, भावना से व्यंजना एक होती हुई भी व्यंजना उन सबका पर्याय नहीं है। व्यंजना का उनसे और अतिरिक्त रूप भी है। व्यंजना शब्दाश्रित, अशब्दाश्रित, चेष्टाश्रित, जगत् के

नाना प्रकार के प्रकाशकों तक में फैली है, भावना, कल्पना, प्रतिभा ऐसी नहीं हैं।

उपर्युक्त अन्य तीन मतों में भी, जहाँ कल्पना का 'विधि मुखी' विचार है, व्यंजना के जो रूप प्रदर्शित किए गए हैं, वे 'व्यंजना' के विशेष रूप ही हैं, सम्पूर्ण व्यंजना का आभास उनसे नहीं मिल सकता। पूर्वतः सिद्ध का 'प्रकाशन' व्यंजना है।

व्यंजना की इसी अनियत रूपता को लक्षित कर तार्किकों ने इसे नहीं माना है। चाहे व्यंजना के अनियत रूप होने से, हम उसको एक लक्षण में बाँधकर न रख सकें, लेकिन इतना मानना ही पड़ेगा कि जब व्यंजना का कार्य हमें प्रत्यक्ष अनुभूत हो रहा है, तब व्यंजना है अवश्य और हमें बाध्य होकर उसकी सत्ता माननी पड़ेगी।

प्रदीपकार ने इस व्यंजना व्यापार को दो भागों में विभक्त किया है—शब्दनिष्ठा एवं अर्थनिष्ठा। शब्दनिष्ठा के भी दो भेद हैं—अभिधा मूला एवं लक्षणा मूला। शब्दनिष्ठा अभिधा मूला व्यंजना का ही दूसरा नाम शाब्दी व्यंजना है। इस प्रकार व्यंजना के सब तीन भेद हैं[46]—शाब्दी व्यंजना (शब्दनिष्ठ अभिधामूल) लक्षणामूल व्यंजना एवं आर्थी व्यंजना (अर्थनिष्ठ अभिधामूल व्यंजना)। आगे क्रमशः व्यंजना के इन प्रकारों का परिचय दिया जाएगा। पर यह पक्ष सुविवेचित नहीं है।

शाब्दी व्यंजना

'व्यंजना' को जब हम 'शाब्दी' कहते हैं, तब स्पष्ट है कि उसका सम्बन्ध हम शब्द से जोड़ना चाहते हैं। शब्द से व्यंजना का सम्बन्ध दो रूपों में ही सकता है—(i) प्रथम यह कि व्यंजना का आधार शब्द है (ii) दूसरा यह कि व्यंजना का अन्वय व्यतिरेक शब्द से है। अर्थात् व्यंजना का आधार शब्द है, इसलिए उसे शब्द का अर्थात् 'शाब्दी' तो कह ही सकते हैं और उसे शाब्दी इसलिए कह सकते हैं क्योंकि कि शब्द से उसका अन्वय व्यतिरेक है। व्यंजना को शाब्दी कहने में उक्त दोनों कारणों में से परम्परा 'अन्वय-व्यतिरेक' वाले पक्ष का ही समर्थन करती चली आ रही है। व्यंजना का आश्रय या आधार शब्द है, इसलिए व्यंजना को शाब्दी कहा जाता है—ऐसा उल्लेख, जहाँ तक अपने अनुसन्धान की बात है, किसी आचार्य ने नहीं किया है।

व्यंजना को शाब्दी कहने में उक्त दोनों पक्षों के अभिप्राय एवं तर्क क्या हैं ? इसे सोदाहरण समझ लेना चाहिए। व्यंजना की यह स्थिति अनेकार्थक शब्दों के प्रयोग में देखी जाती है। यद्यपि अनेकार्थक शब्दों का प्रयोग श्लेषालंकार में भी होता है, पर वहाँ के सभी अर्थ वाच्य (प्रस्तुत या अप्रस्तुत) ही होते हैं, अतः व्यंजना की कोई चर्चा ही नहीं सम्भव है। व्यंजना की प्राप्ति वहाँ है, जहाँ अनेकार्थक शब्दों से प्राप्त अनेक स्तर के अर्थों में एक स्तर व्यंग्य का भी हो। उस व्यंग्यार्थ की प्राप्ति में व्यंजना की अपेक्षा होगी। यहाँ सहज ही शंका हो सकती है कि जब

श्लेष स्थल की भाँति शाब्दी व्यंजना के स्थल में भी नानार्थक शब्द होते हैं, तब क्या कारण है कि श्लेष स्थल में उन्हीं अनेकार्थक शब्दों से प्राप्त सभी अर्थ वाच्य होते हैं और शाब्दी व्यंजना स्थल में उन्हीं अनेकार्थक शब्दों से प्राप्त कुछ अर्थ वाच्य होते हैं और कुछ व्यंग्य ? दोनों स्थलों में शब्दों की एकरूपता होने पर भी अर्थ में विविधरूपता क्यों आती हैं। संक्षेप में आचार्य लोग इस शंका के समाधान में कहते यह हैं कि श्लेष स्थल के जितने अर्थ होते हैं, वे या तो प्राकरणिक होते हैं अथवा अप्राकरणिक ही, पर व्यंजना के प्रसंग में इन नानार्थक शब्दों से उपलब्ध होने वाले जितने अर्थ होते हैं, उनमें से कुछ प्राकरणिक होते हैं और कुछ अप्राकरणिक। श्लेष स्थल के अनेकार्थक शब्द अभिधाशक्ति (चाहे वह अनेक अर्थों के लिए एक ही हों या प्रत्यर्थ भिन्न-भिन्न) से ही अपने सभी ईप्सित अर्थों को उपस्थापित कर देते हैं। उसकी नानार्थविषयिणी अभिधा शक्ति के रास्ते में कोई रोड़ा नहीं है, पर शाब्दी व्यंजना की स्थिति भिन्न है, वहाँ अनेकार्थक शब्दों की वह अभिधा शक्ति, जो नाना अर्थों की उपस्थिति कराने में समर्थ है, उन्मुख अवश्य होती है सभी अर्थों के देने के लिए, पर जो आर्थ प्राकरणिक या प्रसंगोपयोगी होता है, उसकी प्रतीति पहले कराने के लिए प्रकरण ज्ञान अप्राकरणिक अर्थों की उपस्थापक शक्ति को अपना कार्य करने से रोक देता है और यह नियम है कि शब्द व्यापार, बुद्धिव्यापार एवं कर्म एक बार यदि रोक दिए जाते हैं, तो उनसे कार्य कराने के लिए फिर दूसरा व्यापार कराना पड़ता है। पूर्व का प्रतिबद्ध व्यापार निरर्थक चला जाता है। इस प्रकार प्रथम कक्षा में जब प्राकरणिक अर्थ वाच्यार्थ के रूप में प्रतीत हो लेता है, तब उसके अनन्तर पुनः प्रतीत होने वाला अप्राकरणिक अर्थ व्यंजना से ही प्रतीत हो सकता है। उसका कारण यह है कि प्रथम प्रथम उन्मुख अभिधा जब प्रकरण ज्ञान के कारण से प्रतिबद्ध हो गई, तब वह अब किसी काम की रही नहीं अर्थात् अभिधा से इस अर्थ की प्रतीति हो, यह सम्भव ही नहीं। रही लक्षणा, सो मुख्यार्थबाध आदि कारणों के न रहने से प्राप्त ही नहीं है। ऐसी स्थिति में वह अर्थ जब मिलता है, तब शब्द की कोई न कोई शक्ति अवश्य है, वही शक्ति व्यंजना है। इसी व्यंजना को 'ध्वनि' के अनुयायी गण 'शाब्दी व्यंजना' की संज्ञा देते हैं।

उदाहरण के लिए एक पद्य लीजिए—

'भद्रात्म है अतिविशाल सुबंश उच्च हैं पास में बहु शिलीमुख[17] भी सपक्ष।
जो हैं सदैव पर वारण शोभनीय, दानाम्बु सेचन मयी कर है तदीय।'

इस पद्य में किसी राजा का वर्णन किया जा रहा है, पर इसमें कुछ ऐसे अनेकार्थक शब्दों का प्रयोग है, जिनके बल पर एक अप्राकरणिक अर्थ भी निकलता है और यह अर्थ उत्तम हाथी के वर्णन के रूप में मिलता है।

प्राकरणिक अर्थ—वह राजा (पर) शत्रु का (वारण) उच्छेद करने वाला है, उसका अन्तःकरण या स्वरूप (आत्मा) अत्यन्त उत्तम है। उसने विभिन्न प्रकार के वारणों

का संग्रह किया है। दान के निमित्त गृहीत जल से उसके हाथ सदैव सुशोभित हैं।

अप्राकरणिक अर्थ—वह (पर) उत्कृष्ट (वारण) हाथी भद्र जाति का है। उस पर (मद सौरभ से आकृष्ट होकर) भ्रमर पुंजीभूत हो रहे हैं। उसका शुण्डा-दण्ड निरन्तर मदजल से आर्द्र रहता है।

यहाँ राजा का वर्णन और उसमें उपयोगी अर्थ वाच्य हैं, पर हाथी का वर्णन और उसमें उपयोगी अर्थ व्यंग्य हैं। प्रथम अर्थ प्राकरणिक है और द्वितीय अप्राकरणिक।

यहाँ केवल यही अप्राकरणिक अर्थ ही व्यंग्य हो सो नहीं, बल्कि दोनों अर्थों को सम्बद्ध करने वाला 'उपमालंकार' भी व्यंग्य है। बात यह है कि प्रस्तुत वाक्य से श्लेष के बल पर जो दूसरा अर्थ मिलता है, यदि वह प्रकरणोपयोगी अर्थ से सर्वथा असम्बद्ध होता, तो कवि की प्रतिभा असम्बद्ध अर्थ कहने की ऐसी गलती क्यों करती ? दूसरे यह कि दोनों वाक्यों के परस्पर असम्बद्ध होने से वाक्य भेद नामक दोष भी है, अतः इन दोनों वाक्यार्थों को परस्पर सम्बद्ध होना चाहिए। सम्बद्ध करने के लिए 'उपमा' का आक्षेप करना पड़ेगा। यही उपमा दोनों वाक्यार्थों में उपमानोपमेय भाव स्थापित करेगी और दोनों अर्थ सुसम्बद्ध हो जाते हैं। फिर तो न पारस्परिक असम्बद्धता रह जाती है और न वाक्य भेद नामक दोष ही।

इस प्रकार यहाँ अप्राकरणिक अर्थ एवं उपमालंकार दोनों व्यंग्य हैं। यह उपस्थापना काव्य प्रकाशकार के मत के अनुकूल है। इन्हीं दोनों अर्थों की प्राप्ति में जो शब्द-शक्ति काम करती है, आलंकारिकों की परम्परा उन्हें 'शाब्दी' कहती है।

इस स्थिति में पहले हमें 'अन्वय-व्यतिरेक' वाले पक्ष की परीक्षा करनी चाहिए। प्रायः अलंकार शास्त्र के विद्वानों ने जहाँ कहीं भी काव्य के धर्मों—दोष, गुण एवं अलंकारों—का यह निर्णय करना चाहा है कि 'कौन सा धर्म शब्द गत है और कौन सा अर्थगत ?'—वहाँ 'अन्वय-व्यतिरेक' का ही सहारा लिया है। जिन धर्मों का होना (अन्वय), न होना (व्यतिरेक) शब्दों के होने न होने पर निर्भर है, वे धर्म शब्दगत और जिन धर्मों का होना न होना अर्थों के होने न होने पर निर्भर है, वे धर्म अर्थगत कहे गए हैं। इस प्रकार आचार्यों ने (शब्द या अर्थगत) आधाराधेय भाव के निर्णय में अन्वय-व्यतिरेक को परम्परा से उपाय माना है। इसी प्रतिष्ठित सिद्धान्त को मानकर सभंगश्लेष एवं अभंगश्लेष को शब्द की सत्ता से अन्वय-व्यतिरेक होने के कारण शब्दगत और अभंगश्लेष के ही विशेष स्थल (अर्थ श्लेष) में अर्थ की सत्ता से अन्वय-व्यतिरेक होने के कारण उसे अर्थगत माना गया है। इसी प्रतिष्ठित सिद्धान्त के आधार पर प्रथम पक्ष वाले यह मानते हैं कि उसी शब्द के रहने न रहने से अप्राकरणिक व्यंग्य अर्थ का रहना न रहना निर्भर है, अतः उसे शब्द शक्ति मूल कहते हैं और उस व्यंग्यार्थ में उपायभूत व्यंजना को भी शब्दगत या शाब्दी ही कहना उचित समझते हैं। पण्डितराज ने तो और भी स्पष्ट कहा है कि नानार्थस्थल में

अनुरणनीय व्यंजन को शब्द शक्तिमूल इसलिए कहना चाहिए कि उस व्यंजना को उस शब्द का परिवर्तन सह्य नहीं है, अर्थात् शब्द के साथ उसका अन्वय-व्यतिरेक है।

सम्प्रति, आधाराधेय भाव वाले उपर्युक्त द्वितीय पक्ष की समीक्षा करनी चाहिए और देखना चाहिए कि वह कहाँ तक युक्ति युक्त है ? इस पक्ष वाले यह कहना चाहते हैं कि कौन काव्य धर्म शब्दगत है और कौन अर्थगत–इस बात का निर्णय करने के लिए यह देखना चाहिए कि उस काव्य धर्म का आधार क्या है ? अलंकार सर्वस्वकार रुय्यक ने काव्यधर्मों की शब्दनिष्ठता एवं अर्थनिष्ठता का निर्णय करने के लिए आश्रयमाश्रयिभाव का ही सहारा लिया है और इस मत का सहारा लेकर हम कह सकते हैं कि इस स्थल की व्यंजना का आधार शब्द है, अतः इसे शाब्दी कहना उचित है।

पण्डितराज जगन्नाथ ने इस मत के अनुकूल सभंगश्लेष एवं अभंगश्लेष की क्रमशः शब्दनिष्ठता एवं अर्थनिष्ठता पर रुय्यक के मत की विवेचना करते हुए एक नवीन तर्क उपस्थित किया है कि अन्वय-व्यतिरेक का उपयोग कार्यकारण भाव के निश्चय में होता है, आधार आधेय भाव के निर्णय में नहीं। पूर्व मत में अन्वय-व्यतिरेक का उपयोग यही निश्चय करने के लिए किया गया है कि कौन-से काव्य धर्म का शब्द या अर्थ में कौन आधार है। आधार के निर्णय में अन्वय-व्यतिरेक की सहायता का मूर्खतापूर्ण उदाहरण है–'घृताधारं पात्रं वा पात्राधारं घृतम्'। कुछ अलौकिक नैयायिकों ने यह निश्चय करने के लिए कि 'पात्र का आधार घृत है कि घृत का आधार पात्र' अन्वय-व्यतिरेक का सहारा लिया था और इसके माध्यम से आधाराधेय भाव का निर्णय करते हुए अन्त में धृत को भूमि पर उड़ेल दिया था। दूसरा तर्क पं. महादेव शास्त्री जी का यह भी है कि कुछ वस्तुएँ ऐसी भी हैं, जिनके कई आधार सम्भव हैं, वहाँ अन्वय-व्यतिरेक कैसे निर्णायक हो सकता है ? घड़ा जल में भी रह सकता है, पृथ्वी पर भी रह सकता है, वृक्ष पर भी रह सकता है–आप इस स्थिति में अतिरिक्त लोक-व्यवहार के आधाराधेय भाव का निर्णायक क्या कह सकते हैं। अन्वय-व्यतिरेक तो सम्भव ही नहीं है। सारांश यह कि लोक व्यवहार से निश्चय होने वाले आधाराधेय भाव को देखकर ही किसी काव्य धर्म को हम शब्दगत या अर्थगत कह सकते हैं।

'अभिधामूला आर्थी व्यंजना'

पीछे व्यंजना के सामान्य स्वरूप पर विचार किया जा चुका है और उसके तीन प्रभेदों में से शाब्दी-व्यंजना की चर्चा भी पूर्व अध्याय में हो चुकी। सम्प्रति, व्यंजना के द्वितीय प्रभेद 'आर्थी व्यंजना' का विचार इस परिच्छेद का विषय है। 'आर्थी व्यंजना' जिस व्यंग्यार्थ के उपयोग में आने वाली शक्ति है, वह नानार्थक शब्दों से प्राप्त

होने वाला नहीं है। ऐसे स्थलों के वाक्य श्लिष्ट तो होते ही नहीं और उनके साथ यह भी शर्त नहीं है कि उन्हीं शब्दों के रहने पर 'शाब्दी-व्यंजना'- के स्थल की भाँति व्यंग्यार्थ लब्ध हो सके। यहाँ के व्यंजक शब्दों में पर्याय का प्रयोग कर देने पर भी जब तक मूल शब्द का अर्थ बना रहेगा, तब तक व्यंग्यार्थ की प्रतीति में कोई बाधा नहीं आ सकती। सारांश यह कि यहाँ के व्यंग्यार्थ का अन्वय-व्यतिरेक जितना अर्थ से है, उतना शब्द से नहीं। अतः नानार्थक स्थलों में जिस प्रकार व्यंग्यार्थ या व्यंजना का सम्बन्ध शब्द से होने के कारण उसे शाब्दी कहा जाता है, उसी प्रकार यहाँ भी व्यंग्यार्थ एवं व्यंजना का सम्बन्ध अर्थ से होने के कारण इसे 'आर्थी व्यंजना' कहा जाता है। यहाँ की व्यंजना इसलिए भी 'आर्थी' कही जाती है कि वह अर्थ का व्यापार है।

इस 'आर्थीव्यंजना' के स्थलों में जो अर्थ व्यंजक होते हैं, उनमें व्यंजन की सामर्थ्य का आधान कराने वाले कई तत्त्व होते हैं। इन सामर्थ्याधायक तत्त्वों की चर्चा करने से पूर्व व्यंजक अर्थ कितने प्रकार के होते हैं—यह देख लेना चाहिए। प्रकाशकार मम्मट ने कहा है कि प्रायः सभी प्रकार के अर्थ व्यंजक होते हैं। सभी[48] प्रकार के अर्थों से हमारा तात्पर्य, वाच्य, लक्ष्य एवं व्यंग्य इन तीनों अर्थों से है। इन अर्थों में अन्य (व्यंग्य) अर्थ के बोधन की क्षमता पैदा करने वालों में कुछ का परिगणन आचार्यों ने किया है। उदाहरणार्थ वक्ता, बोद्धव्य (श्रोता) (या जिसको लक्ष्य में रखकर वाक्य का उच्चारण किया गया है,) काकु, वाक्य, वाच्य, अन्य का सान्निध्य, प्रस्ताव, देश, काल तथा चेष्टा का वैशिष्ट्य ही उक्त प्रकार के अर्थों में वह सामर्थ्य पैदा करता है, जिससे वे अवांतर अर्थ पैदा कर पाते हैं। इन निमित्तों के होते हुए भी व्यंजना उसी को अन्य अर्थ झलका सकती है, जो प्रतिभावान् हैं। तात्पर्य यह कि उक्त निमितों के वैशिष्ट्य के साथ प्रतिभा भी व्यंजना के उल्लास में हेतु है। इन्हीं सहकारी कारणों से व्यंजक अर्थ द्वारा अन्य अर्थ के परिज्ञान में जो शक्ति काम करती है, उसे व्यंजना[49] कहते हैं।

एक उदाहरण से ऊपर के सारे सूत्र स्पष्ट हो जाएँगे—

गोदावरी कूल के कुंजों में रहता है जो मृगराज।
अरे पुजारी। उस केहरि ने मार दिया कुत्ते को आज।
जो सर्वदा तुम्हें करता था परेशान,
पर अब निर्भय होकर इन गलियों में विचारो,
करो स्वाभिमत का संचय।

प्रसंग यह है कि किसी स्वैरिणी नायिका ने गोदावरी नदी के किनारे अपना संकेत स्थल बना रखा था। स्थान ऐसा था, जो पुष्पों एवं पल्लवों से गहागह भरा हुआ था। एक पुजारी नित्य प्रति अर्चन में अपेक्षित पुष्पों का चयन करने के लिए वहाँ जाया करता था। इस कारण इस पुंश्चली की केलि क्रिया में विघ्न तो होता

ही था, साथ-साथ वह स्थल भी पुष्पों एवं पल्लवों के निरन्तर ग्रहण से उत्तरोत्तर विरलच्छाय होता जा रहा था। सो, इस हानि को असह्य मानकर उस स्वैरिणी नायिका के मन में यह विचार आया कि किसी प्रकार इसका (पुजारी का) कुंज में आगमन रोकना चाहिए। संयोग की बात है कि वह धार्मिक उसी गाँव में भिक्षा माँगने जाया करता था। उस गाँव की यह स्थिति थी कि उसमें एक कटहा कुत्ता था, जो पुजारी को देखकर उसके पीछे पड़ जाता था, फलतः वह इतना उससे भीत हो गया था कि किसी प्रकार लुक-छिपकर अपनी भिक्षा वृत्ति करता। वह स्वैरिणी नायिका पुजारी की इस भीरु प्रकृति से खूब परिचित थी। एक दिन उस नायिका ने किया यह कि उस कुत्ते को घर में बाँध दिया और उस दिन जब वह धार्मिक पुनः भिक्षा माँगने आया, तब नायिका तो आज पहले से ही उसकी ताक में थी, आते ही उसने उस पुजारी को सम्बोधन कर उक्त पद्य का प्रयोग किया, जिसका भावार्थ यह है कि–'हे पुजारी ! अब निःशंक होकर आप भिक्षा वृत्ति निवाहें, वह कुत्ता जो आपको तंग किया करता था, एक मत्तसिंह द्वारा मार डाला गया। आजकल वह सिंह गोदावरी नदी के जलप्राय तट पर एक कुंज में रहा करता है।'

इस स्थल पर विश्लेषण करने पर उक्त सभी सूत्र या नियम स्पष्ट हो जाएँगे। (i) पहली बात यह कि यहाँ का व्यंजक अर्थ वाच्यार्थ है। (ii) दूसरी बात यह कि यहाँ के शब्दों का पर्याय भी रख दिया जाय, तो भी जब तक मूलवाच्यार्थ स्थिर रहेगा, वांछित व्यंग्यार्थ की प्राप्ति में कोई क्षति नहीं होगी। (iii) तीसरे यह देखना चाहिए कि इस वाच्यार्थ में व्यंजना की सामर्थ्य उत्पन्न करने वाले कौन से तत्त्व गृहीत हैं। (1) यहाँ पाठक को व्यंग्यार्थ प्रतीति तभी हो सकती है, जब वह **प्रतिभावान्** हो। इसके अतिरिक्त **'प्रस्ताव'** अर्थात् 'प्रसंग' की विशेषता से परिचित हो। इतना ही नहीं, **वक्ता** (नायिका) की व्यभिचार-परायण वृत्ति की उसे पूरी जानकारी हो, साथ-साथ उक्त वाक्य का प्रयोग जिस **पुजारी** (बोद्धव्य) को लक्ष्य करके किया जा रहा है, उसकी भीरु प्रकृति का भी उसे ज्ञान हो। यदि पाठक को इन तत्त्वों की विशेषताएँ ज्ञात न हों और ज्ञात होने पर भी वह सप्रतिभ नहीं हुआ, तो लाख सर पटकने पर भी उसे व्यंग्यार्थ की प्रतीति नहीं हो सकेगी। इन विशेषताओं से परिचित होने पर ही प्रकरण विशेष को देखकर पाठक को वाच्यार्थ ज्ञान मात्र से परितोष नहीं होता, उसकी बुद्धि इधर-उधर दौड़ने लगती है और अन्त में वह सन्तोष की साँस तब लेती है, जब प्रकरण में ठीक बैठ जाने वाला अर्थ झलक जाता है। यहाँ सभी विशेषताओं पर बुद्धि दौड़ाने से स्पष्ट झलकता है कि पुंश्चली नायिका उस कुंज में मत्त सिंह का निवास बताकर प्रधानतः उसे यह भय पैदा कर देना चाहती है कि वहाँ जाने पर सिंह उसे भी मार डालेगा। अतः इस भय से अब कुंज गमन कभी नहीं कर सकेगा। इस प्रकार यहाँ का व्यंग्यार्थ 'कुंजगमन के निषेध' में ही है।

पीछे व्यंजना की जो सामान्य परिभाषा बताई गई है, उस दृष्टि से इस अर्थ की परीक्षा करें, तो भी यह अर्थ उस निकष पर पूरा-पूरा उतर आता है। वहाँ कहा गया है कि व्यंग्यार्थ वही होता है, जो (i) केवल शब्दों के द्वारा ही बुद्धि में उपस्थित हो पाया हो, (ii) दूसरे यह कि वह शब्द की भी अभिधा, लक्षणा एवं तात्पर्य से उपलब्ध न हो सका हो, (iii) तीसरे यह कि वह अर्थ व्यंजक की सामर्थ्य से आया हो, मनमाना और हठात् न लाया गया हो। इन तीनों दृष्टियों से जब हम उक्त अर्थ की परीक्षा करते हैं (i) तब हमें स्पष्ट प्रतीत होता है कि इस अर्थ की प्राप्ति स्वैरिणी नायिका द्वारा प्रयुक्त शब्दों से ही हुई है, (ii) दूसरे यह कि इस अर्थ में उक्त शब्दों का 'संकेत' न होने के कारण अभिधा तो काम कर नहीं सकती। 'तात्पर्य' केवल दो या अनेक अभिधेय पदार्थों के सम्बन्ध नहीं है, अतः व्यंग्यार्थ तात्पर्य वृत्ति का भी साध्य नहीं है। वाच्यार्थ में किसी प्रकार का 'बाध' आदि न होने से अपने कारण के अभाव में लक्षणा भी नहीं हो सकेगी। (iii) तीसरे यह कि वाच्यार्थ की सामर्थ्य है। इस व्यंग्यार्थ के बोधन में, ऐसा नहीं कि हठात् खींचा गया हो, अतः किसी अर्थ को 'व्यंग्य' होने में जितनी शर्तें अपेक्षित हैं, वे सब वहाँ उपस्थित हैं। इसी अर्थ में उपयोगी शक्ति 'व्यंजना' शक्ति है।

इस व्यंजना वृत्ति के द्वारा रस, वस्तु एवं अलंकार—तीन प्रकार के अर्थ लाए जाते हैं। जहाँ तक 'रस' की बात है, वह वाचक-शब्दों द्वारा अर्थात् शब्दों की अभिधा-शक्ति से किसी तरह प्राप्त नहीं हो सकता। कारण यह है कि 'रस' की प्रतीति न तो उसके सामान्याभिधायी 'रस' शब्द के प्रयोग से हो पाती है और न तो विशेषाभिधायी 'शृंगार, वीर' आदि शब्दों के ही प्रयोग से हो पाती है। 'रस' की प्रतीति तो तभी हो सकती है, जब उसके विभाव, अनुभाव एवं संचारियों का प्रयोग हो। ये विभाव, अनुभाव एवं व्यभिचारी रस के व्यजक कहे जाते हैं, वाचक नहीं, जहाँ कहीं इन व्यंजक उपकरणों के साथ 'रस' आदि शब्दों का प्रयोग हो भी जाता है, वहाँ भी रस की प्रतीति रसादि वाचक शब्दों की महिमा से नहीं होती, बल्कि उक्त व्यंजक सामग्री से ही उसकी प्रतीति हो पाती है। इस प्रकार 'रस' की सत्ता का (अन्वय-व्यतिरेक या) होना न होना विभावादि व्यंजक सामग्री के होने न होने पर निर्भर है। अतः तीन प्रकार के व्यंग्यार्थों में से रस तो कभी भी अभिधेय नहीं हो सकता, रहे वस्तु और अलंकार। ये वाच्य भी होते हैं और व्यंग्य भी।[50]

लक्षणामूला व्यंजना

पीछे शाब्दी व्यंजना के जो भेद किए गए थे, उनमें से अभिधा मूल व्यंजना का विचार तो हो चुका, सम्प्रति, लक्षणामूला व्यंजना का विचार आरब्ध किया जा रहा है। लक्षणा शक्ति का सामान्य परिचय देते हुए यह बताया गया है कि लक्षणा दो प्रकार की होती है—निरूढ़ा तथा प्रयोजनवती। लक्षणामूला व्यंजना का सम्बन्ध केवल प्रयोजनवती

लक्षणा से है। वाचक शब्द ही जब जिस किसी विशेष प्रयोजन वश लक्षक का रूप धारण कर लेते हैं, तब उसी प्रयोजनांश की प्रतीति व्यंजना व्यापार द्वारा मानी जाती है। इस व्यंजना के उल्लास में लक्षणा ही मूल है, अतः इसे लक्षणामूला व्यंजना कहा जाता है। एक उदाहरण लीजिए—'पढ़ना हो, तब तो काशी ही दौड़ आती है, पर हमारी विपत्ति में न कोई आता है और न कम से कम यही पूछता है कि—'भाई। आप हैं कैसे ?' भयंकर स्वार्थ संसार के पोर पोर में भरा है।' यह किसी परोपकारी एवं विपन्न काशी के पण्डित का वाक्य है। इसमें 'काशी', 'संसार के पोर' और उसमें 'स्वार्थ' आदि ऐसे अभिधायक पद हैं, जो इस प्रसंग में अपनी अभिधायकता या अभिधावृत्ति का परित्याग करके किसी विशेष प्रयोजन की सिद्धि के लिए 'लक्षक' बन जाते हैं और 'लक्षणा' व्यापार से वांछित अर्थ की निष्पत्ति कराने लगते हैं। 'काशी' पद का अभिधेय अर्थ है 'काशी नगरी'। यह स्वयं जड़ है और हाथ, पाँव से विहीन, अतः उसका दौड़ कर आना सर्वथा सम्भव नहीं है, अतः निश्चित है कि यहाँ 'काशी' पद कुछ ऐसे लोगों का बोध कराता है, जिन्हें हाथ, पाँव हैं। इस प्रकार काशी पद अपनी अभिधावृत्ति के निष्फल होने पर लक्षणा की सहायता से काशीवासियों का बोध कराता है। यद्यपि 'काशीवासी' अर्थ का वाचक शब्द है, फिर भी वांछित अर्थ के अवाचक शब्द का प्रयोग क्यों किया गया ? विपन्न पण्डित कह सकता था, "अपने स्वार्थ से काशी के लोग चले आते हैं और विपत्ति पर नहीं।" पर इस ऋजु कथन से काशी के अधिक से अधिक लोगों की स्वार्थ-वृत्ति पर जो रोष है, वह व्यक्त न हो पाता। वाचक शब्द से स्वार्थियों की संख्यागत अधिकता न व्यक्त हो पाती, जो लक्षक शब्द से व्यक्त हो सकी है। स्वार्थियों की इसी अधिकता की प्रतीति कराना ही इस स्थल में लक्षणा का प्रयोजन है। यह प्रयोजनांश व्यंजनावादियों के मत से व्यंजना व्यापार का फल है।

अब कुछ ऐसे लोग हैं, जो व्यंजना के उक्त स्वरूप पर कुठाराघात करने के लिए बद्ध परिकर हैं। इस स्थल की व्यंजना का जो लोग खण्डन करते हैं। उनके मुख्यरूप से दो तर्क हैं (i) एक तो यह कि 'काशी' पद की लक्षणा से 'काशीवासी' अर्थ की प्रतीति हो और फिर 'काशीवासी' अर्थ की लक्षणा से प्रयोजनांश की प्रतीति हो। उत्तरोत्तर लक्षणा वृत्ति ही दोनों अर्थों की प्रतीति कराए, व्यंजना क्यों ? (ii) और दूसरा यह है कि एक ही बार में 'काशी' पद की लक्षणा शक्ति प्रयोजनांश से युक्त (लक्ष्य) अर्थ को विशिष्ट रूप (पृथक्-पृथक् नहीं) उपस्थित कर दे। उक्त रीति से प्रथम पक्ष दोनों स्तर के अर्थों को पृथक्-पृथक् रखकर क्रम से लक्षणा का बोध्य बनाना चाहता है, जब कि अन्तिम पक्ष दोनों को एक साथ जोड़कर विशिष्ट रूप में एक ही बार लक्षणा शक्ति से प्राप्त करा देना चाहता है। दोनों पक्षों में व्यंजनावादी दोष का उद्‌घाटन कराता है।

प्रथम पक्ष का कहना है कि जिस प्रकार वाच्यार्थ के अनन्तर वांछित

अन्वयोपयोगी अर्थ लक्षणा से आता है, उसी प्रकार इसके बाद प्रयोजनांश की भी लक्षणा से ही प्रतीत होनी चाहिए। पर देखना यह है कि जिस प्रकार अन्वयोपयोगी (काशीवासी) अर्थ की प्राप्ति के लिए लक्षणा जिन उपकरणों की अपेक्षा रखती है, वे सब के सब उपस्थित हैं, क्या वही स्थिति प्रयोजनांश की प्राप्ति में भी है ? कदापि नहीं। अन्वयोपयोगी (काशीवासी) अर्थ की उपलब्धि से पूर्व लक्षणा के तीनों उपकरण उपस्थित हैं। 'काशी' पद का वाच्यार्थ अन्वयानुपयोगी है, अतः मुख्यार्थ (के अन्वय का) बाध है ही। मुख्यार्थ एवं लक्ष्यार्थ में आधाराधेय भाव सम्बन्ध भी है और उपर्युक्त प्रयोजन तो निःसंदिग्ध है ही। इस प्रकार यहाँ तीनों उपकरण हैं, परन्तु अन्वयोपयोगी 'काशीवासी' अर्थ की उपलब्धि के अनन्तर न तो (i) अन्वय की अनुपपत्ति ही है (ii) न 'काशीवासी' से प्रयोजनांश का कोई सहृदयसम्मत सम्बन्ध ही है और न 'काशीवासी' अर्थ की प्रयोजनांश के लिए स्वीकार की जाने वाली लक्षणा में कोई अवान्तर प्रयोजन ही लक्षित होता है। दूसरा यह कि 'काशीवासी' स्वरूप यदि मुख्यार्थ होता, तब उसका बाध मुख्यार्थबाध कहा जाता है। 'काशीवासी' तो लक्ष्यार्थ है। इसे हठात् मुख्यार्थ मान भी लें, तो भी उसका बाध नहीं है। सारांश यह है कि प्रयोजनांश की प्राप्ति के लिए लक्षणा के उल्लासक तीन कारणों में से जब कोई भी कारण नहीं है, तो बलात् कैसे मान लिया जाय की 'काशीवासी' अर्थ की लक्षणा शक्ति से ही प्रयोजनांश की उपलब्धि हुई है और अकारण यदि कोई बात मान ली जाय, तो सारी व्यवस्था शिथिल हो जाती है। अतः ऐसी बात, जिससे एक व्यवस्थित पद्धति चली जाय और उसका कोई फल भी न हो, क्यों स्वीकार की जाय ?

द्वितीय तर्क है, 'प्रयोजनांश' से विशिष्ट 'अन्वयोपयोगी अर्थ' में लक्षणा मान ली जाय। इससे एक व्यापार कम करना पड़ेगा। पर यह पक्ष भी ठीक नहीं है। कारण यह है कि 'काशीवासी' अर्थ लक्षणा का विषय है और 'अधिक' लक्षणा का फल। कुछ प्राचीन मीमांसक तथा मम्मट आदि आलंकारिक लक्षणा को 'ज्ञान स्वरूप' मानते हैं। इस प्रकार यहाँ लक्षणा ज्ञान रूप है और 'काशीवासी' उसका विषय। आधिक्य की प्रतीति इसका फल है। ज्ञान से ज्ञान का फल सदैव भिन्न होता है और इसलिए दोनों की प्रतीति भिन्न कालिक होती है। उदाहरण के लिए नैयायिकों की दृष्टि से प्रत्यक्ष ज्ञान का विषय घट आदि विषय हैं और इस ज्ञान का फल है 'अनुव्यवसाय'[51] मीमांसक इसी प्रत्यक्ष ज्ञान का फल 'संविति'[52] को मानते हैं। इन स्थलों में भी ज्ञान के विषय से ज्ञान का फल भिन्न है और उसकी प्रतीति भी भिन्न-भिन्न काल में होती है। जब इन विषय तथा फल की प्रतीतियाँ भिन्न-भिन्न काल में होती हैं, तो निश्चय ही उनके कारण भी भिन्न-भिन्न होने चाहिए, क्योंकि यदि दोनों प्रतीतियों का कारण एक ही माना जाएगा, तब उसके कार्य रूप दोनों प्रतीतियाँ भी साथ ही होने लगेंगी और इससे होगा यह कि अनुभव-साक्षिक क्रम नहीं बन पाएगा। फलतः 'विशिष्ट' में लक्षणा स्वीकार करने वाला पक्ष भी अयुक्तियुक्त ही है।

सारांश यह कि प्रयोजनांश में शब्द (या अर्थ) का व्यंजना नामक व्यापार कार्य करेगा, लक्षणा किसी भी प्रकार उस कार्य में शक्त नहीं है।

इस अध्याय में व्यंजना के जितने प्रकार कहे गये हैं, एक तरफ यदि उन्हें रखें और दूसरी ओर अन्य शक्तियों को तो इस दृष्टि से भी व्यंजना मात्र अभिधा एवं लक्षणा से कई माने में भिन्न ठहरती है। अभिधा एवं लक्षणा दोनों को अपना आश्रय बनाने के कारण व्यंजना इन दोनों से भिन्न होगी। दूसरी बात यह है कि अभिधा एवं लक्षणा सदैव शब्दाश्रित रहने वाली शक्तियाँ हैं, व्यंजना तो केवल शब्दों में ही रहती है, सो नहीं, उससे आगे बढ़कर वह चेष्टा एवं राग आदि में भी रहती है। अतः इन दोनों की अपेक्षा व्यंजना एक व्यापक शक्ति है। इसका कार्य सहृदयों को निरन्तर अनुभूत होता रहता है। इसी व्यंजना के बल पर विदग्धों की गोष्ठी में अविदग्धों की कलई खुल जाती है, अतः न तो व्यंजना का खण्डन किया जा सकता है और न ही अन्य शक्तियों में अन्तर्भाव। व्यंजना एक स्वतन्त्र शब्द शक्ति है—इस सिद्धान्त में लेश मात्र भी सन्देश नहीं है।

यहाँ तक व्यंजना के तीनों रूपों—अभिधामूल व्यंजना, आर्थी व्यंजना तथा लक्षणा मूला व्यंजना—का उपपत्तियों के साथ सांगोपांग विचार समाप्त हुआ।

सन्दर्भ ग्रन्थ

1. शक्तिवाद की टीका (हरिनाथी) पृ. 1
2. व्यक्ति विवेक, प्र. वि., सं., पृष्ठ 105
3. मुक्तावली श.खं.पृ. 547—साचास्मात्पदादयमर्थो बोद्धव्य इतीश्वरेच्छारूपा
4. शक्तिवाद, सामान्यकाण्ड, पृ. 5, सं. 'तत्राधुनिक संकेतः परिभाषा तथा चार्थबोधकं पदं पारिभाषिकम्। ईश्वर संकेतः शक्तिः।'
5. इन्द्रियाणां स्वविषयेष्वनादिर्योग्यता यथा। अनादिरर्थै शब्दानां सम्बन्धो योग्यता तथा। 36 वीं का. पृष्ठ 248 पृ. वै. भूषणसार।
6. तस्मात्पदपदार्थयोः सम्बन्धान्तरमेव शक्तिः—पृ. 28 लघुमंजूषा।
7. यदि च पद शक्तिः पदार्थशे ज्ञाता न्यांशेवाज्ञातोपयुज्युते इति कुब्जशक्तिवादः—वै.भू.सा.345
8. सा च शक्तिः साधुष्विवापभ्रंशेष्वपि शक्तिग्राहकशिरोमणेर्व्यवहारस्य तुल्यत्वात—ल.म.463
9. वाचकत्वाविशेषोऽपि नियमः पापुण्ययोः—87, पृ. वही।
10. व्यक्ति विवेक, पृ. 39—अर्थोऽपि द्विविधो वाच्योऽनुमेयश्च। तत्र शुद्धव्यापारविषयो वाच्यः।
11. परिभाषेन्दुशेखर, 22वीं परिभाषा, पृष्ठ 164
12. निरुक्त 'सर्वशब्दं धातुजमाह'
13. मुक्तावली 550 पृ.
14. काव्यप्रकाश, दि.उ., पृ.33
15. मुक्तावली—पृ. 588, 82 वीं कारिका
16. रसगंगाधर, पृ. 185

17. सिद्धान्त कौमुदी, संज्ञाप्रकरण 1/4/14 सूत्र
18. मुक्तावली, पृ. 581, श. खण्ड
10. स्वायत्ते शब्द प्रयोगे किमित्यवाचकं पदं प्रयोक्षयामहे।—वै.भू.सा. की 'दर्पण' टीका, पृ. 335
20. अभिधेयेन सामीप्यात्सारूप्यात्समवायतः। वैपरीत्यात्क्रियायोगाल्लक्षणा पंचधा मता। पृष्ठ 28 ध्व. लोचन।
21. अभिधेयाविनाभूत प्रतीति लक्षणामता। —कुमारिल। प्रकाश में उद्धृत पृ. 50
22. मुक्तावली टीकाप्रभा—'मीमांसैकदेशिनस्तु शक्य-सम्बन्धो न लक्षणा, किन्तु स्वबोध्य-सम्बन्ध एव। पृ. 598
23. विशेष देखिए—'लक्षणा और उसका हिन्दी काव्य में प्रसार' लेखक का प्रबन्ध
24. तथापि वृत्त्या तत्पदजन्य पदार्थोपरिस्थितिः शाब्दबोधे कारणम्—मु.श.ख. पृ. 549
25. साहित्यदर्पण द्वि.प., 20वीं कारिका पृ. 92
26. विलक्षण एवायं कृति-ज्ञप्ति-भेदेभ्यः स्वादनाख्यः कश्चिद् व्यापारः। पृ. 106—साहित्यदर्पण वा 'रसव्यक्तौ' पुनर्वृत्तिं रसनाख्यां परे विदुः।। प.प., 5वीं कारिका
27. अभिधा भावना चैव तद्भोगीकृतिरेव च—रसगंगाधर में उद्धृत, पृ.29 प्र.आ.
28. The word व्यंजन literaly means 'making menifest, रस मीमांसा, परिशिष्ट 4734, पृष्ठ सं. 2006
29. स्वरूपं प्रकाशयन्नेव परावभासको व्यंजकः—ध्वन्यालोक, पृ. 437
30. रसगंगाधर, प्र. आ., पृ. 26
31. मुख्यार्थ बोधग्रहनिरपेक्षबोधजनकः मुख्यार्थसम्बद्धासम्बद्ध-साधारण-प्रसिद्धा प्रसिद्धार्थ-विषयकः 'वक्त्रादिवैशिष्ट्यज्ञानप्रतिभाद्युद्बुद्धसंस्कारविशेषो व्यंजना'—लघु मंजूषा का पृष्ठ 159
32. ध्वन्यालोक, प्रथम संस्करण
33. अ.को.नि.सा. का षष्ठ सं. पृष्ठ 279 का श्लोक 42
34. वही, पृ. 65, श्लोक 6
35. नैषधीय चरित, चरितचर्चा, 1912 नि.सा., 10 सर्ग, 68 श्लोक
36. Chamber's Twentinth Century Dictionary, p. 455
37. ध्व.आ.ला., पृष्ठ 92,194 का चौखम्भा संस्करण।
38. वही, पृष्ठ 1 लोचन का प्रथम मंगलाचरण।
39. वही, लोचन, 317 पृष्ठ
40. रसगंगाधर, प्र.आ., पृ.9
41. काव्यालंकार, पृ. 6
42. काव्य मीमांसा—'या शब्दग्राममर्थसार्थमलंकारतन्त्रमुक्तिमार्गमन्यदपि तथा विधमधिहृदयं प्रतिभासयति सा प्रतिभा' पृ. 11
43. काव्य प्रकाश में 'शक्ति' शब्द प्रतिभा से भिन्न अर्थ में गृहीत है।
44. चिन्तामणि-काव्य में अभिव्यंजनावाद, पृ. 210
45. यदुन्मीलनशक्त्यैव विश्वमुन्मीलति क्षणात्।
स्वात्मायतनविश्रान्तां वन्दे तां प्रतिभां शिवाम्। ध्व.लो. पृ. 60
अथवा—'कवेरवि सहृदयायतनसततोदित-प्रतिभाभिधानपरवाग्देवतानुग्रहोत्थित विचित्रापूर्वानिर्माण-शक्तिशालिनः प्रजापतेरिव कामजनित जगतः'। अभिनव भारती।
46. व्यंजना च द्वैधा शब्दनिष्ठार्थनिष्ठा चेति तत्राद्या द्विविधा-अभिधामूला, लक्षणामूला चेति-काव्य प्रदीप, पृ. 39

47. काव्य कल्पद्रुम

48. 'सर्वेषां प्रायशोऽर्थानां व्यंजकत्वमपीष्यते'–का.प्र., द्वि.उ. पृ. 28

49. वक्तृबोद्धव्यकाकूनां वाक्यवाच्यान्यसन्निधिः। प्रस्ताव-देश-कालादेर्वैशिष्ट्ययात्प्रतिभाजुषाम्। योऽर्थस्यान्यार्थधीहेतुर्व्यापारो व्यक्तिरेव सा। –का.प्र., तृ.उ. (वामनी टीका) चतुर्थ संस्करण

50. शक्तिशक्तियों के सविस्तर परिज्ञान के लिए देखिए–व्यंजना और नवीन कविता

51. टिप्पणी–अनुव्यवसाय–द्रष्टा के अन्तःकरण में किसी विषय के ज्ञान के अनन्तर उत्पन्न होने वाला तद्विषयक ज्ञान है। प्राथमिक ज्ञान का फल यह है।

52. संविति–मीमांसक 'ज्ञान' का फल द्रष्टा में नहीं, दृश्य विषय में मानते हैं। इसे वे लोग 'प्रकटता' के नाम से भी पुकारते हैं।

खण्ड-दो

भारतीय काव्यात्मवाद

भारतीय काव्यात्मवाद की भूमिका

काव्यात्मवाद से मेरा अभिप्राय भारतीय काव्यचिन्तन के सन्दर्भ में है—काव्य की सारवत्ता से सम्बद्ध काव्यचिन्तकों के विभिन्न विचार। यहाँ पर 'वाद' शब्द का प्रयोग 'तत्वबुभुत्सुओं की कथा' के रूप में नहीं है, प्रत्युत आग्रही पक्ष के अर्थ में है। यहाँ काव्य दृश्यात्मक भी है और श्रव्यात्मक भी, परन्तु काव्य में सारतत्त्व क्या है—यह प्रश्न विवादास्पद बना—श्रव्यकाव्य के ही सन्दर्भ में। बात यह है कि दृश्यकाव्य में कभी भी उसकी सारवत्ता विवादास्पद नहीं बनी। वहाँ सभी ने एकमत से यह स्वीकार किया कि नाट्य का इतिवृत्त उसका शरीर है और रस उसकी आत्मा। अतः वहाँ यह प्रश्न नहीं किया गया। श्रव्यकाव्य के विषय में यह प्रश्न अवश्य है। कारण, श्रव्यकाव्य प्रकीर्णक, मुक्तक, प्रबन्धात्मक—विभिन्न प्रकार का है। फलतः वहाँ वह सर्वसामान्य तत्त्व क्या है, जिसके कारण शब्दार्थ की संज्ञा 'काव्य' पड़ती है। वह कौन-सा तत्त्व है जिससे संवलित किए जाने पर शब्दार्थ काव्य संज्ञा के योग्य बनता है या जिससे रहित होने पर वह अकाव्य ही रह जाता है ? काव्य के स्वरूप निर्वचन के अवसर पर कहा गया है—

विशिष्ट शब्दार्थ काव्य है

विचारणीय यह है कि वैशिष्ट्य को क्या नाम दिया जाय ? इस प्रश्न पर विचार करते हुए कहा गया है कि यह अ-व्यक्तिगत चारुता है, जो शब्दार्थ में विद्यमान रहती है—तो उसे काव्य कहा जाता है और न हो तो अकाव्य। निष्कर्ष यह कि चारुता ही काव्य की आत्मा है। अलंकार तथा रीतिवादी इसे 'सौन्दर्य' शब्द से भी कहते हैं। ध्वनिवादी भी इसे मान्यता देते हैं। मतलब इसके सारतत्त्व होने में किसी को मतभेद नहीं है। मतभेद वस्तु के स्वरूप में क्या है—वह जो है वह है—विवाद वहाँ खड़ा होता है, जहाँ वह प्रतीति का विषय बनता है। प्रतीति में प्रत्येता की दृष्टि उसकी रुचियों और संस्कारों से रंजित हो जाती है और तब वस्तु के प्रतीत स्वरूप के विषय में मतभेद पैदा होता है। काव्य की सारवत्ता के सम्बन्ध में इन्हीं मतभेदों का यहाँ विवरण दिया जाएगा।

काव्य के घटक तमाम तत्त्व हो सकते हैं, पर जहाँ तक प्राचीन चिन्तकों का सम्बन्ध है–कहा गया है–

'अलंकार एव काव्ये प्रधानमिति प्राच्यानांमतम्'–अलंकार ही काव्य घटकों के बीच सबसे महत्त्वपूर्ण है–वही चारुता का स्रोत है। इन लोगों की दृष्टि में चारुता या कमनीयता या कान्ति स्वभाव–प्रसूत भी हो सकती है–परन्तु काव्यत्व व्यवहार में उसका कोई उपयोग नहीं है–उपयोग उस चारुता का है, जो अलंकार द्वारा उत्पादित या प्रवर्द्धित है। इसी आशय को व्यक्त करते हुए भामह कहते हैं–

"न कान्तमपि निर्भूषं विभाति वनितानम्।"

अर्थात् सहज कमनीयता से युक्त होकर भी वनिता का बदन यदि अलंकाररहित है, तो आकर्षक नहीं लगता। अलंकारवादियों की रुचि के अनुसार आकर्षण तो तभी होता है, जब उस पर अलंकार धारण किया जाय। इस विवेचन के आलोक में यह स्पष्ट है कि अलंकारवादियों की मान्यता के अनुसार काव्यत्वव्यपदेशहेतुभूत चारुता का स्रोत अलंकार ही है, अतः एक वाद यह हुआ कि अलंकार की चारुता का स्रोत है। इस सन्दर्भ में इस वाद को अलंकारवाद की संज्ञा दी गई।

दूसरे लोग ऐसे हैं, जो काव्य में सहज सौन्दर्य के पक्षधर हैं और उसका स्रोत गुण को मानते हैं। दृष्टान्त में वे यौवनगुण के कारण वनिता के आनन पर छाई हुई सहज कमनीयता की बातें करते हैं। यों कहने के लिए तो ये लोग रीति को काव्य की आत्मा मानते हैं अर्थात् 'विशिष्ट पद रचना' को ही काव्य की चारुता का स्रोत कहते हैं, पर पद-रचना में यह विशेषता गुणों के ही कारण आती है, अतः तत्त्वतः गुण ही चारुता के मूल स्रोत हैं। फलतः इन लोगों ने घोषणा की–

रीतिरात्मा काव्यस्य–

तीसरे वे लोग हैं–जो इनसे भी असहमत हैं। इनका पक्ष यह है कि 'गुण' और 'अलंकार'–जिन्हें शरीर भी नहीं, प्रत्युत शरीराश्रित धर्म के रूप में माना गया, उन्हें–शरीरी या आत्मा कैसे कहा जाये ? दूसरे उक्त दोनों मतों में चारुता या सौन्दर्य को शरीराश्रित माना गया है–जो अनुभव और तर्क से संगत नहीं है। अनुभव कहता है कि सौन्दर्य का सम्बन्ध शरीर से नहीं, अपितु शरीर की तह में रहने वाली चेतन सत्ता से है। शरीर से ही यदि सौन्दर्य का सम्बन्ध होता तो शव भी आकर्षक लगता–युवा का शव या युवती का शव शरीर तो है–क्या किसी को उसमें आकर्षण होता है ?

टिप्पणी–*इधर साहित्यशास्त्र के चिन्तकों के बीच काव्यशास्त्र के आरम्भ के विषय में दो परस्पर विरुद्ध धारणाएँ प्रतिष्ठित हुई हैं। डॉ. ग. त्र्यं. देशपाण्डे तथा डॉ. अशोक केलकर आदि की धारणा है कि काव्यशास्त्र उद्भूत हुआ नाट्यशास्त्र के क्रोड से–फिर स्वतन्त्र पल्लवित होता रहा। दूसरा पक्ष मानता है कि काव्य का शास्त्र काव्य के संदर्भ में स्वतन्त्र उद्भूत और विकसित हुआ। मेरा झुकाव दूसरे पक्ष की ओर है।*

नहीं। अन्वय-व्यतिरेक के आधार पर भी यही सिद्ध होता है कि चेतना रहती है, तो चारुता प्रतीत होती है और वह नहीं रहती–तो नहीं प्रतीत होती। इससे स्पष्ट है कि चारुता शरीरान्तर्वर्ती किसी शरीरातिरिक्त सत्ता से सम्बद्ध है। काव्य का शरीर है–शब्द और अर्थ। इसमें वाचक, लक्षक और वाच्य-लक्ष्य समाहित हैं। इनसे अतिरिक्त पर–इनके सहारे जो अर्थ इनकी तह में रहता है–वह है–प्रतीयमान अर्थ। यही प्रतीयमान अर्थ चारुता का स्रोत है। इन लोगों का मत है कि काव्य की यही सारसत्ता है–इसी को आत्मस्थानीय माना जाना चाहिए। फलतः इन लोगों ने स्वीकार किया–

काव्यस्यात्मा ध्वनिः

यही प्रतीयमान अर्थ जब काव्य में सर्वातिशायी होता है–तब ध्वनि संज्ञा से विभूषित किया जाता है।

चौथे ने कहा कि उक्त विचार भी संगत नहीं है। बात यह है कि आत्मा शरीरान्तर्वर्ती तो होता है, पर वह एक अखण्ड और निरतिशय होता है। प्रतीयमान अर्थ त्रिधा या अनेकधा विभाजित होता है–वस्तु, अलंकार और रस और फिर इनके भेद-उपभेद। इस विभक्ति या विभजनीय और सातिशय अर्थ को आत्मा किस प्रकार कहा जाय ? फलतः प्रतीयमान अर्थ को काव्य की आत्मा कहना संगत नहीं है–रस को काव्य की आत्मा माना जाना चाहिए। रस निरतिशय, एक और अखण्ड है। भट्टनायक आदि आचार्य इसी पक्ष के पुरस्कर्ता हैं। यही स्वर हमें ध्वनिवादियों के–'काव्यस्यात्मा स एवार्थः'–में भी सुनाई पड़ता है।

पाँचवें ने इसमें भी त्रुटि देखी और कहा कि आत्मा तो सर्वव्यापक होता है–फलतः काव्य संज्ञा से अभिहित होने वाली उक्ति मात्र में उसकी व्याप्ति होनी चाहिए–पर रसतत्त्व ऐसा व्यापक तत्त्व नहीं है।

कनक कनक ते सौगुनी मादकता अधिकाय।
या खाए बौराए हैं वा पाए बौराय।।

इसे काव्य माना जाता है, पर इसमें किस रस की स्थिति मानी जाय ? जैसे-तैसे किसी रस का संस्पर्श बता दिया जाय, तब तो ऐसा कुछ भी नहीं बचेगा, जो काव्य न बन जाय। अभिप्राय यह कि रस को काव्य की आत्मा उसकी अव्यापकता के कारण मानना ठीक नहीं। इसलिए वक्रता–शब्दार्थवर्ती वक्रता को ही काव्य की चारुता का स्रोत मानना उचित और तर्कसंगत होगा। जिस शब्दार्थ में बाँकपन होगा, वह काव्य होगा–उसमें बाँकपन के कारण चारुता होगी।

छठें ने इस पर भी आपत्ति की और कहा कि अलंकार गुण, प्रतीयमान और वक्रता–कुछ भी हो–जब तक वह औचित्य-सापेक्ष नियोजित नहीं होगा, तब तक चारुता का स्रोत नहीं हो सकता–फलतः जिस औचित्य की अपेक्षा सबको है–वह औचित्य ही अन्ततः अन्वय-व्यतिरेक में काव्य-गत चारुता का स्रोत जान पड़ता है। अतः क्षेमेन्द्र ने घोषणा की–औचित्यं रससिद्धस्य स्थिरं काव्यस्य जीवितम्–औचित्य

ही रससिद्ध काव्य का स्थिर जीवित है।

सातवें चिन्तक का कहना है कि यह पक्ष भी सन्तोषजनक नहीं है। कारण, औचित्य का ध्यान किसी भी उक्त तत्त्व के सन्नियोजन में रखा गया है या नहीं–इसका पता तज्जन्य चमत्कारपूर्ण प्रभाव में है। फलतः यह चमत्कार जब तक प्रतीतिपथावतीर्ण न हो, तब तक औचित्य का निर्वाह हुआ या नहीं–यह कैसे तय हो ? अतः महत्ता या सारसत्ता उसकी क्यों न मानी जाय–जिसका मुखापेक्षी औचित्य भी हो। इस प्रकार यह घोषित हुआ–

काव्यस्यात्मा चमत्कृतिः

अथवा– वागर्थौसचमत्कारौ काव्यं काव्यविदो विदुः

उक्त पक्षों को संपिडित करके कहा जाय तो यही कहा जाएगा कि काव्यात्मवाद के रूप में कुल सात वाद हैं–

अलंकारवाद

रीतिवाद

ध्वनिवाद

रसवाद

वक्रोक्तिवाद

औचित्यवाद

तथा–चमत्कारवाद।

मेरा विचार यह है कि इन पक्षों को यदि परस्पर प्रतिस्पर्द्धी पक्ष माना जाय तो औचित्य और चमत्कार को इस घेरे से बाहर करना होगा। कारण यह है कि औचित्य सर्वोपकारक है और चमत्कार सबका साध्य। अतः साधन और साध्य जो सभी का हो–प्रतिस्पर्द्धी कैसे कहा जाएगा ? प्रतिस्पर्द्धी न होने पर उनके बीच परिगणन असंगत है। इसलिए कुल मिलाकर पाँच वाद ही माना जाना चाहिए।

प्रो. गणेश त्र्यम्बक देशपाण्डे ने अपने भारतीय साहित्य शास्त्र में कहा है कि यहाँ 'वाद' शब्द ISM का रूपान्तर है और उसके पीछे विदेशी कूटनयिक दृष्टि है। ये विदेशी या विदेशी प्रभावापन्न व्यक्ति भारत के प्रत्येक क्षेत्र में खण्डरूपता देखते हैं और दिखाना चाहते हैं। वस्तुतः यहाँ के चिन्तकों में काव्य की आत्मा के सम्बन्ध में मतवाद है ही नहीं। उन सबके बीच एक ही वाद है या सिद्धान्त है और वह है–रस का। अलंकारवादी हों रीतिवादी, ध्वनिवादी हों या रसवादी–अथवा वक्रोक्तिवादी ही क्यों न हों ?–ध्यान से देखा जाय तो रस की चर्चा सभी करते हैं और प्रमुखता भी देते हैं। उदाहरणार्थ–जब वामन कहता है–

काव्येषु दशरूपकं श्रेयः

अर्थात् काव्य में दशरूपक ही उत्तम है–तब इस उत्तमता का प्रतिमान क्या हो सकता है ? सिवा इसके कि वह रसमय है। भामह आदि जब प्रबन्धकाव्य में–

रसैश्च सकलैः पृथक्—की अनिवार्यता निरूपित करते हैं, तब क्या रस को महत्त्व नहीं देते ? ध्वनिवादी और रसवादी तो अन्ततः रस को ही काव्य का प्रतिपाद्य मानते हैं। कुन्तक भी वक्रता का पर्यवसान 'लोकोत्तराह्लाद' में ही समझते हैं। औचित्य रस की परा उपनिषद् है और चमत्कार रस का सार। इस प्रकार रस ही एकमात्र भारतीय काव्यचिन्तन में काव्य की सारसत्ता के रूप में प्रतिपादित हुआ है। काव्य का एकमात्र यही पक्ष है।

इस वक्तव्य के विपक्ष में तर्क और प्रमाण दोनों हैं। तर्क यही है कि उक्त पाँचों ने लगभग कण्ठरवेण यह स्वीकार किया है कि काव्य की आत्मा, रीति, ध्वनि, वक्रोक्ति आदि हैं। दूसरे वह वामन जो क्रान्ति और ओज गुण सम्पन्न गौडीया रीति को अनात्मभूत कहता है—वह रस को महत्त्व किस प्रकार दे सकता है ? कान्ति गुण दीप्त रसता है और गौड़ी उससे सम्पन्न है—फिर रसवत्ता को सार मानने वाला वामन उससे सम्पन्न रीति को अनात्मभूत कैसे कहेगा ? तीसरे इस तथ्य का प्रमाण भी भारतीय चिन्तन में उपलब्ध है कि यहाँ के चिन्तक काव्य या विशिष्ट शब्दार्थगत वैशिष्ट्य के विभिन्न स्रोत मानते हैं। अलंकार सर्वस्वकार रुय्यक के टीकाकार समुद्रबन्ध ने कहा है—

'इह विशिष्टौ शब्दार्थौ काव्यम्। तयोश्च वैशिष्ट्यं धर्ममुखेन, व्यापार मुखेन, व्यंग्यमुखेन चेति त्रयः पक्षाः। आद्येऽप्यलंकारतः गुणतो चेति द्वैविध्यम्। द्वितीयेऽपिभणिति वैचित्र्येण भोगकृत्वेन चेति द्वैविध्यम्। इति पंचसु पक्षेषु आद्यः उद्भटादिभिरङ्गीकृतः, द्वितीयो वामनेन, तृतीयो वक्रोक्ति जीवितकारेण, चतुर्थो भट्टनायकेन, पंचमः आनन्दवर्द्धनेन'—अर्थात् विशिष्ट शब्दार्थ ही काव्य है। इनका वैशिष्ट्य तीन स्रोतों से सम्भव है—धर्म द्वारा व्यंग्य द्वारा और व्यापार द्वारा। प्रथम पक्ष में दो प्रकार हैं—अलंकारात्मक और गुणात्मक धर्म। दूसरे पक्ष में भी दो रूप हैं—भणिति वैचित्र्य या वक्रतानामक कविव्यापार अथवा भावक का भावन या रसव्यापार। पाँचवाँ पक्ष है—व्यंग्य। इस प्रकार उद्भटादि का पहला पक्ष, वामन का दूसरा पक्ष, वक्रोक्तिकार का तीसरा पक्ष, भट्टनायक का चौथा पक्ष और आनन्दवर्द्धन का पंचम पक्ष। निष्कर्ष रूप में भारतीय काव्यचिन्तन में भी पाँच पक्ष स्पष्ट हैं।

इस पर से डा. नगेन्द्र का पक्ष यह कि वस्तुतः दो ही पक्ष हैं—एक निर्माण पक्ष से और दूसरा ग्रहण पक्ष से। निर्माणपक्ष से अलंकारवाद और ग्रहण पक्ष से रसवाद। बात इस प्रकार है कि भामह-उद्भट आदि तो अलंकार को महत्त्व देते ही हैं, वामन भी सौन्दर्य और सौन्दर्य साधन को अलंकार ही मानते हैं। कुन्तक तो 'वक्रोक्तिरलं कृतिः' कह ही रहे हैं। अतः निर्माण पक्ष से विचार करने वाले इन आचार्यों को एक ही पक्ष के अन्तर्गत रखा जा सकता है और वह है—अलंकारवाद। इसी प्रकार ग्रहण पक्ष से विचार करने वालों में ध्वनिवादी अन्ततः रसध्वनि को ही काव्य की आत्मा मानते हैं।—रसवादी तो रस को मानते ही हैं। निष्कर्ष यह कि इन दोनों को रसवादी

ही कहना चाहिए। इस प्रकार कुल दो ही पक्ष हुए। पण्डित नन्ददुलारे वाजपेयी का कहना है कि तत्त्वतः देखा जाय तो निर्माण की ओर से कवि का अखण्ड काव्य व्यापार होता है—उसमें अलंकार और रस अविच्छेद्य रूप से एक वद्भावापन्न होते हैं—भेद होता ही नहीं—अतः पक्ष या सिद्धान्त तो एक ही है—रसवाद।

इन दोनों चिन्तकों के विपक्ष में इतना ही कहना है कि उद्भट, वामन और कुन्तक ने शब्द तो एक ही प्रयुक्त किया है—अलंकार, पर अर्थतः वे भिन्न-भिन्न हैं। उद्भट की अलंकार सम्बन्धी धारणा बहुत व्यापक है। वामन व्यापक और सीमित—दोनों रूपों में मानते हैं और कुन्तक की वक्रोक्ति वर्ण से लेकर प्रबन्ध तक व्याप्त रहती है। अतः बुद्धिपूर्वक विचार करने के सन्दर्भ में अन्तर हो—तो उसे स्पष्ट करना चाहिए—न कि उसे उपेक्षित करना चाहिए। ऐसा करने से विचार की सार्थकता नहीं होती। आचार्य वाजपेयी का पक्ष भी तात्त्विक दृष्टि से ठीक है, पर अपोद्धारबुद्ध्या विश्लेषणात्मक विचार के व्यावहारिक धरातल पर नहीं। तत्त्वतः ब्रह्मबुद्धि ठीक है—पर व्यवहार में तो विशेष या भेद ही रहेगा। विशेष की भी व्यावहारिक स्थिति मानकर तत्त्वतः सामान्य रूप से प्रतिष्ठित ब्रह्मबुद्धि की जा सकती है। इस प्रकार मेरे विचार से काव्यात्मा के सम्बन्ध में निम्नलिखित पाँच पक्ष ही हो सकते हैं—

अलंकारवाद
रीतिवाद
वक्रोक्तिवाद } निर्माण पक्ष से

ध्वनिवाद
रसवाद } ग्रहण पक्ष से

(औचित्य—आलोचना के पक्ष से)

भारतीय काव्यात्मवादों का तुलनात्मक अनुशीलन

भारतीय आचार्यों ने काव्य की आत्मा या सारसत्ता अथवा केन्द्रीय तत्त्व पर विचार करते हुए जिन पक्षों को सामने रखा है—उन्हें काव्यात्मवाद सम्बन्धी चिन्तन की परिधि में गृहीत किया जाता है। काव्य 'उक्ति विशेष' का नाम है, पर ऐसा 'उक्तिविशेष', जिसमें काव्योचित 'सौन्दर्य' हो, चारुता हो, प्रभावित करने की रसात्मक क्षमता हो। वस्तुतः यही 'चारुता' या सौन्दर्य काव्य का सारतत्त्व है—इसी से संवलित उक्ति, उक्ति विशेष है—वही काव्य है। उसी काव्योचित चारुता के प्रकाशन में तत्पर शब्दार्थ या उक्ति हो तो काव्य और न हो तो अकाव्य। व्यावहारिक अभिव्यक्ति केवल आशय व्यक्त करती है—अभिव्यक्ति के ढंग को कलात्मक बनाना उसका लक्ष्य नहीं होता। वैज्ञानिक या दार्शनिक भी अभिव्यक्ति करता है, परन्तु वह तथ्य या तथ्याधृत चिन्तन की वस्तुमुखी पद्धति पर अभिव्यक्ति करता है। व्यावहारिक भूमिका का वक्ता तथा वैज्ञानिक और दार्शनिक वर्ण्यगत सत्य को दृष्टिगत रखते हैं और उसी की यथावत् अभिव्यक्ति करते हैं, कलाकार या कवि वर्ण्यगत सौन्दर्य का साक्षात्कार करता है—वह ऐसी मनोभूमिका पर प्रतिष्ठित रहता है कि उससे आंजी हुई प्रतिभा की आँखों से वर्ण्यगत सौन्दर्य का साक्षात्कार हो जाता है—कलाकार उसी सौन्दर्य में लिपटे हुए या सौन्दर्यमय वर्ण्य की अभिव्यक्ति करता है—अतः ऐसी उक्ति या वर्णना काव्यात्मक मानी जाती है। निष्कर्ष यह कि काव्य यदि उक्ति विशेष है, तो उसका केन्द्रीय सारतत्त्व 'सौन्दर्य' है। इस बिन्दु पर सभी आचार्य एक हैं।

मतभेद इस पर खड़ा होता है कि उस काव्योचित चारुता का स्रोत क्या है, काव्योचित चारुता क्या है ? वह रहता कहाँ है ? आदि-आदि। काव्य के नाट्यरूप को लेकर मतवाद प्रादुर्भूत नहीं हुआ इस सन्दर्भ में तो 'रस' को ही आत्मस्थानीय कहा गया, किन्तु काव्य के श्रव्यात्मक रूप की विभिन्न विधाओं के सन्दर्भ में मतभेद अवश्य व्यक्त किए गए।

सर्वप्रथम, जिन आचार्यों की कृतियाँ उपलब्ध हैं, उनको देखते हुए प्रतीत होता

है कि वे आचार्य काव्य में 'चारुता' का स्रोत अलंकार को मानते हैं। अलंकार सर्वस्वकार रुय्यक ने कहा है–

"अलंकार एव काव्ये प्रधानमिति प्राच्यानां मतम्"

अर्थात् अलंकार ही काव्योचित चारुता के मूल स्रोत हैं। दूसरा वर्ग आया और इसने इनका विरोध करते हुए यह प्रतिपादित किया कि अलंकार नहीं, काव्योचित सहज चारुता के स्रोत गुण हैं–अलंकार तो गुण के कारण स्फुरित सौन्दर्य की वृद्धि करते हैं। यदि गुण के कारण सहज सौन्दर्य की सत्ता ही न हुई, तो अलंकार बढ़ाएगा किस सौन्दर्य को ? विपरीत इसके अलंकारवादियों की मान्यता यह थी कि स्वाभाविक सौन्दर्य काव्योचित चारुता है ही नहीं–

न कान्तमपि निर्भूषं विभाति वनिताननम्

जिस प्रकार सहज कमनीयता से युक्त होकर भी वनिता का आनन चारुतावह नहीं प्रतीत होता–अलंकारवादियों को नहीं रुचता उसी प्रकार सहज सौन्दर्य से युक्त होकर भी उक्ति तब तक आकर्षक नहीं लगती, जब तक अलंकार के कारण उसमें कलोचित चारुता नहीं उभरती।

गुणवादी या रीतिवादी आचार्यों का कहना है कि जिस प्रकार कामिनी में तारुण्य नामक गुण से स्वतः समुच्छ्वसित सहज सौन्दर्य की महत्ता है, वैसे ही काव्य में भी गुण-प्रसूत सहज सौन्दर्य ही काव्योचित सौन्दर्य है। यदि यह मूलभूत सहज सौन्दर्य ही न होगा, तो अलंकार संवर्धन किस सौन्दर्य का करेंगे ? इसीलिए ये गुण या रीतिवादी आचार्य मानते हैं कि काव्य में शोभाधायक धर्म को गुण कहते हैं और उसको बढ़ाने वाले को अलंकार। फलतः काव्य में गुण ही प्रमुख है–अलंकार गौण है।

अलंकारवादी आचार्य, सच पूछिए तो गुण और अलंकार का अन्तर ही नहीं मानते। अलंकारवादी उद्भट कहता है कि गुण और अलंकार का भेद काव्य में मानना एक गड्डरिका प्रवाह है–उसमें कोई तार्किक संगति नहीं है। व्यवहार जगत् में तो गुण और अलंकार का अन्तर दिखाई पड़ता है, पर काव्य में नहीं। व्यवहार में अलंकार शरीर से हटाया भी जा सकता है और शरीर पर डाला भी जा सकता है, पर क्या काव्य में यह सम्भव है कि 'कनक कनक ते सौ गुनी...' जैसी काव्यात्मक उक्ति से यमक को हटाया जाय, फिर शब्दार्थ रूपी शरीर पर डाल दिया जाय ? नहीं। तब जो बात गुण के लिए सही है, वही अलंकार के लिए भी। गुण और अलंकार दोनों ही शब्दार्थ शरीर से अविच्छेद्य हैं–साथ ही काव्योचित चारुता के स्रोत भी। इसीलिए इन्हें अलग-अलग धर्म मानना अयुक्तिसंगत है। पर गुण या रीतिवादी हैं कि उन्हें इनकी बात पसन्द नहीं आती और वे गुण तथा अलंकार का अन्तर करके चलते हैं।

इस प्रकार जहाँ अलंकारवादी कृत्रिम चारुता को महत्त्व देता है और उसका स्रोत अलंकार मानता है, वहाँ रीति या गुणवादी सहज सौन्दर्य को महत्त्व देता है

और उसका स्रोत गुण को मानता है। एक गुण और अलंकार में अन्तर नहीं मानता, दूसरा अन्तर मानता है। भामह के प्रसाद, माधुर्य तथा ओज अभिव्यक्ति के ही धर्म हैं—शरीर धर्म के रूप में ही निरूपित है। जहाँ अलंकारवादी भामह तीन ही गुण मानते हैं, वहाँ रीतिवादी वामन बीस गुण मानते हैं। जहाँ तक अलंकार स्वरूप का सम्बन्ध है अलंकारवादी भामह कहता है—'वक्रामिधेयशब्दोक्तिरिष्टावाचामलं कृतिः'—वाणी का अलंकार है—वक्र शब्दार्थोक्ति। रीतिवादी अलंकार की परिभाषा देता है—तदतिशय हेतवस्त्वलंकाराः—गुण के कारण स्वतः समुच्छ्सित सौन्दर्य को बढ़ाने में जो योग दे वह अलंकार।

वास्तव में चाहे गुणवादी हो अलंकारवादी—दोनों ही अलंकार शब्द का प्रयोग 'सौन्दर्य' तथा 'सौन्दर्यसाधन' के अर्थ में करते हैं—फिर भी थोड़ा अन्तर है। सौन्दर्य के अर्थ में तो अलंकार शब्द का प्रयोग है ही, पर जहाँ भामह 'शब्दार्थालंकार' के ही अर्थ तक अलंकार को सीमित करते हैं, वहाँ वामन व्यापक और सीमित—दोनों अर्थों में अलंकार का प्रयोग करते हैं। व्यापक अर्थ में दोषाभाव, गुण तथा अलंकार—तीनों ही सौन्दर्यसाधन होने के कारण अलंकार कहे गए हैं—सीमित अर्थ में तो अलंकार है ही। एक भ्रम अवश्य होता है, जब वामन कहते हैं—'सौन्दर्यमलंकारः' तथा 'काव्यं ग्राह्यलंकारात्'—तब इसे सुनकर लगता है कि वामन को भी भामह की तरह 'अलंकार' में ही आस्था है, पर वामन के ग्रन्थों के पूर्वापर आलोचन से ज्ञात होता है कि अलंकार की सीमा में वह 'गुण' को भी लेते हैं। वामन की दृष्टि से व्यापक अर्थ में गृहीत होने वाले सौन्दर्यसाधनात्मक अलंकार की सीमा में 'गुण' का भी समावेश है। अतः ऐसी भ्रान्ति आपाततः ही है, अन्ततः नहीं।

भामह अलंकार मात्र के मूल में 'वक्रता' या 'अतिशय' की स्थिति मानते हैं और उसका अर्थ 'शब्दार्थ की लोकोत्तर स्थिति' स्वीकार करते हैं। यह वही लोकोत्तरस्थिति है, जिसकी चर्चा पहले की जा चुकी है। वास्तव में वर्ण्यगत सौन्दर्य की अभिव्यंजना में वाणी भी सुंदर या लोकोतर हो उठती है। जब तक वाणी में यह लोकोत्तरता कल्पना के बल पर उद्रिक्त नहीं होगी, तब तक किसी भी अलंकार की स्वरूप निष्पत्ति नहीं हो सकती। वक्रोक्ति की बात वामन भी करता है, किन्तु उसका आशय है—

'सादृश्याल्लक्षणा वक्रोक्तिः'

सादृश्यमूलक लक्षणा का प्रयोग ही इनके यहाँ वक्रोक्ति है। शब्द की केवल सादृश्यमूलक लक्षणा शक्ति के बल पर जब उक्ति वक्रता ग्रहण करती है—तब उसे वक्रोक्ति कहा जाता है।

'सौन्दर्य' के स्वरूप और आश्रय के सम्बन्ध में प्रायः दोनों अलंकारवादी और रीतिवादी एकमत हैं। प्रायः इसलिए कि जहाँ एक अर्थात् रीतिवादी 'सहज सौन्दर्य' को काव्य के लिए उपादेय मानता है, वहीं दूसरा 'उपार्जित सौन्दर्य' को। वैसे विचार

किया जाय तो वामन या रीतिवादी आचार्य भी उसी सौन्दर्य को महत्त्व देते हैं, जो काव्यगुणों से उत्पन्न होते हैं और इन गुणों में अनेक अलंकारात्मक भी हैं। इस अन्तर के साथ समानताएँ अनेक हैं। दोनों ही सौन्दर्य का आश्रय शरीर अर्थात् शब्दार्थ को ही मानते हैं और स्रोत भी ऐसे धर्म को जो शरीर पर रहते हैं कारण और कार्य को एक ही आधार में रहना भी चाहिए। 'सौन्दर्य' भी देहगत और सौन्दर्य स्रोत भी। वह सौन्दर्य स्रोत गुण हो या अलंकार–यह एक दूसरी बात है। जब 'सौन्दर्य' का 'आश्रय' देह या शरीर को कहा जाता है, तब भी उनका आशय समझना चाहिए। शब्दार्थात्मक शरीर की इनकी सीमा है। ये आचार्य शब्द की व्यंजना शक्ति से अपरिचित है–फलतः वे अभिधा और लक्षणा का ही रूप जानते हैं। अतः शब्दार्थ रूप शरीर से इनका आशय वाचक तथा लक्षक शब्द, वाच्य तथा लक्ष्य–अर्थ और अभिधा तथा लक्षणा शक्ति यहीं तक है। उभयसम्मत देह या काव्य शरीर शब्दार्थ की सीमा यही है।

अलंकारवादी इस सौन्दर्य का स्रोत अलंकार को मानते हैं और यह भी मानते हैं कि जो सौन्दर्य स्रोत है–वह सब अलंकार है। इनकी दृष्टि से रीति या वृत्ति यदि सौन्दर्य स्रोत है, तो वह भी अलंकार। ध्वनिवादियों की ध्वनि भी अप्रस्तुत प्रशंसा की भाँति अलंकार। इनका कहना है, प्रयोक्ता कवि शब्दार्थ की समस्त क्षमता के साथ की गई प्रयोगभंगिमा को जब अलंकार मानता है–तब ध्वन्यात्मक या व्यंजनात्मक क्षमतामूलक वाग्भंगिमा भी अलंकार ही है, जब वाग्भंगिमा मात्र अलंकार है और ध्वन्यात्मक प्रकार से कथन भी भंगिमा विशेष ही है तो वह अलंकार क्यों नहीं ? रस को तो ये रसवदलंकार कहते ही हैं। वक्रता समस्त अलंकारों की मूलवर्तिनी विशेषता है। औचित्यपूर्वक नियोजित अलंकार ही वस्तुतः अलंकार है। इस प्रकार ये अलंकारवादी सभी सौन्दर्यस्रोतों को अलंकार ही समझते हैं।

इसी प्रकार रीतिवादी आचार्य वामन ने काव्य की आत्मा रीति घोषित की है और रीति है–विशिष्ट पद रचना। पद रचना का वैशिष्ट्य या 'विशेष' है–गुण। इन गुणों की संख्या है–बीस। दस शब्द गुण और दस अर्थगुण। नाम हैं उनके–श्लेष, प्रसाद, समता, माधुर्य, सौकुमार्य, अर्थव्यक्ति, उदारता, ओज, कान्ति तथा समाधि। जहाँ अलंकारवादी तीन गुण मानते थे, वहाँ वामन ने बीस गुणों की चर्चा की और प्रयत्न किया कि इन बीस गुणों में ही समस्त सौन्दर्य स्रोतों का समावेश हो जाय। प्रकाशकार मम्मट आदि ने विश्लेषणपूर्वक दिखाया है कि इन बीस गुणों के अन्तर्गत समाधि दशा से लेकर दोष, दोषाभाव, अलंकार, ध्वनि, रस आदि सबका समावेश है। कहने का आशय यह कि अलंकारवादियों की भाँति रीतिवादियों ने भी प्रायः समस्त सौन्दर्य स्रोतों का गुण के ही अन्तर्गत समाविष्ट करने का प्रयत्न किया है।

काव्यरीति या मार्ग के नाम पर अलंकारवादियों ने जहाँ 'दो' 'वैदर्भ' तथा 'गौड़' का ही उल्लेख किया था, वहाँ वामन ने तीन का उल्लेख किया–वैदर्भी, गौड़ी तथा

लाटी। अन्तर यह भी कि जहाँ वे अलंकार को आत्मस्थानीय मानते थे, वहाँ रीति वादी वामन ने 'रीति' अथवा 'गुण' को आत्मस्थानीय कहा। जहाँ उन लोगों ने दो ही मार्ग या रीतियों का उल्लेख किया, वहाँ इन्होंने तीन। एक बात विशेष यह कि वामन 'रीति' को काव्य की आत्मा अवश्य कहते हैं, परन्तु वस्तुतः समग्रगुण गुम्फित वैदर्भी को ही केवल काव्य की आत्मा घोषित करते हैं—न कि शेष दो—गौड़ी और लाटी को। ये दोनों रीतियाँ केवल दो-दो गुणों से ही युक्त हैं—गौड़ी में—ओज और कान्ति तथा लाटी में सौकुमार्य एवं माधुर्य कान्ति नामक गुण का लक्षण है—दीप्त रसता। अर्थात् रसमयी होने पर भी गौड़ी को अनात्मभूत रीति कहना रसतत्त्व के प्रति कुछ विचित्र उदासीनता बरतनी है।

इस प्रकार अलंकार तथा रीतिमत के समान और असमान बिन्दुओं को दृष्टिगत रखकर इनका तुलनात्मक विवेचन किया गया। सम्प्रति, ऐतिहासिक क्रम में आने वाले ध्वनिमत को लिया जाय। काव्य का केन्द्रीय तत्त्व 'चारुता' है। इस तथ्य से ध्वनिकार भी सहमत हैं, परन्तु इस अन्तर के साथ कि जहाँ देहवादी अलंकारवादी एवं रीतिवादी सौन्दर्य को देहगत—काव्यशरीर गत—वाचक तथा लक्षक एवं वाच्य लक्ष्य गत—मानते हैं, वहाँ ध्वनिवादी इसका निषेध करते हैं और प्रतिष्ठापना देते हैं कि काव्योचित चारुता का स्रोत व्यंजकत्व है, शरीराश्रित गुण या अलंकार नहीं। ध्वनिवादियों ने 'सौन्दर्य' का सम्बन्ध देह से नहीं, देह में निहित 'प्रतीयमान' या 'व्यंग्य' अर्थ से स्थिर किया और बताया कि सौन्दर्य का सम्बन्ध देह से नहीं, देह में व्याप्त आत्मा से है। उन्होंने तर्क दिया कि यदि 'सौन्दर्य' का सम्बन्ध शरीर या देह से ही होता, तो श्मशान स्थित देह या शवात्मक देह से भी सौन्दर्य का सम्बन्ध देखा जाता। होता यह है कि शव को चाहे जितने भी अलंकार पहनाए जाएँ, सौन्दर्य का न तो उद्रेक होगा और न ही वृद्धि। लगता है कि देह से अतिरिक्त कोई तत्त्व है, जिसके हट जाने से सौन्दर्य अव्यक्त हो जाता है और जिसके आ जाने से सौन्दर्य व्यक्त हो जाता है। इस अन्वयव्यतिरेक से यह स्पष्ट है कि सौन्दर्य का सम्बन्ध देह (वाचक-लक्षक) से नहीं, देह में निहित आत्मस्थानीय 'प्रतीयमान' (व्यंग्य) अर्थ से है। इसीलिए ध्वन्यालोककार ने कहा—

"प्रतीयमानं पुनरन्यदेव वस्त्वस्ति वाणीषु महाकवीनाम्।
यत्तत्प्रसिद्धावयवातिरिक्तं विभाति लावण्यमिवांगनासु।।" ध्व. प्र. उ.

महाकवियों की वाणी में वाच्य और लक्ष्य से अतिरिक्त प्रतीयमान नामक कोई और ही तत्त्व निहित रहता है, जो वाचक और लक्षक जैसे प्रसिद्ध अवयवों में अन्तर्भूत नहीं हो सकता। निष्कर्ष यह कि काव्य के केन्द्रीयतत्त्व 'चारुता' का सम्बन्ध शरीर से नहीं, शरीर में निहित आत्मा से है और यह आत्मा है—प्रतीयमान अर्थ। काव्योचित सौन्दर्य का आधार है—प्रतीयमान अथवा व्यंग्य और स्रोत है—व्यंजकत्व-व्यंजना। इसका अन्तर्भाव न तो अभिधा में सम्भव है और न ही लक्षणा में। अभिधा में इसलिए

सम्भव नहीं कि एक ही शब्द की अभिधा और व्यंजनात्मक शक्तियों से परस्पर विरोधी अर्थ प्रतीत होते हैं। लक्षणा के लिए मुख्यार्थ बाध अपेक्षित है, जबकि व्यंजना के लिए नहीं। लक्षणा में प्रतीति बाधित होती है, जबकि व्यंजना में प्रतीत। अभिधा पहले कार्य करती है, व्यंजन नाद में। अभिधा को समझने वाला 'बोद्धा' मात्र कहा जाता है, जबकि व्यंजना को ग्रहण करने वाला 'विदग्ध'। निष्कर्ष यह कि क्रमागत अभिधा और लक्षणा से गतार्थ न होने वाली, किन्तु अवश्य स्वीकार्य व्यंजना की अतिरिक्त सत्ता माननी ही होगी।

इसी व्यंजना के आधार पर काव्य की आत्मा-ध्वनि की स्थापना ध्वनिकार करते हैं और अलंकार तथा गुणवादियों से अपने को पृथक् करते हैं। ध्वनि का विरोध करने वाले कई वर्ग हैं—अभाववादी, भक्तिवादी तथा अनिर्वचनीयतावादी। अभाववादी कहते हैं कि सौन्दर्य का स्रोत हो और फिर भी ध्वनि हो—ऐसा सम्भव नहीं। बात यह है कि चारुता दो प्रकार की है—स्वरूपनिष्ठ और संघटनानिष्ठ। स्वरूपनिष्ठ चारुता का स्रोत है—अंलकार और संघटनानिष्ठ चारुता का गुण। अतः काव्य में कुल ये ही तत्त्व हैं—सौन्दर्य, सौन्दर्य स्रोत-गुण और अलंकार तथा आश्रयशब्द और अर्थ। ध्वनि इन्हीं में से किसी का नया नाम है—अतिरिक्त अर्थ नहीं। ध्वनिकार विदग्ध-प्रतीति के बल पर ऊपर गिनाए हुए उपकरणों से भिन्न 'प्रतीयमान' अर्थ की खोज करता है और प्रमाण में वैयाकरणों के 'स्फोट' सिद्धान्त की ओर संकेत करता है, जहाँ व्यंजकत्व की उद्भावना की जा चुकी है। वहाँ श्रूयमाण ध्वनि को व्यज्यमान स्फोट का व्यंजक कहा गया है। इसी व्यंजकत्व साम्य के बल पर प्रतीयमानार्थ सापेक्ष व्यंजक शब्द को भी व्यंजक कहा जाता है और वही सर्वातिशायी होने पर 'ध्वनि' माना जाता है।

ध्वनि का अन्तर्भाव 'भक्ति' अथवा लक्षण में भी सम्भव नहीं है। लक्षणा अमुख्य शक्ति है, व्यंजना (मुख्यशक्ति अभिधा से भिन्न होने पर भी) प्रमुख।

इस ध्वनि का जो प्रसंगवश अनियत स्वरूप है उसका लक्षण द्वारा निर्वचन भी किया गया है, अतः इसे अनिर्वचनीय कहकर छोड़ा नहीं जा सकता। लक्षण है—

यथार्थः शब्दो वा तमर्थमुपसर्जनीकृतस्वार्थौ।
व्यङ्क्तः काव्यविशेषः स ध्वनिरिति सूरिभिः कथितः। ध्व.प्र.उ.

अर्थात् जहाँ शब्द अपने अर्थ को और अर्थ अपने आपको गुणीभूत करके अतिरिक्त अर्थ का प्रकाश करता हो, वहाँ ध्वनि नामक काव्यविशेष का व्यवहार किया जाना चाहिए। यह ध्वनि सामान्यतः तीन प्रकार की मानी गई है—वस्तु-ध्वनि, अलंकार-ध्वनि तथा रसध्वनि। जिस प्रकार रीतिवादियों ने तीन रीति मानकर भी केवल वैदर्भी को काव्य की आत्मा माना था, उसी प्रकार ध्वनिवादियों ने भी ध्वनि के तीन प्रकार बताकर भी वस्तुतः काव्य की आत्मा के रूप में रसध्वनि को ही स्वीकार किया।

यों तो ध्वन्यालोक में काव्य की आत्मा के सम्बन्ध में विभिन्न पक्ष मिलते

हैं, जैसे–

(क) योऽर्थः सहृदयश्लाघ्यः काव्यात्मेति व्यवस्थितः।
वाच्यप्रतीयमानाख्यौ तस्य भेदावुभौ स्मृतौ।।

(ख) काव्यस्यात्मा ध्वनिः।

(ग) काव्यस्यात्मा स (रसः) एवार्थः। ध्व. प्र. उ.

फिर भी क्रमशः विचार करते हुए सिद्धान्त रूप में यही बताया कि रस ध्वनि ही काव्य की आत्मा है

काव्यस्यात्मा स एवार्थस्तथा चादिकवेः पुरा।
क्रौंचद्वन्द्ववियोगोत्थः शोकः श्लोकत्वमागतः।

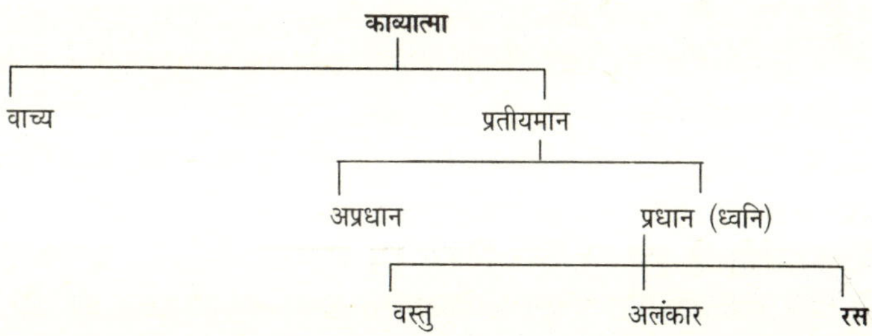

इस क्रम से अन्ततः ध्वनित 'रस' को ही काव्य की आत्मा माना गया।

यहीं 'रसवाद' पर भी विचार कर लें। नाट्यप्रवाह में तो 'रस' को ही काव्य का सर्वस्व माना गया था, किन्तु श्रव्यकाव्यचिन्तनधारा में बात दूसरी तरह से आरम्भ की गई। इस आरम्भ का विवरण ऊपर दिया जा चुका है। कहा जा सकता है–नाट्यशास्त्र में **रसप्रवाह** था और श्रव्यकाव्य में चारुताप्रवाह। ध्वन्यालोककार ने दोनों का समन्वय किया। नाट्यशास्त्र का झुकाव अभिनय और ग्रहण पर था, श्रव्यशास्त्र का सर्जन या कवि पर। ग्रहण पक्ष से 'रस' को ही महत्त्व दिया गया और सर्जन पक्ष से चारुता को। आनन्दवर्द्धन ने दोनों का समन्वय किया। उन्होंने नाट्य की भाँति श्रव्य में भी 'रस' को प्रतिष्ठापित किया और कहा कि कवि का मुख्य कर्म है–रस की दृष्टि से सामग्री संयोजन।

'रसादिविषयणैतत् मुख्यं कर्म महाकवेः'

आनन्दवर्द्धन ने नाट्य के साथ प्रबन्धात्मक श्रव्यकाव्य में ही नहीं, मुक्तक में भी रस की अखण्ड धारा स्वीकार की।

रसवादी आचार्य भट्टनायक, महिम भट्ट आदि काव्य में 'रस' को ही सब कुछ मानने वाले व्यंजनाविरोधी थे। व्यंजना का विरोध करने वाले और रस को महत्त्व देने वाले दशरूपककार भी हैं। इन लोगों का पक्ष यह था कि 'रस' किसी भी स्थिति

में हो, सर्वथा काव्य की आत्मा पद पर प्रतिष्ठाप्य है, जबकि ध्वनिकार इससे अपनी असहमति व्यक्त करते हैं। उसका कहना है कि रस जब प्रधान रूप से या सर्वातिशायी रूप से स्थित हो–अर्थात् ध्वनित हो, तभी काव्य की आत्मा पद पर प्रतिष्ठाप्य हो सकता है–अन्यथा नहीं। रसवादियों से ध्वनिवादी की इतनी ही विशेषता है–और कुछ नहीं।

अलंकारवादी तथा रीतिवादी आचार्यों से ध्वनिवादी आचार्य 'सौन्दर्य' के स्वरूप, उसके आधार के विषय में तो मतभेद रखते ही हैं मतभेद स्रोत के विषय में भी रखते हैं। अलंकारवादी 'सौन्दर्य' का स्रोत अलंकार को मानता था, ध्वनिवादी 'व्यंजकत्व' को। इतना ही नहीं, अलंकार के स्वरूप के विषय में भी इनका परस्पर वैमत्य है। अलंकार को भी सौन्दर्य का स्रोत माना ध्वनिकार ने, परन्तु दोनों के आधार अलग कर दिए। अलंकारवादी ने अलंकार और सौन्दर्य दोनों को देहाश्रित कहा, जबकि ध्वनिवादी ने अलंकार को देहाश्रित तथा सौन्दर्य को आत्माश्रित। कहा गया कि अलंकार देह (शब्दार्थ) पर रहकर देह की शोभावृद्धि करते हुए अन्ततः देही (आत्मा) की सौन्दर्य वृद्धि करते हैं। अलंकार के स्वरूप पर भी विचार करते हुए ध्वनिकार ने अपनी विशिष्ट मान्यता प्रदर्शित की। स्वरूप पर विचार सिद्धान्ततः भी किया और व्यवहारतः भी। सिद्धान्ततः प्रतिभावान् कवियों की रचना प्रक्रिया को भी ध्यान में रखा और अभ्यासी की भी। प्रथम की दृष्टि से अलंकार का लक्षण हुआ–'अपृथग्यत्न निर्वर्त्यत्व' अर्थात् प्रतिभावान् कवि की रसाविष्ट प्रतिभा में जहाँ पृथग्यत्न निरपेक्ष अलंकार स्वतः आ जायँ। कवि की प्रतिभा करती है–रसाभिव्यक्ति, पर इसी प्रयत्न में जो सौन्दर्य स्रोत (शब्दार्थलंकार) स्वतः आ जायँ, अंगाश्रित होकर, वे ही अलंकार हैं। अभ्यासी कवियों के लिए निम्नलिखित नियम हैं–

(1) अंगरूप से उनका विधान हो

(2) अंगीरूप से न हो जाय

(3) अवसर पर ग्रहण

(4) अवसर देखकर गृहीत का भी त्याग

(5) निर्वाह के आत्यन्तिक अभिनिवेश पर जोर न देना

(6) अंग रूप से विधान तो हुआ–इसका ग्रहीता की दृष्टि से पुनः प्रत्यवेक्षण

व्यावहारिक दृष्टि से काव्य प्रकाश मम्मट ने कहा कि रचना संसार को देखने से लगता है–

(1) अलंकार अंग द्वारा अंगी की शोभा बढ़ाते हैं और गुण साक्षात् अंगी (रस) का उत्कर्ष करता है।

(2) गुण रस गत धर्म है–अतः गुण और रस का नित्य साहचर्य है, पर अलंकार का नहीं।

(3) अलंकार रस के साथ रहकर भी तटस्थ रह सकता है।

(4) अलंकार रस के साथ रहकर अपकर्ष भी कर सकता है।

इसी प्रकार ध्वनिवादी न केवल अलंकार के सम्बन्ध में ही अलंकार और रीतिवादियों से पृथक् अपनी धारणा व्यक्त करता है, अपितु गुण के सम्बन्ध में भी उसकी अपनी धारणा है।

अलंकारवादी तथा रीतिवादी गुण को या तो अलंकार से पृथक् मानते ही न थे अथवा मानते थे तो संघटना या पदरचना का धर्म, देह-धर्म। ध्वनिवादी आचार्य आनन्दवर्द्धन इस मान्यता का खण्डन करते हुए कहते हैं कि इस सम्बन्ध में तीन विकल्प हो सकते हैं–

(क) संघटना में गुण रहते हैं

(ख) गुण में संघटना रहती है

(ग) गुण और संघटना एक है

प्रथम और तृतीय पक्ष सर्वथा अतर्कसंगत है। संघटना में गुण एक तो रह ही नहीं सकता। कारण, 'गुण' विषयक रीतिवादियों की धारणा ही असंगत है। गुण वास्तव में ध्वनिवादी की दृष्टि से आत्मा का धर्म है और आत्मा वस्तुतः रस है। रस की विशेषता का ही नाम गुण है। जिस प्रकार अग्नि में अग्नि से पृथक् दाह का कारण ऊष्मा रहती है, उसी प्रकार रस में रस से पृथक् द्रुति-दीप्तिकारी विशेषता गुण है। नव रसों में से–शृंगार, करुण एवं शान्त-मधुर रस हैं, जिनकी चर्वणा से चर्वयिता के मानस में एक विशेष प्रकार की द्रुति उत्पन्न होती है और वीर, बीभत्स तथा रौद्र ओजस्वी रस हैं, जिनकी चर्वणा से दीप्ति नामक वृत्ति उत्पन्न होती है। हास्य, भयानक तथा अद्भुत में सम्मिलित प्रकृति की सामग्री रहती है। नवों रसों में एक और विशेषता होती है–वह है नैर्मल्य या प्रसाद। सामग्री जितनी स्वच्छ होगी, रसनिष्पत्ति उतनी ही शीघ्र होगी। जिस प्रकार शुष्क काष्ठ में अग्नि और स्वच्छ वस्त्र में जल शीघ्र व्याप्त हो जाता है, उसी प्रकार निर्मल रस अन्तःकरण को शीघ्रव्याप्त कर लेता है।

इस दृष्टि से एक तो गुण संघटना में रह ही नहीं सकता, दूसरे वैसा रहने से गुण और रस का नैयत्य भंग हो जाएगा, जो हो नहीं सकता। बात यह है कि संघटना सामासिक हो या असामासिक उसके साथ गुणों का नैयत्य नहीं है, पर गुण का रस से नियत सम्बन्ध अवश्य है। इस स्थिति में यदि संघटना गत गुण माना जाय–तो अनुभव की संगति नहीं बैठेगी।

इसी प्रकार संघटना और गुण भी एक नहीं हो सकते। एक तो रसगत विशेषता में वह किस प्रकार आ जाएगी ? दूसरे गुण और रस का जिस प्रकर नियत सम्बन्ध है, उस प्रकार संघटना और गुण का नियत सम्बन्ध नहीं है। इसलिए भी गुण और संघटना की एकरूपता अनुपपन्न है।

निष्कर्ष यह कि तीन विकल्पों में से अन्ततः यही मानना पड़ेगा कि गुण

में संघटना रहती है—अर्थात् गुणानुरूप संघटना नियोजित होती है—होनी चाहिए। यदि माधुर्य गुण है, तो संघटना या पद-योजना व्यासात्मक हो और यदि ओज गुण है, तो संघटना सामासिक होनी चाहिए। पद संघटना चाहे सामासिक हो, अल्पसामासिक हो—समास के कारण अर्थ तक पहुँचने में कठिनाई नहीं होनी चाहिए—प्रसाद गुण सर्वत्र हो। संघटना विधान में काव्य रूप, वक्ता तथा विषय सभी के औचित्य का ध्यान रखना चाहिए।

वक्रोक्तिवाद के संस्थापक कुन्तक हैं और इनकी कृति है—वक्रोक्ति जीवित। कुन्तक ने ध्वनिवाद का खण्डन करते हुए कहा कि काव्य के शब्द 'कुछ और ही' होते हैं। काव्य के शब्द और अर्थ की तुलना काव्येतर शब्द और अर्थ से नहीं की जा सकती। ध्वनिकार ने कहा है—

सोऽर्थस्तद्व्यक्तिसामर्थ्ययोगी शब्दश्च कञ्चन।
यत्नतः प्रत्यभिज्ञेयौ तौ शब्दार्थौ महाकवेः।।

काव्य में अभीष्ट अर्थ के प्रकाशन का सामर्थ्य सभी शब्दों में नहीं होता, वे शब्द कोई और ही होते हैं। वस्तुतः महाकवि के शब्द और अर्थ प्रयत्नपूर्वक पुनः पुनः अनुसंधेय होते हैं। कुन्तक भी इसी स्वर में बोलते हैं।

वाच्योऽर्थः वाचकः शब्दः प्रसिद्धमिति यद्यपि।
तथापि काव्यमार्गेऽस्मिन् परमार्थोऽयमित्यपि।।
शब्दो विवक्षितार्थैकवाचकोऽन्येषुसत्स्वपि।
अर्थः सहृदयाह्लादकारिस्वस्पन्दसुन्दरः।।19।।

अर्थात् यद्यपि काव्येतर जगत् में वाच्य अर्थ और वाचक शब्द प्रसिद्ध हैं, तथापि जहाँ तक काव्य का सम्बन्ध है सच्ची बात यह है कि अन्यान्य शब्दों के रहते हुए भी कवि विवक्षित अर्थ का वाचक कोई एक ही शब्द होता है इसी प्रकार अर्थ के विषय में भी कहा जा सकता है। यहाँ का अर्थ सहृदयों के हृदय को आह्लाद मग्न करने वाला स्वभाव से ही सुन्दर होता है। अर्थात् ध्वनिकार और रसवादियों दोनों की विशेषताओं को पूर्णतः आत्मसात् करते हुए कुन्तक ने अपनी 'वक्रोक्ति' की स्थापना की है।

वस्तुतः काव्य की आत्मा पर निर्माण और ग्रहण दोनों ही दृष्टियों से विचार किया गया है। निर्माण की दृष्टि से विचार करने के फलस्वरूप तीन वादों का जन्म हुआ—अलंकारवाद, रीतिवाद और वक्रोक्तिवाद और ग्रहण की दृष्टि से विचार करने के फलस्वरूप दो—ध्वनिवाद और रसवाद। 'काव्यस्यात्मा चमत्कृतिः' तथा 'औचित्यं रस सिद्धस्य स्थिरं काव्यस्य जीवितम्'—की घोषणा करने वाले 'चमत्कृतिवाद' तथा 'औचित्यवाद' का भी, लगता है कि आत्मा की बात कर रहे हैं, पर मेरी निश्चित धारणा है कि काव्यात्मवाद की परिधि में इनका समावेश संभव नहीं है। कारण, ये किसी के विरोधी नहीं हैं। जहाँ एक ओर औचित्य सबका साधन है, वहीं चमत्कृति

सबका साध्य है। अतः इन्हें प्रतिस्पर्धी वाद के रूप में नहीं लिया जा सकता। फलतः भारतीय काव्यात्मवाद में पाँच को ही लिया जा सकेगा।

डा. गणेश त्र्यंबक देशपाण्डे का कहना है कि भारतीय आचार्य काव्य की आत्मा के विषय में परस्पर असहमत नहीं हैं, विपरीत इसके वे केवल 'रस' को ही काव्य की आत्मा मानते हैं। डा. देशपाण्डे की इस स्थापना को स्वीकार नहीं किया जा सकता। एक तो, इसलिए कि रसात्मक कान्ति गुण से युक्त गौड़ी रीति को अनात्मभूत या अतात्त्विक रीति घोषित करने वाले वामन रस के पक्षधर किस प्रकार हो सकते हैं, दूसरे यह कि जो व्यक्ति स्पष्ट ही काव्य की आत्मा औरों के विरोध में रीति घोषित करता है—उसे अन्यथा किस प्रमाण पर मान लिया जाय ? अतः सभी आचार्य रस को ही काव्य की आत्मा मानते हैं—यह कहना कठिन है। दूसरे अलंकार सर्वस्वकार के टीकाकार (समुद्रबन्ध) ने स्पष्ट कहा है कि विशिष्ट शब्दार्थ काव्य है—पर शब्दार्थगत वैशिष्ट्य के स्रोत तीन हैं—धर्म, व्यापार और व्यंग्य। धर्म भी दो हैं गुण और अलंकार। व्यापार भी दो—कविगत व्यापार और ग्राहकगत व्यापार—पहला है—वक्रता और दूसरा है भावना। पाँचवाँ है व्यंग्य। ये पाँच पक्ष हैं—काव्योचित शब्दार्थ में वैशिष्ट्य के स्रोत। इन्हीं पर क्रमशः अलंकारवाद, रीतिवाद, वक्रोक्तिवाद, ध्वनिवाद और रसवाद—प्रसद्धि हैं।

कतिपय समीक्षक फिर भी यह कहते हैं कि वस्तुतः दो ही वाद हैं—अलंकार वाद और रसवाद। कारण अलंकारवादी तो अलंकार को महत्त्व देते ही हैं, रीतिवादी भी—

काव्यं ग्राह्यमलंकारात्

की बात करते है।—अलंकार ही के कारण काव्य को ग्राह्यता प्राप्त होती है। वक्रोक्तिकार वक्रोक्ति को अलंकार ही तो कहते हैं—"वक्रोक्तिः अलंकृतिः" इस प्रकार इन तीनों को अलंकारवादी कहा जा सकता है।

इसी प्रकार रसवादी तो रस को मान्यता देता ही है, ध्वनिवादी भी मान्यता देता है—आत्मस्थानीय मानता है अन्ततः—रसध्वनि को ही। अतः ये दोनों भी रसवादी हुए। फलतः दो ही वाद सामने आए रसवाद और अलंकारवाद। अन्ततः रस और अलंकार में भी क्या विरोध ? साध्य और साधन में कहीं विरोध होता है ? फलतः रस ही एक सिद्धान्त है, शेष समाप्त।

इसका समाधान यह है कि चाहे 'अलंकार' इस एक ही शब्द से अलंकारवादी, रीतिवादी और वक्रोक्तिवादी तीनों का बोध होता हो, परन्तु तीनों आचार्य 'अलंकार' का आशय अलग-अलग लेते हैं। अलंकार या रीतिवादी की अलंकार विषयक धारणाएँ अलग-अलग हैं—यह ऊपर स्पष्ट किया जा चुका है। रहा वक्रोक्तिवाद, सो उसका 'अलंकार' भिन्नार्थक है। अलंकारवादी लोकोत्तर कथन द्वारा निष्पन्न शब्दार्थालंकार को अलंकार कहता है, रीतिवादी साधन के अर्थ में व्यापक रूप से दोषाभाव, गुण

तथा शब्दार्थालंकार तीनों को और सीमित अर्थ में केवल शब्दार्थालंकार को, जबकि वक्रोक्तिवादी वर्ण से महाकाव्यात्मक प्रबन्ध तक व्याप्त कवि व्यापारात्मक वक्रता को अलंकार कहता है—जिसका मर्म परिस्पन्दात्मक स्वभाव का परिपोष है।

आर्जवेन प्रकारेण स्वभावस्यैव परिपोषणमेव
वक्रतायाः पर रहस्यम्...व.जी.

सामान्यतः अलंकार शब्दार्थालंकार ही है, पर कुन्तक की वक्रोक्ति एक तो नितान्त व्यापक है, जिसकी वर्ण वक्रता में शब्दालंकार तथा वाच्य वक्रता में समस्त अर्थालंकार समाहित हैं। इसी प्रकार 'रस' के विषय में भी समझा जाना चाहिए। ध्वनिवादी प्राधान्येन व्यज्यमान रस को ही काव्य की आत्मा कहता है, जबकि रसवादी प्रधान-अप्रधान रूप से स्थित रस को काव्य की आत्मा कह देता है। फलतः काव्य की आत्मा के रूप में 'रस' का आशय पृथक्-पृथक् हो जाता है।

इसी प्रकार काव्य में तत्त्वतः रस और अलंकार पृथक्-पृथक् नहीं हैं, पर व्यवहार में समझने-समझाने के लिए उन्हें पृथक् करना पड़ता है। जैसे व्यवहार में समझने-समझाने के लिए इन्हें पृथक् करना पड़ता है, वैसे ही यथार्थतः अलंकार और रस को भी भिन्न अर्थ कहना पड़ता है। माना कि अलंकार, रीति तथा वक्रोक्ति मत वाले 'अलंकार' जैसा एक ही शब्द प्रयुक्त करते हैं—फिर भी उनका अर्थ एक ही नहीं समझते। इसलिए काव्य की आत्मा के प्रश्न को केन्द्र में रखकर जो विभिन्न पक्ष प्रस्तुत किये जाते हैं—वे पाँच ही हैं—अलंकार, रीति, वक्रोक्ति, ध्वनि तथा रस मत। औचित्य सबका साधक है और चमत्कृति साध्य अतः इन्हें प्रतिपक्षी रूप में लिया नहीं जा सकता। इन पाँचों वादों में से तीन—अलंकार रीति तथा व्रकोक्ति निर्माण पक्ष से तथा रस और ध्वनि ग्रहण की दृष्टि से विचार करने के फलस्वरूप अस्तित्व में आए। अलंकार सर्वस्व के टीकाकार समुद्रवन्ध ने भी इन्हीं पाँच के अनुरूप मत व्यक्त किया है। उन्होंने कहा है—विशिष्ट शब्दार्थ काव्य है और वैशिष्ट्य के स्रोत तीन हैं—धर्म, व्यापार तथा व्यंग्य। धर्म में दो हैं—गुण और अलंकार, व्यापार में दो कवि व्यापार वक्रता तथा ग्राहक व्यापार भावना (रस के लिए) व्यंग्य ध्वनि का ही नामान्तर है। चित्र यों हुआ—

विशिष्ट शब्दार्थ–काव्य वैशिष्ट्य स्रोत

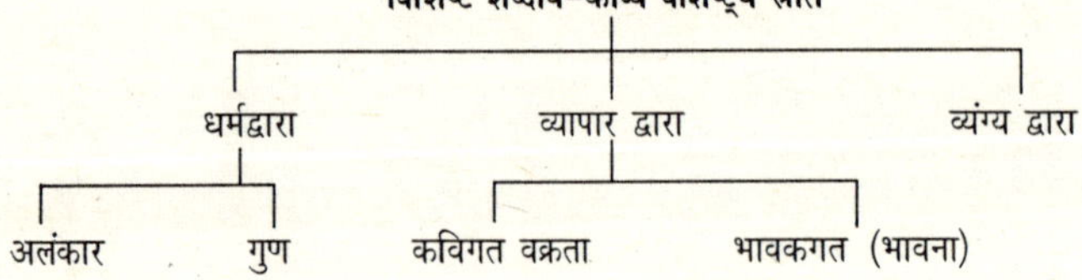

इस प्रकार इस धारणा से भी काव्य की आत्मा के विषय में ये ही पाँच मत

ठहरते हैं।

वक्रोक्ति मत इन्हीं में से एक है। इस मत के संस्थापक कुन्तक ने पूर्ववर्ती सभी मतों को आत्मसात् करते हुए निर्माता की दृष्टि से 'वक्रोक्ति' मत की उद्भावना की। स्वकीय मत की स्थापना से पूर्व यह आवश्यक था कि परकीय स्थापनाओं का खण्डन किया जाय। अतः ध्वनिकार के विरुद्ध कुन्तक ने यह आवाज उठाई कि काव्य की उक्ति प्रसिद्ध-प्रस्थान-व्यतिरेकिणी विचित्र अभिधा है। उक्ति के प्रसिद्ध प्रस्थान है—व्यावहारिक उक्ति और दार्शनिक तथा वैज्ञानिक उक्ति। इन प्रसिद्ध उक्ति प्रस्थानों से काव्य का उक्ति प्रस्थान विचित्र होता है, कारण कि वह कवि की प्रतिभा से प्रसूत होता है और कुन्तक के शब्दों में लोकोत्तराह्लादकारी होता है। व्यवहार में उक्ति केवल काम चलाने के लिए होती है—और दार्शनिक तथा वैज्ञानिक क्षेत्र में निःसंग ढंग से ज्ञात और परीक्षित तथ्य और पक्षों का वैचारिक प्रतिपादन होता है—उसे रचना नहीं कहा जाता। कारण, रचना में रचयिता स्वयं को प्रतिबिम्बित करता है और उसके माध्यम से अपनी पहचान कराता है। साहित्य का काम जाने हुए को बताना है, अनुभूत की अनुभूति कराना है और ज्ञान का ज्ञान ही तो पहचानना है। इसके लिए वह सटीक शब्द चयन करता है। कवि द्वारा प्रयुक्त शब्द सटीक होना चाहिए—न कम न ज्यादा। बस यही काव्य का शब्द है—यही काव्य में अभीष्ट अर्थ का वाचक होता है, पर इसकी क्षमता या शक्ति 'विचित्र' होती है—वहाँ व्यवहार और चिन्तन की प्रसिद्ध अभिधा काम नहीं करती। यह विचित्र अभिधा है। यहाँ ऐसी ही क्षमता से सम्पन्न वाचक और वाच्य अर्थ होता है। काव्योचित शब्द एक ही प्रकार का होता है—उसमें कोई कोटि नहीं होती। होते होंगे अन्यत्र वाचक, लक्षक और व्यंजक। यहाँ तो केवल एक ही श्रेणी की उक्ति है—विचित्र अभिधा सम्पन्न वाचक। देहवादी प्रस्थानों में गुणवादी और अलंकारवादी दोनों को व्यंग्यार्थ का पता नहीं था, इसलिए वे उसे अस्वीकार करते थे और इसी देहवादी प्रस्थान के अन्तिम आख्याता कुन्तक भी व्यंजना को अस्वीकृत कर ध्वनिवाद का विरोध करते हैं। यों कुन्तक ने अनेक स्थलों पर ऐसे संकेत दिए हैं—बातें की हैं, जिससे लगता है कि वे ध्वनि और रस को पचा नहीं सके—बार-बार ये तत्त्व उद्गीर्ण हो जाते हैं।

कुन्तक ने जिस व्रकता को काव्य की आत्मा के रूप में स्वीकार किया, उसकी चर्चा पहले से होती आ रही थी। संस्कृत के लक्ष्य ग्रन्थों में भी अनेक स्थलों पर 'वक्रोक्ति' शब्द का प्रयोग किया गया है, जहाँ वह सामान्यतः वाग्वैदग्ध्य के अर्थ में प्रयुक्त हुआ है। लक्षण ग्रन्थों में भी वह विभिन्न आचार्यों द्वारा प्रयुक्त हुआ है—यों उन विभिन्न रूपों का सम्बन्ध किसी न किसी प्रकार के वाणी-वैचित्र्य से ही है। भामह ने 'अतिशयोक्ति' या 'व्रकोक्ति' को समस्त अलंकारों का मूल माना है और कहा है कि इसके योग के बिना किसी भी अर्थ में विभावन की क्षमता ही नहीं

आ सकती। यद्यपि कतिपय विद्वान् भामह की 'अतिशयोक्ति' और 'वक्रोक्ति' को परस्पर पर्याय नहीं मानते हैं। तब हमें अपने व्यक्तिगत निर्णय को उन पर लादना उपयुक्त नहीं जान पड़ता। वे उक्तिगत वक्रता भी कहना चाहते हैं। इस प्रकार भामह के अनुसार जिस सौन्दर्य के उक्तिगत उभाड़वश काव्यत्व प्रस्फुटित होता है, वह अलंकारात्मक ही माना गया है और उसका मूल आधार इनके मत में 'वक्रोक्ति' है।

दण्डी ने वाङ्मय को काव्य एवं शास्त्रात्मक मानते हुए यह कहना चाहा है कि प्रथम में 'वक्रोक्ति' एवं द्वितीय में 'स्वभावोक्ति' का साम्राज्य रहता है। पर इससे यह समझना निरी भ्रान्ति होगी कि दण्डी काव्य में 'स्वभावोक्ति' नहीं मानते। 'काव्यादर्श' के द्वितीय परिच्छेद में उन्होंने स्पष्ट रूप से अलंकारों की गणना करते हुए पहला अलंकार 'स्वभावोक्ति' या 'स्वभावाख्यान' को माना है। यद्यपि वहाँ यह कहा गया है कि शास्त्र में तो स्वभावोक्ति या सहज कथन (वास्तव कथन) होता ही है, पर 'काव्येष्वप्येतदीप्सितम्'—काव्य में भी आलंकारिक रूप से इसका प्रयोग अभीप्सित है। शास्त्र में वह स्वभावोक्ति चाहे जैसी अनुसन्दर हो, पर काव्य में वर्ण्य पदार्थों की नाना अवस्थाओं एवं रूपों का साक्षात् विवरण या प्रत्यक्षायमाण चित्र के रूप में इसका प्रयोग आवश्यक है। दण्डी के इस वक्तव्य द्वारा शास्त्र-प्रयुक्त एवं काव्यगत स्वाभावोक्ति की भेदक विशेषता का स्पष्ट कथन तो नहीं है, पर 'सुंदर स्वभावाख्यान' एवं 'असुंदर स्वभावाख्यान' के अन्तर का संकेत अवश्य है, क्योंकि 'शास्त्रात्मक स्वभावाख्यान' एवं 'काव्यात्मक स्वभावाख्यान' में कोई अन्तर उन्हें भी करना होगा। इस स्थिति में यह प्रश्न सहज ही उठ खड़ा होता है कि दण्डी-सम्मत 'वक्रोक्ति' अलंकारात्मक 'स्वभावोक्ति' में व्याप्त है या नहीं। निश्चय ही जब वे 'वक्रोक्ति' को 'स्वभावोक्ति' के विरोध में प्रस्तुत करते हैं, तब वे दोनों को भिन्न मानते ही हैं, अर्थात् भामह की भाँति वे स्वभावोक्ति अलंकार के मूल में वक्रोक्ति की स्थिति न मानकर अन्य (उपमा से संसृष्टि पर्यन्त) अलंकारों में ही 'वक्रोक्ति' का मूल मानना चाहते हैं। फलतः भामह की अपेक्षा इनकी वक्रोक्ति की व्याप्ति कुछ कम हो जाती है। इस प्रकार जो विद्वान् दण्डी की वक्रोक्ति को भामह की भाँति समस्त अलंकारों का आधार मानते हैं, वे चिन्त्य हैं। इन्होंने भी 'अतिशयोक्ति' के विवेचन में वर्ण्यगत, विशेषता की 'लोकसीमातिवर्तिनी' विवक्षा को ही 'अतिशयोक्ति' कहा है और उसे अन्य अलंकारों का परम आश्रय भी बताया है। फलतः भामह की भाँति इनकी 'अतिशयोक्ति' भी 'वक्रोक्ति' का पर्याय हो सकती है, पर पर्याय होकर स्वभावोक्ति में उसे अव्याप्त मानना ही पड़ेगा। इस दृष्टि से भामह की 'वक्रोक्ति' की अपेक्षा इनकी 'वक्रोक्ति' का चाहे स्वरूप अभिन्न हो पर व्याप्ति उतनी नहीं ही है। दूसरा अन्तर भामह एवं दण्डी की वक्रोक्ति-विषयक धारणा में यह भी है कि जहाँ दण्डी वक्रोक्ति गत शोभा के बढ़ाने में प्रायः श्लेष

को महत्त्वपूर्ण मानते हैं, वहाँ भामह इस प्रकार की कोई बात नहीं करते।

वामन ने 'वक्रोक्ति' की व्याप्ति को दण्डी से भी कम कर दिया। उन्होंने वक्रता की सीमा केवल 'सादृश्याश्रित लक्षणा' तक ही मानी, भले ही अन्य अलंकारिकों ने इनके द्वारा निरूपित अन्य काव्य गुणों में भी वक्रता की झलक बतायी हो।

रुद्रट ने 'वक्रोक्ति' की परिधि इतनी कम कर दी कि उनके यहाँ वह केवल एक शब्दालंकार का भेद-मात्र बनकर रह गई। रुद्रट ने उसे 'श्लेष वक्रोक्ति' एवं 'काकुवक्रोक्ति' जैसे दो भागों में बाँटकर रखा। 'अतिशय' की चर्चा इन्होंने भी की है, पर वह कतिपय अलंकार व्यापी रूप में ही, न कि समस्त अलंकारों के मूल रूप में, यद्यपि 'अतिशय' का स्वरूप 'अतिलोक' विशेषताओं को ही बताया है। यहाँ पर न तो वक्रोक्ति एवं अतिशय पर्याय ही रह गए हैं और न तो उनकी वह पूर्वागत विस्तृत व्याप्ति ही रह गई है।

आनन्दवर्द्धन एवं उनके टीकाकार अभिनवगुप्त ने 'वक्रता' विषयक भामह की धारणा की पुनरावृत्ति की है, उन्हीं को उद्धृत कर उन्हीं के अनुरूप उसकी व्याख्या प्रस्तुत की है, परन्तु ध्यान से देखने पर उनकी मूल मान्यताओं में वहाँ पर्याप्त अन्तर भी लक्षित होगा। आनन्दवर्द्धन एवं अभिनवगुप्त ने शब्दगत एवं अर्थगत वक्रता को उनके लोकातिगामी रूप में ही स्वीकार किया है और समस्त अलंकारों का मूल भी माना है, पर 'अलंकार' क्या है—इस विषय में भामह की धारणा से आनन्दवर्द्धन एवं अभिनवगुप्त की धारणा सर्वथा पृथक् है। भामह काव्यगत समस्त सौन्दर्य का मूलाधार ही (काव्यशरीराश्रित) अलंकारों को मानते हैं, जबकि आनन्दवर्द्धन एवं अभिनवगुप्त न तो अलंकार और सौन्दर्य को पर्याय ही मानते और न तो उसे एक मात्र सौन्दर्य स्रोत। भामह सौन्दर्य का आश्रय काव्यशरीर (शब्द एवं अर्थ) ही मानते हैं, आनन्द एवं अभिनव काव्य की आत्मा को। भामह सौन्दर्य का स्रोत अलंकार को मानते हैं, आनन्द एवं अभिनव व्यंजकत्व को। तृतीय उद्योत में आनन्द ने बड़े ही विस्तारपूर्वक यह प्रतिपादित किया है कि चारुत्व एवं व्यंजकत्व का नियत सम्बन्ध है। उन लोगों के अनुसार ऐसा हो नहीं सकता कि व्यंजकता न हो और सौन्दर्य की अभिव्यंजना हो।

वक्रोक्ति सम्बन्धी पूर्वागत दोनों धाराएँ (शब्दालंकार के एक भेद के रूप में संकीर्ण धारा तथा अलंकार मात्र में व्याप्त रहने वाली सामान्य धारा) आनन्दवर्द्धन में भिन्न भूमिका पर प्रवाहित है। मम्मट ने तो स्पष्ट ही एक तरफ 'वक्रोक्ति' को शब्दालंकारों के प्रसंग में निरूपित किया है और अर्थालंकारों का विवेचन कर लेने के बाद दूसरी ओर अलंकार मात्र के मूल में व्याप्त रहने वाली 'वक्रता' का भी उल्लेख किया है।

दण्डी की भाँति कुन्तक के समसामयिक भोज ने वाङ्मय का त्रिधा विभाजन किया है—स्वभावोक्ति, वक्रोक्ति एवं रसोक्ति। साथ ही यह भी बताया है कि अलंकारों

के ये तीन वर्ग हैं। इस प्रकार भोज ने दण्डी की अपेक्षा वक्रोक्ति की व्याप्ति को न केवल स्वभावोक्ति से ही हटाया, बल्कि रसोक्ति से भी हटाया और इस प्रकार दण्डी की अपेक्षा वक्रोक्ति की सीमा कम हो गई। भोज ने दूसरी तरफ एक चमत्कार और खड़ा किया है। उन्होंने कहा है कि वाच्यार्थ से सम्बद्ध प्रतीति ही लक्षणा है, जो विदग्धों द्वारा प्रयुक्त 'वक्रोक्ति' का जीवन है।

इस प्रकार संकुचित और व्यापक रूपों में जिस वक्रोक्ति की चर्चा होती आ रही थी, उसे कुन्तक ने काव्य की आत्मा के रूप में प्रतिष्ठित किया। कुन्तक ने वक्रोक्ति को जिन भूमिकाओं पर अथवा जिस पृष्ठभूमि पर निरूपित किया, उसका एक पक्ष तो ऊपर बताया जा चुका है, पर एक दूसरा पक्ष भी है, जिसका निरूपण कुन्तक-सम्मत वक्रोक्ति के स्वरूप निर्वचन से पूर्व कर देना आवश्यक है। दूसरा पक्ष इस प्रकार है कि कुन्तक से पूर्व आनन्दवर्द्धन ने व्यंजकता या ध्वनि को समस्त काव्योचित सौन्दर्य का मूलाधार बताया था, जिसके खण्डन से पूर्व में (कुन्तक) अपना पक्ष रख ही नहीं सकते थे। अतः यहाँ यह आवश्यक है कि आनन्दवर्द्धन के पक्ष को संक्षेप में प्रस्तुत कर दिया जाय और उसके विपक्ष में कुन्तक की मान्यता स्पष्ट कर दी जाय।

अलंकार और कुन्तक

कुन्तक यों तो एक अलंकारवादी आचार्य ही हैं, क्योंकि उन्होंने 'वक्रोक्ति' की कल्पना एक अलंकार के रूप में की है। दूसरे अलंकारवादियों की भाँति शब्दार्थ-रूप काव्य को ही ये भी अलंकार्य मानते हैं। यों तात्त्विक भूमिका पर अलंकार एवं अलंकार्य जैसा भेद इन्हें स्वीकार्य नहीं है, क्योंकि काव्य स्वतः एक अखण्ड कवि व्यापार-प्रसूत वस्तु है। इनके अनुसार 'काव्य का अलंकार', इस उक्ति का सिद्धान्ततः कोई अर्थ ही नहीं है, काव्य तो अलंकृत ही होता है। पूर्ववर्ती अलंकारवादियों के साथ आंशिक साम्य के अतिरिक्त कुछ वैषम्य भी है। वैषम्य यह है कि भामह आदि अलंकारवादी आचार्य वक्रता की इतनी विस्तृत व्याप्ति नहीं कल्पित कर सके थे। दूसरे यह कि वक्रोक्तिवाद से पूर्व काव्य तत्त्वों का जितना अधिक विश्लेषण-विवेचन हो चुका है, इन्होंने उन सबको आत्मसात् करने का प्रयत्न किया। इसलिए उन्होंने अपनी 'वक्रता' नामक अलंकृति की जितनी व्याप्ति बढ़ाई उतनी भामह आदि कर भी नहीं सकते थे। तीसरे ये रस एवं ध्वनि से उनकी महत्ता से इतने प्रभावित हैं कि अलंकारवादियों की भाँति इन तत्त्वों को सामान्य वाच्य प्रधान अलंकारों की परिधि में अन्तर्भूत नहीं करते। ये न तो ध्वनि के सौन्दर्य को वाच्य का सौन्दर्य मानते हैं और न तो इनको उन लोगों के अर्थ में रसवदलंकार।

जहाँ तक शब्दालंकार एवं अर्थालंकार के रूप में अलंकार का सम्बन्ध है, कुन्तक उन्हें वर्ण-वक्रता तथा वाक्य वक्रता के प्रभेदों में सीमित किए हुए हैं। इन अलंकारों

के सम्बन्ध में उनकी दूसरी स्पष्ट उल्लेखनीय विशेषता यह है कि 'वैचित्र्यमात्रप्रतिपत्तये' वैचित्र्य मात्र की प्रतिपत्ति कराने के लिए वे अलंकारों का प्रयोग नहीं कराना चाहते, प्रत्युत वर्ण्यवस्तु के स्वभाव की छटा को विकसित करने में ही उनकी सार्थकता मानते हैं। फलतः जिन लोगों की कुन्तक के सम्बन्ध में यह धारणा है कि वे मात्र वैचित्र्यवादी आचार्य हैं, उन्हें समझकर कुछ कहना चाहिए।

कुन्तक ने 'रीति' की जगह 'मार्ग' शब्द का प्रयोग किया है और उसका सम्बन्ध 'भूखण्ड' या 'विषय' से न मानकर 'कवि स्वभाव' से माना है। वे दण्डी की तरह मानते हैं कि कवि स्वभाव यद्यपि अनन्त प्रकार का होता है, तथापि सामान्यतः उसे तीन प्रकार का कहा जा सकता है—सुकुमार, विचित्र एवं मध्यम। ये स्वभावानुसारी मार्ग काव्य के प्रस्थान भेद हैं। सुकुमार स्वभाव के कवि की वैसी ही सहज शक्ति होती है। इसी सहज शक्ति से उसमें सौकुमार्य रमणीय 'व्युत्पत्ति' उत्पन्न होती है। इस शक्ति एवं व्युत्पत्ति के कारण यह कवि 'सुकुमार मार्ग' से अभ्यास-प्रवण होता है और तदनुरूप काव्य का निर्माण करता है। सुकुमार स्वभाव से भिन्न किन्तु रमणीय मार्ग को 'विचित्र' कहा गया है और 'सुकुमार' तथा 'विचित्र' दोनों की छाया पर आश्रित तीसरे मार्ग को 'मध्यम मार्ग' कहा जाता है। यह तीसरा मार्ग भी रमणीय होता है, कारण, काव्य में 'अरमणीय' का कोई स्थान नहीं है। इस प्रकार कुन्तक वामन की भाँति यह नहीं मानते कि काव्य-रीति या काव्य मार्ग की कोई विधा अग्राह्य और अनुपादेय भी होती है।

'सुकुमार मार्ग' के काव्य का सौन्दर्य सहज होता है और वैचित्र्य मार्ग के काव्य का सौन्दर्य 'आहार्य'। सुकुमार मार्ग का कवि उस भ्रमर के समान है, जो अपनी राह पराग एवं मकरन्द से भरे स्वभाव-सुन्दर पुष्पों के बीच बनाता है। यह मार्ग नवोन्मेषशालिनी प्रतिभा की पाँखों से उत्पन्न वायुलहरी के झोंके में स्वतः और अनायास आ पड़े मनोरम शब्द, अर्थ एवं परिमित अलंकारों से युक्त होता है। इस मार्ग के काव्य में वर्णित पदार्थ स्वभाव सुन्दर होते हैं, वहाँ आयास साध्य कृत्रिम सौन्दर्य नहीं होता। इसीलिए सहृदयों के हृदय को संवादवश ऐसा काव्य शीघ्र आवर्जित कर लेता है।

यहाँ सर्वत्र अनजाने सौन्दर्य की धारा प्रवाहित होती रहती है। यहाँ जो कुछ भी वैचित्र्य है, वह प्रतिभा से उत्पन्न होता है। वह सब सुकुमार स्वभाव से प्रभावित होता हुआ शोभित होता है।

विचित्र मार्ग की स्थिति भिन्न है। यह मार्ग नितान्त दुर्गम है। यहाँ प्रतिभा का उद्भेद होते हुए भी शब्द एवं अर्थ के भीतर कुछ अपूर्व-सी वक्रता स्फुरित होती हुई प्रतीत होने लगती है। इस मार्ग में लगता है, जैसे कवि असन्तुष्ट होकर एक पर एक अलंकार विन्यास करता चला जा रहा है। फलतः जैसे कान्ता का कमनीय कलेवर भूषणों की रश्मियों से आच्छन्न होकर आकर्षक बन जाता है, उसी प्रकार

अलंकारों की छटा से काव्य भी आमूल-चूल व्याप्त होकर देदीप्यमान बन जाता है। यहाँ आलंकारिक शोभा से अलंकार्य ढँककर स्वरूपतः प्रकाशित होता है। यहाँ प्राक्तन प्रतिभा संस्पृष्ट वस्तु भी उक्ति-वैचित्र्य वश मनोरम हो जाती है। यहाँ कवि अपनी रुचि से परिचालित होकर जब अपनी प्रतिभा की कूँची चलाता है, तो असुन्दर वस्तुएँ भी आभामण्डित हो जाती हैं। यहाँ अभिधा हतप्रभ रहती है और वाक्य की अपूर्व शक्ति ही सक्रिय रहती है। यह खड्गधार की भाँति कवियों का दुःसंचर मार्ग है।

'मध्यम मार्ग' में वैचित्र्य एवं सौकुमार्य का सांकर्य होता है। इसलिए इसमें सहज एवं आहार्य शोभा का मिश्रण रहता है। यहाँ दोनों मार्गों का सौन्दर्य स्पर्धापूर्वक विद्यमान रहता है।

इन मार्गों में प्रत्येक में छह गुणों की स्थिति बतायी गई है, जिनका स्वरूप मार्ग भेद से भिन्न है, पर नाम वही है। इन छह गुणों में दो सामान्य हैं और चार विशेष विशिष्ट गुण हैं, 'माधुर्य', 'प्रसाद' 'लावण्य' एवं आभिजात्य और सामान्य गुण हैं 'औचित्य' तथा 'सौभाग्य'।

इन मार्गों के विषय में यह प्रश्न खड़ा होता है कि इन्हें कवि स्वभावगत किस प्रकार माना जाय ? ऊपर प्रत्येक मार्ग के काव्य के लिए शक्ति व्युत्पत्ति एवं अभ्यास की बात की गई है, जिसमें शक्ति तो स्वभावगत है, पर व्युत्पत्ति एवं अभ्यास तो अर्जित वस्तुएँ हैं, अतः स्वाभाविक एवं अर्जित दोनों के सहारे चलने वाला मार्ग केवल स्वभावगत या स्वाभाविक किस प्रकार हो सकता है ? कुन्तक ने इस आक्षेप का समाधान करते हुए कहा है कि प्रत्येक मार्ग के कवि के स्वभाव के अनुसार ही व्युत्पत्ति एवं अभ्यास का अर्जन होता है। अर्जित व्युत्पत्ति एवं अभ्यास से स्वाभाविक शक्ति का ही प्रकाशन होता है। अतः इन काव्य मार्गों के कवि-स्वभावगत होने में किसी प्रकार की बाधा नहीं है।

इस पर कतिपय अद्यतन विचारकों का यह आक्षेप है कि कभी-कभी कवि स्वभाव भी वस्तुगत होकर वैयक्तिक महत्त्व खो देता है। कवि-स्वभाव वस्तुगत तब हो जाता है, जब उसका विषय नियत हो जाता है। यहाँ भी सुकुमार स्वभाव रसोन्मुखी या सहज-सौन्दर्यमुखी और विचित्र-स्वभाव, अलंकार तथा आहार्य-सौन्दर्यमुखी माना गया है। अतः इस प्रकार के कवि-स्वभाव को अन्ततः विषयमुखी या वस्तुमुखी ही कहना चाहिए।

ध्वनि और कुन्तक

ध्वनि सम्प्रदाय का उद्‌भव कुन्तक से पूर्व ही हो चुका था और वह इतना सशक्त तथा समादरणीय पक्ष है कि कुन्तक उसके विरोध में वक्रोक्ति को काव्य जीवित कहकर भी ध्वनि या व्यंजकता का खण्डन न कर सके। एक नहीं अनेक स्थलों

पर इन्होंने 'ध्वनि', 'प्रतीयमान' तथा व्यंजना की चर्चा की है। ऊपर कहा ही जा चुका है कि शब्द के वाचक ही नहीं लक्षक तथा व्यंजक-जैसे भेद भी इनके द्वारा स्वीकृत हैं, पर सामान्यतः ये सभी शब्दों को उपचारतः बोधक कहना चाहते हैं। पद वक्रता के विभिन्न भेदों को ध्वनिप्रभेद का ही प्रच्छन्न रूप स्वयं कुन्तक ने स्वीकार किया है। 'मार्ग' का विचार करते हुए विचित्र मार्ग के प्रसंग में वाच्य वाचक वृत्ति से भिन्न प्रतीयमान वृत्ति का भी स्पष्टतः उल्लेख किया है। इस प्रकार वक्रता की परिधि में इन्होंने ध्वनि के महत्त्व को स्पष्ट स्वीकृत किया है। इतना अन्तर अवश्य है कि यहाँ ध्वनिवादी सौन्दर्य एवं व्यंजकता में अविच्छेद्य और अनिवार्य सम्बन्ध मानते हैं, वहाँ कुन्तक सौन्दर्य और वक्रता में।

रस और कुन्तक

कुन्तक की अन्य अलंकारवादियों से एक बड़ी विलक्षण विशेषता यह है कि सामान्यतः ये काव्य को अलंकार्य मानते हुए भी वर्ण्य के 'स्वभाव' तथा 'रस' दोनों को अलंकार्य मानते हैं। इनके अनुसार अलंकार वैचित्र्य की प्रतिपत्ति के लिए न होकर या तो वर्ण्य वस्तु के सहज स्वभाव की छटा बढ़ाते हैं या उनके रसात्मक रूप का उत्कर्ष करते हैं। उन्होंने स्पष्ट ही कहा है कि काव्य की कोई भी ऐसी विधा नहीं है, जो रमणीय न हो, रमणीय होकर ही काव्य सहृदयों के हृदय को आह्लादकर हो सकती है। काव्य स्वरूप के प्रयोजन, सुकुमार मार्ग एवं प्रबन्ध वक्रता आदि के प्रसंगों में इन्होंने अनेकशः रसमयता की चर्चा की है और उसकी सर्वथा प्रशंसा भी।

कुन्तक और औचित्य

औचित्य की चर्चा सामान्यतः तो की ही गई है, मार्ग गुण के रूप में भी की गई है।

वस्तुतः औचित्य गर्भ वाक्य-खण्ड जो 'वक्रोक्ति' जीवित में प्रयुक्त है, उसके सम्यक् अध्ययन से यह स्पष्ट निष्कर्ष निकलता है कि इन्होंने औचित्य की चर्चा दो भिन्न रूपों में की है—एक तो व्यापक अर्थ में, दूसरा संकुचित अर्थ में। यहाँ मार्गगत एक विशेष गुण के रूप में प्रयुक्त है। मार्गगत औचित्य गुण का प्राण उचित (सन्तुलित एवं स्वाभाविक तथा समंजस) आख्यान (वर्णन) है। इस गुण द्वारा सरल एवं स्पष्ट ढंग से स्वभाव का महत्त्व पोषित किया जाता है वृत्ति ग्रन्थ के स्वभाव का अर्थ पदार्थ बताया गया है। सरल एवं स्पष्ट ढंग भी एक काव्योचित वक्रता ही है। एक उदाहरण लीजिए :

> करतलकलिताक्षमालयोः समुदितसाध्वससन्नहस्तयोः।
> कृतरुचिरजटानिवेशयोरपर इवेश्वरयोः समागमः।।

(उन दोनों का समागम ऐसा हुआ, मानो शिव और पार्वती का ही दूसरा समागम

हो। समागम की वेला में हाथ में अक्षमाल है, प्राथमिक व्यवहार के भय से हाथ सन्न पड़ गए हैं, जटा का सुन्दर सन्निवेश अत्यन्त रुचिकर जान पड़ रहा है।)

यहाँ प्राथमिक समागम में पदार्थ का कितना समुचित और स्वाभाविक वर्णन है।

औचित्य का दूसरा रूप भी कुन्तक ने बताया हे। जहाँ वक्ता अथवा प्रमाता (श्रोता) के शोभातिशय युक्त स्वभाव से वाच्य वस्तु का स्वभाव संवृत्त हो जाय, वहाँ भी औचित्य का प्रयोग होता है। उदाहरण लीजिए—

शरीरमात्रेण नरेन्द्र तिष्ठान्नाभासि तीर्थप्रतिपादितर्द्धि।
आरण्योकोपात्तफलप्रसूतिः स्तम्बेन नीवार इवावशिष्टः।।

अर्थात् है राजन्। सत्पात्रों को अपनी सम्पत्ति दान देकर अब शरीर मात्र से स्थित आप वनवासियों द्वारा उत्पन्न फल के तोड़ लिए जाने के बाद डण्ठल मात्र के रूप में अवशिष्ट नीवार की भाँति सुशोभित हो रहे हैं। यहाँ महाराज का श्लाघ्य 'अतिशय' वर्ण है। मुनि स्वानुभवसिद्ध व्यवहार के अनुसार, अप्रस्तुत योजना द्वारा कितने उत्तम रूप से वर्ण्य को प्रस्तुत करते हुए औचित्य का परिपोष करते हैं। यहाँ मुनि ने, वक्ता ने, अप्रस्तुत के द्वारा अपने स्वभाव को व्यक्त किया है और उस अलंकार-योजना से वस्तु के स्वभाव को समावृत्त कर दिया है, पर वक्तव्य अधिक रसमय ढंग से उभर कर आया है।

पहले में विषय का स्वाभाविक सौन्दर्य है और दूसरे में वक्ता की अपनी दृष्टि से देखी हुई वस्तु का सौन्दर्य है। औचित्य का अनतिक्रमण उभयत्र है।

आगे चलकर जब कुन्तक यह कहते हैं कि इन तीनों मार्गों में औचित्य तथा सौभाग्य दोनों का गुण पदों, वाक्यों तथा रचना में व्यापक और उज्ज्वल रूप से रहता है, तब यह समझ में आता है कि मार्गगत औचित्य काव्य की छोटी से छोटी इकाई (पद) से लेकर बड़ी स्थिति (प्रबन्ध) तक व्याप्त रहने वाला तत्त्व है और वह विषयमुखी (आब्जेक्टिव) तथा व्यक्तिमुखी (सब्जेक्टिव) दोनों प्रकार के वर्णनों में निहित रह सकता है। क्षेमेन्द्र ने भी इसी प्रकार शब्द के सभी अवयवों में औचित्य को व्यापक माना है। इस तथ्य की जानकारी के बाद यह कहना कि इन्होंने व्यापक तथा संकुचित दो रूपों में औचित्य की चर्चा की है—बहुत महत्त्वपूर्ण नहीं है। दोनों रूपों में कोई मौलिक भेद नहीं जान पड़ता। अन्ततः इन्होंने यह भी कह दिया कि पदगत औचित्य और कुछ नहीं, बल्कि अनेकविध वक्रता ही है। वक्रता का तो यही परम रहस्य है कि स्पष्ट रूप से (बारीकी के साथ) पदार्थ के स्वभावगत उत्कर्ष का परिपोषण हो और तथाविध-विधान का साधन औचित्य है। निष्कर्ष यह कि यदि औचित्यपूर्वक पदार्थ के उत्कर्ष का परिपोषण हो तो वहीं सच्ची काव्योचित वक्रता का उन्मीलन होता है। जिस प्रकार रस का परम रहस्य औचित्य है, उसी प्रकार वक्रता का भी परम रहस्य 'उचिताभिधान' है। यह 'उचिताभिधान' तथा क्षेमेन्द्र

का 'सदृशकिल यस्य यत्'—दोनों उक्तियों में कितना सादृश्य है।

इस प्रकार भारतीय काव्यात्मवाद इन पाँच प्रवाहों में मौलिक चिन्तन के साथ ग्यारहवीं शती तक प्रवाहित रहा। तदनन्तर इनमें से ध्वनिवाद अपनी सन्तुलित स्थापनाओं के कारण निरन्तर समर्थित होता रहा। रस सिद्धान्त भी ध्वनि सिद्धान्त का प्रबल हस्तावलम्ब पाकर स्वीकृत हुआ। निर्माण पक्ष से काव्य की आत्मा पर विचार 'वक्रोक्ति' मत में बड़ी गहराई के साथ हुआ, पर उसे वह महत्त्व बीच के कुछ वर्षों में नहीं मिला, जो मिलना चाहिए था। इधर बीसवीं शती के काव्यालोचन में, जब से पश्चिमी साहित्य चिन्तन की ओर भी झुकाव हुआ है और उसकी तुलना में इन वादों को प्रस्तुत किया जाने लगा है—तब से 'वक्रोक्ति' सिद्धान्त की सम्भावनाएँ और गरिमा में अनपेक्षित वृद्धि हुई है। यह मत व्यापार प्राधान्यवादी है।

अलंकार प्रस्थान

अलंकार शब्द अपने प्रयोग में बहुरंगी रहा है। रुद्रदामन के शिलालेख (2 ई.) में साहित्यिक गद्य-पद्य को अलंकृत कहा गया है। नाट्य-शास्त्र में जिन 36 लक्षणों का उल्लेख है—धीरे-धीरे उनकी प्रतिमा धूमिल होती गई और जो बचे भी—उनमें से कुछ का (हेतु, श्लेष) अलंकार में और कुछ का गुणों में अन्तर्भाव कर लिया गया। प्रथम लक्षण को भूषण भी कहा गया है। भरत ने चार अलंकारों की—उपमा, रूपक, दीपक और यमक—चर्चा की है। वामन ने सौन्दर्य और सौन्दर्य-साधन दोनों अर्थों में इनका प्रयोग किया है। दण्डी ने भी अलंकार शब्द का प्रयोग नितान्त व्यापक अर्थ में किया है। उन्होंने कहा है—

> काव्यशोभाकरान् धर्मानलंकारान् प्रचक्षते।
> काश्चिन्मार्गविभागार्थमुक्ताः प्रागप्यलंक्रियाः।।

उन्होंने तो सन्ध्यंगों तक को अलंकार में समाविष्ट कर लिया है—

> यच्च सन्ध्यंगवृत्यंगलक्षणाद्यागमान्तरे।
> व्यावर्णितमिदंचेष्टमलंकारतयैव नः।।

'अलंकार' शब्द का प्रयोग पर्याप्त प्राचीन है, परन्तु यह पारिभाषिक रूप उसको बाद में मिला। यों तो ऋग्वेद में ही 'अरङ्कृति' या अलंकृति शब्द का प्रयोग मिलने लगता है। वैदिक ऋचाओं के निर्वचन या व्याकरण-सम्मत व्याख्यान में (अलंकार या) उपमा का भी प्रसंग आ जाता है। यास्क ने निरुक्त में उपमा की चर्चा भी की है—भरत ने नाट्यशास्त्र में चार अलंकारों का उल्लेख किया है—पर अलंकार को पारिभाषिक रूप बाद में दिया गया। भामह ने अपने काव्यालंकार में अनेक पूर्ववर्ती आलंकारिकों के नामोल्लेख किए हैं—पर व्यवस्थित रूप से इस प्रस्थान का प्रथम और प्रतिनिधि आचार्य वही माना गया है। यों दण्डी, उद्भट, रुद्रट तथा प्रतीहारेन्दुराज और पीयूषवर्ष, जयदेव इसी परम्परा में होते हैं। यद्यपि इन सबके रस सम्बन्धी विवेचन और उल्लेख से स्पष्ट प्रतीत होता है कि ये सभी रस की महत्ता से परिचित हैं। रुद्रट तो स्पष्ट बल देता है—पर ये लोग, उसे स्थान कहाँ देना चाहिए—इस

पर स्पष्ट नहीं थे। उन लोगों की दृष्टि में अलंकार ही सर्वोपरि था–इसीलिए रस का भी समावेश उसी में कर लिया।

अलंकार सर्वस्वकार इन लोगों की मान्यताओं को उपस्थापित करते हुए कहता है–

'इह तावद्भामहोद्भटप्रभुतयश्चिरन्तनालङ्कारकाराः प्रतीयमानमर्थं वाच्योपस्कारकतयालङ्कारपक्षनिक्षिप्तं मन्यन्ते। उद्भटादिभिस्तु गुणालंकाराणां प्रायशः साम्यमेव सूचितम्। तदेवमलङ्कारा एव काव्ये प्रधानमिति प्राच्यानां मतम्...अर्थात् ये पूर्वोक्त भामह, उद्भट आदि प्राचीन आलंकारिक मानते हैं कि प्रतीयमान अर्थ वाच्य का उपस्कारक होने के कारण अलंकार ही में समाहित है–अलंकार से पृथक् उसका कोई स्थान नहीं। उद्भट आदि ने स्पष्ट ही गुण और अलंकार को समान माना है–प्रयोजन और आश्रय की दृष्टि से इनमें कोई अन्तर नहीं है। रस भी एक अलंकार ही है–अतः उसके लिए रस-वदलंकार का खाता खोल दिया गया। रही वक्रता, वह अलंकार में अनुस्यूत सामान्य तत्त्व के रूप में गृहीत हुई। वृत्तियाँ वृत्यनुप्रास के भेद में तिरोहित हो गईं। इस प्रकार रीति, वृत्ति, गुण, ध्वनि तथा रस सभी अलंकार के भीतर समाविष्ट कर लिए गए–फलतः निष्कर्ष यह निकाला गया कि इन लोगों के यहाँ अलंकार ही प्रधान है–वही काव्य के केन्द्रीय तत्त्व चारुता का एकमात्र स्रोत है। चारुता का स्रोत अलंकार है और अलंकार ही चारुता का स्रोत है। इनकी चौथी मान्यता यह है कि अलंकार जिस चारुता का स्रोत है, वह कृत्रिम है–सहज नहीं। भामह स्पष्ट कहते हैं–

न कान्तमपि निर्भूषं विभाति वनिताननम्

जिस प्रकार अलंकार प्रिय व्यक्तियों को वनिता का सहज कमनीयता से युक्त आनन रुचिकर और आकर्षक नहीं लगता, उसी प्रकार इन्हें भी कविता गुण-प्रयुक्त सहज कमनीयता से आकृष्ट नहीं करती। इस प्रकार पाँचवीं मान्यता इनकी यह है कि काव्य केन्द्रीय तत्त्व चारुता के स्रोत अलंकारों में अलंकारता-निष्पादक रूप में वक्रोक्ति का अवस्थान है। इसीलिए कहा है–

सैषा सर्वत्र वक्रोक्तिः कोऽलङ्कारोनया विना।

'अतिशय' और 'वक्रता' इनकी दृष्टि में पर्याय हैं। यह अतिशय और वक्रता भिन्नार्थक नहीं हैं–जैसा कि अन्य लोग भामह के सन्दर्भ में भी मानते हैं। कहते हैं, जो बढ़ा-चढ़ाकर कही जाती है, वह अतिशयोक्ति और जो घुमा-फिराकर कही जाय–वह वक्रोक्ति। भामह ने ऐसा कुछ नहीं कहा है। इसीलिए कहा है–

वक्राभिधेयशब्दोक्तिरिष्टा वाचामलंकृतिः

वाणी का अलंकरण वक्र शब्द और वक्र अर्थ का प्रयोग ही है। यह 'वक्रता' या 'अतिशय' लोकोत्तर रूप से इनकी अवस्थिति है। कहा गया है–'लोकोत्तरेण रूपेण शब्दानामर्थानांचावस्थानमेवातिशयः।' छठीं यह कि उत्पाद्य चारुता का आश्रय

शब्दार्थ रूप शरीर है।

जहाँ तक अलंकार के स्वरूपगत विकास का सम्बन्ध है—भामह ने उसे कृत्रिम सौन्दर्य का स्रोत कहा था। दण्डी ने परिभाषा दी—काव्यशोभाकरान् धर्मानलंकारान् प्रचक्षते। काव्यगत चारुता के उत्पादक धर्मों को अलंकार कहा जाता है।...अर्थात् काव्य शोभाकर धर्मों को अलंकार कहते हैं, पर यह नहीं कहा कि वह शोभा सहज है या उत्पादित अथवा प्रवर्द्धित। क्या यह निष्कर्ष निकाला जाय कि ये सभी प्रकार की शोभा के स्रोत को काव्य-व्यवहारोपयोगी मानते हैं ? लगता तो ऐसा ही है और यदि ऐसा ही है तो इनकी अलंकार सम्बन्धी धारणा व्यापक है। इन्होंने तो स्पष्ट ही यहाँ तक कह दिया है

यच्च सन्ध्यङ्गवृत्यंगलक्षणाद्यागमान्तरे।
व्यावर्णितमिदंचेष्टमलङ्कारतयैव नः।। काव्यादर्श।।

सन्धि-सन्धि-अंग वृत्यंग, लक्षण आदि जो भी अन्यान्य आगमों में (शोभा स्रोत रूप में) वर्णित हैं—हम उन सबको अलंकार ही मानते हैं। इसमें एक तरफ भामह का कृत्रिम सौन्दर्य हेतु अलंकार भी अन्तर्भुक्त है और दूसरी ओर सहज सौन्दर्य हेतु भूत वामन का भावी गुण भी बीज रूप में अन्तर्निहित है। इसीलिए दण्डी दोनों के बीच सन्धिरेखा माने जाते हैं। उद्‌भट ने गुण और अलंकार को प्रयोजन और आश्रय की दृष्टि से एक ही माना। उन्होंने कहा कि एक को नियत रूप से सम्बद्ध और दूसरे को अनियत रूप से असम्बद्ध करके काव्य में व्यवहार की तरह अन्तर बताना गड्डरिका प्रवाह है। वामन ने इन लोगों का विरोध करते हुए बताया कि ऐसा नहीं है। वस्तुतः गुण और अलंकार में अन्तर है—

काव्यशोभाकरा धर्मा गुणाः, तदतिशयहेतवस्त्वलंकाराः।

मूलतः काव्य में शोभाकर धर्म गुण हैं और उन्हें प्रवर्द्धित करने वाले अलंकार।

अलंकार और रीतिवादियों के बाद ध्वनिवादी ने कहा कि वह इन आचार्यों की सौन्दर्य या चारुता सम्बन्धी अवधारणा से ही असहमत है। आनन्दवर्द्धन मानते हैं कि चारुता का सम्बन्ध शरीर से नहीं, शरीरी या आत्मा से है, अन्यथा निश्चेतन शरीर में भी चारुता (यदि सचेतन अवस्था में है) माननी होगी। अलंकार जो शरीर पर (शब्दार्थ पर) धारण किए जाते हैं—आत्मगत सौन्दर्य के साक्षात् स्रोत नहीं हो सकते। वे शरीर द्वारा आत्म सौन्दर्य की वृद्धि करते हैं। आनन्दवर्द्धन साथ ही साथ गुण से अलंकार का अन्तर भी करते जाते हैं। गुण साक्षात् आत्मधर्म है—जैसे शौर्य-वैदुष्य आदि। इनका मन्तव्य यह है कि शृंगार, करुण और शान्त तथा वीर, बीभत्स एवं रौद्र के दो त्रिक हैं। प्रथम त्रिक के अनुभव करने पर भावक के अन्तस् पर द्रव नामक प्रभाव उत्पन्न होता है और दूसरे त्रिक के अनुभव पर दीप्ति। इस प्रभाव का कारण इन त्रिकों में इनके अतिरिक्त कोई एक विशेषता या गुण होना चाहिए। यही विशिष्टता क्रमशः माधुर्य एवं ओज गुण है। हास्य, भयानक एवं

अद्‌भुत–में दोनों दीप्ति द्रुतिकारी–दोनों तरह की सामग्री सम्भव है–अतः इन्हीं दोनों में से किसी एक गुण की स्थिति माननी होगी। एक विशेषता या गुण और है जो सर्वरस सामान्य है–सभी रसों में विद्यमान है। यह है नैर्मल्य या प्रसाद। जिस प्रकार निर्मल जल वस्त्र को और अग्नि शुष्क काष्ठ को अतिशीघ्र व्याप्त कर लेती है, उसी प्रकार प्रसाद या निर्मलता के कारण रस भी भावक के चित्त को शीघ्र ही व्याप्त कर लेता है। जिस प्रकार विषय सम्पर्कजन्य काठिन्य की मात्रा क्रमशः संयोग से करुण, करुण से विप्रलम्भ और सर्वाधिक शान्त में बढ़ती हुई निरतिशय हो जाती है, उसी प्रकार सबसे ज्यादा वीर, बीभत्स की अपेक्षा दीप्ति रौद्र में होती है। पण्डितराज मानते हैं कि आत्मा में गुण नहीं होता, अतः आत्मभूत रस में भी गुण के अभाव की आशंका करते हैं, परन्तु साहित्यसारकार अच्युत राय उपहित आत्मा में उपाधि द्वारा स्वीकार करने का तर्क देते हैं।

इस प्रकार गुण आत्मधर्म है और अलंकार शरीरधर्म। आनन्दवर्द्धन ने इस अलंकार के स्वरूप के सम्बन्ध में सैद्धान्तिक रूप से विचार किया है। सिद्धान्ततः नैसर्गिक प्रतिभा सम्पन्न कवि जब रसावेश में काव्यार्थ सक्रिय होता है, तब उसे अलग से कुछ करने की आवश्यकता नहीं होती–न ही पृथक् से प्रयत्न करना पड़ता है। प्रतिभा का गन्तव्य रस निष्पत्ति है–तदर्थ वह व्यापारशील है। इस सन्दर्भ में अनायास जो अलंकार आ जाते हैं–ध्वनिमार्ग में वे ही अपृथग्यत्ननिर्वर्त्य अलंकार हैं। उन्होंने कहा है–

"रसाक्षिप्ततया यस्य बन्धः शक्यक्रियो भवेत्।
अपृथग्यत्ननिर्वर्त्यः सोऽलंकारो ध्वनौ मतः।।"

उत्पाद्या प्रतिभा वाले सर्जकों में महाचेतना के प्रति वह समर्पण नहीं होता–अतः इन्हें स्वयं ज्ञातभाव से यह सब करना पड़ता है और तदर्थ कुछ नियम निर्धारित कर दिए गए हैं। नियम इस प्रकार हैं–

(1) प्रतिपाद्य रस के अनुरूप अंग रूप में अलंकार योजना।
(2) न कि कभी भी अंगी रूप से। अर्थात् यह देखना कि योजना तो निर्माण की ओर से अंग रूप में ही की गई पर ग्रहण की ओर से देखने पर प्रधान तो नहीं लग रही है।
(3) अवसरोचित अलंकार ग्रहण।
(4) अवसर देख कर गृहीत का त्याग।
(5) दुरभिनिवेशपूर्वक निर्वहण की इच्छा न रखना।
(6) इस प्रकार इन नियमों से अलंकार नियोजन का सम्यक् निर्वाह होने पर भी यत्नपूर्वक पुनरीक्षण।

व्यावहारिक दृष्टि से मम्मट ने अलंकार-स्वरूप पर विचार करते हुए कहा–

उपकुर्वन्ति तं सन्तमङ्गद्वारेण जातुचित्।
हारादिवदलंकारास्तेऽनुप्रासोपमादयः।।

इससे गुण और अलंकार का अन्तर भी स्पष्ट होता है और स्वरूपबोध भी। अन्तर इस प्रकार है–

(1) गुण और रस का नियत सम्बन्ध है।	(1) अलंकार और रस का नियत सम्बन्ध नहीं है।
(2) गुण रस में रहकर नियत रूप से उसका उपकार करता है।	(2) अलंकार शरीरोपकार द्वारा कभी कदाचित् रस का उत्कर्ष बढ़ाता है।
(3) गुण कभी भी रस से न उदासीन होता है और न ही अपकर्षकारी।	(3) अलंकार उदासीन भी रह सकता है, अपकर्ष भी कर सकता है और अविद्यमान भी रह सकता है।

अलंकार का स्वरूप, गुण और अलंकार से अन्तर स्पष्ट करने के बाद तीसरा बिन्दु आता है–वर्गीकरण का। यह माना जाता है कि अलंकार तो केवल एक ही प्रकार का है और वह है–शब्दालंकार। कारण वही सबसे पहले काव्य की ओर प्रवृत्त कराता है–अर्थालंकार तो आस्वाद-बोधोत्तर लक्षण ज्ञानपूर्वक पहचान में आते हैं। दूसरे कहते हैं कि काव्य में आस्वाद सब कुछ होता है और आस्वाद मिलता है विभावादि रूप अर्थ से। अर्थ जितना ही सुन्दर होगा, उतना ही आस्वादगत उत्कर्ष होगा। यह सुन्दरीकरण अर्थालंकार ही करता है–अतः अर्थालंकार ही अलंकार है। शब्दालंकार बहिरंग है। मम्मट का पक्ष है कि दोनों ही आस्वाद-वर्द्धन में उपयोगी हैं–अर्थालंकार अर्थ के सुन्दरीकरण द्वारा और शब्दालंकार रसगत गुण की अभिव्यक्ति द्वारा। अतः दोनों ही उपादेय हैं।

अब अगला प्रश्न यह है कि ये दो भेद किए किस दृष्टि और आधार पर गए हैं ? रुय्यक का पक्ष है–आश्रयाश्रयिभाव और मम्मट आदि का अन्वय व्यतिरेक। बात यह है कि आधाराधेय भाव का निर्णय करने में आश्रयाश्रयिभाव का और कार्यकारणभाव का निर्णय करने में अन्वय व्यतिरेक का सहारा लिया जाता है। रुय्यक का पक्ष है कि जो अलंकार शब्दाश्रित हों वे शब्दगत और अर्थाश्रित हों वे अर्थगत। मम्मट का पक्ष है कि जो पर्याय-परिवृत्ति-सह हों वे अर्थगत और जो पर्यायपरिवर्तन न सह सकें–वे शब्दगत। विवेचन-विश्लेषण करने पर मम्मट का ही मत मान्य जान पड़ा है–वैसे पण्डितराज ने रूय्यक का पक्ष लिया है–पर वह पाण्डित्य कम और चाण्डित्य ज्यादा है।

अलंकार शब्दगत और अर्थगत ही नहीं होते, उभयगत भी होते हैं। उभयगत का मतलब यह नहीं कि जहाँ एकाधिक अलंकारों की निष्पत्ति या स्थिति हो। उभय का यह अर्थ लेना तो ठीक है कि दो से कम न हों–पर यह नहीं कि एकाधिक अलंकारों की सहस्थिति ही न हो। एकाधिक अलंकार तो अनेकत्र सहस्थित हो सकते हैं–पर उनमें से कवि प्रतिभा संरम्भ रूप प्राधान्यवश व्यवहार एक का ही होता है। हाँ, जहाँ अनेक अलंकारों में किसका प्राधान्य है या तो वह तय न हो

या अनेक की समकक्ष प्रधानता हो—तो वहाँ उभयालंकार की स्थिति मानी जा सकती है। संकर और सन्देह—ऐसे ही उभयालंकार हैं। संकर में साधक-बाधक प्रमाण के अभाव में यह तय नहीं हो पाता कि किसकी स्थिति या प्रतिष्ठा मानी जाय ? यहाँ अनेक अलंकारों का समकक्ष सन्देह बना रहता है। यहाँ एकाधिक अलंकार नीर-क्षीरवत् इस प्रकार मिले रहते हैं कि पहचान मुश्किल हो जाती है। संसृष्टि में परस्पर निरपेक्ष रूप से तिल-तण्डुलवत् अपना सत्तासादन करते हुए अनेक अलंकार समकक्ष चमत्कार उत्पादन में क्षम होते हैं।

आगे चलकर अर्थालंकारों का वर्गीकरण आरम्भ हुआ। रुद्रट से पूर्व विभिन्न वर्गों में अलंकारों का उल्लेख होता आया है—पर उसका कोई यौक्तिक आधार नहीं है। यह सम्भवतः पहला आचार्य रुद्रट है, जिसने अर्थालंकारों के वर्गीकरण के चार आधार दिए—वास्तव, औपम्य, अतिशय और श्लेष। यह वर्गीकरण भी बहुत यौक्तिक नहीं है। कारण, क्या 'अतिशय' अन्य अलंकारों में नहीं है। अस्तु, इसी प्रकार अन्यान्य आचार्यों ने और-और आधारों का उल्लेख किया है। डा. नगेन्द्र ने आलंकारिक प्रयोगों की तह में सक्रिय मनःस्थितियों को आधार बनाते हुए उसे सूक्ष्मता प्रदान करने का प्रयत्न किया है। उनका कहना है—मूल मानस स्थितियाँ हैं—स्पष्टतः विस्तार, आश्चर्य, अन्विति, जिज्ञासा तथा कौतूहल और इन्हीं के मूर्त आधार हैं—साधर्म्य, अतिशय, वैषम्य, औचित्य, वक्रता और चमत्कार। विवेचन करने पर वे आधार भी एक-दूसरे में संक्रान्त होते लक्षित होते हैं। शब्दालंकार के वर्गीकरण की प्रायः उपेक्षा होती रही है। इस दिशा में पं. रमाशंकर शुक्ल ने प्रयास किया है—'अलंकार पीयूष' में।

यद्यपि आज की नव्यतम और आधुनिक चेतना अलंकार का अज्ञान होने से उसके नाम से चमकती है, परन्तु अलंकार कहने का ढंग या तर्जे-बयां है—अतः वह मानव की प्रकृति से जुड़ा है—ज्ञात-अज्ञात भाव से कविता के साथ उसका अस्तित्व जुड़ा हुआ है ही।

अलंकार तत्त्व-विमर्श

रचना के साक्ष्य पर सैद्धान्तिक और व्यावहारिक समीक्षा समानान्तर प्रवाहित होती है। अर्थात् रचना पहले होती है और समीक्षा उसके आधार पर बाद में। समीक्षा रचना के खूँटे से बँधी रहती है, जबकि रचना में ऐसा कोई बन्धन नहीं है। रचना का भी बन्धन है—पर अपने ढंग का, वह जीवन से बँधी होती है, इसीलिए रचना मानवीय संदर्भों में जीवन का कलात्मक उरेह है, जब मैं रचना को जीवन से सम्बद्ध करता हूँ, तो जीवन के क्षितिज के व्यापक-व्यापकतर रूपों का भी हमें ध्यान है। जीवन का क्षितिज केवल दैहिक सीमाएँ नहीं हैं, मानवीय सन्दर्भ में वह सामाजिक और विश्वात्मक भी है, किंवा भारतीय चिन्तन तो इन सबको आत्मसात् करता हुआ अध्यात्म की अपरिमेय परिधि तक की धारणा रखता है। अतः परिमित जीवन से रचना को बाँधकर हम उसे परिमित कर देते हैं, उसकी उड़ान का स्वातन्त्र्य छीन लेते हैं—ऐसा नहीं। काव्य के पंछी की पाँखों में जितनी ताकत होगी, जीवन के अपरिमेय आकाश में वह उतना ही ऊँचा और गहरा जा सकता है। फलतः मैं उन लोगों का पक्षधर हूँ, जो काव्य के स्वातन्त्र्य को जीवनसापेक्ष मानते हैं। जीवनसापेक्ष रचना रचना है और जीवननिरपेक्ष रचना की बात निराधार और अग्राह्य है। निष्कर्ष यह कि समीक्षा रचना से और रचना जीवन से बँधी हुई है। इस प्रकार जीवन के साथ रचना और रचना के साथ समीक्षा गतिशील रहती है, अवरुद्ध और जड़ नहीं।

'अलंकारमत' संस्कृत भाषा में निबद्ध रचनाओं के सन्दर्भ में समानान्तर उद्भूत और विकसित हुआ था। जिन रचनाओं के सन्दर्भ में अलंकारमत आया था, वे अपनी मूल प्रकृति में 'दृश्य' की अपेक्षा 'श्रव्य' थीं। दृश्यकाव्य के सन्दर्भ में भरत ने 'रस' को ही अन्तःसार रूप में प्रतिष्ठित कर दिया था। 'इतिवृत्तं तु काव्यस्य शरीरं परिकीर्तितम्'[1]—कहने वाला नाट्यशास्त्रकार जब 'इतिवृत्त' को शरीर कहता है, तो 'शरीरी' की अपेक्षा में ही। दृश्यकाव्य में शरीरी 'रस' ही है—इसमें कोई सन्देह नहीं।

श्रव्यकाव्य प्रवाह में 'रस' की अपेक्षा 'चारुता' की बात उठाई गई और 'चारुता' के स्रोत पर आलंकारिकों ने विचार आरम्भ किया। वैसे काव्यगत 'चारुता' होती है—रस

या आनन्दपर्यवसायी ही, पर भारतीय काव्यशास्त्र में 'रस' की एक सुव्यवस्थित निष्पत्ति है, जो किसी भी काव्योचित मनःस्थिति से प्रसूत प्रकीर्णक श्रव्यकाव्य से सम्भव ही हो—ऐसा कहना कठिन है। काव्यगत वस्तु अथवा अवस्तु 'कवि-भावक-भाव्यमान' होकर यथाकथंचित् रसपर्यवसायी हो, यह एक अलग बात है और कवि प्रतिभासंरम्भभाजन होकर—अभिप्रेत होकर—रसपर्यवसायी होना दूसरी बात है। काव्यात्मक परिणति ग्रहण करने वाली मनःस्थिति जिस धातु की होती है—रासायनिक विश्लेषण करने पर उसमें न जाने किन-किन घटकों की स्थिति मिलेगी, परन्तु देखना यह है कि कविप्रतिभा का संरम्भ उनमें से किस पर सर्वाधिक है। जिस तत्त्व पर सर्वाधिक संरम्भ होगा, उसी का व्यपदेश सहृदय परम्परा सम्मत है। इसीलिए 'चारुता' या 'सौन्दर्य' काव्य के सन्दर्भ में व्यापक तत्त्व है—'रस' की अपेक्षा। प्रकीर्णक अथवा प्रबन्ध श्रव्यकाव्यों में 'रस' की स्थिति चाहे विवादास्पद हो, पर 'चारुता' का होना तो असन्दिग्ध है। इसीलिए सम्भव है 'दृश्य' काव्य को 'रस' का विषय मान लिए जाने पर आरम्भिक आलंकारिकों ने तदितर श्रव्यकाव्य को 'रस' की अपेक्षा व्यापक अर्थ रखने वाले 'सौन्दर्य' या 'चारुता' का विषय मानकर विचार करना आरम्भ किया हो। 'चारुता' का लोकप्रवाह में स्थूलदर्शियों द्वारा 'अलंकार' से सम्बन्ध प्रायः जोड़ा जाता है। इसीलिए परवर्ती चिन्तकों ने आरम्भिक श्रव्यकाव्यशास्त्रियों के विषय में घोषणा की :

अलंकार एव काव्ये प्रधानमिति प्राच्यानां मतम्[2]

अलंकार ही काव्य में प्रधान है—ऐसा प्राचीनों का मत है।

'चारुता' या 'सौन्दर्य' क्या है—वह विषयनिष्ठ है या विषयिनिष्ठ ? अथवा सर्वग्रासी, किसी भी विभाग को न जानने वाला ? वह प्रातीतिक है, व्यावहारिक है या पारमार्थिक ? 'सौन्दर्य' के सम्बन्ध में व्यवहारदृष्टि पृथक् है और काव्यदृष्टि पृथक् या एक ही ? अर्थात् कला का 'सौन्दर्य' व्यावहारिक 'सौन्दर्य' से पृथक् होता है या अपृथक्—ऐसे तमाम प्रश्न हैं—जो शताब्दियों से विचारकों के विचार संसार में उठते रहे हैं। इन प्रश्नों पर सर्वसम्मत मत अद्यावधि नहीं बन सका। इन प्रश्नों पर यहाँ विस्तार से चर्चा अप्रासंगिक होगी—पर संक्षेप में इतना अवश्य कहूँगा कि अलंकारवादी आचार्य 'चारुता' या 'सौन्दर्य' को 'शरीर' या 'काव्यशरीर' गत ही मानते हैं। भामह ने किसी 'शरीरी' या 'आत्मा' की बात स्पष्ट नहीं की। शरीर या काव्यशरीर से भी इनका क्या आशय है, यह स्पष्ट कर लेना चाहिए। सामान्यतः ये अभिधावादी आचार्य माने जाते हैं। इसीलिए अलंकार को कभी-कभी अभिधाप्रकार भी कह दिया गया है। इनकी 'अभिधा' में 'लक्षणा' तक संकेत अवश्य है, पर इससे आगे 'व्यंजना' की कोई बात नहीं है। अभिधा और लक्षणा प्राथमिक वाक्यार्थ बोध में ही पर्यवसित होती हैं, व्यंजना परवर्ती अर्थबोध या वाक्यार्थबोध तक जाती है—वह निहित अर्थ का प्रकाश करती है। अलंकारवादी आचार्य के काव्यशरीर में

जिस शब्द और अर्थ का समावेश है, वह अभिधा और लक्षणा से ही युक्त है। अभिधा-लक्षणा सम्पन्न 'शब्दार्थ' ही इन अलंकारवादियों का काव्यशरीर है। उनकी काव्योचित 'चारुता' इसी शरीर के स्वरूप में विद्यमान है। स्वरूपगत चारुता सहज भी हो सकती है और कृत्रिम भी। अलंकारवादी भामह अलंकारनिरपेक्ष सहज 'चारुता' को काव्योचित या कलाजगत् की चारुता नहीं मानता। उसके मतानुसार कलाजगत् की चारुता व्यवहारजगत् की चारुता से सर्वथा भिन्न होती है। उसने कहा—

"न कान्तमपि निर्भूषं विभाति वनिताननम्"[3]

जिस प्रकार सहज कमनीयता से युक्त होने पर भी वनिता का आनन तब तक विभावन-चारुतोद्रेक नहीं करता, जब तक 'भूषण' से उसे सजाया नहीं जाता, उसी प्रकार काव्य भी तब तक शोभावह नहीं प्रतीत होता, जब तक उसमें 'अलंकार' का योग न हो। अलंकार के योग से ही काव्यशरीर में 'चारुता' उत्पन्न होती है, तभी कलाकृति की संज्ञा से वह शब्दार्थरचना 'काव्य' कही जा सकती है। यहाँ स्पष्ट ही भामह ने कलात्मक सौन्दर्य को अकलात्मक सौन्दर्य से अलग कर दिया है। निश्चय ही काव्यशरीरगत 'चारुता' के स्रोत रूप में 'अलंकार' की कल्पना एक ऐसे व्यापक अर्थ की है, जिसमें सभी सौन्दर्यस्रोतों का समावेश है, जो काव्योचित सौन्दर्यस्रोत हैं, वे अलंकार और जो 'अलंकार' हैं, वे काव्योचित 'सौन्दर्यस्रोत'। इनके यहाँ 'रस' है भी तो 'रसवदलंकार', 'ध्वनि' है भी तो अन्योक्ति जैसे अलंकार, 'रीति' है भी तो वृत्यनुप्रास, 'वक्रता' है भी तो अलंकारात्मकता का ही आधायक।

सैषा सर्वत्र वक्रोक्तिरनयाऽर्थो विभाव्यते[4]

यह 'वक्रता' ही है, जिससे अर्थ में विभावन की क्षमता आती है—'अर्थ' चारु प्रतीत होते हैं—कलात्मक ज्योति फूटती है। उद्‌भट आदि अलंकारवादियों ने 'गुण' को भी 'अलंकार' से अलग नहीं माना। व्यवहारजगत् में होता होगा 'गुण' और 'अलंकार' का अन्तर, काव्य में इस तरह का कोई अन्तर नहीं होता। काव्य में 'गुण' और 'अलंकार' दोनों ही शरीरगत हैं, दोनों ही अविच्छेद्य हैं, दोनों ही चारुताधायक हैं—फलतः दोनों ही समनियत हैं, अतः दोनों ही एक हैं। इस प्रकार इन अलंकारवादियों ने श्रव्यकाव्य को विशेषतः ध्यान में रखकर बताया कि काव्य या कलाकृति काव्य या कलाकृति तभी है जब उसमें कलात्मक चारुता हो। यह कलात्मक चारुता शब्दार्थ शरीर में वक्रता के आधान से ही आती है। 'वक्रता' लोकातिक्रान्त 'अतिशय' का ही दूसरा नाम है। निष्कर्ष यह कि काव्य की अन्तःसत्ता 'चारुता' है, 'चारुता' का स्रोत 'अलंकार' और अलंकार का निर्वाहक 'वक्रता'।

वक्राभिधेयशब्दोक्तिरिष्टा वाचामलंकृतिः[5]

अलंकार की रचना तभी सम्भव है जब शब्दार्थात्मक उक्ति वक्रतासम्पन्न हो। शब्दार्थ की लोकोत्तर रूप से अवस्थिति ही 'वक्रता' है। लोकोत्तर रूप से अवस्थिति की पहचान क्या है ? पहचान यही है कि यदि वे शब्दार्थ कलात्मक चारुता का अनुभव करा

दें, किसी ऐसे सौन्दर्यलोक का अनुभव करा दें, जो रोजमर्रा के संकीर्ण सौन्दर्यबोध से ऊपर लगे, तभी तो वह लोकोत्तर होगा।

'अलंकार' के स्वरूप के सम्बन्ध में थोड़ी बात आगे बढ़ाई वामन ने। बढ़ाई तो दण्डी और उद्‌भट ने भी।[6] दण्डी की भी धारणा है कि अलंकार 'काव्यशोभाकर' धर्म ही का दूसरा नाम है। उन्होंने काव्यमार्ग वैदर्भ तथा गौड़ का विश्लेषण करते हुए कहा कि मार्गगत शोभाकर धर्म अर्थात् अलंकार दो प्रकार के हैं : साधारण और असाधारण। असाधारण अलंकार 'गुण' है और साधारण 'अलंकार'। दण्डी पर काम करने वाले जयशंकर त्रिपाठी आदि अन्यान्य विचारकों का मत है कि दण्डी पूर्ववर्ती आचार्य हैं और भामह परवर्ती। इस स्थिति में दण्डी को परवर्ती न भी माना जाए, तो भी यह कहा जा सकता है कि एक वर्ग 'गुण' और 'अलंकार' में अन्तर बताता है जबकि दूसरा उस पर पानी फेरता है। भामह ने 'गुण' की चर्चा अवश्य की है, पर 'गुण' और 'अलंकार' के अन्तर पर 'भामहविवरण' प्रणेता उद्‌भट ने इस अन्तर को गड्डरिका-प्रवाह कहा है और ऐसा कहकर अन्तर मिटा दिया है।

आलंकारिकों की विवेकबुद्धि ज्यों-ज्यों प्रखर होती गई, 'अलंकार' की स्वरूपसीमा संकुचित होती गई। अभिनवगुप्त ने नाट्यशास्त्र की टीका 'अभिनव-भारती' में एक जगह यह कहा है कि 'राजता' या 'राजोचित सौन्दर्य' का विश्लेषण किया जाय तो उसके तीन स्रोत दिखाई पड़ते हैं : (1) 'अलंकार' जैसे बाह्य उपकरण (2) शौर्यादि जैसे आन्तरिक 'गुण' एवं (3) सामुद्रिक शास्त्रोक्त विशेष 'लक्षण'। इसी प्रकार काव्य में भी सौन्दर्य के तीन स्रोत हैं : गुण, अलंकार और लक्षण। नाट्यप्रवाह में तीनों का पृथक्-पृथक् विश्लेषण भी है, पर श्रव्यकाव्य के विवेचकों ने केवल 'अलंकार' को ही सौन्दर्यस्रोत के रूप में ग्रहण किया। अलंकारवादी गुण और अलंकार का अन्तर चाहे जितना ढकते रहे, परवर्ती चिन्तकों ने इसका विरोध किया और 'अलंकार' की स्वरूपसीमा संकुचित होती गई।

वामन ने भामह की भाँति इतना तो स्वीकार किया कि 'अलंकार' शब्द का प्रयोग 'सौन्दर्य' तथा 'सौन्दर्यसाधन' दोनों के लिए किया जाता है, पर अनेक बिन्दुओं पर वे भामह से पृथक् भी हो गए। 'वक्राभिधेयशब्दोक्तिरिष्टा वाचामलंकृति', में अलंकृति (भावव्युत्पत्तिक) यदि 'सौन्दर्य' परक है, तो 'न कान्तमपि निर्भूषं विभाति वनिताननम्'[7] में 'भूषण' या 'अलंकार' सौन्दर्य साधनपूरक है। वामन भी 'सौन्दर्यमलंकारः'[8] तथा 'स च दोष गुणालंकारहानादानाभ्याम्'[9] जैसे सूत्रों द्वारा अलंकार शब्द का प्रयोग उभयविध अर्थों में स्वीकार करते हैं, लेकिन उससे आगे भी बढ़ते हैं और सम्बद्ध चिन्तन को गति भी देते हैं।

वामन 'काव्यं ग्राह्यमलंकारात्'[10] द्वारा जहाँ एक ओर काव्य का काव्यत्व 'अलंकार' में है, कहते हैं, वहीं दूसरी ओर 'रीतिरात्मा काव्यस्य'[11] कहकर काव्य का अन्तःसार 'रीति' को घोषित करते हैं। आपाततः ये घोषणाएँ विरुद्ध लगती

हैं, पर विचार करने पर इनमें कोई विरोध लक्षित नहीं होता।

भामह का पक्ष था कि काव्य का केन्द्रीय तत्त्व 'चारुता' है, सौन्दर्य है। यह 'सौन्दर्य' अभिधा-लक्षणासम्पन्न शब्दार्थ शरीरगत है। कलाकृति का सौन्दर्य लोकोत्तर होता है, जो 'अलंकार' जन्य है। शब्दार्थ में कविव्यापारात्मक वक्रता से काव्यव्यवहारोचित लोकोत्तर सौन्दर्य का उन्मीलन होता है। इस प्रकार वे शब्दार्थ-स्वरूप में अलंकारजन्य लोकोत्तर या कलात्मक सौन्दर्य की स्थिति बताते हैं।

ये आचार्य 'सौन्दर्य' को स्वरूपगत ही नहीं, संघटनागत भी मानते हैं—ऐसा अभिनवगुप्त का कहना है। अभिनव इन अलंकार और रीतिवादियों का 'चारुत्व' सम्बन्धी अभिमत प्रस्तुत करते हुए कहते हैं 'चारुत्वं द्विविधं-स्वरूपनिष्ठं संघटनानिष्ठं च।'[12] चारुता स्वरूपगत और संघटनागत द्विविध है। पहली का स्रोत 'अलंकार' है और दूसरी का 'गुण'। भामह ने स्वरूपगत कलात्मक सौन्दर्य का स्रोत अलंकार को माना और वामन ने संघटना (विशिष्ट पदरचना) गत सहज सौन्दर्य के स्रोत को 'गुण', (इस 'गुण') सुलभ सहज सौन्दर्य को सातिशयता प्रदान करने वाला स्रोत वामन की दृष्टि से 'अलंकार' है :

काव्यशोभाधायकाः धर्माः गुणाः
तदतिशयहेतवस्त्वलंकाराः।[13]

वामन ने 'अलंकार' शब्द का प्रयोग कई अर्थों में किया है। सौन्दर्यसाधन तीन हैं : दोषत्याग, गुण तथा अलंकार। इस प्रकार वामन ने अलंकार शब्द का प्रयोग सौन्दर्य के अर्थ में तो किया ही है, सौन्दर्यसाधन के अर्थ में भी किया है। सौन्दर्यसाधन के अर्थ में भी अलंकार शब्द का प्रयोग दो रूपों में है : व्यापक और व्याप्य। व्यापक अर्थ में अलंकार दोषाभाव, गुण तथा अलंकार तीनों ही हैं और संकुचित या सीमित अर्थ में केवल उपमादि शब्दार्थालंकार। इस दृष्टि से 'गुण' भी अलंकार है। इन सब अर्थों के आलोक में वामन के 'काव्यं ग्राह्यमलंकारात्'[14] तथा 'रीतिरात्मा काव्यस्य'[15]—इन सूत्रों द्वारा उभरते विरोधाभास का परिहार हो जाता है। काव्य की आत्मा रीति विशिष्ट पदरचना है और पदरचना का विशेष 'गुण' है। अन्ततः शब्दार्थ शरीर को काव्योचित सौन्दर्य प्रदान करने वाला तत्त्व 'गुण' ही है। व्यापक दृष्टि से वह भी अलंकार है। अतः जहाँ एक ओर यह कहना सार्थक है कि काव्य की ग्राह्यता अलंकारात्मक 'गुण' से है, वहीं दूसरी ओर यह कहना भी ठीक है कि काव्य का अन्तःसार 'गुण' है। अतः वामन के वक्तव्यों में कोई अन्तर्विरोध नहीं है।

भामह की अपेक्षा रीतिवादी आचार्य वामन ने स्पष्ट ही अपना प्रस्थान भिन्न किया। चारुता या सौन्दर्य को महत्त्व वामन भी देते हैं, उसे शब्दार्थ शरीरगत मानते हैं—पर भामह की भाँति सहज कमनीयता को अकाव्योचित नहीं मानते। विपरीत इसके वह कहते हैं कि जिस प्रकार कामिनी का तारुण्य-सुलभ 'सौन्दर्य' महत्त्व का है—अलंकार इसी सहज सौन्दर्य की अभिवृद्धि करते हैं—उसी प्रकार काव्य में भी

'तारुण्य स्थानीय' गुण सहज सौन्दर्य के निमित्त है और अलंकार उसकी अभिवृद्धि करते हैं—इस प्रकार वामन ने न केवल 'गुण' और 'अलंकार' का अन्तर बताया, प्रत्युत काव्य में सहज सौन्दर्य को ही प्रमुख भी कहा।

वामन के इस पक्ष में अनेक प्रकार के दोषों की उद्भावना परवर्ती ध्वनिवादी आचार्यों ने की। वामन का 'गुण' इतना वैविध्यमय है कि उसका अनुगतलक्षण करना कठिन है। मम्मट ने विस्तारपूर्वक बताया है कि ये वामनोक्त बीस गुण काव्यकारण समाधि और प्रातिभएकतानता से लेकर दोषालंकार तक व्याप्त हैं—उनमें रस, ध्वनि तक का समावेश है। ध्वनिवादियों ने 'अलंकार्य' के स्वरूप में भी अपनी असहमति व्यक्त की। अलंकार और रीतिवादी अभिधा-लक्षणा सम्पन्न शब्दार्थ को काव्यशरीर कहते थे और उसी को 'अलंकार्य' मानते थे। ध्वनिवादियों ने कहा : "तथाहि अचेतनं शवशरीरं कुण्डलादुपेतमपि न भाति, अलंकार्यस्याभावात्। यतिशरीरं कटकादियुक्तं हास्यावहं भवति—अलंकार्य-स्यानौचित्यात।"[16] इनका कहना है कि अन्वयव्यतिरेक की प्रणाली से कार्यकारण भाव का निर्धारण होता है। अतः उस आलोक में देखना चाहिए कि 'सौन्दर्य' कहाँ है, उसका सम्बन्ध किससे है—शरीर से या तदितर से ? यदि—सौन्दर्य शरीरगत ही होता है—ऐसा मानकर चला जाय, तो शरीर शव का भी है। क्या शव-शरीर को कुंडलादि अलंकार पहना दिए जाने पर उसमें सौन्दर्य उभर आएगा, उसके प्रति आकर्षण होगा ? नहीं। यदि 'सौन्दर्य' की व्यक्त अथवा अव्यक्त स्थिति 'शरीर' में होती, तो अलंकार उसका संवर्धन अवश्य करते, पर देखा जाता है कि शवशरीर शरीर है और अलंकारग्रहण के बावजूद वहाँ सौन्दर्योन्मीलन नहीं होता है। कभी-कभी तो शरीर पर अलंकारग्रहण उपहासास्पद भी हो जाता है। संन्यासी के शरीर की यही स्थिति है, वृद्ध शरीर की भी यही दशा है। नियमतः देखा यह जाता है कि यदि चेतनासम्पन्न समुचित (तरुण) शरीर है तो सौन्दर्योन्मीलन होता है और चेतनारहित अथवा चेतनासहित अनुचित शरीर है, तो अलंकार सौन्दर्योन्मीलन नहीं करते। अतः सौन्दर्योन्मीलन की दो शर्तें हैं : (1) चेतना का अस्तित्व, (2) समुचित शरीर की मध्यस्थता।

इस तरह अलंकार्य चेतनात्मा ही है—हाँ, यदि वह समुचित शरीर में है। ध्वनिवादी ने काव्य के सन्दर्भ में चेतनात्मा का स्थानीय 'ध्वनि' को माना और कहा : "ध्वन्यात्मैवालंकार्यः"[17]। इस प्रकार ध्वनिवादियों ने 'सौन्दर्य' का सम्बन्ध 'शरीर' से हटाकर 'आत्मा' से जोड़ा और उसे आत्मगत माना।

ध्वनिप्रस्थान एक ऐसा प्रस्थान था, जहाँ दृश्यकाव्य का 'रस प्रवाह' और श्रव्यकाव्य का 'चारुताप्रवाह'—दोनों एकाकार हो गए, मिल गए। यह अलंकार्य ध्वन्यात्मा तत्त्वतः रसध्वनि रूप ही ठहराया गया और उसे ही 'चारु' कहा गया।

वामन या रीतिवादियों की भाँति आनन्दवर्द्धन भी गुण और अलंकार का अन्तर मानते हैं, परन्तु इनका अन्तर जिस प्रस्थान में प्रतिष्ठित है, वह रीतिवादियों के

प्रस्थान से सर्वथा भिन्न है। वामन देहवादी आचार्य है। वह देह को ही अलंकार्य मानते हैं जबकि आनन्दवर्द्धन आत्मवादी आचार्य हैं—जो रसध्वनि को अलंकार्य मानते हैं। जहाँ वामन पदरचनागत गुण की सत्ता स्वीकार करते हैं, वहाँ आनन्दवर्द्धन रसगत गुण की सत्ता स्वीकार करते हैं। जहाँ अलंकार तथा रीतिवादी आचार्य 'चारुता' का स्रोत केवल अलंकार अथवा गुण-अलंकार को मानते थे, वहाँ ध्वनिप्रस्थापक परमाचार्य आनन्दवर्द्धन सौन्दर्यस्रोतों को बहिरंग और अन्तरंग भागों में अनेक रूप होकर अवस्थित बताते हैं। इनकी दृष्टि में अलंकार और गुण दोनों ही सौन्दर्य के स्रोत हैं, परन्तु जहाँ अलंकार शब्दार्थ शरीर (या काव्यांग) में रहते हैं, वहाँ गुण ध्वनित रस या रस में रहते हैं—रस की विशेषता है। अलंकार अंग द्वारा अंगी का सौन्दर्यपोष करता है और साक्षात् गुण यानी अंगी में रहकर उसका सौन्दर्य व्यक्त करता है। रस की निर्मल अभिव्यक्ति भी हो सकती है और प्रकाशक सामग्री में दोष रहने पर औपचारिक रूप से समल भी। निर्मलता या प्रसन्नता या 'प्रसाद' उसकी विशेषता है—गुण है और समलता दोष जो अनेक कारणों से सम्भव हैं। यह निर्मल रस या तो ओजस्वी हो सकता है या मधुर; चित्त पर ज्वलनात्मक असर डाल सकता है या द्रुत्यात्मक। ज्वलनात्मक असर डालने वाली ओजस्वी रस की विशेषता ओज है और द्रुत्यात्मक प्रभाव पैदा करने वाली मधुर रस की विशेषता 'माधुर्य' है। ये हैं : तीन गुण। अलंकार इनसे भिन्न है।

आनन्दवर्द्धन ने 'अलंकार' का स्वरूप सहज और अर्जित प्रतिभा सम्पन्न दोनों प्रकार के सर्जकों और उनकी सर्जनाओं को ध्यान में रखकर सैद्धान्तिक रूप से निरूपित किया है। सहज प्रतिभा सम्पन्न कवि की सर्जना को दृष्टिगत कर 'अलंकार' का जो स्वरूप निर्धारित किया है, वह इस प्रकार है :

रसाक्षिप्ततया यस्य बन्धः, शक्यक्रियो भवेत्।
अपृथग्यत्ननिर्वर्त्यः सोऽलंकारो ध्वनौ मतः ।।[18]

ध्वनिवादी आचार्यों ने श्रव्य एवं दृश्य—उभयविध काव्यप्रवाह में 'रस पर्यवसायी चारुता' को ही महत्त्व दिया है। इसीलिए जहाँ अलंकार और रीतिवादी आचार्य केवल 'चारुता' की दृष्टि से अलंकार के स्वरूप पर विचार करते थे, वहीं पर ध्वनिवादियों ने 'रसपर्यवसायी चारुता' को केन्द्र में रखकर अलंकार के स्वरूप पर विचार करना आरम्भ किया। उन लोगों ने कहा कि सहज प्रतिभा जब रसावेश में 'वर्णना' प्रवण होती है, तो उसका औन्मुख्य या संकेन्द्रण एक मात्र 'रसाभिव्यक्ति' पर रहता है। रसाविष्ट प्रतिभा में जो अनुरूप अर्थ और शब्द स्फुरित होते हैं, वे सहज सुन्दर होते हैं—उनका सुन्दरीकरण सचेतन मनोदशा में नहीं किया जाता। सहज और समर्थ प्रतिभा का ही सामर्थ्य है कि उसमें रसानुरूप अर्थ और शब्द सहज ही सुन्दर रूप से उभरने लगते हैं—उनको सुन्दर या अलंकृत बनाने के लिए प्रतिभा को पृथक् से प्रयत्न नहीं करना पड़ता। इसीलिए ध्वनिवादी अलंकार की 'अपृथग्यत्ननिर्वर्त्य' मानता है। आचार्य

कुन्तक ने भी कहा : "अलंकृतस्यैवकाव्यत्वम्, न तु काव्यस्यालंकारः।"[19] काव्य अलंकृत ही व्यक्त होता है, व्यक्त काव्य का अलंकरण नहीं किया जाता।

जो लोग सहज प्रतिभा सम्पन्न नहीं हैं, जिनकी प्रतिभा में प्रकृतिप्रदत्त उक्त क्षमता नहीं है, कविता वह भी करते हैं।–अतः उनकी कविता में अलंकार अलंकार बन सके, एतदर्थ ध्वनिवादियों ने कतिपय नियमों का निर्देश किया है :

1. अलंकार का विनियोग रसनिष्पत्ति के अंग रूप में ही किया जाना चाहिए।

2. अंगरूप में विनियुक्त करने पर भी ग्रहण की दृष्टि से परखने का प्रयत्न करना चाहिए कि जिस रूप (अंगरूप) में उसे विनियुक्त किया गया है, उसी रूप में आस्वादपक्ष से गृहीत भी होता है या नहीं ? कहीं ऐसा तो नहीं कि ग्रहण की दृष्टि से उसी अलंकार का ही चमत्कार सर्वातिशायी (अंगी) बन गया हो। यदि ऐसा हो तो उसे पुनः सुधारना चाहिए।

3. अलंकार का उपयुक्त सन्दर्भ या अवसर होना चाहिए। सर्वदा रसानुरोध से ही अलंकार का सन्दर्भोचित ग्रहण हो। कवि किसी अलंकार के प्रयोग में सिद्धहस्त है–अतः सर्वत्र उसी का प्रयोग कर दे, अवसर के उपयुक्त वह हो या न हो–यह ठीक नहीं।

4. कोई अलंकार अवसर के अनुरूप गृहीत भी हो गया हो, पर आगे के सन्दर्भ के अनुरूप यदि न प्रतीत होता हो, तो उसे वहीं बिना किसी लोभ के त्याग देना चाहिए। कारण, साध्य अलंकार नहीं होता, रसपर्यवसायी चारुता होती है। अलंकार अलंकार ही है, अलंकार्य नहीं।

5. किसी भी अलंकार के निर्वाह में अतिवादी अभिनिवेश नहीं होना चाहिए। साधन में अतिवादी अभिनिवेश की भावना साध्य का स्वरूप भंग कर देती है।

6. इन तमाम दृष्टियों से अलंकार का सन्निवेश प्रयत्नपूर्वक सर्जनात्मक पक्ष से जब हो जाए, तब भी कवि को उसका प्रत्यवेक्षण करना चाहिए, बार-बार ग्रहण या आस्वाद की दृष्टि से परखने का प्रयत्न करना चाहिए कि विनियोजित अलंकार रसपर्यवसायी चारुता का पोष तो कर रहा है न ?[20]

व्युत्पत्ति और अभ्यास के बल से प्रतिभा का अर्जन करने वाले सर्जक को अलंकार का विनियोजन करने में इन नियमों का ध्यान रखना चाहिए ताकि अलंकार अलंकार बन पाए, अन्यथा नहीं है।

ध्वनिवादी आचार्यों ने सिद्धान्ततः ही नहीं, व्यवहारतः भी अलंकार के स्वरूप पर विचार किया है। अर्थात् तब तक की रचनाओं को ध्यान में रखकर अलंकार का स्वरूप बताया गया है। सिद्धान्त व्यवहार में अन्यथा भी हो जाता है। काव्यप्रकाशकार मम्मट ने अलंकार के स्वरूप पर व्यावहारिक दृष्टि से विचार किया है।[21] उन्होंने कहा है कि रचनाओं को देखने से ऐसा लगता है :

(क) अलंकार अंगोत्कर्ष द्वारा अंगी का सौन्दर्यवर्धन करता है–पर अनियत

रूप से,

फलत :

(ख) ऐसा भी हो सकता है कि रस या तत्पर्यवसायी चारुता हो और अलंकार हो ही न,

(ग) ऐसा भी हो सकता है कि अलंकार हो पर उससे अंगी सौन्दर्य या रस का उत्कर्ष न होता हो,

(घ) ऐसा भी होता है कि अलंकार अंगी सौन्दर्य या रस का विधान भी कर डालता है।

मम्मट ने रचनाओं के साक्ष्य पर उक्त निष्कर्ष निकाले हैं। ध्वनिवादी यह भी मानते हैं कि अलंकार 'भणिति' की भंगिमा का ही नामान्तर है–'वाग्विकल्प' ही है। इनकी कोई इयत्ता नहीं है। अलंकार है क्या, कहने का ढंग ही न ? कहने के ढंग का क्या अन्त है ? वह अनन्त है। इसीलिए ध्वन्यालोककार ने कहा : 'वाग्विकल्पानामानन्यात्।'[22]

कुन्तक ने भी इस विचारधारा को अपने ढंग से गति दी। कुन्तक ने भी अलंकार शब्द का प्रयोग सामान्य और विशेष–दो अर्थों में किया है। सिद्धान्ततः तो वह मानते हैं कि काव्य एक अखंड वस्तु है, वह अविभाज्य है। समझने-समझाने के लिए अलंकृति और 'अलंकार्य'–जैसे भेद कर लिए जाते हैं। अलंकार्य है–वक्र कविव्यापर शास्त्रीय बन्ध में व्यवस्थित वाच्य-वाचक रूप काव्य और अलंकृति है–वक्रता या वक्रोक्ति। यह 'वक्रता' भामह की वक्रता से कहीं अधिक व्यापक है। यह कविगत कविकर्म या कविव्यापार के रूप में तो है ही, रचना में प्रतिफलित होकर वहाँ भी है। कुन्तक ने कहा : 'वक्रत्वं कवि व्यापारः'।[23] दूसरी ओर उन्होंने यह भी कहा : 'विचित्रैवाभिधा वक्रोक्तिः।'[24] साथ ही भामह की तरह यह भी स्वीकार किया : 'वक्रत्वं सकलालंकारसामान्यम्।'[25] फिर भी कुन्तक चर्वितचर्वण नहीं कर रहे हैं। वह अलंकार्य 'शब्दार्थ' को ही मानते हैं : जैसा कि रीति और अलंकारवादी मान रहे थे, फिर भी उनके 'वाच्य' और 'वाचक' से इनका 'वाच्य' और 'वाचक' भिन्न है। इनके 'वाच्य' और 'वाचक' 'विचित्र अभिधा' से सम्पन्न हैं–रीति और अलंकारवादियों के वाच्य और वाचक प्रसिद्ध अभिधा से ही युक्त थे। अतः इनकी 'विचित्र अभिधा' में काव्योचित सभी तरह के अर्थ-वाच्य, लक्ष्य, व्यंग्य (वस्तु अलंकार रस) सभी समाहित हैं। सकलालंकार सामान्य होती हुई भी इनकी वक्रता वर्णन से लेकर महाकाव्यात्मक संरचना तक व्याप्त है, अतः इनके यहाँ वर्णन और वाच्य वक्रता के अतिरिक्त (जिनमें क्रमागत शब्दालंकार और अर्थालंकार समाहित हैं) पद, प्रकरण तथा प्रबन्धवक्ता रूप भी अलंकार है; क्योंकि ये सभी प्रकार की वक्रताएँ काव्य का अलंकरण ही करती हैं–सुन्दर ही बनाती हैं–तद्विद् को ह्लाद ही पहुँचाती हैं। कुन्तक ने अलंकार के क्षेत्र में कुछ और भी बातें सोचीं। उन्हें लगा कि अलंकार पद्धति का

नाम है, वर्ण्य का नहीं, कथ्य का नहीं। स्वभाव और रस वर्ण्य हैं। वे कैसे अलंकार हो सकते हैं ? कुन्तक ने प्रसिद्ध शब्द अर्थगत अलंकारों से भी पृथक् वक्रोक्तिरूपा अलंकृति के भेद माने और वे ऐसे भेद हैं, जो अद्यतन रचनाप्रवाह की लाक्षणिक तथा व्यंजक वाग्भंगिमाओं के सन्दर्भ में अत्यन्त उपादेय हैं।

क्षेमेन्द्र ने केवल इस बात पर बल दिया कि अलंकार तभी अलंकार है—अर्थात् सौन्दर्यस्रोत है, जब वह समुचित रूप में यथास्थान यथावसर विन्यस्त हो।

संस्कृत साहित्य के सन्दर्भ में 'अलंकार' के स्वरूप पर सैद्धान्तिक और व्यावहारिक दृष्टियों से संस्कृत के आचार्यों ने जितना जो कुछ सोचा, अन्य भाषाओं के माध्यम से चिन्तनशील भारतीय प्रतिभा ने उसमें और क्या जोड़ा ? प्राकृत और अपभ्रंश में रचनाएँ तो हुईं, परन्तु काव्यशास्त्र जैसी कोई मौलिक सृष्टि उल्लेखनीय नहीं हुई। मध्यदेश में हिन्दी के माध्यम से मध्यकालीन रीति आचार्यों ने 'अलंकार मत' पर अपने को अधिक केन्द्रित किया पर वहाँ संस्कृत आचार्यों की सी सजगता, व्यवस्था और मौलिकता उपलब्ध नहीं हुई।

'हिन्दी' के पद पर साहित्यिक अभिव्यक्ति के माध्यम के रूप में खड़ी बोली की प्रतिष्ठा होने के बाद नवजागरण, पश्चिमी बुद्धिवाद तथा पश्चिमी साहित्य के सम्मिलित आलोक में एक ओर भारतीय संस्कृति में आस्था रखने वालों द्वारा प्राचीन सिद्धान्तों की नवीन व्याख्या आरम्भ हुई और दूसरी ओर सर्वथा नई शब्दावली में काव्य के सर्जन, अभिव्यंजन और ग्रहण पक्ष से विचार आने लगे। कहा जा सकता है कि इनमें से एक वर्ग नव्यशास्त्रीय चिन्तक था और दूसरा स्वच्छन्द। विज्ञान की विभिन्न शाखाओं की उपलब्धियों और मान्यताओं से परिचित एक तीसरा वर्ग भी उभर आया है। देखना है कि 'अलंकार' के सम्बन्ध में इन लोगों की धारणाएँ क्या हैं ? इन लोगों ने इस धारा को कोई गति दी या नहीं ?

कहा जाता है कि यह सब संस्कृत का काव्यशास्त्र है, हिन्दी का अपना स्वतन्त्र काव्यशास्त्र विकसित होना चाहिए। अवश्य होना चाहिए, जिसकी रचना उसका शास्त्र। हिन्दी के काव्य के पीछे हिन्दी का काव्यशास्त्र भी होना चाहिए। कवि का काव्यकारी मानस ढाँचा 'विकसित' भी होता है और 'प्रभावित' भी। अपनी प्रकृति वह 'विकसित' होता है और दूसरों से 'प्रभावित' भी। हिन्दी का सर्जक प्रातिभ ढाँचा अन्ततः 'भारतीय' है—भाषाभेद से वह व्यक्त होता है—भाषाभेद से व्यक्त काव्य छिन्नमूल और सर्वथा नया नहीं है, अपितु अछिन्न मूल और क्रमागत जीवन संस्कारों से रंजित रहकर भी आगे बढ़ रहा है। अतः हिन्दी काव्य को भारतीय काव्य परम्परा से छिन्न रखकर नहीं समझा जा सकता और इसके समानान्तर विकसित होने वाले शास्त्र को भी स्पष्ट नहीं किया जा सकता। फिर अलंकार मत भाषा की भंगिमा से सम्बद्ध मत है। अतः भाषाबद्ध सर्जनात्मक साहित्य के सन्दर्भ में अलंकारमत को गति मिलनी ही चाहिए।

नव्यशास्त्रीय चिन्तन धारा के प्रतिनिधि आचार्यों में सर्वप्रथम रामचन्द्र शुक्ल आते हैं। मध्यकालीन हिन्दी के रीति कवि-आचार्यों में संस्कृत आचार्यों की वैचित्र्य पर्यवसायी चारुता तथा रस पर्यवसायी चारुता—उभयविधचारुता के स्रोत रूप में, अर्जित और सहज सौन्दर्य स्रोत रूप में तथा सैद्धान्तिक और व्यावहारिक रूप में अलंकार स्वरूप का विवेचन उपलब्ध होता है। पिष्टपेषण अनावश्ययक है, अतः उद्धरणों की भरमार से उन्हीं बातों की आवृत्ति अनावश्यक मानता हूँ। हाँ, देव ने एक बात मार्के की कही है, जिसमें बताया गया है कि काव्य प्रक्रिया भी एक जैविक विकास की तरह है, जहाँ सूक्ष्म रूप में निहित सम्भावनाएँ ही अनुकूल परिवेश पाकर बाद में पुष्पित-पल्लवित होती हैं। अनुभूति काव्य का बीज है, उसी से भाषा, अलंकार आदि सभी फल, फूल और गन्ध फूटते और विकसित होते हैं।

अलंकार शब्दार्थ के फल फूलनि आमोद[26]

इस शास्त्रीय चिन्तनधारा की नए परिवेश में व्याख्या नव्यशास्त्रियों ने दी।

शुक्लजी रसपर्यवसायी चारुता के (काव्य में) समर्थक हैं—अतः उसी सन्दर्भ में अलंकार का विचार करते हैं, वैचित्र्य पर्यवसायी चारुता के स्रोतोद्भूत अलंकार को तो वे बच्चों का झुनझुना मानते हैं। इसीलिए शुक्लजी मानते हैं कि काव्य में कही गई बात चित्र रूप में हमारे सामने आनी चाहिए। चित्र रूप में उपस्थापित अर्थ ही चित्तवृत्ति को उद्रिक्त करते हैं—पाठक पर प्रभाव डालते हैं। वे मानते हैं कि प्रभाव बढ़ाने के लिए ही अलंकार का उपयोग होता है। वे मानते हैं, 'वस्तु या व्यापार की भावना'[27] चटकीली करने और भाव को अधिक उत्कर्ष पर पहुँचाने के लिए कभी किसी वस्तु का आकार या गुण बहुत बढ़ाकर दिखाना पड़ता है, कभी उसके रूप-रंग या गुण की भावना को उसी प्रकार के और रूप-रंग मिलाकर तीव्र करने के लिए समान रूप और धर्मवाली और वस्तुओं को सामने लाकर रखना पड़ता है। कभी-कभी बात को भी घुमा-फिराकर कहना पड़ता है। इस तरह के भिन्न-भिन्न विधान और कथन के ढंग अलंकार कहलाते हैं। स्पष्ट है कि यहाँ उपस्थापन और विवेचन की पद्धति तो बोधगम्य और नए ढंग की है : बात वही पुरानी है। उन्होंने एक तो अलंकार के साधन रूप पर बल दिया है, दूसरे यह कि वे प्रस्तुत सौन्दर्य की भावना का पोष करते हैं। उन्होंने प्राचीन अलंकार विवेचन में चले आ रहे गड़बड़झाले की ओर भी संकेत किया है, 'अलंकार प्रस्तुत या वर्ण्य वस्तु नहीं, बल्कि वर्णन की भिन्न-भिन्न प्रणालियाँ हैं, कहने के खास-खास ढंग हैं। पर प्राचीन अव्यवस्था के स्मारक-स्वरूप कुछ अलंकार ऐसे भी चले आ रहे हैं—जो वर्ण्यवस्तु का निर्देश करते हैं और अलंकार नहीं कहे जा सकते, जैसे : स्वभावोक्ति, उदात्त, अत्युक्ति।' उन्होंने स्वभावोक्ति के अनेक लक्षणों को लेकर विवेचन किया और बताया कि यदि स्वभावोक्ति में किसी वस्तु की रूपक्रिया का वर्णन मुख्य है—वस्तु या तथ्य मुख्य है—तो उसे प्रणाली विशेष रूप अलंकार के

अन्तर्गत नहीं लिया जा सकता। यह रसनिरूपण के अन्तर्गत आ सकता है। रसवादी होने के कारण शुक्लजी मानते हैं कि 'रमणीयता' के अभाव में अलंकारों का ढेर काव्य का सजीव रूप खड़ा नहीं कर सकता। इसलिए आवश्यक है कि जो अर्थ काव्य में लाए जाएँ, वे पहले 'रमणीय' हों। रमणीय अर्थ को ही अलंकार शोभित करता है, जो अलंकार रमणीय अर्थ की शोभा बढ़ाने में प्रयुक्त नहीं हैं, वे काव्यालंकार ही नहीं हैं। उनकी दृष्टि में मार्मिक भावना से असंपृक्त अलंकार तमाशा है। अन्ततः उन्होंने कहा, ''अलंकार है क्या ? सूक्ष्म दृष्टि वालों ने काव्यों के सुन्दर-सुन्दर स्थल चुने और उनकी रमणीयता के कारणों की खोज करने लगे। वर्णन शैली या कथन की पद्धति में ऐसे लोगों को जो-जो विशेषताएँ मालूम होती गईं, उनका वे नामकरण करते गए। जैसे 'विकल्प' अलंकार का निरूपण पहले पहल राजानक रुय्यक ने किया। कौन कह सकता है कि काव्यों में जितने रमणीय स्थल हैं–सब ढूँढ़ लिए गए हैं, वर्णन की जितनी सुन्दर प्रणालियाँ हो सकती हैं सब निरूपित हो गईं अथवा जो-जो स्थल रमणीय लगे उनकी रमणीयता का कारण वर्णन प्रणाली ही थी ? आदिकाव्य रामायण से लेकर इधर तक के काव्यों में न जाने कितनी विचित्र प्रणालियाँ भरी पड़ी हैं–जो न निर्दिष्ट की गई हैं और न जिनके कुछ नाम रखे गए हैं''[28]। शुक्लजी के ये वाक्य हिन्दी के काव्य-शास्त्रियों को निमन्त्रित करते हैं कि वे अछिन्नमूल अलंकार के भेद-प्रभेद और भी निकाल सकते हैं और अलंकारमत को गति दे सकते हैं, किन्तु आज की आपाधापी में जब यह समाधिसाध्य कार्य दुष्कर लगने लगा, तब बचने के लिए तरह-तरह के तर्क दिए जाने लगे। कहा जाने लगा कि नए शब्दों के फावड़े से नई जमीन तोड़नी चाहिए। पुराने शब्दों से पुराने संस्कार चिन्तक को रुद्ध कर देंगे। हजार वर्ष तक उन शब्दों ने रोध पैदा नहीं किया, अब रोध पैदा करेंगे। रीतिकालीन आचार्यों ने भी नए अलंकार दिए, जिनकी चर्चा आगे की जाएगी। ऐसा नहीं है कि अलंकारमत से सम्बद्ध चिन्तन की गति सर्वथा अवरुद्ध हो गई है–पर नितान्त क्षीणकाय हो गई है इसमें सन्देह नहीं। नव्यशास्त्रियों में पं. रमाशंकर शुक्ल 'रसाल', आचार्य विश्वनाथ प्रसाद मिश्र, लाला भगवानदीन, पं. रामदहिन मिश्र, डा. नगेन्द्र, ओमप्रकाश शास्त्री आदि आज भी अलंकार के किसी न किसी पक्ष पर कुछ नया सोच रहे हैं। आजकल वर्गीकरण के लिए मनोविज्ञान सम्मत मनोदशाओं के आधार पर ग्रन्थिल चिन्तन चल रहा है, जो अनिर्णीत स्थिति में है।

स्वच्छन्द चिन्तक तथा विज्ञान से प्रभावित समीक्षक भाषा के सन्दर्भ में विलक्षण प्रयोगों और शैली के नए-नए उपकरणों के सम्बन्ध में जो कुछ सोच रहे हैं, जाने-अनजाने वह सब अलंकारमत के अन्तर्गत आने वाली ही सामग्री है।

नव्यशास्त्रियों के अनन्तर आने वाली रचना और समीक्षा स्वच्छन्दतावादी घोषित की गई। इस समय हिन्दी काव्यप्रतिभा अँगरेजी साहित्य के संपर्क में भी आई और

रोमेंटिक काव्यधारा से प्रभावित हुई। यह रचनाधारा अपेक्षाकृत अधिक भावमय और संवेदनशील व्यक्तित्व की व्यंजना थी—इसीलिए यह प्रबन्ध से प्रगीत की ओर और मूर्त तथा बाह्य से अमूर्त तथा आभ्यन्तरिक जगत् की ओर मुड़ गई, फलतः कथनभंगिमा में भी अन्तर आ गया। एक ओर वह चित्रभाषा का आग्रही बनती गई और दूसरी ओर नादसौन्दर्य की अभिवृद्धि में संलग्न हो गई। वक्तव्य को प्रभावी बनाने के लिए चित्रकला और नादकला के उपकरणों को आत्मसात् करती गई। भाषा की लाक्षणिक और व्यंजक शक्तियाँ अधिक सक्रिय हुईं। रोमेंटिक काव्य की कथनभंगिमाएँ संक्रान्त होने लगीं। छायावाद का दूसरा नाम ही हृदय-वाद दिया जाने लगा।

आचार्य शुक्ल नव्यशास्त्रीय होते हुए भी बहुत-सी बातें ऐसी कह गए हैं, जो उन्हें स्वच्छन्दतावादियों के निकट पहुँचाने में योगदान करती हैं। हिन्दी में कदाचित् सर्वप्रथम उन्होंने ही इस बात पर बल दिया कि कविता में कही गई बात चित्ररूप में हमारे सामने आनी चाहिए। उन्होंने काव्य में अर्थमात्रग्रहण की जगह विम्बग्रहण की चर्चा की। उन्होंने काव्य में गोचर रूपविधान के आधिक्य का उल्लेख किया और बताया कि अगोचर बातों या भावनाओं को भी, जहाँ तक हो सकता है, कविता स्थूल गोचर रूप में रखने का प्रयास करती है। इस मूर्तिविधान के लिए वह लक्षणाशक्ति से काम लेती है। सर्जना के स्तर पर मूर्तिविधायिनी कल्पना का वैभव उभरता है। हृदयवाद के सन्दर्भ में वैचित्र्यपर्यवसायिनी चारुता की जगह भावपर्यवसायिनी चारुता का महत्त्व हो गया और गोचर रूपविधान का प्रचलन बढ़ गया। अलंकार सामान्य की चर्चा की जगह कुछ विशिष्ट आलंकारिक प्रयोग और शैलियों ने ले लिया। छायावाद या स्वच्छन्दतावाद के समीक्षाशास्त्र ने भी 'कल्पना' पर जमकर विचार किया और पूँजीवादी परिवेश ने व्यक्तिवादी प्रवाह में उस 'कल्पना' को जमीन से उठाकर गगनबिहारी बना दिया। भाववादी चिन्ताधारा का चरम पर्यवसान क्रोचे की विचारधारा में हुआ। वहाँ काव्य 'मानस' अभिव्यंजना तक सीमित कर दिया गया और 'कल्पना' को 'स्वयं प्रकाश्यज्ञान' (इंट्यूटिव नालेज) से जोड़कर उसे सर्वथा मुक्त कर दिया गया। काव्य प्रयोजनातीत हो गया। काव्य को जीवन से विच्छिन्न कर दिया गया। भारतीय परिवेश में नवजागरण की दार्शनिक ज्योति से आपूरित छायावादी प्रतिभा ने 'शक्ति' का काव्य दिया। उसने जीवन से काव्य का सम्बन्ध तोड़ा नहीं, 'हाँ' जीवन के क्षितिज को ही अध्यात्म से जोड़कर उसे अपरिमेय बना दिया और तब जीवन को भौतिक क्षितिज तक ही प्रसारित मानने वालों ने अवश्य इसका विरोध किया और काव्य को दैहिक आवश्यकताओं की पूर्ति का माध्यम बनाना चाहा। चेतना को भौतिकता का परिणाम बताया जाने लगा और सामूहिक या सामाजिक चेतना से पृथक् व्यक्तिचेतना का महत्त्व नगण्य प्रतिपादित किया गया। कहा गया कि यदि व्यक्ति को सुधारना है तो समाज को सुधारना आवश्यक है। यह सामाजिक चेतना का साँचा है, जहाँ व्यक्तिचेतना ढलती है। व्यक्ति समाज के लिए है, उसे

समाज की प्रतिगामी और प्रगतिगामी शक्तियों के विरोध और अनुरोध में बोलना चाहिए। कवि को चाहिए कि वह प्रगतिवादी सम्भावनाओं वाले सर्वहारावर्ग के सामूहिक माँग में आत्मलय कर दे। कविता इस भूमि पर हो। वह इतनी सरल, सुबोध हो कि सर्वहारा समझ सके—उसके समाजोन्नयनगामी सामूहिक भाव दीप्त हो सकें। उसे मार्क्सवादी चिन्तन से संवाद रखना होगा, वह बेसुरा राग नहीं गाया जा सकता—चाहे उसमें जो भी ऊँचाई हो या सम्भावना हो। इस जीवनदृष्टि से प्रभावित काव्यप्रवाह में तो बाधा पड़ी ही और तो और छायावादी संस्कारों की प्रतिभा ने भी 'अलंकार' का विरोध किया, 'तू वहन कर सके जन-जन में मेरे विचार/वाणी मेरी चाहिए तुझे क्या अलंकार ?'[29] और प्रचार की बयार में कविता 'मारो मारो हँसिया/हिंसा और अहिंसा क्या है'[30] तक पहुँच गई है। अतिवाद की प्रतिक्रिया सर्वत्र होती है।

आज जनतन्त्र और साम्यवादी तन्त्र केवल शासन के भेद नहीं रह गए हैं—वे जीने की भी प्रणाली बन गए हैं, इसीलिए जीवन से जुड़ा साहित्य भी उस दृष्टि से जुड़ता जा रहा है। साहित्य में भी दो खेमे हो गए हैं : व्यक्तित्वस्वातन्त्र्यवादी और साम्यवादी-प्रगतिवादी। फलतः 'काव्यसौन्दर्य' के सम्बन्ध में दो तरह के शब्द सुनाई पड़ने लगे हैं, नया सौन्दर्यशास्त्र अर्थात् मार्क्सवादी सौन्दर्यशास्त्र और क्रमागत सौन्दर्यशास्त्र। मार्क्सवादी सौन्दर्यशास्त्री दूसरों को बुर्जुआ सौन्दर्यशास्त्र नाम देते हैं। कला के स्तर पर दूसरी धारा वालों से होड़ लेने के लिए मार्क्सवादी सौन्दर्यशास्त्री भी 'सोशियोएस्थेटिक्स' की स्थापना करते हैं और उस दिशा में मुक्तिबोध जैसे लोग सक्रिय भी होते हैं।

मार्क्सवादी सौन्दर्यशास्त्रियों का भाव या रसपर्यवसायी चारुता से कोई विरोध नहीं है। हाँ, वैचित्र्यमात्रपर्यवसायी चारुता को कोई महत्त्व नहीं है। यहाँ इतना समझ लेना आवश्यक है कि बुर्जुआ या क्रमागत सौन्दर्यशास्त्रियों के अध्यात्ममूलक 'रस' चिन्तन में उनकी संवादी मनोदशा नहीं है। विज्ञान की मान्यताओं से प्रभावित व्यक्तिस्वातन्त्र्यवादी साहित्यकार अध्यात्ममूलक मान्यताओं अथवा उससे प्रभावित रसवादी सौन्दर्यशास्त्र से अपनी पृथक् पहचान कराने के लिए अनेक भेदक रेखाएँ खींचते हैं। प्रयोगवाद या नई कविता के वितान तले दोनों एकत्र हैं—पर वहाँ भी अपनी-अपनी पहचान कराने के लिए दोनों अपनी भेदक रेखाएँ स्पष्ट करते हैं। प्रामाणिक यथार्थ की ओर दोनों का झुकाव है, फिर भी 'प्रामाणिक यथार्थ' के विषय में दृष्टिभेद है। मार्क्सवादी सौन्दर्यशास्त्री और उनसे भिन्न खेमे के सौन्दर्यशास्त्री अनुरूप सौन्दर्यस्रोत का आविष्कार करते हैं।

ऊपर काव्य के केन्द्रीय तत्त्व चारुता या सौन्दर्य को द्विधा विभक्त किया गयाः (क) वैचित्र्यपर्यवसायी चारुता (ख) रसपर्यवसायी चारुता।

क्रमागत सौन्दर्यशास्त्र में दोनों का समावेश था। व्यक्तिस्वातन्त्र्य में उन्हें आस्था थी, पर वह व्यक्तिस्वातन्त्र्य अराजकतापर्यवसायी नहीं, अध्यात्ममूलक था। विज्ञान

द्वारा निर्मित नए परिवेश में व्यक्तिस्वातन्त्र्य पर बल देने वाले गैर-मार्क्सवादी सौन्दर्यशास्त्री काव्य का केंद्र 'रस' नहीं, 'सह-अनुभूति' मानते हैं और तदनुरूप सौन्दर्यस्रोतों का 'प्रयोग' करते हैं। गैररोमैंटिक होते हुए भी मानते हैं कि उनका 'हृदय' उथला नहीं हो गया है। पुराने सौन्दर्यस्रोत और उनके उपकरण बासी पड़ गए हैं। वे नए उपकरण ला रहे हैं। उन्हें उपमा से चिढ़ नहीं है, पुराने उपमान या अप्रस्तुत से परहेज है। छायावादी भी 'हृदय' की ओर मुड़े थे और ये लोग भी हृदय के यथार्थ की ओर मुड़ते हैं, पर उसे वस्तुमुखी रखने के लिए मनोविज्ञान में निर्दिष्ट प्रणालियों को अपनाते हैं। 'व्यक्तिहृदय' की वैज्ञानिक पद्धति से अभिव्यक्ति करते हैं। इसलिए कहानी, उपन्यास, कविता और निबन्ध तक में मनोविज्ञानसम्मत पद्धतिविशेष का सहारा लिया जा रहा है। प्रतीकों का प्रयोग प्रचुर होता जा रहा है। भाषा बारीक होती जा रही है। इस धारा के भी अतिवाद 'प्रपद्यवाद' और 'लिङ्गवादलमोतवाद' में देखे जा सकते हैं। वहाँ वैचित्र्यपर्यवसायी चारुता के स्रोत भी मिल जाएँगे। शब्दात्मक प्रतीकों के अतिरिक्त विशिष्ट चिह्नात्मक प्रतीकों तक का उपयोग किया गया। हैं तो ये सब अभिव्यक्ति के प्रकार ही, भंगिमा ही हैं।

'रस-अनुभूति' की जगह 'सह-अनुभूति' का प्रस्ताव यद्यपि सर्वसम्मत नहीं है, तथापि हिन्दी समीक्षा के क्षेत्र में वह चल गया है। मुझे यहाँ केवल इतना ही कहना है कि 'अनुभूत सत्य' काव्यसर्वस्व है और उस पर सभी सहमत हैं। कवि के 'अनुभूत सत्य' को कवि से तादात्म्य प्राप्त कर ही अनुभूत किया जा सकता है, अर्थात् ग्राहक के व्यक्तित्वविलयन की बात यहाँ भी अनिवार्य है। उसे केवल 'रसानुभूति' के लिए ही आवश्यक मानना अविचारित रमणीय है। अनुभूतसत्य अनुभूति का सत्य ही है। वह यदि निर्वैयक्तिक भूमिका का है, तो रस की परिधि का अतिक्रमण किस तरह करेगा, यह समझ में नहीं आता। अतः नई कविता की गैरमार्क्सवादी धारा 'रसभाव' विरोधी है—इस मान्यता की जाँच करनी होगी। गैररोमैंटिक भावविरोधी होता है—यह आवश्यक नहीं। गैररोमैंटिक चिन्तन की आँच में अनुभूति का पाक कर सकता है, पर अनुभूति 'भाव' शून्य होती है—यह कैसे ? वहाँ भाव और बोध का सामरस्य रहता है। फिर नई कविता में सब गैररोमैंटिक भावभूमि के ही हैं क्या ? अस्तु इतना अवश्य है कि क्रमागत सौन्दर्यबोध से इनका सौन्दर्यबोध युगानुरूप परिवर्तित हो सकता है और हुआ है। आज महज भावना को जैसे-तैसे उभारकर आँसू गिराने वाला साहित्य सुन्दर नहीं कहा जाता। भावसौन्दर्य पर चिन्तनसौन्दर्य हावी हो रहा है। पर यह चिन्तन 'अनुभूत सत्य' की पीठिका पर हो, सीधे व्यक्त न हो।

मार्क्सवादी सौन्दर्यशास्त्री 'सोशियोएस्थेटिक्स' का निर्माण कर चुके हैं और कलात्मक अभिव्यक्ति में होड़ कर रहे हैं। मुक्तिबोध की अभिव्यक्ति जनवादी भूमि की सपाटबयानी नहीं है। उनकी रचना का मेरुदण्ड 'फन्तासी' है, जो मनोविज्ञान के क्षेत्र की ही शब्दावली है। रचना के तीन क्षणों[31] में से द्वितीय क्षण 'फन्तासी'

में तीव्रानुभूति की परिणति ही है। तृतीय क्षण में अनुरूप अभिव्यक्ति स्रोतों की प्रक्रिया आरम्भ हो जाती है। आवश्यकता है इस सन्दर्भ में उभरने वाली रमणीयतावर्धक स्रोतों के अन्वेषण और पारिभाषिकीकरण की। इस तरह अलंकारधारा पुराने गड़बड़झाले से अपना स्वरूप साफ करती हुई नई भूमियों पर संचरण कर रही है।

कभी-कभी आत्मस्वरूप को गहराई से समझने के लिए दूसरों को, आत्मेतर को भी जानना पड़ता है। सांख्यदर्शन तो आत्मा और आत्मेतर की 'अन्यताख्याति' को मुक्ति ही मानता है। अस्तु कहना यह है कि प्रकृत में भारतीय चिन्तन धारा को और समझने के लिए गैर-भारतीय चिन्तन को भी समझना आवश्यक है, बल्कि कहना तो यह चाहिए कि विज्ञान ने भौगोलिक व्यवधान को इतना हटाया है और हटाता जा रहा है कि अब चिन्तनधारा को छोटी-मोटी भौगोलिक इकाइयों में बाँधकर सुनना-समझना निरर्थक होता जा रहा है। इसीलिए क्रमागत भारतीय चिन्तनप्रवाह को इतर दिशाओं से आने वाले गतिमय प्रवाह के साथ जोड़कर देखना आवश्यक ही नहीं, अनिवार्य हो जाता है।

किस प्रकार देशभेद और कालभेद के बावजूद चिन्तकों के चिन्तन में अभूतपूर्व संवाद हो जाता है, अलंकार स्वरूप इसका अच्छा उदाहरण है। इसके पूर्व कि पाश्चात्य चिन्तन के आलंकारिकों और भाषावैज्ञानिकों के सामान्य भाषा व काव्य-भाषा का भेद करने वाले तत्त्वों पर दृष्टिपात किया जाय, एक बार पुनः भारतीय चिन्तनप्रवाह के आरम्भिक प्रयासों पर दृष्टिपात कर लिया जाय।

'नाट्यशास्त्र' मुख्यतः दृश्यकाव्य को केन्द्र में रखकर लिखा हुआ ग्रन्थ है, पर 'अलंकार' की चर्चा यहाँ भी है। यहाँ उन अलंकारों का विनियोग रसोन्मुखी है, जबकि श्रव्यकाव्य में चारुतोन्मुखी। वहाँ कहा ही गया है :

> एवमेते ह्यलंकारा गुणा दोषाश्च कीर्तिताः।
> प्रयोगमेषां च पुनः वक्ष्यामि रससंश्रयम्।।[32]

अर्थात् यहाँ अलंकारादि का रसाश्रित प्रयोग निरूपित किया जाएगा। अलंकार से मिलते-जुलते सौन्दर्य के अन्य स्रोतों का रससंश्रित विवेचन मिलता है—गुण और लक्षण ऐसे ही तत्त्व हैं। 'लक्षण' की चर्चा 'नाट्यशास्त्र' के बाद नगण्य रूप में ही मिलती है। आलंकारिक कृतियों के देखने से ऐसा प्रतीत होता है कि लक्षणों का समावेश या तो अलंकारों या भावों में कर दिया गया है या काव्योचित वैचित्र्यशून्य होने से सर्वथा उपेक्षित कर दिया गया है। अभिनवगुप्त ने 'नाट्यशास्त्र' की व्याख्या के प्रसंग में 'अभिनवभारती'[33] में बताया है कि जिस प्रकार 'राजता' या 'राजोचित सौन्दर्य' का विश्लेषण किया जाय, तो उसको तीन स्रोत दिखाई पड़ते हैं—अलंकार जैसे बाह्य उपकरण, शौर्यादि जैसे आन्तरिक गुण एवं सामुद्रिक शास्त्रोक्त विशेष 'लक्षण' उसी प्रकार काव्य में भी सौन्दर्यस्रोत के रूप में अलंकार, गुण एवं लक्षण तीनों दिखाई पड़ते हैं। अलंकार एवं लक्षण बहिरंग हैं, गुण की अपेक्षा। श्रव्यकाव्य

पर मुख्यतः विचार करने वाले आलंकारिक 'उक्तिवैचित्र्य' रूप काव्य के 'स्वरूपाधायक' तथा 'उत्कर्षाधायक' धर्मों का विश्लेषण करते हुए लक्षणों को या तो अलंकारों में अन्तर्भुक्त कर दिया या वैचित्र्यहीन होने से छोड़ दिया। भट्टतौत ने जो यह कहा था कि लक्षणों के योग से अलंकारों के प्रकार भेद निष्पन्न होते हैं—उसका उपयोग आलंकारिकों ने खूब किया। श्रव्यकाव्य पक्ष से विचार करने वालों में केवल चन्द्रालोककार पीयूषवर्षी[34] जयदेव ही ऐसे दिखाई पड़ते हैं, जिन्होंने फिर भी 'लक्षणों' का अलग से उल्लेख किया। दृश्यकाव्य को केन्द्र में रखकर विचार करने वाले आलंकारिकों ने प्रायः लक्षण पर विचार किए हैं। केवल दशरूपककार ने लक्षणों का अन्तर्भाव 'अलंकार' एवं भाव में किया है।[35] अलंकार की ही भाँति 'लक्षण' के लिए भी 'नाट्यशास्त्र' में कहा गया है कि उनका प्रयोग भी रसाश्रित होना चाहिए :

काव्येषु भावार्थगतानि तज्ज्ञैः।
सम्यक् प्रयोज्यानि यथारसं तु।।[36]

अभिनवगुप्त का पक्ष है कि लक्षण भावार्थगत है—भाव अर्थात् विभावादि, उनका 'अर्थ', अर्थात् प्रयोजन है—रसीकरण। इस प्रकार अभिनव के मत से वे ही लौकिक उद्यानादि पदार्थ जिस काव्य-व्यापार के बल से काव्य में विभावादिरूप से परिणत होते हुए रस भाव को प्राप्त होते हैं—वही 'लक्षण' कहा जाता है। इसीलिए उन्होंने कहा—"परमार्थे व्यापार एव लक्षणम्।"[37] वस्तुतः गुण, अलंकार और लक्षण की बात यहाँ प्रसंगतः आ गई है, मुख्यतः यह देखना है कि पाश्चात्य समीक्षाशास्त्र में अलंकार से सम्बद्ध क्या सोचा जाता रहा और सम्प्रति नवचिन्तन में उसकी क्या स्थिति है ?

भारतवर्ष में अलंकारों का उद्भव उक्ति को काव्यात्मक रूप देने के लिए अपेक्षित तत्त्वों की खोज के रूप में हुआ था—सौन्दर्योन्मीलन के साधन के रूप में हुआ था। पर उत्तरोत्तर सौन्दर्योद्घाटक तत्त्वों की तारतमिक विवेचना के प्रसंग में रसवादी और ध्वनिवादी आचार्यों ने उसका एक संयत और सीमित रूप ही स्थिर किया। कतिपय भारतीय आचार्यों ने तो अलंकार और सौन्दर्य को पर्याय ही मान लिया था। पर एक दूसरी दृष्टि से उसे साधन भी माना था। साधन रूप में उसके व्यापक और सीमित रूप की भी विवेचना की गई थी—ये सब बातें साथ-साथ चल रही थीं। परवर्ती भारतीय आचार्यों ने, जैसा कि ऊपर कहा गया है, सौन्दर्य का सम्बन्ध शरीर से न जोड़कर आत्मा से जोड़ा और यह बताया कि शरीराश्रित होकर भी ये अलंकार आत्मगत सौन्दर्य की अभिव्यक्ति में ही अपनी सार्थकता प्राप्त करते हैं।

यूरोप में इसके उद्भव और विकास की परिस्थितियाँ और कारण भिन्न थे। वहाँ पर वाग्मिताशास्त्र के विशेषज्ञों ने अलंकार निरूपण का श्लाघ्य प्रयास किया है। वाग्मिता का प्रभाव समस्त ग्रीक साहित्य में सराहा गया है। लोक-प्रसिद्ध नेता

नेस्टर, मेनेलायस, एवं ओटिस्सेयस सभी प्रवक्ता राजनीतिज्ञ और योद्धा भी थे। वाग्मिता के इस प्रभाव को देखकर विद्वानों ने इसका विवेचन आरम्भ किया और धीरे-धीरे अरस्तू के समय में आकर सर्वमान्य शास्त्रों में वाग्मिताशास्त्र भी एक प्रतिष्ठित और मान्य विषय हो गया। इसी के अन्तर्गत वाग्मिता को इच्छानुसार प्रभावोत्पादक बनाने के लिए अलंकारों की भी प्रासंगिक विवेचना आरम्भ की गई।

अन्य लेखकों ने यह लिखा है कि अरस्तू की आज अनुपलब्ध पर उद्धरणों से ज्ञात विशेष कृति में एंपेडोएलेस नामक व्यक्ति का उल्लेख किया गया है और कहा गया है कि यही व्यक्ति वाग्मिताशास्त्र का आरम्भक है। यद्यपि इस शास्त्र की व्यवस्थित रूपरेखा तो उसने नहीं दी, पर माना जाता है कि वह बहुत बड़ा प्रवक्ता था। यह भी कहा जाता है कि रूपक (मेटाफर) का आविष्कार इसने ही किया था। वाग्मिताशास्त्र को एक कला के रूप में विकसित करने का श्रेय था कोरेक्स को। यह सिराक्यूज का निवासी था। 466 ई. पूर्व का यह वह समय था, जब उसने इस विद्या को विकसित करने में योग दिया। इसी समय वहाँ गणतंत्र (डेमोक्रेसी) की स्थापना हुई थी। फलतः यहाँ के पूर्वनिर्वासित व्यक्ति लौटने लगे थे और लौटने पर अपनी पुरानी भूमि की माँग भी करने लगे थे। इस माँग की पूर्ति मुकदमे द्वारा ही सम्भव थी। मुकदमों की इस बाढ़ में तर्कसंगत प्रवचन ही सहायक हो सकते थे। इस कार्य के लिए वकीलों की आवश्यकता महसूस हुई। वे लोग भी तैयार होने लगे। उन्हें शिक्षित और अभ्यस्त करने के लिए शास्त्र की भी आवश्यकता हुई। कोरेक्स ने तर्कात्मक प्रवचन की क्रमिक स्थापना (रूल्स फार अरेंजमेंट) सम्बन्धी नियम बनाए। उसने प्रत्येक वक्तव्य के पाँच भाग बनाए : (1) भूमिका (प्रोइम) (2) विवरणात्मक ढंग से वक्तव्य की स्थापना (नैरेटिव) (3) तर्कयोजना (आर्ग्युमेंट) (4) आनुषंगिक निदेश (सब्सिडिअरी) (5) निष्कर्ष (पेरोरेशन)। इसी व्यक्ति ने 'टापिक आफ प्रोबैबिलिटी' का निर्माण किया, जो अलंकार का एक चिरन्तन तथा महत्त्वपूर्ण अंग था।

कोरेक्स का ही शिष्य था टिसियाज, जिसने 'टापिक आफ प्रोबैबिलिटी' का और विकास किया। इसने 472 ई. पू. में ही अपनी वाग्मिता से एथेन्स के लोगों को पूरी तौर पर मुग्ध कर रखा था।

एथेन्स के पहले प्रवक्ता और वाग्मिताशास्त्र के प्रस्थापक एंटीफोन का यह कार्य था कि न्यायालय में बोलने के लिए लेख लिख दिया करता था। आईसोक्रेटीज ने तो वाग्मिताशास्त्र का उपयोग राजकार्य के लिए भी आरम्भ किया। इसने अनेक अच्छे प्रवक्ता और लेखक तैयार किए। इसने करीब अर्धशतक तक अपना शिक्षालय चलाया (399 से 240 ई. पू. तक)।

330 या 320 ई.पू. के बीच अरस्तू ने स्वयं 'रेटारिक' नाम की कृति को जन्म दिया। साहित्यिक दृष्टि से इसे शुष्कतम ग्रन्थ माना जाता है। वाग्मिताशास्त्र श्रोता

के समस्त हार्दिक और बौद्धिक जगत् को अपनी ओर आकृष्ट कर लेने की कला है। वाग्मिताशास्त्र का अभिन्न अंग है तर्क (पर आगे चलकर इसने अपना पृथक् अस्तित्व कायम कर लिया)। यह माना जाता था कि तर्कशास्त्र पर अधिकार रखने वाला व्यक्ति ही वाग्मिताशास्त्र पर पूरा अधिकार रख सकता है। वाग्मिताशास्त्र के चार प्रमुख अंग हैं : (1) सत्य एवं न्याय की रक्षा (इट इज ए करेक्टिव) (2) श्रोता को अनुकूल बना लेना (इंस्ट्रक्टिव) (3) वक्ता के विरोध में प्रतिवक्ता द्वारा दिए गए तर्क (सजेस्टिव) तथा (4) अपना बचाव (डिफेंसिव)। इन चतुर्विध दिशाओं से समन्वित वाग्मिताशास्त्र का प्रमुख लक्ष्य यह है कि वह व्यक्ति को बता दे कि वे कौन-कौन सी प्रमुख शक्तियाँ हैं, जिनसे वक्ता लोगों को प्रभावित कर सकता है।

अरस्तू के अनन्तर हरगगोरस (110 ई. पू.) ने इस शास्त्र को और पुष्ट बनाया। समसामयिक सिसेरो ने इसे और समृद्ध किया। क्विंटिलियन (90 ई.) तथा समसामयिक हरमोजिस (90 ई.) लांजाइनस (260 ई.) एफ्थोनियस (चौथी शताब्दी) आदि ने उसमें और प्रगति की।

रोमन साम्राज्य के प्रथम 400 वर्षों में वाग्मिताशास्त्र का बड़ा उदग्र प्रचार रहा (117 से 180 ई. तक)। हेड्रियन और एंटोनाइन्स के राज्यकाल में वाग्मिताशास्त्र ने अपना स्थान पर्याप्त महत्त्वपूर्ण बना लिया था। उन दिनों ग्रीक स्कूलों में 'रेटारिक' के 'चेअर्स' होते थे। इसकी शिक्षा के लिए उन दिनों दो विभाग बनाए गए थे : साफिस्ट एवं पोलिटिकल। पहले के अन्तर्गत साहित्यिक अलंकरण कला और दूसरे के अन्तर्गत राजनीति अलंकरण शैली का अध्ययन-अध्यापन किया जाता था। पहले विभाग का महत्त्व दूसरे की अपेक्षा कहीं अधिक माना जा रहा था। इसके साहित्यिक विभाग को समुन्नत बनाने में डिओक्रिजोस्टम (प्रथम शताब्दी) एलिमस अरिस टीउस (दूसरी शताब्दी) थेमिस्टियस (चौथी शताब्दी) हाईमेरियस और लाइबेनियस जैसे विद्वानों का पर्याप्त योग रहा।

चौथी-पाँचवीं से सोलहवीं शती के मध्यकालीन ऐसे प्रमाण मिलते हैं, जिनसे यह सिद्ध होता है या पता चलता है कि उन दिनों सात लिबरल आर्ट्स मानने गए थे : इनमें से रेटारिक एक था। उन दिनों बी.ए. से पूर्व के चार वर्षों में तीन प्रमुख विषय 'ग्रामर', 'लाजिक', 'रेटारिक' थे, पर एम.ए. के तीन वर्षों में इनके अतिरिक्त चार और विषय जोड़े गए, जो यों हैं—संगीत, गणित, रेखागणित तथा ज्योतिर्गणित। आक्सफोर्ड तथा केम्ब्रिज में भी रेटारिक महत्त्वपूर्ण विषय था। मध्यकाल के वग्मिताशास्त्र के मनीषियों में मार्टियानस कैम्पला और कैसियोडोरस तथा इसीडोरस का प्रमुख स्थान माना जाता है।

सोलहवीं शती के पुनर्जागरण काल में एक बार पुनः इस शास्त्र ने जोर पकड़ा। लेओनार्ड काक्स (सोलहवीं शती), टामस विल्सन, टांकुलियन और कौरसेलेस आदि

विद्वानों की रचनाओं ने इस विषय को लुप्त अवस्था से प्रकाश अवस्था में लाने का प्रयास किया।

अठारहवीं शताब्दी से इस शास्त्रीय शाखा का ह्रास शुरू होता है। इस शास्त्र के शिक्षक लिखित विषयों के सुधार मात्र करने में लगा दिये गये थे। पर उनके पद बहुत दिनों तक चलते रहे। इसी कारण फिर महान् प्रतिभाएँ इधर अधिक उन्मुख नहीं हो रही थीं। हाँ, उन्नीसवीं शताब्दी में फिर भी इस विषय पर कुछ समस्याएँ प्रस्तुत की जा रही थीं। बेकन के संग्रह इस प्रसंग में उल्लेखनीय हैं। ब्लेयर के रेटारिक का पर्याप्त समादर हुआ है। हाटली की भी इसी विषय से सम्बद्ध एक रचना है : 'एलीमेंट्स आफ रेटारिक', जिसमें ऐतिहासिक ढंग से पर्याप्त विवेचनात्मक समीक्षा है।

आज यद्यपि प्रेस की श्रेष्ठतम व्यवस्था ने इस शाखा का महत्त्व कम कर दिया है—फिर भी इस जनतन्त्र और जनता के महत्त्व के युग में इस शाखा की उपादेयता बनी ही रहेगी।

वाग्मिताशास्त्र (रेटारिक) के विशेषज्ञों ने अलंकारनिरूपण का श्लाघ्य प्रयास किया है। समस्त वर्तमान साहित्य ओजस्वी भाषण की शक्ति को मानता है। उदाहरण के लिए होमर ने एकिलीज को शब्दों का प्रयोक्ता (स्पीकर आफ वर्ड्स) एवं कार्यकर्ता (डूअर आफ डीड्स) कहा है। वेस्टर के मेनेलास एवं आडिसियस वक्ता होने के साथ ही राजनीतिज्ञ एवं सैनिक भी है। फिर पेरिक्लीज का भड़कीला भाष अरिस्टोफेनस एवं यूरीपिडीज का कथानक हो गया है। स्वभावतः इन महान् वक्ताओं के प्रभाव के कारण सफल भाषण कला के लक्षणों की खोज हुई। विशेषतः अरस्तू के समय से भाषण की कला एवं पद्धति विद्या की प्रमुख शाखा समझी जाने लगी। वक्तृत्वकला या वाग्मिताशास्त्र में चार बातों का विचार होता है : (क) मनुष्य की समझ या विचारों को उद्बुद्ध करना, (ख) मानव की इच्छाशक्ति का उद्बोधन, (ग) शैली, जिसमें अलंकार भी आते हैं, (घ) वक्तव्य वस्तु या कथन।

साम्प्रतिक लेखकों की यह धारणा है कि वाग्मिताशास्त्र मुख्यतः गद्य निर्माण (प्रोज कम्पोजीशन) से सम्बन्ध रखता है। इस 'गद्य निर्माण' की परिधि में प्रवचन एवं लेखन—दोनों का समावेश है। इस गद्य रचना के दो रूप हैं—तर्कशास्त्रीय (लाजिकल) एवं साहित्यिक (लिटरेरी)। प्रथम के दो लक्ष्य हैं : प्रभावोत्पादन (परसुएशन) तथा स्पष्टीकरण (एक्सपोजीशन)। साहित्यिक रचना भी दो प्रकार की होती है : कथनात्मक तथा विवरणात्मक। यह शाखा शब्दचयन विषयक विश्लेषण को भी अपना क्षेत्र समझती है। मूलतः वाग्मिता का मतलब है, जनभाषण द्वारा लोगों को अपनी ओर खींच लेने वाली कला। आज इस शब्द का थोड़ा और विस्तृत अर्थ में प्रयोग होने लगा है और आज यह प्रवचन एवं लेखन की समस्त कलाओं एवं विधियों को अपने अन्तर्गत समझता है। आज वाग्मिताशास्त्र के दो मूल भेद

किए जाते हैं गद्य रचना (प्रोज कम्पोजीशन) तथा शब्दचयन (प्रोज डिक्शन)। गद्य रचना के भी दो रूप हैं : (1) व्यवहारोपयोगी गद्य रचना। (2) आनन्दप्रद गद्य रचना। पहली तर्कशास्त्रीय रचना है और दूसरी साहित्यिक रचना है। रचना में सीधे प्रभावोत्पादन की क्षमता तथा तेजी कैसे आती है—इसी प्रसंग में अलंकार विवेचन की बात उठ खड़ी होती है।

अधिक प्रभावशालिता लाने के लिए बोलने की सामान्य तथा सादी सरणि से हटकर भिन्न (चामत्कारिक) पथ का अनुसरण ही अलंकार है।

भारतीय आचार्यों ने भी 'अलंकार' का मूल 'वक्रता' को माना है और 'वक्रता' का स्वरूप यही बताया है कि शब्द और अर्थगत 'वक्रता' उनकी लोकोत्तर स्थिति ही है। कुन्तक की 'वक्रता' तो बहुत व्यापक वस्तु है, पर सामान्य अलंकृति के रूप में उसका स्वरूप यही बताया है कि 'प्रसिद्धशब्दार्थोपनिबन्धव्यतिरेकता' ही वक्रता है। शास्त्रीय या तार्किक और लोकव्यवहार की वचन सरणि से भिन्न सरणि ही साहित्यिक अभिव्यक्ति की सरणि है और यही साहित्यिक अभिव्यक्ति की विशेषता है। इस प्रकार उक्त परिभाषा भारतीय धारणा से बहुत बेमेल नहीं है, लगभग मिलती-जुलती ही है।

सर्जनात्मक अनुभूति ही काव्य में वह मूलतत्व है, जो काव्यात्मक परिणति ग्रहण करती है। जिस प्रकार अद्वैतवादी शैव शक्ति का ही रूपान्तर या प्रसार जगत् को मानते हैं, उसी प्रकार का काव्यजगत् रूपान्तर या प्रसार है सर्जनात्मक अनुभूति का। सर्जनात्मक अनुभूति से लेकर काव्यात्मक परिणति तक उसी का स्वाभाविक विकास है। अनुभूतिगत सौन्दर्य अनुरूप बहिरंग विन्यास के माध्यम से प्रकाशित होता है—'सौन्दर्यमङ्गकानां यः सन्निवेशो यथोचितम्'[38] का आशय यही है। सुन्दर है—सर्जनात्मक अनुभूति, उसको अभिव्यक्त करने में जो जितना अनुरूप बन सके, वह उतना ही सुन्दर है। इसी व्यंजक अनुरूपता में व्यंजक शब्दार्थात्मक उपकरण सुन्दर लगते हैं। ये सुन्दर होते भी हैं और किए भी जाते हैं। अनुभूत जीवन के माध्यम से प्राप्त स्वकीय अनुभूति—जब सर्जनात्मक अनुभूति के रूप में परिणत होती है, तब उसमें 'कुछ और' आ जाता है—इस 'कुछ और' का अनुभव माध्यमभूत उक्ति में आ जाता है—इसीलिए काव्यात्मक उक्ति या काव्यभाषा सामान्य भाषा से भिन्न या 'वक्र' हो जाती है। सर्जनात्मक अनुभूति की सर्जनात्मकता का प्रभाव भाषा तक में आ जाता है—भाषा भी सर्जनात्मक हो जाती है—इसीलिए सुन्दर लगती है।

सर्जनात्मक भाषा के इस सौन्दर्य का विश्लेषण पौरस्त्य और पाश्चात्य काव्य शास्त्री तो करते ही आए हैं, अब भाषाविद् भी अपनी गहन उपलब्धियों की चरितार्थता इसके वस्तुमुखी विश्लेषण में मानने लगे हैं। वैसे भारत में 'पुनरन्यदेव' (कुछ और) का शक्त व्याख्यान तथा रहस्य वैयाकरणों ने ही प्रस्तुत किया था :

(क) काव्यस्यात्मा ध्वनिरिति बुधैः[39] (वैयाकरणैः)

(ख) ध्वनिरिति बुधैः कथितः[40]

अभिव्यक्ति के स्तर पर भाषा के 'वर्ण' से लेकर प्रबन्धान्त भाषासामर्थ्य का आख्यान वैयाकरण प्रतिष्ठापित परम्परा के अनुयायियों ने किया था। भाषा के मर्म की समर्थ प्रयोगशाला कविता या काव्य ही थी। रचयिता को भाषाविद् होना आवश्यक था और भाषविद् को साहित्यिक अभिव्यक्ति की परम्परा का जानकार होना आवश्यक था। याकोब्सन के निम्नलिखित उद्धरण में इसी स्वर की प्रतिध्वनि सुनाई पड़ती है : "भाषा के काव्यफलन के प्रति वधिर भाषा वैज्ञानिक और भाषा वैज्ञानिक समस्याओं और प्रणालियों से उदासीन साहित्यशास्त्री–दोनों ही समान रूप से अपने समय से बहुत पीछे हैं।"[41] संस्कृत काव्यशास्त्र में प्राप्त समस्त परिभाषाएँ या तो 'शब्द' को विशेष (केन्द्र) बनाकर चलती हैं या 'शब्दार्थ' को। उक्ति ही केन्द्रीय तत्त्व है। प्रयत्न उन परिभाषाओं में यह है कि कितने स्वरूपाधायक अथवा उत्कर्षोधायक धर्मों का सन्निवेश वहाँ रहा करता है। इस प्रकार 'उक्ति' को केन्द्र में रखकर वहाँ का सिद्धान्त और (व्याख्यान) प्रयोग पक्ष दोनों चलता था। पाश्चात्य जगत् अपनी 'नई समीक्षा' और 'शैली विज्ञान' दोनों से वहीं आ रहा है।

'नई समीक्षा' का जन्म मूलतः अमरीका में हुआ। यह अवश्य है कि इस शीर्षक की परिधि में आने वाले विचारक कुछ मौलिक प्रवृत्तियों के साम्य के बावजूद अपने-अपने विचारों में परस्पर विमत है। हुआ यह कि काव्यालोचन हैं की परम्परा में जिसके हाथ शक्त हुए, वह हावी हो गया। चिन्तकों का कहना है कि समस्त काव्यशास्त्रीय साहित्य का वर्गीकरण मूल पाँच पक्षों से किया जा सकता है; (1) काव्यकार (2) सृष्टि (3) सामाजिक (4) परम्परा तथा (5) काव्यकृति। ऐतिहासिक क्रम में पग बढ़ाती हुई आलोचना परम्परा बीसवीं शती के प्रथम चरण में कृति के स्वतःपूर्ण रूप की उपेक्षा कर सृष्टि, सामाजिक, काव्यकार अथवा परम्परा के ही विशद विवेचन में प्रबल हो उठी। द्वितीय चरण में कुछ अमरीकी आलोचकों ने केन्द्रभ्रष्ट मूल्यांकन के प्रति विद्रोह कर नई 'समीक्षा' को जन्म दिया, जिसका एक मात्र प्रयोजन केन्द्र को अर्थात् कृति को आलोकित करना था।[42]

इससे पूर्व आलोचना में एक ओर मानववादी सक्रिय थे, तो दूसरी ओर मार्क्सवादी। तीसरी ओर थे–शास्त्रीय आलोचक। मानववादी आलोचकों ने नैतिक, धार्मिक तथा सामाजिक उपयोग पक्ष की ओर रुचि होने के कारण साहित्यालोचन में रुचि ली। मार्क्सवादी चिन्तक साहित्य को समाजशास्त्रीय प्रलेख के रूप में देख रहे थे। शास्त्रीय समीक्षा का जोर कृति की अपेक्षा कृतिकार पर अधिक था। साथ ही यह समीक्षा शास्त्रीय रूढ़िबद्धता पर प्रतिष्ठित थी, अतः इसका दृष्टिकोण बहिःसाक्ष्यपरक था। नई समीक्षा के विद्रोह ने आलोचना को मार्क्सवाद, मानववाद और बहिरंग मूल्यांकन के दबाव से मुक्ति दिलाई।

स्पष्ट है कि नई समीक्षा कविता को रूपायित करने वाली आधारवस्तु का

अन्वेषण करती है, वह केन्द्र अथवा कृति को आलोकित करती है। कृति को आलोकित करने का अर्थ है–उसके अंगों अथवा उनके परस्पर सम्बन्ध का विश्लेषण। ये अंग किस प्रकार एकान्विति लाभ करते हैं, इसका विवचेन और कृति को रूपायित करने में शिल्पकौशल एवं भाषाकौशल के साधनों का उपयोग।

मैंने अन्यत्र आलोचना को परिभाषित करते हुए कहा है कि वह कृति के माध्यम से साक्षात्कृत मूल संवेदना का सर्जनात्मक पुनराख्यान है। यह आख्यान विश्लेषणात्मक है और विश्लेषण में मूल संवेदन तथा उसके प्रकाशन में प्रवण भाषा की समस्त क्षमता का परीक्षण होता है। ऊपर कहा गया है कि सर्जनात्मक अनुभूति या मूल सम्वदेना के सौन्दर्य का प्रकाशन भाषा अपनी समस्त क्षमता के साथ सभी घटकों के बल पर करती है। यह प्रकाशन या संयोजन मूल संवेदनगत सौन्दर्य के जितना नजदीक होगा, उतना उत्तम होगा। वस्तुपरक समीक्षा का यही उत्तरदायित्व है।

नई समीक्षा के प्रत्येक पक्षधर स्तम्भ ने काव्य की अद्वितीयता को उभारने का अपना-अपना तरीका निकाला है। रिचर्ड्स ने भावात्मक और निर्देशात्मक अर्थ का, एम्पसन ने अनेकार्थता का, रैन्सम ने शब्दविधान और अर्थविधान का, ब्रुक्स ने विरोधाभास का, वारेन ने वक्रोक्ति का, इलियट ने मूर्तविधान का और ब्लेकमर ने भंगिमा का। यह अवश्य है कि इन सीमित मूल मंत्रों की परिधि में जो नहीं आता, वह अनाकलित रह जाता है। लेखक के शिल्प की ओर ध्यान आकृष्ट करने के लिए इन नए आलोचकों ने बोधगम्य स्वस्थ सौन्दर्यसम्वलित अँगेरेजी साहित्य का अध्ययन किया, शेक्सपियर आदि को पढ़ा। उन्नीसवीं शताब्दी में शेक्सपियर विषयक विद्वत्ता चरित्र अध्ययन मात्र तक रह गई थी। बीसवीं शती में[43] आकर ही शेक्सपियर के सभी नाटकों का अध्ययन दृश्यविधान, स्थितियों, बिम्बयोजना, प्रतीक, शब्द विन्यास, आवर्तित संवेदनाओं एवं परम्पराओं की संकल्पना की अन्विति अभिकल्प आदि की दृष्टि से और इन सबसे ऊपर इस दृष्टि से किया जाने लगा कि इन नाटकों और इन कविताओं में भाषा किस प्रकार सँजोई और सँवारी गई है।[44] नई समीक्षा ने यह अनुभव कराया कि साहित्य का अपना एक औचित्य है–जो भाषा के माध्यम से व्यक्त होता है।

प्रो. पी. एस. शास्त्री ने भी 'नई समीक्षा' की मान्यताओं और उपलब्धियों की चर्चा करते हुए कहा है कि 'न्यू क्रिटिसिज्म' के लेखक रैंसम ने कहा है कि कविता काव्यभाषा की सघनता या व्यंजकता के द्वारा उसका चित्रण करती है। सघनता और वैशिष्ट्य का सम्बन्ध कविता के शब्दविधान से है। अतः यहाँ मूल समस्या यह है कि साहित्यिक रचना में भाषा कैसे क्रियाशील होती है। इस प्रकार कविता की प्रकृति उसमें प्रयुक्त भाषा की प्रकृति के आधार पर निर्धारित होती है। प्राचीन भारतीय आचार्यों ने शास्त्र और व्यवहार के प्रसिद्ध प्रस्थानों से काव्य प्रस्थानपरक भाषा का व्यतिरेकी स्रोत ढूँढ़ा है और रिचर्ड्स से लेकर अन्य तमाम नए समीक्षकों

ने भी अपने ढंग से यही किया है। रिचर्ड्स काव्यभाषा की प्रसिद्ध प्रस्थानव्यतिरेकिता भावात्मक शब्दों (इमोटिव लैंग्वेज) के प्रयोग में बताते हैं, निर्देशात्मक शब्दों के गणितीय प्रयोग में नहीं। एम्पसन 'अनेकार्थता' में देखते हैं। अनेकार्थता से उनका आशय 'ऐसी शाब्दी अर्थछाया से है, चाहे वह कितनी ही स्वल्प क्यों न हो, जो भाषा की एक ही रचना के प्रति विकल्पात्मक प्रतिक्रियाओं का अवकाश प्रदान करती है।'[45] वैज्ञानिक अभिव्यक्ति से कलात्मक अभिव्यक्ति क्यों भिन्न हो जाती है—नए समीक्षकों ने इस पर पर्याप्त विचार किया है। रैंसम कहता है कि विज्ञान बौद्धिक या व्यावहारिक मनोवृत्ति को परिपुष्ट करता है और उसमें अनुभूति का अंश कम से कम व्यक्त होता है। कला आनुभूतिक मनोवृत्ति का परिपोष करती है और उसमें तर्क का अंश कम से कम परिलक्षित होता है। अनुभूति का अर्थ है अन्तर्दृष्टि से समन्वित अनुभव। कला में तर्क और व्यावहारिक इच्छाशक्ति का अस्तित्व कम से कम होता है और उस रूप में कला हमें आदिम अनुभवों तथा वस्तुओं की आदिम प्रकृति की ओर ले जाती है। कविता में शब्दों के मात्र संज्ञानात्मक प्रतिरूप नहीं होते, क्योंकि उनमें अनेक संपृक्तार्थों का अभिनिवेश रहता है। भारतीय काव्यशास्त्र में व्यंजना की संकल्पना के अंतर्गत इन संपृक्तार्थों का विस्तृत अध्ययन किया गया है। इस प्रकार नए समीक्षक कविता को अवैज्ञानिक वक्तृत्व मानते हैं। ब्रुक्स कविता की मूलभूत विशेषता रूपक मानता है। वह कविता की भाषा को विरोधाभास की भाषा मानता है। इन लोगों ने वक्रता की भी चर्चा कीं। अकाव्य से काव्य का अन्तर भाषा स्तर पर ढूँढ़ते हुए ब्रुक्स ने बताया कि वे विशेषताएँ है : अर्थ के विभिन्न स्तर, प्रतीकविधान, संपृक्तार्थों का टकराव, विरोधाभास और व्यंग्योक्तियाँ।

निष्कर्ष यह है कि नई समीक्षा में अकाव्य से काव्य के व्यावर्तक तत्त्वों की बड़ी व्यग्रता से खोज हो रही थी और इस खोज के दो सम्बद्ध ध्रुवान्त हैं—एक सर्जनात्मक अनुभूति और दूसरी अभिप्रकाशक उक्ति या भाषा। भारतीय आचार्यों ने भी इसी अन्तःसार का अन्वेषण किया था और काव्यात्मवादों का आविष्कार किया था। श्रव्यकाव्यगत 'चारुता' को केंद्र में रखकर सबसे प्राचीनतम वाद 'अलंकार' वाद था। वहाँ उन लोगों ने अपना जो आशय व्यक्त किया था, इसका उल्लेख विस्तार से हो चुका है। इस अनपेक्षित विस्तृत विवरण से इतना ही बताना है कि 'नई समीक्षा' के पक्षधर उन्हीं बातों को अपने ढंग से उभार रहे थे, जिसे बहुत पहले 'उक्ति' को केन्द्र में रखकर भारतीय आचार्य कर चुके थे। इस विवेचन में हमें अलंकार चिन्तन से सम्बद्ध पर्याप्त ऊहापोह लक्षित होता है।

अलंकार चिन्तन सम्बन्धी चेतना का स्पन्दन केवल 'नई समीक्षा' में ही नहीं मिलता, बल्कि 'कृति' की आलोचना प्रणाली को और अधिक वैज्ञानिक तथा वस्तुमुखी बनाने के लिए प्रयत्नशील 'शैलीविज्ञान' सम्बन्धी चिन्तन में भी उपलब्ध होता है। इन शैलीवैज्ञानिकों[46] का कहना है कि जब वे साहित्य सम्बन्धी आलोचना की बात

उठाते हैं, तो उनका तात्पर्य केवल साहित्यिक मूल्यों तक सीमित नहीं रहता। कोई भी सिद्धान्त एक ओर जब मूल्यों का निर्माण करता है, तो दूसरी ओर एक निश्चित प्रणाली का भी विकास करता है। आलोचनसिद्धान्त के स्तर पर साहित्यिक मूल्यों का इतिहास दिखाया जा सकता है, पर ऐसा इतिहास एक विशेष दृष्टि के सहारक ही लिखा जा सकता है जो आलोचक की अपनी दृष्टि से तटस्थ हो ही नहीं सकता। जहाँ तक आलोचना के दूसरे उपकरण प्राणाली का सम्बन्ध है—उसकी ओर प्रयास के अभाव में उसका कोई इतिहास ही नहीं है। उनकी धारणा है कि विज्ञान के नाम पर या वैज्ञानिक आलोचना के नाम पर अब तक जो कुछ लिखा गया है उसका सम्बन्ध विज्ञान के अन्य क्षेत्रों से लिए गए कुछ प्रत्यय (कांसेप्ट) के प्रयोग मात्र तक सीमित है। आधुनिक विज्ञान के पीछे प्रेरणास्वरूप कार्य करने वाली चिन्तनपद्धति से अथवा उस चिन्तन को व्यावहारिक स्तर पर कार्य में लाने वाली कार्यप्रणाली से आलोचकों का दूर का भी सम्बन्ध नहीं है। उनका ख्याल है कि साहित्यिक आलोचना विज्ञान की विविध शाखाओं से उपलब्ध कुछ निष्कर्षों का तो उपयोग करती है, पर उसकी वैज्ञानिक प्रणाली या पद्धति का अनुसरण उस तरह नहीं करती, जिस तरह विज्ञान की शाखाओं—भौतिकी, प्राणिकी आदि—ने की है। साहित्य के आलोचन में अभी पद्धति मानविकी की अपनी ही है, वह वैज्ञानिक नहीं हो पाई है। अतः आलोचना को वैज्ञानिक बताने का अर्थ है—कार्यप्रणाली का वैज्ञानिक बनाना। इसका मतलब यह है कि आलोचना का केन्द्र 'कृति' ही हो और उसके अध्ययन की कार्यप्रणाली ऐसी हो, जिसके सहारे वह साहित्यिक विशिष्टताओं पर प्रकाश डाल सके। व्यवहार-जगत् अथवा काव्यजगत् का अन्तर उनके 'सत्य' को लेकर उतना नहीं, जितना अभिव्यक्ति पद्धति और कार्यप्रणाली को लेकर है। विज्ञान निर्वचनात्मक (आपरेशनल) पद्धति का सहारा लेता है, जबकि कला या काव्य उससे भिन्न प्रस्तुतीकरण की (प्रजेंटेशनल) अभिव्यक्तिपद्धति का। अभिव्यक्तिपद्धति के इस आधार पर साहित्य के अध्ययन-विश्लेषण की वैज्ञानिक पद्धति ही शैलीविज्ञान का मूलाधार है। यह मानता है कि साहित्य शाब्दिक कला है। साहित्यिक कृति भाषा को न केवल अभिव्यक्ति का माध्यम बनाती है, अपितु स्वयं भाषा के भीतर ही अपना जन्म धारण करती है। साहित्य चूँकि भाषा से अविच्छेद्य रूप से सम्बद्ध है, अतः शैलीविज्ञान उस विज्ञान की माँग करता है, जो भाषा की प्रकृति और संरचना को समझता है। आज यह विज्ञान भाषाविज्ञान के नाम से जाना जाता है। इस प्रकार शैलीविज्ञान, जहाँ एक ओर प्रतिपाद्य के विषय के रूप में साहित्यिक सिद्धान्त के साथ सम्बद्ध है, तो दूसरी ओर कार्यप्रणाली के रूप में भाषा-वैज्ञानिक टेकनीक के साथ भी। इस प्रकार शैलीविज्ञान आलोचना की जिस नई भूमिका की बात उठाता है, उसके लिए दोनों बातें आवश्यक हैं—एक ओर उसमें साहित्यिक वैशिष्ट्य की परख की सूझ-बूझ हो और दूसरी ओर भाषावैज्ञानिक

प्रणाली का भी बोध हो—उसकी नव्यतम उपलब्धि से भी वह परिचित हो। इतनी वैज्ञानिकता और वैज्ञानिकप्रणाली की बात करता हुआ भी शैलीवैज्ञानिक स्वीकार करता है कि शैलीविज्ञान का यह वस्तुपरक चिन्तन और भाषावादी दृष्टिकोण भले ही आधुनिक वैज्ञानिक मान्यताओं एवं भाषावैज्ञानिक प्रणाली के रंग में रँगा हो, पर भारतीय काव्यशास्त्र की अपनी परम्परा भी इन्हीं विचारतत्त्वों को लेकर आगे बढ़ी है।

शैलीविज्ञान ने हमें 'शैली' या 'साहित्यिक शैली' की अनेक क्षोद-क्षम परिभाषाएँ दी हैं और दी हैं भाषाविज्ञानात्मक अनुशीलन से लब्ध भाषाविश्लेषणोपयोगी प्रविधि और प्रक्रियाएँ। अलंकार रूप से सम्बद्ध चिन्तन स्पन्दित लगता है, शैली की परिभाषाओं में।

ऊपर की विवेचनाओं से स्पष्ट है कि चाहे पौरस्त्य काव्यचिन्तन हो या पाश्चात्य प्राचीन और नई समीक्षा हो सर्वत्र उस तत्त्व की खोज की आकुलता है, जिसे काव्य से अकाव्य का व्यावर्तन होता है, सामान्य भाषा से काव्यभाषा का पृथक्करण होता है। इसी खोज की आकुलता की कुक्षि से अनेक सौन्दर्य स्रोतों में 'अलंकार' की भी उद्भावना हुई। अरस्तू ने अलंकार की परिभाषा देते हुए 'डेविएशन' ही कहा था। भारतीय चिन्ताधारा में 'अलंकार' या अलंकार का मूल जिस 'वक्रता' को माना गया, वह व्यावहारिक और शास्त्रीय उक्ति से प्रसिद्ध प्रस्थान से 'भिन्नता' ही है—लोकोत्तर रूप से काव्योचित भाषा की अवस्थिति ही है। 'नई समीक्षा' और 'साहित्यिक शैलीविज्ञान'—दोनों में सामान्य भाषा से काव्यभाषा का व्यतिरेक क्या है, इस पर जमकर विचार करने के फलस्वरूप अनेक सामान्य या विशेष सौन्दर्यस्रोतों का उद्भावन हुआ है। डा. भोलानाथ तिवारी अपने 'शैलीविज्ञान' में कहते हैं, ''साहित्य वैयक्तिक अनुभूति की अभिव्यक्ति होता है अर्थात् इस अनुभूति का अपना व्यक्तित्व होता है—अपनी निजता होती है, वह सामान्य नहीं विशिष्ट होती है, इसलिए उसे सामान्य या सार्वजनीन भाषा में व्यक्त नहीं किया जा सकता।''[47] भाषा की सामान्य भूमि या पुराव्यवस्था (बैकग्राउंडिंग) का प्रयोग सामान्य भाषा करती है, तो काव्यभाषा उसकी धारा तोड़कर नव्यव्यवस्था (फोरग्राउंडिंग) का। ऐसा करने के लिए काव्यभाषा, जैसा कि ऊपर कहा गया, विचलन[48], समानांतरता, अप्रस्तुतविधान आदि का प्रयोग करती है। शैली की सामान्य परिभाषा करते हुए कहा गया है, (1) शैली चयन है (2) शैली विचलन या विपथन है (3) सम्पूर्ण काव्य सौन्दर्य शैली है और अन्ततः समष्टि रूप में यह कि शैली भाषिक अभिव्यक्ति का वह विशिष्ट ढंग है, जो प्रयोक्ता के व्यक्तित्व तथा विषय से सम्बद्ध होता है तथा जो विचलन, चयन, सुसंयोजन, समानान्तरता एवं अप्रस्तुतविधान आदि सामान्य अभिव्यक्ति के लिए असुलभ उपकरणों पर आधृत है।

इस प्रकार शैली की सामान्य परिभाषा देकर भाषा की इकाइयों—ध्वनि, शब्द

रूप, वाक्य तथा अर्थ–के आधार पर उसके उपभेद भी किए गए हैं। यहाँ इन आधारों पर विचलन (वक्रता) के जो भेद किए गए हैं, उन्हें स्पष्टतः ही भारतीय काव्यशास्त्र की कुन्तकसम्मत वक्रता के भेदों में अन्तर्भूत किया जा सकता है। इसी प्रकार 'चयन' की उक्त इकाइयों पर आधारित जो भेद हैं, उन्हें 'ध्वनि' के भेदों में अन्तर्भूत किया जा सकता है। काव्यभाषा के सौन्दर्य का विश्लेषण करते हुए कभी-कभी भाषाविज्ञान की गणितीय या सांख्यिकीय विधियों का भी प्रयोग किया जाता है–वह नितान्त यान्त्रिक ढंग की प्रक्रिया है–जिनसे काव्यसौन्दर्य का कम, तथ्यों का ज्यादा पता चलता है। मेरा अभिप्राय केवल यह है कि अलंकार चिन्तन का सुप्त प्रवाह इस नवचिन्तन में पुनः जाग उठा है।

अलंकारचिन्तन से सम्बद्ध कुछ बातें अवश्य ऐसी हैं, जो विचार के लिए चिन्तकों को आमन्त्रित करती हैं। यदि कहने का ढंग ही अलंकार है और कहने का ढंग मात्र अलंकार है, तो वर्ण्य भाव और स्वभाव के अतिरिक्त काव्य में जो कुछ है–भाषा की हर प्रकार की क्षमता से जो कथन भंगिमा पैदा होती है–वह सब कुछ अलंकार की सीमा में क्यों नहीं ? कुन्तक ने किया भी यही। उसने 'वक्रता' को अलंकार कहा और भाषा की हर प्रकार की क्षमता को 'विचित्र अभिधा' नाम दे दिया कह भी दिया, "विचित्रैव अभिधा वक्रोक्तिः"। व्यक्ति विवेककार चूँकि शब्द की सामान्य अभिधा से भिन्न कोई क्षमता ही नहीं मानते थे, अतः उन्होंने स्पष्ट ही 'अलंकार को अभिधाप्रकार' कह कर निरूपित किया। असंलक्ष्यक्रम ध्वनि को छोड़कर शेष ध्वनिप्रकार भी कथन के ही एक ढंग विशेष हैं और स्वयं आनन्दवर्द्धन ने चतुर्थ उद्योत में यह कहा है, बल्कि उन्होंने तो असंलक्ष्यक्रम से संलक्ष्यक्रम द्वारा अभिव्यक्ति के क्रम को भी एक ढंग ही कहा है। सवाल यह है कि यदि विशुद्ध तर्क का आधार लिया जाय, तो क्या ध्वन्यात्मक ढंग से अभिव्यक्ति अभिव्यक्ति का एक ढंग नहीं है ? और है तो उसे 'अलंकार' क्यों नहीं कहना चाहिए ? क्या यह वाग्विकल्प नहीं है ? अप्रस्तुतप्रशंसा जो ध्वनि ही है, अलंकार भी मानी गई है। कहा जाता है कि ध्वनि की कुक्षि अलंकार की कुक्षि से बड़ी है, अतः यदि अन्तर्भाव भी करना हो, तो ध्वनि में अलंकार का समावेश होगा, अलंकार में ध्वनि का नहीं। यदि कथन के सभी ढंग अलंकार हैं और अलंकार की यही परिभाषा है, तो अलंकार की कुक्षि छोटी कैसे ? एक ओर वाग्विकल्प को अनन्त कहा जाय और दूसरी ओर छोटा माना जाय ?

एक प्रश्न और भी साथ-साथ लगा है, शब्द की समस्त क्षमताओं (अभिधा, लक्षणा, व्यंजना) के साथ-साथ की गई उक्तिभंगिमा अलंकार है या केवल अभिधा और लक्षणात्मक क्षमता के साथ ? एक रूढ़ संस्कार सा बँध गया है कि 'अलंकार काव्य' अधम काव्य है, अतः वह सतही क्षमता–अभिधा और लक्षणा–तक ही सीमित है। व्यंजनात्मक क्षमता का क्षेत्र तो ध्वनि का है।

वस्तुतः व्यंजनात्मक क्षमता भी जब सर्वातिशयी हो, तभी ध्वनि का क्षेत्र निर्मित होगा। एक तरफ जहाँ अलंकार अलंकार्य का उपकारक न होकर अलंकार भी नहीं हो पाता, वहाँ दूसरी ओर ध्वनित या सर्वातिशयी होकर अलंकार्य भी हो जाता है। इस प्रकार जहाँ साधन ही साध्य बन जाए, वहाँ की बात ही पृथक है। ध्वनिसिद्धान्त के अनुसार जहाँ अलंकार ही साध्य है–उसी का सौन्दर्य सर्वातिशायी है–वह अलंकार का क्षेत्र नहीं है। पर व्यंजना के ही बल पर नियोजित अलंकार यदि साधन हो, तो अलंकार हो सकता है। निष्कर्ष यह कि शब्द की अभिधा, लक्षणा तथा अप्रधान व्यंजना रूप सामर्थ्य के सहकार से की गई उक्ति भंगिमा अलंकार है–केवल प्रधानीभूत व्यंजनात्मक सामर्थ्य से प्रतीत अलंकार पूर्वसंस्कारवश अलंकार कहा जाता है–वह अलंकार्य ही है। अतः ध्वन्यात्मक उक्ति अलंकार की कुक्षि में नहीं समा सकती। एक बात और–

अभितः समितः प्राप्तैरुत्कर्षैर्हर्षद प्रभो।
अहितः सहितः साधुयशोभिरसतामसि।।[49]

यहाँ काव्यप्रकाशकार ने 'विरोधाभास' की ध्वनि कही है–क्योंकि यहाँ विरोध का वाचक शब्द उपात्त नहीं है। यदि यहीं पर 'अमितोऽपि समितः' कहा गया होता, तो विरोध वाच्य हो गया होता। केशवदास का एक दोहा है–

"विषमय यह गोदावरी अमृतन के फल देत।"[50]

यहाँ भी 'विरोध' का वाचक कोई शब्द गृहीत नहीं है–यहाँ भी 'विरोधाभास' व्यंजनागृहीत ही समझा जाएगा। विरोधाभास को वाच्य कोटि में प्रतिष्ठापित कराने वाले 'अपि' 'भी' आदि शब्द नियत हैं। निपात वाचक हैं या व्यंजक (द्योतक) यह एक पृथक् विवाद है। अस्तु, द्योतक मान भी लें, तो भी अलंकार को वाच्य होने के पक्ष से यह कहा जा सकता है कि उससे द्योत्य होने पर भी वाच्य की तरह होने से वाच्य कहा जाता है। विचारणीय यह है कि उन उक्तियों में द्योतक के रहने और न रहने से अलंकार वाच्य या व्यंग्य तो हो सकता है, पर न रहने से विरोधाभास प्रयुक्त सौन्दर्य सर्वातिशयी अनुभूत होता है ? सहृदयशिरोमणि आचार्य मम्मट कहते हैं, इसलिए मान लिया जाए, तो मान लिया जाए–यह दूसरी बात है। केशवदास के इस उदाहरण में 'गोदावरी' के प्रति वर्णयिता का श्रद्धाभाव व्यक्त हो रहा है–उसको उत्कृष्ट बनाने में विरोधाभास साधन है। व्यंग्य होकर यही विरोधाभास क्या श्रद्धा की प्राथमिक प्रतीति को ढककर स्वयं उत्पन्न होने वाले चमत्कार का ही उससे पहले प्रत्यय करा देता है ? यदि तरतमभाव की दृष्टि से व्यंग्य 'विरोध' का चमत्कार प्रथम प्रथम ग्रहीता की प्रतिभा को आक्रांत कर लेता है, तो वही प्रधान हो जाएगा। श्रद्धाभाव के पिटे-पिटाए होने से यहाँ अछूता व्यंग्य 'विरोध' ही प्राथम्येन चमत्कारी होकर प्रतीतिपथ में अवतीर्ण हो जाता है, अतः कहना चाहें तो ध्वनि कह सकते हैं, इस पद्धति में। इस सहृदय साक्षिक प्रतीति के बल पर अलंकार ध्वनि की बात

मान ली जाय, तो निष्कर्ष यही निकलता है कि प्रधानीभूत व्यंजनात्मक क्षमता के अतिरिक्त अन्य स्थलों की समस्त उक्तिभंगिमा अलंकार है। ध्वन्यात्मक उक्ति को भी उक्तिभंगिमा मानते हुए अलंकार की सीमा संकीर्ण हो सकती है ?

तब गुणीभूत व्यंग्य का प्रेत भी अपना अधिकार लेने के लिए खड़ा होगा। काव्यप्रकाशकार ने तो निर्णय यह दिया कि 'व्यंग्य की सत्ता जहाँ अस्फुटतर हो–सहृदय द्वारा प्रयत्नपूर्वक भी ग्राह्य न हो–वहीं तक उक्तिभंगिमा को अलंकारात्मक कहा जाएगा।' व्यंग्य यदि गूढ़, अगूढ़ तथा अस्फुट रूप से भी हो तो ध्वनि और गुणीभूत व्यंग्य का ही व्यवहार होगा–वहाँ अलंकारात्मक उक्ति भंगिमा का व्यवहार न होगा।

पर अलंकारात्मक उक्तिभंगिमा का व्यवहार न होना उसके अभाव का साधक तर्क नहीं है, अपितु उसके अन्य रूप में सद्भाव का भी साधक हो सकता है। व्यवहार तो सत्ता या अस्तित्व के साथ-साथ प्राधान्य पर भी होता है। उक्तिभंगिमात्मक अलंकार काव्य के व्यवहार का क्षेत्र वहीं तक है, जहाँ तक कि अस्फुटतर सत्ता है, इसके आगे इसके रहने पर भी अलंकार काव्य का व्यवहार नहीं है। अलंकार और अलंकारकाव्य–फिर दो स्थितियाँ हुईं। अलंकार वाच्य लक्ष्य और (स्फुट, अस्फुट, गूढ़, अगूढ़) व्यंग्य सभी रूपों में हो सकता है–अलंकारकाव्य सभी रूपों में नहीं हो सकता। हाँ, अलंकार भी अलंकार्य हो गया, तब बात अलग है। वर्ण्य की अपेक्षा वर्णन करने का ढंग ही जहाँ सौन्दर्य है–वहाँ की बात ही निराली है। इस प्रकार अलंकार और अलंकारकाव्य की सीमा पर विचार होना चाहिए। रूपवादी पश्चिमी चिन्तक तो यह कह गए कि अलंकार और अलंकार्य जैसा विभाजन ही असम्भव है। उनका तर्क है कि यदि अलंकार काव्यस्वरूप घटक है, तो अलग से उसको अलंकार क्यों कहा जाय और स्वरूपबाह्य है, तो वह उसका अलंकार ही क्यों होगा ? सर्जना के पक्ष से विचार करते हुए कुन्तक ने भी कहा, 'अलंकृतस्यैव काव्यत्वम्,[51] ननु काव्यस्यालंकार' अलंकार स्वरूप घटित तत्त्व है–काव्य का अलंकार जैसा प्रयोग ही भ्रान्त है।

पर कुन्तक ने यह भी कहा, "अपोद्धृत्य विविच्यते"[52]
सर्जना की दृष्टि से अलंकार एवं अलंकार्य जैसा भेद सम्भव नहीं है, पर विवेचन के लिए दोनों को अलग-अलग कल्पित कर लिया जाता है और फिर अलग से अलंकार या वक्रता का विचार करना अपेक्षित है।

सम्प्रति, अलंकारभेद पर विचार करना आवश्यक है। सामान्यतः माना जाता है कि अलंकार दो प्रकार के हैं : शब्दालंकार तथा अर्थालंकार। इस प्रकार के वर्गीकरण का आधार है : 1. अन्वयव्यतिरेक–पर्यायपरिवृत्ति सहत्वासहत्व 2. आश्रयाश्रयिभाव।

आश्रयाश्रयिभाव को निर्णायक आधार के रूप में पहले प्रस्तुत किया गया, पर बाद में उसे अतर्कसंगत ठहराया गया। कहा गया कि जब शब्द अर्थ से और अर्थ शब्द से पृथक् हो ही नहीं सकता–तब अविभक्त शब्दार्थ में से एक एक का स्वतन्त्र

आश्रय होना सम्भव ही नहीं। अतः अन्वयव्यतिरेक का ही सहारा लिया गया। जिस अलंकार का सौन्दर्य पर्याय परिवर्तन सह सके, वह अर्थालंकार और जिसका न सह सके, वह शब्दालंकार है।

कुछ लोग उभयालंकार की भी चर्चा करते हैं और कहते हैं, जहाँ अंशतः पर्यायपरिवृत्तिसहत्व हो और अंशतः पर्यायपरिवृत्यसहत्व—वहाँ (पुनरुक्तवदाभास आदि) उभयालंकार माना जा सकता है।

शब्दालंकार और अर्थालंकार दोनों का सहअस्तित्व एक रचना में हो सकता है, अथवा अनेक शब्दालंकार या अर्थालंकार की स्थिति हो सकती है, ऐसे स्थानों में कई सम्भावनाएँ उभरती हैं : 1. वाच्य और व्यंग्य अलंकारों की सहसत्ता 2. वाच्य और वाच्य अलंकारों की सहसत्ता।

वाच्य और व्यंग्य अलंकारों में गुणीभूत अलंकार भी हो सकता है और ध्वन्यात्मभूत भी। अलंकार से अलंकार की जहाँ व्यंजना हो, वहाँ गुणीभूत और ध्वनि दोनों की समयानुसार सम्भावना है, पर जहाँ वस्तु से अलंकार व्यंग्य हो वहाँ ध्वनि ही होती है।

वाच्य और व्यंग्य अलंकारों की सहसत्ता में भी तीन स्थितियाँ सम्भव हैं : (क) वाच्य+अलंकार सामान्य व्यंग्य (ख) वाच्य+अलंकार विशेष व्यंग्य (ग) वाच्य+(परस्परगर्भ) व्यंग्य।

अलंकारात्मक भंगिमा में 'अतिशय' अनुस्यूत रहता है। सादृश्यमूलक में उपमा व्यंग्य रहती है। अतिशय और उपमा तो सम्भाव्य हुए। अलंकारविशेष का उदाहरण जैसे व्याजस्तुति में प्रेयोलंकार। परस्परगर्भ जैसे उपमा में दीपक और दीपक में उपमा। दूसरी स्थिति में भी दो अवान्तरस्थितियाँ हैं :

1. वाच्य वाच्य का गुणप्रधान भाव से सहावस्थान
2. वाच्य वाच्य का समप्रधान भाव से सहावस्थान

समप्रधान भाव से सहस्थित अलंकारों का मिश्रण भी दो प्रकार का होता है :

1. तिलतण्डुलवत् परस्पर निरपेक्षसत्ताक
2. नीरक्षीरवत् परस्पर सापेक्षसत्ताक

पहले को संसृष्टि नाम दिया जाता है और दूसरे को संकर। संकर के भी तीन रूप हैं : (क) सन्देह संकर, (ख) अंगांगिभाव संकर, (ग) एक व्यंजकानुप्रवेश संकर। कुछ आचार्य ऐसे भी हैं, जो संकर संसृष्टि को भिन्न नहीं मानते। वे या तो संसृष्टि ही कहते हैं या संकर ही। पर मम्मटादि आचार्य संकर और संसृष्टि को पृथक् मानते हैं।

एक प्रश्न अलंकारचिन्तन में यह भी है कि शब्दालंकार तथा अर्थालंकार दोनों में कौन अन्तरंग है और कौन बहिरंग ? यह प्रश्न काफी पुराना है। इस पर भामह से भी पूर्ववर्ती आलंकारिकों ने विचार किया था। तभी भामह का कहना है कि कुछ-एक

आलंकारिक शब्दालंकार को ही अलंकार मानते हैं और कुछ केवल अर्थालंकार को ही। दोनों के अपने-अपने तर्क हैं। केवल शब्दालंकार को ही अन्तरंग और महत्त्वपूर्ण मानने वाले यह कहते हैं कि श्रोता काव्य के प्रति सबसे पहले उसके शब्दसौन्दर्य से ही आकृष्ट होता है, फिर अर्थप्रतीति के अनन्तर आस्वाद लाभ करता है। अर्थालंकार का ज्ञान तो उनके लक्षण ज्ञान के अधीन है और वह आस्वाद परवर्ती है, फलतः उसे बहिरंग मानना चाहिए और शब्दालंकार को अन्तरंग। दूसरा कहता है कि रस या आस्वाद का सम्बन्ध है विभावादि से और विभावादि है अर्थरूप। अर्थरूप विभावादि उतनी उत्कृष्ट आस्वादप्रतीति करा सकते हैं, जितने ही अर्थालंकार सम्पन्न हों, अलंकृत और सुन्दर हों। इस प्रकार आस्वाद की प्रक्रिया में अर्थालंकार ही अन्तरंग है, शब्दालंकार नहीं। भामह का पक्ष है कि उन्हें दोनों ही इष्ट हैं।

आनन्दवर्द्धन का मत है कि अर्थालंकार निश्चय ही शब्दालंकार की अपेक्षा अन्तरंग एवं रसोपयोगी हैं। यों सहज या अपृथग्यत्ननिर्वर्त्य कोई भी अलंकार प्रशस्त हो सकता है, फिर भी अर्थालंकार जहाँ विभावादिव्यंजक सामग्री का सुन्दरीकरण करता हुआ साक्षात् रसोपयोगी होता है, वहाँ शब्दालंकार के सम्बन्ध में यह बात नहीं है।

अन्तिम बात यह है कि अलंकारों–शब्दालंकारों तथा अर्थालंकारों–का अवान्तर वर्गीकरण किन आधारों पर किया गया है, उनकी युक्तियुक्तता क्या है ? संस्कृत काव्यशास्त्र में औपम्य, विरोध, शृंखला, तर्कन्याय, वाक्यन्याय आदि जो आधार मिलते हैं, वे अलंकारगत विशेषताएँ हैं। अधिक से अधिक अलंकारों में जो सामान्य विशेषताएँ उपलब्ध होती हैं–उन्हीं को आधार बनाकर आचार्यों ने वस्तुमुखी वर्गीकरण प्रस्तुत किया है। पश्चिमी आलंकारिकों में से अलेक्जेंडर बने ने अपने 'रेटारिका' में बताया कि अलंकारों का वर्गीकरण मानवीय समझ (ह्यूमन अण्डरस्टैंडिंग) की त्रिविध प्रमुख प्रवृत्तियों के आधार पर किया गया है :

(अ) विवेक या भेदक वृत्ति (डिस्क्रिमिनेशन)

(ब) साम्य (सिमिलारिटी)

(स) स्मृति या धारणक्षमता (रिटेंटिवनेस)

सम्भव है इन्हीं वृत्तियों का सहारा लेकर या इनसे प्रेरणा ग्रहण कर डा. नगेन्द्र ने मानस स्थितियों को आधार बनाया हो। उन्होंने कहा है कि वर्गीकरण की मूल मानस स्थितियाँ हैं : स्पष्टता, विस्तार, आश्चर्य, अन्विति, जिज्ञासा, कौतूहल। इन अमूर्त मनःस्थितियों के मूर्तरूप हैं : साधर्म्य, अतिशय, विरोध या वैषम्य, औचित्य, वक्रता, चमत्कार।

इन मूर्त आधारों में 'अतिशय', 'वक्रता' तथा 'चमत्कार' को डा. नगेन्द्र ने पूर्वप्रचलित अर्थों की अपेक्षा सीमित अर्थ में लिया है। अतः इन आधारों को संकीर्ण परस्पर सांकर्यग्रस्त नहीं कहा जा सकता। उन्होंने 'अतिशय' का अर्थ लम्बी-चौड़ी बात करना, वक्रता का अर्थ घुमा-फिरा कर बात करना तथा चमत्कार का अर्थ

बुद्धिकौतुक क्रिया है। पर इन सीमित अर्थों को ध्यान में रखकर भी अतिशय, वक्रता तथा चमत्कार को अतिरिक्त वर्ग के अलंकारों से सर्वथा व्यावृत्त रखना थोड़ा दुष्कर कार्य है। दूसरी बात यह कि फिर अलंकार मात्र को अलंकार होने के लिए जिस औचित्य की अपेक्षा रसवादी आचार्यों ने की है, उसे भी सीमित अर्थ का कहना चाहिए था। जहाँ तक साधर्म्य एवं वैधर्म्य का सम्बन्ध है ये आधार तो क्रमागत ही है। रहा यह कि विभिन्न मनःस्थितियों का इन्हें मूर्त रूप मानना : वह भी विचारणीय है। अमूर्त मनःस्थितियों के ये मूर्त रूप किस तरह हैं—इन्हें थोड़ा और विशद और पल्लवित करना था। भारतीय परम्परा में स्पष्टता या प्रसाद मनोनैर्मल्य है, जो सर्वत्र उपादेय है। विस्तार या विकास चित्तधर्म है, पर ओज की अनुभूति का प्रभाव माना गया है। फिर एक बात और है, मनःस्थिति विशेष का किसी खास तरह की उक्तिभंगिमा से अविच्छेद्य सम्बन्ध जोड़ना असम्भव नहीं, तो कठिन अवश्य है। उसी विरह की व्यंजना में जायसी स्वरूपोत्प्रेक्षा (साम्य) का प्रयोग करते हैं, जबकि घनानन्द विरोध का। कहा जाय कि एक ही शृंगारिक मनोवृत्ति में स्पष्टता है और दूसरी में आश्चर्य ?

सन्दर्भ ग्रन्थ

1. 'नाट्यशास्त्र', चौखम्बा, 1929, अध्याय 19 श्लोक, पृ. 238
2. 'अलंकारसर्वस्व सम्यक्', मेहरचन्द लक्ष्मीचंद, दिल्ली, 1965, पृ. 10
3. भामह : 'काव्यालंकार', चौखम्बा, सं. 1985 (1928), पृ. 2
4. वही, पृ. 17
5. वही, प्रथम परिच्छेद, 36वीं, कारिका, पृ. 5
6. वही, पृ. 5
7. वही, पृ. 2
8. 'काव्यालंकार सूत्रवृत्ति,' ओरियंटल बुक एजेंसी, पूना, पृ. 2 (1927)
9. वही
10. वही
11. वही, पृ. 4
12. 'ध्वन्यालोकलोचन,' चौखम्बा, 1940 ई., पृ. 16
13. 'काव्यालंकार सूत्रवृत्ति,' तृतीय अधिकार, प्रथम, द्वितीय सूत्र, पृ. 31
14. वही, पृ. 2
15. वही. पृ. 4
16. 'ध्वन्यालोकलोचन,' चौखम्बा 1940, पृ. 197
17. वही
18. वही, पृ. 219
19. 'वक्रोक्तिजीवित,' चौखम्बा, 1967, 50, पृ. 16
20. 'ध्वन्यालोक,' पृ. 223

21. 'काव्यप्रकाश,' भण्डारकर ओरियंटल रिसर्च इंस्टीट्यूट, पूना, 1933 ई., पृ. 465
22. 'ध्वन्यालोक,' पृ. 25
23. 'वक्रोक्तिजीवित,' पृ. 32
24. वही, पृ. 48
25. वही, पृ. 114
26. 'आचार्य विश्वनाथप्रसाद मिश्र अभिनन्दन ग्रन्थ,' 1976, पृ. 238
27. 'चिन्तामणि' इंडियन प्रेस प्राइवेट लिमिटेड, इलाहाबाद, 1976, पृ. 124
28. वही, पृ. 127
29. पन्त : 'तारापथ,' लोकभारती, 1972, पृ. 145
30. केदारनाथ अग्रवाल : 'युग की गंगा,' पृ. 56
31. ग. मा. मुक्तिबोध : 'एक साहित्यिक की डायरी,' भारतीय ज्ञानपीठ, 1964, पृ. 20
32. 'नाट्यशास्त्र' चौ. सं. 1940, 17/108, पृ. 212
33. 'नाट्यशास्त्र' अभिनवभारती, गायकवाड़ ओरियंटल सीरीज, 1934, पृ. 295
34. 'चन्द्रोलोक,' जयदेव, चौखम्बा, तृतीय मयूख, पृ. 67 से 75
35. 'दशरूपक,' धनंजय निर्णयसागर, 1941, पृ. 110
36. नाट्यशास्त्र, पृ. 203
37. नाट्यशास्त्र अभिनवभारती, पृ. 296
38. उज्ज्वल नीलमणि रूप गोस्वामी निर्भयसागर, 1932, पृ. 274
39. 'ध्वन्यालोक,' 9
40. वही, पृ. 103
41. डॉ. रवींद्रनाथ श्रीवास्तव : 'शैलीविज्ञान और आलोचना की नई भूमिका,' केन्द्रीय हिन्दी संस्थान, आगरा, पृ. 78
42. 'समन्विति' पत्रिका–विश्वविद्यालय ग्रन्थ निर्माण निदेशालय दिल्ली वि. वि., वर्ष 1 अंक 1, भूमिका, पृ. 8
43. वही, पृ. 16
44. वही, पृ. 23
45. शैलीविज्ञान और आलोचना की नई भूमिका, पृ. 11
46. डॉ. भोलानाथ तिवारी : 'शैलीविज्ञान', शब्दकार, दिल्ली, 1977, पृ. 34
47. वही, पृ. 23
48. वही, पृ. 21
49. 'काव्यप्रकाश,' 4/56, पृ. 131
50. केशवदास : 'रामचन्द्रिका'.
51. 'वक्रोक्तिजीवित,' पृ. 17
52. वही, पृ. 17

रीति प्रस्थान

'रीति' का स्वरूप और उसका विभिन्न आधारों पर विकास क्रम

(क) प्रादेशिक आधार 'रीति' शब्द का व्युत्पत्ति (रीयते गम्यतेऽनया) मूलक अर्थ है—पद्धति या मार्ग, पर प्रस्तुत सन्दर्भ में उसका मतलब है—काव्यमार्ग, काव्यनिर्माण में अपेक्षित भाषा का मार्ग। सामान्यतः सूक्ष्मता से देखा जाय तो विवेकहीनों को छोड़कर गन्तव्य तक पहुँचने के सबके अपने-अपने मार्ग होते हैं—पर विवेचन के लिए हम उन्हें सीमा में ले आते हैं और कतिपय विशेषताओं में बाँध देते हैं—ऐसी विशेषताओं में जो उनके परिचायक बन जाते हैं। हमारा अनुभव है कि हमारी वेश-भूषा, हमारे आचार-विचार और हमारी भाषा पर सम्बद्ध अंचल या प्रदेश की सूचक विशेषताएँ छा जाती हैं और धीरे-धीरे वे उसकी पहचान बन जाती हैं। फलतः हम उनके द्वारा उनकी चर्चा-परिचर्चा करने लग जाते हैं। नाट्यशास्त्रकार भरत ने 'प्रवृत्ति' के अन्तर्गत इन्हीं प्रादेशिक वेश-भूषा, वचन-विन्यास और आचार-विचार का परिचय दिया है। इस आधार पर कहा जा सकता है कि नाट्यशास्त्रकार ने स्पष्टतः 'रीति' या 'मार्ग' शब्द का नाम लिया हो या न लिया हो, पर 'प्रवृत्ति' शीर्षक के अन्तर्गत उसकी चर्चा अवश्य की है। लोक में भी प्रदेश भेद से इस तरह की काव्य में प्रयुक्त मार्गों की चर्चा उनकी विशेषताओं के साथ होती रही होगी —जिसका पता लोकशास्त्र काव्य आदि के अवेक्षण में निष्णात कवि बाण ने अपनी 'हर्षचरित' नामक आख्यायिका से हमें दिया है। वहाँ बाण ने लिखा है—

> "श्लेषप्रायमुदीच्येषु प्रतीच्येष्वर्थमात्रकम्।
> उत्प्रेक्षा दाक्षिणात्येषु, गौडेष्वक्षरडम्बरः।।"

इस श्लोक में भी प्रदेश के आधार पर उनकी विशेषताओं के साथ चार काव्यमार्गों का उल्लेख हुआ है। नाट्यशास्त्र में भी आवन्ती, दाक्षिणात्या, औड्रमागधी तथा पांचाली का अस्तित्व माना गया है। बाण ने भी देशभेद से चार ही काव्यमार्ग बताए—

1. उदीच्य काव्य मार्ग—श्लेषप्राय
2. गौड़ काव्य मार्ग—अक्षराडम्बर
} शब्दसौष्ठवानुरोधी

3. प्रतीच्य काव्य मार्ग—अर्थमात्रक
4. दाक्षिणात्य काव्य मार्ग—उत्प्रेक्षा
} अर्थ सौन्दर्यानुरोधी

आगे आने वाले काव्यशास्त्रियों ने यह सब देखकर दो ही मार्ग बताए। भामह ने अपने 'काव्यलंकार' में दो ही मार्गों का निर्देश किया—वैदर्भमार्ग और गौड़ मार्ग। भामह ने उन लोगों की धारणा पर आक्षेप किया है, जिन लोगों ने वैदर्भ को प्रशस्त और गौड़ को अप्रशस्त कहा है। उन्होंने माना है कि दोनों ही काव्यमार्ग अवसरोचित विशेषताओं से सम्पन्न होकर अपने-अपने सन्दर्भ में उपादेय हो सकते हैं। माना कि वैदर्भ में प्रसन्न, ऋजु, कोमल एवं श्रुतिपेशल रचना होती है पर यदि वहाँ साभिप्राय पदावली और काव्योचित बाँकपन न हो तो यह मार्ग किस काम का ? और इसी प्रकार गौड़मार्ग की सुन्दर, समुचित और प्रसन्न अर्थ योजना हो तो क्या वह काम का न होगा ? इनके काव्यमार्ग निरूपण में यह अवश्य ध्यान रखने की बात है कि जिस प्रकार परवर्ती आलंकारिकों ने काव्यमार्ग के वैशिष्ट्य-निरूपक गुणों का उल्लेख किया है—उस प्रकार से इन्होंने नहीं किया है, पर विशेषताओं का उल्लेख तो है ही।

दण्डी दूसरे आचार्य हैं, जिन्होंने भामह की अपेक्षा कहे भिन्न विशेषताओं के साथ काव्यमार्ग का निरूपण किया है। यद्यपि भामह की भाँति इन्होंने भी वैदर्भ और गौड़ नाम के ही दो मार्गों का उल्लेख किया है, तथापि इस मामले में वे प्रथम हैं कि इन्होंने गुणों की मार्ग की विशेषता के रूप में पहले-पहल चर्चा की। उन्होंने काव्यमार्ग का विश्लेषण करते हुए बताया कि उन मार्गों का वैशिष्ट्य अलंकारों पर निर्भर है—जो दो प्रकार के हैं—साधारण और असाधारण। असाधारण अलंकार ही गुण हैं। ये संख्या में दस हैं—श्लेष, प्रसाद, समता, माधुर्य, सुकुमारता, अर्थिव्यक्ति, उदारता, ओज, कान्ति और समाधि। वैदर्भ मार्ग में इनकी स्थिति है और गौण में प्रायः इनका अभाव देखा जाता है। सम्भव है, इसी कारण दण्डी भामह के विपरीत गौड़ को अप्रशस्त और वैदर्भ को प्रशस्त काव्यमार्ग मानते हों। दण्डी की अगली विशेषता यह है कि कवि के स्वभाव भेद से मार्ग के अनेक भेद सम्भावित करते हुए भी विवेचनार्थ दो ही भेद मानते हैं। चौथी विशेषता इनकी यह भी है कि भावी आचार्य वामन की भाँति दण्डी ने भी 'अलंकार' शब्दार्थ में गुणों का भी समावेश किया है और उसे बहुत व्यापक अर्थ दिया है।

प्रदेश की इसी भूमि पर काव्यमार्ग को 'रीति' संज्ञा देकर विवेचन करने का श्रेय वामन को है। वामन ने—रीति को काव्य का सर्वस्व कहा और कहा—

रीतिरात्मा काव्यस्य

वामन ने काव्य की उपादेयता अलंकार के कारण मानी है और सौन्दर्य के पर्याय रूप में उसका प्रयोग किया है—इससे यह भ्रम उत्पन्न हो सकता है कि उनका पक्ष क्या है ? एक तरफ तो वह 'विशिष्ट पद रचना' या 'रीति' को आत्मा कहते हैं और उसके वैशिष्ट्य का नियामक गुण मानते हैं—अर्थात् गुणों को काव्य का सर्वस्व निरूपित करते हैं और दूसरी तरफ 'अलंकार' के कारण ही काव्य की ग्राह्यता सिद्ध करते हैं। आपाततः सन्देह अवश्य होता है, पर ध्यान देने पर यह सन्देह वारित हो जाता है। बात यह है कि वामन अलंकार शब्द को चारुता या सौन्दर्य के पर्याय रूप से भी स्वीकार करते हैं और व्युत्पत्तिभेद से सौन्दर्य-साधन रूप में। सौन्दर्य साधन रूप में व्यापक भी और सीमित भी। व्यापक रूप में वह दोषाभाव, गुण और अलंकार—तीनों अर्थों में प्रयोग करता है और सीमित अर्थ में—शब्दालंकार तथा अर्थालंकार के रूप में। वामन भामह की भाँति कृत्रिम या उत्पादित या अर्जित चारुता को नहीं, विपरीत इसके सहज अर्थात् अलंकार-निरपेक्ष चारुता को ही काव्य व्यवहार के लिए आवश्यक मानते हैं और उसका स्रोत 'गुण' मानते हैं। दृष्टान्त में वह कहते हैं कि जिस प्रकार युवती में यौवन नामक गुण सहज कमनीयता का स्रोत है, वही स्थिति यहाँ भी गुणों की है। अतः उनका पक्ष तो यही है कि काव्यव्यवहारोचित चारुता का मूल स्रोत गुण ही है—व्यापक अर्थ में व्युत्पत्तिभेद से उसे भी अलंकार कहा जा सकता है। अतः जब वह अलंकार को काव्य का उपादेय तत्त्व कहते हैं, तो उस अलंकार से उसका आशय गुण से ही होता है। इसलिए उनका पक्ष बहुत साफ है—उसमें भ्रम की कोई गुंजाइश नहीं।

दूसरा पक्ष भी इसी सन्दर्भ में स्पष्ट कर देना आवश्यक है कि वह यद्यपि सामान्यतः 'रीति' को ही काव्य की आत्मा कहते हैं, तथापि मानते यही है कि इस पद पर अभिषिक्त होने की पात्रता केवल 'वैदर्भी' को है—कारण वह समस्त गुणों से गुम्फित है। समस्त गुण हैं—20। दस शब्दगत और दस अर्थगत। नाम वे ही दस हैं, जो दण्डी के सन्दर्भ में गिनाए गए हैं—पर उनके लक्षण सन्दर्भ-भेद से भिन्न-भिन्न हो जाते हैं। गौड़ी में केवल दो ही गुण होते हैं—ओज और कान्ति। इसी प्रकार पूर्ववर्ती दो आचार्यों की अपेक्षा एक और रीति की बात वह करते हैं—जिसका नाम 'पांचाली' देते हैं। इस प्रकार वामन दो की जगह तीन रीति मानते हैं। पांचाली में दो गुण हैं—माधुर्य और सौकुमार्य। ये दोनों रीतियाँ अनात्मभूत हैं और वैदर्भी में निष्णात होने के लिए सोपान मात्र हैं। वामन की अन्य मान्यताओं में गुण और अलंकार का अन्तर भी एक है। वह मानते हैं कि काव्य में सहज चारुता के स्रोत गुण हैं और उसके द्वारा निर्मित सौन्दर्य के सम्वर्द्धन में योग देने वाले तत्त्व अलंकार। गुणों की स्थिति प्राथमिक है और अलंकारों की पृष्ठवर्ती। वामन रस का नाम लेते हैं परन्तु उसे गुण का लक्षण बताकर भी अनात्मभूत गौड़ी रीति में अन्तर्निहित मानते हैं। काव्य में दशरूपक श्रेष्ठ हैं—कहने से लगता है कि वामन रस को महत्ता

दे रहे हैं, परन्तु वह एक भिन्न कारण बताते हैं और भिन्न कारण तो उसका चित्रपटवत् अनेक प्रकार की विशेषताओं से सम्पन्न होना। वक्रता को सादृश्यमूलक लक्षणा पर आश्रित प्रयोगों में ही मानते हैं। प्रतीयमान अर्थगत चारुता को गुण और अलंकार द्वारा ही निष्पन्न मान लेते हैं। कुल मिलाकर रीतिवादी वामन की ये ही मान्यताएँ हैं।

वामन के पश्चात् आने वाला अलंकारवादी आचार्य है—रुद्रट। इसने मार्ग की क्रमागत धारणा में कई क्रान्तिकारी स्थापनाएँ दीं। पहली स्थापना इसकी यह है कि इस प्रकान्त तत्त्व को रीति, मार्ग या वर्त्म नाम न देकर 'संघटना' ही नाम देना उपयुक्त है और दो या तीन की जगह इसके चार भेद कहे जाने चाहिए—वैदर्भी, गौड़ी, पांचाली और लाटी। आधार गुणों की जगह पदों की सामाजिक और असामासिक स्थिति निरूपित की। उन्होंने वैदर्भी को असमासा, पांचाली को लघु समासा, लाटी को मध्यम समासा और गौड़ी को दीर्घ समासा। इस प्रकार रुद्रट रीतिवादी और ध्वनिवाद की सन्धिरेखा पर सक्रिय हैं। प्रादेशिक भूमि पर रीति का विचार और भी अनेक आलंकारिकों ने किया है। अग्निपुराणकार ने भी चार का ही उल्लेख किया है। वाग्भटालंकारकार ने दण्डी की भाँति केवल दो का ही उल्लेख किया है और वाग्भट ने वामन की तरह तीन का, जबकि भोज ने आवन्ती और मागधी के साथ छह का।

इस प्रसंग में वृत्ति और प्रवृत्ति का रीति से क्या सम्बन्ध है—इस पर भी थोड़ा दृष्टि निक्षेप आवश्यक है। नाट्यशास्त्र में वृत्तियों के उद्भव की पौराणिक कथा दी गई है और बताया गया है कि वृत्तियाँ नाट्य की माता है—'वृत्तयो नाट्यमातरः।' ये वृत्तियाँ चार हैं—भारती, सात्वती, कैशिकी और आरभटी। वृत्ति रसोचित व्यापार या व्यवहार है। राजशेखर ने कहा है—'वेष विन्यास क्रम प्रवृत्ति है, विलास विन्यास क्रम वृत्ति है और वचन विन्यास क्रम रीति।' ध्वनिकार का कहना है कि रसानुगुण वाच्याश्रित समुचित व्यवहार अर्थ वृत्ति है और वाच्याश्रित उपनागरिका आदि शब्द वृत्ति। दोनों ही रसों के जीवभूत हैं। रहे इतिवृत्त आदि वे शरीर हैं। उद्भट ने परुषा, उपनागरिका और ग्राम्या नामक वृत्तियों की चर्चा की है। मम्मट ने परुषा, उपनागरिका और कोमला नाम से उल्लेख किया है। वामन ने इन्हें ही क्रमशः वैदर्भी, गौड़ी और पांचाली कहा है। रुद्रट ने पाँच वृत्तियाँ बताई हैं, जो अनुप्रास के भेद हैं—मधुर, प्रौढ़ा, परुषा, ललिता तथा भद्रा। नाट्यशास्त्रकार ने 'प्रवृत्ति' चार प्रकार की कही हैं और बताया है कि इनका सम्बन्ध वेशभूषा, आचार-विचार तथा भाषा प्रयोग से है। सरस्वती कण्ठाभरणकार ने रीति और वृत्ति को 24 शब्दालंकारों में समाहित कर लिया है। इन्होंने छह प्रकार की रीति तथा वृत्ति का विवेचन किया है। सागर नन्दी ने बताया है कि भारती वृत्ति वैदर्भ, गौड़ और पांचाल रीति का अंग है। कैशिकी वैदर्भी तथा आरभटी गौड़ी का अंग है। विष्णुधर्मोत्तर पुराणकार तो प्रवृत्तियों को वृत्तियों

का आश्रय मानता है। इसी सन्दर्भ में एक शब्द और आता है—पाक। राजशेखर ने काव्यमीमांसा में अनेक—वामन, अवन्ति सुन्दरी—लोगों के मत उद्धृत किए हैं। इस अवान्तर किन्तु प्रासंगिक चर्चा के बाद पुनः अपने मूल विषय पर आता हूँ।

रीति के स्वरूपगत विकास का दूसरा सोपान—

विषय के आधार पर

आनन्दवर्द्धन ने मार्ग, रीति, वर्त्म या अध्वा की जगह 'संघटना' शब्द का प्रयोग किया और आधार बताया रुद्रट की भाँति सामासिकता और असामासिकता को। इन्होंने संघटना असमासा, मध्य या अल्प समासा और दीर्घ समासा तीन प्रकार की मानी। इस सन्दर्भ में दूसरी महत्त्वपूर्ण बात कही यह कि संघटना (मार्ग) पर विचार प्रदेश के आधार पर नहीं, विषय के आधार पर होना चाहिए। कवि अपनी शब्द योजना विषय के अनुरोध से करे। विषय काव्यमात्र का और स्वस्थ कवि का रस ही होता है—जो प्रसन्न होने के साथ-साथ मधुर और ओजस्वी हो सकता है। मधुर रस (शृंगार, करुण तथा शान्त) के सन्दर्भ में संघटना को असमासा तथा ओजस्वी रस के सन्दर्भ में दीर्घ समासा होना चाहिए। मध्यम स्थिति में मध्यसमासा। इस सन्दर्भ में आनन्दवर्द्धन ने तीसरी समस्या यह उठाई कि क्रमागत गुण और रीति का पारस्परिक सम्बन्ध क्या है ? गुण और रीति भिन्न हैं या अभिन्न हैं और भिन्न भी हैं तो सवाल यह है कि कौन किसके आश्रित हैं—संघटना या रीति में गुण हैं या गुण में संघटना ? अलंकारवादी संघटना और गुण को अभिन्न मानते हैं और रीतिवादी भिन्न—पर संघटना को गुण का आश्रय। आनन्दवर्द्धन का पक्ष है कि इन दोनों पक्षों में आपत्ति यह है कि ऐसा मानने पर विषय (रस) और गुण का नियम अनियम में बदल जाएगा। संघटना किसी भी प्रकार की किसी भी विषय में हो सकती है। परन्तु यह स्थिति गुण के साथ नहीं सम्भव है। अतः तीसरा पक्ष ही उचित है। संघटना का आश्रय गुण को माना जाना चाहिए अर्थात् संघटना गुण के अनुरोध से की जानी चाहिए। निष्कर्ष यह कि आनन्दवर्द्धन ने संघटना या रीति का सम्बन्ध प्रदेश से नहीं, विषय से स्थापित किया और रस के सन्दर्भ में उसका स्वरूप निर्धारित किया।

रीति के स्वरूपगत विकास की तीसरी भूमिका—

(वस्तुनिष्ठ) स्वभाव के आधार पर

कुन्तक ने 'वक्रोक्तिजीवित' में पुनः संघटना के स्थान पर 'मार्ग' शब्द का ही प्रयोग उचित समझा और प्रदेश तथा विषय का आपेक्षिक महत्त्व स्वीकार करते हुए भी उसे कवि के 'स्वभाव' से सम्बद्ध किया। बताया कि कवि या तो प्रतिभावान् होगा

या आभ्यासिक अथवा मध्यम स्थिति का। यदि पहले प्रकार का होगा तब तो उसका मार्ग 'सुकुमार' होगा और दूसरे प्रकार का होगा तो 'विचित्र' और यदि तीसरे प्रकार का है तो 'मध्यम'। प्रत्येक मार्ग में दो सामान्य गुण और चार विशेष गुण होंगे। सामान्य गुण हैं—औचित्य और सौभाग्य तथा चार विशेष गुण होंगे—लावण्य, आभिजात्य, प्रसाद और माधुर्य।

इस प्रकार रीति के स्वरूप पर कुल इन्हीं भूमियों पर विचार हुआ है। शेष में इन्हीं दायरों के भीतर विचार समाहित है।

पाश्चात्य चिन्तन में भी प्रदेश, विषय और स्वभाव के आधार पर Style का विचार हुआ है। एटिक एशियाटिक और रोडेशियन नाम प्रादेशिक विशेषताओं पर ही है। अरस्तू आदि ने वर्ण्य विषय के अनुरूप पर्याप्त विचार किया है और स्वभाव के नाम पर style is the man himself है ही। डॉ. डे तथा राघवन् ने पौरस्त्य 'रीति' और पाश्चात्य 'शैली' पर तुलनात्मक ढंग से विचार किया है। डॉ. डे ने उभयगत विशेषताओं और विषयीपरकता के कारण style को रीति से भिन्न कहा है और डॉ. राघवन् ने इन्हीं आधारों पर भिन्न। डा. नगेन्द्र ने दोनों की स्थापनाओं में वजन सिद्ध किया है। आचार्य नन्ददुलारे वाजपेयी ने अत्यन्त सूक्ष्मता से विचार करते हुए माना है कि रीति का निरूपण वस्तुमुखी प्रकृति का है, जब कि style का विषयीमुखी। भारतीय चिन्तकों की मेधा विचार के क्षेत्र में उनके स्वभाव को भी वस्तुनिष्ठ कर देती है। अतः कुन्तक और दण्डी 'स्वभाव' के पक्षधर होते हुए भी वस्तुनिष्ठ हो गए हैं।

आधुनिक काल में प्रयुक्त शैली शब्द style के पर्याय रूप में उपलब्ध है न कि रीति की मूल चेतना की संवाहिका रूप में। इसीलिए उसका अर्थ विस्तार रीति की सीमा को लाँघ गया है। अब 'शैली' शब्द केवल पद और वाक्य की संघटना तक ही सीमित नहीं है—गद्य की नवाविष्कृत विधाओं के सन्दर्भ में अभिव्यक्ति या समूचे कलापक्ष के अर्थ में व्यवहृत हो रहा है। अब तो वह प्रगीत शैली या प्रबन्ध शैली जैसे काव्यरूप के अर्थ में भी प्रचलित है।

पश्चिमी चिन्तकों में रोजर फ्राय, कलाइववेल और कीलरकोच जैसे अतिवादी कला चिन्तकों ने style को ही काव्य मान लिया और उसका अतिवादी स्वरूप निर्दिष्ट किया। हर्बर्टरीड का विचार सन्तुलित है। क्रोचे कांटेण्ट का अनादर नहीं करता, हाँ, अभिव्यंजना सुन्दर अभिव्यंजना Expression में मानता है।

इस प्रकार रीति और शैली पर भारतीय तथा पाश्चात्य चिन्तकों ने काफी कुछ विचारोत्तेजक सामग्री दी है।

स्फोट और ध्वनि सिद्धान्त

(क) 'ध्वनि' संज्ञा का आशय, उसके विभिन्न रूप, ध्वनि विरोध और उसका खण्डन पूर्वक परिभाषावद्ध करना

आनन्दवर्द्धन भारतीय काव्य चिन्तन के क्षेत्र में वह प्रतिभा हैं, जिनके अभाव में साहित्य चिन्तन साहित्य-दर्शन की उपाधि से विभूषित न होता। उनकी गम्भीरता का पता इससे चलता है कि इनके वैचारिक आकाश के आलोक में अभिनव गुप्त जैसे प्रतिभा वैविध्य के धनी के भी 'लोघन' चकचौंधिया जाते हैं और तब 'दिव्यांजना' की आवश्यकता महसूस होने लगती है—फिर भी कुछ न कुछ शेष रह ही जाती है—जिसे अद्यावधि शास्त्रचिन्तक अनावृत करते जा रहे हैं। उस आनन्दवर्द्धन ने वैयाकरणों का स्मरण बड़ी आदर बुद्धि से किया है और अनेकत्र किया है। उन्होंने कहा है, "प्रथमे विद्वांसो हि वैयाकरणाः"—'व्याकरणम् मूलत्वात् सर्वविद्यानाम्'—इसी प्रकार उन्होंने वैयाकरणों को कहीं 'बुधैः' और कहीं 'सूरिभिः' जैसे महनीय शब्दों से स्मरण किया है। इन सबसे वैयाकरणों में आनन्दवर्द्धन की अगाध आस्था व्यक्त होती है। उन्हें अपने द्वारा स्थापित 'ध्वनि सिद्धान्त' की प्रेरणा वैयाकरणों से ही मिली। 'ध्वनि' संज्ञा भी व्याकरण शास्त्र से ही मिली है। ये वैयाकरण हैं जिन्होंने 'शब्द', शब्द का प्रयोग दो अर्थों में किया है—उच्चरित-प्रध्वंसी ध्वनि और उससे प्रकाश्य स्फोट। पहला अनित्य है और दूसरा नित्य। पर यह नित्यता 'त्रिकालाबाधित' रूप वाली (नित्यत्व) नहीं है—अपितु 'यावत्सृष्टि कालस्थायित्व' रूप नित्यता है। निष्कर्ष यह कि 'ध्वनि' संज्ञा उधार तो व्याकरण शास्त्र से ही ली गई है—पर यहाँ उसकी प्रतिष्ठा किसी और रूप में है। व्याकरण शास्त्र की 'ध्वनि' स्फोट रूप व्यंग्य का व्यंजक है—प्रकृत में भी वह व्यंजक रूप में ही गृहीत हुआ है, किन्तु यहाँ उसका व्यंग्य अर्थ प्रसिद्धार्थातिरिक्त अर्थ है। चारुतावह अतिरिक्त अर्थ का प्रकाशक होने के कारण व्यंजक शब्द की ध्वनि संज्ञा व्यंजकत्व साम्यवश दी गई है। काव्य-प्रकाशकार मम्मट ने कहा है, "व्यंजकत्वसाम्याद्ध्वनिरित्युक्तम्"।

आनन्दवर्द्धन की मूल कारिका में काव्यविशेष के अर्थ में 'ध्वनि' संज्ञा का प्रयोग 'ध्वन्यते अस्मिन्'–इति ध्वनिः व्युत्पत्ति से किया गया है। ध्वनि शब्द का प्रयोग व्यंजक शब्द और 'काव्यविशेष' के ही लिए नहीं किया गया है, प्रत्युत व्यंग्य अर्थ और व्यंजन व्यापार के अर्थ में भी हुआ है। 'काव्यविशेष' से भिन्न 'व्यंजक शब्दार्थ,' 'व्यंग्य अर्थ' तथा 'व्यंजन व्यापार' के लिए ध्वनि संज्ञा के प्रयोग की पुष्टि–(1) लोचनकार ने 'लोचन' में की है। वृत्तिग्रन्थ में भी कहा गया है कि वैयाकरण लोग मानते हैं कि वीची-सन्तान न्याय से कर्ण देश को प्राप्त शब्दज शब्दों को ध्वनि कहा जाता है। इसलिए जिस प्रकार घण्टानुसरणन होता रहता है–घण्टे पर चोट देने से ध्वनि पर ध्वनि का प्रवाह चलता रहता है–उसी प्रकार शक्त कवि द्वारा प्रयुक्त समर्थ शब्द से प्रातिभ टकराहट होने से अर्थ से अर्थ की परतें निकलती रहती हैं–सो, अनुरणन न्याय से प्राप्त होने वाली व्यंग्य अर्थों के लिए भी ध्वनि शब्द का प्रयोग किया जा सकता है। यह नहीं समझना चाहिए कि अनुरणन न्याय से वस्तुध्वनि या अलंकार ध्वनि ही प्राप्त हो सकती है–रस ध्वनि नहीं, अतः उसका संग्रह नहीं हो सकता–उपलक्षणविधया उसका भी ग्रहण हो सकता है। ध्वनि के भेद उपलक्षण हैं–शेष प्रकार के भगवान् भर्तृहरि ने कहा है–

"यः संयोगवियोगाभ्यां करणेरुपजन्यते।
स स्फोटः, शब्दजाश्शब्दाः ध्वनयोऽन्येरुदाहृताः।।"

(ब्रह्मकाण्ड-102)

असल में यह श्लोक उत्पत्ति पक्ष में स्फोट और ध्वनि का अन्तर स्पष्ट करने के उद्देश्य से कहा गया है। यह प्रक्रिया वैशेषिकों की है। उन लोगों ने करणों से तत्तत्स्थानों के संयोग-वियोग से जो उत्पन्न होता है–वह उसे स्फोट कहा है और तदनन्तर अनुसरणन न्याय से जो एक ध्वनि-तरंग से दूसरी ध्वनि-तरंग पैदा होती है, वह शब्दज शब्द ध्वनि है। इस साम्य पर व्यज्यते, ध्वन्यतेऽसौ ध्वनिः इस व्युत्पत्ति से व्यंग्य अर्थ को उपलक्षण बनाकर सभी प्रकार के व्यंग्यार्थों का समावेश कर लिया गया है।

(2) व्यंजक शब्द और अर्थ को भी ध्वनि साम्यवश कहा जाता है। लोचनकार का कहना है कि "अन्त्यबुद्धिनिर्ग्राह्यस्फोट" के व्यंजक श्रूयमाण वर्णों को व्याकरण शास्त्र में नाद शब्द से अभिहित किया जाता है। उस नाद को भी ध्वनि कहा जाता है। भर्तृहरि ने यहाँ भी कहा है–

"प्रत्ययैरनुपारव्येयैर्ग्रहणानुगुणैस्तथा।
ध्वनिप्रकाशिते शब्दे स्वरूपमवधार्यते।।"

अर्थात् ध्वनि से प्रकाशित स्फोटात्मक शब्द के विषय में उसके ग्रहण के अनुरूप इदमित्थम् रूप से अनुपाख्य (अवक्तव्य) कतिपय प्रत्ययों से स्फोट का स्वरूप व्यक्त हो जाता है। महाभाष्यकार ने भी कहा है, "व्यक्तरूपग्रहणानुगुणा

ह्यनुपाख्येयाकारा बहव उपायभूता प्रत्यया ध्वनिभिः प्रकाश्यमाने शब्दे उत्पद्यमानाः शब्दस्वरूपावग्रहे हेतवो भवन्ति–इति।'' ध्वनिश्रवण और स्फोटात्मक शब्द की व्यक्ति–दोनों के बीच इदमिथम् रूप से अवक्तव्य कुछ प्रत्यय होता है–उनसे स्फोट अन्ततः व्यक्त हो जाता है। यहाँ स्फोट व्यंजक ध्वनि के साम्यवश व्यंजक शब्दार्थ को भी 'ध्वनि' कह दिया गया है।

अब व्यापार-व्यंजन या ध्वनन व्यापार के लिए ध्वनि संज्ञा का प्रयोग क्यों किया जाता है–इस विषय में परम्परा का साक्ष्य देते हुए आचार्य अभिनवगुप्त कहते हैं कि श्लोक वार्तिक के स्फोट ग्रन्थ में एक कारिका है–

> अल्पीयसापि यत्नेन शब्दमुच्चारितं मतिः।
> यदि वा नैव गृह्णाति, वर्णं वा सकलं स्फुटम्।।

अर्थात् वक्ता द्वारा हलके प्रयत्न से भी उच्चारित निरवयव वर्ण को श्रोता की बुद्धि या तो पूर्णतः ग्रहण कर लेती है या बिल्कुल ग्रहण नहीं करती। वर्ण निरवयव हैं–अतः गृहीत होंगे तो पूरा और नहीं गृहीत होंगे तो पूरा। यत्नानुरूप वर्णों के श्रुतिगोचर होने और उससे वर्ण स्फोट के ग्रहण किए जाने के पश्चात् भी यदि उच्चारयिता उच्चारित वर्णों को द्रुत, विलम्बित या मंद वृत्ति में रखता है–तो उसका यह व्यापार प्रसिद्ध उच्चारण व्यापार से अतिरिक्त है–उसका प्रकृत स्फोट ग्रहण में कोई उपयोग नहीं है। भर्तृहरि कहते हैं–

> शब्दस्योर्द्धवृमभिव्यक्तेर्वृत्तिभेदे तु वैकृताः।
> ध्वनयः समुपोहन्ते स्फोटात्मातैर्नभिद्यते।।

इसे यों समझा जाय कि ध्वनि दो प्रकार की है–प्राकृत और वैकृत। प्रकृति से अर्थात् अर्थबोध कराने की इच्छा से स्वभाव से ही उत्पन्न स्फोट की व्यंजक पहली ध्वनि प्राकृत कही जाती है। उस प्राकृत ध्वनि में उत्पन्न विकार विशिष्ट देर तक ठहरने वाली निवर्तक ध्वनि वैकृत ध्वनि है। भर्तृहरि में कहा–

> ''स्फोटस्य ग्रहणे हेतुः प्राकृतो ध्वनिरिष्यते।''

स्फोट के ग्रहण अर्थात् प्रकाशन में जो ध्वनि इष्ट है–वह प्राकृत ध्वनि है। शब्द से उच्चारण के बाद व्यापार भेद से जो ध्वनि निकलती है–वह वैकृत ध्वनि है–स्फोटात्मक शब्द में उससे कोई भेद नहीं आता। यह व्यापार या वृत्ति तीन प्रकार का है–द्रुत, विलम्बित और मध्य। अभ्यास करने में द्रुत, चिन्तन में मध्य तथा छात्रों के उपदेश काल में विलम्बित वृत्ति उपयोगी है। स्फोट की अभिव्यक्ति के अनन्तर चलती हुई ध्वनि परक वृत्ति स्फोट व्यक्ति के निमित्त की जाने वाली या श्रुतिगोचर होने वाली ध्वनि व्यापार से अतिरिक्त है–पर यह वैकृत ध्वनि है। इस प्रकार अभिधा, लक्षणा तथा तात्पर्य रूप प्रसिद्ध शब्द व्यापार से भिन्न हम ध्वनिवादी भी एक अतिरिक्त व्यापार मानते हैं और उसे 'ध्वनि' संज्ञा देते हैं।

(3) इस व्यंजक, व्यंग्य और व्यंजना की जिस काव्य में समवस्थिति रहती

है–उसे भी ध्वनि काव्य कहा जाता है। इसलिए मूल ग्रन्थ में एकत्र कहा गया–काव्यस्यात्मा ध्वनिः –अर्थात् काव्य और आत्मभूत ध्वनि में भेद है और अन्यत्र कहा गया 'काव्यविशेषः स ध्वनिः'–अर्थात् काव्य की संज्ञा ध्वनि है–इससे कोई असंगति नहीं आती। इन्हीं सब अभिप्रायों को लेकर वृत्तिकार ने कहा है–

"तथैवान्यैस्तन्मतानुसारिभिः सूरिभिः काव्यतत्त्वार्थदर्शिभिः वाच्य-वाचकसम्मिश्रः शब्दात्मा काव्यम्–इति व्यपदेश्यः व्यंजकत्वसाम्याद् ध्वनिरित्युक्तः" (ध्वन्यालोक वृत्ति)–अर्थात् जिस प्रकार वैयाकरणों ने श्रूयमाण व्यंजक शब्द को ध्वनि संज्ञा दी है–उसी प्रकार उसके मत का अनुसरण करने वाले काव्यतत्त्वार्थदर्शी सूरियों ने भी व्यंजकत्व साम्यवश व्यंजक (व्यंग्यार्थ– अतिरिक्त अर्थ प्रकाशक) शब्द को ध्वनि कहा। मतलब चाहे वाच्य वाचक हो, विभावानुभावादिसंवलित व्यंग्यार्थ हो, आत्मभूत शब्दज व्यापार हो या आधारभूत काव्य हो–सभी व्यंजकत्व साम्यवश ध्वनि पद से अभिहित किए जा सकते है। वाच्यवाचक सम्मिश्र में मध्यमपदलोपी समास है–वाच्यवाचक सम्मिश्र का अर्थ है–व्यंजक रूप वाच्यवाचक सहित सम्मिश्र अर्थात् विभावादि संवलित व्यंग्य अर्थ। इस प्रकार सम्पिण्डित रूप से सबका मतलब इस प्रकार रहा–

(1) ध्वनतीति-ध्वनिः–व्यंजक वाच्यवाचक।

(2) ध्वन्यतेऽसौ ध्वनिः–व्यंग्य सम्मिश्र अर्थ।

(3) ध्वननं (शब्दज) ध्वनिः–शब्द व्यापार ध्वनन।

(4) ध्वन्यतेऽस्मिन्–ध्वनिः–काव्यविशेष।

इस 'ध्वनि' तत्त्व के विरोधी भी हो सकते हैं। ग्रन्थकार ने पूर्ववर्ती विरोधियों की सम्भावना की है। सम्भावना सम्भव की होती है। अतः स्वयं पूर्ववर्ती आलंकारिकों ने चाहे यह सब न कहा हो–पर उनकी ओर से कुछ सम्भावनाएँ की जा सकती हैं। इस तरह वृत्तिकार ने विरोधियों के कुल तीन पक्ष रखे हैं–अभाववाद, भक्तिवाद, अनाख्येयवाद।

(1) **प्रथमपक्ष**–अभाववाद–इस पक्ष वालों का कहना है कि ध्वनि नाम की कोई अतिरिक्त वस्तु जो अद्यावधि अचर्चित रही हो–है ही नहीं। इन अभाववादियों में भी कई विकल्प सम्भावित हैं।

(क) प्रथम विकल्प–शब्द अर्थ का प्रतिपादन समय या संकेत सापेक्ष होकर करता है–संकेत-निरपेक्ष होकर नहीं। शब्द का शक्ति ग्राहक स्रोतों द्वारा जिस अर्थ में संकेत होता है, वह अर्थ-वाच्य कहा जाता है। अभिप्राय यह कि जिस वाच्यातिरिक्त अर्थ को लेकर आप 'ध्वनि' संज्ञा का प्रयोग करना चाहते हैं–वह शब्द का अर्थ ही नहीं है–इसलिए ध्वनि नाम की कोई वस्तु हो ही नहीं सकती।

(ख) दूसरा विकल्प–शब्दार्थ या उक्ति का व्यवहार लोक में भी होता है और व्यवहार में भी–पर काव्य में जिस शब्दार्थ का प्रयोग होता है–वह उन दोनों की

अपेक्षा 'सुन्दर' होता है। अभिप्राय यह कि 'सुन्दर शब्दार्थमय' ही काव्य होता है। सौन्दर्य या चारुता या तो शब्दार्थ-स्वरूप में होगी या शब्दार्थ संघटना में। स्वरूप में सौन्दर्य का स्रोत अलंकार है और संघटना में गुण। अलंकार और गुण ही सौन्दर्य स्रोत रूप में प्रतिष्ठित हैं–इनसे अतिरिक्त कोई अन्य तत्त्व है ही नहीं–अतः काव्यगत चारुता के स्रोत रूप में ध्वनि नामक कोई अतिरिक्त तत्त्व नहीं है। ऐसा कोई सौन्दर्य स्रोत है नहीं, जिसकी परिगणना पूर्ववर्ती आचार्यों ने न की हो और जिनकी गणना न की हो–वे चारुता के स्रोत हैं ही नहीं–फलतः किसी पूर्व परिगणित चारुता स्रोत (गुण-अलंकार) से अतिरिक्त तत्त्व सौन्दर्य स्रोत के रूप में हो ही नहीं सकता–और हो भी तो भी तो वह इन्हीं में अन्तर्भुक्त है।

(ग) तृतीय विकल्प–तीसरी बात यह है कि यदि परिगणित सौन्दर्य स्रोत से भिन्न कोई तत्त्व होता तो इतने सूक्ष्म मति-सम्पन्न आचार्य हो चुके हैं–कोई तो उसका उल्लेख करता और किया होता तो परम्परा में प्रसिद्धि होती। प्रसिद्धि के अभाव में ऐसे किसी भी अतिरिक्त तत्त्व को नहीं स्वीकार किया जा सकता है।

(घ) चतुर्थ विकल्प–मान भी लिया जाय कि यह ध्वनि तत्त्व पूर्व परिगणित प्रसिद्ध चारुता स्रोतों में अंकित नहीं है–उसका यह नया भेद है–तो इस विशेष लेश को लेकर इतना शोर मचाना, अज्ञातरत्न की तरह इसकी उद्भावना से मुकुलित लोचन हो पुलक का अनुभव करना समझ में नहीं आता। अनेक पूर्ववर्ती आचार्यों ने गुणालंकारों के बहुत से भेद निकाले–पर ऐसी मुद्रा और शोहरत कहीं न देखी न सुनी। भरत ने उपमा, रूपक, दीपक और यमक जैसे कतिपय ही अलंकार, निर्दिष्ट किए। परवर्ती आचार्यों ने न जाने कितने नए भेदों का उद्भावन किया। 'कर्मण्यण' का एक लक्ष्य कुम्भकार बताया गया–किसी ने नगरकार भी उद्भावित कर लिया। एतावता कौनसा बड़ा मैदान मार लिया–आहोपुरुषिका कर ली–जो इतना हो-हल्ला मचा रखा है ?

(2) द्वितीय पक्ष–पहला पक्ष अभिधावालों का है। ऐसे भी आचार्य हैं, जिन्होंने वाच्य से अतिरिक्त अर्थ माना है–जिसे 'लक्ष्य' कहा जाता है। यही अतिरिक्त अर्थ है। पहला मुख्य है और दूसरा अमुख्य। अमुख्य अर्थ को प्रस्तुत करने वाली शक्ति है–भक्ति। भक्ति का अर्थ है–भज्यते सेव्यतेऽसौ पदार्थेन प्रसिद्धतयोत्प्रेक्ष्यते भक्तिः सामीप्यादिः–उस भक्ति से प्राप्त अर्थ भाक्त है अथवा "भक्तिः गुणसमुदायः–(गुणद्वारा गुणिनि माणवकादौ वृत्तिर्यस्य) वृत्तिः शक्त्यार्थभागः तैक्ष्ण्यादिर्भक्तिः। अथवा भक्तिः प्रतिपाद्ये सामीप्यतैक्ष्ण्यादौ श्रद्धातिशयः–तां प्रयोजनत्वेनोद्दिश्य-तत आगतः" भक्ति का अर्थ **सेवा, भाग** तथा **श्रद्धातिशय** है। उसी से प्राप्त अर्थ है–भाक्ति (लक्ष्य)। अतिरिक्त अर्थ का समावेश यहीं है। भक्ति का चौथा अर्थ भंग भी है। भामह, उद्भट और वामन ने शब्द की लक्षणा शक्ति का उद्भावन कर लिया था–तथापि व्यंजनाधृत

'ध्वनि' का उन्मीलन न कर सके। ये लोग वाच्य से भिन्न किन्तु अप्रमुख लक्ष्यार्थ का अनुसंधान कर लिया था, पर व्यंग्यार्थ जैसे अवाच्य किन्तु मुख्य अर्थ का पता न लगा सके फलतः लक्ष्यार्थ में ही व्यंग्य अर्थ का समावेश कर लिया।

(3) **तृतीय पक्ष है**–अनाख्येयवादियों का। लक्ष्य अर्थ अमुख्य अर्थ है–पर प्रकान्त अतिरिक्त अर्थ सहृदय साक्षिक प्रमुख अर्थ है–अतः उसकी सत्ता का अपलाप संगत नहीं, परन्तु यह मान भी लिया जाय कि वाच्य तथा लक्ष्य से अतिरिक्त प्रकान्त अर्थ हो भी तो भी नियामक के अभाव में अनाख्येय है। वह अर्थ अनियत है, सन्दर्भ भेद से भिन्न-भिन्न है–अनियत है–अतः परिभाषित किया जाना सम्भव नहीं है और जिसको लक्षण में बाँधकर परिभाषित न किया जा सके–वह शास्त्र का प्रतिपाद्य विषय कैसे होगा ? केवल इतना कहने से कि वह अर्थ केवल सहृदय-हृदय-संवेद्य है–कैसे काम चलेगा ? उसका निर्वचन आवश्यक है। ध्वन्यालोक में इसके भी तीन रूप मिलते हैं। (1) ब्रह्मवादियों का पक्ष (2) स्वलक्षणवादी बौद्धों का पक्ष और (3) सामान्यबोधक शब्द द्वारा काव्य के विशिष्ट रूप ध्वनि की अवाच्यता। इन तीनों ने ध्वनि तत्त्व को अनाख्येय कहा है।

समाधान–इस प्रकार आनन्दवर्द्धन ने पूर्वाचार्यों–अलंकारवादियों और रीतिवादियों की ओर से विपक्षी सम्भावनाएँ कीं। जहाँ तक पहला पक्ष है–उसमें अनेक वैकल्पिक सम्भावनाएँ हैं। प्रथम विकल्प का समाधान यह है कि यद्यपि शब्द से अर्थ की प्राप्ति 'समय'-सापेक्ष है, तथापि अनुभव कहता है कि शब्द की क्षमता विचित्र है। "विचित्राः शब्दशक्तयः।" जब अनुभव इस तथ्य का साक्षी है और व्यवहार में शब्द से वाच्यार्थ-भिन्न अर्थ की प्राप्ति देखी जाती है–तब व्यवहारगत अनुभव के अनुरोध से मानना पड़ेगा कि शब्द समय-निरपेक्षी अर्थ भी देते हैं–अथवा समय-सापेक्ष अर्थ देते हैं, तो समय की ही परिधि का विस्तार कर लें। अभिप्राय यह कि अभिधावादियों को 'समय' की परिधि का व्यवहारानुभव के अनुरोध से विस्तार कर अतिरिक्त अर्थ की सत्ता माननी पड़ेगी। बैल का चतुष्पाद पशु अर्थ ही नहीं है, मूर्ख व्यक्ति अर्थ भी है। पहला मुख्य है और दूसरा अमुख्य। अतः यह मानना असंगत है कि समय-सापेक्ष वाच्य अर्थ से भिन्न अर्थ शब्द का होता ही नहीं।

दूसरा विकल्प यह है कि काव्य-चारुता का स्रोत गुण और अलंकार ही है–रीति तथा वृत्ति भी उसी में अन्तर्भुक्त है–अतः अतिरिक्त कुछ बचता ही नहीं–तो इसका समाधान है–अभिधावादियों के परिमित 'समय' की परिधि का विस्तार, प्राप्तव्य अतिरिक्त अर्थ को चारुता का स्रोत मानना। सम्भावित पक्ष में काव्य 'सुन्दर शब्दार्थमय'–माना गया है। व्यवहार में भाषा 'शब्दार्थमय' होती है और चिन्तनगर्भ शास्त्र में भी। यह केवल काव्य है, जहाँ उसमें 'सुन्दर' विशेषण लगाना आवश्यक है। प्रतिपक्षियों ने कहा था कि काव्य में कुल इतने ही घटक हैं। **शब्दार्थ (वाच्य, वाचक, लक्ष्य, लक्षक)** शब्दार्थगत चारुता, उस चारुता के शब्द एवं अर्थगत स्वरूप

निष्ठ हेतु अलंकार और योजनानिष्ठ हेतु-गुण। सो, यदि 'ध्वनि' काव्य से सम्बद्ध है, तो इन्हीं पूर्व स्वीकृत घटकों में ही अन्तर्भुक्त है और काव्य बाह्य है—तो उस पर विचार की आवश्यकता ही नहीं। इस सन्दर्भ में ऊपर उत्तर दिया जा चुका है। उत्तर यह है कि संकेत ग्रह सापेक्ष अर्थदान के 'समय' का अतिक्रमण व्यवहार में होता है और तदर्थ शब्द की अमुख्य शक्ति भी स्वीकार की जाती है—अतः शब्द की समय-सापेक्ष एकमात्र अभिधा शक्ति ही है—अभिधावादियों का यह तर्क निरस्त हो जाता है। शब्द की अभिधा से भिन्न अतिरिक्त शक्ति मान ली जाने पर ध्वनिवादियों के चारुता-स्रोत अतिरिक्त अर्थ का समर्थन हो जाता है। यह अतिरिक्त अर्थ उक्त घटकों में अन्तर्भूत नहीं होता—फलतः विरोधियों का यह पक्ष भी निरस्त किया जाता है।

प्रथम (अभाववादी) पक्ष का तीसरा विकल्प है प्रसिद्धि के अभाव में अतिरिक्त अर्थ का अस्वीकार। उस सम्बन्ध में इतना ही कहना पर्याप्त है कि अन्धे को यदि सूर्य न दिखे तो क्या सूर्य की सत्ता का ही अभाव घोषित कर दिया जाय ? जब व्यवहार-सम्मत अनुभव के साक्ष्य पर अतिरिक्त अर्थ की सत्ता सिद्ध है, तब प्रसिद्धि का अभाव अज्ञान का ही विजृम्भण है।

प्रथम पक्ष का चतुर्थ विकल्प है—एक तदवधिक अनुद्भावित भेद-विशेष के रूप में अलंकार विशेष रूप (अप्रस्तुत प्रशंसा आदि) ध्वनि को मानना, वह भी **निरसनीय** है। बात यह कि अलंकार-विशेष अप्रस्तुत प्रशंसा आदि निश्चय ही ध्वनि स्वरूप हैं—पर उनकी संख्या सीमित है। ध्वनि का पेटा बड़ा है—उसके अपरिमित भेद हैं। सो, उचित यह है कि बड़े पेटे वाले में छोटे का समावेश हो न कि छोटे में बड़े का और एतदर्थ अतिरिक्त अर्थ या उसके प्रकाशक शब्द रूप ध्वनितत्त्व की सत्ता माननी होगी ही।

द्वितीय पक्ष का समाधान—दूसरा पक्ष है भक्तिवाद। लाक्षणिक प्रयोगों का सद्भाव अतिरिक्त शक्ति का सद्भाव सिद्ध करता है। यह अतिरक्त शक्ति अमुख्य शक्ति कहलाती है। भक्तिवादी इसी अमुख्य शक्ति में ध्वनि या व्यंजना का अन्तर्भाव करना चाहता है—जो असम्भव है। व्यवहार में 'संकेतग्रह-निरपेक्ष' और 'मुख्यार्थबाध-निरपेक्ष'—अर्थ भी वाक्यों से सन्दर्भ विशेष में मिलते हैं, जिन्हें संकेतग्रह निरपेक्ष होने से अनभिधेय और मुख्यार्थबाध निरपेक्ष से अ-लक्ष्य कहा जा सकता है—ऐसी स्थिति में अनुभवसम्मत अतिरिक्त अर्थ का अपलाप असम्भव है। उसका अन्तर्भाव न तो वाच्य में हो सकता है और न ही लक्ष्य में। वक्ता का चरम अभिप्रेत होने के कारण न तो वह वाच्यार्थ रूप अनभिप्रेत मुख्यार्थ है और न ही अभिप्रेत होने के कारण अमुख्य लक्ष्यार्थ। 'भ्रम धार्मिक विश्रब्ध...' में 'भ्रमण-निषेध' जैसा अतिरिक्त अर्थ उक्त दोनों ही प्रकार के अर्थों में अन्तर्भुक्त नहीं किया जा सकता ?

तृतीय पक्ष का समाधान—तृतीय पक्ष वालों का तर्क है कि यदि वाच्य और

लक्ष्य से अतिरिक्त अर्थ व्यवहारसम्मत अनुभव के आधार पर स्वीकार भी कर लिया जाय, तब भी उसे परिभाषित कैसे किया जाय और परिभाषित न किया जाय, तो अनाख्येय ही रह जाएगा–तो शास्त्रीय सन्दर्भ में एक बाधा है। शास्त्र का काम है–प्रमेयतत्व को निरूपणीय बनाना–परिभाषित करना। आनन्दवर्द्धन ने उसे परिभाषित कर इस पक्ष का भी समाधान दे दिया है। उन्होंने परिभाषा इस प्रकार दी है–

यत्रार्थः शब्दो वा समर्थमुपसर्जनीकृतस्वार्थो।
व्यक्तः काव्यविशेषः स ध्वनिरिति सूरिभिः कथितः।।

जहाँ अर्थ अपने-आपको और शब्द अपने अर्थ को साधन (गौण) बनाकर अतिरिक्त अर्थ की व्यंजना करता हो–सूरियों ने उसे ध्वनि नामक काव्य-विशेष की संज्ञा दी है। लोचनकार ने ध्वनि संज्ञा में जिन अन्य और-और अर्थों की सम्भावना व्यक्ति की है–उसका उल्लेख पहले ही किया जा चुका है। इस लक्षण में दो परिभाषाएँ हैं–एक विवक्षितान्यपरवाच्य ध्वनि पर लागू होती है और दूसरी अविवक्षित वाच्य ध्वनि पर। जहाँ अर्थ अपने आपको साधन बनाकर अतिरिक्त अर्थ की व्यंजना करता हो–वहाँ विवक्षितान्यपरवाच्य ध्वनि होती है और जहाँ शब्द अपने अर्थ को गौण रखकर अतिरिक्त अर्थ की व्यंजना करता हो–वहाँ अविवक्षितवाच्यध्वनि होती है।

यद्यपि अविवक्षित वाच्य ध्वनि में शब्द* ही व्यंजक होता है, तथापि अर्थ

*** टिप्पणी :** जब आनन्दवर्द्धन अविवक्षित वाच्य में शब्द की और विवक्षितान्यपरवाच्य में अर्थ की व्यंजकता प्रधानतः समझते हैं–तब उनका आशय क्या है ? यह इसलिए विचारणीय है कि विवक्षितान्यपरवाच्य में दो भेद हैं–असंलक्ष्य क्रम और संलक्ष्य क्रम। संलक्ष्य क्रम में भी दो भेद हैं–शब्दशक्ति मूल और अर्थशक्ति मूल। यहाँ यदि प्रधानतः अर्थ ही समग्रता में व्यंजक है, तो उसका प्रभेद-शब्दशक्ति मूल कैसे ? इसमें तो प्रधानतः शब्द ही व्यंजक होगा। इसीलिए प्रदीपकार ने काव्य प्रकाश की अपनी टीका में कहा है–'व्यंजना च द्वेधा–शब्दनिष्ठार्थनिष्ठा चेति। तत्राद्यापि द्वेधा–अभिधामूला लक्षणामूला चेति।' अर्थात् व्यंजना के दो भेद हैं–शब्दनिष्ठा और अर्थनिष्ठा। शब्दनिष्ठा के भी दो भेद हैं–अभिधामूल और लक्षणा मूल। अभिप्राय यह कि शब्द की प्रधानता लक्षणामूल अविवक्षित वाच्य ध्वनि में तो है विवक्षितान्यपरवाच्य के शब्दशक्ति मूल वाले भेद में भी है। यहाँ फिर एक सवाल उठता है कि अभिधामूल ध्वनि में (भद्रात्मनोमे) शब्द परिवर्तन सहिष्णु नहीं है–अतः यहाँ शब्द की प्रधानतः व्यंजकता है, पर लक्षणामूल 'गंगायां घोषः' में वह कैसे सम्भव है ? यहाँ गंगा की जगह 'भागीरथी' का प्रयोग भी कर दिया जाय, तो भी व्यंजकता कहाँ क्षीण होती है ? तत्त्वतः यह बात स्पष्ट नहीं है–तो क्या उक्त लक्षण का प्रथमार्ध शब्दशक्ति मूल ध्वनि का और उत्तरार्ध अर्थशक्ति मूल का लक्षण माना जाय ? यदि ऐसा माना गया, तो लोचनकार की व्याख्या–'द्विवचनेनत्याह यथा...' इत्यादि की संगति कैसे लगेगी ? वस्तुतः प्रदीपकार ने ऐसा कहकर एक समस्या ही खड़ी की है। समर्थन में झलकीकर ने भी वस्तुतः असमर्थता ही व्यक्त की है–तथापि जैसे-तैसे यह कहा है कि लक्षणामूलक ध्वनि इसलिए शाब्द है कि वहाँ लाक्षणिक शब्द रहने पर ही व्यंजना होती है–उसे 'वाचक' बना देने पर नहीं–जैसे 'गंगा में घर है' और 'गंगा तीर पर घर है'–दोनों प्रयोगों में पहले में ही व्यंजकता है–दूसरे में नहीं।

की सहकारिता रहती है—इसी प्रकार यद्यपि विवक्षितान्य-परवाच्य में अर्थ व्यंजक होता है—तथापि शब्द की भी वहाँ सहकारिता होती है (कम से कम वर्णनात्मक काव्य में) अतः क्रिया के अनुसार कर्ता द्विवचन ही है—केवल 'शब्द' और 'अर्थ' का प्रयोग प्रधानता की दृष्टि से है। न तो अर्थ-निरपेक्ष शब्द और न ही शब्द-निरपेक्ष अर्थ काव्य में व्यंजनक्षम हो सकता है। इसीलिए भट्टनायक और व्यक्तिविवेककार महिमभट्ट आदि ने जो दोषोद्भावन किया है—वह निरर्थक है। इस प्रकार अनाख्येयवाद भी निरस्त हो जाता है। दूसरे यह कि अन्ततः 'अनाख्येय' शब्द से तो प्रतिपाद्य ध्वनितत्त्व का आख्यान या निर्वचन हो ही जाता है।

ध्वनिकार के बाद भी ध्वनिवादी और ध्वनिविरोधी आचार्य होते रहे हैं और उनका खण्डन-मण्डन चलता रहा है। विरोधियों में कुन्तक, महिमभट्ट, धनिक धनंजय मुकुलभट्ट आदि आते हैं। कुन्तक ने कहा कि काव्य में शब्द एक ही प्रकार का होता है और शास्त्र तथा व्यवहार में क्षुण्ण शब्द की अपेक्षा वह 'वक्र शब्द' होता है और उसकी शक्ति 'विचित्र अभिधा' या 'वक्र अभिधा'। उपचारतः प्रतिपादक होने से लक्षक और व्यंजक का भी यहीं समावेश हो जाएगा—फलतः काव्य में शब्द का तीन नहीं, एक ही भेद होता है—उपयुक्त या सटीक शब्द। महिमभट्ट ने इसका खण्डन किया और कहा कि यह शब्दगत 'वक्रता' क्या है ? या तो काव्य के केन्द्रीय तत्त्व सौन्दर्य का स्रोत अतिरिक्त व्यंग्य अर्थ का प्रतिपादक व्यंजकगत व्यंजकता है अथवा उस सौन्दर्य के अनुरूप पड़ने के कारण अनुरूपगत-आनुरूप्य या औचित्य। यदि व्यंजकता है, तो पूर्वप्रतिपादित है और यदि औचित्य है, तो काव्य के स्वरूप में ही निहित है—अलग से उसको निरूपित करना निरर्थक है। दूसरे, यह कि कुन्तक अपने ग्रन्थ में अनेकत्र व्यंजकता का वमन करते हैं—वह उनकी वक्रता में पच नहीं सका। महिमभट्ट ने यह कहकर अनुमान में गतार्थ करना चाहा कि अर्थ (वाच्यादि) से अर्थान्तर की प्रतीति नियत सम्बन्ध से ही सम्भव है और नियत सम्बन्ध व्याप्ति है। व्याप्ति से प्राप्त अर्थ अनुमेय होता है। अनुमेय अर्थ अनुमान प्रमाण से प्राप्त होता है—शब्द प्रमाण से नहीं—अतः नियत सम्बन्ध से प्राप्त अर्थ (व्यंग्य अर्थ) प्रमाणांतर से प्राप्त होने के कारण शब्द का अर्थ ही नहीं है—अतः व्यंग्य अर्थ शब्दार्थ नहीं—फलतः उसका प्रतिपादक शब्द न तो व्यंजक है और न ही उसकी शक्ति व्यंजना। मम्मट ने अपने काव्यप्रकाश में इनका जमकर खण्डन किया और बताया कि यहाँ का सम्बन्धगत नैयत्य औपाधिक है—स्वाभाविक नहीं—अनुमान का सम्बन्धगत नियम स्वाभाविक होता है। दशरूपककार ने 'तात्पर्य' का स्वरूप वहाँ तक बढ़ा दिया, जहाँ तक वक्ता का तात्पर्य जाता है। पर इस रूप में 'तात्पर्य' व्यंजना का नामान्तर ही है। ऐसे ही बढ़ाना है, तब तो वाण व्यापार की भाँति अभिधा को ही बढ़ाया जा सकता है और शब्द के एक ही वेग से अनेकविध अर्थों की प्रतीति मानी जा सकती है। पर यह सब शब्द की भिन्न-भिन्न भंगिमाओं से

व्यंजना का ही प्रतिपादन है। व्यंजना का खण्डन न होने से ध्वनि की सत्ता अपरिहार्य रूप से स्वीकरणीय है।

स्वयं ध्वनिवादियों में अनेक हिन्दुओं पर मतभेद है। काव्य के भेद के ही विषय में देखें तो ध्वनिकार कहीं ध्वनिरेव 'काव्यम्' कहते हैं और कहीं 'उभे' (ध्वनि और गुणीभूत) की बात करते हैं। 'चित्र' को काव्य ही नहीं मानते। मम्मट चित्र को काव्य मानते हैं, पर नीरस बन्ध चित्र को नहीं मानते हैं। पण्डितराज उसे भी मानते हैं। दर्पणकार दो ही मानते हैं—ध्वनि और गुणीभूत व्यंग्य। सवाल है 'मध्यम' की कल्पना क्या कनिष्ठ के बिना ही सम्भव है ? विचार का दूसरा बिन्दु है—ध्वनि के भेद पर। मम्मट 10455 भेद मानते हैं, जबकि दर्पणकार 5355। इसी प्रकार तीसरा बिन्दु है—'वाच्यप्रतीयमानाख्यौ' के सन्दर्भ में दोनों की समकक्षता अथवा विषमकक्षता। पं. पट्टाभिराम शास्त्री का पक्ष है कि लोचनकार तदर्थ (समकक्षता के लिए) यत्र-तत्र यत्नशील है। मतलब वाच्य में भी व्यंग्य की भाँति नवता अथवा आनन्त्य है या नहीं—इस प्रश्न पर मतभेद है। शास्त्रीजी का पक्ष है कि मम्मट वाच्य को एकरूप और व्यंग्य को अनेकरूपात्मक मानते हैं, जबकि आनन्दवर्द्धन दोनों में नवता और आनन्त्य स्वीकार करते हैं। यह अवश्य है कि व्यंग्य वाच्य से अतिरिक्त है। एक तरफ आनन्दवर्द्धन काव्यगत वाच्य की अकाव्यगत वाच्य से व्यतिरेक दिखाकर स्वतः सुन्दर होने की बात करते हैं—दूसरी ओर पण्डितराज जगन्नाथ प्रतीयमान संस्पर्श के बिना चारुता मानते ही नहीं हैं।

(ख) ध्वनि सिद्धान्त में काव्य की आत्मा का विचार

'ध्वनि सिद्धान्त' कहने से ही यद्यपि यह स्पष्ट है कि इस ध्वनि-तत्त्व के पक्षधर काव्य की आत्मा 'ध्वनि' को मानते हैं—

'काव्यस्यात्मा ध्वनिः'—कहा भी गया है, तथापि स्वयं आनन्दवर्द्धन ने 'ध्वन्यालोक' में कुछ ऐसे वक्तव्य दिए हैं, जिनसे स्पष्ट नहीं होता कि वह मानते क्या हैं ? उदाहरणार्थ एक जगह उनका वक्तव्य है—

'काव्यस्यात्मा ध्वनिः'—काव्य की आत्मा ध्वनि है। दूसरी जगह उन्हीं का वक्तव्य है—

योऽर्थः सहृदयश्लाघ्यः काव्यात्मेति व्यवस्थितः।
वाच्यप्रतीयमानाख्यौ तस्य भेदौ उभौ स्मृतौ।।

अर्थात्—सहृदय-श्लाघ्य अर्थ ही काव्य की आत्मा है और उसके दो भेद हैं—वाच्य और प्रतीयमान। तीसरी जगह वही कहते हैं—

"काव्यस्यात्मा स एवार्थः"

काव्य की आत्मा 'रसात्मक अर्थ' ही है। आनन्दवर्द्धन के इन उद्धरणों से काव्य की आत्मा के सम्बन्ध में तीन पक्ष उभर कर सामने आते हैं, जिनसे पाठकों

में यह व्यामोह उत्पन्न होता है कि आखिर आनन्दवर्द्धन का सिद्धान्त-पक्ष क्या है ? वह काव्य की आत्मा किसे कहते हैं।—ध्वनि या प्रधान प्रतीयमान को, सहृदय श्लाघ्य वाच्य और प्रतीयमान को अथवा रसात्मक अर्थ को ?

ग्रन्थ के मन्थन-आलोड़न से निष्कर्ष यह निकलता है कि आचार्य आनन्दवर्द्धन काव्य के आत्म-तत्त्व जैसे सूक्ष्म अर्थ तक पहुँचने-पहुँचाने की भूमिका बाँधते हैं और अन्त में 'अरुन्धती-वसिष्ठ' न्याय से अपना पक्ष प्रस्तुत करते हैं। जिस प्रकार उपनिषदों में आत्मा जैसे सूक्ष्म अर्थ तक पहुँचने के लिए देह, इन्द्रिय, मन और बुद्धि को आत्मा बताते हुए अन्ततः इन सबसे परे चिदाह्लादमय तत्त्व को आत्मा बताया—वही भारतीय पद्धति यहाँ भी है। अरुन्धती-वसिष्ठ न्याय द्वारा भी यही पद्धति निर्देश्य तत्त्व के सन्दर्भ में स्वीकार की गई है। जब अबोध बालक अपने आप्त-जनों से अरुन्धती तारिका के विषय में जानना चाहता है—तब वह आसमान में स्थित सप्तर्षि-मण्डल की ओर अंगुलि-निर्देश कर देता है, जिसकी सार्थकता इस माने में है कि अरुन्धती पृथ्वी पर नहीं, आसमान पर है और आसमान में भी यहाँ-वहाँ नहीं—बल्कि वहाँ है, जहाँ सप्तर्षि-मण्डल है, परन्तु क्या सम्पूर्ण सप्तर्षि-मण्डल अरुन्धती है ? नहीं, आप्त-पुरुष बालक का ध्यान सप्तर्षि-मण्डल में लटकते हुए तीन नक्षत्रों की ओर खींचता है—यानी अब वह यह बताता है कि शेष चार से भी अरुन्धती का कोई सम्बन्ध नहीं है। इसी प्रकार धीरे-धीरे पृथ्वी से आसमान, आसमान से सप्तर्षि-मण्डल, सप्तर्षि-मण्डल से नीचे लटकते तीन और फिर उनमें से भी मध्यवर्ती नक्षत्र या तारिका की ओर बालक का ध्यान खींचते हुए अन्ततः वह यह बताता है कि उसी मध्यवर्ती नक्षत्र के पास टिमटिमाती हुई तारिका 'अरुन्धती' है। ठीक यही पद्धति काव्य की आत्मा के सम्बन्ध में तात्त्विक पक्ष के उल्लेख के लिए आनन्दवर्द्धन ने भी अपनाई है। उन्होंने पहले-पहल 'सहृदयश्लाघ्य अर्थ' को काव्य की आत्मा बताकर उसकी सार्थकता सहृदयों द्वारा अश्लाघ्य वाच्यार्थ जैसी भूमि से जिज्ञासु का ध्यान हटाने में बताई। तदनन्तर सहृदयश्लाघ्य वाच्य और प्रतीयमान की ओर जिज्ञासु का ध्यान आकृष्ट किया गया। फिर इन दोनों में 'प्रतीयमान' को महत्ता दी गई—तदनन्तर 'प्रतीयमान' में भी 'प्रधान-प्रतीयमान' को यानी 'ध्वनि' को महत्ता प्रदान की गई। अन्ततः ध्वनि के त्रिविध भेदों—वस्तु, अलंकार और रस—में से 'ध्वनित रस' को ही काव्य की आत्मा निर्दिष्ट किया गया। इस प्रकार निष्कर्ष यह हुआ कि 'ध्वनि मत में 'ध्वनित रस' ही काव्य की आत्मा है।' ध्वनि का इससे सम्बन्ध है। एक तो वह ध्वनि के तीन भेदों में से स्वयं एक है, दूसरे ध्वनन जैसे प्रधान व्यापार से ही प्रकाश्य है। व्यंजक जैसे ध्वनि शब्द से तो अभिव्यंग्य है ही। अभिप्राय यह कि 'ध्वनि' से ध्वनित रस का सम्बन्ध सुस्पष्ट है।

ध्वनि सिद्धान्त का प्रदेय

आनन्दवर्द्धन ही वह आचार्य है, जिसने साहित्य-चिन्तन को 'दर्शन' का दर्जा दिलाया। इसने भारतीय प्रकृति के अनुसार जीवन के चरम लक्ष्य-स्वरूप-बोध का एक प्रस्थान काव्य को भी निरूपित किया। उन्होंने बताया कि 'दृश्य-काव्य' द्वारा ही नहीं, काव्य-मात्र—चाहे वह दृश्य हो या श्रव्य और श्रव्य में भी चाहे प्रबन्ध हो या मुक्तक—से सहृदय पाठक को 'स्वरूप-साक्षात्कार (दर्शन)' होता है। उन्होंने बताया कि सहृदय काव्य-निर्माता 'पश्यन्ती' भूमि पर जिस आनन्द (रस) रूप सर्जनात्मक अनुभूति का Vision के रूप में स्रक्ष्यमाण का आकलन करता है—ग्रहण की ओर से सहृदय भावक भी उसी का साक्षात्कार करता है। यह साक्षात्कार ही 'दर्शन' है। उन्होंने प्रबन्ध में तो रस की संस्थिति बताई ही, 'मुक्तक' के लिए भी कहा—

'अमरुककवेरेकैकं पद्यं प्रबन्धशतायते'

अमरुक कवि के एक-एक मुक्तक से सैकड़ों प्रबन्धों की रस-धारा प्रवाहित होती है। आनन्द ने बताया है कि कवि ऐसे ही अर्थों का शब्द द्वारा उपन्यास करता है, जो पाठक के चित्त पर सुखद असर पैदा करे—चित्तवृत्ति पैदा करे। जो अर्थ पाठक के चित्त पर असर ही न डाले—ऐसा अर्थ कवि शब्द द्वारा सम्प्रेषित ही क्यों करेगा ? यही चित्तवृत्ति तो रस है—यही 'पूर्णता' बोध (स्वरूप-बोध) की ओर अन्ततः ले जाती है। कश्मीरी परम्परा इसी 'पूर्णता' की प्रत्यभिज्ञा को जीवन का चरम लक्ष्य मानती है। नाट्यात्मक प्रयोग या प्रस्तुति भी मूलतः श्रव्य-काव्य ही है—इस अन्तर के साथ कि उसके अनुरूप निर्माण-स्तर पर उभरने वाली सर्जनात्मक अनुभूति का एक अनिवार्य घटक रंग-चेतना भी होती है। विशुद्ध श्रव्य-काव्य में यह नहीं होती। नाट्यशास्त्र में ऐसे दृश्य-काव्य के सन्दर्भ में ही 'रस' का विचार उपलब्ध होता है—रस की सामग्री की चतुरस्रता व्यवस्थित रूप से वहीं रहती है—श्रव्य-काव्य में रसोपयोगी कुछ घटक शब्दबद्ध होते हैं और कुछ का भावक अपनी ओर से आक्षेप कर लेता है। निष्कर्ष यह कि जहाँ पहले केवल दृश्य-काव्य में ही 'रस' संस्थिति प्रतिपादित होती थी—वहाँ आनन्द ने काव्य-मात्र में रस की निष्पत्ति प्रतिपादित की।

इनका दूसरा प्रदेय है—तदर्थ व्यंजना-शक्ति की उद्भावना। यद्यपि इसका संकेत पहले से ही विद्यमान था—तथापि वह 'अस्फुट स्फुरित' था—आनन्द ने उसको स्फुट किया—चतुरस्र स्थापना की। यही वह शब्द-सामर्थ्य है, जिससे प्रतिभा-प्रसूत अनन्त नवनवायमान अर्थों का ग्रहण भावक कर सकता है। इस अर्थगत अनन्तता और नवता के ही कारण कवि और भावक को प्रतिभावान् कहना पड़ता है। इसी अनन्त अर्थ के समर्पण-सामर्थ्य वाली प्रतिभा से ही महाकवि की पहचान होती है। इस प्रकार यह व्यंजना-शक्ति की उद्भावना ही है, जिससे इन प्रतिष्ठित मान्यताओं

की पुष्टि है।

इनका तीसरा प्रदेय है—चारुता के स्वरूप और आश्रय की नूतन उद्‌भावना। इनसे पहले अलंकार और रीतिवादी आचार्य चारुता और उसके स्रोत—दोनों का आश्रय काव्य के शरीर यानी शब्दार्थ (वाचक, लक्षक, वाच्य और लक्ष्य) को ही मानते थे—पर आनन्द ने इस काव्य-शरीर की तह में स्थित प्रतीयमान या अन्ततः रस रूप आत्मा को चारुता का आश्रय बताया और उसके स्रोत रूप में अंग द्वारा अलंकार को तथा साक्षात् अंगीनिष्ठ गुण को निरूपित किया। शब्द-संघटना और अर्थ-संघटना भी चारुता का प्रकाशन करती हैं। अलंकार और घटना औचित्यपूर्वक नियोजित होने पर ही चारुता के स्रोत बन सकते हैं। इस 'चारुता' में कहीं गति की समानार्थी 'चर' धातु भी है और 'सुन्दरता' में क्लेदनार्थक उन्दी धातु। एक में कश्मीरी आगम के अनुसार 'शुक्र-क्षोभात्मा' सहृदयता से ग्राह्य 'चारुता' अपनी अन्वर्थकता प्रमाणित करती है। प्रमाणित होने की प्रक्रिया यह है कि चारुता का ग्रहण वही करता है—जो सहृदय है। सहृदय वह है : जिसमें 'सहृदयता' है। सहृदयता 'वीर्यक्षोभात्मा' है—वीर्यक्षोम है। वीर्य की तीन स्थितियाँ हैं—अक्षुब्ध दशा, क्षुब्ध दशा और उत्तेजित दशा। चारु वस्तु या व्यक्ति को देखकर यदि वीर्य अक्षुब्ध रहा—उसमें क्षोभ, गति या स्पन्दन न हुआ तो ग्राहक अचेतन ही माना जाएगा—क्योंकि इस पर पत्थर की तरह कोई असर ही नहीं हुआ। चारु को देखकर 'उत्तेजित' हो गया और भूखे-हिंस्र जन्तु की न हुआ तो ग्राहक अचेतन ही माना जाएगा—क्योंकि इस पर पत्थर की तरह कोई असर ही नहीं हुआ। चारू को देखकर 'उत्तेजित' हो गया और भूखे-हिंस्र जन्तु की तरह वासना की भौतिक स्तर पर तृप्ति के लिए उस पर टूट पड़ा—तो 'पशु' माना जाएगा। असंयमी की यही स्थिति होती है—इसे ही 'अ-हृदय' कहा जाता है। मध्य स्थिति है—शुक्रक्षोभ की। इसमें शुक्र क्षुब्ध या स्पंदित तो होता है—पर उत्तेजन की स्थिति में संयम के कारण नहीं आता। सहृदय संयमी होता है। राम ने जब सीता को वाटिका में देखा, तब तुलसी ने कहलवाया—

"सहज पुनीत मोर मन छोभा"

उनका सहज पुनीत मन न तो 'अक्षुब्ध' रहा और न ही 'उत्तेजित'—वह 'क्षुब्ध' हुआ—स्पंदित हुआ—उसमें 'गति' आ गई। 'सुन्दर' में भी यही भाव निहित है—उसकी प्रतीति से भी चेतना भीग जाती है।

इनका चौथा प्रदेय है—अपकर्षक दोष और उत्कर्षक गुण—अलंकार जैसे धर्मों का स्वरूप निर्वचन और सुव्यवस्थित क्रम स्थापन। इन्होंने ध्वनित रस के नियन्त्रण-कक्ष से बँधकर दोष, अलंकार, वृत्ति और संघटना का विचार किया—इसीलिए दोष के 'नित्य' और 'अनित्य' दशा की व्यवस्था जम सकी। इसीलिए प्रातिभ रचना में अलंकार का 'अपृथगूयत्ननिर्वर्त्य' जैसा लक्षण निकल पाया—इसलिए अर्जित प्रतिभा-प्रसूत काव्य के लिए नियम निर्दिष्ट हो सके। इसलिए रसानुरूप शब्दार्थ

की चिन्ता में समाहित-चेतस्क रचनाकार की प्रतिभा वर्ण्य के असाधारण रूप का स्पर्श करने वाली निरूपित हो सकी।

इनका पाँचवाँ प्रदेय यह है कि इन्होंने विभावादि सामग्री जैसे माध्यम को दृष्टिगत रखते हुए भी रचना के प्रभावी होने में रचयिता के महत्त्व को—रचनाकार द्वारा स्वानुभूत चारुता के महत्त्व का भी दिग्दर्शन कराया—

सरस्वती स्वादु तदर्थवस्तु निःष्यंदमाना महतां कवीनाम्।
अलोक सामान्यमभिव्यनक्ति परिस्फुरूतं प्रतिभाविशेषम्।।

से स्पष्ट है।

इनका छठाँ प्रदेय यह भी है कि 'क्रौंचद्वंद्व वियोगोत्थः शोकः श्लोकत्वमागतः द्वारा काव्य की रचना प्रक्रिया का भी सूत्र दिया—जिसका भाष्य अभिनवगुप्त ने किया।

इनका सातवाँ प्रदेय यह भी है कि व्यंग्य अर्थ ही अनन्त नहीं होते—वाच्यार्थ में भी अनेकता और नवता होती है।

अनन्त सम्भावनाओं से मण्डित ध्वनि-सिद्धान्त के प्रस्थापन का श्रेय तो इन्हें है ही। उसके विरोधियों की उद्भावना और खण्डनपूर्वक ध्वनि को परिभाषित करने का पराक्रम इन्हीं का है।

ध्वनि-सिद्धान्त की परवर्ती रचना-संसार में उपादेयता

आनन्दवर्द्धन ने बताया कि रचनाकार का असाधारण सम्प्रेष्य 'चारुता' का प्रकाशक सटीक 'शब्द'—अपरिवर्त्य शब्द ही 'ध्वनि' है। कुन्तक ने शब्दान्तर से इसी को 'वक्र' कहा। उन्होंने कहा है—

उक्त्यन्तरेणाशक्यं यत्तच्चारुत्वं प्रकाशयन्।
शब्दो व्यंजकतां विभ्रद् ध्वन्युक्तेर्विषयीभवेत्।।

ऐसे ही व्यंजक शब्द को 'ध्वनि' कहा जाता है, जो सम्प्रेष्य चारुता के प्रकाशन में इतना सटीक हो कि उसकी जगह उसी का पर्यायवाची शब्द भी न ले सके। इस मान्यता का अतिक्रमण पूर्व, पश्चिम, नया और पुराना—कोई भी नहीं कर सका है। जब-जब काव्य-धारा में कोई क्रान्तिकारी मोड़ आया है, तब-तब नव-नव रचनात्मकता का मर्म इसी शब्द-सामर्थ्य से उघाड़ा गया है। इस शक्ति का उपयोग प्रतिभावान ही कर सकता है। प्रतिभा स्वयं अपरिमेय है—अतः उसकी रचना भी अपरिमेय है—इस अपरिमेयता का गढ़ व्यंजना ही तोड़ती है। शमशेर, अज्ञेय और मुक्तिबोध जैसे शलाका-कवियों की रचना प्रातिभ भावकों से ही विश्लेषित होती है। आलोचना के लिए अपेक्षित रचना की तह में निहित सर्जनात्मक अनुभूति के साक्षात्कार की चुनौती व्यंजना के बल पर ही ली जा सकती है।

ध्वनिमत में वाच्यार्थ का सौन्दर्य

भाषा का प्रयोग व्यवहार और व्यवस्थित चिन्तन (शास्त्र और विज्ञान) में तो किया ही जाता है, 'काव्य' में भी किया जाता है, परन्तु व्यवहार और व्यवस्थित चिन्तन की अपेक्षा काव्य में कुछ 'अतिरिक्त' सम्प्रेषणीय होता है, जो 'कथ्य' को आकर्षक बनाता है। आज तो यह भी कहा जाता है कि सर्जक 'भाषा' के सहारे अपने को अभिव्यक्त ही नहीं करता, अपने को 'जानना' भी चाहता है अर्थात् काव्य केवल 'अनुभूत सत्य' को प्रकाशित करने का ही माध्यम नहीं है, 'अननुभूत' सत्य' को 'जानने' का भी माध्यम[1] है। 'अनुभूत सत्य' के सम्बन्ध में भी क्रमागत धारणा बदल गई है। 'रस' को महत्त्व देने वाले 'अनुभूत व्यक्ति सत्य' में 'समष्टि सत्य' की सम्भावना देखते थे और कहते थे कि सच्चा कवि वही है, जिसमें लोक हृदय की पहचान[2] हो, जो अशेष विश्व के साथ रागात्मक सम्बन्ध स्थापित कर सके, जो अपने उसी 'अनुभूत व्यक्ति सत्य' का प्रकाशन करना चाहते रहे हो। जो 'स्व-पर-अनुभूत-सामान्य' हों इधर अपेक्षाकृत वैयक्तिक 'अनुभूत सत्य' को अन्यजन-ग्राह्य बनाना पड़ा रहा है और तदर्थ शब्द और शब्देतर माध्यमों का 'प्रयोग'[3] किया जा रहा है। सर्जकों का प्रस्थान पार्थक्य 'व्यक्ति सत्य' से 'वैयक्तिक सत्य' की ओर जा रहा है और आलोचकों का काव्य-सत्य[4] विज्ञान के प्रभाव में वस्तुनिष्ठ होने का स्वप्न देख रहा है, क्योंकि वह बुद्धिवादी होता जा रहा है, इसीलिए वह 'तादात्म्य' का पक्षधर नहीं है, सर्जक के व्यक्तित्व में ग्राहक के व्यक्तित्व के विलयन का पक्षधर नहीं है, प्रत्युत उसके व्यक्तित्व से तटस्थ रहकर काव्य-सत्य को ग्रहण करना चाहता है। वास्तव में 'बुद्धिवाद' की नियति है कि वह भेद की ओर ही जाती है—तादात्म्य या अभेद की ओर ले ही नहीं जाती। नव्यतम काव्यचेतना प्रतिपक्षी चेतना है, जिसको चिरन्तन मूल्यों से या तो कुछ लेना-देना नहीं है या गैर-भारतीय चेतना से जुड़ना है। खैर, काव्य का क्या लक्ष्य होना चाहिए—'विश्रान्ति' या 'गति', रुचिभेद के कारण इस पर न तो ऐकमत्य हुआ और न होगा!, किन्तु इतना निर्विवाद है कि उस लक्ष्य को सम्प्रेषणीय बनाने के लिए, कथ्य की आकर्षक ढंग से अभिव्यक्ति के लिए जाने या अनजाने 'सटीक' शब्द का प्रयोग होना चाहिए—एक ही पदार्थ का बोध कराने वाले अनेक पर्यायवाची शब्दों में से किसी एक का ही चुनाव या चयन होना चाहिए। कभी-कभी सामान्य शब्द को ऐसा सन्दर्भ दे दिया जाता है कि वह असामान्य हो जाता है। शब्द के भीतर निहित सम्भावना का कोई अन्त नहीं है, यह प्रयोक्ता की रचनात्मक क्षमता पर निर्भर है कि वह कितनी सम्भावना उजागर कर लेता है। इसीलिए कालिदास काव्य मार्ग में पाँव रखते हुए 'वागर्थ प्रतिपत्ति' में[5] ही आराध्य का स्मर करते हैं। शब्द की अपरिमेय क्षमता की झलक पाने वाले तुलसी 'कहि न जाए अस अद्भुत बानी'[6] की बात करते हैं। निराला

इसी दौड़ में प्रारम्भ से अन्त तक 'तुलसी' को साधना से प्रतिस्पर्धा करते रह जाते हैं और वर्तमान काव्य-चेतना निराला को हर प्रकार से अपनी गंगोत्री मानती है। इसीलिए काव्य की भाषा को काम-चलाऊ व्यवहार और तथ्य-समर्थक व्यवस्थित चिन्तन अर्थात् 'शास्त्र और विज्ञान' की भाषा से विलक्षण माना जाता है। कुछ लोग इस भाषा के लिए संघर्ष[7] करते हैं और कुछ लोग उसे 'मूड'[8] विशेष में अनायास पा जाते हैं, इसीलिए इस भाषा को अपनी अतिरिक्त विशेषता के कारण 'रचनात्मक' कहा जाता है। इसकी सर्जनात्मकता ही इसको काव्य और शास्त्र के प्रसिद्ध प्रस्थान[9] से व्यतिरिक्त करती है।[10] शैलीविज्ञान में इसे ही 'विचलन' कहते हैं और काव्यशास्त्र में 'प्रसिद्ध प्रस्थान व्यतिरेकिता' अथवा 'उक्तयन्तरेणाशक्यचारुत्व समर्पकता'[11] कहते हैं। अकविता-प्रस्थान-प्रतिष्ठापक परमाचार्य श्याम कहते हैं—''मेरा एक दोस्त है। चित्रकार है। वह अपनी कृतियों के शीर्षक के सन्दर्भ में बहुत अधिक सोचता है। चाहे शीर्षक लम्बी पंक्तियों में हो—लेकिन हो एकदम पकड़ने वाले बोल, अनगढ़ और बोलते हुए। उपयुक्त शीर्षक मिल जाने तक उसकी परेशानी खत्म नहीं होती। प्रकट है कि वह अपने चित्रों को भाषा के निकट लाकर कुछ अधिक सम्प्रेषित करना चाहता है—इतना अधिक भी नहीं कि दर्शकों के लिए 'कुछ शेष' न रहे।[12] स्पष्ट ही यह 'अर्थो गिरामपिहितः पिहितश्च कश्चित्' का रूपान्तर है। अभिव्यक्ति के लिए अपने माध्यम का उपयोग करने के पश्चात् वह अपने 'अव्यक्त' को अतिरिक्त व्यंजना द्वारा विस्तार देना चाहता है। शीर्षक की यह तलाश वस्तुतः उसके पक्ष में कविता की तलाश है...अनकहे को सन्दर्भ देने का प्रयास है।[13] स्पष्ट ही इस आपाततः परम्परा-विरोधी वक्तव्य में परम्परा का ही स्वस्थ स्वर मुखर है।

सर्जक 'अनकहे' को स्वर देता है, शब्द-चयन करता है, पर्यायवाची शब्दों में से किसी को ही चुनता है, सटीक समझता है और प्रयोग करता है। 'ध्वनिमत' से पूर्व भी सहृदय थे, पर वे इस चयन के मूल में निहित प्रश्न की आकुलता को ठीक-ठीक उभार नहीं पाए थे और जब उभार ही नहीं पाए थे, तो समुचित समाधान की आशा क्या थी ? ध्वनिवादी आचार्य आनन्दवर्द्धन ने बताया कि व्यवहार-लिप्त और चिन्तक जैसे 'व्युत्पन्न' भाषा के प्रयोक्ताओं की परिधि से बाहर कुछ अतिरिक्त काव्योचित तत्त्व होते हैं, जिनको सम्प्रेष्य बनाने के लिए क्षमतासम्पन्न शब्द का चुनाव करना पड़ता है—वही उस उद्दिष्ट 'चारुता' को सम्प्रेषित कर सकता है। चारुता ही काव्य या काव्यभाषा का केन्द्रीय या अतिरिक्त तत्त्व है। इस अतिरिक्त तत्त्व को सम्प्रेषित करने के लिए शब्द की 'अतिरिक्त क्षमता' को उभारना पड़ता है—जिसे 'व्यंजना' कहते हैं। यह अतिरिक्त क्षमता पर्यायवाची सभी शब्दों में समान नहीं होती—किसी में ही होती है। 'किसी में ही होती है, का अर्थ ही हुआ अन्य पर्यायवाची शब्दों के बीच उसमें 'कुछ अतिरिक्त' होता है। जिस शब्द में यह अतिरिक्त शक्ति होती है, वह सटीक या विशेष शब्द माना जाता है। मतलब यह कि यह

व्यंजनावाद या ध्वनिवाद ही है, जो इस गुत्थी को सुलझाता है। इसीलिए ध्वन्यालोककार ने कहा है–

"कोऽन्यथा तुल्ये वाचकत्वे शब्दानां चारुत्वविषयों विशेषः स्यात्।"[14]

काव्योचित चारुता की निष्पत्ति शब्द की व्यंजनात्मक क्षमता के बिना सम्भव ही नहीं है। इसलिए आनन्दवर्द्धन का मत है–"व्यंजकत्वाश्रय्येव तेषां मुख्य चारुत्वम्'[15], अर्थात् काव्यगत मुख्य लक्ष्य की चारुता जिस काव्योचित शब्द से निष्पन्न होती है–वह है व्यंजक शब्द। इसी अतिरिक्त क्षमता-सम्पन्न शब्द के लिए आनन्दवर्द्धन ने कहा–

"सोऽर्थस्तद्व्यक्तिसामर्थ्ययोगी शब्दश्च कश्चन्।'[16]

समर्थ कवि के द्वारा सम्प्रेष्य अर्थ जैसे 'कुछ और ही' होता है, उसी प्रकार उसकी अभिव्यक्ति में समर्थ शब्द भी कोई और ही होता है। कुन्तक का भी कहना है–

"शब्दो विवक्षितार्थैकवाचकोऽन्येषु सत्स्वपि।
अर्थः सहृदयाआह्लादकारिस्वस्पन्दसुन्दरः।।"[17]

अर्थात् सक्षम सर्जक का सम्प्रेष्य अर्थ आनन्द-पर्यवसायी सौन्दर्य से सम्पन्न होता है और उसका प्रत्यायक अन्य पर्यायवाचियों के बीच कोई खास ही होता है। यद्यपि कुन्तक इसे 'वाचक' ही कहते हैं, पर उनके 'वाचक' में 'द्योतक-व्यंजक' का भी समावेश है।[18] उनका 'वाचक' शब्द शास्त्र और व्यवहार में पिटे-पिटाये शब्द से भिन्न फलतः 'वक्र' होता है–है वह प्रच्छन्न व्यंजक ही। उन्होंने स्पष्ट कहा है–

"वाच्योऽर्थः वाचकः शब्दः प्रसिद्धमिति यद्यपि।
तथापि काव्यमार्गेऽस्मिन् परमार्थोऽयमेतयोः।।"[19]

यद्यपि व्यवहार और शास्त्र में भी वाच्य और वाचक शब्द प्रसिद्ध हैं, फिर भी काव्य के क्षेत्र में उनकी असलियत कुछ और ही है। इस असलियत का अर्थ स्पष्ट करते हुए वे कहते हैं, 'अर्थप्रतीतिकारित्वसामान्यादुपचारात्तावपि वाचकोवेव'[20], अर्थात् कुन्तक की दृष्टि में द्योतक-व्यंजक भी शब्द अर्थप्रत्यायक होने के कारण वाचक ही है। अभिप्राय यह कि कुन्तक और आनन्दवर्द्धन में शब्दभेद चाहे हो, पर आशयभेद नहीं है। इसी स्वर में स्वर मिलाते हुए नरेन्द्रपर्द्धसूरि ने भी कहा है–

"अथ सामान्यतः शब्दस्य स्वरूपमुक्त्वा-
व्यतिरेकोचितपूर्व काव्यांगवैचित्र्यमुपदिशति–
किन्त्वेकार्थप्रवृत्तेषु शब्देष्वन्येषु सत्स्वपि
अभीष्टार्थविधायी यः तस्य वैचित्र्यचारुता।"[21]

'सन्त्येव तुल्यार्थाः भूयांस शब्दाः। किम्पुनस्तेषु मध्ये यस्य विवक्षितार्थाभिधायित्वं

तस्यैव वैचित्र्यरामगीयकं-स एव काव्यांगम्'। इन पंक्तियों में भी काव्योचित शब्द का शास्त्र-व्यवहार-प्रसिद्ध शब्दों से व्यतिरेक ही बताया जा रहा है।

चिन्तन की इस प्रक्रिया में ध्वनिवाद इतना हावी हो गया कि शब्द अपनी 'अतिरिक्त (व्यंजन) क्षमता' के कारण ही काव्योचित ठहरा दिया गया है और अभिधात्मक क्षमता की सर्वथा उपेक्षा हो गयी। इस चिन्तनधारा की अन्तिम परिणति पंडितराज के उस उद्घोष में है, जहाँ यह कह दिया गया—'न तादृशोऽस्ति कोऽपि वाच्यार्थो यो मनागनामृष्टप्रतीयमान एव स्वतः रमणीयतामाधातुं प्रभवति'[22] अर्थात् ऐसा कोई वाच्यार्थ नहीं है, जो अतिरिक्त क्षमतात्मक व्यंजना से प्राप्त प्रतीयमान अर्थ के संस्पर्श के बिना थोड़ी भी स्वयं काव्योचित रमणीयता पैदा कर सके। निष्कर्ष यह है कि पण्डितराज के मत से वाच्यार्थ में काव्योचित चारुता प्रतीयमान-संस्पर्श निरपेक्ष होकर होती ही नहीं—वह स्वयं में काव्योचित चारुता का समर्थक नहीं है। काव्य की दृष्टि से अभिधा केवल उपाय हो सकती है, उपेय कदापि नहीं।

आलोकार्थी यथादीपशिखायां यत्नवानूजनः।
तदुपायतया तद्वत् अर्थे वाच्ये तदादृतः[23]।।

प्रकाश की आकांक्षा रखने वाला व्यक्ति जिस प्रकार साधनात्मक दीपशिखा के विषय में प्रवृत्त होता है—उसका प्रज्वालन करता है—उपाय का सहारा लेता है, उसी प्रकार अभीष्ट अर्थ तक पहुँचने में 'वाच्य अर्थ' भी साधनात्मक रूप में गृहीत होता है—उसका और कोई भी उपयोग नहीं होता। सच पूछें तो सहृदय वाच्यार्थ को पाकर भी उसकी ओर पीठ कर देता है—उससे विमुख हो जाता है और उसकी तत्त्वदर्शिनी बुद्धि में अभीष्ट सुन्दर अर्थ उसी अतिरिक्त क्षमता से सहसा झलक उठता है। निष्कर्ष यह कि भारतीय काव्यशास्त्र में वाच्यार्थ, अभिधानीत वाच्यार्थ में कोई काव्योचित सौन्दर्य होता है, इस विषय में कम से कम ध्वनिमतानुयायी पर्याप्त उदासीन प्रतीत होते हैं।

इसलिए—

योऽर्थः सहृदयश्लाघ्यः काव्यात्मेति व्यवस्थितः।
वाच्यप्रतीयमानाख्यौ तस्य भेदावुभौ स्मृतौ।।[24]

की व्याख्या में लोचनकार अभिनवगुप्तपाद कहते हैं—सहृदयश्लाघ्य अर्थ ही काव्य की आत्मा है और उसके दो भेद हैं—वाच्य तथा प्रतीयमान,[25] जिसमें से वाच्य तो प्रसिद्ध ही है और उसका निरूपण भी उपमा आदि रूपों में पहले बहुत किया जा चुका है। रहा प्रतीयमान, वह अवश्य प्रसिद्ध अर्थ से भिन्न है। काव्य में उसका वही स्थान है, जो शरीर में अंग-प्रत्यंग से भिन्न, किन्तु तदाधृत लावण्य का। सहृदयश्लाघ्य अर्थ प्रतीयमान ही है। विवेकी लोग कवि द्वारा प्रयुक्त शब्द से मिलने वाले अर्थ को द्विधा विभक्त करते हैं।—वाच्य और प्रतीयमान। व्यामुग्ध बुद्धिवालों को यह अन्तर अज्ञात रहता है—वे अन्तर नहीं कर पाते। काव्योचित शब्द से जो

सहृदयश्लाघ्यता अर्थ में प्रतीत होती है, वह व्यवहार तथा शास्त्र में प्रयुक्त शब्दार्थ से क्यों नहीं होती ? अर्थ तो सभी हैं। इस अन्वय व्यतिरेक से प्रतीत होता है कि काव्योचित अर्थ में जो सहृदयश्लाघ्यता है, वह अवश्य 'विशेष' सापेक्ष है और वह 'विशेषांश' है—प्रतीयमान। चूँकि (वाच्य तथा प्रतीयमान) इनके व्यावर्तक धर्म पृथक्-पृथक् हैं, अतः वे एक नहीं हो सकते। अवश्य वे प्रतीतिगत पौर्वापर्य्य के प्रकाश में दो पृथक् स्तरों के अर्थ हैं—स्थूल बुद्धिवालों को एक-से ही प्रतीत होते हैं। सहृदयश्लाघ्य प्रतीयमान ही है। निष्कर्ष यह कि इस कारिका से यह आशय नहीं निकालना चाहिए कि ध्वनिवादी 'वाच्य' अर्थ में भी सहृदयश्लाघ्यता देखते हैं—काव्य में इसे भी महत्ता देते हैं।

इन सबसे यह तय हुआ कि शब्द की अभिधा शक्ति से जो वाच्य अर्थ मिलता है, वह प्रसिद्ध है, उसमें कोई 'नवता' नहीं है और जिसमें 'नवता' न हो, काव्य के लिए उसकी कोई उपयोगिता नहीं, सिवाय इसके कि वह 'अतिरिक्त' अभीष्ट अर्थ का साधन बनकर रह जाता है।

आचार्य पं. रामचन्द्र शुक्ल 'जीकर हाय पतंग मरे क्या ?'[26] के साक्ष्य पर वाच्यार्थ में जब सौन्दर्य की बात करते हैं, तब पंडितराज के ही मत की पुष्टि करते हैं कि वाच्यार्थ में सौन्दर्य प्रतीयमान के संस्पर्श से ही आता है। देव जब

अभिधा उत्तम काव्य है, मध्य लक्षणालीन।
अधम व्यंजना बानिए, उलटी कहत नवीन।।[27]

कहते हैं, तब अभिधा से उनका आशय 'स्वकीया' नायिका से है—वाच्यार्थ लाने वाली अभिधा से नहीं।* हाँ, जब शुक्ल जी यह कहते हैं कि 'अभिधा द्वारा ग्रहण दो प्रकार का होता है—बिम्बग्रहण तथा अर्थग्रहण। किसी ने कहा—'कमल'। अब इस 'कमल' पद का ग्रहण कोई इस प्रकार भी कर सकता है कि ललाई लिए हुए सफेद पंखुड़ियों और नाल आदि के सहित एक फूल का चित्र अन्तःकरण में थोड़ी देर के लिए उपस्थित हो जाय और इस प्रकार भी कर सकता है कि कोई चित्र उपस्थित न हो—केवल पद का अर्थमात्र समझ कर काम चलाया जाय। व्यवहार में तथा शास्त्रों में भी इसी दूसरे प्रकार के संकेतग्रह से काम चलता है। यहाँ एक-एक पद के वाच्यार्थ पर अड़ते चलने की फुर्सत नहीं रहती। पर काव्य के दृश्य-चित्रण में संकेतग्रह पहले प्रकार का होता है, केवल अर्थग्रहण कराने का नहीं। तब विशुद्ध वाच्यार्थ का भी शास्त्र-व्यवहार-प्रसिद्ध वाच्य से व्यतिरेक प्रतीत होता है। निष्कर्ष यह कि शास्त्र-व्यवहार प्रसिद्ध वाच्य के काव्यगत वाच्यार्थ का व्यतिरेक केवल 'प्रतीयमान संस्पर्श' के ही कारण नहीं, उसके बिना भी होता है और वह है सौन्दर्योद्रिकी बिम्बार्थ के रूप में उसका ग्रहण। शुक्ल जी कहते हैं—"हमारे यहाँ आचार्यों ने

** यह दोहा शब्दशक्ति से नहीं अपितु नायक-नायिका भेद से संबद्ध है।*

संकेतग्रह के जाति, गुण, क्रिया और यदृच्छा—चार विषय बताए, पर स्वयं संकेतग्रह के दो रूपों का विचार नहीं किया।''[28] पर ऐसा नहीं है। यह अवश्य है कि साहित्येतर शास्त्र में विचार नहीं हुआ। कारण, वहाँ उसकी आवश्यकता ही नहीं है, पर जहाँ आवश्यकता है, वहाँ आलंकारिक आचार्यों ने इसका विचार किया है। ध्वनिवाद के आविर्भाव के पूर्व 'भाविक'[29] अलंकार के सन्दर्भ में तथा ध्वनिवाद के बाद ध्वनिस्थापक आनन्दवर्द्धन और ध्वनिविरोधी महिमभट्ट तथा कुन्तक ने 'स्वभावोक्ति' तथा 'वाच्यार्थगत' के सन्दर्भ में बिम्बार्थ की चर्चा की है।

कालक्रम से सबसे पहले आनन्दवर्द्धन आते हैं। आनन्दवर्द्धन ने महाकवि उसे कहा जो 'प्रतिभावान्' हो और प्रतिभावान् वह जो 'परस्वादानेच्छा विरत-मनस्क' हो, जो दूसरों द्वारा गृहीत अर्थ की ओर से विरत हो, जिसके लिए वर्ण्य विषय कभी न चुके। यह तभी सम्भव है, जब अर्थगत आनन्त्य सम्भव हो। आनन्दवर्द्धन ने इसी सन्दर्भ में वाच्यार्थगत नवता का भी प्रतिपादन किया है और उन तमाम अर्हताओं का निरूपण किया है, जिनसे कथ्य में अनन्तता आती है। इस सन्दर्भ में मेरा सम्बन्ध केवल वाच्यार्थगत नवता, काव्योपयोगी धर्मिता से है, अतः उसी की चर्चा कर रहा हूँ। उनकी पंक्ति है—

''वाच्यानां च काव्ये प्रतिभासमानानां यद्रूपं तत्तु ग्राह्यविशेषाभेदेनैव प्रतीयते।'[30]

अर्थात् व्यवहार और शास्त्र की अपेक्षा काव्य में प्रतिभासमान 'वाच्य' कुछ अतिरिक्त विशेषता लिए रहता है, वह सहृदय ग्राहक की प्रतिभा में रसावेश में प्रत्यक्ष प्रमाण से ग्राह्य विशेषताओं से युक्त होकर उभरता है। आचार्य अभिनवगुप्तपाद ने इस 'विशेष'[31] का आशय स्पष्ट करते हुए कहा है कि शब्द या पद की अभिधा चाहे जाति में हो, जाति-विशिष्ट व्यक्ति में हो, अपोह या अतद्व्यावृत्ति में हो—जहाँ कहीं भी हो—अभिधालब्ध अर्थ के विषय में चाहे जो भी विवाद हो, परन्तु इस बिन्दु पर किसी का भी मतभेद नहीं है कि वाक्यार्थ सदा विशेष ही होता है। यहाँ तक कि अभिधा की 'अन्वितार्थ' में स्थिति मानने वालों को भी यही मानना पड़ता है। अभिनवगुप्त की यह व्याख्या वाक्यार्थ को 'विशेष गर्भ' प्रतिपादित करती है, जबकि मूल ग्रन्थ में वाच्यार्थ को 'विशेष गर्भ' होने की बात कही जा रही है। प्रसंग को देखते हुए मूल ग्रन्थ अशुद्ध नहीं लगता। प्रसंग है यह कि महाकवि कौन ? उत्तर है, जिसमें प्रतिभा गुण हो। जिसमें प्रतिभा नामक गुण है, उसके लिए वर्ण्य विषय की कमी नहीं हो सकती। कहने से तो वर्ण्य वस्तु भिन्न ही हो जाती है, व्यक्तिगत रूप से भी भिन्न होती है। यह कहना कि काव्य में, जो शब्दात्मक होता है—अर्थ प्रत्यय शब्द से होगा और शब्द अपनी अभिधा शक्ति से उसका 'सामान्य' रूप से बोध करा सकता है व्यक्तिगत विशेषताओं से संवलित रूप में नहीं। वह तो प्रत्यक्ष प्रमाण से ही सम्भव है, अतः वर्ण्य वस्तु व्यक्तिगत रूप से भिन्न होकर भी काव्यार्थ-बोध के रूप में वैयक्तिक विशेषताओं से युक्त नहीं हो सकती।

आनन्दवर्द्धन इसी आक्षेप का उत्तर देते हुए कहते हैं कि वाचक शब्द 'व्यवहार' और 'शास्त्र' में भी प्रयुक्त होते हैं और 'काव्य' में भी, पर काव्यगत 'वाच्य' का व्यतिरेक या वैशिष्ट्य इस माने में है कि वह ग्राहक या कवि की प्रतिभा के समक्ष व्यक्तिगत विशेषताओं से संवलित होकर प्रत्यक्षाप्रमाण-रूप में सामने आता है।

सवाल फिर भी यह खड़ा होता है कि क्या इस रूप में उपस्थित अर्थ 'वाच्य' अर्थ है ? क्या इस रूप में ग्राहक ने संकेतग्रह किया है ? अभिधा अधिगतार्थ की ही स्मारक होती है—अनधिगतार्थ की नहीं। काव्य के सन्दर्भ में आनन्दवर्द्धन-सम्मत 'विशेष संवलित वाच्यार्थग्रह' 'ग्राह्यविशेष' (गृहीत विशेष नहीं) से संवलित है, जो निश्चय ही कहीं न कहीं 'अनधिगत' हो सकता है और 'अनधिगत विशेष' वह है, जिसमें कुछ वैचित्र्य निमित्तक चारुता हो। पण्डितराज, कुन्तक तथा नरेन्द्रप्रभसूरि तीनों काव्यगत वाच्य का व्यतिरेक उसके 'चारु' या 'रमणीय' होने में मानते हैं और उसका निमित्त अनधिगत प्रतीयमानार्थ का संस्पर्श मानते हैं। आनन्दवर्द्धन भी काव्यगत वाच्य-अर्थ का काव्योपयोगी 'व्यतिरेक' बताना चाहते हैं, परन्तु अनधिगत प्रतीयमानार्थ के संस्पर्श से नहीं, अपितु प्रत्यक्ष ग्राह्य व्यक्तिगत विशेषताओं के सम्बन्ध से। इसे वे 'सामान्य' वाच्यार्थ से 'विशेष' कहते हैं। महिमभट्ट ने भी स्वभावोक्तिगत वैचित्र्य का मर्म स्पष्ट करते हुए कहा है—

उच्यते वस्तुनस्तावद् द्वैरूप्यमिह विद्यते।
तत्रैकमत्र सामान्यं यद्विकल्पैकगोचरः।
स एव सर्वशब्दानां विषयः परिकीर्तितः।
अतएवाभिधेयं ते सामान्यं बोधयन्त्यलम्।
विशिष्टमस्य यद्रूपं तत् प्रत्यक्षस्य गोचरः।।
स एव सत्कविगिरां गोचरः प्रतिभाभुवाम्।।[32]

यतः—

रसानुगुणशब्दार्थचिन्तास्तिमितचेतसः।
क्षणं स्वरूपस्पर्शोत्था प्रज्ञैव प्रतिभा कवेः।।
सा हि चक्षुर्भगवतस्तृतीयमिति गीयते।
येन साक्षात्करोत्येष भावास्त्रैलोक्यवर्तिनः।।[33]

अभिप्राय यह कि वस्तु के दो रूप होते हैं। उसमें एक तो होता है—सामान्य। यही शब्दमात्र का अभिधेयार्थ कहा जाता है। इसका एक दूसरा रूप भी होता है जिसे 'विशेष' या 'विशिष्ट' कहा जाता है। यह प्रत्यक्ष का विषय होता है। यही सत्कवियों की वाणी का विषय बनता है। सवाल यह है कि जो सत्कवियों की वाणी का विषय बनता है, वह प्रत्यक्षगोचर अर्थ कैसे हो सकता है ? उनका उत्तर है कि रसाविष्टचेता कवि की प्रतिभा का अर्थ है, वस्तु के प्रत्यक्षग्राह्य स्वरूप का स्पर्श करने वाली प्रतिभा। इसे ही शम्भु का तीसरा नेत्र कहा गया है। प्रतिभा-रूपी

इस तीसरी आँख से कवि त्रैलोक्यवर्ती भावों का साक्षात्कार कर लेता है। कारयित्री की भाँति भावयित्री की भी यही विशेषता है। प्रत्यक्षग्राह्य विशेषताओं से संवलित वर्ण्य वस्तु काव्यीय वस्तु है–काव्यीय वाच्य अर्थ है।

इस समस्त विवेचन से निष्कर्ष यह निकला है कि शास्त्र एवं व्यवहारगत 'वाच्य' अर्थ की अपेक्षा काव्यगत 'वाच्य' अर्थ 'कुछ और' होता है–रमणीय, चारु, आकर्षक अथवा सुन्दर। इस चारुता का निमित्त है–'विशेष' का संस्पर्श। यह 'विशेष' वर्ण्य वस्तु में बाहर से भी आकर जुड़ता है और भीतर से उभर कर भी। कुन्तक तथा नरेन्द्रप्रभसूरि बाहर से आकर जुड़ने वाले 'विशेष' की भी चर्चा करते हैं, पण्डितराज उसी का समर्थन करते हैं, आनन्दवर्द्धन तथा महिमभट्ट स्वगत (प्रत्यक्षग्राह्य) विशेष का भी उल्लेख करते हैं।[34] बिम्बवादी पश्चिमी आचार्य और शुक्ल जी इसी अर्थ को (बिम्बग्रहण) बिम्बार्थात्मक वाच्य अर्थ कहते हैं–इसीलिए यह कहना कि भारतीय आचार्यों का ध्यान इस तरफ नहीं है, ठीक नहीं।

हाँ, यह अवश्य विचारणीय है कि कारयित्री की तरह भावयित्री प्रतिभा का ग्राह्य वाच्य अर्थ जिस चारुता नामक 'विशेष' को लेकर भासमान होता है, वह संकेतित है या असंकेतित। यदि संकेतित है, तभी 'वाच्य' हो सकता है और इस रूप में क्षुण्ण होने से नवता नहीं है और 'नवता' नहीं, तो तन्निमित्तक चारुता भी सम्भव नहीं–रमणीय बिम्ब भी नहीं। दूसरा पक्ष लिया जाए कि यह 'असंकेतित' है, तो 'वाच्य' नहीं होगा। 'संकेतित' (विशेषगर्भ) है, तो 'नवता' नहीं, असंकेतित है, तो 'वाच्यार्थ' नहीं। लगता है कि आनन्दवर्द्धन 'असंकेतित' वाले पक्ष के ही हैं–इसीलिए 'ग्राह्य विशेषाभेदेन' कहा–'गृहीत विशेषाभेदेन' नहीं। ग्राह्य असंकेतित है, अतः उसमें 'ग्राह्य विशेष' में नवता होने के कारण 'चारुता' भी है। सवाल केवल उसकी 'वाच्यता' का शेष रह जाता है। इस पक्ष से यह कहा जा सकता है कि असंकेतित विशेष, भले संकेतित न हो, पर संकेतित जातीय होता है, इसलिए व्यक्तिगत रूप में चाहे अनधिगत हो पर सामान्य या जाति रूप से अधिगत है। फलतः काव्यगत वाच्य में उसका समावेश हो सकता है और शास्त्र तथा व्यवहार की अपेक्षा काव्यगत वाच्य का व्यतिरेक उसके 'बिम्बात्मक' होने में है, जिसमें वस्तुगत विशेष का संकलन रहता है।

कुछ विद्वानों का विचार है कि ग्राहक की जिस कल्पनात्मक क्षमता की अपेक्षा बिम्बार्थ-ग्रहण में है, उसको उकसाने वाली शब्द की अतिरिक्त क्षमता है और वह है–व्यंजना। अतः परम्परा से फिर भी व्यंजना ही आती है। जिस 'विशेष' के उभरने से कंकाल जानदार होता है, वह प्रतीयमान ही है। सर्जक की ओर से संवेदना सक्रिय करती है, कल्पना को और कल्पना भरती है, उस बिम्बार्थ को शब्द में। अर्थात् सर्जक ही शब्द (वाचक) में 'बिम्बार्थ-प्रदायी क्षमता' भरता है, तभी ग्राहक उस अर्थ के साक्षात्कार द्वारा संवादी मनःस्थिति में पहुँचता है। यदि ऐसा होता है, तो

'बिम्बार्थात्मक वाच्यार्थ' तक उभार देने की क्षमता शब्दगत ही माननी होगी। यह अवश्य है कि उस क्षमता को प्रातिभ क्षमता वाला (प्रतिभाजुष) ही ग्रहण कर सकता है, सब नहीं। इसी लिए कुन्तक काव्य में वाचक और वाच्य की परिधि बढ़ा देते हैं और उसे काव्य की विचित्र अभिधा से सम्पन्न 'वक्र' शब्द कहते हैं। हाँ, एक बात अवश्य है कि कुन्तक का वाचक प्रत्यायक को भी आत्मसात् करता है और बिम्बार्थक को भी। अतः शब्द की काव्यगत अभिधा प्रयोक्ता द्वारा अभीष्ट बिम्बार्थ तक पहुँचाने वाली क्षमता ही है, अतः उसको 'अतिरिक्त क्षमता' के रूप में व्यंजना कहने की आवश्यकता नहीं है—कम से कम ध्वन्यालोककार को यह अभीष्ट नहीं है, अन्यथा उनके वक्तृत्व की संगति नहीं लगेगी। दूसरी बात यह भी है कि 'अनन्यलभ्यो हि शब्दार्थः'—प्रमाणान्तर-लभ्य अर्थ शब्दार्थ नहीं है। यदि मान लिया जाय कि वह अर्थ कल्पनालभ्य है, तो एक तो 'कल्पना' को अतिरिक्त प्रमाण मानना होगा, दूसरे फिर वह अन्य प्रमाण से लभ्य होने के कारण शब्दार्थ नहीं होगा। ऐसी स्थिति में आनन्दवर्द्धन जो 'बिम्बार्थ' या 'विशेष' को 'वाच्य' की परिधि में लेते हैं, वह सम्भव नहीं होगा। तीसरे, व्यंजना व्यंग्यार्थ को देने वाली क्षमता है—कल्पना को उकसाना उसका कार्य नहीं है। अथवा यह भी कहा जा सकता है कि जिस तरह व्यंजना प्रतिभा का सहकार चाहती है। उसी प्रकार काव्य में वाच्यार्थ की प्रतीति भी प्रतिभा का सहकार माँगती है। जब सर्जन के धरातल पर कारयित्री सक्रिय है, तब ग्रहण के धरातल पर भी भावयित्री सक्रिय होगी ही—फलतः वह वाच्चार्थ को काव्योपयोगी चारुता के धारण योग्य बनाएगी ही—अर्थात् वाच्यार्थ के सूखे ढाँचे में वैयक्तिक आकर्षक विशेषताओं को या तो ढालेगी या उभारेगी। कहते हैं—

> लीनं वस्तुनि येन सूक्ष्मसुभगं तत्त्वं गिरा कृष्यते
> निर्मातुं प्रभवेन् मनोहरमिदं वाचैव वा यो कविः
> वन्दे द्वावपि तावुभौ...।

इस तरह वाच्यार्थ को चारु बनाने में कल्पना या प्रतिभा का सहयोग माना जा सकता है।

सन्दर्भ ग्रन्थ

1. तारसप्तक।
2. रसमीमांसा।
3. तारसप्तक।
4. नयी कविता—अंक 3
5. कुमारसम्भव।
6. रामचरितमानस।
7. नयी कविता का सौन्दर्यशास्त्र—मुक्तिबोध।

8. ध्वन्यालोक–आनन्दवर्द्धन।
9. वक्रोक्तिजीवित–कुन्तक।
10. रीतिविज्ञान–पं. विद्यानिवास मिश्र।
11. ध्वन्यालोक–आनन्दवर्द्धन।
12. अकविता और कला-सन्दर्भ–डॉ. श्याम परमार।
13. ध्वन्यालोक–आनन्दवर्द्धन।
14. वही, पृ. 359
15. ध्वन्यालोक–आनन्दवर्द्धन, पृ. 359
16. वही।
17. वही।
18. वक्रोक्तिजीवित।
19. ध्वन्यालोक–प्रथम उद्योत।
20. वक्रोक्तिजीवित–कुन्तक, पृ. 34
21. अलंकार महोदधि–नरेन्द्रप्रभसूरि।
22. रसगंगाधर–प्रथम आनन, पण्डितराज जगन्नाथ।
23. ध्वन्यालोक।
24. ध्वन्यालोक–प्रथम उद्योत।
25. ध्वन्यालोकलोचन–प्रथम उद्योत।
26. रसमीमांसा।
27. नायिका-विलास–देव–हिन्दी साहित्य का अतीत, भाग 2, पं. विश्वनाथप्रसाद मिश्र से उद्धृत।
28. चिन्तामणि–प्रथम भाग।
29. काव्यालंकार–भामह।
30. ध्वन्यालोक–चतुर्थ उद्योत, पृ. 543
31. ध्वन्यालोकलोचन, पृ. 543
32. व्यक्तिविवेक, पृ. 290
33. वही, पृ. 291
34. हिन्दी ध्वन्यालोक–भूमिका, डा. नगेन्द्र

रस-सिद्धान्त

(क) संस्कृत काव्यशास्त्र में रस चिन्तन

'रस' शब्द के कोशगत विभिन्न अर्थ हैं—पर सामान्यतः रसना-ग्राह्य विषय को 'रस' कहा जाता है। इस सन्दर्भ में काव्यनुशीलन या नाट्य-दर्शन से सहृदयग्राहक को जो आनन्द प्राप्त होता है, उसके लिए ही 'रस' शब्द का प्रयोग किया जा रहा है, जो रसनेन्द्रिय ग्राह्य नहीं है। इसीलिए नाट्यशास्त्रकार ने यह प्रश्न उठाया कि इस आस्वाद को रस क्यों कहा जाता है ? उत्तर दिया—आस्वाद्य होने के कारण।[1] रसनेन्द्रियग्राह्य रस भी आस्वादगोचर है और प्रक्रान्त सामग्री भी, अतः आस्वाद्यत्वरूप साम्य देखकर इसे भी 'रस' संज्ञा दी गई। कुछ लोग आस्वाद्य और आस्वाद में अन्तर बताकर भरत के मत में उसकी वस्तुनिष्ठ व्याख्या करते हैं और कहते हैं कि उन्होंने 'रस' (मंचस्थ) आस्वादगोचर सामग्री को कहा है। इतिहास के क्रम में प्रत्ययवादी दार्शनिकों ने घोषणा की।

"आस्वादनात्मानुभवो रसःकाव्यार्थ इष्यते"

आस्वादनात्मक अनुभव ही रस है। मम्मट आदि परवर्ती आचार्यों ने दोनों का समन्वय करते हुए कहा और दर्पणकार ने पुष्टि की—

"स्वाकारवदभिन्नत्वेनायमास्वाद्यते रसः"

रस में आस्वाद और आस्वाद्य सबकी प्रतीति सम्मिलित है और फिर विज्ञानवादी बौद्धों की भाँति प्रतीति और विषय अभिन्न ही हैं, उनमें अन्तर नहीं है। इस प्रकार 'रस' की वस्तुवादी भाववादी और समन्वित व्याख्या की गई है।

भरत ने पाकरस के दृष्टान्त से अपनी रस सम्बन्धी अवधारणा स्पष्ट की, जो परम्परा से चली आ रही थी। आनुवंश्य श्लोक हैं—

यथा बहुद्रव्ययुतैः व्यञ्जनैर्वहुभिःर्भुतम्।
आस्वादयन्ति भुञ्जाना भक्तं भक्ताविदो जनाः।
भावाभिनयसंबद्धान् स्थायिभावांस्तथा बुधाः।

आस्वादयन्ति मनसा तस्मान्नाट्यरसा स्मृताः।।

जिस प्रकार गुड़ आदि द्रव्यों, व्यंजनों तथा ओषधियों के संयोजन से 'षाडव' आदि रस बन जाते हैं, उसी प्रकार नाना भावों से संयुक्त होकर स्थायी भाव रस रूप बन जाते हैं। जिस प्रकार नानाविध व्यंजन से सुसंस्कृत अन्न का उपभोग करते हुए सुमनस्क पुरुष रसास्वाद करते हैं और हर्षादि प्राप्त करते हैं, वैसे ही नानाभावों द्वारा व्यंजित वागंगसत्वोपेत स्थायी भाव का भी आस्वादन करते हैं और हर्षादि प्राप्त करते हैं। यहाँ नाना व्यंजन, ओषधि और द्रव्य से संस्कृत अन्न (पक्वान्न) गत (षाडव स्थानीय) आस्वाद रस भाव को जिस प्रकार प्राप्त होता है—दधि आदि उपसेचक व्यंजन, सोंठ-सौंफ आदि ओषधि तथा गुड़ आदि द्रव्य से संस्कृत अन्न का आस्वाद जिस प्रकार निखरता हुआ आस्वाद बन जाता है, उसी प्रकार विभाव, अनुभाव तथा संचारी से निखरता हुआ स्थायी रसभाव को प्राप्त हो जाता है। षाडव का अभिधा में छहों स्वरों से सम्मिलित गान अर्थ है, पर यहाँ षाडवगान के साम्य पर षड्रस का मिश्रित रूप मानना चाहिए। वैसे मेदिनीकार ने षाडव को रस का वाचक भी माना है। अभिनव अपनी दृष्टि से रंजित करके ही व्याख्या करते हैं, अतः कभी-कभी मूल आशय अन्यथा हो जाता है। यहाँ स्थायी को आस्वादगोचर बनाने वाले उपकरणों की सम्मिलित संज्ञा 'भाव' दी गई है और 'भाव' उन सबको कहते हैं, जो रस का 'भावन' या 'वासन' करते हैं। इस दृष्टि से विभाव, अनुभाव, संचारी सात्विक तथा स्थायी—सभी 'भाव' हैं। सीमित अर्थ में स्थायी, संचारी तथा सात्विक—ये तीन ही भाव हैं, बल्कि अंशतः शारीरिक प्रतिक्रिया भी है, इसलिए मूलतः भाव दो ही हैं—स्थायी और संचारी। अभिनवभारतीकार कहते हैं—"भावशब्देन तावच्चित्तवृत्तिविशेषा एव विवक्षिताः।" भाव शब्द चित्तवृत्तिपरक ही विवक्षित है। व्यापक अर्थ में 'भाव' का करणार्थक भू धातु से अर्थ भावन या करण होना चाहिए, पर एक का गुण दूसरे में उत्पादित नहीं किया जा सकता—हाँ, उसका अन्य तक प्रसार हो सकता है—व्यापन हो सकता है। अतः भावभाव जिस भावन के कारण कहा जाता है, वह व्यापन ही है। इनके कारण नाट्य में रस का व्यापन हो जाता है।

निश्चय ही नाट्य की दृष्टि से आनुवंश्य श्लोकों में और नाट्यशास्त्र में जो रूप विभाव या अनुभाव का परिभाषित है, श्रव्य काव्य के सन्दर्भ में उससे भिन्न है। नाट्यशास्त्र में विभाव वाचिक, आंगिक तथा सात्विक अभिनय[2] के उत्पादक नहीं, ज्ञापक कारण हैं। आनुवंश्य श्लोकों में अभिनय के ज्ञापक कारणों को नहीं, अभिनेय[3] के ज्ञापक कारण को विभाव और अनुभावक को अनुभाव कहते थे। इसी तरह भरत अभिनय के अनुभावक को अनुभाव कहते हैं। काव्य अर्थात् श्रव्य काव्यीय रस के सन्दर्भ में इनकी व्याख्या अन्यथा की गई है। वहाँ काव्य में रसोन्मुख स्थायी का विभावन, अनुभव गोचरीकरण और अन्ततः ग्राहक की सम्पूर्ण चेतना पर संचार

हो जाता है, इसीलिए स्थायी का विभावन करने के कारण विभाव, अनुभवगोचर करा देने के कारण अनुभाव तथा चेतना पर सम्यक्चारण करा देने के कारण संचारी कहे जाते हैं। सात्विक भाव मनःप्रभव सत्व से सम्पाद्य हैं। हेमचन्द्र ने इन आठों सात्विक भावों की अच्छी व्याख्या की है।

रसात्मक आस्वाद ग्राहक के अन्तः में स्थित वासनात्मक भाव का होता है। स्मरणीय है कि मनोविज्ञान की दृष्टि से 'भाव' का स्वरूप वह नहीं है, जो काव्यशास्त्र की दृष्टि से है। मनोविज्ञान उसको कई का संश्लेष मानता है, वे हैं—निमित्तबोध, अनुभूति और वेगवती प्रवृत्ति। यह सब आलम्बन के सुनिर्दिष्ट होने पर होता है। इस दृष्टि से 'उत्साह' अनिर्दिष्ट आलम्बन वाला होने के कारण भाव ही नहीं हो सकता। रसात्मक परिणति तो भिन्न है। वासनात्मक भाव अव्यक्त है। व्यक्त होकर भाव तब बनते हैं, जब चित्तवृत्ति रूप में आ जाएँ। इस रूप में इसके दो भेद किए जाते हैं—स्थायी और संचारी। स्थायी की कई परिभाषाएँ मिलती हैं—

(1) वासना रूप से स्थिर होने के कारण

(2) आप्रबन्ध स्थिर होने के कारण, तथा

(3) विरोधी-अविरोधी भावों से भी विच्छिन्न न होने के कारण। विच्छिन्न होना तो दूर स्थिर रहकर उन दोनों को भी स्वरूप में ढाल लेता है—स्थायी भाव।

(4) स्थायी वह है, जिसे मुनि ने निर्धारित कर दिया है।

प्रथम परिभाषा संचारी में भी अतिव्याप्त है। द्वितीय मुक्तक में अव्याप्त है। तृतीय राष्ट्रविषयक रति में अति व्याप्त है। चतुर्थ से उसकी वस्तुपरकता विघटित हो जाएगी। अतः यह माना गया कि ऐसा भाव स्थायी भाव है जिसका कुछ देर तक प्रभुत्व बना रहे और जिसमें आश्रय तथा ग्राहक का तादात्म्य हो सके। साथ ही अन्य उसी में विलीन होते जायें। परेशानी तो इसमें भी होगी क्योंकि इस मानदण्ड पर स्थायी की संख्या बढ़ती जाएगी। प्रत्येक व्यक्ति यदि अपने अनुभव का साक्ष्य देकर स्थायी की संख्या बढ़ाता जाएगा, तब तो अराजकता हो जाएगी। इसलिए किसी न किसी प्रामाणिक सहृदय के हृदय का साक्ष्य मानना ही होगा। पण्डितराज जैसा व्यक्ति मुनि के हृदय को प्रमाण मानता है। वास्तव में कुछ भाव ऐसे होते हैं, जिसमें रसावस्था तक विकसित होने की सम्भावना होती है और कुछ में नहीं। जैसे चने में जितनी भी खाद और जितना भी पानी दिया जाय—बट के बीज के विकास की सम्भावना कहाँ से मूर्त होगी ? अतः पहले तो प्रामाणिक रसानुभूति क्या है,—यह भी जानना चाहिए।

इस प्रकार रस के निष्पादक उपकरणों में विभाव और अनुभाव रह जाते हैं, जिसकी थोड़ी चर्चा पहले हो भी चुकी है। व्यवहार से जिन्हें कार्य, कारण कहते हैं, सहकारी कहते हैं, काव्य नाट्य में उनका प्रभाव भेद देखकर उन्हें संज्ञान्तर से पुकारते हैं। कार्य, कारण और सहकारी से विभाव, अनुभाव, और संचारी में संज्ञा भेद ध्यान

देने योग्य हैं। पहला यह कि वह सर्वसामान्य का हो जाता है या व्यक्तिगत सम्बन्धों से मुक्त हो जाता है और दूसरा यह कि प्रभाव लौकिक–प्रकृति का नहीं होता–विपरीत इसके सुखद होता है। इस प्रकार सभी उपकरणों की व्याख्या हो जाने के बाद प्रसिद्ध रससूत्र और उसकी दार्शनिक व्याख्याएँ आती है। सूत्र है–विभावानुभावव्यभिचारि-संयोगाद्रसनिष्पत्तिः। विभाव, अनुभाव और व्यभिचारी के संयोग से निष्पत्ति होती है। सूत्र में स्थायी का अग्रहण अन्य में विद्यमान परकीयता से व्यावृत्ति के लिए है।

भट्टलोल्लट और उनकी रस व्याख्या

भट्टलोल्लट रस की मुख्य रूप से स्थिति अनुकार्य में–लौकिक पात्र में मानते हैं, इसलिए सूत्र की व्याख्या इस प्रकार करते हैं–

(1) विभावसंयोगाद्रसनिष्पत्तिः।
(2) अनुभावसंयोगाद्रसनिष्पत्तिः तथा
(3) व्यभिचारिसंयोगाद्रसनिष्पत्तिः।

वस्तुतः सूत्र के दो खण्ड हैं और प्रत्येक सामासिक है–पहला है 'विभावानुभावव्यभिचारिसंयोगात्' और दूसरा है–'रसनिष्पत्तिः'। पहले खण्ड में द्वन्द्व-गर्भ तत्पुरुष समास है। अतः द्वन्द्वसमासघटक प्रत्येक पद संयोग से अलग-अलग सम्बन्ध करेगा–रस निष्पत्ति को तो जोड़ना ही है। इस सूत्र में रस की लौकिक दृष्टि से व्याख्या की जाय तो विभाव का अर्थ कारण, 'संयोग' का अर्थ सम्बन्ध अर्थात् उत्पाद्योत्पादक भाव सम्बन्ध और रस का अर्थ स्थायी तथा निष्पत्ति का अर्थ उत्पत्ति होगा। कुल मिलाकर अर्थ पहले टुकड़े का इस प्रकार होगा–कारण से उत्पाद्य-उत्पादक भाव सम्बन्ध होने पर स्थायी की उत्पत्ति होती है। दूसरे खण्ड का अर्थ होगा–अनुभाव अर्थात् कार्य से गम्यगमकभाव सम्बन्ध होने पर उत्पन्न स्थायी की अनुमिति होती है। तीसरे खण्ड का अर्थ होगा–संचारी अर्थात् सहकारी से पोष्यपोषक भाव सम्बन्ध होने पर स्थायी की पुष्टि होती है और वह रसरूप में उपचित होता है। संपिण्डित रूप से यह कि कारण से उत्पन्न, कार्य से अनुमिति और सहकारी से पुष्ट स्थायी रस है। इस व्याख्या को उत्पत्तिवादी व्याख्या कहा जाता है।

पर इस व्याख्या में ग्राहक सामाजिक के हिस्से में कुछ नहीं आ पाता। फलतः यह माना जाता है कि मुख्य रूप से तो रस की उत्पत्ति अनुकार्य ही में होती है, पर गौणरूप से सामाजिक या प्रेक्षक को भी होती है। होता यह है कि नट चतुर्विध अभिनय इतने कौशल से सम्पन्न करता है कि सामाजिक उसे ही धीरे-धीरे अनुकार्य समझने लगता है। इस (भ्रमात्मक) आरोपात्मक साक्षात्कार से जो आनन्द ग्राहक को मिलता है–गौण रूप से वही उसके हिस्से पड़ता है।

कहा जाता है कि इन पर मीमांसा का प्रभाव है। चूँकि पूर्व मीमांसा में भ्रमात्मक

ज्ञान माना नहीं जाता, अतः कुछ लोग उत्तरमीमांसा से जोड़ते हैं। दूसरे लोग कहते हैं कि जिस प्रकार मीमांसा में स्वर्गात्मक आनन्द और यज्ञ के बीच अपूर्व की कल्पना करते हैं, उसी प्रकार भट्टलोल्लट भी आनन्दानुभूति और रति के बीच विभावादि कारण की कल्पना करते हैं। तीसरे लोग कहते हैं कि प्रभाकर भ्रम मानते हैं अतः तदनुयायी मीमांसक है।

इस पक्ष में परवर्ती व्याख्याकारों ने अनेक दोष निकाले हैं। उत्पत्तिवादी व्याख्या में यही दोष है कि अतीत के पात्र से नाट्य का क्या सम्बन्ध ? नाट्य सामग्री का अतीत पात्रगत रस से किसी प्रकार का कोई सम्बन्ध हो ही नहीं सकता। आरोपवाद में भी यह कि अन्यगत आस्वाद से दूसरे को क्या लेना-देना ? नटगत आरोपात्मक साक्षात्कार से सामाजिक को आस्वाद ? तीसरे नाट्य दर्शन से भ्रमात्मक उपलब्धि—क्या इसीलिए ग्राहक वहाँ जाता है ? चौथे यह कि जब अन्यथा संगत-व्याख्या सम्भव है, तब यह व्याख्या क्यों स्वीकार की जाय ?

2. भट्ट शंकुक की अनुमितिवादी व्याख्या

भट्टशंकुक रस की स्थिति मुख्यतः नट में मानते हैं और इस दृष्टि से सूत्र की व्याख्या इस प्रकार करते हैं—

विभाव, अनुभाव तथा संचारी से सम्बन्ध अर्थात् गम्यगमक भाव सम्बन्ध होने पर रस की अनुमिति होती है। इसी धारावाहिक अनुमिति का विषय रति सामाजिक द्वारा आस्वादगोचर होती है।

शंकुक न्याय दर्शन के आचार्य हैं। विवाद यह है कि इनका न्याय बौद्ध न्याय है या ब्राह्मण न्याय। 'मणि-प्रदीप-प्रभयोः' कारिका का चूँकि इन्होंने प्रयोग किया है, अतः बौद्ध धर्मकीर्ति की इस कारिका के कारण लोग इन्हें बौद्धन्याय का अनुयायी समझते हैं। पर यदि ऐसा होता तो निरन्वयविनाशवादी धारणा के अनुरूप 'अयमेव रामः, राम एवायम—' जैसे विरुद्ध प्रयोग न करते। अस्तु, यह प्रत्यभिज्ञेय स्थिरता का पक्षधर है—क्षणिकता का नहीं।

इनकी रस प्रक्रिया में सबसे पहला बिन्दु आता है—पक्ष की प्रतीति का। पक्ष है नट—जिसमें संदिग्ध स्थायी की अनुमिति होनी है। नट की राम (पक्ष रूप से प्रतीत पात्र) रूप में प्रतीति कुल चार प्रकार की सम्भव है—यथार्थ, अयथार्थ, संशय, सादृश्य। यथार्थ की भी अवधारणात्मक प्रतीति दो प्रकार की होती है—अयोगव्यवच्छेदार्थक तथा अन्ययोगव्यवच्छेदार्थक। विशेषण के साथ जब एवकार आता है, तब पहले प्रकार और विशेष्य के साथ जब आता है, तब दूसरे प्रकार का। राम एव अयम्। राम ही है यह (नट) यथार्थप्रतीति या तो इस प्रकार की होगी अथवा 'यह ही राम है' इस प्रकार की। प्रथम स्थल में रामत्व के असम्बन्ध का विच्छेद होगा अर्थात् यह रामरूप ही है और कोई नहीं, ऐसी प्रतीति होगी।

दूसरे स्थल में अन्य योग का व्यवच्छेद है अर्थात् राम का दशरथ पुत्र से विच्छेद कर उसकी इसी में प्रतीति होगी। 'यही राम है'—ऐसी प्रतीति होगी। निश्चय है कि ग्राहक को इन दोनों रूपों की प्रतीति नहीं होती। यह राम नहीं है—अनुकर्ता अनुकार्य नहीं है। उनको एक समझना गलत है, यह प्रतीति नहीं होती, अतः यह समझ अयथार्थ भी नहीं। संशयास्पद राम में सीता की रति कैसे होगी ? राम से भिन्न राम सदृश में भी वह सम्भव नहीं। निष्कर्ष यह कि इन चार प्रकार की प्रतीतियों में से किसी प्रकार की यह प्रतीति नहीं है।

वस्तुतः ये प्रतीतियाँ 'लोक' की है—व्यावहारिक जगत् की हैं—काव्यजगत् की नहीं है। काव्यजगत् की प्रतीति व्यावहारिक प्रतीति है ही नहीं—यहाँ काव्य या नाट्य के प्रभाव से व्यावहारिक तर्क बुद्धि स्थगित हो जाती है। चित्रस्थ तुरग चित्रकार की तूलिका के प्रभाव से जैसी यथार्थ की भ्रान्ति पैदा करता है। वैसी ही नट अपने अभिनय कौशल से पैदा करता है। सो, यह काव्य जगत् की प्रतीति है। यह एक सर्वथा भिन्न प्रकार की अनुभूति है।

उक्त समझ से गृहीत नट रूप राम (पक्ष) में विभावादि अनुमापक सामग्री से सीता विषयक रति का अनुमान प्रेक्षक करता है। प्रश्न यह किया जाता है कि यह हेतु असत् या कृत्रिम है या सत् अथवा अकृत्रिम ? निश्चय ही असत् अथवा कृत्रिम है, तो क्या ऐसी सामग्री या हेतु से किया गया अनुमान प्रामाणिक अनुमान होगा ? उत्तर वही है कि इस लोकानुमान से भिन्न काव्य क्षेत्र के अनुमान में सामग्री नहीं, सामग्री की प्रतीति महत्त्वपूर्ण है। यहाँ प्रतीति ही सब कुछ है, उस प्रतीत सामग्री से अविद्यमान रति की भी अनुमित्यात्मक प्रतीति ही होती है। इस अनुमिति रूप धारावाहिक चर्वणा का विषय स्थायी प्रेक्षक का आस्वाद्य और आस्वाद बन जाता है। काव्य प्रतीति मात्र परमार्थ होता है—प्रतीत सत्य हो या असत्य—उसका विचार यहाँ नहीं होता, क्योंकि उससे कुछ हानि-लाभ का सम्बन्ध ही नहीं है। रहा यह कि अनुमीयमान सामग्री की आस्वादात्मक अनुभूति किस प्रकार होगी ? उसके दो कारण हैं—एक तो यह अन्य लौकिक अनुमिति से काव्यीय अनुमिति कुछ और ही होती है, दूसरे या इस काव्यात्मक अनुमीयमान वस्तु का सौन्दर्य भी कुछ और है और अनुभवसिद्ध है। जो तथ्य अनुभवसिद्ध है, उस पर विवाद या पक्ष-विपक्ष का प्रश्न ही नहीं उठता।

इस पक्ष में भी अनेक दोष हैं। पहला तो यही कि यदि रस की मुख्य स्थिति नट में मान ली जाती है, तो आस्वाद मग्न नट अभिनय कैसे करेगा ? आस्वाद विश्रान्ति है और नटन क्रिया। दोनों परस्पर विरुद्ध हैं—विरुद्ध का सहावस्थान किस प्रकार सम्भव है ? दूसरे यह कि प्रेक्षक मात्र का संवाद रस के प्रत्यक्ष आस्वाद का है न कि अनुमित्यात्मक परोक्ष अनुभव का। इसलिए इस सूत्र की तीसरी व्याख्या भट्टनायक द्वारा प्रस्तुत की गई।

भट्टनायक की रस व्याख्या

भट्टनायक के समक्ष भट्टलोल्लट, भट्टशंकुक तथा आनन्दवर्द्धन–तीनों की रसनिष्पत्ति सम्बन्धित मान्यताएँ थीं। इनमें से दो जिस स्थायी से गौण रूप में सामाजिकगत रसास्वाद मानते हैं–वह न सामाजिकगत है और न ही नटगत। एक जगह आरोपित है और दूसरी जगह अनुमिति मात्र। आनन्दवर्द्धन अवश्य उसे सामाजिक गत मानते हैं और उसके विभावादि द्वारा व्यक्त रूप को रस कहते हैं। दो व्याख्याकार कहीं पर भी अविद्यमान स्थायी की ही अन्यथा प्रतीति मात्रवश आस्वाद मानते हैं–पर तीसरा विद्यमान स्थायी का ही आस्वाद मानता है। भट्टनायक का कहना है कि उत्पत्ति, अनुमिति और अभिव्यक्ति–तीनों ही पक्ष अयुक्त हैं। उत्पत्ति (परगत-अनुकार्यगत) इसलिए असंगत है कि अनुकार्य नाट्य समकाल में उपस्थित ही नहीं है और हो तो भी उन्हें रसास्वाद की जगह विरसता ही, लज्जा, संकोच आदि ही अनुभूत होंगे। दूसरे, यदि उनमें उत्पन्न भी हो तो उससे सामाजिक को क्या लेना-देना ? अतः अनुकार्यगत उत्पत्ति से कोई बात बनती नहीं। रही आत्मगत या सामाजिकगत उत्पत्ति की सम्भावना वह कई कारणों से सम्भव नहीं। पहला यह कि उत्पादक कौन ? मंच पर प्रस्तुत परकीय पत्नी–सीता आदि ? वह कैसे निमित्त होगी ? साधारण्य का रास्ता इसलिए सम्भव नहीं है कि मंच पर देवता, पार्वती आदि–भी हो सकते हैं–क्या वहाँ साधारण्य सम्भव है ? क्या वहाँ श्रद्धा बुद्धि प्रतिबन्धक नहीं होगी ? यह कहना कि परकीय नायिका से अपनी नायिका का स्मरण हो सकता है और वह निमित्त बन सकती है–अनुभवसम्मत नहीं। दूसरे उस असाधारण समुद्रलंघन, सेतुबंधन के पीछे निहित अलोक-सामान्य और अननुभूत उत्साह को अपने में कहाँ से लाएँगे ? निमित्त का साधारणीकरण हो भी जाय तो नैमित्तिक असाधारण भाव कैसे आस्वादगोचर होंगे ? रामादि का स्मरण हो जाने से उस असाधारण भाव का ज्ञान मानना अनुभव विरुद्ध है–फिर स्मरण अनुभूत का होता है–अननुभूत का नहीं। शब्द से रामादि अर्थ की स्मृति की सम्भावना की जा सकती है, पर वह भी असंगत इसलिए है, जैसे प्रत्यक्ष किसी दम्पति को देखकर सामाजिक में रस की उत्पत्ति नहीं होती और कथंचित् सामाजिक आत्मगत मान भी ले, तो उत्पन्न शोक आदि भाव दुःखद ही होंगे–सुखद नहीं। इसलिए उत्पत्ति पक्ष असम्भव है। अनुकार्य की भाँति अनुकर्ता में भी रस की उत्पत्ति से सामाजिक को क्या लेना-देना ? अभिप्राय यह कि उत्पत्ति पक्ष की सम्भावना न तो परगत उत्पत्ति मानने से है और न सामाजिक द्वारा आत्मगत। अब आता है–अनुमिति पक्ष। अनुमिति भी कहाँ मानी जास–अनुकार्य में ? जो सन्निहित ही नहीं है या अनुकर्ता में, जो सन्निहित तो है, पर अनुमिति रूप परोक्ष ज्ञानात्मक होने से उसका अनुभवसम्मत साक्षात् प्रत्यक्ष आस्वाद किस तरह उपपन्न होगा ? रहा आत्मगत अनुमान–वह तो सम्भव

ही नहीं है। अब, बचा तीसरा पक्ष—अभिव्यक्ति का। परगत से सामाजिक को कोई उपयोग नहीं—आत्मगत माना जाय और यह कहा जाय कि शक्ति रूप से स्थित वासना की अभिव्यक्ति होती है, तो भी सवाल उत्पत्ति पक्ष की भाँति निमित्त का आएगा। दूसरे निमित्त हो भी तो भी उपाय या निमित्तगत तारतम्य भेद से उपेयगत में भी तारतम्य आएगा, जो सहृदयों को सम्मत नहीं। स्वगत-परगत का विवाद तो अपनी जगह है ही।

इसलिए क्रमागत तीनों पक्षों की युक्तिसंगति न होने से अन्यथा प्रकल्पन की अपेक्षा बनती है। फलतः भट्टनायक को अपना पृथक् पक्ष रखना पड़ता है। उनका पक्ष यह है कि शास्त्रीय या व्यावहारिक भाषा अथवा तद्‌घटक शब्दों की क्षमता काव्य भाषा या तद्‌घटक क्षमता से भिन्न है। काव्य भाषा अपने व्यापार विशेष के कारण शास्त्रभाषा से भिन्न होती है, अन्यथा यदि दोनों में अभिधात्मक क्षमता ही मानी जाय तो शास्त्रीयतन्त्र प्रयोग और काव्यीय श्लेष में पार्थक्य क्या होगा ? तन्त्र अनेक अर्थ के अभिप्राय से एक बार शब्द-प्रयोग को कहा जाता है यह कहना कि शास्त्रीय शब्दों में शाब्दी (और आर्थी) वृत्तियों तथा श्रुतिदुष्ट शब्दों के वर्जन का विचार नहीं होता और यहाँ होता है—यह अन्तर अवश्य है—पर कोई बड़ा अन्तर नहीं है। इसीलिए शब्दार्थ के सामान्य साहित्य से काव्यगत शब्दार्थ साहित्य को विशिष्ट माना गया है। इस वैशिष्ट्य का कारण शब्द का व्यापार ही है। यह व्यापार या क्षमता तीन अंशों में विभाजित है—अभिधा, भावना और भोग। अभिधा (लक्षणा) का विषय वाच्यार्थ है, भावना का विषय रस है और भोग का सहृदय। अभिधा शक्ति से काव्यगत (विभावादि) सामग्री परगत ही प्रतीति गोचर होगी—परगत से मेरा मतलब है—अन्य से सम्बद्ध—जिस रूप में प्रतीत होकर सामाजिक के लिए उसकी कोई उपादेयता न होगी। अतः काव्य में एक दूसरा व्यापार स्वीकार किया गया—भावना या भावकत्व। काव्य शब्द भावक होते हैं—उनमें रस के भावन करने की क्षमता है। यह क्षमता दोषाभाव तथा गुणालंकारादि के परिग्रह से काव्यात्मक शब्द में आती है। नाट्य में भावन की क्षमता चतुर्विध अभिनय से आती है। यह शक्ति सामाजिक के अन्तस् पर छाई हुई मोहावृत्ति (संकटता) का निवारण करती है और विभावादि का साधारणीकरण करती है।

यहाँ पर चिन्तकों (डॉ. प्रेमस्वरूप तथा स्वामी सुरजन दास) में एक मतभेद उभरता है और वह मतभेद यह है कि भावकत्व और साधारणीकरण व्यापार पर्याय है या भिन्न ? और भिन्न है तो कौन व्यापक और कौन व्याप्य ? डॉ. गुप्त का पक्ष है कि भावक व्यापक है और साधारणीकरण उसका एक अंश। अभिनवभारती में भावकत्व के दो कार्य बताए गए हैं—एक तो सामाजिक के अन्तस् पर छाए हुए तमोजन्य मोह रूप संकट का निवारण और दूसरे विभावादि का सामान्यीकरण। असाधारण रूप से प्रतीत का साधारण (कालादि विशेष के सम्बन्ध से मुक्त) रूप

से प्रत्यायन। मोह का आवरण अन्तःकरण पर या प्रमातृ चेतना पर ? यह भी विचारणीय है।

डॉ. गुप्त ने कहा है कि यद्यपि अभिनवगुप्त ने 'भावक' का आशय बताते हुए दो बातें कही हैं—एक तो यह कि भाषा में रस की भावकता गुणालंकरणादि के परिग्रह से आती है और दूसरे वह भावकता **विभावादि का साधारणत्वापादन करती है।** पर भट्टनायक भावकत्व को इतना ही नहीं मानते—कुछ और भी मानते हैं। भावकत्व व्यापार के सम्बन्ध में जो दो बिन्दु कहे गए हैं, उनमें साधारणीकरण एक है और वह केवल असाधारण रूप से प्रतीत का साधारणत्वापादान (विभावादि साधारणीकरणात्मना) है। मोहसंकट निवारण फल है। भावकत्व में यह भी समाहित है। अतः भावकत्व व्यापक है और साधारणीकरण व्याप्य। वह अपने पक्ष को और विशद इस प्रकार करते हैं।

भावना (या भावकत्व व्यापार) का आशय

स्वर्गकामो यजेत्—यहाँ 'यजेत्' क्रिया में दो अंश हैं यज धातु और प्रत्यय। किन्तु एक का अर्थ **आर्थीभावना** है और दूसरे का **शाब्दी-भावना**। पुरुष का प्रवर्तक भावयिता का विशेष व्यापार शाब्दीभावना है। इस भावना के तीन अंश हैं—साध्य, साधन और इतिकर्तव्यता। स्वर्ग साध्य है, याग साधन है—प्रयाजादि इतिकर्तव्यता है। साध्य की आकांक्षा होने पर अंशत्रयोपेत आर्थीभावना होती है। (प्रयोजनेच्छा जनितक्रिया विषय व्यापार आर्थीभावना) यह आख्यातांश का वाच्य है। प्रत्यय में भी दो अंश हैं—आख्यातांश और लिङश। दोनों अंश भावना के बोधक हैं। लिंङश शाब्दी का तथा आख्यातांश आर्थीभावना का बोधक है।

व्यापार 'भावना' व्यापार-मीमांसा दर्शन का शब्द है। मीमांसा में भावना का अर्थ है—'भावना नाम भवितुर्भवनानुकूलोभावयितुर्व्यापारः।' व्यापार करणजन्य और करणजन्य फल का जनक होता है। कुठार का व्यापार है—कुठार-काष्ठ संयोग (यही छिदिक्रिया है) और उसका फल है—द्वैधीभाव-काष्ठ का टुकड़ों में बँट जाना। इसी प्रकार यह काव्यात्मक शब्द है, करण—उसका व्यापार है—भावकत्व और उसका फल है रसभावन (स्थायी का साधारणीकरण)। विभावादि ही करण है और उसका फल है—संकटता निवारण। स्वयं साधारणीकरण व्यापार है। इस प्रकार साधारणीकरण भावकत्व व्यापार का एक प्रमुख अंग है—दोनों पर्याय नहीं हैं। व्यापार भावकत्व भी है और व्यापार साधारणीकरण भी, पर यह मुख्य व्यापार भावन का अंग है—पर्याय नहीं।

स्वामी सुरजनदास इस स्थापना के विपक्ष में हैं। उनका कहना है कि भट्टनायक का व्यापार-शब्द व्यापार नैयायिकों का व्यापार नहीं है। फलतः वह भावकत्व व्यापार **शब्दजन्य** नहीं है शब्द उसका जनक नहीं है अपितु प्रत्यापक और आश्रय है और

अर्थ प्रतीति कराना उसका फल है—अर्थप्रतीति की सीमा निर्धारित है उससे जितना प्रतीत हो—सब उसका अर्थ है। इसलिए न्यायसम्मत व्यापार से इस भावकत्व की एकरूपता नहीं बतानी चाहिए। दूसरे भावकत्व व्यापार में कई व्यापार समाविष्ट हैं और साधारणीकरण भी उसमें समाविष्ट एक व्यापार है—फलतः व्याप्य है यह समझ भी ठीक नहीं। कुठारदारु संयोग में उत्पन्न और नियतन भी कुठारदारु संयोग की भाँति एक अवान्तर व्यापार है उसी तरह साधारणीकरण है, यह भी ठीक नहीं। व्यापार तो कुठारदारु-संयोग ही है—छिदि व्यापार है, फल उसी से अव्यवहितोत्तर पैदा होता है—उत्पतननिपतन व्यापार ही नहीं है फलतः यह प्रकल्पन व्यर्थ है। तीसरी बात यह कि नैयायिकों का व्यापार पारिभाषिक है—वहाँ करण तथा फल के बीच विद्यमान तत्त्व का वह बोधक है नियमतः व्यापार का नहीं। वह तत्त्व गुण, क्रिया या वस्तु कुछ भी हो सकता है। यहाँ कुठार और छिदि क्रिया के बीच दारु कुठार संयोग गुण है—व्यापार है कहाँ ? इसी प्रकार याग और स्वर्ग के बीच कल्पित मीमांसकों को व्यापार अपूर्व—एक संस्कार विशेष ही है। फिर विभावादि साधारणीकरण के आश्रय नहीं विषय हैं। साधारणी भवन के आश्रय अवश्य है। अर्थात् भावकत्व और साधारणीकरण एक ही व्यापार हैं, भिन्न नहीं। 'साधारणीकरणात्मना' में आत्मना को रेखांकित करना अनावश्यक है—वह स्वरूपार्थक है। परम्परा भी दोनों को एक मानती है। मोह संकट निवारण का अर्थ भी आवरण भंग नहीं है बल्कि केवल यह कि जो 'सम्बद्ध प्रतीति' थी, वह हट गई। आवरण भंग या तमोवरण का अभिभव भोग में होता है।

दूसरा सवाल यह कि भट्टनायक किन-किन को साधारणीकरण मानते हैं—साथ ही लगा हुआ सवाल यह कि इसका आदि उद्भावक कौन ? डॉ. गुप्त का मत है कि साधारणीकरण विषय पक्ष का ही होता है—विषयी (प्रमातृ सत्ता और भाव जगत्) पक्ष का नहीं। साधारणीकृत विभावादि से रस अर्थात् स्थायी का भावन-**साधारण** रूप से उद्बोध होता है। जो असाधारण है ही नहीं, उसका क्या साधारणीकरण, यह बात नहीं। स्थायी भी कारणादि की तरह पहले असाधारणीकृत है पुनः उनका भी साधारणीकरण होता है। परम्परा भी इसमें साक्षी है। वस्तुतः भट्टनायक से पूर्ववर्ती लोग (सीतात्वः कान्तात्व) केवल कान्ता रूप में प्रतीत होना ही साधारणीकरण मानते थे न कि उसमें अगम्यात्व प्रकारक प्रतिबन्धकों का निवारण भी समाविष्ट था। भट्टनायक ने इतना और भी जोड़ा। यह कहना निरर्थक है कि पूर्ववर्ती लोग अभिधा की ही सीमा में साधारणीकरण को रखते थे और भट्टनायक भावकत्व की सीमा में। इससे क्या बनता-बिगड़ता है ? अभिप्राय यह कि साधारणीकरण विभावादि के साथ स्थायी का भी होता है। प्रमातृपारमित्य का रसास्वाद में कोई स्थान नहीं है, अतः प्रमाता की चेतना में वह भी नहीं है। अर्थात् उसका भी साधारणीकरण होता है।

साधारणीकृत पदार्थ का स्वरूप क्या है—शकुन्तला का कान्ता सामान्य रूप

से प्रतीत होना या और कुछ ? भट्टनायक के ही मत को स्पष्ट करते हुए पण्डितराज ने उसमें प्रतिबन्धकीभूत तत्त्वों के अभाव की बात भी जोड़ी। साधारणीकरण में 'कान्ता' जैसे सामान्य रूप की स्थिति श्रद्धेय पात्रों में भी है, पर 'इयमगम्या' यह बोध उसके साधारणीकरण में बाधक है। अतः इस प्रतिबन्धक का राहित्य भी वहाँ अनिवार्यतः होना चाहिए।

इस प्रकार साधारणीकृत विभावादि से रस के भावित (साधारणीकृत रूप में गृहीत स्थायी) होने पर उसका भोग होता है। भोग का स्वरूप इस प्रकार निर्दिष्ट है–

(1) सत्वोद्रेकप्रकाशानन्दमयसंविद्विश्रान्ति

(काव्यप्रकाश)

(2) अनुभवस्मृत्यादिविलक्षणेन रजस्तमोऽनुवेधवैचित्र्यबलाद्
द्रुतिविस्तारविकासे लक्षणेन सत्वोद्रेकप्रकाशानन्दमयनिज-
संविद्विश्रान्ति लक्षणेन परब्रह्मास्वादसविधेन परं भुज्यते

(अभिनवभारती)

(3) योऽनुभवस्मरणप्रतिपत्तिभ्यो विलक्षण एव, द्रुतिविस्तर-
विकासात्मा रजस्तमोऽनुविद्धसत्त्वमयनिजचित्स्वभावनिर्वृति
विश्रान्तिलक्षणः परब्रह्मास्वादसविधः।

(लोचन)

भोग के स्वरूप के विषय में विशेषतः तीन दर्शनों का प्रभाव लक्षित होता है–सांख्य, अद्वैतवेदान्त तथा द्वैतवादी शैवागम। सांख्य दृष्टि से व्याख्या करने वाले आचार्य हैं गोविन्द ठाकुर। उनका कहना कि विभावादि सामग्री पर एकतान चित्त में रजस् और तमस् का अभिभव और सत्व का उद्रेक रहता है। इस सत्वावस्था के उद्रेक से प्रकाशानन्दमय चित्त स्वरूप में विश्रान्ति लाभ करता है, यही दशा भोग है–इसी से स्थायी भुज्यमान होकर रस रूप में प्रतीत होता है। 'लोचन' और 'अभिनवभारती' में एक-आध शब्द के हेर-फेर को छोड़ दें–तो लगभग एक ही बात कही गई है। वह इस प्रकार है–

(1) भोग स्मृति, अनुभव आदि सामान्य प्रतीतियों से भिन्न है।

(2) भोग के लिए अपेक्षित इस चित्त दशा में जो सत्वोद्रेक होता है–वह रजस्तमोनुवेध से युक्त रहता है। रजस् और तमस् का सर्वथा विलोप नहीं होता–उसका आंशिक अनुवेध रहता ही है।

(3) द्रुति, विस्तर और विकास सत्वाद्रेकसम्पन्न चित्त की दशाएँ होती हैं।

(4) **चित्त** की इस स्थिति के साथ प्रकाशानन्दमय **चित्** तत्त्व स्वरूप विश्रान्त रहता है।

(5) इसलिए परब्रह्मास्वाद के समान होता है। डॉ. कान्तिचन्द्र पाण्डेय ने

शांकर अद्वैतवेदान्त के प्रकाश में भोग की व्याख्या की है। इस व्याख्या में कई त्रुटियाँ हैं–

पहली यह कि भावकत्व और भोजकत्व जैसे दो व्यापारों की कल्पना निरर्थक है। **दूसरे** अन्यगत स्थायी की सहृदय द्वारा चर्व्यमाणता भी सहृदयसंवादी नहीं है। **तीसरे** व्यष्टि चित्त के धरातल पर ही भोग ठीक प्रतीत नहीं होता–उसे समष्टि चित्त तक उठा ले जाना चाहिए।

अभिनवगुप्त की रस व्याख्या

अभिव्यक्तिवादी पक्ष भरत और आनन्द की भाँति अभिनवगुप्त को भी अभिमत है। भट्टनायक ने सहृदय-हृदय-गत स्थायी में रसमयता की सम्भावना मान लेने में कई आपत्तियाँ खड़ी कीं। **पहली** यह कि इससे रस में सातिशयता उपायभेद से आएगी। दूसरी यह कि साधारण्य में कभी आराध्य बुद्धि भी प्रतिबन्धक हो सकती है। तीसरे यह कि सामाजिक द्वारा अननुभूत राम और हनुमान आदि का समुद्रलंघन और सेतुबन्धन विषयक अलोक सामान्य उत्साह का आस्वाद किस प्रकार होगा ? अभिनव ने इनका निराकरण करते हुए कहा है कि सातिशयता रस के वासना वाले अंश में होगी–उद्रिक्त विमर्शशक्ति से होने वाले स्वरूपपरामर्श में वह किस प्रकार सम्भव है ? अतः सातिशयता का प्रश्न समाहित हो जाता है। आराध्यबुद्धि के साधारणीकरण में प्रतिबन्धक होने का सवाल ही नहीं उठता। इस तरह के प्रश्न असाहित्यिक भावभूमि पर उठते हैं। कवि जिस भूमि पर प्रतिष्ठित होकर रसात्मक सर्जन करता है, तो भावक की उस भूमि पर पहुँचने में क्या आपत्ति है ? रही अलोकसामान्य भावों के आस्वाद की समस्या तो उसके सम्बन्ध में यह कहना है कि इस प्रकार का वक्तव्य भट्टनायक का दुःसाहसमात्र है। कारण, चित्तगत वासना के वैचित्र्य का कोई अन्त नहीं है। वासना अनादि है। दर्पणकार तो प्रमाता का आश्रय से अभेद ही कह देते हैं, अतः उनके भावजगत् में भी तादात्म्य हो जाता है।

रस स्वरूप और उसका आस्वाद

इसीलिए (अभिव्यक्तिवादी होने के कारण) सूत्र की व्याख्या करते हैं–विभाव, अनुभाव और संचारी के संयोग अर्थात् सम्बन्ध अर्थात् व्यंग्यव्यंजक भाव सम्बन्ध होने पर रस की निष्पत्ति अर्थात् अभिव्यक्ति होती है।

अभिनव भट्टनायक की भावना और भोग नाम की शक्तियों का विरोध करते हैं और उन दोनों का व्यंजना में अन्तर्भाव कर लेते हैं। उनका कहना है कि काव्य का शब्द ही नहीं, अर्थ भी भावक होता है, दोनों ही भावनक्रिया के आश्रय होते हैं। शब्द और अर्थ में यह क्षमता दोषाभाव, गुण और अलंकारादि से आती है। भावन साधारणीकरण है। भावन के लिए भावक को सहृदय होना आवश्यक है।

इस भावन से साधारणीकृत विभावादि स्थायी का विभावन, अनुभावन और संचारण करते हैं, इसीलिए वे विभावादिपद से व्यवहार्य होते हैं। भावन का यही काम शब्दार्थगत व्यंजनाशक्ति करती है। भोग भी और कुछ नहीं—वेद्य विश्रान्त प्रकाशमय परिपूर्ण स्वभाव का विमर्शन या प्रकाशन ही है। यह प्रकाशन व्यंजन ही है। इसलिए भोग भी अतिरिक्त पदार्थ नहीं है।

अभिनव का कहना है कि यह स्थायी लौकिक स्थायी से विलक्षण है, वह तत्काल विभावादि से इस रूप में रसावधिकाल में व्यक्त होता है। इसलिए रस को 'विभावादिजीवितावधि' कहा जाता है। उस समय रसोपयोगी सामग्री ही प्रमाता की चेतना पर छाई रहती है, अतः उसे 'विगलितवेद्यान्तर' भी कहते हैं। रसोपयोगी सामग्री से भिन्न वेद्य सामग्री ग्राहक की चेतना से दूर हो जाती है।

अभिनव अद्वैतवादी शैव हैं—अतः उसी दृष्टि से रस का स्वरूप निरूपित करते हैं। उनका कहना है कि आनन्द का मूल संविद् विश्रान्ति है, इसके लिए उसकी चंचलता या बहिर्गामिता का अवरोध आवश्यक है। आनन्द आनन्द ही है, स्वभावरूप, पूर्णता का परामर्श है—प्रक्रिया और विश्रान्ति की मात्रा के भेद से उसका त्रिधा विभाजन किया जाता है—विषयानन्द, काव्यानन्द और ब्रह्मानन्द। विषयानन्द में एक तो विषय की व्यक्तिगत भूमिका में रिक्ति हटती है, अतः पूर्णता का परामर्श तो होता है, पर जहाँ तत्काल दूसरी रिक्तता आ जाती है, वहीं भूमिका भी व्यक्तिचेतना की संकीर्ण रहती है। काव्यानन्द में यह संकीर्णता विषय और प्रमाता—दोनों से हट जाती है किंवा स्थायी से भी—अतः साधारणीयकृत भाव की दशा में स्वरूप परामर्श होता है। वह अपेक्षाकृत स्थायी सात्विक तथा पारमित्यरहित होता है। निर्विषय दशा में विमर्श द्वारा स्वरूप-परामर्श ब्रह्मास्वाद है। काव्यरस ब्रह्मास्वाद सदृश है। भट्टनायक की प्रमातृ चेतना परिमित है—अभिनव उसे प्रमाता की सामाजिक चेतना का विषय मानते हैं। संगोष्ठी में प्रमाता की सामाजिक चेतना निरवरुद्ध होने से अन्य व्यष्टि चेतना में बिम्ब-प्रतिबिम्ब भाव से टकराती हुई महाविस्फार स्वरूप हो जाती है। इसीलिए अभिनव भट्टनायक के साधारण्य को परिमित और स्वयं को वितत कहते हैं। इनकी रससंवित्ति के दो अंश हैं—एक प्रकाशमयी संविद् और दूसरे चित्तवृत्तियाँ। प्रकाशभाग वेद्यविश्रान्त होता है, पर चित्तवृत्ति वाला भाग उद्रिक्त होता है। इसमें विमर्श नामक हृदयतत्त्व की प्रधानता होती है। निष्कर्ष यह कि भावों की भूमिका में आत्म-परामर्श होने से जो संविद् विश्रान्ति होती है—वही 'रस' है।

साधारणीकरण

सहृदय पाठक पहले शब्द से जुड़ता है, फिर शब्द की अभिधा से प्राप्त (व्यक्तिपात्र और तत्सम्बद्ध रूप से ज्ञात सामग्री) असाधारण रूप बोधगोचर अर्थ से जुड़ता है। इस जुड़ाव से पूर्व उसके पास सहृदयता, भावना, लोकानुभव से प्राप्त स्थायी अनुमान

का पाटव—यह सब कुछ होना चाहिए। प्रेक्षक या पाठक सामाजिक इस पूँजी से प्रस्थान करता है। प्रस्थित होने पर काव्य अथवा नाट्योचित परिवेश से अपनी चेतना का भी भावानुकूलन कर लेता है। पात्र अपने मूल रूप (अनुकार्य) और नट रूप उभयात्मना गृहीतवा होने से अनुभय हो जाता है, क्योंकि दोनों रूप परस्पर विरुद्ध होने से एक दूसरे के विपरीत पड़ने से त्याज्य हो जाते हैं। इसी प्रकार न तो स्वात्मा का सर्वथा अनुल्लेख रहता है और न ही पूर्णतः बोध, फलतः न तो स्थायी के प्रति सर्वथा ताटस्थ्य रहता है और न ही व्यक्तिगत चेतना का सँकरापन। साधारणीकरण न तो सामग्री की विभावादि की सर्वसम्बद्ध रूप से प्रतीति है और न ही व्यक्तिगत रूप से--नियमतः, दोनों तरह की स्थिति नहीं है, पर प्रतीति तो है ही। अन्यथा सब कुछ पिशाचवत् अव्यवहार्य हो जाएगा। कर्मवादी सिद्धान्त के अनुरूप संसार का भोक्ता, भोग्य तथा भोग में विभाजन है। फलतः जीवेतर सारा संसार किसी न किसी से सम्बद्ध होकर ही है। जो असम्बद्ध है—वह है ही नहीं। साधारणीकरण में इस सम्बन्ध का अपने, मित्र, शत्रु या तटस्थ से नियमतः न स्वीकार है और न ही परिहार। साधारणीकृत रूप की यही प्रतीति है।

सप्तविध विघ्न

प्रमाता सहृदय साधारणीकृत काव्य-नाट्य सामग्री की विघ्न-विरहित प्रतीति करता है। ये विघ्न हैं—

(1) **सम्भावना विरह**—संवेद्यविषय ऐसे न हों कि लोक में उनकी सम्भावना ही न हो, असम्भव प्रतीत हों। इससे संवाद में बाधा होगी।

(2) **स्वगतपरगतत्वनियमेन देशकालविशेषावेश**—कान्ततः इस आस्वाद को आत्मगत मानने पर अर्जन-विसर्जन की इच्छा से संविद् विश्रान्ति नहीं होगी। यही स्थिति परगत प्रतीति से भी होगी। परकीयता के ऐकान्तिक बोध से भी संविद्विश्रान्ति में बाधा होगी।

(3) **निजसुखदुःखादि विवशीभाव**—व्यक्तिगत सुख-दुःख आदि की भावना में ही निमग्न रहा तो नाट्य सामग्री से चेतना एकतान न हो पाएगी।

(4) **प्रतीत्युयाय विकलता या अस्फुटता**—रस प्रतीति के उपायों का अभाव या न्यूनता भी घातक है। अनुमान और आक्षेप से उन्हें लाया भी जाए तो भी वे अस्फुट ही रहेंगे।

(5) **अप्रधानता**—आस्वाद्यमान वस्तु की अप्रधानता भी एक विघ्न है, क्योंकि उससे अंग की प्रतीति प्रधान हो जाएगी और अंग में चित्तविश्रान्ति होती नहीं है।

(6) **संशय योग**—विभावादि सामग्री ऐसी न हो कि निर्णय ही न हो कौन सा कार्य किस कारण से उत्पन्न है—जैसे कम्प भय से है या क्रोध से ? इससे भी आविश्रान्ति होगी।

रस की अलौकिकता

रस की सम्पूर्ण सामग्री अलौकिक है। यों तो साधारणीकरण के कारण ये सभी अलौकिक हो ही जाते हैं, पर अन्यथा भी इनकी अलौकिकता सिद्ध होती है। विभावादि को स्थायी के उद्‌बोध में निमित्त कारण माना जाता है, जो दो प्रकार का है—कारक और ज्ञापक, पर वस्तुतः विभावादि रस के **कारक** या **जनक** कारण हो नहीं सकते कारण, कार्य की स्थिति जनक कारण (दण्डादि) के बिना भी होती है, पर रस विभावादि जीवितावधि कहा जाता है, जो विभावादि रहित होकर हो ही नहीं सकता। इसीलिए रस को कार्य भी नहीं कहा जा सकता। विभावादि पूर्वसिद्ध रस के प्रकाशक होते तो उन्हें ज्ञापक कहा जाता, पर ऐसा नहीं है, इसीलिए न तो वे ज्ञापक हैं और न ही रस ज्ञाप्य। द्विविध कारण न होते हुए भी कारण है—यही उनकी लोकोत्तरता है। यों चर्व्यमाण होने से कार्य भी है। संस्कार सिद्ध होने के कारण ज्ञाप्य भी ।

रस-ज्ञान भी लौकिक ज्ञान से विलक्षण है। लोक में तीन प्रकार के ज्ञान हैं—(1) प्रत्यक्षप्रमाणादिजन्य, (2) योगसामर्थ्यजनित अपरिपक्वयोगी का ज्ञान, (3) विषयान्तर सम्पर्कशून्य आत्ममात्र विषयक परिपक्व योगीज्ञान। रस ज्ञान प्रथम प्रकार का है नहीं। योगजसामर्थ्यजनित है नहीं—योगी उसे तटस्थ होकर देखता है—ग्राहक तन्मयीभाव से अनुभव करता है। विभावादि संवलित प्रतीति होने के कारण तीसरे प्रकार की प्रतीति तो है ही नहीं, पर वह प्रतीति तो है। विभावादि का ज्ञान उसे निर्विकल्पक भी नहीं बनने देता और शब्दकरणक की अपेक्षा स्वसंवेदना से निष्पन्न होने के कारण सविकल्पक भी नहीं। पण्डितराज तो रत्याद्यवच्छिन्न चित् को ही श्रुति के अनुरोध से रस मानते हैं, अतः अनन्तःकरणवृत्ति रूप मानते हैं।

यह आस्वाद प्रपानक रसन्याय से होता है, जहाँ विभावादि सामग्री का शतप्रतिशत अनुपातिक सामंजस्य होता है—सभी अवयव हो पर निरवयव फलतः एक विलक्षण ही आस्वाद संवेदन हो अन्यथा रसास्वाद न होकर जिसकी सामग्री अधिक या उद्रिक्त होगी—उसके नाम से भाव ध्वनि हो जाएगी। रसध्वनि के लिए सामरस्य आवश्यक है।

(ख) हिन्दी की सैद्धान्तिक समीक्षा और रस

कहा जाता है कि नव-जागरण पीठ पर आँख रखकर आता है। अर्थात्—अतीत का मन्थन करता है—वैचारिक आलोड़न करता है—पर यह सब करता है—युगोचित भूमि पर। नव-जागरण में दृष्टिगत गुणात्मक परिवर्तन भी आता है—पर भारत के सन्दर्भ में यह दृष्टिगत गुणात्मक परिवर्तन अपनी प्रकृति (आध्यात्मिक) से विच्छिन्न होकर नहीं आया। यह सही है कि औसतन नव-जागरण का यह आधुनिक युग वैज्ञानिक मान्यताओं से, बुद्धिवाद से प्रभावित हुआ है—उसकी चेतना में क्रमागत

मान्यताओं पर संशय उभरा है—उसका चित्त प्रश्नाकुल हुआ है—यहाँ के युवा दार्शनिक पश्चिमी विज्ञान-सम्मत और दार्शनिक चिन्तन-धाराओं से टकराए हैं—उनके संस्कार पर इस नव-चिन्तन का प्रभाव पड़ा है। नव-जागरण में मध्य-काल के 'मायावाद' की जगह 'शक्तिवाद' ने ले ली है—संसार को मिथ्या नहीं, सत्य निरूपित किया है—व्यक्ति की अन्तर्मुख चेतना बहिर्मुख भी हुई है—व्यक्तिगत निजात पाने की जगह समाज को दुःख से निजात दिलाने की भावना ने जोर पकड़ा है—उसके समुन्नयन की ओर दृष्टि गई है। वर्णाश्रमी व्यवस्था की अतियों और विकृतियों पर गहरी प्रतिक्रिया हुई है—परिवर्तन का स्वर मुखर हुआ है। आचार्य रामचन्द्र शुक्ल संस्कार से भारतीय हैं—इसीलिए उनकी सैद्धान्तिक और व्यावहारिक समीक्षाओं में 'आनन्दमय ब्रह्म' का प्रयोग जगह-जगह मिलता है—पर अर्जित ज्ञान उन्हें वस्तुवादी चिन्तन की ओर भी काफी दूर तक बहा ले जाता है। वह भाववादियों की तरह सौन्दर्य को चेतना का धर्म नहीं मानते—विपरीत इसके सुन्दर वस्तु से अतिरिक्त सौन्दर्य की सत्ता नहीं मानते। वह अपरिमेय ऊर्जा को—शक्ति को सृष्टि का मूलभूत उपादान मानते हैं—पर उसके चिन्मय या अचिन्मय रूप के निर्णय में संदिग्ध हैं। निष्कर्ष यह है कि शुक्ल का चिन्तन यद्यपि अपनी जमीन से जुड़ने की बेचैनी लिए हुए है, फिर भी वैज्ञानिक मान्यताएँ बुद्धिगम्य होने से उन्हें प्रभावित और परिचालित करती हैं, इसीलिए उनका 'रस चिन्तन' क्रमागत आत्मवादी और दार्शनिक भूमिकों से हटकर वैज्ञानिक और बोधगम्य भूमि पर आ गया है। उन्होंने काव्यानुभूति की सीमा मनोमय को शतक कर दी और उसमें संचित अव्यक्त वासना के व्यक्त 'भाव' की विवेचना मनोवैज्ञानिक मान्यताओं के आलोक में की। कहीं-कहीं बीच-बीच में उनकी अपनी रुचि और संस्कार भी बोलते रहे हैं। यदि एक तरफ वह 'भाव' को अनुभूति (निमित्त) बोध और वेगयुक्त प्रवृत्ति का मनोविज्ञान सम्मत संश्लिष्ट चक्र कहते हैं, तो दूसरी ओर 'भक्ति' नामक 'भाव' को स्पष्ट करते हुए कहते हैं।—"ब्रह्म के सदंश की व्यक्त प्रवृत्ति का नाम धर्म है और धर्म की रसात्मक अनुभूति का नाम भक्ति है।" क्या इसे मनोविज्ञानसम्मत कहा जाएगा ?

शुक्ल जी मानते हैं कि हृदय की मुक्तावस्था रसदशा है—इसी की शब्दमयी अभिव्यक्ति काव्य है। हृदय की मुक्तावस्था से उनका अभिप्राय अर्जन-विसर्जनपरक, लाभ-हानिपरक, राग-द्वेषमय तथा अपने-पराएपन की भावना से मुक्त चेतना से है—यह भूमि व्यक्ति-चेतना की सँकरी भूमि नहीं है, अपितु अपने-पराए की संकीर्ण भावना से मुक्त लोक-चेतना की व्यापक मानवीय भूमि है। इस मुक्त हृदय की भूमि को हम 'मानुष-भाव' की भूमि कह सकते हैं। यही हमारा 'स्व'—भाव है—इसी का मानस साक्षात्कार 'रसदशा' है। पश्चिम की मानववादी हवा का भी कहीं असर है। द्विवेदीयुगीन नैतिकस्तर की यह दार्शनिक प्रतिष्ठा है। इस दृष्टि से शुक्ल जी को नैतिकतावादी भी कहा जा सकता है, जिनकी काव्योचित भावदशा या रसदशा आस्वादयिता को

लोकमंगल में प्रवृत्त करती है। शुक्लसम्मत स्थायी भाव का स्वरूप पहले विवेचित किया जा चुका है। इस प्रकार (मार्क्सवादी प्रगतिवादी) पारम्परिक अवधारणा से शुक्ल जी की अपनी अवधारणा सर्वथा भिन्न हो जाती है। कुछ बिन्दु इस प्रकार हैं—

(1) जहाँ प्राचीन आचार्य 'रस' की व्याख्या आत्मवादी दार्शनिक भूमि पर करते थे और 'रस' की परिधि में आत्मा के भी चिदानन्दमय रूप को समाविष्ट कर लेते थे, वहाँ शुक्लजी रस की व्याख्या मनोविज्ञान के आलोक में करते हैं और उसकी परिधि मनोमय कोश तक ही सीमित करते हैं। इसीलिए जहाँ पारम्परिक आचार्य रस को अनिवार्यतः आनन्दमय ही मानते है, वहाँ शुक्ल जी उसे सुख-दुःख उभयात्मक मानते हैं। वह श्रृंगार और करुण की पार्यन्तिक प्रतीति को परस्पर भिन्न मानते हैं। यदि श्रृंगार सुखात्मक है, तो करुण दुःखात्मक कोटि का रस है। यह सवाल उठ सकता है कि करुण यदि दुःखात्मक कोटि का है, तो उसे रस क्यों कहा जाता है ? उसमें प्रेक्षक को रस क्यों आता है ? शुक्ल जी का उत्तर है कि तद्विषयक चेतना चूँकि राग-द्वेष या अपने-पराए के भावात्मक बन्धन से मुक्त रहती है—अतः उस प्रकार का उद्वेग नहीं होता, जैसा व्यवहार में राग-द्वेष से बद्ध चेतना का विषय होने से होता है। उद्वेजक दुःखमय प्रतीति का कारण चेतना का राग-द्वेष निगड़ित होना है। काव्य की प्रक्रिया में जहाँ रसयिता व्यक्तिगत भाव-भूमि से ऊपर उठकर लोक-सामान्य की भाव-भूमि पर अधिष्ठित रहता है—वहाँ पार्यन्तिक प्रतीति में उद्वेग का अनुभव नहीं होता। उद्वेगमय प्रतीति का कारण हृदय या चेतना की बद्ध-दशा है—राग-द्वेष से निगड़ित दशा है, इसलिए शुक्ल जी मानते हैं कि रसात्मक प्रतीति की दो शर्तें हैं—

(क) व्यक्तित्व का विलयन या विगलन

(ख) सामग्री का साधारणीकरण

(2) जहाँ पारम्परिक आचार्य रस की प्रतीति को सर्वथा अलौकिक या लौकिक अन्य प्रतीतियों से प्रकृति और परिणति में भेद के कारण भिन्न मानते हैं—वहाँ शुक्ल जी व्यवहार दशा में भी उसका कभी-कभी अनुभव स्वीकार करते हैं। कारण, मानुष-भाव या इनसानियत की मनोदशा का अनुभव या मानस साक्षात्कार ही तो रसानुभूति है—ऐसी स्थिति व्यवहार में भी कभी-कभार होती है—जब मनुष्य उसी प्रकार की अनुभव-दशा में भीगकर लोक-कल्याण करता है—उसमें रस लेता है।

(3) जहाँ पारम्परिक आचार्य रसानुभूति को विश्रान्तिमय मानते हैं—उसी को अपने आप में प्रयोजन मानते हैं—वहाँ शुक्ल जी रसानुभूति को साधन और लोक-कल्याण में उसकी प्रवर्तकता स्वीकार करते हैं। मानवता की मानुष-भाव की यही चरितार्थता है। जीवन की यही सार्थकता है।

(4) जहाँ पारम्परिक आचार्य आत्मवादी होने के कारण रस को कोटिविहीन मानते हैं—अखण्ड और निरतिशय कहते हैं—वहाँ शुक्ल जी उसकी उत्तम, मध्यम

और अवर तक कोटियाँ स्वीकार करते हैं। जिस प्रभुत्वमय भाव-भूमि पर आश्रय और ग्राहक का तादात्म्य होता है—वह रसानुभूति की उत्तम कोटि है और जहाँ भावाश्रय तथा ग्राहक का तादात्म्य नहीं होता—वहाँ मध्यम कोटि की अनुभूति होती है। उदाहरण के लिए लक्ष्मण-परशुराम संवाद में क्रोधाश्रय परशुराम से ग्राहक की समानुभूति नहीं होती—फलतः वही भाव अनुभव-गोचर नहीं होता—पर क्या कोई भाव अनुभाव में आता ही नहीं—इस स्थिति में किसी प्रकार की भावानुभूति होती ही नहीं ? अवश्य होती है—पर और तरह। यह मध्यम कोटि की रसानुभूति है

(5) परम्परा में उसी रति को स्थायी माना गया, जो नायक-नायिका के बीच होती है—शुक्ल जी प्रकृति और मानव के बीच स्थित राग को भी स्थायी और उसकी परिणत दशा को रस मानते हैं।

(6) औसतन काव्य-चिन्तन में वस्तुवादी होने के कारण उनका झुकाव कवि-कर्म की दृष्टि से विभाव या आलम्बन-विभाव पर ज्यादा है। कल्पना की सारी सार्थकता यह उसी के बिम्बन में मानते हैं।—इसीलिए जहाँ परम्परा विभाव, अनुभाव, संचारी-स्थायी के साथ प्रमाता का भी साधारणीकरण मानती है, वहाँ शुक्ल जी आलम्बन में वर्णित विशेषताओं का ही साधारणीकरण मानते हैं। इसी को वह आलम्बनत्व धर्म का साधारणीकरण कहते हैं। वह आलम्बन व्यक्ति का परम्परा के अनुसार साधारणीकरण नहीं मानते—उसे असाधारण ही रहने देते हैं। उनकी दृष्टि में किसी आलम्बन को इस रूप में कल्पना-चित्रित करके लाना साधारणीकरण है, जिससे दर्शक मात्र में समान-भाव व्यक्त हो सके।

(7) पारम्परिक आचार्य विभाव को लोकोत्तर संज्ञा मानते हैं—व्यवहार में इस संज्ञा का प्रयोग नहीं मानते—पर शुक्ल जी विभाव को कल्पित, स्मृत, प्रत्यभिज्ञान आदि के साथ प्रत्यक्ष (जगत् में) भी मानते हैं। इसीलिए विभाव-विचार के सन्दर्भ में प्रत्यक्ष रूप विधान की भी बात करते हैं।

(8) आचार्य शुक्ल द्विवेदी-युगीन उदग्र-नैतिक चेतना के आचार्य और समीक्षक हैं—अतः काव्यास्वाद में भी इनकी यह चेतना उदग्र रहती है—फलतः राम के नैतिक कार्य-कलाप में ही उन्हें सौन्दर्य दृष्टिगोचर होता है। क्योंकि उसी के पीछे शक्ति और शील का अवस्थान है—रावण के कार्यकलाप में उन्हें सौन्दर्य नहीं दिखाई पड़ता। वास्तव में शुक्ल जी का विवेकवाद उन्हें द्वैतवाद की ओर खींच ले जाता है—इसीलिए वह अलंकार्य और अलंकार का भेद करके चलते हैं। पं. केशवप्रसाद मिश्र ने उन्हें द्वैतवादी शैवागमिक भट्टनायक के समानान्तर हिन्दी के इस आचार्य को ठीक ही रखा है। उन्हें भी साधारणीकरण के सन्दर्भ में आराध्य-बुद्धि या श्रद्धा-बुद्धि प्रतिबन्धक महसूस हुई है। जब समुन्नतमनस्क रचनाकार को देव-शृंगार-वर्णन में श्रद्धा-बुद्धि प्रतिबन्धक नहीं हुई—तो ग्राहक को क्यों होगी ? हाँ, स्तर-भेद से शृंगारिक व्यापारों का एक औचित्य अवश्य होता है—उसका अतिक्रमण नहीं होना चाहिए।

संक्षेप में शुक्ल जी की रस सम्बन्धी ये ही मान्यताएँ हैं।

आचार्य वाजपेयी का रस-चिन्तन

आचार्य वाजपेयी मूलतः रोमैण्टिक क्रिटिक हैं—छायावादी काव्यान्दोलन से उन्होंने अपनी समीक्षा आरम्भ की थी। नव-जागरण की सांस्कृतिक चेतना की दार्शनिक परिणति स्वरूप छायावादी रचनाओं के शिखर-रचनाकार निराला और प्रसाद के स्तरीय साहित्य से इन्होंने अपने साहित्यिक प्रतिमान गढ़े और काव्य का स्वरूप स्पष्ट किया। इन्हें काव्य में ऐसी प्रकृत मानव अनुभूति अपेक्षित थी, जिससे परिचालित कल्पना सौन्दर्यमय चित्र-विधान सम्भव कर सके ताकि सहृदय पाठक में अनुरूप भावोच्छ्वास और सौन्दर्य वेदनात्मक प्रतिबिम्ब व्यक्त हो सके। जिस रचयिता और ग्रहीता में अनिवार्यतः सामाजिकता फलतः समुन्नतमनस्कता का सद्भाव मान्य हो—वह नैतिकता का प्रत्याख्यान नहीं कर सकता। पर इसके साथ ही वह काव्य में अखण्ड सौन्दर्य का पक्षधर है—नैतिकता-अनैतिकता के खानों में काव्य-सामग्री को बाँटकर नहीं। शुक्ल जी आनन्दवादी प्रसाद की दृष्टि से विवेकवादी थे—जबकि वाजपेयी जी 'प्रसाद' के प्रभाव में आनन्दवादी। शुक्ल जी के काव्य-सौन्दर्य के पीछे व्यक्त रूप में शक्ति और शील को रखना और देखना चाहते थे—वाजपेयी जी उसे रचयिता और ग्रहीता के मानस-गठन में ही अन्तर्मुक्त मानते थे। काव्य में 'रस' को शुक्ल और वाजपेयी—दोनों सर्वोपरि महत्त्व देते हैं—परन्तु दोनों की व्याख्याएँ और मान्यताएँ भिन्न-भिन्न हैं। शुक्ल जी साहित्य चिन्तन में औसतन वस्तुवादी है, जबकि वाजपेयी जी चेतनावादी। वह बुद्धिवाद को अधूरी और वैदिक दृष्टि को समग्र मानते हैं जिसमें नव-जागरण की लोकोन्मुखी शक्तिवादी व्याख्या को ग्रहण करने वाले छायावादी शिखरों की निष्कम्प आस्था है। वह जिस राष्ट्रीय विरासत की बात करते हैं—उसका उत्स भारतीय चित्शक्तिवाद ही है—उससे सिक्त साहित्यिक परम्परा का रसवाद ही है—जिसमें निरन्तर परिष्कार-विकार आता-जाता रहा है।

वाजपेयी जी ने अपनी विवेचनाओं में स्पष्ट कहा है कि सौन्दर्य संवेदनशील समुन्नत मानस में व्यक्त काव्यास्वाद मात्र रस है—अन्ततः वह झुँझलाकर कहते हैं—"आखिर रस है क्या ? वह मानव-मात्रगत आनन्दात्मक प्रतिक्रिया है, जो श्रेष्ठ साहित्य को पढ़कर उसे उपलब्ध होती है।" "रस तो काव्यानुभूति का दूसरा नाम है।" सम्पूर्ण काव्य किसी रस को अभिव्यक्त करता है और वह रस किसी स्थायी भाव का आश्रित होता है और वह स्थायी भाव रचयिता की अनुभूति से उद्गम प्राप्त करता है। वाजपेयी जी काव्य-रूप में रम्य नाट्य-रूप को ध्यान में रखकर पश्चिम के 'कथानकवाद' (अरस्तू) और 'चरित्रवाद' (शेक्सपियर आदि) का विरोध करते हुए कहते हैं— "आज भी भारतीय नाट्य-धारणा ही अधिक तात्त्विक और तथ्यपूर्ण कही जा सकती है। नाटक में चरित्र-चित्रण और स्वभाव-निरूपण अन्ततः

साधन ही है, साध्य नहीं।'' काव्य में जो कुछ भी है–वह रचनाकार की मूलवर्ती भावसत्ता या कला का अंग बन कर ही आएगा। निष्कर्ष यह कि वस्तु और चरित्र की अपेक्षा रस अथवा भावानुभूति को प्रमुख तत्त्व मानना साहित्यिक दृष्टि से सर्वथा संगत है।

वास्तव में वाजपेयी जी जिस युग और रचना-संसार के बीच रस की बात करते हैं–उनके प्रति जागरूक हैं। वह देख रहे हैं कि आज पुरातन काव्यरूपों की अपेक्षा नई अनुभूति से नए काव्यरूप फूट रहे हैं–गद्य की अनेक विधाएँ उभर रही हैं। उनमें ऐसे नायक नहीं आ रहे हैं, जिनसे ग्राहक सहानुभूतिवश तादात्म्य कर ही ले। वस्तु-वैविध्य के नए-नए क्षेत्र गृहीत हो रहे हैं। ग्रहीता की मानसिकता भी भावनात्मक स्तर छोड़ती जा रही है–विवेक-प्रवण और यथार्थग्राही होती जा रही है–जीवन मूल्य खोखले होते जा रहे हैं–जीवन और समाज में वह ओढ़ी हुई खाल बनकर रह गए हैं–हैवानियत चतुराई के साथ मार कर रही है–मानवीय सम्बन्धों की अभिव्यक्ति के मार्ग जटिल और चक्करदार होते जा रहे हैं। ये सारी स्थितियाँ रस के मध्यकालीन परिपाटीबद्ध और विजड़ित रूप में क्रांतिकारी परिवर्तन की माँग कर रही हैं अथवा उसकी अपर्याप्तता घोषित कर रही हैं। इसीलिए वाजपेयीजी अतियों और विकृतियों से सावधान रहकर उसकी पक्षधरता करते हैं। एक तरफ वह रस की मध्यकालीन विजड़ित और परिपाटीबद्ध रूप का प्रत्याख्यान कर रहे हैं तो दूसरी तरफ कल्पना के आकाश से खींचकर उसे जीवन और जमीन से जोड़ रहे हैं–साथ ही रसस्वरूप पर पड़ी हुई विकारकारी परतों को हटाकर आनन्दवर्द्धनसम्मत मूल रूप को पकड़ रहे हैं। उन्होंने भी ध्वन्यालोक के तृतीय उद्योत में कहा–

''यस्मादवस्तुसंस्पर्शिता काव्यस्य नोपपद्यते। वस्तु च सर्वमेव जगद्गतमवश्यं कस्यचिद्रसस्य भावस्य वाङ्गत्वं प्रतिपद्यते, अन्ततो विभावत्वेन। चित्तवृत्तिविशेषा हि रसादयः। न च तदस्ति वस्तु किञ्चिद् यत्न चित्तवृत्तिविशेषमुपजनयति, तदनुत्पादने वा कवि-विषयतैव तस्य न स्यात्'' (पृष्ठ 495-96)। अर्थात् काव्य का ऐसा कोई प्रकार नहीं होता, जहाँ रस या भाव की सत्ता न हो। हाँ, कवि के विवक्षा-भेद से प्रकारों की कल्पना हो जाती है। बात यह है कि काव्य होगा तो वर्ण्यवस्तु होगी ही और वह वर्ण्य वस्तु लोकगत होकर अवश्य किसी रस या भाव का अंग होगी–अन्ततः किसी भी प्रकार की प्रभावमयी चित्तवृत्ति तो पैदा करेगी ही–अन्यथा कवि उसका वर्णन ही क्यों करेगा ? यही चित्तवृत्ति ही तो रस है। धनिक ने तो और आगे बढ़कर यह कह दिया कि कवि और भावक के भावना राज्य में आकर अ-वस्तु भी लोक में रस-भावमय प्रभाव पैदा करती ही है। वाजपेयी जी की काव्य-चेतना इसी भारतीय प्रतिभा से जुड़कर मूल मान्यता का पुनराख्यान करती है। 'जयशंकर प्रसाद' नाम की अपनी कृति में वाजपेयी जी कहते हैं–''भारतीय धारणा के अनुसार भाव-निरूपण के लिए ही वस्तु-निरूपण किया जाता है। वस्तु के स्वतन्त्र चित्रण

के लिए काव्य में अधिक अवकाश नहीं रहता, क्योंकि रस-निष्पत्ति काव्य का प्रमुख लक्ष्य होती है। भारतीय आचार्यों ने काव्य का विभाव-पक्ष और भाव-पक्ष अवश्य माना है—पर विभाव और भाव—दोनों ही काव्य में रस का संचार करने के लिए होते हैं। विभाव के अन्तर्गत बाह्य जगत् (आलम्बन के रूप में) और प्रकृति की सत्ता (उद्दीपन के रूप में) आ जाती है और इन दोनों के अतिरिक्त कोई वर्णनीय हो ही नहीं सकता। इसी प्रकार अनुभाव और भाव (संचारियों) के अन्तर्गत मनुष्य की सम्पूर्ण भावात्मक सत्ता का समावेश हो जाता है। इस प्रकार सैद्धान्तिक दृष्टि से रस के अंगों का निरूपण अपने में पूर्ण और अकाट्य है तथा उसमें किसी प्रकार की अव्याप्ति या अतिव्याप्ति नहीं पाई जाती।" इस प्रदीर्घ उद्धरण से सुस्पष्ट है कि उसमें भारतीय ध्वनि ही प्रतिध्वनित हो रही है।

नए सन्दर्भ में रस-सिद्धान्त की पुनः प्रतिष्ठा चैन्तनिक स्तर पर करते हुए वाजपेयी जी ने भरत के प्रसिद्ध रस-सूत्र की भी 'नई व्याख्या' की है। उनका पक्ष है कि रचना-प्रक्रिया के दौरान मूल पात्र कवि का ही मनोमय रूप है—जहाँ अनुभूति-सर्जनात्मक अनुभूति विद्यमान है। वही तो बीज है। अतः भट्ट लोल्लट का यह पक्ष कि मूल पात्र में रस है।—सर्वथा मननीय है। शंकुक का नट-अभिनय प्रक्रिया में इसी को ग्राहक तक स्वयं संवहन करता हुआ पहुँचाता है। इस दृष्टि से शंकुक का भी अपना महत्त्व है। भट्टनायक के यहाँ काव्य और सहृदय के बीच भावना और भोग-व्यापार से दोनों के सामर्थ्य का आख्यान किया गया है और अभिनव का मत तो सर्वाधिक महत्त्वपूर्ण है ही कि उसने दोनों का अन्तर्भाव ध्वनन व्यापार में कर लिया है। साधारणीकरण कवि कालीन समस्त व्यापार का होता है।

वाजपेयी सम्मत साधारणीकरण की उपस्थापना अन्यत्र की जा चुकी है।*

डा. नगेन्द्र की रस सम्बन्धी मान्यता

आचार्य शुक्ल और वाजपेयी जी की तरह डा. नगेन्द्र भी काव्य में रसवाद के एकान्त समर्थक हैं। वाजपेयी जी भारतीय काव्य शास्त्र से मुख्यतः और पाश्चात्य रोमैंटिक साहित्य चिन्तन या सौन्दर्य शास्त्रीय चिन्तन से अंशतः प्रभावित हैं—पर आचार्य शुक्ल और डा. नगेन्द्र पर मनोविज्ञान का प्रभाव है। आचार्य शुक्ल में बीच-बीच में भारतीय संस्कार भी कौंध उठते हैं। डा. नगेन्द्र पर मनोविज्ञान के साथ-साथ पश्चिमी चिन्तकों का प्रभाव तो है ही—भारतीय काव्य-शास्त्र का भी गहरा प्रभाव है। इस क्रम में एक बात कहना चाहता हूँ और वह यह कि किसी तत्त्व की पुनर्व्याख्या करने में जब विभिन्न अनुशासन और चिन्तनों से प्रसूत मान्यताओं का सहारा लिया जाय तो उनमें समन्वय की सम्भावना देख ली जाय। मनोविज्ञान व्यावहारिक जगत्

* *देखिए—लेखक प्रणीत 'आलोचक वाजपेयी'*

के सन्दर्भ में सक्रिय मनोजगत् का अध्ययन कर मान्यताएँ देता है, न कि काव्य-जगत् में सक्रिय मानसिक व्यापारों का। यद्यपि कुछ लोग मानते हैं कि सभी दिशाओं में सक्रिय मन एक ही है–परन्तु 'उत्साह' नामक भाव के सन्दर्भ में आचार्य शुक्ल ने स्पष्ट कहा है कि काव्यशास्त्र 'भाव' की रस की दृष्टि से व्याख्या करता है, जबकि मनोविज्ञान ऐसा नहीं करता। शुक्लसम्मत भाव की मनोवैज्ञानिक व्याख्या 'उत्साह' पर नहीं घटित होती, वहाँ प्रत्यय-बोध वाला घटक कभी-कभी अनिर्दिष्ट भी रहता है। कार्ल युंग का पक्ष है कि कला का वही पक्ष मनोवैज्ञानिक क्षेत्र में आ सकता है, जो कलात्मक रूपायन से सम्बन्ध रखता है। कला का वह पक्ष जो कला की अनिवार्य प्रकृति का निर्माण करता है–मनोविज्ञान के क्षेत्र से बहिर्भूत है।

वह न केवल काव्य सिद्धान्तों को मनोविज्ञान से स्वतन्त्र मानता है, अपितु अनुचित मनोवैज्ञानिक हस्तक्षेपों और दावों को रोकता भी है। पर यदि कोई मनोवैज्ञानिक 'दर्शन' की ओर मुड़ जाय–तो उसकी बात भिन्न है। युंग या मैकडूगल मनोविज्ञान के क्षेत्र में दार्शनिक ही माने जाते हैं। विज्ञान की जिस प्रक्रिया से 'ज्ञान' मिलता है–उसकी एक सीमा है–यहाँ ऐन्द्रिय अनुभूति सत्यापन के लिए अनिवार्य है। डा. नगेन्द्र इस सीमा से परिचित हैं–अतः आत्मा की बात करते हुए भी उसका दार्शनिक अर्थ में ग्रहण नहीं करते। 'विचार और अनुभूति' नामक कृति में फ्रायड, एडलर और युंग की मान्यताओं पर विचार करते हुए उन्होंने स्वीकार किया है–"मेरा मन्तव्य कोई स्वतन्त्र मन्तव्य नहीं है–उपर्युक्त सिद्धान्तों का पृथक् उसका अस्तित्व न है और न ही हो सकता है।" रस-स्वरूप का वह दार्शनिक व्याख्यान जो उसकी परिधि में 'चिद् आनन्द' (आत्मानन्द) का समावेशी है–इन्हें विवादग्रस्त और उलझा हुआ होने के कारण अमान्य है। 'सत्वोद्रेक, आत्मविश्रान्ति, ब्रह्मानन्द-सहोदर आदि का वह विवेकसम्मत अर्थ ही ग्रहण करते हैं और कहना चाहते हैं। विवेकसम्मत का अर्थ विज्ञानसम्मत या मनोविज्ञानसम्मत करना चाहते हैं।

काव्यीय रसास्वाद की व्याख्या करते हुए उन्होंने तीन प्रश्न प्रस्तुत किए हैं–

(1) क्या रस अनिवार्यतः आनन्दमयी चेतना है ?

(2) क्या रस अनिवार्यतः भावानुभूति (लोकानुभूति) से भिन्न है ?

(3) क्या यह आनन्द अभी तक निराला है ?

डा. नगेन्द्र ने आनन्द के सम्बन्ध में मनोविज्ञानसम्मत दो मत दिए हैं–हेडोनिस्ट और होरमिक। पहला जीवन की समस्त प्रवृत्तियों का लक्ष्य अनिवार्यतः आनन्द मानता है और दूसरा अपने आप में सार्थक अर्थात्–तृप्तिकर अन्तर्वृत्तियों का समन्वय। इस प्रकार दोनों ही पक्षों से स्पष्ट है कि काव्य-रस अनिवार्यतः आनन्दमयी चेतना है। दूसरे प्रश्न का उत्तर देते हुए वह मानते हैं कि लोकानुभूति या भावानुभूति

से रसानुभूति इसलिए सर्वथा भिन्न है कि एक में व्यक्तिगत संपृक्ति के कारण दंश सम्भव है और दूसरी में नहीं है। तीसरा प्रश्न अवश्य विचारणीय है। उनका निष्कर्ष है कि आज का विवेचक काव्यानन्द की पारम्परिक व्याख्याओं से असन्तुष्ट है—फलतः विवेकसम्मत व्याख्यान के निमित्त वह अनुभूति मात्र का विभाजन इस प्रकार करते हैं—भौतिक और आध्यात्मिक। भौतिक में भी विषयगत स्थूलता तथा सूक्ष्मता के भेद से तीन भेद हैं ऐन्द्रिय, स्मरणात्मक तथा बौद्धिक। काव्यानुभूति इनमें से कोई भी नहीं है—दरअसल वह स्मरण तथा बौद्धिक अनुभव के बीच की निराली अनुभूति है। वह न तो स्मृति का प्रयत्क्ष अनुभवजन्मा रूप है और न ही बुद्धि का सूक्ष्म, बल्कि इनके मध्य संवेदन का एक और रूप और इस भेद प्रकल्पन का कारण घटना का प्रत्यक्ष नहीं, बल्कि भावित अनुभव (contemplated sensation) है। उनका पक्ष है कि काव्यानुभूति है तो ऐन्द्रिय अनुभूति ही पर साधारण नहीं, भावित अनुभूति है। इसमें ऐन्द्रिय और बौद्धिक अनुभूति का लवण-नीर संयोग है—फलतः निराली कही जा सकती है। यह अनुभूति एक प्रकार का संवेदन (sensation) ही है—पर यह स्थूल और प्रत्यक्ष न होकर सूक्ष्म और बिम्बरूवगाही है। इस प्रकार इस संवेदनात्मक काव्यानुभूति की दो विशेषताएँ हैं—एक तो यह कि वह सूक्ष्म और बिम्बावगाही है और दूसरा यह कि भावित। इस निराली अनुभूति को और स्पष्ट करते हुए उसकी आनन्दमयता का कारण उन काव्योचित संवेदनाओं की अन्विति या सामंजस्य है। लोकानुभूति में असन्तुलन सम्भव है। यहाँ सन्तुलन ही रहता है। इस सन्तुलन का कारण काव्य का भावन व्यापार है। भावन व्यापार का अर्थ ही है—असन्तुलन में सन्तुलन लाना और यही आनन्द का मूल है। इस अनुभूति में पूरब-पश्चिम के किसी भी चिन्तक में मतभेद नहीं है—मतभेद है व्याख्या में। भारतीय दार्शनिक वासना-स्वाद के साथ आत्मा का आनन्दांश भी वहाँ कहेगा और विदेशी मनोवैज्ञानिक अन्तर्वृत्तियों का सामंजस्य कहेगा—systematization of impulses कहेगा। संक्षेप में डा. नगेन्द्र की रस-विषयक यही अवधारणा है।

रस सम्बन्धी अवधारणा की तरह विभिन्न मतों की आलोचना करते हुए साधारणीकरण के बारे में भी अपना मत व्यक्त किया है और माना है कि साधारणीकरण कवि की अनुभूति का होता है।

आचार्य हजारी प्रसाद द्विवेदी

आधुनिक युग के इन सभी चिन्तकों ने 'मानव' को केन्द्र में रखकर ही साहित्य पर विचार किया है—पर मानव या मानवता की व्याख्या सबकी अलग-अलग है। शुक्ल जी के यहाँ मानवता एक लोक-मांगलिक नैतिक चेतना है। डा. नगेन्द्र मनोविज्ञान की ही सीमा में व्याख्या करेंगे। वाजपेयी जी मानवीय नैतिक मूल्यों को जो समग्र वैदिक दृष्टि से जिए गए जीवन की प्रयोगशाला से प्रसूत हैं—मानव-मानस

में ही व्याप्त मानते हैं—अतः काव्यानुभूति को मानव-मन की गहराइयों से ही सम्पृक्त करते हैं। इन सबके बीच हजारी प्रसाद द्विवेदी खुलकर 'मानवता' को अखण्ड चिदाह्लादमय तत्त्व स्वीकार करते हैं—वही अखण्ड सार्वभौम और शाश्वत 'संस्कृति' है। मानव की वैश्विक जययात्रा इसी 'स्व-भाव' की उपलब्धि के लिए है। उनका चिन्तन नवजागरण के 'शक्तिवाद' में आस्था रखता है। तिरोधान इस शक्ति का स्वभाव है—पहचान है। यह लोकमंगल के लिए गलित द्राक्षा की तरह अपने को सर्वथा परार्थ तिरोहित कर देती है। इसीलिए तन्त्रों में इसे 'तिरोधानस्वरूपा' 'निषेध व्यापाररूपा' कहा गया है। इसी अखण्ड मानवता का साक्षात्कार ही काव्य का प्रयोजन है—वही 'रस' है। हमारे समस्त चिन्तन और व्यापार का लक्ष्य वही है। काव्य भी वहीं तक पहुँचाने का एक प्रस्थान है।

वैसे आचार्य द्विवेदी ने 'हिन्दी दशरूपक' की भूमिका 'साहित्य का मर्म', 'साहित्य सहचर'—जैसी सैद्धान्तिक समीक्षा की कृतियों में रस से सम्बद्ध विभिन्न पक्षों पर विचार किया है—पर उनके अतिरिक्त अपने सर्जनात्मक निबन्धों में भी बहुत से संकेत दिए हैं। उन्होंने अन्यत्र काव्य का लक्ष्य जिस 'महाएकता' (अखण्ड मानवता) की अनुभूति को माना है—उसका साक्षात्कार 'रसानुभूति' में स्वीकार करते हैं और रसानुभूति के लिए कवि की 'अनुभूति का साधारणीकरण' अंगीकार करते हैं। उनका एक निबन्ध है 'करणविगम और रसास्वाद की प्रक्रिया'। उसमें उन्होंने 'करणविगम' का अर्थ माना है—'इन्द्रियों को उलटी दिशा में मोड़ना'—अन्तर्मुख होना। आगम शास्त्र के साक्ष्य पर उसे और स्पष्ट करते हुए कहा है—'चित्तवृत्तियों को बाहर की ओर से प्रयत्नपूर्वक विषयों की ओर से मोड़कर चिदानन्द-ज्योति की ओर उन्मुख करना।' कालिदास के ग्रन्थों से स्पष्ट है कि सुन्दर वस्तु के दर्शन से मुनष्य की चित्तवृत्तियाँ बाह्य विषयों से हटकर अन्तर्मुखी हो जाती हैं। रचना के समय रचनाकार के समाधिस्थ होने का आशय यही है। रचना केवल शब्दबद्ध सामग्री नहीं है—तदर्थ रचनाकार को स्वयं रसानुभूति होनी चाहिए, अन्यथा ग्राहक में रसानुभूति नहीं हो सकती—भाव-रस परिचालित रचना ही वहाँ तक पहुँचाती है। उन्होंने 'सहृदय' का अर्थ 'समान हृदय' मानकर रचनाकार और ग्राहक को परस्पर 'सहृदय' बताया है। सहृदय ग्राहक रचनाकार के द्वारा चित्रित 'रूप' को देखकर अन्तर्मुख हो जाता है और यदि वह 'रूप सृष्टि' भाव परिचालित है, तो ग्राहक 'करणविगम' द्वारा रूपग्रहण तक ही न रहकर और गहरे उतरता है और मूलवर्ती भाव या रसदशा तक पहुँच जाता है। इस रसास्वाद को लोकोत्तर कहने का आशय भी पारम्परिक आचार्यों के स्वर में समझाते हुए उन्होंने कहा है बाह्य सुन्दर रूप को देखकर ग्राहक का भाव-मय चित्त अपनी समाहित दशा में भावानुरूप एक नई मूर्ति गढ़ता है—एकतानचेता ग्राहक के लिए वह साक्षात्कारकल्प मनोदशा है—यह ग्राहक द्वारा सृष्ट रूप लौकिक नहीं है—लोकोत्तर है। उससे जुड़ी अनुभूति

भी लोकोत्तर है। पारम्परिक आचार्य इसे व्यंग्य मानते हैं। द्विवेदीजी कहते हैं कि व्यंग्य अर्थ-व्यंजना का विषय होता है—रसानुभूति अनुभूति है—विषय नहीं। व्यंजना से वे ही विभाव, अनुभाव और संचारी ग्राहक के चित्त में विषय रूप में साधारणीकृत रूप में आते हैं—पर वे अपने आप में रस नहीं हैं। आगे द्विवेदी जी आचार्य शुक्ल के प्रभाव में आ जाते हैं। शुक्ल जी ने कहा है—"भाव की अवस्थिति नायक और नायिका में होती है और रस की अनुभूति श्रोता या दर्शक में होती है—पात्र के मन में रस नहीं होता—जो व्यंजित किया जा सके।" शुक्ल जी के इस वाक्य के प्रभाव में डा. द्विवेदी कहते हैं कि शब्द-शक्ति और अभिनय की व्यंजन क्षमता के दायरे में पात्रगत भाव हैं—जो कहे गए हैं—अतः व्यंजना उसी को प्रकाश में लाएगी—जो कहा नहीं जा सकता—वह दर्शकगत रसानुभूति व्यंजना का विषय कैसे होगी ? दूसरी बात यह है कि पारम्परिक आचार्य भी न उसे 'कार्य' कहते हैं और न ही अ-पूर्वसिद्ध होने 'ज्ञाप्य'—अतः 'अ-पूर्वसिद्ध' का व्यंजना भी कैसे प्रकाशन करेगी ? इन्हीं सब कारणों से भट्टनायक ने व्यंजना की सीमा समझकर भावना और भोग की कल्पना की होगी। कवि या नट द्वारा शब्द-शक्ति तथा अभिनय से जिस पात्र का विशेषीकरण किया जाता है—व्यक्तित्व को निखारा जाता है—सहृदय भावक की रसावेशी सामान्य मनोदशा से उसका सामान्यीकृत रूप निर्मित किया जाता है—यह भावक की मायाविनी शक्ति है, जो प्रयत्क्ष जैसी दशा में उसे उठा ले जाती है। कालिदास के दुष्यन्त को चित्रफलक की शकुन्तला ने प्रत्यक्ष शकुन्तला को भ्रमात्मक दशा में ला खड़ा किया था—विदूषक ने राजा की समाधि भंग कर पुनः उसे चित्रदर्शी बना दिया था। द्विवेदी जी के इस निबन्ध में, जिसमें उन्होंने आस्वादन प्रक्रिया का जिक्र किया है—शुक्ल जी का बड़ा प्रभाव है। उसमें द्विवेदी जी ने रसानुभूति की उत्तम और मध्यम कोटियों का उल्लेख किया है। उनके रस-चिन्तन में कहीं शुक्ल जी, कहीं नगेन्द्र जी और कहीं नाट्यशास्त्र का प्रभाव है—चेतनावादी दृष्टि तो है ही। इस तरह कुछ अजीब सौन्दर्य है।

प्रगतिवादी समीक्षक इस माने में आचार्य शुक्ल के अनुधावी हैं कि वे रसानुभूति को लोकमंगल में प्रवृत्त कराने का साधन या सरणि-विशेष मानते हैं—पर जहाँ शुक्ल जी व्यक्तित्व का विलयन लोकसत्ता में कहते हैं—वहाँ इनके अनुसार (सर्वहारा की) समूहसत्ता में होगा। वर्गविहीन समाज में ही लोकसत्ता में आस्वादयिता की व्यक्ति-सत्ता का विलयन हो सकता है। मुक्तिबोध जब रचना के लिए व्यक्तिचेतस् का विश्वचेतस् से तादात्म्य कहते हैं, तब इसी स्तर का वक्तव्य प्रस्तुत करते हैं। रस पर डा. रामविलास शर्मा, डा. रांगेय राघव, श्री अमृतराय, डा. शिवदानसिंह चौहान और डा. विश्वम्भरनाथ उपाध्याय आदि ने पुष्कल विचार किए हैं। इन लोगों ने क्रमागत भारतीय दार्शनिक आधार को अमान्य कर द्वन्द्वात्मक भौतिकतावादी चिन्तन के आधार पर भी रस-स्वरूप की चर्चा की। डा. रांगेय राघव ने ऐतिहासिक भौतिकवाद के साँचे में भी रसचिन्तन

की समीक्षा की है—इसीलिए ये लोग उस साँचे में सुधार चाहते हैं, जो वर्गीय साँचे का है। दुष्यन्त ही नायक क्यों—होरी भी नायक क्यों नहीं ? शोषक वर्ग का ही नायक क्यों—पीड़ित मानवता के वर्ग से नायक क्यों नहीं ? छायावादोत्तर काव्य के नए प्रस्थान में 'बुद्धिरस' की बात करने वाले चिन्तकों से अलग प्रगतिवादी खेमे के चिन्तक कतिपय सुधारों के साथ 'रस-पद्धति' को अपने बड़े काम की वस्तु मानते हैं। पारम्परिक चिन्तक अपनी चिन्तन पद्धति में रसानुभूति को ही साध्य मानते हैं। असल में यह 'रस' ही है जिससे रहित जीवन 'नीरस' हो जाता है—साहित्य और शास्त्र नीरस हो जाता है। चाहे कोई लाख कहे—पर अपनी अन्तरात्मा से रूबरू होकर रस का विरोध नहीं कर सकता। यह रस 'संवाद' में मिलता है—वह चाहे भाव के क्षेत्र में हो या विचार के। अपीलिंग उपपादन में उपस्थापक और श्रोता क्या रोमांचित होते हुए नहीं दिखाई पड़ते ? अपनी व्यापकता में 'रस' यहाँ भी विद्यमान है। रस से ही मनुष्य 'सुपासी' और नीरसता से 'उपवासी' माना जाता है। उपस्थापक अपनी उपस्थापना में अपनी प्रतिभा का सरम्भ किस तत्त्व पर केन्द्रित करता है—यह बात भिन्न है। विवक्षा से—उपस्थापक की विवक्षा से ही उपस्थाप्य में प्रधानता और अप्रधानता का निर्णय होता है।

रस-संख्या : काव्यशास्त्रीय विश्लेषण

'रस संख्या : काव्यशास्त्रीय विश्लेषण' डा. कथूरिया की महत्त्वपूर्ण सैद्धान्तिक चिन्तनपरक कृति है। इस कृति में चिन्तक डा. कथूरिया ने रस की संख्या निर्धारण का प्रयास किया है। उन्होंने भरतोक्त अष्ट-रस (या नव रस) के अतिरिक्त शान्त, प्रेयान्, वत्सल, भक्ति, कार्पण्य, प्रकृति और देशभक्ति-जैसे छह या सात अतिरिक्त रसों के प्रति अपनी सहमति जताई है। इस निष्कर्ष पर पहुँचने के लिए उन्होंने जो प्रयत्न किए हैं, उन्हें व्यवस्थित करने के लिए विषय-प्रवेश और उपसंहार के अतिरिक्त कृति को चार अध्यायों में विभाजित किया है। इन चार अध्यायों में उपस्थापक ने रस संख्यापरक चिन्तन का ऐतिहासिक इतिवृत्त, रस-संख्या के प्रसार और संकोच की दिशा में किए गए प्रयत्नों का आकलन तथा आधुनिक युग में की गई नवीन रस-परिकल्पना का पक्ष रखा है। अन्ततः उसने अपने मत निष्कर्ष रूप में दिए हैं। इसमें कोई संदेह नहीं कि प्रस्तुत प्रयास अपने क्षेत्र में जिज्ञासा की क्षितिज को विस्तार देता है।

रस-स्वरूप पर विचार भारतीय परिवेश में आत्मवादी दर्शनों के आधार पर होता आ रहा है—यद्यपि नाट्यशास्त्र के रसाध्याय में ऐसे किसी विशिष्ट दर्शन का संकेत नहीं है। वहाँ केवल पाकरस का दृष्टान्त है। हाँ, उस सन्दर्भ में दो प्रयोग 'व्यञ्जितान्' और 'सुमनसः प्रेक्षका आस्वादयन्ति'—ऐसे अवश्य हैं, जिनकी व्याख्योपयोगी सम्भावनाएँ हैं। यहाँ कहा गया है—सुमनस् प्रेक्षक विभावादि द्वारा

व्यंजित स्थायीभाव का आस्वादन करते हैं। व्यंजित का अर्थ व्यंजनावृत्तिगोचर किया जा सकता है—यद्यपि इससे रस-संख्या का विवाद उतना सम्बद्ध नहीं है। 'आस्वादक' सुमनस् या सहृदय प्रेक्षक होता है—इससे भी संख्यान का बिन्दु उतना सम्बद्ध नहीं है। संख्यान के प्रश्न से जुड़ा है—स्थायीभाव। स्थायीभाव को स्थायी-भाव होने से पहले 'भाव' होना आवश्यक है। परम्परा में 'भाव' के स्वरूप पर जो विचार हुआ है—वह साहित्यिक आस्वाद के कोण से हुआ है। इसीलिए नाट्यशास्त्र में कहा गया है कि भाव से रस की और रस से भाव की निर्वृत्ति होती है। दोनों अपनी-अपनी अभिनिर्वृत्ति में परस्पर सापेक्ष हैं। पर उसी के आगे यह भी कहा जा रहा है कि भाव से रस की अभिनिर्वृत्ति देखी जाती है, न कि रसों में भावों की। आगे के संग्रह श्लोकों और अभिनवभारती से स्पष्ट होता है कि जैसे विभावादि से रस की निष्पत्ति होती है, उसी प्रकार 'रस' की अपेक्षा से ही कारणादि को 'विभावादि' पद से व्यपदेश्य होने की पात्रता आती है, उसी प्रकार भावों से रस की और रस की अपेक्षा से ही भाव को 'भाव' संज्ञा से व्यपदिष्ट किए जाने की पात्रता आती है। रस से भाव की वैसी अभिनिर्वृत्ति चाहे न होती हो पर रस से 'भाव' को 'भाव' कहे जाने की पात्रता अवश्य आती है—ठीक वैसे ही जैसे रस की अपेक्षा से कारणादि को 'विभावादि' पद की व्यपदेश्यता आती है। तभी तो 'भाव' की व्युत्पत्ति बताते हुए नाट्यशास्त्रकार कहता है कि भाव को इसलिए 'भाव' कहते हैं कि उसमें 'भावन' व्यापार है (भावयन्ति इति भावाः)। 'भावन' कहते ही अपेक्षा होती है, किसका भावन ? उत्तर है—'रस' का। निष्कर्ष यह कि 'भाव' को 'भाव' कहे जाने में 'रस' की अपेक्षा है। अतः किसी दृष्टि से यदि 'रस' को 'भाव' की अपेक्षा है, तो किसी दृष्टि से 'भाव' को 'रस' की भी। अतः जो लोग इनकी (रस और भाव की) परस्पर सापेक्ष सिद्धि मानते हैं—उनका पक्ष भी कुछ आशय और वजन तो रखता ही है। इस प्रकार पारम्परिक साहित्यशास्त्र 'भाव' का स्वरूप 'रस' की अपेक्षा से निष्पन्न मानता है।

इधर आचार्य शुक्ल ने मनोविज्ञान के आलोक में 'भाव' के स्वरूप पर विचार आरम्भ किया। देखा-देखी यह प्रथा आगे भी चली। डा. छैलबिहारी गुप्त और डा. नगेन्द्र ने भी इसका सहारा लिया। डा. कथूरिया भी इसकी चर्चा करते हैं। 'विषय प्रवेश' में वह लिखते हैं—"निस्संदेह मनोविज्ञान स्थायी और संचारी भाव का अन्तर स्वीकार नहीं करता—उसमें इस प्रकार का वर्ग-विभाजन नहीं है। वहाँ मौलिक (प्राइमरी) और व्युत्पन्न (डिराइव्ह इमोशन) मनोविकार तथा मनोविकार (इमोशन) और मनोवृत्ति (सेण्टीमेण्ट) का भेद कतिपय मनोवैज्ञानिकों ने स्वीकार किया है।" (पृष्ठ 29) डा. कथूरिया अगले अध्यायों में भी जहाँ-तहाँ मनोविज्ञान का स्मरण कर लेते हैं। पृष्ठ 207 में कहते हैं—"आधुनिक मनोविज्ञान भी इस विचारणा को स्वीकृति देता है।"

इन उद्धरणों से निष्कर्ष यह निकलता है कि डा. कथूरिया पर पारम्परिक साहित्यशास्त्रीय चिन्तन के साथ-साथ मनोविज्ञान का भी प्रभाव है—यद्यपि उसका

उतना प्रभाव नहीं है। मुझे कहना यह है कि 'रस' की जो दो सामान्य अवधारणाएँ हैं—(1) रस्यते—आस्वाद्यतेऽसौ रसः तथा (2) विभावादि के संयोग से निष्पन्न रस—उनमें से पहले के अर्थवाला 'रस' संख्या की दृष्टि से विवादास्पद और विचारणीय नहीं है। विवादास्पद और विचारणीय है—दूसरा अर्थ। दूसरे अर्थ में विभावादि से परिपुष्ट स्थायी भाव रस है। इस प्रकांत अर्थ में 'रस' स्थायी-भाव का पुष्ट रूप है और स्थायी भाव 'भाव' का विशिष्ट रूप है—अतः 'भाव' का भी पारम्परिक तथा मनोविज्ञान की दृष्टि से विचार आवश्यक था। मनोविज्ञान मानता है कि भाव या मनोविकार शुक्ल जी के शब्दों में एक-एक संश्लिष्ट वृत्ति-चक्र का नाम है—जिसके तीन घटक हैं—बोध या निमित्त पक्ष, अनुभूति पक्ष तथा वेगयुक्त प्रवृत्ति पक्ष। मनोविज्ञान व्यवहारगत लौकिक 'भाव' के स्वरूप पर विचार करता है—पारम्परिक काव्यशास्त्र काव्य और नाट्यगत लोकोत्तर 'भाव' का विचार करता है। मनोविज्ञान की दृष्टि से विचार करने वाले 'रसास्वाद' को अ-लौकिक मानते ही नहीं। आचार्य शुक्ल ने मनोविज्ञानसम्मत 'भाव' और पारम्परिक शास्त्रसम्मत 'भाव' गत दृष्टि-भेद और उससे पड़ने वाले प्रभाव को लक्षित किया है। उन्होंने कहा है कि मनोविज्ञान सम्मत 'भाव' का लक्षण वीर रस के स्थायी-भाव पर अव्याप्त है—कारण, 'उत्साह' 'भाव' की ही सारी शर्तें पूरी नहीं कर पाता। उदाहरणार्थ—'उत्साह' का निमित्त हर समय स्पष्ट ही बोध में हो—यह सम्भव नहीं है। अतः जो 'भाव' ही नहीं है, वह स्थायी-भाव कैसे हो जाएगा ? मनोविज्ञान की बात पर सहमति का रुख अख्तियार करने के कारण डा. कथूरिया को इस बिन्दु पर भी विचार करना था।

एक बात और। 'भाव' पर विचार करने के साथ उसके 'स्थायित्व' के निमित्त पर भी विचार करना था। क्या 'भाव' संस्कारात्मक (वासनामय) होने से स्थायी हैं या आप्रबन्ध व्याप्त होने से ? सजातीय और विजातीय भावों से विच्छिन्न प्रवाह न होने के कारण स्थायी हैं अथवा भरत मुनि द्वारा मान लिए जाने से स्थायी हैं—ऐसे कई पक्ष हैं। आचार्य शुक्ल ने सबसे असहमति व्यक्त की है। संस्कारात्मक होने से तो संचारी भी स्थायी हो जाएँगे—आप्रबन्ध स्थिरता की शर्त मुक्तक गत स्थायी भाव पर किस प्रकार लागू होगा ? सजातीय-विजातीय भावों से अविच्छिन्न प्रवाहमयता की पूर्ति परम्परा द्वारा अमान्य राष्ट्र-रति पर भी लागू हो जाएगी। भरत मुनि का साक्ष्य 'बाबावाक्यं प्रमाणम्' की भाँति बुद्धिवादी चिन्तकों द्वारा आज के सन्दर्भ में अमान्य हो जाएगा। फिर विचार-प्रधान शास्त्र में व्यक्ति-विशेष की मान्यता कैसे चलेगी ? यह कहना कि जैसे चने के बीज और वट के बीज की विकासगत सम्भावनाएँ अलग-अलग हैं—उसी प्रकार सम्भव है, जिन्हें परम्परा में 'स्थायी' और 'संचारी' मानकर विभक्त किया गया है—उनमें सहृदयों की अनुभूति—साक्षिक विकास की सम्भावनाएँ अलग-अलग हों। सहृदय-शिरोमणि भरत मुनि को जिन-जिन भावों में रसपर्यन्त विकास अनुभव हुआ हो उन्हें उन्होंने स्थायी माना हो और जिनमें वैसा अनुभव

न हुआ हो, उन्हें संचारी कहा हो—ऐसा मान लें तो वह आत्मनिष्ठ हो जाएगा और 'स्थायी' के स्वरूप के सम्बन्ध में विचार परम्परा ही अवरुद्ध हो जाएगी। निष्कर्ष यह कि जब तक स्थायी की शर्तें स्पष्ट न हों—तब तक उनकी संख्या पर विचार कैसे सम्भव होगा ?

आचार्य रामचन्द्र शुक्ल ने इस गतिरोध को तोड़ते हुए कहा कि स्थायी भाव वह है कि जहाँ आश्रय और ग्राहक का तादात्म्य हो। यह तादात्म्य संचारी में भी सम्भव हो सकता है, परन्तु इसी अतिव्याप्ति से बचने के लिए उसमें इतना और जोड़ लेना चाहिए कि वह भाव ऐसा प्रभावी हो, जिसके शासन में और भाव उन्मग्न-निगम्न होते रहें। डा. कथूरिया से अपेक्षा थी कि इस पक्ष से भी अपनी सोच रखकर संख्या निर्धारण की बात करते। यत्र-तत्र इसके संकेत प्रसंगान्तर से आ गए हों—यह बात और है तथा इस बिन्दु को हाईलाइट करके रखना कुछ और।

डा. कथूरिया ने रस-संख्या के प्रसार और संकोच की पूर्वागत लगभग सभी पक्षों का अत्यन्त श्रम तथा निष्ठा से उपस्थापन किया है—मैं इसकी प्रशंसा करता हूँ और इस चुनौती के क्षेत्र में ऐसा उत्तम प्रयास करने के कारण शुभाशंसा भी करता हूँ। निष्कर्ष रूप में उनकी स्थापना है कि भरतसम्मत आठ रसों के अतिरिक्त शान्त, प्रेयान्, वत्सल, भक्ति, कार्पण्य, प्रकृति और देशभक्ति—को भी स्वतन्त्र रस के रूप में मान्यता दी जानी चाहिए। डा. कथूरिया का पक्ष है कि रस आस्वादमय तो है ही—वह मूल्यांकन का प्रशस्त प्रतिमान भी है। कारण, युगानुरूप अनुभूति के और पक्ष काव्य के केन्द्र में प्रतिष्ठित हो सकते हैं—अतः अनुभूतिमय रसात्मकता की सीमा निर्धारित क्यों कर ली जाय ? सीमा निर्धारण से आस्वाद के ये नए पक्ष अनाकलित रह जायँगे। उन्होंने और भी वरिष्ठ लेखकों के विचार अपने पक्ष के समर्थन में दिए हैं।

संख्या-निर्धारण में 'रसात्मक आस्वाद' का कोई अनुगमक वस्तुनिष्ठ लक्षण तो बनाना ही होगा, जिसके संचार से पहले उसे परिनिष्ठित 'रस' का स्तर प्राप्त हो—अन्यथा अराजकता व्याप्त होगी। भरत नाट्यशास्त्र की नवीन खोजों में प्राप्त अधिकांश पाण्डुलिपियाँ 'शान्त' परक पाठ का समर्थन करती हैं—अतः भरतसम्मत आठ ही रस कहना भी नए सन्दर्भ में चिन्त्य है। कहीं पर किसी का अन्तर्भावन हो—फलतः उसे अलग रस मान लेना भी कैसे संगत होगा ? उदाहरण के लिए 'कार्पण्य' को ही लें—क्या उसे केवल इसलिए रस मान लिया जाय कि उसका अन्तर्भाव करुण में नहीं है ? क्या ऐसे भावों की स्थिति को 'भावदशा' की कोटि में नहीं रखा जा सकता ? 'प्रकृति रस' और 'देशभक्ति रस' में आश्रय और आलम्बन—दोनों चेतन नहीं हैं—अतः रसात्मक विकास की सम्भावना जो दोनों के औन्मुख्य—परस्परौन्मुख्य से सम्भव होती है—नहीं हो सकती। 'भक्ति' अध्यात्म के क्षेत्र में रसात्मक दशा तक जाती है—पर साहित्य में जहाँ 'रति' ही 'विशेष्य' होती

है और 'चिदानन्दमय' आत्मा विशेषण वहाँ समस्त 'तृष्णाक्षय सुखात्मा' शमस्थायी वाले 'शान्त' में ही उसका अन्तर्भाव संगत है। उसकी स्वतन्त्र रसमयता का क्षेत्र अध्यात्म है। साहित्य में वह 'भाव' स्तरीय ही है। पण्डितराज भले ही 'चित्' को विशेष्य रूप में रखते हों, अभिनवगुप्त 'विशेषण' रूप में ही रखने का समर्थन करते हैं। साहित्य के क्षेत्र की भक्ति ब्रह्मानन्द से निम्न कोटि की है–अध्यात्म के क्षेत्र की आस्वादात्मा भक्ति 'चिदानन्दमयी' है–वहाँ जड़ता का संस्पर्श ही नहीं है। वह ज्ञानमय मुक्ति से भी बड़ी पंचम पुरुषार्थ है। वत्सल भी भक्ति का ही एक रूपान्तर है–सम्भव है दर्पणकार इसी प्रभाव में वत्सल की पक्षधरता का रहे हों।

मेरे कहने का अभिप्राय यह है कि डा. कथूरिया ने बड़ी चुनौती के क्षेत्र को अपने अनुसन्धान का विषय बनाया है कि बड़ा श्रम किया है। सम्बद्ध अद्यावधिक चिन्तन को पचाया है–उसे अपने शब्दों में न केवल प्रस्तुत किया है, अपितु उस पर अपनी गहरी चैन्तनिक प्रतिक्रिया भी व्यक्त की है। इसमें दो बातों का ध्यान रखना था–एक तो स्थायी की परिभाषा तथा दूसरी भक्ति क्षेत्र का सृष्टि भाव।

सन्दर्भ ग्रन्थ

1. आस्वादयन्ति मनसा तस्मान्नाट्यरसाः स्मृताः। ना.शा.।
2. विभाव्यन्ते वागङ्गसत्वाभिनया इत्यतो विभावः।
   अनुभाव्यन्ते अनेन वागङ्गसत्वाभिनय इति अनुभावः।। ना. शा.
3. बहवोऽर्था विभाव्यन्ते वागङ्गाभिनयाश्रयाः।
   × × ×
   वागङ्गामिनयेनेह मतस्त्वर्थोऽनुभाव्यते।।

अभिनवगुप्त का रस-विमर्शन

अद्वयवादी कश्मीरी शैवागम के आलोक में

(क) अभिनवगुप्त ने रस को 'आस्वाद्य'[1] तो कहा ही 'आस्वाद' भी कहा—''आस्वादनात्मानुभवो[2] रसः काव्यार्थ इष्यते।'' मम्मट ने अभिनव का पक्ष अपने शब्दों में प्रस्तुत करते कहा है—''व्यक्तः स्थायी...स्वाकार इवाभिन्नोऽपि गोचरीकृतः ...रसः।''[3] इन्होंने योगाचार बौद्धों की दृष्टि से आस्वाद्य और आस्वाद को एक ही बताया है। उन्होंने कहा है—''स्वस्य ज्ञानस्याकारविशेष एव विषयः न तु ज्ञानादन्यः—इति हि योगाचार मते यथा वस्तुतो ज्ञान-स्वरूपस्य विषयस्य ज्ञेयत्वम् तथा आनन्दात्मकास्वाद स्वरूपस्यापि रसस्यास्वाद्यत्वमप्यविरुद्धमिति भावः।''[4] पण्डितराज जगन्नाथ[5] ने मम्मट की पंक्तियों का आशय शांकर वेदान्त के प्रकाश में अन्यथा ही बताया। उन्होंने कहा कि भग्नावरण चित् ही व्यक्ति है—वही रसोपयोगी इतर सामग्री के साथ स्वाभिन्न आनन्दांश को भी प्रकाशित करता है। यहाँ स्वाभिन्न का आशय 'प्रमात्रभिन्न' किया गया है। इस प्रकार 'रस' शब्द की वस्तुनिष्ठ, आत्मनिष्ठ तथा समन्वित व्याख्याएँ हुई हैं। अभिप्राय यह कि रस आस्वाद्य है, आस्वाद है और तत्त्वतः इनमें अविरोध है। जहाँ काव्य 'प्रतीति-परमार्थ' माना गया है, वहाँ उसे आस्वादनात्मा कहना ही अन्तर्मुखवृत्ति के रस व्याख्याकार अभिनव की प्रकृति के अनुरूप लगता है। माना भी गया है कि काव्य प्रतीति परमार्थ है—अतः अभिनव का संरम्भ इस पक्ष पर अधिक है।

(ख) अभिनवगुप्त ने रस पर ग्रहण की दृष्टि से ही नहीं, सर्जन की दृष्टि से भी विचार किया है। 'शोकः श्लोकत्वमागतः'[6] की व्याख्या करते हुए अभिनव ने रचना-प्रक्रिया पर भी दृष्टिपात किया है और क्रम बताया है—विभावादि चर्वणा—हृदय संवाद—तन्मयीभवन—आस्वादगोचर लोकोत्तर करुण रस—तदुच्चलन—आवेशवशात् समुचितशब्दच्छन्दोवृत्तादिनियन्त्रितश्लोकात्मक परिणति। यहाँ सर्जन प्रक्रिया में स्पष्ट ही रसास्वाद की बात आई है। 'लोचन' में ही नहीं, नाट्यशास्त्र

की 'अभिनव भारती' में भी ऐसा प्रसंग आया है—"कविगत साधारणीभूतसंविन्मूलश्च काव्यपुरस्सरो नट-व्यापारः। सैव च संवित् परमार्थतो रसः तदेवं मूलबीजस्थानीयः कविगतो रसः। कविर्हि सामाजिकतुल्य एव।"[7]

आनन्दवर्द्धन ने भी कहा है—'शृंगारी चेत् कविः' अर्थात्—कवि रसिक होता है तभी काव्य में रसमय जगत्! की सृष्टि होती है। भक्तवर सूरदास भी कहते हैं—

नीरस कवि न कहै रस रीति।
रसिकन को लीला पर प्रीति।[8]

चिन्तकों ने 'कविगत रस' के पक्ष पर आपत्ति खड़ी की है और कहा है कि कवि तभी कवि है, जब वह कवि-कर्म अर्थात्—'वर्णना' प्रवण होता है। रसानुभूति विश्रान्ति दशा है। अतः एक काल और एक देश में 'विश्रान्ति' तथा 'सर्जनात्मक क्रिया'—दोनों परस्पर विरुद्धों का सहावस्थान किस प्रकार सम्भव है ? मेरा विचार यह है कि कवि में होता तो दोनों है—'दर्शना' भी और 'वर्णना' भी।[9] पहली 'पश्यन्ती' भूमि है यहाँ स्रष्टा स्रक्ष्यमाण का आकलन करता है—ईक्षण करता है—निरायास अपरोक्षानुभूति करता है—मायूराण्ड रस की भाँति सूक्ष्मतम सर्जनात्मक अनुभूति का—जहाँ पद और अर्थ का भेद स्फुट नहीं है। 'वर्णन' में आवेशवश स्फुट हो जाता है। अतः स्तर-भेद से दोनों स्थितियों का होना सम्भव है।

ग्रहणपक्षीय चिन्तन

ग्रहण पक्ष से विचार करने पर तीन बिन्दु विशेष रूप से उल्लेख्य हैं—सामग्री, प्रक्रिया और परिणति या निष्पत्ति। सामग्री नाट्य में द्विविध है—मूल सामग्री और नटादि सामग्री। श्रव्य काव्य में नटादि सामग्री का स्थान ललितोचित-सन्निवेश-चारु काव्य-शब्द ले लेते हैं। मूल सामग्री में रामादि पात्र और उनके परिवेश लौकिक होते हैं—उन्हें विभावादि लोकोत्तर संज्ञा नहीं दी जा सकती। अभिनव उनका प्रख्यात और सम्भाव्य होना आवश्यक मानते हैं। लोक-सामान्य स्वभाव का अतिक्रमण तो होना ही नहीं चाहिए। सामाजिक की चेतना असामान्य और असम्भाव्य में विश्रान्त नहीं होती। नटादि सामग्री भी द्विविध है—एक तो रंग-सज्जा और उपरंजक सामग्री तथा नट और उनका अभिनय। पहली रसयिता सामाजिक की चित्तवृत्ति को सांसारिक अर्जन-विसर्जन की चिन्ताओं से हटाकर ऊपर उठा ले जाती है और दूसरी विभावादि की निर्विशेषता सम्पन्न कराती है। साधारण्य का अनुकूल वातावरण बनाने में उपर्युक्त दोनों प्रकार की सामग्री काम देती है, तथापि नटादि सामग्री के द्वारा मूल रामादिरूपता का अध्यवसाय होता है।

इस सामग्री की रसात्मक निष्पत्ति जिस विशिष्ट प्रक्रिया से होती है—उसका नाम है—साधारणीकरण। इस बिन्दु पर अभिनव[10] की विशिष्टता यह है कि एक

तो वह भावकत्व नाम के अतिरिक्त व्यापार को अस्वीकार करते हैं और बताते हैं कि दोष-हानि तथा गुणालंकार आदि के उपादान से शब्दार्थात्मक काव्य में सामग्री को निर्विशेष रूप में प्रतीत करा देने की व्यंजनात्मक क्षमता सक्रिय हो जाती है। साधारणीकृत सामग्री न तो 'विशेष' रूप से प्रतीत होती है और न ही 'सामान्य'[11] रूप से अपितु न तो वह सावधारण देश-काल-व्यक्ति-विशेष सम्बद्ध होकर प्रतीत होती है और न ही सावधारण असम्बद्ध होकर ही, पर प्रतीत होती है। इस प्रक्रिया में सामग्री में वैयक्तिकता का शतांश विगलन नहीं होता—अन्यथा रचना अपनी पहचान खो देगी, साथ ही कृति-भेद से होने वाला प्रतीति-भेद अनुपपन्न हो जाएगा। भट्टनायक की अपेक्षा इनका साधारण्य परिमित नहीं, विस्तृत है।

तीसरा बिन्दु है—निष्पत्ति या परिणति का। रस और आनन्द पर्याय हैं। सर्ववादिसम्मत आनन्दमयी काव्यानुभूति की व्याख्या अभिनव प्रत्यभिज्ञा दर्शन के आलोक में करते हैं। इस काव्यानुभूति के लिए सामग्री और रसयिता—दोनों में अर्हता होनी चाहिए। पहली के लिए साधारणीकरण आवश्यक है और दूसरी के लिए समुन्नतमनस्कता या सहृदयता। अर्हता के कारण ही यह प्रतीति 'वीतविघ्न' होती है और सामग्री के निर्विशेष होने से अन्य अलौकिक प्रतीतियों से विलक्षण।

अभिनव रसानुभूति का मुख्य क्षेत्र नाट्य को ही मानते हैं—श्रव्य प्रबन्ध में न तो सामग्री की यह व्यवस्थित और सांग योजना होती है और न ही समष्टि का व्यापक माहौल। शैवदर्शन में आनन्द का मूल है—संविद् विश्रान्ति। अभाव या अपूर्णता बोध से संविद् या चिति बहिर्मुख या अविश्रान्त रहती है और स्वभाव-बोध या पूर्णता परामर्श से आत्म-विश्रान्त होती है। स्वरूप-विश्रान्त चित् या निर्वृत्त-चित् एक ही है—यही आनन्द दशा है। इस दशा का अनुभव व्यवहारजगत्, काव्य-जगत् और समाधि-जगत्—सर्वत्र होता है—पर निमित्त और स्वरूपगत मात्रा में भेद रहता है। स्वरूप सर्वत्र एक ही है—पूर्णता-परामर्श या आत्म-परामर्श। कहा गया है—"स्वरूपस्य स्वात्मनः परिपूर्णनिजस्वभावप्रकाशनमेव परामर्शमयतां दधदानन्द इत्युच्यते।"[12] लौकिक क्षेत्र में एक अभीष्ट की पूर्तिवश 'पूर्णता-परामर्श' हुआ कि अगले क्षण अन्य की अभिलषणीयता उद्रिक्त हो जाती है और संविद् बहिर्मुख हो जाती है। इस प्रकार यह आनन्द तो है पर पूर्ण नहीं है।

वैषयिक आनन्द की अपेक्षा काव्यानन्द में कई स्थितियाँ भिन्न होती हैं। एक तो उक्त सामग्री के कारण सहृदय सामाजिक लोकोपयोगी अर्जन-विसर्जन की विशेषकर स्थिति से अपनी चेतना को मुक्त कर ऊपर उठा ले जाता है। इसीलिए इसे 'वीतविघ्न-प्रतीति' कहा गया है। परमानन्द तो यह भी नहीं है, जो समाधिगम्य है। उसका कारण यह है कि काव्यानुभूति के दो भाग हैं—एक प्रकाशमयी संविद् का और दूसरा चित्तवृत्तियों का। प्रकाश-भाग वेद्यविश्रान्त रहता है—बहिर्मुख नहीं रहता, किन्तु रहता है—उद्रिक्त चित्तवृत्तियों की अपेक्षा गौण। चित्तवृत्ति भाग में

हृदय-तत्त्व या विमर्श की प्रधानता रहती है।[13] इसीलिए इस प्रतीति को सहृदयता भी कहा जाता है। इस प्रकार विषय संस्कारों का अनुवेध यहाँ भी रहता है—फलतः वह भी परमानन्द की कोटि तक नहीं पहुँचता। वस्तुतः आत्म-परामर्श द्वारा संविद् विश्रान्ति विभिन्न भूमिकाओं में होती है—'विषयों' की भूमिका में भी, 'भावों' की भूमिका में भी और 'निज चित्स्वभाव' की भूमिका में भी। इनमें से भावों की भूमिका में होने वाली संविद् विश्रान्ति ही काव्य का रस है। ये भाव साधारणीकृत होते हैं।

इस सन्दर्भ में अभिनव ने एक महत्त्वपूर्ण बात और की है। उनका मत है कि प्रमाता की व्यक्तिगत रसानुभूति की अपेक्षा समूहगत रसानुभूति अधिक पूर्ण होती है और यह अवसर नाट्य में ही आता है। 'किसी भी अभिनय, संगीत-गोष्ठी, मल्लयुद्ध, धार्मिक उत्सव आदि में सहृदय समाज की संख्या जितनी प्रचुर होती है—आनन्द की धारा भी उतनी ही तीव्र होती जाती है। जब सामाजिकों का एक विशाल समूह एकाग्र होकर अभिनयादि में लीन हो जाता है, तब वह उस दृश्य-नृत्य-गीत आदि को अमृत का सागर समझता है।

तथाह्येकाग्रसकल सामाजिक जनः खलु।
नृत्तं गीतं सुधासार सागर त्वेन मन्यते।।—तन्त्रालोक 10।5।85

ऐसी स्थिति में समस्त प्रमाताओं का तादात्म्य हो जाता है। इसका कारण यह है कि इन सामाजिक अवसरों पर देह-भेद से संकुचित होती हुई सर्वात्मिका संविद् विकसित होती है और परस्पर संघट्ट प्राप्त करती हुई एक-दूसरे में प्रतिबिम्बित होती है और जिस प्रकार अनेक दर्पणों में प्रतिफलित सूर्यरश्मियों का प्रकाश और भी अधिक दीप्त हो उठता है उसी प्रकार आत्म-तत्त्व की रश्मियाँ विभिन्न चेतना दर्पणों में प्रतिफलित होकर और भी अधिक प्रकाशित होने का अवसर प्राप्त करती हैं।

संवित् सर्वात्मिकादेहभेदाद् या संकुचिता तु सा।
मेलकेऽन्योन्यसंघट्ट प्रतिबिम्बाद् विकस्वरा।
उच्छलन्निजरश्म्पौघः संवित्सु प्रतिबिम्बितः।
बहुदर्पणवद् दीप्तः सर्वाप्येताऽप्यनन्ततः।। वही 28।5।373

अतः प्रस्तुत दृश्य का एक ही नहीं, अनेक प्रमातृ चेतनाओं के साथ एक साथ तन्मयीभाव हो जाता है। इस प्रकार परमात्माचैतन्य को सामूहिक अवसरों पर पूर्णतः विकसित होकर अधिकाधिक प्रकाशित होने का अवसर मिलता है। इसका मूल कारण आत्मचैतन्य की अद्वैतता है।[14] संक्षेप में अभिनव की ये ही विशिष्ट मान्यताएँ हैं।

सन्दर्भ ग्रन्थ

1. रस इति कः पदार्थः ? उच्यते, आस्वाद्यत्वात्—हिन्दी अभिनवभारती, पृ. 497
2. वही, पृ. 467
3. काव्यप्रकाश, चतुर्थ उल्लास, पृ. 93
4. काव्यप्रकाश, चतुर्थ उल्लास, वामनी टीका, पृ. 93
5. रस गंगाधर, प्रथम आनन, रस प्रकरण, पृ. 26
6. ध्वन्यालोकलोचन, प्रथम उद्योत, पृ. 85-86
7. हिन्दी अभिनवभारती, पृ. 515
8. 'सूरसागर' से 'सूर विमर्श' में उद्धृत, पृ. 151
9. काव्यशास्त्र के नए क्षितिज, पृ. 217
10. ध्वन्यालोकलोचन, पृ. 189
11. हिन्दी अभिनवभारती, पृ. 471 'लोचन' पृ. 188-189
12. ईश्वर प्रत्यभिज्ञानविवृति विमर्शिनी, भाग-2, पृ. 177-179
13. हृदयेन परामर्श लक्षणेन प्राध्यान्यात् व्यपदेश्या व्यवस्थितस्यापि प्रकाश भागस्य वेद्यविश्रान्तस्यानादरणात् सहृदयता उच्चेत —वही—।
14. रसगंगाधर का शास्त्रीय अध्ययन, पृ. 175

रसबोध

भारतीय चिन्तक मानते हैं कि मानव 'अभाव' को नहीं, 'स्वभाव' को चाहता है—और यह इष्ट स्वभाव नित्य, निरतिशय तथा आनन्दमय है। भारतीय चिन्तकों ने इसी को केन्द्र में रखकर व्यवहार, परमार्थ तथा काव्य—सभी दिशाओं में चिन्तन किया है। उसी मूल गन्तव्य की दृष्टि से व्यावहारिक व्यवस्था, व्यवस्थित चिन्तन या शास्त्र और काव्य का विचार किया है। इसीलिए हमारे यहाँ 'साक्षादपरोक्षानुभूति'—रूप स्वभाव तक पहुँचाने वाला आचार 'धर्म' और उसके प्रति निष्ठा को दृढ़ करने वाले विचार 'दर्शन' कहे गए हैं। दर्शन-समर्थित धर्म, विचार-परिपुष्ट आचार 'गन्तव्य' तक ले जाने के कारण परस्पर सम्बद्ध हैं—पश्चिम की Philosophy और Theology की भाँति असम्बद्ध नहीं। वाङ्मय चाहे शास्त्र हो या काव्य—दोनों ही उसी के साक्षात्कार के लिए हैं। हमारे यहाँ 'संगीत' मात्र Music नहीं है, व्याकरण मात्र ग्रामर (Grammar) नहीं है। नन्ददास की गोपी कहती है—

"कोऊ जाने बैठी गाय, नाद के मग ह्वै पिय को जाय।"

यहाँ संगीत नाद-ब्रह्म है—जहाँ का निष्णात 'परब्रह्म' (स्व-भाव) में लीन होता है। 'शब्दब्रह्मणि निष्णातः परं ब्रह्माधिगच्छति'। व्याकरण के लिए भर्तृहरि ने कहा—

"इयं हि मोक्षमाणानामजिह्मा राजपद्धतिः"

व्यवहार और शास्त्र के अतिरिक्त 'काव्य' में भी जो भारतीय काव्यशास्त्रियों ने 'रस' को महत्ता दी—वह अकारण नहीं है। इसी को तैत्तिरीय उपनिषद् में 'रसो वै सः' कहा गया है। निष्कर्ष यह कि काव्य द्वारा होने वाला रसात्मक बोध—स्वभावबोध ही है।

इस रसात्मक बोध के लिए नाट्यशास्त्र ने कहा—'यथा हि गुडादिभिर्द्रव्यैः व्यंजनैरोषधिभिश्च षाडवादयः रसा निर्वर्त्यन्ते तथा नानाभावोपगताः अपि स्थायिनो भावा रसत्वमाप्नुवन्ति-इति'—अर्थात् जिस प्रकार व्यंजन (उपसेचक तरल पदार्थ—काँजी, दधि आदि), ओषधि (मसाला—सोंठ, मिर्च आदि) तथा द्रव्य (गुड़ आदि) से संस्कृत भोज्य पदार्थ (भक्त आदि)—गत षाडव आदि रस निष्पन्न होते हैं—उसी प्रकार विभावादि से उपगत होकर भी स्थायी भाव रस-रूपता प्राप्त करते हैं। जिस प्रकार

नाना प्रकार के व्यंजनों से सुसंस्कृत अन्न को खाता हुआ निर्मल चेतस् पुरुष रसास्वाद करता है और हर्षादि का भी अनुभव करता है—उसी तरह नाना भावाभिनय से व्यंजित वाचिक, आङ्गिक तथा सात्त्विक अभिनय से युक्त स्थायी भाव का सुमनस्क प्रेक्षक रसरूप में आस्वाद लेता है और हर्ष-आदि का अनुभव भी करता है (षष्ठ अध्याय)।

नाट्य-रस की व्याख्या करते हुए उसके बोध का स्वरूप इस अनूदित मूल पाठ में स्पष्ट है। इस अंश में किसी दर्शन का रंग नहीं चढ़ा है—एक पाक रस के दृष्टान्त से बोध का स्वरूप इंगित है। दृष्टि-विशेष से उसकी व्याख्या बाद में होती रही है। यहाँ दृष्टान्त औरं दार्ष्टान्तिक स्पष्ट हैं—उपस्कारक=व्यंजन-ओषधि-द्रव्य-(उपस्कार्य)-भक्त आदि भोज्य पदार्थगत षाडव रस। वासक—विभाव-अनुभाव-संचारी-(वासित) स्थायी भाव। जिस प्रकार भोज्य भक्त में अव्यक्त रूप से स्थित षाडव-आदि रस व्यक्त होकर आस्वादगोचर होते हैं और हर्ष आदि का अनुभव कराते हैं—उसी प्रकार विभावादि से स्थायी भाव में निहित आस्वाद्यता अनुभूति-गोचर होती है और हर्षादि में डुबो देती है। हमारा विवेच्य यहाँ आस्वादन और उसका स्वरूप है—न कि उसका फल। दार्ष्टान्तिक है—रस और दृष्टान्त है—षाडव। षाडव है क्या ? संगीतशास्त्र में इसका अर्थ है—

'औडवः पंचभिः प्रोक्तः स्वरैः षड्भिस्तु षाडवः।'

षाडव (षाडव ?) राग या गान का प्रकार विशेष है—जहाँ छहों स्वरों का मिश्रण रहता है। मेदिनीकोश में षाडव का अर्थ रस बताया गया है। अभिनवगुप्त का पक्ष है कि षाडव रस तिक्त आदि लोकप्रसिद्ध षड्रसों से अभिन्न और मिश्र—दोनों रूपों से सर्वथा विलक्षण है—यह सम्भव है पाक की उत्तम योजना से। वैसे ही विभावादि वासक सामग्री की योजना से स्थायी भावगत आस्वाद भी विलक्षण ही होता है—जो सामग्री के अमिश्र और मिश्र दोनों रूपों से सर्वथा भिन्न ही होता है। डॉ. प्रेमस्वरूप गुप्त की धारणा भिन्न है—उनका पक्ष है कि भोज्य सामग्री में जो **विविध प्रकार** का आस्वाद है—उसी के लिए षाडव रस का प्रयोग होना चाहिए। उन्हें सभी स्वादों का मिश्रित रूप अनिवार्यतः षाडव रूप में अभीष्ट नहीं।

एक लम्बे अन्तराल के बाद नाट्यशास्त्र के टीकाकारों ने विभिन्न दार्शनिक चिन्तन के आलोक में **रसबोध** का स्वरूप-निर्देश आरम्भ किया। भरत नाट्यशास्त्र में निर्दिष्ट रसाबोध का स्वरूप दार्शनिक छाया से युक्त है। **रसना** अथवा **आस्वाद** का फल हैं—'हर्षादींश्च'। अभिनवगुप्त का कहना है कि कहीं-कहीं पाठ है—'हर्षांश्च'। इस खींचतान से दो बातें स्पष्ट हैं—एक तो यह कि हर्ष चूँकि एक मानस वृत्ति है—फलतः यह मानस है और दूसरे यह कि यदि 'हर्षादींश्च' पाठ है, तो सुखात्मक-दुःखात्मक फल मानना होगा और 'हर्षांश्च' हो तो सुखात्मक। यह स्मरणीय है कि आगे चलकर पण्डितराज जगन्नाथ **'अनन्तःकरणवृत्तिरूप'** कहेंगे। रसबोध का स्वरूप **अन्तःकरण वृत्तिरूप** से **'अनन्तःकरणवृत्तिरूप'** तक फैला हुआ है। भरत स्पष्ट कहते हैं—

''आस्वादयन्ति **मनसा,** तस्मान्नाट्यरसाः स्मृताः।''

'रसबोध' के स्वरूप के सम्बन्ध में दशाधिक मतों का संकेत 'लोचन' और 'रसगंगाधर' में मिलता है। इनमें से केवल नाट्यशास्त्रकार के टीकाकारों—विशेषकर लोल्लट, शंकुक, भट्टनायक और अभिनवगुप्त के मतों की ही चर्चा सविस्तार होती है जो दार्शनिक रंग से रंजित हैं।

भरत ने नाट्य के सन्दर्भ में रसबोध की चर्चा की थी—पर बाद में भामह आदि ने दृश्य-श्रव्य-सामान्य या विशेषतः श्रव्य काव्य के सन्दर्भ में रस की चर्चा आरम्भ की। लोचनकार अभिनवगुप्त ने इसे लक्षित किया और कहा—''काव्येऽपि ...इयमेव रसवार्ता...''। श्रव्यकाव्य में भी रसबोध का विचार सम्भव है—यद्यपि वह मुख्यतः दृश्यकाव्य में ही उसका पूर्ण परिस्फुटन स्वीकार करते हैं। आनन्दवर्द्धन से पूर्व 'रस' की काव्य के सन्दर्भ में जो चर्चा होती थी—वह अलंकारान्तर्गत समझी जाती थी और रसवदलंकार के रूप में वह समझा जाता था। कुन्तक ने वक्रोक्तिजीवित में इसका खण्डन किया। महिमभट्ट ने काव्य का एकमात्र व्यावर्त्तक तत्त्व रसात्मकता माना और ध्वनिप्रक्रिया की जगह अनुमानप्रक्रिया सिद्ध की। आनन्दवर्द्धन ने दार्शनिक भूमि पर यह स्थापना बहुत पहले कर दी थी कि काव्यमात्र—क्या श्रव्य, क्या दृश्य, क्या प्रबन्ध, क्या मुक्तक—में स्वभाव-स्थित परिणतप्रज्ञ की वाणी रसमय स्वभाव की अभिव्यक्ति में ही पर्यवसित होती है। मम्मट का यह प्रयत्न है कि जहाँ विभावादि में अन्यतम ही काव्यसामग्री के रूप में प्रस्तुत हो—वहाँ शेष का अध्याहार कर लेना चाहिए—श्रव्य-दृश्य धारा के रस चिन्तन का समन्वय है या समन्वय का प्रयास है। भामह का यह कथन—

रसवद्दर्शितस्पष्टशृंगारादिरसोदयम्।
देवी समागमद्धर्ममस्करिण्यतिरोहिता।।

उनकी रसबोध सम्बन्धी चलती धारणा को स्पष्ट करना है। यह सन्दर्भ श्रव्यकाव्य का ही है। यहाँ केवल विभाव का ही वर्णन है। फलतः यहाँ केवल भाव्यमान विभाव ही रस है। 'लोचन' तथा पण्डितराज ने इंगित किया है—'विभाव इत्येके।' हाँ, दण्डी की स्थिति इनसे भिन्न है। वह एक कवि भी हैं—आचार्य तो हैं ही। यह बात अवश्य है कि वह भी रस की परिगणना रसवदलंकार में ही करते हैं—और उसका श्रव्यकाव्य पर विवेचन दृष्टि का संकेन्द्रण है। वह स्पष्ट कहते हैं—

''मिश्राणि नाटकादीनि तेषामन्यत्र विस्तरः''—जब वह गौडमार्गान्तर्गत 'मधुर' गुण में रसवत्ता की स्थिति का निर्देश करते हैं और कहते हैं—

'मधुरं वाचि वस्तुन्यपि रसस्थितिः' तब भामह से अधिक महत्त्व प्रदान करते हैं—वह कहते हैं—रस शब्द और अर्थ—सर्वत्र व्याप्त रहता है। उसके लिए वाणी में अग्राम्यता का होना अनिवार्य है—

'तथाप्यग्राम्यतैवेनं भारं वहति भूँयसा।' (1/68) उनकी दृष्टि में अलंकार मात्र अर्थ को रससिक्त करते हैं—

कामं सर्वोऽप्यलंकारः रसमर्थे निषिञ्चति (1/68)–सूक्ष्मता से इनकी पंक्तियों के अनुशीलन से स्पष्ट होता है कि इन्होंने विभावादि सामग्री से परिपुष्ट स्थायी को रस कहा है। जो व्यक्ति यह कहता है–'इत्यारुह्य परां कोटिं क्रोधो रौद्रात्मतां गतः'–वह उक्त तथ्य की पुष्टि ही करता है। उद्‌भट के विषय में कहा जाता है कि उसने भामह और भरत दोनों के ग्रन्थों पर टीका लिखी थी–अतः जहाँ एक ओर वह भामह की कारिका ज्यों की त्यों उद्‌धृत करते हैं, वहीं दूसरी ओर भरत का अनुसरण भी करते हैं–समन्वय कैसे दोनों विरोधी प्रवाहों का करते हैं–मूल ग्रन्थ की उपलब्धि न होने से कुछ कहना सम्भव नहीं। एक तरफ–

रसवद्‌दर्शितस्पष्टशृंगारादिरसोद्‌य–उद्धृत करता है और दूसरी ओर–

'स्वशब्दस्थायि संचारिविभावाभिनयास्पदम्'–भी। वामन ने 'कान्ति' नामक गुण में रस का समावेश किया–पर वह कान्ति-गर्भ गौड़ी रीति को अनात्म कहकर रस को महत्त्व दे नहीं पाते। दण्डी और उद्‌भट की तुलना में यहाँ रस को महत्त्व कम ही मिला है। यद्यपि 'दशरूपकं श्रेयः' कहते हैं–पर उसका कारण रसवत्ता को नहीं–'तद्धि चित्रपटवत्' से वैविध्य को बताते हैं। इन अलंकारवादी आचार्यों में सर्वाधिक महत्त्व रुद्रट का है। उन्होंने रस का विचार इन सबसे अधिक किया और महत्त्व भी बताया, परन्तु रसबोध का कोई स्वरूप निरूपण नहीं किया। रुद्रट कहते हैं–

> 'एते रसा रसवतो रमयन्ति पुंसः, सम्यग् विभज्य रचिताश्चतुरेण चारु।
> यस्मादिमाननधिगम्य न सर्वरम्यं, काव्यं विधातुमलमत्र तदाद्रियेत।।15/21
> अनुसरति रसानां रस्यतामस्य नान्यः, सकलमिदमनेन व्याप्तमाबालवृद्धम्।
> तदिति विरचनीयः सम्यगेष प्रयत्नाद्, भवति विरसमेवानेन हीनं हि काव्यम्।।' 14/38

इस ऐतिहासिक पीठका पर आनन्दवर्द्धन आते हैं और काव्य में रस की पूर्ण प्रतिष्ठा एक दार्शनिक आधार पर करते हैं और सभी सौन्दर्य-स्रोतों का तारतम्य भी निर्णीत कर देते हैं। फिर भी आनन्दवर्द्धन का सारा प्रयास काव्य में रस की सर्वोपरि महत्ता और उस तक पहुँचने की व्यंजनामयी प्रक्रिया पर केन्द्रित है–रसबोध के स्वरूप का वह दार्शनिक विवेचन नहीं मिलता–जो परवर्त्ती नाट्‌यशास्त्र के टीकाकारों अथवा साहित्यशास्त्र के स्वतन्त्र ग्रन्थकारों में है। इस क्रम में सर्वप्रथम आते हैं–भट्ट लोल्लट।

भट्ट लोल्लट मुख्यतः रस की स्थिति या उत्पत्ति लोक में मानते हैं–पर गौण रूप से सहृदय पाठक या प्रेक्षक में स्वीकार करते हैं। फलतः वह एकत्र सुख-दुःखोभय-रूप अन्तःकरण की वृत्ति विशेष ही है और अन्यत्र सादृश्य ज्ञानरूप-दोषवशात् नट में अनुकार्य के साक्षात्कारात्मक आरोप से होने वाला चमत्कार-विशेष। शंकुक की स्थिति भिन्न है। उसका कहना है कि नाट्‌य में प्रेक्षक

अनुमान की प्रक्रिया से चर्वणा करता है और यह चर्वणा चामत्कारिक अनुमिति-स्वरूप है। इसी अनुमिति-रूप ज्ञान का गोचर होकर स्थायी रस बनता है। इच्छावशात् अनुमिति धारा चलती रहती है। अनुमीयमान स्थायी रस है। वस्तुतः अनुमिति प्रेक्षक में है और विषय नट में। इस प्रकार विशिष्ट रस का प्रेक्षक में उपचार ही है अथवा यों कहें कि सहृदय का अपने वासनात्मकस्थायी से नटगत स्थायी का भेद तिरोहित हो जाता है। इस मत में रसबोध अनुमीयमान वासनात्मक स्थायी ही है। व्यक्तिविवेककार भी यही प्रक्रिया काव्य में लागू करते हैं, जबकि शंकुक नाट्य में। उनका कहना है, अर्थ प्रत्यक्ष दृष्ट होकर भी उतना आस्वादकर नहीं हो सकता, जितना कवि द्वारा प्रयुक्त शब्द द्वारा ज्ञात होकर, शब्द की अभिधा शक्ति से ज्ञात होकर उतना चामत्कारिक नहीं हो सकता जितना काव्योपयोगी अनुमिति की प्रक्रिया से। कहा है–

''नानुमितो हेत्वाद्यैः स्वदतेऽनुमितो यथा विभावाद्यैः।
न च सुखयति वाच्योऽर्थ प्रतीयमानः स एव यथा।।'' (पृष्ठ 74)

भट्ट नायक द्वारा निरूपित रसबोध किसी के मत में सांख्यसम्मत, अन्य के मत में अद्वैत वेदान्तसम्मत और इतरों की दृष्टि में द्वैतवादी शैवमतसम्मत है। मम्मट ने इनके मत से भोगात्मक रसबोध का स्वरूप स्पष्ट करते हुए कहा–सत्त्वोद्रेक प्रकाशानन्दमय संविद् विश्रान्ति'। सत्त्व के उद्रेक से चिदानन्दमयी संवित् में विश्रान्ति की स्थिति। सांख्य में आनन्द बुद्धि का ही धर्म है–जो जड़ है–पर यहाँ आनन्दमयता संवित् में कही जा रही है–अतः सांख्य की दृष्टि से तो सम्भव नहीं। प्रदीपकार सांख्य दृष्टि से ही व्याख्या करके रसबोध का स्वरूप स्थिर करते हैं। सांख्यमतानुसार रसबोध का स्वरूप होगा–'सत्त्वगुण के उद्रेक से प्रकाशनन्दमयवृत्ति'–वहाँ संविद् की विश्रान्ति का अर्थ होगा–विगलितवेद्यान्तरात्मक स्थिति। अर्थात् जिस वृत्ति में रसोपयोगी सामग्री से भिन्न विषय न हों। अद्वैत वेदान्त के अनुसार रसबोध का स्वरूप होगा–सत्त्वोद्रेक से आवरण भंग होने पर आनन्दात्मक चैतन्य विषयीकरणरूपा भुक्ति। द्वैतवादी शैवमत के अनुसार होगा–

''निजचित्स्वभावनिर्वृत्तिविश्रान्तिलक्षण''–लोचन।

अथवा ''प्रकाशानन्दमयनिजसंविद्विश्रान्तिलक्षण''–अभिनवभारती।

रसबोध ब्रह्मानन्द नहीं है–उसके समान है। भट्ट नायक के मत में यह रसबोध चित् या चिति या निर्वृत्त चित् की भूमि का नहीं है–'चित्त' की भूमि का है। 'चिति' ही पशुदशा में संकोचप्रकर्ष के कारण सत्त्वरजस्तमोमय चित्तरूप से स्फुरित होती है। रसानुभूति या रसबोध जीव का अनुभव है–शिव का नहीं। अतः वह चित् के स्तर पर निष्पन्न होता है। यह चित्त की एक उत्कृष्ट अनुभूति है। व्यष्टि जीव चित्त के स्तर पर प्रकाशानन्दमय निजस्वभाव का अनुभव करता है। पूर्णता हमारा स्वभाव है, वह है–परानपेक्षता। रसबोधकाल में यही पूर्णता–प्रकाशानन्दमय स्वभाव

(काव्य-सामग्री-सम्मिश्र) अनुभूत होती है। भोग का यही स्वरूप है।

अभिनवगुप्त भी भोग का यही स्वरूप मानते हैं–परन्तु अन्तर यह है कि भट्ट नायक द्वैतवादी हैं–फलतः व्यष्टि चित्त की उत्कृष्ट अनुभूति के रूप में रसबोध करते हैं, जबकि अभिनव समष्टि चित्त की भूमि पर। इसलिए वह काव्य की अपेक्षा नाट्य में रस की सही स्थिति मानते हैं। कहते हैं–

''अतएव सर्वसामाजिकानामैक्यतयैव प्रतिपत्तिः सुतरां रसपरिपोषाय सर्वेषामनादिवासना–चित्रीकृतचेतसां वासनासंवादात्''–अभिनवभारती।

भट्ट नायक में पारमित्य है–अभिनव में वैतत्य। तन्त्रालोक में इसका उत्तम निरूपण है।

मम्मट ने इस 'रसबोध' का निरूपण अत्यन्त भावावेश में किया है और इसे सर्वथा अपनी ही कोटि का ऐहिक और आमुष्मिक अनुभूतियों में भिन्न फलतः लोकोत्तर सिद्ध किया है। **साहित्यदर्पणकार** ने संपिण्डित करते हुए कहा–

''सत्त्वोद्रेकादखण्डस्वप्रकाशानन्दचिन्मयः।
वेद्यान्तरस्पर्शशून्यः ब्रह्मास्वादसहोदरः।।
लोकोत्तरचमत्कारप्राणः कैश्चित्प्रमामृभिः।
स्वाकारवदभिन्नत्वेनायमास्वाद्यते रसः।।'' (3/2-3)

मम्मट तथा दर्पणकार ने बौद्ध योगाचार दर्शन का सहारा लेकर रसबोध के स्वरूप को और निखारा। जिस प्रकार योगाचार ज्ञान को आकारवान् मानते हैं– फलतः जैसे वहाँ ज्ञान और उसका आकार (बाह्य विषय) अभिन्न हैं–वैसे ही आवरण भंग होने से प्रकाशमय आत्मा अपने ही स्वरूप आनन्द को स्वाकारवत् अभिन्न बनाता है।

पण्डितराज ने रसबोध का स्वरूप शांकर अद्वैत तथा पातंजल दर्शन के आलोक में स्पष्ट किया है। उन्होंने कहा–सहृदयता सहकृत भावना-विशेषवश विभावदि की समुदित प्रतीति से एक अलौकिक व्यापार का आरम्भ होता है। इससे आवरण भंग होता है। फिर भग्नावरण चित् अपने स्वरूपभूत आनन्द को तो प्रकाशित करता ही है–सन्निहित स्थायी तथा अन्य काव्य सामग्री से भी प्रपानक योग से सम्मिश्र होकर रस कहा जाता है अथवा बीच में अलौकिक व्यापार की कल्पना क्यों करें–विभावादि प्रतीति समकाल स्थायी उपहित स्वस्वरूपानन्दाकारा चित्तवृत्ति उत्पन्न होती है। इसी को तन्मयी मेनन कहते हैं। यह रस अन्तःकरण की वृत्तिस्वरूप नहीं है–अपितु उससे अनवच्छिन्न शुद्ध चैतन्यस्वरूप है।

इस धारा से हटकर रसतरंगिणीकार रस को लौकिक और अलौकिक रूप कहता है, जबकि भिन्न दृष्टि वाले रामचन्द्र गुणचन्द्र सुख-दुःखोभयात्मा स्वीकार करते हैं–न कि अभिनव की भाँति शुद्ध आनन्दमय।

हिन्दी में भी रसबोध के स्वरूप पर पं. केशवप्रसाद मिश्र, पं. रामचन्द्र शुक्ल

तथा डॉ. नगेन्द्र ने अपने-अपने ढंग से विचार किया है। पं. केशवप्रसाद जी अपने को अभिनव की परम्परा में तथा नैतिकता-अनैतिकता के द्वैत से काव्य सौन्दर्य को देखने वाले शुक्ल जी को भट्ट नायक की परम्परा में रखते हैं। मिश्रजी के अनुसार योगी की भाँति सहृदय ऋतम्भरा प्रज्ञा (निर्वितर्क सम्प्रज्ञात समाधि) की मुधमती भूमि पर आरूढ़ होता है। रामचन्द्र शुक्ल रसबोध को हृदय की मुक्त दशा कहते हैं, डा. नगेन्द्र रिचाई्स के प्रभाव में संवेगों का व्यवस्थीकरण।

इस प्रकार रसबोध का विषय नितान्त जटिल और प्रदीर्घ है।

काव्य की आत्मा का प्रश्न और रस की स्थिति

भारतीय चिन्तकों की यह सरणि सी हो गई है कि सार तत्त्व के चिन्तन सन्दर्भ में वे शरीर और आत्मा का रूपक पकड़ लेते हैं। काव्य के सन्दर्भ में आत्मा का अभिप्राय उस सार तत्त्व से है, जिसके सद्‌भाव से कवित्व का समुदय और असद्‌भाव से अनुदय हुआ करता है। औरों का तो पता नहीं, नाट्यशास्त्रकार ने जब यह कहा—"इतिवृत्तं तु नाट्यस्य शरीरं परिकीर्तितम्" तब निश्चय ही वे नाट्य में आत्मा की स्थिति मानते थे, बात करते थे। नाट्य का इतिवृत्त यदि शरीर है—तो रस निश्चय ही शरीरी या आत्मा के रूप में स्वीकृत किया गया है।

नाट्य के क्षेत्र में ही नहीं, श्रव्यकाव्य के क्षेत्र में भी गणेश त्र्यम्बक देशपाण्डे ने अपनी यह स्थापना दी है कि भारतीय काव्यशास्त्रियों ने एक स्वर से रस को ही काव्य की आत्मा स्वीकार किया है। स्थापना के पक्ष में उन्होंने प्रचुर तर्क दिए हैं, पर मैं इससे सहमत नहीं हूँ। कारण बहुत से दिए जा सकते हैं—पर यहाँ सबका उल्लेख सम्भव नहीं है। एक बात यह अवश्य है कि जब आचार्यगण स्पष्ट करते हैं—'अलंकार एव काव्ये प्रधानम्', 'रीतिरात्मा', 'काव्यस्यात्मा ध्वनिः' 'काव्यस्यात्मा स एवार्थः', 'वक्रोक्तिः काव्यजीवितम्' तब मुख्यार्थबाध के अभाव में इन्हें लाक्षणिक कैसे मान लिया जाय ? रीतिवादी यदि 'ओजः कान्तिमती गौडीया' को अतत्त्वभूत रीति-अनात्म तत्त्व कहता है—तो 'दीप्तरसत्वं कान्तिः' की अवमानना नहीं है ? और है तो रस की आत्मरूपता इन्हें किस प्रकार सह्य है ? जब कुन्तक स्पष्ट कण्ठ से कहते हैं—'शब्दार्थावलंकार्यौ', 'वर्णनाविषयवस्तुनः शरीरमेवालंकार्यतामेवार्हति' शब्दार्थ काव्य का शरीर है और वही अलंकार्य है—तब कैसे कहा जाय कि उनकी दृष्टि में अलंकार्य रस है ? जो आचार्य दो-दो जगह अवधारणार्थक एवकार का प्रयोग करता है—उसके निश्चय पर किस प्रकार सन्देह किया जाय ? वैसे कहने के लिए 'औचित्यं रससिद्धस्य स्थिरं काव्यस्य जीवितम्' तथा 'काव्यस्यात्मा चमत्कृतिः' भी कहे गए हैं—पर इनमें दोनों ही रस के सन्दर्भ में एक साधन और दूसरा साध्य है, अतः ये दोनों ही रस विरोधी नहीं हैं—इन्हें रस के प्रतिपक्ष में किस प्रकार रखा

जाय ? 'औचित्योपनिबन्धस्तु रसस्योपनिषत् परा' तथा 'रसे सारश्चमत्कारः सर्वत्राप्यनुभूयते' जैसी रसवादियों की स्वीकृतियाँ प्रमाण हैं।

निष्कर्ष यह कि काव्य में आत्मा के प्रश्न पर विवाद है। काव्य की आत्मा के सम्बन्ध में काव्यशास्त्रियों ने निर्माण की दृष्टि से तो सोचा ही है, ग्रहण की दृष्टि से भी विचारा है। पहली दृष्टि से किए गए चिन्तन के परिणामस्वरूप **अलंकार, गुण** और **वक्रता** के मतवाद आए हैं और दूसरी दृष्टि से होने वाले विचारों की दृष्टि से ध्वनि और रस के वाद उपजे हैं। कतिपय चिन्तकों की धारणा है कि अलंकारवादी ही अलंकार को सारतत्त्व नहीं मानते, रीतिवादी भी 'काव्यं ग्राह्यमलंकारात्', 'सौन्दर्यमलंकारः' के द्वारा अलंकार की सारवत्ता में सहमति प्रकट करते हैं—साथ ही जब वक्रोक्तिवादी भी 'वक्रोक्ति' को काव्य जीवित कहकर 'वक्रोक्तिरलंकृतिः' कहता है, तब वह भी अलंकार का महत्त्व मान लेता है। संक्षेप में कहा जाय तो ये तीनों ही अलंकारवादी हैं। इसी प्रकार जब ध्वनिवादी भी अन्ततः रस-ध्वनि को ही काव्य की आत्मा स्वीकार कर लेता है—तो वह भी एक प्रकार से रसवादी ही हो जाता है। इस प्रकार कुल मिलाकर दो ही मतवाद ठहरते हैं। किसी चिन्तक ने और आगे बढ़कर यह कहा कि विचार किया जाय तो अलंकार भी अन्ततः 'रस' का अंग ही है और क्रोचे का सहारा लें तो कहाँ अंग और कहाँ अंगी—जो कुछ है—वह एक (—रस) ही। इस प्रकार देशपाण्डे का मत अन्यथा पुनरुज्जीवित हो उठता है, लेकिन इस सब का उत्तर तो इतना ही पर्याप्त है कि यदि यह तत्त्वबोध आरम्भ में ही हो गया होता—और इसी भूमिका पर सब कुछ कहा गया होता—तो परस्पर खण्डन-मण्डन ही न होता। ये सब बातें जिस एकोन्मुखी समझ से की जा रही हैं, वही सबके—सब मतवादों के मूल में नहीं है। दूसरे अलंकारवादी, रीतिवादी तथा वक्रोक्तिवादी की 'अलंकार' सम्बन्धी धारणाएँ भी एक नहीं हैं। अलंकारवादी अलंकार और गुण में अन्तर नहीं मानता, रीतिवादी मानता है—इसी प्रकार जब वक्रोक्तिवादी अलंकार्य को ही अलंकरण अथवा दोनों को अपोद्धारबुद्ध्या दो मानता है और तत्त्वतः एक—तो क्या वह वही कहता है—जो गुण और अलंकारवादी कहते हैं ? कभी नहीं। इसी प्रकार जब ध्वनिवादी 'ध्वनित रस' को ही काव्यात्मा कहता है, तब क्या वह उस रसवादी से अपने को भिन्न नहीं कहता जो भट्टनायक और महिम की भाँति किसी भी स्थिति में रहने वाले 'रस' को काव्य की आत्मा कहता है ?

हाँ, कहना हो तो यह कह सकते हैं कि पूर्वी और पश्चिमी, प्राचीन और अर्वाचीन सभी आचार्य कला अथवा काव्य का केन्द्रीय तत्त्व 'सौन्दर्य' को मानते हैं और 'सौन्दर्य' का निर्धारकनिकष है—आह्लाद और 'रस' आह्लाद ही तो है। अतः सारा काव्यचिन्तन 'रस' पर आकर केन्द्रित हो सकता है। विषय को बहुत विस्तृत फलक न देकर केवल भारतीय काव्यचिन्तन के परिवेश में कहें तो फिर भी कह सकते हैं कि काव्य की

ध्वनि-प्रभेद (51) असंकीर्ण भेद

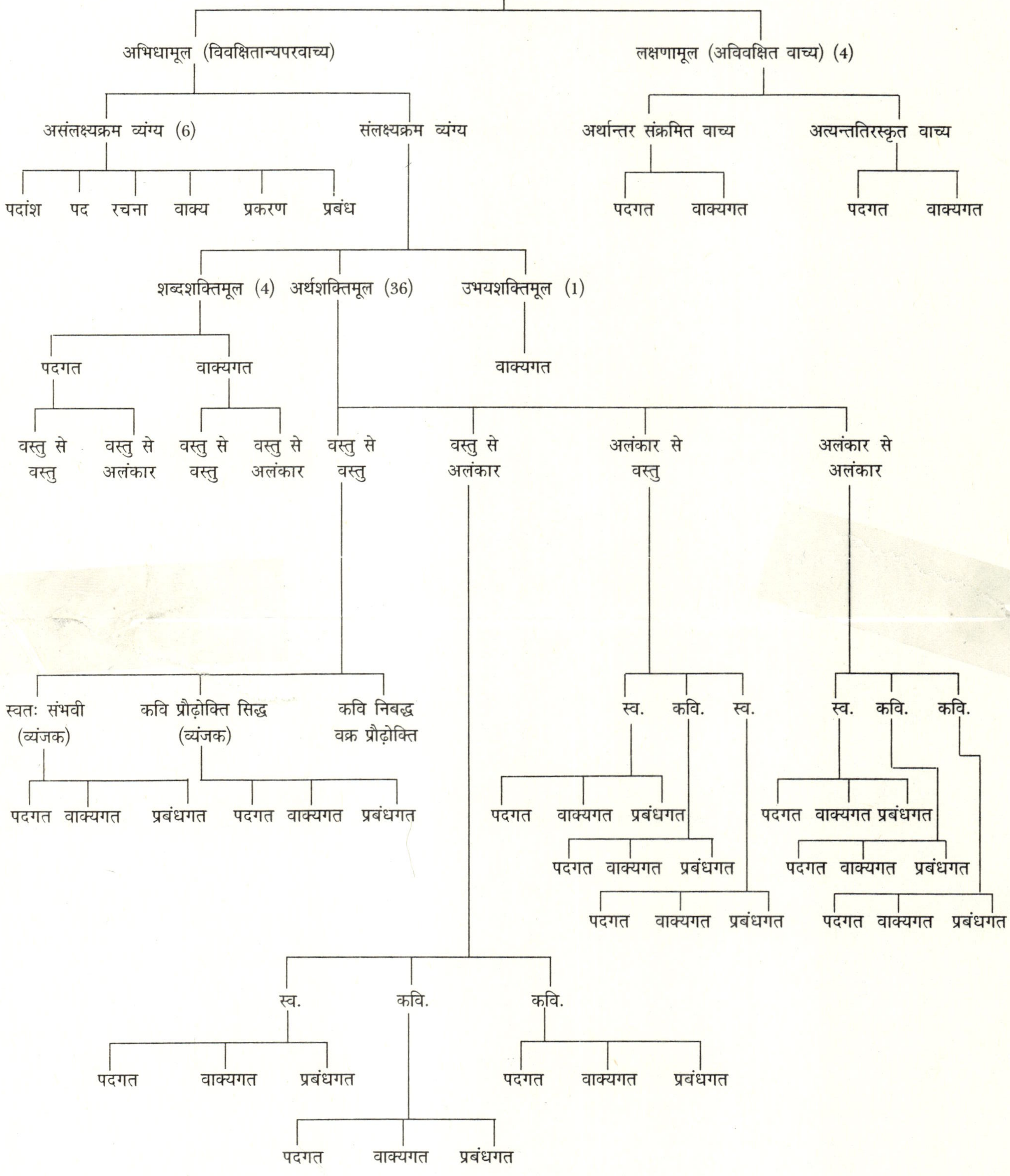

आत्मा के प्रश्न को लेकर भारतीय काव्यशास्त्रियों में मतभेद है। वह इस प्रकार है—अलंकारवादी आचार्य भामह सौन्दर्य तत्त्व मानते हुए भी जब 'न कान्तमपि निर्भूषं विभाति वनिताननम्' कह उठता है तब वह 'सहज' नहीं 'आहार्य' सौन्दर्य को काव्य के लिए आवश्यक मानता है। इसी प्रकार जब रीतिवादी वामन तारुण्य से अपने 'गुण' को उपमित कर 'अलंकार' की तुलना में उसे प्राथमिकता देता है, तब वह 'सहज' सौन्दर्य को प्राथमिक महत्त्व देता है। कुन्तक ने दोनों को आत्मसात् करते हुए कहा 'सहजाहार्यकविकौशलशालिनी (वक्रता)' यद्यपि वामन 'सहज' के साथ 'आहार्य' को भी स्वीकार करते हैं—फिर भी 'सौन्दर्य' को जहाँ अलंकार और रीतिवादी शब्दार्थ शरीर का आश्रित मानते हैं—वहाँ कुन्तक शब्दार्थ को अलंकार्य कह कर भी अर्थ के जिस परिस्पन्दमय आन्तरिक स्वभाव को उससे अभिन्न कर देते हैं। एक विशिष्ट काश्मीरी शैव दर्शन की भूमिका पर—वह अलंकारवादी और रीतिवादी से उनकी सौन्दर्य सम्बन्धी दृष्टि को भिन्न कर देता है। रसवादी और ध्वनिवादी तो अलंकार्य 'रस' को ही मानते हैं—अभिधा और अधिक से अधिक लक्षणा तक की सामर्थ्य से संवलित शब्द तथा अर्थ को वे शरीर ही मानते हैं—अलंकार्य शरीरी नहीं।

काव्य की आत्मा के प्रश्न पर सर्वाधिक उभर कर निकट आने वाले दो ही मतवाद अधिक ध्यान देने योग्य हैं—निर्माण की दृष्टि से विचार किए जाने के परिणामस्वरूप प्रसूत वादों में 'वक्रोक्तिवाद' और ग्रहण दृष्टि से प्रादुर्भूत 'रसध्वनिवाद'। इस सन्दर्भ में आनन्दवर्द्धन, कुन्तक और अभिनवगुप्त के विचार अधिक महत्त्वपूर्ण हैं। मैं इस ऐतिहासिक क्रम को मान कर चलता हूँ कि पहले आनन्दवर्द्धन, फिर कुन्तक और तब अभिनवगुप्त। तीनों ही आचार्य अद्वयवादी काश्मीरी शैव दर्शन के अनुयायी, प्रवर्तक और पोषक हैं।

इसके पूर्व कि ग्रहण और निर्माण की दृष्टि से एक दूसरे के नजदीक आने वाले रसध्वनि तथा वक्रोक्ति की आपेक्षिक महत्ता का निर्धारण करें—यह तो देख लें कि 'वक्रता' और 'रस' काव्य की आत्मा हो भी सकते हैं क्या ? कुन्तक की वक्रता है—वक्रत्वं कविव्यापारः—प्रसिद्ध-प्रस्थानव्यतिरेकी कविगतव्यापार और रसध्वनिवादी का रस है सहृदय-गत चर्व्यमाणात्मिका प्रतीतिविशेष। निष्कर्ष यह कि एक कविगत है और दूसरा सहृदयगत। यदि काव्य शब्दार्थमय है, तो इन दोनों में से एक भी काव्यगत नहीं है। फिर भी काव्य की आत्मा से इन दोनों का क्या सम्बन्ध ?

वैसे इस प्रश्न पर अन्यत्र मैंने विचार किया है—जिसका सारांश यह है कि यदि काव्य की उपमा—जैसा कि अभिनवगुप्तपाद ने कहा भी है—बीज, वृक्ष और फलात्मक परिणति से दी जाय, तो कहना पड़ेगा कि काव्य का अस्तित्त्व कवि के हृदय से लेकर शब्दात्मक प्रकाशन द्वारा सहृदयगत रसात्मक परिणति तक व्याप्त

है। इस प्रकार काव्य का अस्तित्व यदि इतनी व्याप्ति के साथ मान लिया जाय तो उक्त समस्या का निवारण हो जाएगा। समग्रता में काव्य का स्वरूप और उसकी व्याप्ति समझ लेने पर लक्षणा द्वारा उसके किसी खण्ड में उसकी स्थिति मानी जा सकती है। काव्य के इस व्यापक रूप में 'कवि-व्यापार' भी है और 'रसात्मक परिणति' भी। अतः निर्माण की दृष्टि से एक को और ग्रहण की दृष्टि से दूसरे को काव्य की अन्तरात्मा कहा जा सकता है। वास्तव में ध्वनितरसवादी और वक्रोक्तिवादी दोनों ही इस तथ्य से सहमत हैं कि आह्लादमय दशा से ही काव्य निकलता है और आह्लाद ही में उसकी परिणति होती है। ठीक ही है जो अपने बीज भाव में जैसा होगा, परिणति में भी वह वैसा ही होगा।

'ध्वनि' और 'रस' का जैसा अमिट प्रभाव कुन्तक पर है वैसा ही अनिवार्य प्रभाव कुन्तक का अभिनवगुप्त पर भी है। कुन्तक की ही भाँति अभिनव ने भी यह स्वीकार किया है कि काव्यगत सौन्दर्य का मूल माध्यम है–वक्रता या वक्रोक्ति। अभिनव ने 'नाट्यमेव रसः' का अभिनवभारती में समर्थन किया था–उन्हें श्रव्यकाव्य पर रसात्मकता का वितान फैलाने में कठिनाई का अनुभव हुआ था–तभी कहा था कि जिस प्रकार नाट्य में लोक-धर्मी और नाट्य-धर्मी होते हैं, उसी प्रकार काव्य में स्वभावोक्ति और वक्रोति होती है। नाट्य का लोकधर्मी और काव्य की स्वभावोक्ति–दोनों को कुन्तक और अभिनव–दोनों ही ने 'लोचन' और 'वक्रोक्तिजीवित' में भित्ति स्थानीय माना है तथा नाट्यधर्मी और वक्रोक्ति को सौन्दर्याधायक माध्यम। नाट्यधर्मी और वक्रोक्ति द्वारा लोकधर्मी और स्वभावोक्ति को खचित चित्र द्वारा सुन्दर और सरस बनाया जाता है। इसीलिए कुन्तक ने कहा है कि यदि वर्णनीय पदार्थ स्वभावात्मा फलक ही अनुत्कृष्ट होगा–तो वक्रोक्ति उससे अभीष्ट प्रभाव उत्पन्न नहीं कर सकती। इसीलिए कुन्तक का अभिमत है कि यह वक्रता ही है–कवि-व्यापार है, जो वर्णनीय पदार्थ स्वभाव को सुन्दर तथा सरस रूप में प्रस्तुत करता है। जो पदार्थ को सुन्दर तथा सरस रूप में प्रस्तुत न करे, वह कवि-व्यापार ही नहीं है। कुन्तक मानते हैं कि कुछ पदार्थ तो ऐसे होते हैं, जो सहज सुन्दर होते हैं। कवि-व्यापार उस लीन सौन्दर्य को कुरेद कर ऊपर कर देता है। कुन्तक मानते हैं कि वक्रता का परम रहस्य 'स्वभावस्यांजसेन प्रकारेण परिपोषणम!' ही है। उत्कृष्ट स्वभाव वाले वर्णनीय पदार्थ में लीन सौन्दर्य को बिना किसी प्रकार की प्रौढ़ोक्तिवश आलंकारिक लेप लगाए उभार देना चाहिए। वक्रता का उत्कृष्टतम रूप कुन्तक के मत से यही है। रसात्मकता ही इनके मत से उत्कृष्ट स्वभाव है। इस प्रकार एक ने वक्रता के सन्दर्भ में रस का और दूसरे ने रस के सन्दर्भ से वक्रता की उपादेयता की बात समान बल से कही है। कुन्तक ने लोकोत्तर आह्लादकारी वैचित्र्य की सिद्धि में वक्रोक्ति की और अभिनवगुप्त ने काव्योचित सौन्दर्य और तज्जन्य आह्लाद की सिद्धि में स्वभावोक्ति से भिन्न वक्रोक्ति की बात कही है।

जिस प्रकार कवि-व्यापार वक्रता का उत्कृष्ट रूप रसादिमय स्वाभाविक सौन्दर्य को सहज उभार देने में है, उसी प्रकार आनन्दवर्द्धन का कवि-कर्म भी विभावादिसंयोजन में है।

'व्यापारवदसाधारणं कारणं करणम्' वाले प्राचीन करण-स्वरूपवादी आचार्यों के मत से 'प्रतिभा' कवि-व्यापार ही है और शक्ति व्युत्पत्ति और अभ्यास-मिलित रूप में करण या हेतु। पण्डितराज जगन्नाथ 'फलाव्यवच्छिन्नं कारणं करणम्' वाले नव्यचिन्तकों के अनुयायी हैं। अतः उन्होंने सीधे प्रतिभा को ही करण कह दिया है। अस्तु, यह प्रतिभा भी एक व्यापार कवि-व्यापार ही है, जिसका स्वरूप है—'काव्यानुकूल शब्दार्थोपस्थितिः'। आनन्दवर्द्धन ने ग्रहण की दृष्टि से विचार करते हुए कहा है कि ग्राहक रसावेश में कवि की प्रतिभा का साक्षात्कार कर लेता है (अभिव्यनक्ति प्रतिभाविशेषम्) आचार्यों ने रस-प्रतीति को पानकरसन्यायेन एक सम्मिश्र प्रतीति कही है, जिसमें शब्द, अर्थ, उभयगत सौन्दर्य-व्यंजक उपकरण, विभावादि, चित् तथा आनन्दांश—सभी एक रस रहते हैं। यह रसात्मक स्थिति यदि कवि के मन में न होगी, तो ग्राहक में परिणत किस प्रकार होगी ? अतः कवि के हृदय में जो काव्योचित मानस दशा या अनुभूति होती है, वह शब्दानुविद्ध होती है। सामान्यजन की जीवनानुभूति और कविजन की काव्यानुभूति में अन्तर सही शब्द से अनुभूति का एकरस होना और न होना ही है। कवि में वही अनुभूति सही शब्दों में उभरती है। आज के जो चिन्तक 'भाषिकसर्जना' अथवा 'सही शब्द की तलाश' की बात करते हैं।—गहरे चिन्तन के धरातल पर वे उसी भारतीय काव्य-चिन्तन को पकड़ने का प्रयत्न करते हैं। आचार्य रामचन्द्र शुक्ल ने भी विभाव-संयोजन को ही कवि का मुख्य कर्म कहा है। इस प्रकार समूचा भारतीय चिन्तन आरम्भ से अब तक एक ही केन्द्रीय तत्त्व—काव्यानुभूति-सौन्दर्यानुभूति-आह्लादमय अनुभूति-रसानुभूति—के आसपास चक्कर काटता है।

इस प्रकार ग्रहण की दृष्टि से काव्य की आत्मा पर विचार करने वाले यदि समग्र रूप में रसवादी (रसवादी और ध्वनिवादी—दोनों) ही कहे जाएँ तब वक्रोक्तिवादी तथा रसवादी—दोनों की चिन्तन-धाराओं में अनेक समानताएँ लक्षित होती हैं। इस साम्य या इन अनेक समानताओं के होते हुए भी अन्तर उनके तारतमिक महत्त्व—अवधारण में है। रसवादी या ध्वनित रसवादी सहृदयनिष्ठ परिणति को केन्द्र में रखकर विचार करते हैं और वक्रोक्तिवादी निर्माता कविगत अलंकरण प्रक्रिया पर अपने को केन्द्रित रख कर विचार करता है। वैसे काव्य की उत्कृष्टतम भूमि रसवत्ता को दोनों ही समान महत्त्व देते हैं। सहृदय-हृदयाह्लाद दोनों का ही—कवि-व्यापार इसी लक्ष्य की सिद्धि के लिए होता है—इसमें दोनों ही सहमत हैं। अभिप्राय यह कि काव्य की आत्मा के प्रश्न को लेकर आचार्यों ने काव्य वृक्ष के बीज भाव से आरम्भ कर परिणति तक अपने काव्य चिन्तन को प्रसारित किया है। इसीलिए

जिन लोगों का आक्षेप है कि भारतीय चिन्तन निर्माण की दृष्टि से कुछ नहीं है—चिन्त्य ही है।

काव्यात्मचिन्तन के इस सन्दर्भ में सर्वाधिक उल्लेखनीय हैं—ध्वनिवादी। इनकी दृष्टि सैद्धान्तिक ही नहीं, व्यावहारिक भी थी। व्यावहारिक दृष्टि से शून्यप्राय चिन्तकों की काव्यात्मवादी विचारधारा काव्यनामधारी समस्त कृतियों के साथ निवाही नहीं जा पाती। काव्य का समुच्छलन जिस मानस से होता है—उसमें काव्योपकरण उपकरण विभिन्न तारतमिकताओं में एकोन्मुख हो सकते हैं। यह सम्भव नहीं है कि सर्वत्र कवि-मानस में रसात्मक एकता के अनुरूप एकोन्मुख काव्योपरकण संश्लिष्ट होकर सर्वदा उदित हों। इसलिए सर्वत्र बिना काव्यार्थबोध के रसात्मक प्रतिमान चरितार्थ करना रसान्धता है। अभिनवगुप्त ने भट्टनायक को इसीलिए रसान्ध कहा था। ध्वनिवादियों ने इसीलिए यह मानते हुए भी कि 'रसेनैव सर्वं जीवति काव्यम्', 'यत्र तु रसादीनामविषयत्वं स काव्यप्रकारो न सम्भवत्येव'—रसात्मक प्रतिमान को न तो सर्वत्र लागू किया है और न तो उसका सर्वत्र व्यवहार ही। काव्योचित सौन्दर्य के उन्मेष में कौन-सा तत्त्व उदग्र है—इसका अनुभव किए बिना, उदग्र तत्त्व में अन्य तत्त्व किस तारतमिकता से संश्लिष्ट हैं—यह जाने बिना न तो उस आलोच्य काव्य का विश्लेषण किया जा सकता है और न तो कोई प्रतिमान ही लागू किया जा सकता है।

रसवादी की तुलना में ध्वनिवादी यह नहीं मानता है कि रस चाहे किसी भी स्थिति में क्यों न हो—आत्मस्थानीय होता ही है। दर्पणकार, महिमभट्ट, भट्टनायक—तीनों ही थोड़े अन्तर के साथ यह स्वीकार करते हैं कि रस चाहे किसी भी स्थिति में हो काव्य की आत्मा है। ध्वनिवादी भी कहते हैं कि विश्व में ऐसी कोई वस्तु नहीं है, जो किसी प्रकार की चित्तवृत्ति न पैदा करे और चित्तवृत्ति रूप ही रस है—अतः रस-शून्य कोई काव्य हो नहीं सकता—क्योंकि वह वस्तु-शून्य नहीं होता और मान लिया कि यदि ऐसी कोई वस्तु है, तो किस प्रकार की चित्त-वृत्ति नहीं उत्पन्न करती—प्रभाव नहीं उत्पन्न करती—तो कोई भी कवि वैसी वस्तु काव्य से ग्रहण ही क्यों करेगा ? फिर भी ध्वनिवादी रसमात्र को—चाहे किसी भी स्तर का क्यों न हो—काव्य की आत्मा नहीं मानते। फिर समस्या यह खड़ी होती है कि ध्वनिवादी किस स्तर पर रस को काव्य की आत्मा कहता है ? और जिस स्तर पर उसे आत्मा कहना चाहता है, आत्मा शब्द का प्रयोग उस सीमित रूप के लिए सम्भव है क्या ?

वास्तव में ध्वनिवादी जब ध्वनित-रस को काव्य की आत्मा मानता है—पर अध्वनित स्थिति के 'रस' को नहीं—तब आत्मा की असर्वव्यापकता खटकती है। इस समस्या को हटाने के लिए एक ही रास्ता शेष है और वह यह कि जिस प्रकार आत्मा को दो भूमिकाएँ हैं—निर्गुण और सगुण उसी प्रकार रस की भी दो स्थितियाँ हैं—एक निर्गुणवत् अव्यक्त और अकिंचित्कर तथा दूसरी व्यक्त और आनन्दकर।

जिस प्रकार आत्मा समुचित अभिव्यंजकों के सहारे रसानुभति के रूप में साकार होती है, उसी प्रकार रस भी अनुरूप उपकरणों के सहारे प्रधानतः प्रकाशित होता है और इसी दूसरे रूप में वह सगुण ब्रह्म की भाँति अपनी समग्र निहित सुन्दरता में प्रकाशित होता है। जिस कवि के हृदय में रसानुरूप संघटना होगी—उसी से सरस काव्य की विस्फूर्ति होगी और जो तादृश मनःस्थिति का समुच्छलन होगा उसी की सहृदय में रसात्मक परिणति होगी। अतः सर्वत्र रस की सम्भावना मूर्खता ही है।

इस स्थिति में रस की चर्चा पुरानी और नई कविता के सन्दर्भ में की जाय तो कहा जा सकता है कि इसका सम्बन्ध नवीन और प्राचीन की अपेक्षा अनुरूप मनःस्थिति से है। न तो समस्त पुरानी रचना ही रसात्मकता का समुच्छलन है और न नई कविता से इस दिशा में सिद्धान्ततः निराशा ही है। यह अवश्य है कि पुरानी मनःस्थिति में संवेगों का सन्तुलन जितना सहज और सम्भव था, नई मनःस्थिति में वह नहीं मिल रहा है। जहाँ मिल रहा है, वहाँ की मनःस्थिति के नया होने में सन्देह किया जा रहा है। हाँ, सन्तुलन की ओर विकास-गामी विश्व-मनोवृत्ति को मानकर आशा अवश्य की जा सकती है कि काव्य में रसात्मकता की प्रतिष्ठा पुनः हो सकती है।

रस और सौन्दर्य

सामान्यतः जो हमें आनन्द देता है, रसमग्न करता है, उसे ही हम सुन्दर कहते हैं—सौन्दर्य उसी में देखते हैं—उसी को प्यार करने लगते हैं। इस प्राणिसामान्य द्वारा अनुभूत सत्य के आधार पर ऐसा प्रतीत होता है कि रस, सौन्दर्य एवं प्यार या प्रेम जो काम का ही परिष्कृत रूप हैं—परस्पर सम्बद्ध हैं। सौन्दर्य या लावण्य से कामवृत्ति का उद्रेक और संयत कामवृत्ति के उद्रेक से सौन्दर्य या लावण्य का दर्शन इस प्रकार ये दोनों बीज-अंकुर की भाँति परस्पर आश्रित हैं। आनन्द इनकी परिणति है रस इनकी पर्यवसिति है।

प्राणिमात्र, चाहे वह मानव हो या मानवेतर, रस के लिए, आनन्द के लिए सारा-जीवन बेचैन रहता है—क्रियाशील लक्षित होता है। भ्रमर उसी के लिए भ्रमणशील रहता है, पशु-पक्षी उसी चैन के लिए लालायित रहते हैं—मानव वृत्ति की तुष्टि के लिए आमरण अनेक विध उपक्रम करता रहता है। उपनिषद् के ऋषियों ने उद्घोष ही कर दिया है—को ह्यन्यात् कः प्राण्यात् यद्येष आकाष आनन्दो न स्यात्—संसार में कौन प्राणी श्वास-प्रश्वास लेना और छोड़ना चाहता—यदि यहाँ आनन्द उपलब्ध होने की सम्भावना न होती—संसार स्वयं जो अपनी प्रकृति में संसरणशील है, जगत् जो अपने स्वभाव में गत्वर है क्यों ? आनन्द की ओर जाने के लिए ही न ? आनन्दोल्लास से ही यह सृष्टि-चक्र स्पन्दित हुआ और उसी से स्पन्दित हो रहा है—उसी में पुनः लीन हो जाने के लिए सस्पन्द है।

एक अनुभव और भी सर्वसामान्य का यह है कि चाह या इच्छा उसी की होती है—जिसका हम कभी पहले अनुभव कर चुके होते हैं। ठीक ही है, जिस वस्तु का ज्ञान ही नहीं है, उसकी इच्छा के अंकुरित होने का सवाल ? इसी प्रकार यदि हमें आनन्द की, रस की, इच्छा होती है, तो उसका मतलब है कि कभी उसका अनुभव हुआ होगा अन्यथा पूर्वोक्त कार्यकारण की परम्परा के आलोक में वह चाह कभी सम्भव ही न हुई होती। कहा जा सकता है कि प्रत्येक व्यक्ति जीवन के आरम्भ से कुछ न कुछ इन्द्रिय और मन के अनुकूल प्राप्त किया ही रहता है—भोग

कर ही चुका रहता है। अतः उसकी इच्छा होना स्वाभाविक ही है और उसी जीवन के पूर्वानुभूत की स्मृति तथा चाह प्राणी की होती रहती है। पर विचार करने से प्राणी की चाह के सम्बन्ध में यह बात सिद्ध होती हुई लक्षित नहीं होती। यदि यह आनन्द की चाह पूर्वानुभूत वस्तु विषयक ही होती, तो निःसंदेह उस चाह की तृप्ति उस वस्तु के उपलब्ध होने से हो जाती—लेकिन देखा यह जाता है कि उस वस्तु की उपलब्धि होते ही उसकी चाह समाप्त हो जाती है और दूसरी उत्पन्न हो जाती है। यह क्रम परम्परा सारे जीवन रहती है और प्राणी अन्तिम तृप्ति का अनुभव कभी नहीं करता। क्या बात है ? इससे यही सिद्ध होता है कि प्राणी जिस समग्र रस या आनन्द को चाहता है—वह उसे मिल नहीं पाता। संसार के सारे आनन्द अधूरे हैं—खण्ड हैं—और समग्र नहीं, इसीलिए पूर्णतः तर्पक नहीं। इसीलिए विश्व के देश-काल जैसे चाहे जितने बड़े चौखटे में जितनी भी आनन्द की धारा छलछला उठे, सौन्दर्य लहलहा उठे, मनुष्य की अन्तिम तृप्ति, प्राणी को चरम सन्तोष उपलब्ध नहीं हो सकता। कारण, देश और काल के चौखटे का रस और सौन्दर्य सीमा का सौन्दर्य है—खण्ड सौन्दर्य है—अपूर्ण आनन्द है। तब यही कहना पड़ता है कि इस अखण्ड सौन्दर्य और पूर्ण रस या आनन्द की ही स्मृति या चाह होती है, लेकिन देश-काल की सीमा में उसकी उपलब्धि नहीं होती, इसलिए उसकी चाह बराबर बनी रहती है—कभी भी शान्त नहीं होती है।

यहाँ दो प्रश्न प्रसंगतः और खड़े होते हैं—पहला यह कि क्या यह खण्ड-सौन्दर्य और खण्ड आनन्द उस पूर्ण सौन्दर्य और पूर्ण आनन्द से सर्वथा भिन्न है ? दूसरा यह कि उस पूर्ण और समग्र रस का अनुभव कब हुआ ? कारण, हमारा अस्तित्त्व देश और काल की सीमा में ही है और जहाँ से देश-काल की सीमा आरम्भ होती है—और जहाँ तक उसका फैलाव रहता है, वहाँ से वहाँ तक सभी कुछ खण्ड और ससीम है। अतः सीमा में बँधने वाला सीमा में ही अस्तित्त्व रखने वाला उस समग्र का अनुभव किया होगा—वह किस प्रकार सम्भव हो सकता है ? यह सम्भव ही नहीं, तो समग्र रस की स्मृति या चाह की बात ही कहाँ सम्भव है ? मैं यहाँ सौन्दर्य अथवा रस पर एक विशेष दृष्टि से सोच रहा हूँ, क्योंकि संगत सोचना किसी दृष्टि से ही सम्भव है और यह दृष्टि है—अध्यात्ममूलक। भारतीय अध्यात्म दृष्टि का चरम शिखर है—अद्वैतभाव। इस दृष्टि से सोचने वालों ने यही कहा है कि देश-काल के आविर्भाव से पूर्व 'योग' की जो दशा रही होगी, वहीं चेतन प्राणीमात्र अपने अविभक्त रूप में 'समग्र' रहा होगा, वहीं समग्र का अनुभव होगा, वही अनुभव 'वियोग' मय विश्व-भूमिका में स्मृत होता रहता है। स्मृति एक प्रकार से अनुभव का ही सूक्ष्म रूप है। वह अनुभव सीमा में बँध जाने के बाद सूक्ष्म और अस्पष्ट हो जाता है—निःशेष नहीं। अतः उस आनन्द का—समग्र आनन्द का अभाव नहीं, अस्पष्ट अनुभव ही चाह का मूल है, जो अस्पष्ट रूप से अनुभूत हो रहा है। वह स्पष्ट हो जाय, इसी

की भूख बनी रहती है। अस्पष्ट अनुभव का विषय वह समग्र आनन्द ही है—इसके पक्ष में एक तर्क और समझ में आता है। प्रायः हमें प्रत्येक आनन्द और सौन्दर्य में तारतम्य का अनुभव होता है, ज्यादा-कम का अनुभव होता है। ज्यादा और कम जैसी नाप का कोई नपना होना चाहिए—प्रतिमान होना चाहिए। हमें किसी ऐसे प्रतिमान का अस्पष्ट बोध है, जिसकी तुलना में हम संसार के आनन्द को छोटा-बड़ा कहकर नापते हैं, साथ ही निरतिशय बड़ाई किसी में नहीं देखते—अन्तिम सौन्दर्य बोध, अन्तिम आनन्द बोध—जिसके बाद फिर कोई न हो, संसार के अनुभव में, सांसारिक वस्तु और व्यक्तियों के माध्यम से होनेवाले अनुभव में यह कभी नहीं आया कि अनुभविता किसी को अन्तिम कह दे। इससे यही तो सिद्ध होता है कि अपना अस्पष्ट अनुभव गोचर आनन्दमय प्रतिमान इतना निरतिशय और निरपेक्षवृहत् है कि उसकी तुलना में अन्तिम दीर्घता विश्व में उपलब्ध ही नहीं है।

इस अनुभव को अस्पष्ट अनुभव ही कहना चाहिए—अभावबोध नहीं। इस दृष्टि में अभाव जैसी कोई वस्तु ही नहीं है। जिस भी सत् वस्तु या व्यक्ति का अभाव बोध होता है—उस अभाव बोध में उस भावनात्मक वस्तु का बोध भी अनुस्यूत रहता है। कोई भी अभाव बोध अपने प्रतियोगी बोध से निरपेक्ष नहीं होता। जहाँ घड़े के अभाव का बोध भी होगा, वहाँ घड़ा का बोध अवश्य रहेगा—हाँ, अस्पष्ट, पर रहेगा ही नहीं यह सम्भव नहीं। इसीलिए समग्ररस का अस्पष्ट बोध विश्वात्मक भूमिका-खण्ड भूमिका में भी बराबर बना रहता है। इसीलिए 'वियोग' में भी 'योग' है, पर अस्पष्ट। इसी अस्पष्ट की स्पष्ट चाह समग्र जगत् को व्याकुल कर रही है। इसी विचारालोक में यह भी कहा जा सकता है कि जैसे 'वियोग' में 'योग' और 'अभाव' में 'भाव' है वैसे ही खण्ड में अखण्ड भी है—सांसारिक दशा में भासमान खण्ड अखण्ड से भिन्न नहीं है—किंवा खण्ड, अखण्ड ही है—यह अवश्य है कि खण्डमयता स्पष्ट है और अखण्डमयता अस्पष्ट है।

प्रकृति दृष्टि से प्रत्येक भावात्मक पदार्थ सत् है—अस्तित्त्व सम्पन्न है और जो सत् है, वही प्रकाशमान होकर ज्ञान है चित् है और चित् ही, ज्ञान ही अनुकूल होकर आनन्द है। अभिप्राय यह कि सत् चित् एवं आनन्द में कोई फर्क नहीं है—सत् ही प्रकाशमान और अनुकूल होकर आनन्द है—आनन्द ही आनुकूल्य एवं प्रकाश्य रहित होकर सत् है। मतलब हर वस्तु या व्यक्ति जो सत् है—वह भी चित् और जो चित् है वह आनन्दमय भी। सच्ची सौन्दर्य साधना या रस साधना वही है जिसके सिद्ध होने पर हम सबसे प्यार करने लगें, हमें सभी अच्छे लगने लगे, हमें सभी अनुकूल प्रतीत होने लगें—हम रसमग्न हो जाएँ।

इस दृष्टि के प्रकाश में खण्ड-सौन्दर्य को वृत्तिवेद्य एवं अखण्ड सौन्दर्य को स्वयंवेद्य माना जाता है। खण्ड सौन्दर्य व्यावहारिक या वैश्विक धरातल का सौन्दर्य है—अनुभव के अनुसार इसे भी कई रूपों में बाँटकर देखा गया है—काव्य या कला

का सौन्दर्य जीवन-गत या व्यावहारिक उपयोगिताओं का सौन्दर्य। दूसरा अर्थात् व्यावहारिक धरातल का भी सौन्दर्य दो भागों में विभक्त किया गया है—व्यावहारिक और प्रातीतिक या प्रातिभासिक कुल मिलाकर चित्र या विभाजन इस प्रकार हुआ :

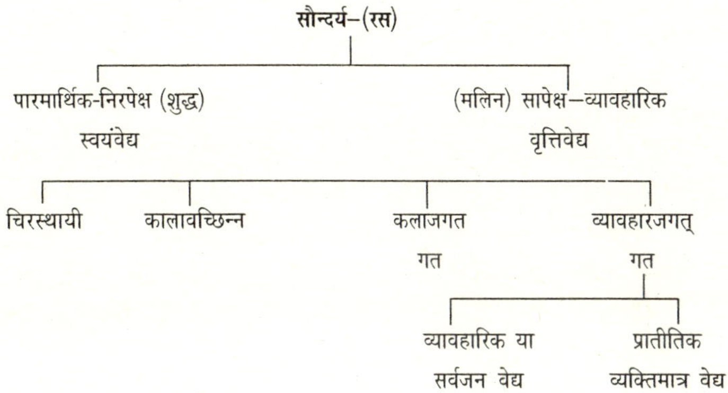

सर्वप्रथम वृत्तिवेद्य खण्ड सौन्दर्य और तज्जन्य रसबोध की बात ली जाय। 'वृत्ति' अन्तःकरण की वेद्याकार दशा है। आचार्य रामचन्द्र शुक्ल ने भी अपने ढंग से सोचते हुए यह कह दिया है कि सुन्दर वस्तु से भिन्न सौन्दर्य कुछ नहीं है—और सौन्दर्य चित्त की तदात्मक (सुन्दर वस्तु या व्यक्ति का आकार) परिणति है। प्रस्तुत दृष्टि से यह माना जाता है कि निरपेक्ष चेतन प्रकाशात्मा है और सापेक्ष सत पदार्थ और प्राणी प्रकाश्य। प्रकाश और प्रकाश्य निरन्तर सम्बद्ध हैं—प्रकाश के अधिष्ठान में ही प्रकाश्य अधिष्ठित है। प्रकाश और प्रकाश्य का जब सम्बन्ध हो तो प्रकाश्य को प्रकाशित होते रहना चाहिए और उसका प्रकाशित होना हमारी अपनी प्रतीति पर आधारित है। अर्थात् कोई वस्तु प्रकाशित हो रही है—यह प्रमाणित करने वाला कौन है ? हमारी प्रतीति ही न ? पर हमारी प्रतीति में यह नहीं आता कि सदा सभी वस्तुएँ हमें प्रतीत हो रही हैं—प्रकाशित हो रही हैं। विपरीत इसके यह होता है कि जब हम प्रयत्न करते हैं, किसी वस्तु या व्यक्ति की प्रतीति के लिए तब वह प्रकाशित होती प्रतीति होती है। यह प्रयत्न विभिन्न, अपरोक्ष एवं परोक्ष-प्रमाणों के प्रयोग का है। हम जिस वस्तु को प्रकाशित देखना चाहते हैं, उस ओर अपनी समस्त ज्ञानोत्पादक शक्तियों को लगा देते हैं—तब कहीं वह वस्तु प्रकाशित होती है। मतलब यह कि प्रकाशात्मा चित् एवं प्रकाश्य पदार्थ एवं व्यक्तिमात्र का सम्बन्ध निरावृत्त नहीं है और ऐसी कल्पना ही इसलिए करनी पड़ती है, यदि निराकृत सम्बन्ध होता—तो सभी प्रकाश्य वस्तु या व्यक्तियों की प्रतीति हमें सदा होती—पर ऐसा अनुभव में आता नहीं और न आने से यह कल्पना करनी पड़ती है कि प्रकाश

और प्रकाश्य के बीच कोई आवरण है। यही आवरण जब खिसक जाता है, तब वस्तु या व्यक्ति प्रकाशित हो जाता है।

'चिदेव चित्तम' के अनुसार चित् चित्त, ही है। चित्त की वृत्ति-प्रकाश्य वस्तु के आकार में चित्त का परिणत होना है। इस परिणति के फलस्वरूप प्रकाश्य एवं प्रकाशक के बीच का विधान या व्यवधान, आवरण, हट जाता है और वस्तु प्रकाशित हो उठती है। साथ ही यह भी समझना चाहिए कि इस दृष्टि के अनुसार चित्त सौन्दर्याभासमय है–सम्बद्ध प्रकाश्य वस्तु या व्यक्ति विषयक वृत्ति के कारण जो धक्का लगता है, उससे आवरण खिसक जाता है और खण्ड-सौन्दर्य झलक जाता है। यहाँ यह सवाल भी खड़ा होता है कि सौन्दर्य का अवस्थान कहाँ है ? ग्राह्य वस्तु या व्यक्ति में अथवा ग्राहक चित्त या चित् में–वह बाह्य है या आन्तर ?

यदि सौन्दर्य वस्तु या ग्राह्य–गत है–तो उसे सर्वजन संवेद्य होना चाहिए। जैसे मिर्च जैसी वस्तुगत तिक्तता सर्वजन संवेद्य है–उसी प्रकार यदि सौन्दर्य वस्तु-गत है, ग्राह्यगत है, तो व्यक्ति या ग्राहक निरपेक्ष है–अतः वैसे ही समान रूप से उसे सर्वजन संवेद्य होना ही चाहिए। पर ऐसा होता नहीं। किसी को कुछ सुन्दर लगता है किसी को कुछ। यहाँ तक कि जो एक को असुन्दर लगता है, वह दूसरे को सुन्दर। श्मशानी पीढ़ी और अकविता वालों का सौन्दर्य बोध तो ले लीजिए। सतीश जमाली और जगदीश चतुर्वेदी से पूछ लीजिए। तब क्या सौन्दर्य व्यक्ति-गत या चित्त-गत है–नहीं, ऐसा भी नहीं। यदि ऐसा होता, तो हर व्यक्ति-गत चित्त सौन्दर्य का प्रतिक्षेप करके हर वस्तु या व्यक्ति में सौन्दर्य देखता। अनुभव भी ऐसा नहीं है कि हर एक को हर कुछ सुन्दर ही दिखाई पड़ता हो फिर भी क्या वह काल्पनिक है–वह कहीं नहीं है–फिर भी दिखाई पड़ता है ? इस विश्लेषण से यह निष्कर्ष निकलता है कि जब व्यावहारिक धरातल पर वृत्ति द्वारा बोध होता है–तब सौन्दर्य खण्डित सा हुआ रहता है–उस स्थिति में एक ओर स्पष्ट और पूर्ण सौन्दर्य है, जो हममें है। और दूसरी ओर स्पष्ट और खण्ड सौन्दर्य है–जो ग्राह्य वस्तु-कमल या गुलाब या कोई भी सुन्दर रूप में है। मनीषियों का निर्णय है कि सौन्दर्य दर्शन जन्य यथार्थ रस-स्फूर्ति के समय ऐसा नहीं होता–तब न तो सौन्दर्य ग्राहक में रहता है और न ग्राह्य में–न चित्त में न वस्तु में–न बाहर न भीतर। वास्तव में तब ग्राहक और ग्राह्य एक रस एवं साम्यावस्थापन्न हो जाते हैं–तब केवल सौन्दर्य ही, स्वयं, प्रकाशमान सौन्दर्य ही रहता है–यह पूर्ण सौन्दर्य है–जहाँ भोक्ता और भोग्य नित्य सम्भोग रूप से विराजमान रहते हैं। कलाजगत् में भी जो सौन्दर्य बोध या पूर्णरस बोध होता है–वह तभी होता है, जब अन्य प्रकार की तर्कबुद्धि-सौन्दर्य बोध में अनुपयोगी तर्कवृत्ति का स्थगन हो जाता है–ग्राह्य और ग्राहक का नहीं सौन्दर्य मात्र का ही बोध होता है। आचार्य रामचन्द्र शुक्ल भी जो बुद्धिवादी आलोचक हैं–सौन्दर्य को सुन्दर वस्तु से पृथक् नहीं मानते–फलतः सौन्दर्य के वस्तुमुखी विवेचन से आरम्भ

करके भी निर्वस्तुमुखी हो गए हैं विषयी एवं विषय-गत से विवाद से ऊपर उठ गए हैं—भीतर और बाहर के झगड़े को व्यर्थ कह गए हैं। वे कह गए हैं कि भीतर बाहर का भेद व्यर्थ है। जो भीतर है वही बाहर है। 'चिन्तामणि' (पृ. 132)

सौन्दर्य ग्राहक-गत है या ग्राह्य-गत—इस निर्णय के सन्दर्भ में यह भी समझ लेना आवश्यक है कि वह ग्राहक-ग्राह्य विभागपूर्वक (उभयगत) भी है और अविभागपूर्वक। विभाग वेला का सौन्दर्य बोध और रसबोध 'आभास' मात्र है—सखण्ड है, पातंजल योग की पदावली में कहा जाय तो 'विक्षिप्तवृत्ति' का बोध उसे कहा जाता है। 'विक्षिप्त वृत्ति' में रूप परिवर्तन होता रहता है, एकाग्रवृत्ति में एक ही 'रूप' या 'भाव' बोध बना रहता है। एकाग्रवृत्ति की वेला में अविभाग की स्थिति रहती है—उस भूमिका से उतरने पर रस-बोध अपना यथार्थ रूप खो देता है। कलाजगत् का बोध एकाग्रप्रज्ञा की स्थिति का बोध है—यह वह भूमिका है—'जहाँ मधुवाता ऋतायते मधु क्षरन्ति सिंधवः।' केशवप्रसाद मिश्र ने इसी मधुमती भूमिका का उल्लेख रस-दशा के सन्दर्भ में किया है—

समूचे सन्दर्भ का निष्कर्ष यह है कि वृत्ति-वेद्य सौन्दर्य कला जगत् में 'एकाग्र' भूमि का होता है—जहाँ आरम्भ में 'चित्त' रूप से एकाकार होता है—चित्त की तदात्मक परिणति एक रस बनी रहती है, यहाँ का सौन्दर्य बोध, तज्जन्य रस बोध मलिन नहीं शुद्ध है—चित्त और रूप की दृष्टि से मिश्रित है—पर विभाग भेद का विस्मरण होने से, विषयान्तर का चित्त में प्रतिफलन होने से, विगलित विद्यान्तर की स्थिति होने से रस बोध स्वयंप्रकाश है। यहाँ की स्थिति शुद्ध होने पर भी व्युत्थान संस्कार और निरोध संस्कार चिरनिद्रित नहीं है—फलतः व्युत्थान संस्कार के जगने से चित्त 'विक्षिप्त' वृत्ति में उतर आता है—अतः चांचल्य पैदा हो जाता है। यह चांचल्य ही मालिन्य है—इसके अतिरिक्त और कुछ भी मालिन्य नहीं है। शुद्ध रस बोध की एक वह दशा है, जो देश और काल की सीमा से बाहर है—जहाँ व्युत्थान संस्कार के जगने की सम्भावना ही नहीं है। जहाँ समस्त संस्कार निरुद्ध हो चुके रहते हैं। यह रस बोध स्थायी और निरपेक्ष या सम्पूर्ण प्रकृति का है।

व्यावहारिक जीवनयापन के सन्दर्भ में भी सौन्दर्य का बोध होता है। रस का उपयोग होता है—पर वह 'विक्षिप्त' वृत्ति का 'मलिन' सौन्दर्य है। इस भूमि पर 'सौन्दर्य' ग्राहक ग्राह्य गत भी प्रतीत होता है—अथवा स्थूल दृष्टि से कहें तो ग्राह्य गत होता है—फलतः उसमें विसंवाद की सम्भावना कम रहती है। गुलाब के सौन्दर्य में विसंवाद की सम्भावना कम है—पर किसी माँ को उसका घिनौना बच्चा भी सुन्दर लगता है। यहाँ का सौन्दर्य प्रतीतिक है—व्यावहारिक नहीं, मोहजन्य है, अविसंवादी नहीं। ऊपर सौन्दर्य के जितने उपरूपों का चित्र प्रस्तुत किया गया है—उसका विवरण यहाँ समाप्त है।

इस सन्दर्भ में काव्य या कलागत सौन्दर्य की किस कोटि का स्वीकार किया

जाय, पारमार्थिक तो कहा नहीं जा सकता, कारण उसमें व्युत्थानसंस्कार चिर प्रसुप्त नहीं रहता। फिर तो व्यावहारिक या प्रातीतिक कोटि का ही कहा जा सकता है। काव्यास्वाद या काव्यगत या कलागत सौन्दर्य के प्रति सामान्यतः यह धारणा है कि वह प्रातीतिक कोटि की वस्तु है। प्रातीतिक का अर्थ ही है—प्रतीति-काल तक जिसका अस्तित्त्व हो—साथ ही जिसके होने और न होने में प्रतीति ही प्रमाण हो। कलागत सौन्दर्य कलात्मक-विभाव-प्रतीति समकालिक है—जब तक कलात्मक विभावन है—तब तक सौन्दर्य या तज्जन्य रस है और जब वह विभावन नहीं है—तब वह सौन्दर्य और अस्वाद भी नहीं है। प्रतीति-सिद्ध, व्यक्ति-वेद्य एवं अन्य प्रातीतिक पदार्थों की भाँति साक्षिभास्य रसमय के प्रातिभासिक होने पर भी उसका उद्दीपक-सौन्दर्य सहृदय-सामान्य-संवेद्य होने के कारण प्रातीतिक नहीं माना जा सकता। खण्ड दृष्टि से वह दृश्यगत और अखण्ड दृष्टि से दृष्टिगत है—यह ऊपर कहा जा चुका है और यह भी कहा जा चुका है कि यथार्थ सौन्दर्य बोध की वेला में द्रष्ट्ट-दृश्य का पार्थक्य विगलित हो जाना है—केवल सौन्दर्य बोध रह जाता है। काव्योचित सौन्दर्य काव्यीय सामग्री द्वारा प्रायः प्रत्येक सहृदय पाठक को, मात्रात्मक भेद को छोड़कर—गुणात्मक प्रकृति में एक प्रकार का ही गृहीत होता है। इसलिए इस काव्योचित सौन्दर्य को उन प्रातीतिक सत्ताक वस्तुओं की कोटि में नहीं रखा जा सकता, जो व्यक्ति मात्र संवेद्य होती हैं। भ्रम एवं स्वप्न के पदार्थ प्रातीतिकसत्ताक होते हैं—कारण, एक तो वे प्रतीतिकालमात्र संवेद्य होते हैं और दूसरे यह कि वे प्रतिव्यक्ति भिन्न होते हैं एक ही समय में अनेक लोग उससे सम्बद्ध गुणात्मक प्रकृति का समान अनुभव नहीं कर सकते। इस दृष्टि से किसी वस्तु की सत्ता को प्रातीतिक मानने के लिए जो दो उपर्युक्त शर्तें बताई गई हैं—उनमें से काव्योचित सौन्दर्य के सम्बन्ध में वे दोनों शर्तें लागू नहीं हो पातीं। इसीलिए मेरी तो यह धारणा है कि काव्योचित सौन्दर्य को व्यावहारिकसत्ताक सौन्दर्य के धरातल पर रखना चाहिए।

यहाँ एक प्रश्न यह खड़ा होता है कि हम जब काव्योचित सौन्दर्य को व्यावहारिकसत्ताक सौन्दर्य धरातल की वस्तु मान लेते हैं, तब लौकिक और काव्यीय सौन्दर्य का अन्तर क्या होगा ? क्या दोनों एक ही प्रकार की वस्तुएँ होंगी ? नहीं, निश्चय ही उनमें फिर भी अन्तर है। पहला अन्तर तो यही है कि जहाँ लौकिक सौन्दर्य और आनन्द प्रायः समस्त जन संवेद्य है, वहाँ काव्यीय सौन्दर्य और आनन्द सहृदय सामान्य संवेद्य है। लौकिक दृष्टि से उन वस्तुओं में भी सौन्दर्य की प्रतीति हो सकती है जो व्यावहारिक उपयोगिताओं से संवलित हैं—पर काव्यस्तरीय सौन्दर्य उससे ऊँची भूमिका की वस्तु है। कतिपय साम्यवादी (चर्निस्वेस्की) कलाचिन्तक जीवनानुभूति और काव्यानुभूति में अन्तर न माने, पर जिस दृष्टि से मैं यहाँ विचार कर रहा हूँ—उस दृष्टि से तो अन्तर है ही। पहला जहाँ 'विक्षिप्त' वृत्ति के धरातल

का है—वहाँ दूसरा 'एकाग्र' वृत्ति के—इसीलिए जहाँ पहले ग्राहक प्रमाता स्वपरभाव युक्त चित्त का होता है—वहाँ दूसरा स्वपरभाव विनिर्मुक्त चित्त का। आचार्य रामचन्द्र शुक्ल ने इसी अवस्था को मुक्त हृदय की अवस्था कहा है। पहला मानसविकार बढ़ाने का कारण हो सकता है। दूसरा मानसपरिष्कार। पहले में असन्तुलन की और दूसरे में सन्तुलन की परिणतियाँ सम्भव हैं। इसलिए काव्योचित सौन्दर्य को व्यावहारिकसत्ताक मानते हुए भी इतना अन्तर स्वीकार ही करना पड़ेगा कि सौन्दर्य की लौकिक और काव्यीय प्रकृति में अन्तर है।

काव्य जगत् का यह द्वन्द्व कि सौन्दर्य 'माध्यम' (रूप) या दृश्यगत अथवा द्रष्टा या आत्मगत कहाँ है—प्रकृत दृष्टि के आलोक में सुलझ जाता है। ऊपर इसी का विचार किया गया है। शास्त्रीय विचारधारा में 'रूप' या 'माध्यम' की महत्ता थी। भारतीय प्राचीन अलंकारवादियों (अलंकार, रीति एवं वक्रोक्ति) ने सौन्दर्य की स्थिति शरीर-शब्दार्थ-गत स्वीकार की थी। पर आगे अन्यय-व्यतिरेक के सहारे उसका सम्बन्ध आत्मा से स्थिर किया गया और रस को ही अन्ततः रसवादी एवं रसध्वनिवादी दोनों ने ही आत्मा माना। पश्चिमी समीक्षकों में भी शास्त्रीय अथवा आभिजात्यवादी समीक्षकों की यह धारणा ही थी कि सौन्दर्य 'रूपाकार' गत ही है। रूपाकरगत सौन्दर्य की संस्थिति मानने वाले पश्चिमी समीक्षकों ने प्रायः सिमेट्री, ऑर्डर, यूनिकामेटी, प्रोप्राइटी, हारमनी, प्रप्रोरशन, मॉडरेशन आदि को प्रमुख स्थान दिया है। स्वच्छन्दतावादी कला समीक्षा का चरम उत्कर्ष क्रोचे की स्थापना में है—और उसने उसे मानसगत प्रतिष्ठित करने की कोशिश की है। नैतिकतावादी समीक्षकों ने ईश्वरीय शक्ति की स्वीकृति में सौन्दर्य की खोज की है। बहरहाल, पश्चिम में भी जो विचारधाराएँ आईं, कथमपि उन्हें भी वस्तुनिष्ठ तथा आत्मनिष्ठ जैसी कोटियों में अन्तर्भूत किया जा सकता है। एक-एक का आग्रह करने वालों में उपर्युक्त विसंगतियाँ उत्पन्न हो सकती हैं—अतः अविभाग और प्रस्तुत दृष्टि सम्मत सामरस्य का धरातल ही सौन्दर्य का तर्क-सम्मत धरातल प्रतीत होता है। वृत्ति प्रकाश्य खण्ड सौन्दर्य के अनुभव से उत्पन्न रस नहीं, रसाभास है—यह कहा जा चुका है। यही रसाभास विक्षिप्तवृत्ति के निरोध और एकाग्रवृत्ति के समुदय से यथार्थ रस में परिणत हो जाता है, इसे ही static अथवा Aesthetic Intuition कहा जा सकता है।

प्रक्रान्त दृष्टि के अनुसार 'सत्' ही प्रकाश्य होकर 'चित्' और 'चित्' ही अनुकूल रहकर 'आनन्द' या रस बन जाता है। इस चरम और पारमार्थिक भूमिका पर रस और सौन्दर्य में भेद नहीं है—जो रस है, वही सुन्दर है जो सुन्दर है, वही रस है और वह एक ही है। अधोन्मुख होने पर वही सुन्दर-असुन्दर तथा अनुकूल और प्रतिकूल की भूमिकाओं में विभक्त हो जाता है। इस विवेचन को परमार्थ की ओर बढ़ाते हुए कहा जा सकता है कि भारतीय चिन्तन में जिसे प्यार किया जाता है, वही सुन्दर होता है और सुन्दर होता है, वही रसमग्न करता है। अच्छा लगना और कुछ नहीं

उद्रिक्त कामवृत्ति की तृप्ति है। काम ही परिष्कृत भूमिका पर 'प्रेम' है। भारतीय चिन्तन में काम या मदन को सुन्दर माना गया है–अर्थात् जो 'काम' या प्रेम' है, वही 'सुन्दर' है। 'काम' को प्राकृत और कृष्ण को अप्राकृत मदन, साक्षात्मन्मथ मन्मथ, कोटिकन्दर्पलावण्यमय कहा गया है–साथ ही 'चिदानन्दमय देह तुम्हारी'–कहकर उसे न केवल 'काम' और 'सुन्दर' ही कहा गया है, वरन् 'आनन्दमय' भी कहा गया है। निष्कर्ष यह कि एक ही तत्त्व कृष्ण–काम या प्रेम, सुन्दर और आनन्द–सब है। अभिप्राय यह कि अभेद की मूलभूमि में काम या प्रेम, तथा सौन्दर्य और आनन्द में कोई भेद नहीं–अभिन्न और एक रस है–जहाँ एक है, वहाँ तीन कहाँ ? भेद की भूमिका पर तीनों पृथक्-पृथक् प्रतीत होते हैं–मूल में एक होने का ही परिणाम है कि तीनों एक दूसरे से अविच्छेद्य रूप में सम्बद्ध हैं। एक का झुकाव दूसरे की ओर है–अपने स्वभाव को पाने के लिए सभी व्यग्र रहते हैं–अपने में समा जाने की बैचेनी सब को रहती है। इस सन्दर्भ में एक बात नितान्त महत्त्व की कही है आचार्य अभिनवगुप्तपाद ने वह भी कह देना आवश्यक समझता हूँ। यह तो स्पष्ट है कि कला का सम्बन्ध सौन्दर्य से है और सौन्दर्य सहृदयता ग्राह्य है। यह सहृदयता क्या है–इस पर विचार करते हुए अभिनव ने परात्रिंशिका नाम की अपनी सुप्रसिद्ध कृति में कहा है 'सर्वतो हि अचमत्कारे जड़तैव, अधिक चमत्कारावेश, एवं वीर्यक्षोमात्मा सहृदयता उच्चयते, यस्यैव एतद् भोगाभ्यास संनिवेशितानन्त बृहकवीर्य वृहितं हृदयं, तस्यैव सातिशयचमत्क्रिया'। शुक्रक्षोभ ही कामानल है और वही सहृदयता। प्रायः विशिष्ट प्रतिभा सम्पन्न सहृदयों में संयम के अभाववश, जो उनकी शक्ति होनी चाहिए–वह कमजोरी के रूप में सुनी जाती है। यही क्षोभ विशेष ही कामवृत्ति की सहृदयता है। संयम से उसका परिष्कार और असंयम से ध्वंस होता है भारतीय साहित्य में ही नहीं, पश्चिमी साहित्य में भी Venus, Aphroditc, Adonis, Eros आदि के रूप वर्णन से कामदेव के ही सौन्दर्य कल्पना का उत्कर्ष गान प्रतीत होता है। जो भी हो, सौन्दर्य एवं काम का वही सम्बन्ध है, जो जल और प्यास का। पश्चिम के अनेक मनीषियों ने इस सम्बन्ध पर प्रकाश डाला है।

जिस सौन्दर्य एवं रस के सामान्य स्वरूप का यहाँ तक विचार किया गया–तात्त्विक दृष्टि से वह एक ही है–उसमें सजातीय और विजातीय किसी भी प्रकार का भेद नहीं है–स्वगत भी नहीं। साथ ही आलम्बन के भेद से वे अनन्तविधभेद या वैशिष्ट्य से भी शबल हो सकते हैं। भारतीय चिन्तकों में से शांकर वेदान्तियों के अनुसार रस तत्त्वतः एक ही हैं आगन्तुक विभावादि उपाधि-भेदवश अनेक भेद हो जाया करते हैं। प्रक्रान्त दृष्टि जिसको लेकर मैं विचार कर रहा हूँ प्रत्यभिज्ञा दर्शन की है। इसके अनुसार उपाधियाँ भी आगन्तुक और बाह्य नहीं हैं–वे आत्मशक्ति का ही व्यक्त रूप हैं–वे इसके अंगभूत ही हैं। चित्त की 'विक्षिप्त वृत्ति' में भेद-दशा परिस्फुट रहती है–उसका बोध रहता है, पृथक् बोध रहता है। पर वृत्ति की एकाग्र

दशा में—जहाँ रसस्फूर्ति होती है—वहाँ पानकरसन्याय से विभावादि की रस से अभिन्न स्थिति रहती है। यह **विशिष्ट रस** है। इसे सम्मिश्र प्रतीति भी कहते हैं। साहित्यकारों ने रस के अनन्त भेदों के बावजूद जातिभेद वश उसे कतिपय परिगणित श्रेणियों में ही विभक्त कर रखा है। इस विशिष्ट रस में रस सामान्य भी अनुस्यूत रहता है। वास्तव में रसस्फूर्ति की दशा में सामान्य और विशेषांश दोनों ही रहते हैं—जब विशेषांश का सामान्य में शतयात्मना तिरोधान या निरोध हो जाता है—तब सामान्यांश ही शेष रह जाता है। जैसे घट में एक आकार-विशेष भी स्फुरित हो रहा है और सामान्य मृत्तिका भी—दोनों का साथ ही स्फुरण है—घट आकार का यदि तिरोधान हो जाय—तो मृत्तिका सामान्य का ही अवस्थान रह जाएगा। इस सामान्य में सभी विशेष **मायूराण्ड-रस-न्याय** से एक रस है—उत्तरोत्तर होती हुई स्थूल दशा में 'विशेष' परिस्फुट होने लगता है। साहित्य शास्त्रियों ने एकाग्रवृत्ति की भूमिका पर प्रतीत होने वाले 'विशिष्ट रस' की ही चर्चा की है। इसे ही वे सम्मिश्र प्रतीति मानते हैं। वैसे रस नित्यसिद्ध और एक ही है—पर अभिव्यंजक के भेद से भिन्न होता जाता है। सिद्ध रस ही वृत्ति-वेद्य होने के कारण व्यक्तावस्थ रहता है। अभिव्यंजक सामग्री आवरण को हटाकर नित्यसिद्ध रस का ही उद्‌बोधन करती है। उद्‌बोधन के समय अभिव्यंजक भी रस के स्वरूप में अन्तर्भूत हो जाता है।

अन्ततः म. म. कविराजजी के एक उद्धरण से इस लेख का समापन करता हूँ।

'एक सौन्दर्य ही जब नाना सौन्दर्य है एवं वह मौलिक नाना सौन्दर्य ही जब जगत् में भिन्न-भिन्न सौन्दर्यों के रूप में प्रकाशमान है, तब जगत् सौन्दर्यसार है—यह जाना जा सकता है। सभी वस्तुएँ सुन्दर हैं, सभी रसमय हैं—किन्तु चित्त में मल और चांचल्य रहने से देखने के समय वह अनुभूत नहीं होता है। रस तब सुख और दुःख के रूप में और सौन्दर्य सुन्दर और कुत्सित के रूप में विभक्त हो पड़ता है। काल का स्रोत वेग से बहता है एवं हम लोगों को बहा ले जाता है—तब श्रेय और प्रेय से विभाग होता है, नियम के जगत् में हम उतर पड़ते हैं—पाप और पुण्य का आविर्भाव होता है—एवं राग और द्वेष की सम्भावना फूट उठती है।' रस साधना और सौन्दर्य साधना की सिद्धि तभी समझनी चाहिए, जब हम सभी को प्यार करने लगें, हमें सभी कुछ अच्छा लगने लगे—हम आत्मविस्मृत होकर रस-मग्न हो उठें।

रस और औचित्य की चिरन्तनता

साहित्य का आलोचनात्मक पक्ष रचना का और रचनात्मक पक्ष जीवन-प्रवाह का अनुगामी होता है। जीवन को स्वस्थ बने रहने के लिए यह आवश्यक है कि उसमें रवानगी हो, परिवर्तन हो। रचना के मूलाधार—जीवन-प्रवाह के परिवर्तनशील होने का परिणाम यह होता है कि रचना अपने अन्तरंग और बहिरंग उभयविध एकान्वित रूप में बदलती रहती है, फलतः इस परिवर्तनशील रचना से प्रसूत समीक्षा के प्रतिमान भी परिवर्तित होते रहते हैं। तर्क की इस सहज प्रक्रिया पर भारतीय काव्यशास्त्र के जो प्रतिमान हैं, उन्हें भी बदलना चाहिए, अथवा अपर्याप्त तो होना ही चाहिए। अन्यथा, शतकों पूर्व जीवन-प्रवाह पर आधृत रचना से प्रसूत प्रतिमान आज के सर्वथा भिन्नरंगी जीवन के प्रवाह के आधार पर विनिर्मित रचनात्मक साहित्य के सौन्दर्य का सम्यक् आकलन किस प्रकार कर सकेंगे ?

चिन्तन के उक्त क्रम में भारतीय काव्यशास्त्र में निरूपित रससिद्धान्त और औचित्य की चिरन्तनता पर प्रश्न उठना सहज और स्वाभाविक है। इसके पूर्व कि इन पक्षों की चिरन्तनता पर विचार किया जाय, प्रतिमानों की चिरन्तनता की परीक्षा की जाय, चिरन्तनता के प्रतिमान पर विचार करना आवश्यक है। चिरन्तनता उसी प्रतिमान में सम्भव है, जो चिरन्तन रचना से प्रसूत हो और चिरन्तन रचना वह है, जो देश और काल की सीमाओं को तोड़ती हुए ग्राहक सहृदय-समाज में अधिक-से-अधिक संवादी मनःस्थिति उभार सके। चिरन्तन रचना वह है, जिसमें व्यंजित मनःस्थितियाँ अधिक-से-अधिक सामान्यीकृत होने की पात्रता रखती हों। **कालिदास** का 'शाकुन्तल' न केवल कालिक सीमा का अतिकरण करता हुआ। प्राचीन भारतीय सहृदय-समाज के हृदय की भाँति अद्यतन सहृदय के हृदय के तारों को झंकृत करता है, अपितु देश की सीमा लाँघकर यूरोपीय कवि गेटे आदि की अन्तरात्मा को भी अभिभूत कर देता है।

वाल्मीकि, व्यास, कालिदास एवं **भवभूति** ने चराचर जगत् के साथ जिन रागात्मक सम्बन्धों की तल्लयकारी व्यंजना की है, उनकी प्रभावोत्पादकता आज भी

सहृदय ग्राहकों के बीच अक्षुण्ण है। प्रतिमान ऐसी ही परिणत रचनाओं से निकलते हैं और परिणत रचनाएँ परिणत प्रतिभा से प्रसूत होती हैं। परिणत प्रतिभा का प्रतिफलन परिणत जीवनानुभूति पर निर्भर करता है। परिणत जीवनानुभूति परिणत अन्तर्दृष्टि से नियन्त्रित होती है। जहाँ रागात्मक और बोधात्मक कृतियाँ एकरस होकर विद्यमान रहती हैं। न वहाँ निर्नियन्त्रित भावों की उफान रहती है, न ही मानवोचित भाव से शून्य बोध। इसीलिए, **आनन्दवर्द्धन** ने ऐसी परिणत रचनाओं के साक्ष्य पर निष्कर्ष निकाला कि इस विचित्र कवि-परम्परावाही विशाल विश्व में कुल दो या तीन, अधिक कहें, तो पाँच या छह महाकवि हो सके हैं।[1] उनकी धारणा है कि ऐरे-गैरे की तो नहीं, परन्तु परिणतप्रज्ञ कवियों का अभिनिवेश रसात्मक साहित्य की सर्जना[2] में ही होता है। उन्हें ऐसी देशकालजयी मनःस्थितियों के चित्रण में ही सुखावह, काव्यानुरूप, प्रसन्न और गम्भीर पदबन्ध[3] दिखाई पड़ते हैं, सर्जनात्मक मनःस्थिति में निहित सौन्दर्य के प्रकाशन में बहिरंग का यथोचित सन्निवेश[4] लक्षित होता है, भाव का रूपात्मक विकास दिखाई पड़ता है, चारुता के प्रकाशक अपरिवर्तनीय ध्वन्यात्मक शब्द[5] दृष्टिगोचर होते हैं। परिणत जीवनानुभूति, जिसका प्रकाश परिणत रचना में होता है, एक ओर बोधात्मक अन्तर्दृष्टि रखती है और दूसरी और तदर्थ अपेक्षित जीवनोपयागी विचारों की सामाजिक परिणति। यह अनुभूति सुख-दुःखमयी मनोदशा ही है, जो निमित्त और परिणति के भेद से अपने भावात्मक विभिन्न उपरूपों में परिणत होती है अथवा तदाधृत चिन्तन जीवनानुभव के माध्यम से ही रचना में प्रतिफलित होते हैं।

रचना तथ्य और चिन्तन का संग्रहालय नहीं है, वह ग्राहक को संवादी मनःस्थिति में लाने के लिए रची जाती है और ऐसा तभी सम्भव है, जब रचनात्मक और प्रभावी मनोदशा के चित्रण में कवि का अभिनिवेश हो। **आनन्दवर्द्धन** ने कहा है कि रस है क्या—चित्तवृत्ति-विशेष ही, मनोदशा-विशेष ही।[6] इसी मनोदशा-विशेष में लाने के लिए कवि अनुरूप अर्थ और शब्द की योजना करता है। उसकी सर्जनात्मक अनुभूति-प्रेरित प्रतिभा ऐसे अर्थों या वस्तुओं का स्पर्श ही नहीं करती, जो ग्राहक के चित्त पर प्रभाव न डाले, उसमें चित्तवृत्ति-विशेष पैदा न करे।[7] यही चित्तवृत्ति-विशेष रस है। जीवनानुभूत सत्य व्यक्तिगत सत्य है, उसे काव्योचित रूप में परिणत होने के लिए आवश्यक है कि वह स्व पर-अनुभूत सामान्य विशेषताओं से मण्डित हो, तभी तन्मयीभवन या संवाद की स्थिति ग्राहक में पैदा हो सकती है। जीवनानुभूति पर आधृत होती हुई भी काव्यानुभूति 'निजता' का परिहार करती हुई आत्मपरिष्कार करती है। इसीलिए, आचार्यों ने ऐसी परिणत रचनाओं से प्रसूत रसात्मक प्रतिमान की व्याख्या में सामान्यीकरण या साधारणीकरण की बात की है। इस प्रकार, प्रतिमान की चिरन्तनता चित्रित जीवनानुभूति की चिरन्तन आस्वाद्यता में निहित है। आस्वाद्य की चिरन्तनता उसके देश-कालजयी सामान्यीकृत रूप में सम्भावित है।

रस के साथ औचित्य का अविच्छेद्य सम्बन्ध बताया गया है। कहा गया है : "औचित्योपनिबन्धस्तु रसस्योपनिषत्परा।"[8] औचित्य का निर्वाह रस की जान है। **क्षेमेन्द्र** ने कहा है, "औचित्यं रससिद्धस्य स्थिरं काव्यस्य जीवितम्।"[9]

यह औचित्य है क्या ?

उचितं प्राहुराचार्याः सदृशं किल यस्य यत्।
उचितस्य च यो भावस्तदौचित्यं प्रचक्षते।।[10]

साध्य के अनुरूप या सदृश साधन का विधान ही औचित्य है—अंगों के अनुरूप अंग की योजना, गुणी के अनुरूप गुण की संघटना, अववयी के अनुरूप अवयव का विधान, अन्तरंग के अनुरूप बहिरंग का विन्यास ही औचित्य है। उज्ज्वलनीलमणिकार ने ठीक कहा है :

सौन्दर्यमङ्गकानां यः सन्निवेशो यथोचितम्।
सुश्लिष्टसन्धिबन्धः स्यात्तत्सौन्दर्यमितीर्यते।।[11]

काव्योचित सर्जनात्मक औचित्य में जो सौन्दर्य निहित है, तदनुरूप अभिव्यंजक शब्दयोजना और रूपविधान उचित है। अभिव्यक्ति में कलात्मकता लाने के लिए जहाँ एक ओर 'उचित' की यह व्याख्या है, वहीं दूसरी ओर वर्ण्य में रसात्मक परिणति की क्षमता भरने के लिए वर्ण्य पक्ष से उसकी दूसरी व्याख्या भी है। बात यह है कि भारतीय संस्कृति प्रतिभा—सर्जनात्मक आक्र विचेनात्मक प्रतिभा, काव्य को व्यक्तिगत वस्तु नहीं मानती, सामाजिक मानती है, इसलिए वह व्यक्तिगत मनःस्थितियों का नहीं, लोकसामान्य भावभूमि के प्रकाशन में अपनी चरितार्थता मानती है। अतएव, भारतीय परम्परा का ग्राहक 'सभ्य' या 'सामाजिक' संज्ञा से ही पुकारा जाता है। यहाँ काव्य के ग्राहक को 'सामाजिक' ही कहा जाता है। यहाँ व्यक्तिमन की अन्धेरी गुहाओं में निहित व्यक्तिगत वृत्तियों का मनोविश्लेषण, शास्त्रीय पद्धतियों पर प्रकाशन की चर्चा भी नहीं है। इसीलिए, 'मनोदशा' से हटकर भाषा के स्तर पर साधारणीकरण की समस्या भारतीय काव्यशास्त्र में नहीं उठी, न ही 'व्यक्ति-अनुभूत' को सर्वजनसंवेद्य बनाने की दिशा में 'प्रयोग' का 'वाद' चला। अस्तु, संस्कृत-काव्य और काव्यशास्त्र के साक्ष्य पर यह कहा जा सकता है कि सामाजिक ग्राहक या आस्वादयिता कभी आस्वाद की भूमि पर प्रतिष्ठित हो ही नहीं सकता, जब तक काव्य की सामग्री में उसके स्वभावानुरूप 'स्वाभाविकता' न हो, समाजानुमोदित प्रयत्न और व्यापार न हो। इस प्रकार, वर्ण्य की दृष्टि से औचित्य का एक दूसरा पहलू 'सामाजिकता' भी है। यह सामाजिकता अपनी परिवर्तनशीलता में समाज-निर्धारित होती हुई सर्वथा चिरन्तन और रसोपयोगी है।

प्रश्न है, भारतीय संस्कृत-काव्य और काव्यशास्त्र पर आधृत इन चिरन्तन प्रतिमानों की आज के विघटनात्मक जीवन-प्रवाह (व्यक्तिवादी, असामाजिक और नीरस) के सन्दर्भ में रचित नए साहित्य के समीक्षण में क्या उपादेयता है ? क्या उक्त सिद्धान्तों की चिरन्तनता आज भी अक्षुण्ण है ? कोई अनुद्घाटित रूप या

सम्भावना भी है, जिसके बल पर आज के रचना-संचार में उसकी महत्ता आकलित की जा सके ? एक उदाहरण लें, जिसके साक्ष्य पर यह प्रश्न ठीक उभारा जा सके।

मोहन राकेश का एक नाटक है—'आधे अधूरे'। इसमें मुख्यतः महेंद्र और श्रीमती महेन्द्र की मनःस्थितियाँ चित्रित की गई हैं। निश्चय ही, **राकेश** ने इस रचना के मूल में स्वकीय जीवनानुभूति को कहीं-न-कहीं उपादान-रूप में ग्रहण किया है। इसीलिए वे मनःस्थितियों के चित्रण में रमे हैं, परन्तु ये मनःस्थितियाँ यहाँ किस रूप में चित्रित हुई हैं—प्रतिषेध्य, विचारणीय अथवा रागतः ग्राह्य रूप में ? मानसिक तथा शारीरिक स्तरों पर विश्रान्ति दोनों को काम्य है, तदर्थ दोनों प्रयत्नशील हैं। श्रीमती महेन्द्र उभयविध स्तरों पर अभीष्ट सुख-शान्ति के लिए जिस रूप में यत्नशील हैं, उस रूप में अभीष्ट सुखशान्ति तो मिलती ही नहीं है, सारा-का-सारा 'घर' अराजक और असमाजानुमोदित दिशा में चला जाता है।

दूसरी ओर महेन्द्र है कि जिस 'घर' से उसे कभी वांछित विश्रान्ति नहीं मिली, न अतीत के साक्ष्य पर मिलने की सम्भावना है, उसी 'घर' की ओर पुनः मुड़ता है, मृगमरीचिका की भाँति विश्रान्ति की आशा लगाए हुए जाता है। क्या यह भी समाजानुमोदित है ? सर्जक इस रचना द्वारा कहना क्या चाहता है ? प्राचीन साहित्य में भी असमाजानुमोदित मनःस्थितियों का प्रतिनायकों में चित्रण रहता था, पर उनका उरेह प्रतिषेध्य रूप में किया जाता था। क्या यहाँ भी वे प्रतिषेध्य रूप में हैं ? दुःखद एवं नैराश्यपर्यवसायी परिणति दिखाकर 'घर' से विरक्त होने की दिशा महेन्द्र को दी गई है ? वह तो उलटे 'लौट' रहा है। लगता है कि इतने पर भी कहीं विश्रान्ति मिल सकती है, तो वह 'घर' में ही। पर, सवाल यह है कि क्या सर्जक आदर्श के धरातल पर इस असामाजिक मनोदशा को प्रतिषेध्य रूप में चित्रित कर यह ध्वनित करना चाहता है कि श्रीमती महेन्द्र की तरह असमाजानुमोदित दिशा में नहीं चलना चाहिए ? क्या श्रीमती महेन्द्र की ओर से सर्जक महेन्द्र में भी अपेक्षित गुणों के अर्जन की अपेक्षा संकेतित करता है ? कदाचित् नहीं।

वह तो इस विघटनात्मक जीवन-प्रवाह की असलियत और नियति चित्रित कर रहा है। पश्चिमी ढाँचे और भारतीय संस्कार दोनों की टकराहट से जो आज 'घर' अपनी अपेक्षाएँ खोता जा रहा है, वह विचारणीय है। आज का मध्यमवर्गीय बुद्धिजीवी इस मानसिक तनाव को भोग रहा है और उसे विचारार्थ साहित्य में उरेह रहा है। वह हमें मनःस्थितियों में डुबोने के बदले विचार में डुबोना चाहता है। वह हमें चिन्तन की दिशा में उत्तेजित करता है। यहाँ नायक महेन्द्र से तादात्म्यापन्न होकर संवादी मनःस्थिति में तल्लीन होने की अपेक्षा ग्राहक उससे सहानुभूति करता है।

भारतीय संस्कृति-काव्यों में नायक के साथ तादात्म्यापन्न होकर ग्राहक जिस रसानुभूति में मग्न होता है, क्या उसी प्रकार ग्राहक विश्रान्ति का अनुभव करता है ? महेन्द्र जिस 'मानसिक तनाव' को भोग रहा है, ग्राहक उसमें डूबना चाहता है या

सहानुभूतिशील होकर विचारमग्न होता है ? कहा जा सकता है कि यह मानसिक तनाव आज व्यक्तिगत नहीं, समाजगत होता जा रहा है, फलतः निर्वैयक्तिक स्तर पर सर्जनात्मक अनुभूति के रूप में चित्रित यह मनःस्थिति यदि रसात्मक नहीं होती, तो ग्राहक पढ़ने के लिए क्यों प्रवृत्त होता ? वास्तविक जीवन-प्रवाह से हटकर कलाजगत् में वे ही क्लेशकर भाव, जो वहाँ विकर्षक होते हैं, यहाँ आकर्षक बन जाते हैं। मान लिया कि यहाँ नायक से न सही, कवि से तादात्म्य तो होता है। **शुक्ल जी** की दृष्टि से यह मध्यम रसदशा है और संस्कृत के आचार्यों की दृष्टि से भावदशा। व्यापक रूप में 'भाव' भी रस ही है, कारण वह रस्यमान तो है ही।

हाँ, एक प्रश्न और। रसात्मक परिणति के लिए 'औचित्य'-गर्भ सामग्री का संयोजन चाहिए। यदि प्रतिषेध्य रूप से इस सामग्री का संयोजन होता है, तो अनौचित्याभाव-रूप औचित्य की सम्भावना होती, पर यह मनःस्थिति 'विचारणीय' रूप से चित्रित है, न तो 'प्रतिषेध्य' रूप में और न ही 'ग्राह्य' रूप में। इस पर **शुक्ल जी** की दृष्टि से कहा जा सकता है कि जहाँ औचित्यगर्भ मानस स्थिति का चित्रण होता है, वहाँ नायक से तादात्म्य होता है, फलतः रस की उत्तम कोटि होती है और जहाँ अनौचित्यगर्भ चित्रण है, वहाँ कवि से तादात्म्य होता है, फलतः रस की मध्यम कोटि होती है। ऐसे स्थलों में नायक की मनःस्थिति से संवाद न करते हुए कवि की दृष्टि से विकर्षक मनोवृत्ति की दशा में हम पहुँच जाते हैं—उसके 'शील' पर विचार करने लगते हैं। यहाँ औचित्य न होने से रस की उत्तम दशा तो नहीं है, इसके विपरीत अनौचित्य होने से रस की मध्यम दशा है। भारतीय काव्यशास्त्र रस और भाव की ही बात नहीं करता, रसाभास और भावाभास की भी बात करता है, फलतः औचित्य और अनौचित्य का भी विचार करता है। व्यापक रूप में रसात्मक प्रतिमान में इस सबका समावेश है।

नए रचनाप्रवाह में ऐसी मनःस्थितियाँ भी चित्रित हैं, जो समाजानुमोदित न होने पर भी न तो 'प्रतिषेध्य' रूप से चित्रित हैं और न ही विचारणीय रूप से, प्रत्युत 'ग्राह्य' रूप से चित्रित हैं। जहाँ और जिसे समाज का ध्यान नहीं होता है, वहाँ और उसके लिए कर्तव्याकर्तव्य का सवाल नहीं उठता, वहाँ रागात्मक स्वतः स्फुरण ही वस्तु को ग्राह्य बनाता है। ऐसी ग्राह्य या विधेय रूप से चित्रित मनोदशा व्यक्तिगत ही कही जा सकती है। व्यक्तिगत मनोदशा का एक रूप वह भी है, जो मनोविश्लेषणात्मक पद्धति पर सेंसर की सीमा से मुक्त असमाजानुमोदित होता है। नए रचनाप्रवाह में उक्त द्विविध मनःस्थितियों का भी चित्रण हो रहा है। एक तरफ व्यक्तिगत जीवन-मूल्य निर्मित हो रहे हैं। जो व्यक्तिगत या व्यक्तिवादी जीवन-प्रवाह से सम्बद्ध है। 'बीमार शहर' और 'क्यों फँसे' में **राजेन्द्र अवस्थी** तथा **यशपाल** असमाजानुमोदित मनःस्थितियाँ चित्रित करते हैं और उन्हें ग्राह्य भी निरूपित करते हैं। **जैनेन्द्र** की नायिका की वह मनःस्थिति, जो परपुरुष हरिप्रसन्न को आत्मसमर्पण

की ओर उन्मुख करती है, ग्राह्य और मूल्यवती मानी गई है। ये सभी व्यक्तिवादी सन्दर्भ हैं। अभी औसत समाज ने इन्हें स्वीकृति नहीं दी है ? रसात्मक प्रतिमान का यहाँ क्या हो ?

काव्य में चूँकि अनुभूत सत्य की अभिव्यक्ति होती है, अतः काव्य के सभी अनुभूत सत्य व्यक्तिगत होते हैं, पर व्यक्तिगत होकर भी कुछ अनुभूत सत्य ऐसे होते हैं, जिनमें निहित 'सामान्य' के कारण ग्राहक अपनी विधायक कल्पना के बल पर उसका साक्षात्कार कर लेते हैं और संवादी स्थिति में पहुँच जाते हैं, पर कुछ व्यक्तिगत मानव-मनोगुहा की ऐसी भी अनुभूतियाँ हैं, जो अपनेआप में इतनी व्यक्तिगत हैं कि उनका स्रष्टा ही उनका भोक्ता हो, यह भी सम्भव है। इस दूसरी स्थिति की मनःस्थिति का आकलन रसात्मक प्रतिमान से सम्भव है ?

स्पष्ट है कि इतनी और ऐसी व्यक्तिगत मनःस्थिति का आकलन सामाजिकता का मुखापेक्षी रसात्मक प्रतिमान नहीं कर सकता। हाँ, यह अवश्य है कि ऐसी मनःस्थितियों का चित्रण करने वाली रचना काव्य है या नहीं, यह भी सोचना होगा। कई बार यह प्रश्न उठाया भी गया है। यदि 'शान्त' रसवादी रहस्यदर्शी मर्मी की व्यक्तिगत मनस्थितियों के चित्रण को काव्य की परिधि में लेता है, तो नितान्त व्यक्तिवादी स्वानुभूति व्यक्तिसत्य के चित्रण को भी काव्य कह सकता है—सहमति, असहमति की बात और है। दोनों ही स्थलों पर स्रष्टा और भोक्ता वे ही हो सकते हैं। हाँ, यह कहना कि 'शान्त' में केवल उपाय का ही चित्रण सम्भव है, जो अन्यानुभूत है, 'उपेय' का नहीं, जो व्यक्तिमात्र से सम्बद्ध है, तो इसका अर्थ क्या है ? वहाँ 'उपाय' से 'समस्ततृष्णाक्षयसुखात्मा'[12] शमरूप 'उपेय' की परिपुष्टि नहीं होती ? और नहीं होती, तो 'शान्त' की अनुभूति का अर्थ क्या ? इत्यादि प्रश्न खड़े होते हैं, इसीलिए 'अष्टौ रसाः' का पक्ष भी है। पर, जो 'शान्त' को नवम रस के रूप में स्वीकार करते हैं, उनके सभी रसपरक तर्क इनके काम के हो सकते हैं।

रही, व्यक्तिवादियों की असमाजानुमोदित, किन्तु व्यक्तिगत भाव से ग्राह्य रूप में चित्रित मनोवृत्ति, वहाँ रसात्मक प्रतिमान का क्या हो ? यदि ऐसे लोग अपना समाज निर्मित कर लें, तो उस समाज का सामाजिक अवश्य 'रस' लेगा, नायक या नायिका से तादात्म्यापन्न हो सकेगा, उसके लिए वहाँ वही 'उचित' है।[13] किन्तु, जब तक इन लोगों का 'समाज' नहीं बनता, तब तक ऐसे साहित्य पर वही 'शान्त' वाली विवादास्पद स्थिति होगी।

अन्ततः, इस सन्दर्भ में एक विशिष्ट बात यह है कि भारतीय काव्यशास्त्री यह मानते हैं कि किसी भी प्रतिमान का प्रयोग करने से पूर्व प्रतिमेय अथवा आलोच्य रचना के मूल में निहित संवेदना का साक्षात्कार कर लेना चाहिए। साक्षात्कार कर लेने के बाद यदि यह लगे कि रचयिता की सर्जनात्मक मूल संवेदना रसात्मक है और प्रस्तुत रचना उसी की अनिवार्य परिणति है, तभी रसात्मक प्रतिमान लागू करना चाहिए,

अन्यथा सरदारजी की तरह दूध को लीटर से नापने की जगह गज से नापने जैसा हो जाएगा। नए रचना-प्रवाह में **मुक्तिबोध** जैसे रचयिता भी हैं, जो समाजानुमोदित मूल्यों को जीते हैं, जीने के लिए मरते हैं और मरण से प्राप्त उपलब्धियों को उरेहते हैं। उनके साहित्य में रसात्मक प्रतिमान के संचार की पूरी गुंजाइश है।

समाज को स्वस्थ बनाने की दिशा में अन्याय के खिलाफ अपनी आवाज बुलन्द करना भी अनाधुनिकता नहीं है जो **वाल्मीकि** से **मुक्तिबोध लक्ष्मीकान्त वर्मा** तक के जैसे नाराज तेवरों में लक्षित होती है। इस रचना में उस शोषक नेता पर भयंकर आक्रोश और विवेकसंयत क्रोध है, जो निर्जीव और नकली माध्यमों से समाज की गाय को गुमराह करते हैं, उसके रग-रेशों में प्रवाहित वात्सल्य को उभारते हैं और फिर उसका निर्मम दोहन करते हैं। ऐसे लोग जहाँ भी मानवता के कतरे को तैरते देखते हैं, पी जाते हैं। इसमें व्यक्ति पीड़ित समाज से एकरस होकर निर्मम शोषकों पर नाराजगी, क्रोध और आक्रोश व्यक्त करता है। **मुक्तिबोध** के शब्दों में यहाँ आत्मचेतस् या व्यक्तिचेतस् विश्वचेतस् से एकरस होकर संकीर्ण स्व-पर-भाव या निजता से मुक्त रसात्मक मनःस्थिति में आरूढ़ है और उसकी अभिव्यक्ति उक्त रूप में करता है।

इस प्रकार, हिन्दी का नया रचना-संसार और उसके समानान्तर चलने वाला काव्य चिन्तन, दोनों के साक्ष्य पर रसात्मक प्रतिमान की चिरन्तनता की सम्भावना दिखाई पड़ती है। रहा औचित्य, जहाँ रस की उत्तम दशा होगी, वहाँ निर्विवाद रूप से उसकी चिरन्तनता सिद्ध होगी, पर जहाँ मध्यम दशा होगी, वहाँ वह इसीलिए तो मध्यम है कि नायक या नायिका में समाजानुमोदित औचित्य का अभाव है।

सन्दर्भ ग्रन्थ

1. ध्वन्यालोक, प्रथम उद्योत।
2. उपरिवत्।
3. प्रसन्नगम्भीरपदाः काव्यबन्धाः सुखावहाः—उपरिवत्।
4. ललितोचितसन्निवेशचारुणः काव्यस्य—उपरिवत्।
5. उक्त्यंतरेणाशक्यं यत् तच्चारुत्वं प्रकाशयन्।
शब्दो व्यंजकतां विभ्रद् ध्वन्युक्तेर्विषयीभवेत्।।—उपरिवत्।
6. ध्वन्यालोक, तृतीय उद्योत।
7. उपरिवत्।
8. उपरिवत्।
9. औचित्यविचारचर्चा।
10. उपरिवत्।
11. उज्ज्वलनीलमणि।
12. ध्वन्यालोक।
13. दशरूपक।

अभिनवगुप्त सम्मत साधारणीकरण और परवर्ती चिन्तन

भारतीय चिन्तन के सूक्ष्म परिशीलन से स्पष्ट है कि उसने अपने विचार और आचार की लम्बी साधना में 'स्व-भाव' का अनुसन्धान कर लिया है—जिसकी सहज भूख प्राणीमात्र में होती है। प्रत्येक प्राणी सुख चाहता है, शाश्वत सुख चाहता है और ऐसा शाश्वत सुख चाहता है, जो निरतिशय हो, जिसमें तारतमिकता न हो। यही 'स्व-भाव' है—इसी को पाने की व्याकुलता हर प्राणी में है—हमारा सारा विकास इसी 'स्व-भाव' की ओर जाने में है। यह पूर्ण निरावृत नहीं है और पूर्ण आवृत भी नहीं है। यदि पूर्णतः आवृत होता तो आकर्षण ही न होता और पूर्ण अनावृत होता तो पाने के लिए प्रयास की आवश्यकता ही न होती। इस 'स्वभाव' अपने को पाने के लिए ही मानव या प्राणीमात्र का प्रयत्न होता है—मानव में उसे पा लेने की सम्भावना है—मानवेतर में नहीं। भारतीय चिन्तन 'व्यवहार', 'काव्यरचना' तथा 'अध्यात्म' साधना और चिन्तन की सभी व्यवस्थित सरणियों या शास्त्रों द्वारा उसी 'स्व-भाव' को पाना चाहता है। सर्वत्र केन्द्र वही है। यहाँ का व्याकरण केवल ग्रामर नहीं है—यहाँ का व्याकरण 'परा' के रूप में 'स्वभाव' को पाने का शास्त्र है। इसका लक्ष्य शब्द संस्कार है—शब्द मात्र शोधित होने पर प्रणव रूप में परिणत हो जाता है, क्योंकि व्यवहार के सभी शब्द विकृत हैं—उन सबकी प्रकृति प्रणव है। उसके विकास से अन्तःकरण की ग्रन्थियाँ छिन्न-भिन्न हो जाती है और 'स्वभाव' की उपलब्धि हो जाती है। इसीलिए भर्तृहरि ने कहा—

> ''इयं हि मोक्षमाणानामजिह्मा राजपद्धतिः।''[1]

'स्व-भाव' के अनुसन्धाताओं की यह ऋजु राजपद्धति है। इसी प्रकार छन्दःशास्त्र मनुष्य का छन्द प्राप्त कराता है, जो केवल 'स्व-भाव' की उपलब्धि पर ही सम्भव है। संगीत शास्त्र नादोपासना के माध्यम से 'स्वाभाव' की ही उपासना है। नन्ददास की एक गोपी के बारे में कहा गया—

> 'कोऊ जाने बैठी गाय।
> राग के सँग है पिउ को जाय।'[2]

लोग या लोक समझता है कि वह बैठी गा रही है, पर वास्तव में वह नादमार्ग से प्रियतम 'स्व-भाव' की ओर जा रही है। निष्कर्ष यह कि समस्त भारतीय चिन्तन की सरणियाँ उसी और मुँह करके दौड़ रही हैं। व्यवहार में भी सारा प्रयत्न उसी के लिए होता है—भले हमारी समझ अन्यथा हो। इस चिन्तनधारा से सहमत काव्यशास्त्रियों की भी धारणा है कि काव्य भी वही सर्वोत्तम है, जो 'निरतिशय शाश्वत सुख' की झलक दिला दे—इसीलिए काव्य का सर्वोत्तम लक्ष्य 'रस' बताकर श्रुतियों का साक्ष्य देते हैं।—'रसो वै सः' —उसी स्वभाव का नाम 'रस' है। अध्यात्म के आचार तथा विचार पक्ष का तो वह सर्वस्व है।

इसी 'रस' के पक्ष में आनन्दवर्द्धन का अभिमत है—

'परिपाकवतां कवीनां रसादितात्पर्यविरहे व्यापार एव न शोभते।'[3]

'व्यंग्यव्यंजक भावेऽस्मिन् विविधे सम्भवत्यपि।
रसादिमय एकस्मिन् कविः स्वादवधानवान्।।'[4]

'रसादिरूपव्यंग्यतात्पर्यमेवैषां युक्तमिति यत्नोऽस्माभिरारब्धो न ध्वनिप्रतिपादन मात्रभिनिवेशेन।'[5]

तमाम प्रसंगों में उस आनन्दवर्द्धन ने, जिसकी वैचारिक आकाश की गहन नीलिमा को बहुमुखी प्रतिभा के परिणत आचार्य अभिनवगुप्त के 'लोचन' की ज्योति प्रकाशित नहीं कर पाती—काव्य का सर्वस्व 'रस' को ही घोषित किया है। व्यवहार का असमाहित और द्वन्द्वग्रस्त चित्त उसी में 'विश्रान्ति' पाने को व्याकुल रहता है—इसीलिए वह 'प्रकाशानन्दमय संविद् विश्रान्ति'[6] है।

इसी 'रस' की आस्वाद प्रक्रिया का व्यवस्थित विवेचन हमें नाट्यशास्त्र में मिलता है। 'रस' 'आस्वाद्य' भी माना गया है और 'आस्वाद' भी। भरत जब कहते हैं—'रस इति कस्मादुच्यते—आस्वाद्यत्वात्'[7] तब वे ऐसा ही मानते हैं। पर जब 'आस्वादनात्मानुभवः रसः काव्यार्थ इष्यते'[8]—कहा जाता है, तब वह विषयीपरक 'आस्वाद' रूप कहा जाता है। परन्तु जब काव्यप्रकाशकार मम्मट कहते हैं—'स्वाकार इवभिन्नोऽपि'[9] तब वे 'आस्वाद्य' और 'आस्वाद' का एकीकार कर देते हैं। अस्तु इस 'रस' की 'निष्पत्ति' कैसे होती है—इसका संकेत नाट्यशास्त्र के 'विभावानुभावव्यभिचारिसंयोगाद्रसनिष्पत्तिः'[10] सूत्र करता है।

साधारणीकरण इसी रसास्वाद की प्रकिया है। इस प्रक्रिया से गुजरने पर ही सुमनस्क प्रेक्षक रसास्वाद तक पहुँच पाता है। साहित्यशास्त्र काव्य में रसास्वाद का विचार सदैव सहृदयग्राहक की ओर से ही करता है। सूत्र में कहा गया है—विभाव, अनुभाव तथा व्यभिचारी के संयोग से रस निष्पन्न होता है—किन्तु कैसे ? उत्तर है—'सामान्यगुणयोगेन'।[11] नाट्यशास्त्र के इस सांकेतिक सूत्र में साधारणीकरण नामक आस्वाद प्रक्रिया का संकेत विद्यमान है। जहाँ एक ओर यह तय है कि साधारणीकरण एक प्रक्रिया है, वहीं दूसरी ओर यह भी तय है कि इस प्रक्रिया की आवश्यकता

केवल सामाजिक में 'रस' की मुख्यतः स्थिति मानने वालों को ही है।

जब भरतसूत्र की सामाजिक की दृष्टि से पहली बार भट्टनायक की व्याख्या आई, तब उसमें यह आपत्ति प्रदर्शित की गई—'स्वगतत्वेन...साधारणीकरणायोगात् ?'[12] अर्थात् रस की व्यक्तिगत रूप में आत्मगत निष्पत्ति मानने से साधारणीकरण की अपेक्षा ही न होगी—असाधारण प्रत्यय ही पर्याप्त है। इस पर से यह अनुमान लगाया गया कि भट्टनायक से पूर्व भी (लौकिक पात्र में रस की निष्पत्ति मानने वालों में ?) साधारणीकरण की चर्चा उठ गई थी। खण्डन स्थापित का ही होता है, फलतः लोगों की ऐसी धारणा है, जो हो, पर 'साधारणीकरण' को काव्यशास्त्र में लाने की उल्लेखनीय स्थिति का श्रेय भट्टनायक को ही है।

भट्टनायक का साधारणीकरण

'साधारणीकरण'—शब्द 'च्वि' प्रत्यय के योग से बना है—जिसका अर्थ होता है—अभूततद्भाव[13]—जो पहले, जैसा नहीं था वैसा हो जाना। अर्थात् जो पहले असाधारण था—वह बाद में साधारण हो गया। 'साधारणत्व' 'साधारण' में हो सकता है, पर साधारणीकरण असाधारण का ही होगा। काव्य में जो सामग्री—'पात्र या वस्तु'—अभिधा से गृहीत होती है, वह 'असाधारण' या 'व्यक्ति' रूप होती है। 'अभिज्ञानशाकुन्तल' के 'शकुन्तला' और 'दुष्यन्त' शब्द अपनी अभिधाशक्ति से व्यक्तिवाचक होने के कारण 'व्यक्ति' या 'असाधारण' रूप अर्थ ही देंगे। 'व्यक्ति' या 'असाधारण' का अर्थ होगा—देशविशेष, कालविशेष और व्यक्तिविशेष से सम्बद्ध व्यक्ति। इस रूप में प्रतीत 'शकुन्तला' उस सामाजिक की रत्यात्मक वासना का आलम्बन कैसे हो सकती है, जो अपने को सामाजिक मान्यताओं का अनुगामी समझता है ? दुष्यन्त की पत्नी के रूप में ज्ञात 'शकुन्तला' सामाजिक की शृंगार भावना का आलम्बन हो नहीं सकती—उसकी रत्यात्मक वासना को उद्बुद्ध कर नहीं सकती।

बात यह है कि काव्य या नाटक से सम्बद्ध प्रत्यासन्न व्यक्ति तीन हैं—नट, नायक और सामाजिक। नट रसानुभूति में मग्न हो जाएगा, तो अभिनय कौन करेगा ? नायक चाहे कल्पित होगा या ऐतिहासिक। दोनों ही रूपों में वह मौजूद नहीं है—अतः अनुपस्थित में रस निष्पत्ति का कोई प्रसंग ही नहीं है। बचा सामाजिक। सामाजिक के समक्ष जिस रूप में—'असाधारण' या 'व्यक्ति' रूप में पात्र सामने है—वह अनुभवसिद्ध रसात्मक प्रभाव निर्मित करने में असमर्थ है। बात यह है कि यदि प्रसंग करुण का है तो मृत पात्र दुःखात्मक प्रभाव निष्पन्न करेगा। प्रसंग शृंगार का है, तो उपस्थित शकुन्तला या सीता सामाजिकता का प्रतिबन्ध होने के कारण रतिवासना को जगा नहीं सकती। ऐसा भी अनुभव नहीं कहता कि अभिनयकाल में द्रष्टा सामाजिक अपनी पत्नी के स्मरण में डूबा रहता है और कदाचित् पात्र देवता हों—सीता-पार्वती हों—तब तो साधारणीकरण भी सम्भव नहीं है। मातृत्व या देवत्व बुद्धि साधारणीकरण

में बाधा डालेगी–और सबसे बड़ी अड़चन यह कि हनुमान-राम गत समुद्रलंघन का देवोचित असाधारण उत्साह सामाजिक जैसे अपेक्षाकृत नगण्य पात्र अपने में अनुभव कैसे कर सकता है ?[14] निष्कर्ष यह कि अभिव्यक्ति बाद में भी इन तमाम अड़चनों और उस अनुभवसिद्ध प्रतीति में तालमेल न देखकर भट्टनायक यह मानता है कि व्यवहार और शास्त्र के शब्दों से काव्य के शब्द अपनी क्षमता में विलक्षण होते हैं। काव्यात्मक शब्द की क्षमता के तीन स्तर हैं–अभिधा, भावना तथा भोग। काव्य शब्द की अभिधात्मक क्षमता से जो सामग्री सामने आती है–वह रस भोग के अनुरूप नहीं हैं–अतः शब्द की अन्य क्षमताओं की उद्भावना अनुभव की उत्पत्ति के लिए करनी पड़ती है। ये अन्य क्षमताएँ हैं–भावना और भोग। अभिधा का सम्बन्ध वाच्यार्थ से है, भावना का रस से और भोग का सहृदय से। भावना रस का भावन कराती है।[15]

काव्य दोषाभाव, गुण अलंकार तथा रसमय शब्द है–इसीलिए इसमें अभिधा से भिन्न रस-भावकता होती है। ऐसे काव्यात्मक शब्द तथा अभिनयात्मक नाट्य में व्यवहार-शास्त्र-प्रसिद्ध शब्दों से अतिरिक्त विलक्षणता होती है–वे रस का भावन करने में सक्षम होते हैं। काव्य की भाषा भावोत्तेजक होती है, भावप्रवण होती है।[16]

वस्तुतः 'भावना' मीमांसा दर्शन का शब्द है–जहाँ उसे त्र्यंश कहा गया है–साध्य, साधन तथा इतिकर्तव्यता (व्यापार) रूप। विधिवाक्यों की क्रिया में भावना होती है–वह दो प्रकार की है–शाब्दी तथा आर्थी। 'स्वर्गकामो यजेत' यह एक विधिवाक्य है–जिसमें स्वर्गकामी के लिए यज्ञ का विधान है। यहाँ, यज्ञ करण है, साधन है और स्वर्ग साध्य या भाव्य है। यज्ञ की इतिकर्तव्यता मध्यवर्ती व्यापार है। इसी व्यापार से साधन द्वारा एक 'अपूर्व' पैदा होता है, जिससे 'स्वर्ग' साध्य होता है। इसी प्रकार काव्य यहाँ करण है–भावनाव्यापार है और रस भाव्य या साध्य है। काव्य के भावना व्यापार से रस का भावन होता है। 'लोचन'[17] में बताया है कि यह भावना या भावकत्व विभावादि का साधारण्य ही है। काव्य रस का भावन करता है–अर्थात् वह विभावादि सामग्री को साधारण कर देता है। 'अभिनवभारती'[18] में जो कुछ कहा है, उससे भी स्पष्ट है कि भावकत्व और साधारणीकरण परस्पर पर्याय* है जिसका फल है, प्रमातृचेतना पर पड़े हुए मोहावरण का ध्वंस। तभी तो आत्मपरामर्श रूप भोग सम्पन्न होता है।

'साधारणीकरण' के सम्बन्ध में दो प्रश्न खड़े किये जाते हैं–पहला यह कि साधारणीकरण किसका-किसका होता है ? दूसरा यह कि–साधारणीकृत सामग्री किस

** 'भावना' शक्ति से काव्यवर्णित स्थायी भी साधारणीकृत हो जाता है–फलतः इसी साधारणीकृत स्थायी का भोग होता है। इसीलिए यह अभिव्यक्तिवाद नहीं है–रसयिता के अन्तस् में स्थित वासना की अभिव्यक्ति नहीं है–*

रूप में प्रतीत होती है ?

भट्टनायक जहाँ एक ओर नट और पात्रगत उत्पत्ति और अनुमिति को अस्वीकार करते हैं, जिस अनुभव के साक्ष्य पर उसी अनुभव के साक्ष्य पर वे यह भी अस्वीकार करते हैं कि रस सामाजिक में अभिव्यक्त होता है। एक तो अभिव्यक्ति सिद्ध की ही होती है, जो है नहीं और न होने पर भी अभिव्यक्ति मानी जाय, तब तो वासना रहित और वासना सहित सभी प्रकार के दर्शकों में समान रूप से रसनिष्पत्ति होने लगेगी। अतः भट्टनायक सर्वथा एक अलौकिक व्यापार 'भोग' स्वीकार करते हैं ताकि व्यवहार सिद्ध दोष का संस्पर्श ही सम्भव न हो। काव्यजगत् का यह लोकोत्तर व्यापार है, जिसके फलस्वरूप सामाजिक में अविद्यमान स्थायी का भी भोग हो जाता है। वे ऐसे साधारणीकरण को जो कहीं लागू हो और कहीं लागू न हो, स्वीकार नहीं करते। उनके मतानुसार विभाव, अनुभाव तथा संचारी का साधारणीकरण होता है–'सीतादिविषयकरामादिगत रत्यादि स्थायीभाव सम्बन्धी विशेष से अनवच्छिन्न या मुक्त हो जाते हैं–फिर तो आवरण के विगलन और सत्व के उद्रेक से प्रकाशानन्दमय संविद्विश्रान्ति–रूप व्यापार या साक्षात्कार से भुज्यमान स्थायी ही–अनवच्छिन्न स्थायी ही रस पदवी प्राप्त करता है।'[19] इस प्रकार साधारणीकरण विभाव, अनुभाव तथा संचारी के साथ स्थायी का भी होता है : प्रभा, प्रदीप तथा उद्योतकार–सभी सहमत हैं। निज मोह संकटता का निवारण प्रमातृगत (आवरणजनित) पारमित्य का भी विगलन[20] है–यह भी साधारणीकरण ही के अन्तर्गत है।

रहा यह कि साधारणीकृत सामग्री प्रतीत किस रूप में होती है–इस पर प्रदीपकार कहता है–'साधारणीकरणं चैतदेव यत्सीतादिविशेषाणां कामिनीत्वादिसामान्योपस्थितिः'[21]–सामग्री का व्यक्तिरूप में प्रत्यय न होकर सामान्य रूप में प्रत्यय होना ही साधारणीकृत प्रतीति है। यद्यपि 'लोचन' में अभिनवगुप्त भट्टनायक के ही सन्दर्भ में कहते हैं–'न च कान्तात्व साधारणं वासनाविकासहेतुविभावितायां प्रयोजकूमिति चेत्–देवता वर्णनादौ तदपि कथम् ? अलोकसामान्यानां रामादीनां ये समुद्रसेतुवन्धनादयो विभावास्ते कथं साधारण्यं भजेयुः ?'[22] अभिनवभारती[23] में भी इसी आशय का वक्तव्य मिलता है। लगता है, ये सब अभिव्यक्ति पक्ष में आपत्तियाँ हैं–भोग पक्ष में नहीं। अभिव्यक्ति पक्ष में सामाजिक की वासना को उद्बुद्ध कराने में सीतादि का असाधारण्य तथा रामादि के उत्साह की आलोकसामान्यता आदि नहीं हटेंगे–पर भट्टनायक तो सामाजिक की वासना की बात ही नहीं करता–अतः उसका साधारणीकरण इन सीमाओं से ऊपर उठ जाता है। वह तो आश्रय की ही भावनातीत रत्यादि को निरवछिन्न अर्थात् व्यापार बनाकर भोगात्मक साक्षात्कार का विषय बना देता है।

अभिनवगुप्तपाद सम्मत साधारणीकरण

अभिनवगुप्त साधारणीकरण की आवश्यकता समझते हैं और उसे मानते हैं–पर भट्टनायक से कई बिन्दुओं पर असहमत हैं। भट्टनायक जिस 'अभिव्यक्ति' पक्ष से असहमत हैं–अभिनव उसी के पक्षधर हैं। भट्टनायक का आक्षेप है कि अभिव्यक्ति पूर्वसिद्ध की ही होती है–रस पूर्वसिद्ध नहीं है–वह तो 'विभावादिजीवितावधि' है–जब तक विभावादि की प्रतीति है, तब तक ही 'रस' का जीवन है–न उसके पहले न ही बाद में। यदि अविद्यमान की भी अभिव्यक्ति होने लगे–तब तो सभी की अभिव्यक्ति होने लगेगी।

वस्तुतः ये लोग सत्कार्यवादी हैं–अतः मानते हैं कि सब कुछ जो सम्भावना के रूप में पहले से विद्यमान है–उसी का प्रकाश होता है–अभिव्यंजन होता है–अभिव्यक्ति होती है, जिसकी बीजात्मना अव्यक्त स्थिति पहले से नहीं है–वह कभी व्यक्त हो नहीं सकता–अनुभवगोचर हो ही नहीं सकता। स्थायी में रसावस्थाक विकास की सम्भावना है। इसीलिए दर्पणकार ने कहा–'रसावस्थः परं भावः स्थायितां प्रतिपद्यते।'[24] अव्यक्त रूप से जो रस पर्यवसायी सम्भावना स्थायी में निहित है–सिद्ध है। वही विभावादि के संयोग से अभिव्यक्त हो जाती है। यही पार्यन्तिकदशा सिद्ध दशा तत्त्वतः रसदशा है–तथापि व्यवहार में असिद्ध दशा में भी 'रस' का वैसे ही व्यवहार होता है, जैसे 'ओदनं पचति' या 'यूपं तक्षति'[25]–तक्षण के बाद यूप सिद्ध होता–यूप का तक्षण नहीं होता। पका हुआ ओदन होता है। **ओदन** का पाक नहीं होता–फिर भी व्यवहार में पक रहे को भी 'ओदन' कहने की प्रथा है। अतः भट्टनायक की यह आपत्ति निराधार है कि सिद्ध का ही व्यंजन-प्रकाशन होता है–अव्यक्त का भी व्यक्तीकरण होता है। जो रस पहले अव्यक्त भाव में विद्यमान है–काव्यव्यापार उसका व्यक्तीकरण करता है–इसीलिए अभिव्यक्ति पक्ष का अनादर नहीं होता।

भट्टनायक की अभिव्यक्ति पक्ष में और भी आपत्तियाँ हैं। उनका कहना है कि सामाजिक यदि आत्मगत अभिव्यक्ति मानता है, तो सीता आदि मातृकल्प पात्र उसकी रतिवासना को कैसे जगा सकती हैं–क्या पूज्यबुद्धि प्रतिबन्धक नहीं होगी ? साधारणीकरण के बल से 'सीता' की 'कान्ता' रूप सामान्य नायिका जैसी प्रतीति हो ही नहीं सकती–साधारणीकरण की भी अनुभवसाक्षिक सीमा है–वह निःसीम नहीं है। क्या सामाजिक अपने माता-पिता के काव्यबद्ध रूप में साधारणीकरण के बल से उनके प्रति आत्मगत शृंगार-भाव जगा सकता है ? क्या यह सम्भव है कि साधारणीकरण के बल से राम-हनुमान का अलोकसामान्य उत्साह अनुभूतिगोचर होने लगे ? यह कल्पना तो और भी अनुभव विरुद्ध है कि सीता सामाजिक को अपनी कान्ता का स्मरण करा दे और फिर काव्ययात्रा में इतना करके निःशेष हो जाय और स्मृतिपथ में अवतरित स्वकीय कान्ता रति को उद्रिक्त करती रहे। ऐसे

ही पूर्वोक्त 'अलोकसामान्य उत्साह' की स्मृति भी सम्भव नहीं—वस्तुतः अन्यगत उत्साह की स्मृति नहीं—प्रत्युत स्वगत उत्साह का अनुभव लोकोत्तर आस्वाद का जनक होता है। उत्पत्ति और अनुमिति का पक्ष तो अभिनव भी नहीं लेते।

भट्टनायक अपनी समझ से दूसरे के सिद्धान्त को दूषित कर रहे हैं—जो स्वाभाविक है। अभिनवगुप्त के पक्षधरों का कहना है कि काव्यनिर्माण की एक मनोभूमिका होती है और उस मनोभूमिका से सहृदय का संवाद होता ही है। जहाँ सहृदय का संवाद ही न हो—समझना चाहिए कि वह भूमि ही असाहित्यिक है। 'सहृदय' का एक अर्थ है, जिसका हृदय संवाद में प्रमाण हो। यदि काव्य में कवि राम के अलोकसामान्य उत्साह का उपनिबन्ध करता है—तो क्या बिना उस भूमि पर आरूढ़ हुए ही करता है और यदि ऐसा है—तो ग्राहक के पक्ष से क्या आपत्ति है ? यदि सर्जना में कवि अपनी सीमित शक्ति को महाशक्ति (प्रतिमान) में विसर्जित कर 'कर्तुमकर्तमन्यथाकर्तुम्' को सम्भव बना देता है, तो ग्राहक में भी वही प्रतिभा उभर कर उसका साक्षात्कार करा सकती है। वास्तविक रचना और ग्रहण की भूमि पर ये आपत्तियाँ आती ही नहीं—जो आपत्तियाँ सम्भव ही नहीं हैं—उनकी कल्पना बाधक के रूप में खड़ा करना निरर्थक और निराधार है।

दूसरे जिस तरह के साधारणीकरण (कान्तात्वादिना) की कल्पना भट्टनायक की है—अभिनवगुप्त की कल्पना उससे भिन्न प्रकार की है। इसलिए भी उनकी आपत्तियाँ अभिव्यक्ति पक्ष में निरर्थक हैं।

अब रही 'भुक्ति' और 'भावना' —सो उनके विषय में अभिनव की धारणा है कि 'भुक्ति' या भोग' भी तो एक प्रकार की प्रतीति ही है—फिर 'न प्रतीयते' का क्या मतलब है ? 'भोग' का अर्थ 'रसन' लें, तो वह भी एक प्रकार की प्रतीति ही है—हाँ, और इस प्रकार की प्रतीतियाँ : प्रत्यक्ष, अनुमिति, उपमिति, शब्द, प्रतिभान आदि उपायभेद से जैसे संज्ञाभेद पाती हैं, वैसे ही यहाँ भी 'भुक्ति' जैसे संज्ञाभेद की कल्पना कर लें—इससे क्या फर्क पड़ता है ? निष्पादन तथा अभिव्यक्ति—दोनों को अस्वीकार करने पर या तो रस नित्य होगा या होगा ही नहीं—और भट्टनायक न तो निष्पादन स्वीकार करते हैं, न ही अभिव्यंजन।

भट्टनायक द्वारा स्वीकृत भावना और भोग—नामक दोनों व्यापारों की कल्पना अभिनव अनावश्यक मानते हैं—और दोनों का अन्तर्भाव व्यंजना में कर लेते हैं।[26] उनका कहना है कि शब्द और अर्थ में अभिधा तथा लक्षणा से सर्वथा पृथक् व्यंजना शक्ति है—ध्वनन व्यापार है।[27] काव्य का रस विषयक भोगीकरण ध्वनन रूप ही है। रहा भावकत्व या भावना वह काव्य भाषा का गुणालंकारमय रूप ही है—यह कौन-सी नई बात है—गुणालंकारमय काव्यभाषा को ही रस के भावन की क्षमता होती है—फलतः यह कोई नई कल्पना नहीं है ? 'काव्य रस का भावक होता है'—के अर्थ दो ही हो सकते हैं—उत्पादक या प्रकाशक—प्रकाशक या अभिव्यंजक न मानने

पर—उत्पादन का ही पक्ष पुनरुज्जीवित होता है—जिससे सभी असहमत हैं। फिर भावक केवल काव्यात्मक शब्द ही नहीं होता, अर्थ भी होता है। केवल अर्थ ही नहीं, शब्द भी होता है—दोनों भावक होते हैं—ध्वनि का लक्षण करते हुए आनन्दवर्द्धन ने पहले ही कह दिया है—"यत्रार्थः शब्दो वा नमर्थं व्यङ्क्तः"[28] —शब्द और अर्थ—दोनों ही काव्यार्थ की व्यंजना करते हैं। इस प्रकार भावना के जो तीन अंश हैं, उनकी योजना व्यंजना पक्ष में भी सटीक बैठ जाती है—काव्य भावक है—उसका व्यंजकत्व व्यापार है—गुणालंकार औचित्य इति कर्तव्यता है रस भाव्य है। इस प्रकार भावना का जो करणांश है—यह ध्वनन रूप ही आता है। और 'भोग' भला काव्य शब्द का व्यापार होगा। भोग है—द्रुति विस्तर विकासात्मा अलौकिक आस्वाद। इसके लिए आनन्दांश पर पड़े हुए अज्ञान के आवरण का हटना आवश्यक है। भावन या ध्वनन व्यापार आवरण भंजक है—इसके फलस्वरूप भोग होता है। स्पष्ट है कि इस भोग में आवरण भंजक ध्वनन व्यापार ही सर्वोपरि है। इस प्रकार रस की योग्यता उसकी ध्वननीयता में ही सम्भव है। काव्य की रस्यमानता से उदित चमत्कार के अतिरिक्त 'भोग' कोई पदार्थ नहीं है। फिर 'काव्यार्थान् भावयन्ति'[29] —यह बात भरतमुनि ने बहुत पहले कह दी है। अभिप्राय यह कि भट्टनायक न तो शब्दशः कुछ नया कह रहे हैं न अर्थतः।[30]

भट्टनायक का यह पक्ष भी असंगत है कि भोग 'द्रुतिविस्तरविकासात्मा' ही है। बात यह है कि 'भोग' ब्रह्मास्वाद नहीं, ब्रह्मास्वादसहोदर है। वहाँ केवल ब्रह्मानन्द है—यहाँ स्वात्मचैतन्यरूप लोकोत्तर आनन्द तो है ही, सत्त्व का प्रवाह भी है—उद्रेक का मतलब है, अन्य को दबाकर स्वयं को हावी रखना। अतः रज और तम का भी अनुवेध सत्त्व में रहेगा ही। फलतः रजोगुण से होने वाली 'द्रुति' तमोगुण के अनुवेध से होने वाली 'विस्तृति' और सत्त्व का विकास तो है ही—ये भी भोग के स्वरूप में ही अन्तर्भुक्त हैं। भट्टनायक के इस पक्ष से उनका अभिव्यक्तिवाद पर यह आक्षेप भी निरस्त हो जाता है कि वह असिद्ध का प्रकाशन नहीं करता—'निजचित्स्वभावनिर्वृत्ति' रूप भोग पूर्वतः सिद्ध ही है। अस्तु तो कह यह रहा था कि भोग द्रुतिविस्तरविकासात्मक ही नहीं अपितु वह—अनन्तवैचित्र्य संवलित है।—कारण, सत्त्वादिगुणों के अंगागिभाव का वैचित्र्य अनन्त है।

भट्टनायक में एक दोष और भी है—उनकी साधारणीकरण की कल्पना परिमित (व्यष्टिगत) है। बात यह है कि प्रमाता के दो रूप हैं—व्यक्ति रूप तथा सामाजिक रूप। काव्य में हम व्यक्तिशः आस्वाद लेते हैं—पर नाट्य की स्थिति भिन्न होती है—वहाँ का आस्वाद संगोष्ठी या समूह का आस्वाद है। कश्मीरी परम्परा रस निष्पत्ति का मुख्य क्षेत्र नाट्य को ही मानती है। वस्तुतः अभिनवगुप्त की इस स्थापना के पीछे उनका रहस्यमय चक्रपूजा का संस्कार भी निहित है। इसके साथ अनुभव भी कहता है कि समष्टिलभ्य आनन्द व्यक्तिशः भी लब्ध किया जा सकता है—किन्तु

समष्टिलभ्य गीत-नृत्यादि का आनन्द व्यक्तिशः देखकर वह उल्लास नहीं होता—जो समष्टि का अंग बनकर देखने में होता है। मनुष्य का स्वभाव है कि ऐसे आयोजन जो समष्टि सुखकर हैं—प्रयत्नपूर्वक समष्टि का अंग बनकर वह देखना चाहता है। इस चाह के पीछे स्पष्ट है कि गीत-नृत्यादि के व्यक्तिशः दर्शन-श्रवण में जो आनन्द होता है—समष्टि का अंग बनकर देखने में निश्चय कुछ अतिशय होता है—वस्तुतः वही पूर्ण आनन्द होता है। भट्टनायक का ध्यान इस विस्तृत साधारण्य की ओर नहीं गया। अभिनवगुप्त लिखते हैं।—'तत एव न परिमितमेवसाधारण्यम्, अपितु विततम्।'[31] प्रसंगात् 'तन्त्रालोक' में इस विषय को अपने दार्शनिक आलोक में अभिनवगुप्त ने अच्छा स्पष्ट किया है। उनका कहना है कि आयोजित नृत्य-गीत पर एकाग्र सहृदय समष्टि ऐसा अनुभव करती है, जैसे सुधासारसागर लहरें मार रहा हो। प्रत्येकशः वेद्य नृत्यादि से समष्टि प्रमातृसंवेद्य नृत्यादि में अनुभवसाक्षिक अतिशय है—इस अनुभूतिगत आतिशय्य की दृष्टि से स्पष्ट है कि उस अंश में प्रमाता का विस्तार हो जाता है। उतने अंश में आनन्द समष्टि प्रमातृसंवेद्य है—वही अनुभूति पूर्ण है। यह पूर्णता और कुछ नहीं—अनन्याकांक्ष रूप से समष्टि द्वारा परामर्श ही है। दार्शनिक आलोक में भी इस अनुभव की व्याख्या करते हुए वे कहते हैं कि संवित् सर्वात्मक है [32]—देहभेद से वही संकुचित हो जाती है। देह है—भेदक और गीत-नृत्यादि मेलक है—इसके कारण देहभेद से भिन्न संविद् पारस्परिक संघट्टवश परस्पर प्रतिसंक्रान्त होकर संकोच का तोड़ती हुई विकस्वर हो जाती है—पूर्ण हो जाती है। इसीलिए निष्कर्ष रूप में वे कहते हैं कि—

अतएव गीतगीतः (नृत्तगीतः) प्रभृतौ बहुपर्षदि। 375
यः सर्वतन्मयीभावेह्लादो नत्वेककस्य सः।
आनन्दनिर्भरा संवित् प्रत्येकं सा तथैकताम्। 376
नृत्तादौ विषये प्राप्ता पूर्णानन्दत्वमश्नुते।[33]

सभा या संगोष्ठी में नृत्य-गीत आदि के कारण जो ह्लाद होता है, वह प्रत्येक का भेद-भिन्न नहीं, बल्कि सबका है—जहाँ वैयक्तिक भेद विगलित हो जाता है। यद्यपि यह संविद् प्रत्येक गत आनन्दनिर्भर होती है—तथापि नृत्य-गीत आदि। के प्रसंग में समष्टिरूप होकर परिपूर्ण हो जाती है। 'अभिनवभारती' में भी 'भयानकरस' का प्रसंग प्रस्तुत करते हुए अभिनवगुप्त ने कहा है कि कालिदास के 'ग्रीवाभंगाभरामम्...' इत्यादि वाक्यों से पहले वाच्यार्थबोध होता है, तदनन्तर भय की मानसी साक्षात्मकारात्मक प्रतीति होती है। इस प्रतीति में रसानुपयोगी देशकाल आदि का विगलन रहता है। उसमें देशकाल आदि से अनालिंगित् 'भीत मृगशावक' भर रह जाता है। उसकी विशिष्टता समाप्त हो जाती है—इस प्रतीति में मैं, यह, वह, शत्रु, मित्र, उदासीन—किसी का भी अनुप्रवेश नहीं रहता। साथ ही लौकिक प्रतीतियों में जैसे सुखदुःख की व्यक्तिगत स्थिति नियमतः होती ही है—वह भी यहाँ नहीं

रहती। लौकिक प्रतीति में विघ्न बाहुल्य सम्भव है और यह निर्विघ्न होती है। इस प्रकार कुल मिलाकर नटादि सामग्री से जो भय अनुभूत होता रहता है–उसमें न तो आत्मबोध अत्यन्त तिरस्कृत रहता है और न ही विशेषतः उल्लिखित ही। ऐसे ही पर-बोध की स्थिति है। इसीलिए अभिनव की दृष्टि में साधारण्य प्रत्येकशः नहीं, अपितु समष्टिगत और परिमित नहीं, विस्तृत होता है।[34]

भट्टनायक ने अपने साधारणीकरण में इस महत्त्वपूर्ण वैशिष्ट्य का भी उल्लेख नहीं किया है। इन सब कारणों से अभिनवगुप्त ने साधारणीकरण की नई व्याख्या दी है। इस सन्दर्भ में सबसे पहली बात यह है कि अभिनव 'अभिव्यक्ति' वाद मानते हैं–फलतः इस पक्ष में जितनी आपत्तियाँ दी हैं–सबका निराकरण किया गया है और भावनाभोग या व्यंजना का उसी में अन्तर्भाव है।

'साधारणीकरण' के सम्बन्ध में अभिनवगुप्त का आशय स्पष्ट करते हुए मम्मट ने कहा है–'ममैवैते शत्रोरेवैंते तटस्थस्यैवैते न ममैवैंते न शत्रोरेवते न तटस्थस्यैवैते इति सम्बन्धविशेष-स्वीकार-परिहार-नियमानध्यवसायात् साधारण्येन प्रतीतेः।'[35] अभिनव भारती में इस आशय के संकेत हैं–मम्मट ने उसे ही एक व्यवस्थित रूप दे दिया है। काव्यप्रकाश की टीका-प्रटीकाओं–प्रदीप, उद्योत, प्रभा–में इसकी उत्तम और विशद व्याख्या की गई है।

भट्टनायक अभिव्यक्तिवाद मानते नहीं–अतः पूर्वसिद्ध वासना की अभिव्यक्ति में दोष दर्शन कराते हैं–'विषयार्जनतारतम्य' की बात करते हैं–सामग्री के तारतम्य से स्थायी के प्रकाश में तारतम्य की बात करते हैं। इससे बच निकलने के लिए उन्होंने सीतादि विषयक रामादिगतरत्यादि स्थायी को ही सम्बन्धी विशेष से काटकर अलग कर दिया है और साधारण होने से प्रकाशानन्दमय संविद् का विषय बनाकर भुज्यमान माना है। अभिनव इस पक्ष को नहीं मानते। वे मानते हैं कि आस्वादयिता सहृदय सामाजिक होता है और वह सर्वसामान्य की भाँति सांसारिक विषयों की वासना से तो सम्पन्न होता ही है, एक अतिरिक्त स्वाभाविक वासना रसास्वाद में भी सहकारिणी होती है–अन्यथा सभी को रसास्वाद सम्भव हो जाएगा। संसार में जन्म लेकर संसारी कौन नहीं होता–पर काव्यादि से शृंगार आदि रसों के आस्वाद की क्षमता केवल उतने से नहीं होती–इसके लिए एक अतिरिक्त वासना की भी आवश्यकता होती ही है। यह अतिरिक्त वासना 'काव्यव्युत्पत्तिस्वभावज़ा'[36]– काव्यानुशीलन से अर्जित स्वाभाविक वासना होती है। इससे हीन लोगों के लिए कहा गया है कि वे काष्ठ, कुड्य, तथा अश्म के समान होते हैं। अस्तु। तो अभिनवगुप्त का पक्ष यह है कि सहृदय अपनी वासना की ही अभिव्यक्ति से आस्वाद लेता है। अभिनव इस अभिव्यक्ति में तीन कारण मानते हैं–

(क) रत्यादि की विभावादि से व्यवहार द्वारा गृहीत व्याप्ति का उद्बुद्ध संस्कार।

(ख) काव्यभावनाजन्य संस्कार तथा सहृदयता।

(ग) रत्यादि वासना।

प्रदीपकार अभिनव का आशय व्यक्त करता हुआ कहता है कि ग्राहक जब अपनी ही वासना की पुनः अभिव्यक्ति के कारण आस्वाद लेता है–तब समस्या यह खड़ी होती है कि काव्या नाट्य की सामग्री अन्य पात्रगत भावों से सम्बद्ध होती है–वह ग्राहक के भाव से सम्बद्ध होती ही नहीं। फिर असम्बद्ध होकर अभिव्यंजक कैसे होगी ? अभिव्यंजक ही नहीं होगी तो अभिव्यक्ति की संगति किस प्रकार सम्भव होगी ?

इसी प्रश्न के समाधान में साधारणीकरण की समस्या या अपेक्षा खड़ी होती है। व्यक्तिविशेष से सम्बद्ध होकर प्रतीत हुई–तो सामाजिक की वासना खासकर शृंगार में स्पंदित ही नहीं होगी। सर्वसम्बद्ध होकर प्रतीत होने से भी काम नहीं चलेगा। जिस किसी से सम्बद्ध हो–तो सामाजिक को ऐसी सामग्री से क्या लेना-देना ? फिर सामग्री भोग्य हो और किसी से उसका सम्बन्ध ही न हो–यह सम्भव ही नहीं है। बात यह है कि अभिनव मानते हैं–'असम्बन्धिनोऽसत्वम्'[37]। जो किसी से सम्बन्ध न हो–ऐसी वस्तु ही नहीं है। भोक्तृभोग्य भावापन्न इस विश्व में ऐसा कुछ है ही नहीं जो किसी-न-किसी का भोग्य न हो, प्रारब्ध कर्म से जाति (जन्म), आयु तथा भोग निर्धारित होता है। संसार की प्रत्येक वस्तु किसी-न-किसी (स्वयं, मित्र, शत्रु तथा उदासीन में) की भोग्य होने से सम्बद्ध होती ही है। इसलिए व्यवहार में वस्तु या सामग्री से भोक्ता के तीन विधेयात्मक और तीन निषेधात्मक ढंग के सम्बन्ध बन सकते हैं और वे भी साधारण। विचार करने पर इन छहों प्रकार के सम्बन्ध से सम्बद्ध रूप में प्रतीत सामग्री सामाजिक की भावना को स्पन्दित नहीं कर सकती–पर इसलिए वह ग्राहक से असम्बद्ध रूप में प्रतीत हो–तो असर कैसे पैदा करेगी ? फलतः लगता है कि इन लौकिक सम्बन्धों से मुक्त होकर भी काव्योचित प्रतीतिकाल में उतनी देर के लिए एक लोकोत्तर रसोपयोगी सम्बन्ध पैदा होता है और उस सम्बन्ध से सम्बद्ध होने पर लौकिक दोषों की सम्भावना ही नहीं होगी।

'प्रभाकर'[38] की तर्कना यह है कि जब काव्य वाक्य से सीतादि पात्र व्यक्तिगत रूप में प्रतीत होते हैं (और व्यक्तिगत रूप में प्रतीत होने का मतलब जनक की पुत्री, राम की पत्नी, त्रेताकालवर्ती, मिथिलावासी या अयोध्यावासी से है)–तब उसका अपलाप कैसे किया जाय ? यह ठीक है कि इस प्रकार के वाक्यार्थबोध से ही रस व्यंजना सम्भव हो जाय, तब द्वितीय वैयंजनिक वाक्यार्थबोध की कल्पना की आवश्यकता ? इससे अनपेक्षित विलम्ब ही होगा। कदाचित् इसी अभिप्राय से अभिनव ने सावधारण प्रतीतियों (मेरी ही...) का निषेध किया–निरवधारण (मम-मेरी या जनकादि की) का नहीं। इस निरवधारण (जनक की) प्रतीति में अपने से असम्बद्ध का निषेध कहाँ हुआ ? असम्बद्ध का निषेध नहीं हुआ–तब सम्बद्ध होने का फल तो हो ही गया। निष्कर्ष यह कि 'अमुक की ही' की जगह 'अमुक की' प्रतीति यदि

हो तो कोई हर्ज नहीं। इस प्रकार काव्यवाक्य से होने वाले वाच्यार्थबोध में सम्बन्धी विशेष का बोध विगलित न भी हो तो भी काम चल जाएगा। इस पक्ष में कुछ वजन भी है। यदि यह मान लिया जाय तो शृंगार रस परक विभिन्न कृतियों में विभावादि सामग्री के साधारण्य संवलित होने से रसपर्यवसायी सामग्री में भेद होगा ही नहीं और जब प्रकाशक सामग्री में भेद नहीं है और प्रकाश्य स्थायी का भी (सहृदय संवाद भाजक) साधारण्य है, तो आस्वाद भी एक ही होगा या होना चाहिए, जबकि अनुभव इसके विरुद्ध जाता है। अनुभव कहता है शृंगार रसपरक विभिन्न कृतियों से होने वाले आस्वाद में भेद होता ही है। आस्वादगत अनुभवसिद्ध भेद सामग्रीगत भेद न मानने से उपपन्न ही नहीं होगा—फलतः कहीं-न-कहीं भेद तो मानना ही पड़ेगा—भेदक—असाधारण का न पूर्णतः अंशतः ही सही—अस्तित्त्व तो मानना ही पड़ेगा। एक तरफ साधारण्य भी मानना होगा अन्यथा कारणादि को विभावादि कैसे कहा जाएगा और शतप्रतिशत साधारण्य मान लिया जाय, तो एक ही रस की विभिन्न कृतियों में आस्वादगत भेद नहीं होगा। वाक्यार्थबोध में सम्बन्धी विशेष से सम्बन्ध प्रतीत होगा—तो वाक्यार्थबोध में आने से उसे कौन रोक देगा। अनुभव और विचार दोनों पक्ष में हैं। अनुभव तो कहता ही है तर्क भी कहता है कि पदजन्य पदार्थों—परिस्थिति वाक्यार्थबोध में अविकल विद्यमान रहती ही हैं।

इस प्रकार जहाँ तक तरफ विभावादि के सावधारण सम्बन्ध का विगलन होकर साधारण्य होता है—वहीं दूसरी ओर व्यक्ति प्रमाता के स्थायी का भी साधारण्य होता है। इतना ही नहीं, प्रमाता के भी पारमित्य का विगलन हो जाता है। इस प्रकार विभाव, अनुभाव, संचारी, स्थायी तथा प्रमाता—सबका साधारण्य होता है—एकत्र सावधारण सम्बन्ध का विच्छेद होता है, अपरत्र पारिमित्य का विगलन होता है।

अभिनवगुप्त ने एक जगह साधारण्य या साधारणीभाव का आशय भी बताया—'यस्यां वस्तुसत्यं काव्यापितानां च देशकालप्रमात्रादीनां नियमहेतूनामन्योन्य-प्रतिबन्धवलादत्यन्तमपसारणे स एव साधारणीभावः सुतरां पुष्यति'[39]—एक ही मंच पर (एक काव्य से) अर्पित तमाम सामग्री भिन्न-भिन्न देशकाल प्रमाता से सबंद्ध प्रतीत होने से परस्पर विरुद्ध हो जाएगी—फलतः एक दूसरे को प्रतिबद्ध करके समाप्त कर देगी—इस प्रकार साधारणीभाव सरलता से ही पुष्ट हो जाएगा। इस प्रकार अभिनवगुप्तपाद सम्मत साधारणीकरण किस-किस का होता है और किस रूप का होता है—यह स्पष्ट किया गया।

अभिव्यक्तिवाद के विपक्ष में विश्वनाथ महापात्र ने भट्टनायक की आपत्तियों का निराकरण करते हुए कहा—

व्यापारोऽस्ति विभावादेर्नाम्नासाधारणीकृतिः।
यत्प्रभावेण स्यासन् पाथोथिप्लवनादयः।
प्रमाता तदभेदेन स्वात्मानं प्रतिपद्यते।।[40]

साधारणीकरण का स्वरूप स्पष्ट करते हुए विश्वनाथ महापात्र इस बात को मानते हैं कि विभावादि सामग्री संकोचक देशकालादि के सम्बन्धों से अपरिच्छिन्न रूप में प्रतीत होती है। साथ ही भट्टनायक की आपत्तियों से सन्त्रस्त होकर एक बात और भी मान लेते हैं कि प्रमाता साधारणीकरण व्यापार के कारण अपने को रामादि पात्रों से अभिन्न मान लेता है। परिणाम यह होता है कि जैसे स्फटिक में सन्निहित जवाकुसुम का लौहित्य प्रतिबिम्बित होता है—वैसे ही सीतादि विषयक रामादिगत न केवल रति अपितु रावणबधादि विषयक अलोकसामान्य उत्साह आदि भी प्रतिबिम्बित हो जाते हैं।[41] हिन्दी साहित्य की रसविषयक आलोचना में 'तादात्म्य' संक्रमण इसी स्रोत से हुआ है।

पण्डितराज जगन्नाथ ने रस के विषय में कुल ग्यारह मतों का उल्लेख किया है। इनमें से एक मत 'नव्यास्तु' प्रतीक से प्रस्तुत किया है। विद्वानों का विचार है कि प्रायः पण्डितराज इस प्रतीक से अपनी धारणा व्यक्त करते हैं। वे अद्वैत वेदान्त के पक्षधर हैं और इस मत में उसका आधार भी ग्रहण किया है। इस मत में यह बताया गया है कि काव्य में प्रयुक्त व्यक्तिवाचक शकुन्तलादि शब्द से (अथवा काव्यसामग्री से) व्यक्तिरूप की ही प्रतीति होती है और इस क्रम से शकुन्तलादि विषयक दुष्यन्तादिगत रत्यादि की प्रतीति ग्राहक करता है। काव्यात्मक शब्द की अभिधादि वृत्तियों से इस अर्थ का ग्रहण हो जाने के बाद सहृदयता के कारण उल्लसित 'भावना' नामक दोषवश अपनी आत्मा कल्पनातीत दुष्यन्त से आच्छादित हो जाती है—दोषवश हम अपने को आश्रय से अभिन्न कर लेते हैं। इस कल्पित दुष्यन्त से आच्छादित अन्तरात्मा में एक अनिर्वचनीय साक्षिभास्य शकुन्तलादि विषयक रत्यादि उत्पन्न हो जाता है—वही रस है।[42] यह अनिर्वचनीय रस वैसे ही उत्पन्न होता है जैसे अज्ञान की आवरण शक्ति से आच्छन्न शुक्तिकाखण्ड में रजतखण्ड उत्पन्न हो जाता है। बात यह है कि अद्वैत वेदान्ती लोग तीन प्रकार की सत्ता मानते हैं—पारमार्थिक, व्यावहारिक तथा प्रातिभासिक या प्रातीतिक। भ्रमात्मक ज्ञान के प्रसंग में जिस विषय की प्रतीति होती है, उसके अस्तित्त्व में वह प्रतीति ही साक्षी है। ये लोग मानते हैं कि अज्ञान में दो शक्तियाँ होती हैं—आवरण और विक्षेप। आवरण शक्ति (व्यावहारिक या पारमार्थिक) वस्तु के स्वरूप को ढक देती है और वहीं विक्षेप शक्ति एक नई वस्तु पैदा कर देती है—वह इसलिए अनिर्वचनीय कही जाती है कि 'त्रिकालाबाधित' न होने से 'सत्य' भी नहीं और प्रतीत होने से 'असत्य' भी नहीं। इस प्रकार सहृदयतावश उल्लसित काव्यभावना के दोष से हम अपने को अन्यथा समझ लेते हैं।—दुष्यन्तत्त्व से अवच्छादित अनुभव करने लगते हैं। इस दुष्यन्त से अवच्छादित स्वरूप वाले आत्मा में शकुन्तलादि विषयक रति अनिर्वचनीय रूप में विक्षेप शक्ति से उत्पन्न हो जाती है। यही रत्यादि स्थायीभाव रस है।

पण्डितराज का कहना यह है कि प्राचीन लोग जिस साधारणीकरण की कल्पना

करते हैं और उसके बल पर रस प्रतीति उपपन्न करते हैं—उसमें 'व्यक्ति' सामान्य रूप से प्रतीत माना ही जाता है—सो इस अन्यथा प्रतीति की उपपत्ति के लिए किसी-न-किसी दोष की परिकल्पना तो करनी ही पड़ेगी। तो **साधारणीकरण** बिना **दोषप्रकल्पन** के जब नहीं उपपन्न हो सकता—तो दोनों के मानने की आवश्यकता क्या है ? जिस दोष से सबके साधारणीकरण की कल्पना करनी पड़ती है—उसी काव्यदोष से ग्राहक अपने को ही आश्रय से अभिन्न समझ ले—अतिरिक्त प्रकल्पन गौरव से बच जाएगा। यह व्यापार काव्य का व्यापार है—लोकोत्तर व्यापार है—अतः व्यावहारिक भ्रमस्थल की परिणतियों से इसका कोई तालमेल नहीं है। फलतः दुःखकर भावों से दुःखात्मक प्रतीति का प्रसंग सम्भावित नहीं होगा। यह तो प्रत्यक्ष अनुभव सिद्ध है। यदि करुण प्रसंगों में सर्वात्मना आनन्दात्मक अनुभूति है, तो वैसी कल्पना करनी पड़ेगी—अन्यथा दुःखमिश्रित सुखात्मक है तो वैसी। सहृदय साक्षिक अनुभव के आलोक में अनुरूप स्थिति की कल्पना ही संगत होगी। इस प्रकार पण्डितराज ने साधारणीकरण की प्रक्रिया ही निःशेष कर दी, अनावश्यक सिद्ध कर दी। साधारणीकरण सम्बन्धी विचार के दौरान एक यह भी कल्प है।

यहाँ तक संस्कृत साहित्य में साधारणीकरण का प्रसंग उल्लिखित हुआ दर्पणकार ने आश्रय के साथ तादात्म्य की बात भी की और साथ-ही-साथ साधारण्य की भी—जो पण्डितराज के चिन्तन के आलोक में सारहीन हो जाता है। जब आश्रय के साथ ग्राहक का तादात्म्य ही हो गया तो सीतादि के साधारण्य की सार्थकता ? और साधारण्य मान लिया, तब तादात्म्य की अपेक्षा क्यों ? अलोक सामान्य उत्साह की अनुभूति की उपपत्ति के लिए ? कदापि नहीं। यदि वह सर्जक की मनोभूमि से प्रसूत है तो ग्राहक की मनोभूमि पर उसी प्रातिभ शक्ति द्वारा सम्पन्न क्यों नहीं होगा ? रही बात पण्डितराज की दोष कल्पना वाली बात—सो अभिनवगुप्त की अभिव्यक्तिवादी धारणा जितनी अनुभव के नजदीक है—पण्डितराज की पद्धति उतनी ही दूर। कहाँ अभिनव का सहृदयसाक्षिक संवाद और कहाँ पण्डितराज की विलक्षण दार्शनिक कल्पना ? वास्तव में रसानुभूति अपनी ही वासना का पुनरास्वाद है।

आचार्य रामचन्द्र शुक्ल रसवादी हैं, पर उनका रसवाद परम्परा से भिन्न है। परम्परावादी रस चिन्तन का प्रस्थान बिन्दु वासना-वासित-हृदय-सहृदय है, जबकि शुक्ल जी का प्रस्थान बिन्दु विषयबद्ध आश्रय या लौकिक पात्र है। परम्परागत साहित्याचार्यों की दृष्टि भाव के वेगवाले अंश पर नहीं थी, उसकी रसात्मक परिणति पर ही रही। परम्परा रस तथा उसके विभावादि घटकों को लोकोत्तर मानती है। शुक्ल जी ने मनोविज्ञान, काव्यानुशीलन तथा लोकनिरीक्षण पर आधारित अधिकतर प्रत्यक्षानुभूति का ही विचार किया है। मनोविज्ञान का यही क्षेत्र है। लौकिक मनोविकार और

काव्य का स्थायीभाव एक ही नहीं है। प्रत्यक्षानुभूति में मनोविकार लौकिक विषयबद्ध हैं, काव्यानुभूति में आचार्यों ने विभावादि का विचार लौकिक विषय से जोड़कर नहीं किया, प्रत्युत सहृदय के वासनावसित हृदय से जोड़कर किया है। लौकिक विषय तथा मनोविकार–उभयत्र त्रैगुण्य का प्राकट्य रहता है, काव्य में केवल सत्त्व का। वे उस कविता का जो रस पर्यवसायी है–लक्ष्य सृष्टि के साथ मनुष्य के रागात्मक सम्बन्ध की रक्षा एवं निर्वाह मानते हैं। परम्परागत रस विवेचन आत्मवादी भूमि पर आधृत है और शुक्ल सम्मत उदात्त प्राकृत भूमि पर। परम्परा अन्तः प्रज्ञा (Intution) को महत्त्व देती है, जबकि शुक्ल जी उसे अतिप्राकृत कहकर बहुत से आधुनिक वैज्ञानिकों और दार्शनिकों की भाँति खण्डित करते हैं।

शुक्ल जी ने अपने साधारणीकरण सम्बन्धी विचार 'चिन्तामणि'[43] तथा 'रस-मीमांसा'[44] में प्रस्तुत किए हैं। उनके मन्तव्य को निम्नलिखित रूप में प्रस्तुत किया जा सकता है–

(क) विभावादि सामान्य रूप में प्रतीत होते हैं–इसका तात्पर्य यही कि रसमग्न पाठक के मन में यह भेदभाव नहीं रहता कि वे आलम्बन मेरे हैं या दूसरे के।

(ख) जब तक किसी भाव का कोई विषय इस रूप में नहीं लाया जाता कि वह सामान्यतः सबके उसी भाव का आलम्बन हो सके–तब तक उसमें रसोद्बोधन की पूर्ण-शक्ति नहीं आ जाती। इसी रूप में लाया जाना हमारे यहाँ साधारणीकरण है।

(ग) कल्पना में मूर्ति तो 'विशेष' की ही होगी–पर वह मूर्ति ऐसी होगी, जो प्रस्तुत भाव का अवलम्बन हो सके...इससे सिद्ध हुआ कि साधारणीकरण **आलम्बनत्व धर्म** का होता है। व्यक्ति तो विशेष ही रहता है, पर उसमें प्रतिष्ठा ऐसे सामान्य धर्म की रहती है, जिसमें साक्षात्कार से सब श्रोताओं या पाठकों के मन में एक ही भाव का उदय थोड़ा या बहुत होता है–साधारणीकरण स्वरूप का होता है–वस्तु या व्यक्ति का नहीं।

(घ) साधारणीकरण प्रभाव का होता है–सत्ता या व्यक्ति का नहीं।

(ङ) जबकि आश्रय के साथ अभिन्नता (तादात्म्य) हो गई, तब उसके आलम्बन भी अपने आलम्बन हो ही जाएँगे।

इन उद्धरणों में पहले यह कहा गया कि साधारणीकरण **विभावादि** का होता है–पुनः उसमें से **'विभाव'** को छाँट लिया गया–फिर विभाव में से भी **आलम्बनविभाव** को और अन्ततः आलम्बन में भी धर्मी व्यक्ति की अपेक्षा **आलम्बनत्वधर्म** को। आगे जाकर उसे केवल **'प्रभाव'** से जोड़ दिया गया और इसी प्रसंग में आश्रय के साथ **तादात्म्य** की भी बात कही गई।

शुक्ल जी रसदशा या रसानुभूति को लोकानुभूति की ही एक उदात्त या अवदात्त स्थिति मानते हैं–अतः यह स्थिति प्रमाता को स्वरूपतः (अ-वैयक्तिक)

लोकसामान्यभाव-भूमि पर उठा ले जाती है—फलतः अनुभविता पक्ष से साधारणीकरण के विचार की उन्हें अपेक्षा ही नहीं होती—स्थायी के साधारण्य का आशय उस (अधिपति भाव—जिसके शासन में अन्य भाव संचरण करते हों—साथ ही जिस भावभूमि पर कवि, आश्रय तथा ग्राहक समान अनुभूति की दृष्टि से एकता का अनुभव करें) के आश्रय के लोकसामान्य भावभूमि तक अभ्युत्थान से है। रही सामग्री—विभावादि—उसका साधारण्य शुक्ल जी को अभिमत है।

यह अवश्य है कि शुक्ल जी विभावादि में विभाव को अपेक्षाकृत अधिक महत्त्व देते हैं, क्योंकि काव्य में दो ही पक्ष हैं—विभाव और भाव। भाव पक्ष की स्थिति पर ऊपर उनका मन्तव्य व्यक्त किया ही जा चुका है—विभाव में भी महत्त्वपूर्ण है आलम्बन। वही 'भाव' को स्पन्दित करता है। अतः उस पर ही शुक्ल जी ने गम्भीरता से विचार किया। वस्तुतः यही बड़ी समस्या है।

पहले शुक्ल जी का मन्तव्य देख लिया जाय—आलम्बन विभाव के साधारण्य की चर्चा करते हुए उनका ध्यान इस बात पर जाता है कि काव्य के अर्थग्रहण मात्र से काम नहीं चलता—बिम्बग्रहण अपेक्षित है—और विम्ब के रूप में किसी **व्यक्ति की ही मूर्ति** आलम्बन रूप में रहेगी। इस बिम्ब रूप में जो व्यक्ति उपस्थिति रहता है—उसकी विवेचना करते हुए उन्होंने लिखा है, "जिस व्यक्ति विशेष के प्रति किसी भाव की व्यंजना कवि या पात्र करता है—पाठक या श्रोता की कल्पना में वह व्यक्ति विशेष ही उपस्थित रहता है। हाँ, कभी-कभी ऐसा भी होता है कि पाठक या श्रोता की मनोवृत्ति या संस्कार के कारण वर्णित व्यक्ति विशेष के स्थान पर कल्पना में उसी के समान धर्मवाली कोई मूर्ति विशेष आ जाती है। वैसे यदि किसी पाठक या श्रोता का किसी सुन्दरी से प्रेम है, तो शृंगाररस की फुटकल उक्तियाँ सुनते समय रह-रहकर आलम्बन के रूप में उसकी प्रेयसी की मूर्ति ही उसकी कल्पना में आएगी। यदि किसी से प्रेम न हुआ तो सुन्दरी की कोई कल्पित मूर्ति उसके मन में आएगी—कहने की आवश्यकता नहीं कि वह मूर्ति भी विशेष की ही होगी—व्यक्ति की ही होगी।"[45] इस प्रकार आलम्बन के रूप में उपस्थित व्यक्ति के साधारणीकरण का अर्थ व्यक्ति का नहीं, उसके स्वरूप का—उसकी स्वरूपगत विशेषताओं का रसोपयोगी आलम्बनत्व धर्म का साधारणीकरण है। अर्थात् आलम्बन में ऐसी विशेषताओं का उरेह किया जाय कि वह श्रोता या प्रेक्षक मात्र में समान भावात्मक संवेदन पैदा कर सके—समान प्रभाव डाल सके। आलम्बन चाहे स्वरूपतः व्यक्ति या विशेष ही हो—पर कार्यतः—परिणामतः वह साधारण हो—सर्वसाधारण पर समान प्रभाव डालने वाला हो।

आलम्बन से हटकर आलम्बनत्व धर्म की ओर झुकने में क्रोचे जैसे उन दार्शनिक आलोचकों का अनुरोध भी है—जो कलात्मक ज्ञान का विषय व्यक्ति या विशेष को मानते हैं। वह वस्तु या व्यक्ति का सामान्य नहीं, बिम्बात्मक बोध ही है—जो भावक

की भावना को स्पन्दित करता है।

अभिनवगुप्त परवर्ती आचार्यों में वजनदार समीक्षक एक शुक्ल जी ही हैं, जो यह स्वीकार करके चलते हैं कि उनका परम्परा से पृथक् प्रस्थान है। वे रसानुभूति को लोकोत्तर अनुभूति नहीं मानते हैं। वे उस प्रत्यक्षानुभूति का ही एक उदात्त स्तर मानते हैं।–इसलिए वे मनोविज्ञान की दृष्टि से रसात्मक अनुभूति को प्रवृत्ति में पर्यवसित मानते हैं–स्वयं में नहीं। परम्परा रस को संविद् विश्रान्ति मानकर उसी को चरमलक्ष्य मानती है। स्पष्ट ही वे इस परम्परा से अपने को पृथक् रख रहे हैं। इस स्थिति में एक सवाल यह खड़ा होता है कि यदि प्रत्यक्षानुभूति या लोकानुभूति से काव्यानुभूति पृथक् नहीं है, तो कारण, कार्य सहकारी जैसी लौकिक संज्ञाएँ ही शुक्ल जी को प्रयुक्त करनी थीं–लोकोत्तरता के आशय को व्यक्त करने वाली संज्ञा का प्रयोग क्यों स्वीकार किया ? इसीलिए शुक्ल जी के आशय का उपबृंहण करते हुए आचार्य पं. विश्वनाथप्रसाद जी मिश्र कहते हैं।[46] "शुक्ल जी ने आलम्बनत्व धर्म पर बल देकर उसे कविकर्म से विशेष रूप से जोड़ दिया। आगे चलकर शीलदर्शन का प्रसंग उठा दिया और रावण के प्रति होने वाली घृणा को लेकर आश्रय पात्र से तादात्म्य न करके कवि के हृदय से तादात्म्य करा दिया। आलम्बनत्व धर्म की बात उठाकर शुक्ल जी ने एक प्रकार से सबको समेटने का प्रयास किया है। आलम्बन या विभाव ही ठीक न हो, कारण या आधार ही समीचीन न हो, तो फिर उसके प्रति भाव की व्यक्ति भी ठीक नहीं रहेगी। विभाव पक्ष और भावपक्ष दो ही तो पक्ष हैं काव्य के–आलम्बन पक्ष और आश्रय पक्ष। आश्रय पक्ष में भाव होने से सहायक भाव उसी में आ जाते हैं और अनुभाव भी उन्हीं को सूचित करने वाले होते हैं। आलम्बन में उद्दीपन आ ही जाता है। प्रश्न खड़ा होता है ग्राहक, दर्शक, श्रोता, पाठक का, शुक्ल जी ने आचार्यों द्वारा प्रयुक्त **तादात्म्य** के द्वारा उसे ग्रहण किया है। केवल सहृदय सामाजिक वाली वासना के परिमितत्त्व को स्पष्ट नहीं कहा है, पर 'प्रायः सबका' का प्रयोग करके वे यह भी मानते से प्रतीत होते हैं कि अनुभूति सबकी एक-सी नहीं होती अर्थात् सभी को रस प्रतीति नहीं होती। किसी संस्कार विशेष वाले को ही होती है। यदि किसी निर्माता विशेष ने कोई विशेष अपने सामने नहीं रखा है या ग्राहक के सामने भी कोई बौद्ध रूप नहीं है, तब तो आलम्बनत्व धर्म की स्थापना न तो कर्ता कर पाएगा और न ग्राहक ही उसे गृहीत कर सकेगा।" इस प्रकार मिश्र जी ने आचार्य शुक्ल के आशय को स्पष्ट करते हुए कहा[47]–"शुक्ल जी ने अकेले अपनी चिन्तन सरणि से आचार्यों की चिन्तन सरणि को जिस प्रकार पकड़ लिया है, वह उनकी ऐसी विशेषता है, जो हिन्दी के किसी अन्य आलोचक में नहीं पाई जाती।" अन्ततः उनका निष्कर्ष है–"उन्होंने पारम्परिक विचारधारा की पकड़ से अपना विच्छेद नहीं होने दिया।"[48] इस प्रकार एक तरफ मिश्र 'आलम्बनत्व धर्म' को केन्द्र में रखकर शुक्ल जी को परम्परा से जोड़ते हैं और

अन्यत्र उसका प्रस्थान बिन्दु वासना-वासित हृदय सहृदय से न मानकर विषयबद्ध लौकिक पात्र से मानकर परम्परा पार्थक्य भी सिद्ध करते हैं। शुक्ल जी जब स्पष्ट अपने को परम्परा से पृथक् कह रहे हैं और मिश्र जी अन्यत्र इसी तथ्य का समर्थन कर रहे हैं—तो उन्हें जबरदस्ती फिर परम्परा से क्यों जोड़ा जाय ? मेरी धारणा तो यह है कि उन्हें अलग ही रहने दिया जाय। मिश्र जी का यह प्रयास कि **आलम्बनत्व धर्म** तथा **तादात्म्य**—दोनों को साधारणीकरण से जोड़कर शुक्ल जी ने विभावादि तथा प्रमाता सबको समेट लिया है—निःसन्देह चमत्कारकारी है, पर इस सबके कारण उन्हें परम्परा से जोड़ना उनके प्रस्थान पार्थक्य का निषेध करना ही है।

अब शुक्ल जी द्वारा साधारणीकरण के सम्बन्ध में उपस्थापित 'आलम्बनत्वधर्म' और 'तादात्म्य' को विचारार्थ लिया जाना चाहिए। कल्पना (ग्राहिका) में मूर्ति 'विशेष' या व्यक्ति की होगी—इस पर आगे विचार होगा—पहला प्रश्न तो यही खड़ा होता है कि इस समस्या को उठाने के लिए क्रोचे को क्यों पकड़ा गया ? क्रोचे के स्वयंप्रकाश ज्ञान में उपस्थित 'विशेष' या 'व्यक्ति' भावोत्तेजक कहाँ है ? वह Form है—द्रव्य नहीं। क्रोचे भावोत्तेजक तो द्रव्य को मानता है। उसका कहना है[49]—"Matter is the emotivity not esthetically elelaborated." द्रव्य तभी तक भावोत्तेजक है, जब तक सौन्दर्य चेतना की अभिव्यक्ति के लिए Form के रूप में परिवर्तित नहीं होता। Form के रूप में अभिव्यक्त हो जाने के बाद वह द्रव्य रह ही नहीं जाता। वहाँ जो आनन्द मिलता है—वह अभिव्यक्त हो जाने का आनन्द है—भाव की रसात्मक परिणति का नहीं। जिस 'विशेष' या 'व्यक्ति' रूप बिम्ब का रसाभिव्यंजन में कोई योगदान नहीं—उसकी चर्चा से क्या लाभ ? उसका प्रसंग क्यों लाया गया ? ऐसा ही था तो 'बिम्ब' ही पर्याप्त था—वह क्रोचे की कला का विषय होकर ही भारतीय साधारणीकरण सिद्धान्त के विरुद्ध खड़ा हो जाता और इस आपाततः भासमान विरोध का परिहार करने के लिए 'आलम्बनत्व' धर्म का साधारणीकरण हो जाता ? कलात्मक आनन्द बिम्बार्थ से ही होता है—और 'बिम्ब' व्यक्ति या विशेष रूप ही होता है—सामान्य रूप नहीं—यह तो आम बात है—इसको खास बात बनाने की जरूरत क्या थी ? बिम्बात्मक विशेष कलात्मक ज्ञान का विशेष तभी होगा, जब 'सामान्य विशेष' होगा—कला का 'विशेष' देशकाल निर्मुक्त ही होगा। असल में 'विशेष' भी दो प्रकार का होता है। ध्वनिमत में वाच्यार्थ का सौन्दर्य[50]—शीर्षक निबन्ध में मैंने यह स्पष्ट किया है कि भारतीय चिन्तन में भी 'बिम्बार्थ' का विचार है और वहाँ कहा गया है—

"विशिष्टमस्य यद्रूपं तत्प्रत्यक्षस्य गोचरः"[51]

अर्थात् कवि की प्रतिभा में वस्तु का प्रत्यक्ष गोचर प्रातिस्विक रूप ही उभरता है—वही ग्राहक की प्रतिभा में उभरकर भावोत्तेजन करता है। शुक्ल जी ने यदि 'व्यक्तिविवेक' की यह पंक्ति देखी होती—तो उन्हें क्रोचे तक वह भी निरर्थक दौड़ न लगानी होती।

वास्तव में 'व्यक्ति' या 'विशेष' को भी दो प्रकार का समझना चाहिए—**'सामान्यविशेष'** और **'विशेषविशेष'** 'सामान्य विशेष' कलोपयोगी या काव्योपयोगी विशेष है और विशेषविशेष (प्रत्यक्षगोचर) व्यवहारोपयोगी विशेष है। 'सामान्यविशेष' देशकालादि (अनुभवसाक्षिक) रस विरोधी विशेष से शून्य होता है या होता जाता है—इसलिए वह बिम्बात्मक विशेष रूप होने पर भी 'सामान्य' (साधारणीकृत) होता है। अभिनवगुप्त का साधारणीकरण पारिभाषिक है। रसात्मक अनुभूतियों—जो एक ही रस की विभिन्न कृतियों से अनुभव में आती है—में सहृदयों का अनुभव साक्षी है कि उनमें भेद प्रतीत होता है। यदि विभावादि तथा प्रमाता—स्थायी—सबके साधारणीकरण का अर्थ सर्वथा वैयक्तिकता विरोधी 'सामान्य' होता तो सामग्री के सामान्य होने से अभिव्यंजित प्रतीति भी सामान्य होती—जबकि यह अनुभवविरुद्ध है। अनुभव में प्रतीति भेद है। एक ही रस की विभिन्न कृतियों से होने वाली प्रतीतियों में भेद अनुभवसिद्ध है और इस अनुभवसिद्ध की उपपत्ति के लिए सामग्री में भी भेद मानना ही होगा और यह भेद वैयक्तिकता के ही कारण होगा। अतः कल्पना में आई हुई मूर्ति 'व्यक्ति' होगी—मैं सहमत हूँ। अभिनवगुप्त सम्मत साधारणीकरण के सन्दर्भ में भी यही बात ऊपर कही जा चुकी है। पर व्यक्ति के कितने वैयक्तिक तत्त्व रहें—विधेयात्मक ढंग से उसका परिगणन सम्भव नहीं है। इतना अवश्य है कि अनुभव को उपपन्न करने के लिए अनुभवविरोधी वैयक्तिक तत्त्वों का विगलन भी मानना पड़ेगा साथ ही अनुभव-अनुरोधी वैयक्तिक तत्त्वों का आलम्बन विशेष में अस्तित्त्व भी मानना पड़ेगा। इस स्थिति में आलम्बन 'व्यक्ति' (विशेष) भी है और 'सामान्य' भी। इसी को मैं 'सामान्य-विशेष' कहता हूँ। शुक्ल जी भी जब आलम्बन को 'व्यक्ति' कहते हैं और उसमें रहने वाले रसानुरोधी धर्मों को सामान्य—तो उनका और मेरा आशय एक ही है। मुझे उनके 'आलम्बनत्व धर्म' के साधारणीकरण में कोई आपत्ति नहीं है परन्तु शुक्ल जी के अन्तेवासी फलतः उनके मर्मज्ञ आचार्य विश्वनाथ प्रसाद मिश्र जब कहते हैं—"ऐसा प्रतीत होता है कि आचार्य शुक्ल के ध्यान में किसी कारण 'विभावन व्यापार' मात्र रहा (जो कि परम्परा सम्मत साधारणीकरण का पाँचवाँ भाग है) इसी से उन्होंने कहा कि आलम्बनत्व धर्म का साधारणीकरण होता है।"[52] शुक्ल जी साधारणीकरण के समान अर्थ में विभावन व्यापार का प्रयोग करते हैं।—अतः परम्परा से हटकर साधारणीकरण व्यापार का क्षेत्र संकोच करते हैं। सम्भव है, इस क्षेत्र संकोच का कारण उनकी काव्यानुभूति सम्बन्धी अपनी धारणा विशेष हो। वे काव्यानुभूति को अवदात लोकानुभूति ही मानते हैं—फलतः परम्परागत साधारणीकरण से उनका मेल हो भी नहीं सकता और वे चाहते भी नहीं हैं।

मिश्र जी एक और महत्त्व की बात की ओर संकोच करते हैं। वे कहते हैं—"वे धर्मी को छोड़कर धर्म की बात उठाकर वस्तुतः काव्य में होने वाले त्रिकोण को अपने ढंग से समेटते हैं। धर्मी की चर्चा करने से 'व्यक्तिविशेष' का असाधारणत्व हटता

है, पर 'धर्म' की चर्चा आ जाने से उसे 'कर्तानिर्माता' से जोड़ लिया गया। अर्थात् उनकी दृष्टि से साधारणीकरण कवि-सापेक्ष हो गया। यदि किसी आलम्बन विशेष में सामान्य काव्यालम्बन के गुणों या धर्मों का कवि या कर्ता आरोप न कर सकेगा, तो साधारणीकरण होगा ही नहीं। उधर पुराने आचार्यों ने उसे ग्राहक से जोड़कर देखा।''[53] मिश्र जी ने इस टिप्पणी से भी उन्हें परम्परा भिन्न बताया। कर्ता रसोपयोगी उचित गुणधर्मों का आलम्बन व्यक्ति में आधान करता है और ग्राहक उसके रहने से रस का अभंग अनुभव करता है।

इस प्रकार जहाँ तक 'आलम्बनत्व धर्म' उपर्युक्त 'सामान्यविशेष' परक है—वहाँ तक कोई मतभेद या विरोध का सवाल ही नहीं उठता। इतना अवश्य कहना है कि कला का बिम्बार्थ (चाहे वह क्रोचे का हो या न हो) (व्यक्ति या विशेष) सामान्य विशेष ही है—वह भारतीय साधारणीकरण—आलम्बन के साधारणीकृत रूप में विरुद्ध है ही नहीं—अतः उसके कारण 'धर्मों' से हटकर 'धर्म' की ओर प्रस्थान करना अनावश्यक है। 'विशेष' विशेष ही नहीं होता कला या काव्य के क्षेत्र में—वह 'सामान्य' होता है—'विशेष' भी सामान्य हो सकता है।

कल्पना में उभरे हुए 'व्यक्ति' के स्वरूप के सम्बन्ध में शुक्ल जी ने कहा है कि यदि वर्णित आलम्बन दृष्ट है, तब तो वही आयगा और यदि अदृष्ट है, तो शृंगार में किसी प्रेमिका या कान्ता की स्मृति होगी और प्रेमिका न हुई तो कोई कल्पित मूर्ति और अन्य रसों में वही कल्पित आलम्बन व्यक्ति। स्पष्ट ही यह वक्तव्य भी परम्परा विरुद्ध जाता है। यहाँ आलम्बन के रूप में सहृदयसम्मत साधारणीकृत रूप ही होना चाहिए—स्वकान्ता-स्मरण या प्रेमिका स्मरण नहीं—अन्यथा आस्वाद की भूमि वैयक्तिक हो जाएगी।

अन्तिम बात है—आश्रय एवं ग्राहक के तादात्म्य की। इस विषय में शुक्ल जी का वाक्य है—''साधारणीकरण के प्रतिपादन में पुराने आचार्यों ने श्रोता (या पाठक) और आश्रय (भावव्यंजना करने वाला पात्र) के तादात्म्य की अवस्था का ही विचार किया किया है।''[54] न तो शुक्ल जी के इस वाक्य से और न ही इनके स्रोत साहित्यदर्पण के—

> व्यापारस्तु विभावादेर्नाम्ना साधारणीकृतिः।
> तत्प्रमाणेन यस्यासन् पाथोधिप्लवनादयः।
> प्रमाता तदभेदेन स्वात्मानं प्रतिपद्यते।।[55]

से ही यह स्पष्ट होता है कि ये लोग तादात्म्य को साधारणीकरण का पर्याय मानते हैं। प्रमाता का आश्रय—पात्र—से तादात्म्य उसके प्रभाव से होता है—इसलिए जो आपत्तियाँ भट्टनायक ने उठाई थीं—वे भी समाप्त हो जाती हैं—दर्पणकार का इतना ही मन्तव्य है। जिस आपत्ति की दर्पणकार को इतनी चिन्ता है—अभिनवगुप्त ने उसे भट्टनायक का महान साहस कहकर तिरस्कृत किया है। पण्डितराज ने कदाचित्

इसीलिए दोषविशेष की प्रकल्पना की है। साधारणीकरण या तादात्म्य जब दोनों ही वस्तुस्थिति से भिन्न हैं, तब ऐसा किसी दोष से ही सम्भव है और जब दोष की प्रकल्पना करनी ही है, तब सीधे आश्रय से प्रमाता का तादात्म्य ही क्यों न मान लिया जाय ? वैसे भट्टतौत[56] मानते हैं कि नायक, कवि और ग्राहक को संवादी संस्कार का होना चाहिए–नहीं तो रसात्मक फल हो ही नहीं सकता। वस्तुः 'तादात्म्य' को इस सन्दर्भ में इतना तूल देना ही नहीं चाहिए। वह परोक्ष रहकर भले ही समझने-समझाने में उपयोगी हो। दूसरी बात यह भी है कि जब ऊपर चर्चित तर्क से यह स्पष्ट है कि साधारणीकरण में वैयक्तिक तत्त्व का शत-प्रतिशत विगलन नहीं होता, तब साधारणीकरण तादात्म्य का पर्याय कैसे हो सकता है ? यह ठीक है कि जिनमें भेद होता है, उन्हीं का तादात्म्य होता है–पर जब तादात्म्य होता है–तब भेद विगलित हो जाता है। यहाँ तो भेद का सर्वात्मना विगलन होने से एक ही रस की विभिन्न कृतियों से होने वाली प्रतीति में अनुभव सिद्ध भेद उपपन्न नहीं हो सकेगा। वस्तुतः नायक से प्रमाता का तादात्म्य या अभेद होने से नहीं–भेद का ज्ञात रूप से ग्रहण न होने के कारण सारी समस्याएँ समाहित हो जाती हैं। शुक्ल जी ने इस तादात्म्य का प्रसंग लाकर रसदशा और शीलदशा की बात उठा दी है–जो बात परम्परा में है ही नहीं। परम्परा रस में कोई कोटि नहीं मानती–पर शुक्ल जी अनुभव-सिद्ध अन्तर को रेखांकित करते हैं और उसमें आश्रय, कवि तथा प्रमाता के तादात्म्य वाली स्थिति से भेद करते हैं। इस अन्तर को स्पष्ट करने के लिए शुक्लजी तादात्म्य की विशेष रूप से चर्चा करते हैं। रावण जब राम पर या परशुराम जब राम पर क्रोध करते हैं–तो अनौचित्य के कारण सामाजिक ग्राहक आश्रय से तादात्म्य न कर कवि से तादात्म्य करता है–अतः दोनों स्थितियाँ समान तो नहीं हैं–पूर्वत्र रस प्रतीति है, परत्र रसात्मक प्रतीति। शीलदशा की स्थिति में प्रमाता का आश्रय से तादात्म्य ही नहीं होता–फलतः शुक्ल जी यहाँ साधारणीकरण नहीं मानेंगे। शीलदशा में आलम्बन असाधारण रहता है–प्रमाता और आश्रय दोनों में समान भाव नहीं पैदा करता, जबकि रसदशा में आलम्बन साधारण रहता है–प्रमाता और आश्रय में समान भाव प्रकाशित करता है। असल में परम्परा आत्मवादी है और 'रसो वै सः' के साक्ष्य पर सर्वत्र स्वरूप परामर्श का समान अस्तित्त्व होने से सारे भेद ऊपरी ही रह जाते हैं, जबकि शुक्ल जी अपने चिन्तन को मनोमय कोष से ऊपर ले ही नहीं जाते। इसलिए इस प्रकार का वैचारिक अन्तर स्वाभाविक है। जहाँ क्रोध का आलम्बन अनुचित है–वहाँ परम्परा रस की निम्नकोटि या रसाभास या भावाभास तो कहती ही है–उसकी अपनी शब्दावली है। वैसे परम्परा में यहाँ दो तरह की धाराएँ हैं–एक दल अश्व और अश्वाभास (खच्चर) की तरह रस और रसाभास को सर्वथा भिन्न मानता है, जबकि कोई सजातीय मानता है। अस्तु, कहना यह है कि शुक्ल जी ने जो साधारणीकरण के प्रतिपादन में तादात्म्य को इतना

खींचा है वह इस कोटि निर्धारण की खातिर। उनको लगा है कि यह एक नई बात है, जिस पर आचार्यों का ध्यान नहीं गया है।

आचार्य पं. केशवप्रसाद मिश्र की मधुमती भूमिका और साधारणीकरण

आचार्य शुक्ल के मत पर आचार्य मिश्र ने भी अपनी प्रतिक्रिया व्यक्त की है और पुनः आत्मवादी भूमिका पर 'पातंजल योग दर्शन' के आलोक में अपना मत व्यक्त किया है। शुक्ल जी के मत पर अपनी प्रतिक्रिया व्यक्त करते हुए उन्होंने लिखा है—''साधारणीकरण से यहाँ यह अर्थ लिया गया है कि विभाव, अनुभाव आदि को साधारण रूप देकर सामने लाया जाय। विभाव, अनुभव आदि का साधारण अथवा लोकसामान्य होना दो अर्थों में माना जा सकता है। एक तो स्वरूपतः सामान्य होना और दूसरे परिणाम अथवा उद्देश्य में सामान्य होना। स्वरूपतः सामान्य होने का आग्रह करना ठीक न होगा, क्योंकि उस अवस्था में विभाव, अनुभाव—आदि सीमित और शृंखलाबद्ध हो जाएँगे और काव्य की व्यापकता नष्ट हो जाएगी। परिणामतः या अन्तिम ध्येय में सामान्यता (साधारणीकरण) मानने के भी दो प्रकार हो सकते हैं। एक तो बौद्धिक या द्वैतवादी—जिसमें काव्य को नैतिक और अनैतिक के द्वन्द्वों के भीतर देखा जाता है और नैतिक पक्ष का रसास्वाद किया जाता है और दूसरा मनोवैज्ञानिक, ध्वन्यात्मक अथवा कलात्मक—जिसमें नैतिकता का प्रश्न पृथक् नहीं रहता, ध्वनि में अवस्थित हो जाता है। इसमें पहला प्रकार भट्टनायक के भुक्तिवाद के अनुकूल पड़ता है और दूसरा अभिनवगुप्त के ध्वनिवाद से सम्बन्धित है। कहने की आवश्यकता नहीं कि उक्त विद्वान (शुक्ल जी) पहले प्रकार के समर्थक हैं, किन्तु हम आचार्य अभिनवगुप्त का मत मानते हैं। साधारणीकरण तो कवि अथवा भावुक की चित्तवृत्ति से सम्बन्ध रखता है। चित्त के एकतान और साधारणीकृत होने पर उसे सभी कुछ साधारण प्रतीत होने लगता है।''[57]

इस उद्धरण में शुक्ल जी की समीक्षा करते हुए आचार्य मिश्र ने कहा कि विभावादि स्वरूपतः सामान्य हो नहीं सकते, स्वरूपतः तो उनमें वैयक्तिक तत्त्व रहेंगे—अतः परिणामतः ही सामान्य हो सकते हैं—उसकी व्याख्या बौद्धिक द्वैतपरक या नैतिक भूमि पर भी हो सकती है और मनोवैज्ञानिक ध्वन्यात्मक अथवा अद्वैतपरक कलात्मक भूमि पर भी। दोनों प्रकार की समझ वाले लोग हैं—पहली समझ भट्टनायक की है और दूसरी अभिनव की। मिश्र जी आंशिक साम्यवश शुक्ल जी को भट्टनायक के साथ रखते हैं। आंशिक ही साम्य है, अन्यथा कहाँ आत्मवादी भूमि के भट्टनायक और कहाँ मनोमय भूमि के शुक्ल जी ? भट्टनायक को अभिनव 'पारिमित्य' का पक्षधर और अपने को 'वैतत्य' का पक्षधर मानते हैं—'तत एव न परिमितमेव

साधारण्यम्। अपितु विवतम्।'[58] भट्टनायक के साथ शुक्ल जी को रखने से कई भ्रान्तियाँ पैदा होती हैं—अच्छा होता उन्हें अलग ही रखा जाता। अस्तु, शुक्ल जी निस्सन्देह बुद्धिवादी मूलतः भेदवादी—विवेकवादी हैं और विवेकवादी नैतिकता को अनैतिकता से अलग रखकर रेखांकित करता है। विवेक का अर्थ ही है भेद। भेदवादी वस्तुवादी हैं—अतः शुक्ल जी काव्य के भावपक्ष और विभाव पक्ष—में से विभावपक्ष पर ही जोर देते हैं—आलम्बन वस्तु पर ही अपने को केन्द्रित करते हैं और रस की दो कोटियाँ बनाकर औचित्य-संवलित आलम्बन को ही उत्तम कोटि का विभावक मानते हैं—रसोपयोगी मानते हैं। रस की दो कोटियाँ बनाने में उनकी औचित्यानुधावी नैतिक बुद्धि स्पष्ट सामने आ जाती है—फलतः उन्हें वैसे ही पात्र में सौन्दर्यबोध होता है—अनौचित्य-गर्भ पात्र में नहीं। वे कलाकृति को अखण्ड रूप में आस्वाद के पक्षधर नहीं—टुकड़े कर के 'औचित्य' बोध के पक्षधर हैं। बुद्धिवादी आचार्य की यह नियति है कि वह वस्तु प्राधान्य की ही ओर जाएगा। जो दृष्टि कलाकृति या काव्यास्वाद की अखण्डता का खण्ड कर दे—वह मिश्र जी के मत से भ्रान्त है।

अब यह देखना चाहिए कि मिश्र जी स्वयं क्या कहते हैं और अभिनवगुप्त को वे क्या समझते हैं ? अभिनवगुप्त आत्मवादी आचार्य हैं—उनकी दृष्टि में चेतना चित्-चित्तः ही परमार्थ है—इसीलिए वे कहते हैं—"अधिकारीचात्र विमलप्रतिभानशाली। तस्य च 'ग्रीवाभंगाभिरामं' इति 'उमाऽपि नीलालक' 'हस्तु किंचित्'—इत्यादि वाक्येभ्यः वाक्यार्थ प्रतिपत्तेरनन्तरं मानसी साक्षात्कारात्मिकाऽपहस्तिततद्वाक्योपात्त कालादिविभागा तावत्प्रतीतिरूप जायते। तस्यां च यो मृगपोतकादिर्भाति तस्य विशेषरूपत्वाभावाद्भीत इति त्रासकस्यापारमार्थिकत्वाद्भयमेव परं देशकालाद्यनालिंगितम्"[59]। इस उद्धरण में अभिनवगुप्त पुङ्खानुपुङ्ख विचार करते हुए किस तरह विषय (चेत्य) से विषयी की (चेतना स्थायीभाव) ओर आते हैं—दर्शनीय है। शुक्ल जी साधारण्य का विचार करते हुए विषयी को छोड़कर विषय की ओर बढ़ गए—अभिनव विषय से विषयी की ओर चले गए। उक्त उद्धरण में यह कहा गया है कि काव्य वाक्यों से वाक्यार्थ की प्रतीति हो जाने के बाद साक्षात्कारात्मिका मानस प्रतीति होती है। इस मानस प्रतीति में जो विषय आते हैं—वे वाक्यार्थ प्रतीति में भी हैं—पर देशकालादि विशिष्ट रूप में है। काव्योचित मानस प्रत्यक्ष में वस्तुओं के देशकाल आदि संकोचक विशेषण परस्पर विरुद्ध होने से एक दूसरे का प्रतिबन्ध कर देते हैं—फलतः उनका साधारणीभाव उभर आता है। इस क्रम में 'ग्रीवाभंगा' से प्रतीत मृगपोतक देशकाल से असंपृष्ट महज भीत रूप में कल्पना पटल पर आता है—तदनन्तर त्रासक के अपारमार्थिक होने से अन्ततः देशकालाद्यनालिंगित 'भीत' का भी 'भय' मात्र शेष रह जाता है। यही भय भीतर बाहर व्याप्त-सा एकमात्र स्थिति शेष भयानक रस है। आगे अभिनव पुनः कहते हैं कि यह 'भय' भट्टनायक की भाँति 'परिमित' नहीं है—बल्कि 'वितत'

है–वह व्यक्तिगत संवित् नहीं है संगोष्ठी व्याप्त समष्टि संवित् है, इसका साधारण्य वितत है–'तत् एव न परिमितमेव साधारण्यम्। अपितु वितजम्।'[60] इस प्रकार चेत्य (विषय) से चित्त की ओर और चित्त से चित् (चेतना) की ओर–उत्तरोत्तर अभिनवगुप्त अपने अन्तर्मुखी (बहिर्व्यापी) दर्शन की ओर बढ़ते चले आते हैं। क्रम यों हुआ–देशकालाद्यनालिंगित मृगपोत→अनालिंगित मृगपोत→भीत→भय→भयात्मिका संवित्→भयात्मिका समष्टि संवित् (सर्वेषामानादिवासनाचित्रीकृतचेतसां वासना संवादात्)।[61] रंगशाला में विराजमान विमल प्रतिभानशाली हृदयवाले सहृदयों की वासना का संवाद सम्भव है–क्योंकि अनादिकाल से प्राप्त चित्रविचित्र वासना से उनका चित्त वासित है। इस प्रकार अभिनवगुप्त विषय से चलते-चलते सामाजिक की चेतना से सम्बद्ध 'साधारण्य' तक पहुँच गए–विषय से विषयी की ओर मुड़ गए। अतएव पण्डित केशवप्रसाद मिश्र ने उनके गम्भीर आशय को स्पष्ट करते हुए कहा–"साधारणीकरण तो कवि अथवा भावक की चित्तवृत्ति से सम्बन्ध रखता है। चित्त के एकतान और साधारणीकृत होने पर उसे सभी कुछ साधारण प्रतीत होने लगता है"[62]–मैं इसे चित्त से भी आगे बढ़ाकर चित् (संवित्) तक ले जाना चाहता हूँ। इस मन्तब्य को तन्त्रालोक की पूर्वोद्धृत कारिकाओं के साक्ष्य पर देखना चाहिए। यह वही अभिनवगुप्त हैं, जो 'नाट्य भावानुकीर्तनम्' के अनुकीर्तन को अनुव्यावसायात्मक कहते-कहते अनुभूत की अनुभूति को ही नाट्य कहने लगते हैं। अनुव्यवसाय को नाट्य कहने वाला व्यक्ति अवस्थानुसार की नाट्यात्मकता का निषेध नहीं करता–प्रत्युत उसका हार्द विशद करता है। इसीलिए संविद्वादी अभिनव 'नाट्यमेवरसः'[63] का उद्घोष करता है। रस तो वस्तुतः नाट्य ही है। इसीलिए प्रसाद जी भी रस के सन्दर्भ में नाट्य को इतना महत्त्व देते हैं और विवेकवादियों से आनन्दवादियों को ऊँचा मानते हैं। दूसरे तन्मयीभवन की व्याख्या भी अभिनव के यहाँ विषय या चेत्य की चिदाकार परिणति है–यही भोग्यैकीकारिता ही तो भुक्ति और मुक्ति है।

तस्या एव स्वतन्त्र्याया भोग्यैकीकार एव सः।
स एव भोगः सा मुक्तिस्तदेव परमं पदम्।[64]

निष्कर्ष यह कि अभिनवगुप्त का साधारण्य सामग्री या विषय से आरब्ध होकर विषयी या संवित् तक व्याप्त है–प्रसृत है। असल में अभिनव का दर्शन त्यागी नहीं है–शंकर की तरह, –वह सबको आत्मसात् करके चलता है। इसलिए विषय को छोड़कर विषयी की ओर बढ़ने की बात नहीं है–प्रत्युत विषय को विषयी में आत्मसात् करके अन्ततः विषयी-विषय–को (स्वाकार इव) एक करके चलने की बात है। तभी अखण्ड रसास्वाद का पक्ष उपपन्न होगा।

सम्प्रति, मिश्र जी की उस सुप्रसिद्ध 'मधुमती भूमिका' की चर्चा अपेक्षित है। जिस रूप में वे 'साधारणीकरण' को अपनी ओर से रखते हैं, उनके शब्द इस

प्रकार हैं–

"मधुमती भूमिका चित्त की वह विशेष अवस्था है, जिसमें वितर्क की सत्ता नहीं रह जाती। शब्द, अर्थ और ज्ञान–इन तीनों की पृथक् प्रतीति वितर्क है। जैसे, 'यह मेरा पुत्र है'[65]–इस वाक्य से पुत्र, पुत्र के साथ पिता का जन्यजनकभावसम्बन्ध और जनक होने के नाते सम्बन्धी पिता–इन तीनों की पृथक्-पृथक् प्रतीति होती है। इस पार्थक्यानुभव को अपरप्रत्यक्ष भी कहते हैं। जिस अवस्था में सम्बन्ध और सम्बन्धी विलीन हो जाते हैं–केवल वस्तुमात्र का आभास मिलता रहता है–उसे परप्रत्यक्ष या निर्वितर्क समापत्ति कहते हैं। जैसे, पुत्र का केवल पुत्र रूप में प्रतीत होना। इस प्रकार प्रतीत होता हुआ पुत्र प्रत्येक सहृदय के वात्सल्य का आलम्बन हो सकता है। चित्त की यह समापत्ति सात्त्विक वृत्ति की प्रधानता का परिणाम है। रजोगुण की प्रबलता भेदबुद्धि और तत्फल दुःख का तथा तमोगुण की प्रबलता अबुद्धि और तत्फल मूढ़ता का कारण है, जिसके दुःख और मोह–दोनों दबे रहते हैं–सहायकों से शह पाकर उभरने नहीं पाते–उसे भेद में भी अभेद और दुःख में भी सुख की अनुभूति हुआ करती है। चित्त की यह अवस्था साधना द्वारा भी लाई जा सकती है और न्यूनातिरिक्त मात्रा से सात्त्विक शील सज्जनों में स्वभावतः भी विद्यमान रहती है।" जब तक सांसारिक वस्तुओं का हमें अपर प्रत्यक्ष होता रहता है, तब तक शोचनीय वस्तु के प्रति हमारे मन में दुःखात्मक शोक अथवा अभिनन्दनीय वस्तु के प्रति सुखात्मक हर्ष होता है, परन्तु जिस समय हमको वस्तुओं का पर प्रत्यक्ष होता है, उस समय शोचनीय अथवा अभिनन्दनीय–सभी प्रकार प्रकार की वस्तुएँ हमारे केवल सुखात्मक भावों को आलम्बन बनाकर उपस्थित होती हैं। उस समय दुःखात्मक क्रोध, शोक आदि भाव की अपनी लौकिक दुःखात्मकता छोड़कर अलौकिक सुखात्मता धारण कर लेते हैं। अभिनवगुप्त पादाचार्य का साधारणीकरण भी यही वस्तु है–और कुछ नहीं। योगी की पहुँच साधना के बल पर जिस मधुमती भूमिका तक होती है–उस भूमिका तक प्रातिभ ज्ञान सम्पन्न सत्कवि की पहुँच स्वभावतः हुआ करती है। मधुमती भूमिका में पहुँचा हुआ कवि का मन जब उल्लसित होकर नवीन सृष्टि का आरम्भ करता है और अपनी ही सृष्टि की सुन्दरता पर मुग्ध होकर रीझता है–उस समय उसकी समस्त वृत्तियाँ एकतान–एक लय हो जाती हैं–मन की इस एक विषयावगाहिनी निरोधावस्था से चित् का आवरण भंग हो जाता है अर्थात् जब मन विक्षिप्त होकर इधर-उधर अनेक विषयों पर दौड़ता है–उस समय वह अपनी विक्षेप क्रिया से नित्य शुद्ध-बद्ध-मुक्तस्वभाव चित् पर एक प्रकार का पर्दा-सा डालता रहता है–पर जहाँ उसकी यह विक्षेपावस्था निरोधावस्था में बदली कि उसका आवरण डालना बन्द-सा हो जाता है।[66] मिश्र जी ने द्रुति के कारणीभूत माधुर्य में भी निगूढ़ रूप से मधुमती भूमिका का ही संकेत देखा है। महर्षि वाल्मीकि और कालिदास तथा भवभूति ने वाल्मीकि के क्रौंच वध और राम के सीतावियोग

में जिस करुण रस को निर्दिष्ट किया है—वह यों तो अपर प्रत्यक्ष का विषय है—पर उस आवेश में जो प्रातिभ ज्ञान जगा और वाग्ब्रह्म फूट पड़ा—वह लगता है कि उनके परप्रत्यक्ष का ही विषय है। इन लोगों का शोक आत्मसम्बन्धी या परसम्बन्धी परिच्छिन्न शोक नहीं है—अपितु अपरिच्छिन्न शोक है, जो स्थायी भाव होकर रस रूप में परिणत हो सका। कवि और सहृदय का हृदय एक-एक कण के साथ बन्धुत्व के बन्धन से बँधा है। कवि का मन सृष्टि काल में महत् शक्ति की महारुचि से जुड़ा रहता है—इसीलिए वह सम्भूत की ही नहीं, सम्भाव्य की भी सृष्टि करता है। मानव मन उपादानों की नई-से-नई योजना करके नवीन मूर्तियाँ खड़ा कर सकता है—पर उपादान परिचित ही होते हैं—उनमें मौलिक नवीनता लाना मन के मान का नहीं है। अस्तु।

उपर्युक्त उद्धरणों तथा उसमें निहित विवेचना से स्पष्ट है कि मिश्र जी का साधारणीकरण कवि अथवा भावक की चित्तवृत्ति से सम्बन्ध रखता है—चित्त के एकतान और साधारणीकृत होने पर उसे सभी कुछ साधारण प्रतीत होने लगता है। स्पष्ट ही इस पर अभिनवगुप्त का प्रभाव है। इस मत में भी विषय से विषयी की ओर प्रस्थान है। बावजूद इसके ऊपर का सारा विवेचन अपनी समग्रता में विचारणीय है।

रसप्रतीति के प्रसंग में अभिनवगुप्त के मत के 'यद्वा'[67] प्रतीक से किए गए द्वितीय व्याख्यान में पण्डितराज जगन्नाथ ने भी कहा है कि विभावादि की चर्वणावश, जो सहृदयता सहकृत भावना विशेष के कारण सम्भव हुई है—भिन्न-भिन्न स्थायी से उपहित स्वस्वरूपा-नन्दाकारा चित्तवृत्त वैसी ही हो जाती है—जैसी कि समाधि में योगी की—यही चित्तवृत्ति रस है। ध्यान रखने की बात यह है कि पण्डितराज ने रस दशा के योगी की समाधि अवस्था की चित्तवृत्ति की तरह कहा है—वही नहीं, परन्तु मिश्र जी का वक्तव्य है—अभिनव का साधारणीकरण यही (मधुमती भूमिक चित्तवृत्ति) वस्तु है (न कि ऐसी ही वस्तु) 'यही' सर्वनाम प्रक्रान्त 'परप्रत्यक्ष' का परामर्शक है। आपके मत से परप्रत्यक्ष या निर्वितर्क समापत्ति वह स्थिति है, जहाँ सम्बन्ध और सम्बन्धी विलीन हो जाते हैं, केवल वस्तु मात्र का आभास मिलता रहता है। विभावादि के साधारणीकरण में संकोचक सम्बन्धहीन वस्तु मात्र या व्यक्तिमात्र की प्रतीति होती है। मिश्र जी का आशय यह है कि जो चित्तवृत्ति विभावादि (सम्बन्धहीन साधारण) सामग्री में एकतान-एकलय हो जाती है—प्रमाता की वही चेतना साधारणीकृत चेतना है। पातंजल दर्शन के अनुसार परप्रत्यक्ष या निर्वितर्क समापत्ति वह है, जहाँ अर्थ का असंकीर्ण रूप से ज्ञान होता है—अर्थमात्र का निर्भास होता है—शब्द एवं प्रत्यय या ज्ञान से संकीर्ण प्रतीति नहीं होती (तस्मादसंकीर्णं प्रमाणान्तरेण योगिनो निर्वितर्क समाधिजं दर्शनमिति तत् परं प्रत्यक्षम्—[68] भाष्य) इसके विपरीत अपर प्रत्यक्ष यह है कि शब्दार्थ ज्ञानमय संकीर्ण प्रत्यय होता है। अपर प्रत्यय में वस्तु—उसका नाम तथा तद्विषयक प्रत्यय—तीनों का सांकर्य होता है, यहाँ भिन्न (शब्द-अर्थज्ञान) की अभिन्न प्रतीति होती है। इसी को वितर्क या

विकल्पात्मक ज्ञान कहा गया है। शब्द-अर्थ-ज्ञान इसलिए भिन्न हैं कि इनके व्यावर्तक धर्म भिन्न हैं। पातंजल सूत्र ही है—'तत्र शब्दार्थज्ञान विकल्पैः संकीर्णा सवितर्का समापत्तिः'[69]। खैर, यह तो ठीक है—समझ में आता है, पर यह नहीं समझ में आता है कि पातंजल-दर्शन में किस पंक्ति का अर्थ यह निकाला गया है—'दूसरे शब्दों में वस्तु वस्तु का सम्बन्ध और वस्तु के सम्बन्धी—इन तीनों के भेद का अनुभव करना ही विकल्प है'[70]। साधारणीकरण की प्रक्रिया में यह वितर्क अवश्य बाधक है और उसका विगलन अपेक्षित है, परन्तु न तो अपरप्रत्यक्ष में ऐसी कोई बात कही गई है और न परप्रत्यक्ष में उसके विनाश की कोई चर्चा है। परप्रत्यक्ष या सवितर्का समापत्ति। चित्त की सात्त्विक दशा है—ऐसी दशा जिसमें साधारणीकृत विभावादि पर सहृदय का चित्त एकतान रहता है। अभिनव का ही प्रभाव है कि मिश्र जी बार-बार विभावादि—वस्तु से हटकर उस पर एकतान चित्तवृत्ति को साधारणीकरण कहते हैं[71]। सहृदय की मनोदशा और योगी की मनोदशा में एक साम्य अवश्य है कि उभयत्र सत्त्वोद्रेक है—शेष अन्तर-ही-अन्तर है। रसस्थल में दुःखकर भावों का सुखकर रूप में परिणत हो जाने का एकमात्र कारण है—हृदय का स्व-पर-भाव-विनिर्मुक्त हो जाना—पर प्रत्यक्ष की अर्थमात्र निर्भासा स्थिति रहे या न रहे—कोई आवश्यक नहीं। साधारणतः साधारणीकरण न केवल विभावादि का ही होता है, प्रत्युत स्थायी एवं प्रमाता का भी होता है। प्रमाता जब वैयक्तिक विशेषणों से मुक्त होकर 'अपनी' ही संकुचित स्थिति को भूल जाता है—तो 'पर' की क्या बात है ? निष्कर्ष यह कि स्व-पर-भाव-निर्मुक्त-हृदय द्वारा अनुभूत पदार्थमात्र योगक्षेम की संकीर्ण लौकिक भूमि से ऊपर उठकर आनन्दात्मक प्रभाव डालते हैं। इस प्रकार काव्य की अलौकिक प्रक्रिया से योग की पारलौकिक प्रक्रिया का साम्य भर हो सकता है—एकरूपता नहीं। पण्डितराज ने भी साम्य ही बताया है। दूसरी बात यह भी है कि सत्त्वोद्रेक रज और तम का अभिभव कर देता है और रजोऽभिभव में निष्क्रियता रहती है—फिर सहृदय और कवि—उभयत्र समान रूप से सत्त्वोद्रेक होने के कारण। सहृदय में तो फिर भी सब सम्भव है, पर कवि में काव्यनिर्माणरूपक्रिया कैसे होगी, उसकी वृत्ति यदि सत्त्वोद्रेक के फलस्वरूप एकतान हो गई—तो विश्रान्ति या निष्क्रियता हो गई सक्रियता कैसे सम्भव होगी ? मिश्र जी कवि और सहृदय—दोनों की मनोभूमि को मधुमती भूमिका से एक करते हैं—अभिनवगुप्त इतना अन्तर करते हैं कि कवि हृदय में 'बीज'[72] और सहृदय में 'फल'[73]। 'बीज' में 'फल' सम्भावना बनकर रहता है—उपलब्धि नहीं। तीसरी बात यह भी है कि अभिनवगुप्त के प्रभाव में मिश्र जी विभाव से भाव→चित्तवृत्ति→एकतान चित्तवृत्ति→प्रमातृचेतना—को ओर बढ़कर साधारणीकरण पर अपना मत प्रस्तुत करते हैं—परन्तु सम्बन्धविहीन वस्तु मात्र के रूप में जब आलम्बन को उस एकतान चित्तवृत्ति का गोचर बताते हैं—तब 'असम्बन्धिनोऽसत्वम्' वाला पक्ष भूल जाते हैं। प्रमाता का कलात्मक—अलौकिक

सम्बन्ध तो आलम्बन से होना ही चाहिए—अन्यथा असम्बद्ध वस्तु असर कैसे डालेगी ? इसीलिए 'अभिनवभारती' में अभिनवगुप्त ने एक बात और कही है—'तथाविधेहि भये नात्माऽत्यन्त तिरस्कृतो न विशेषतः उल्लिखितः'[74]—साधारणीभूत भयास्वाद में न तो आत्मा का सर्वथा तिरस्कार ही रहता है और न ही बाधक स्तर पर प्रतीति ही। वस्तु मात्र साधारण्य की चर्चा पर अभिनव मौन नहीं है। वे मानते हैं—'स एव सर्वः गुणिना साधारणीभावसिद्ध्या रसचर्वणोपयोगित्वेन परिकरबन्धः समाश्रितः...'[75]। नाट्य के सन्दर्भ में उपयुक्त सब कुछ साधारण होकर रसोपयोगी होता है। अथवा—'प्रतिपदार्थनिष्ठैः साधारण्य महिमासकल भोग्यत्व सहिष्णुभिः शब्दादिविषयमयीभिरातोद्य-गान-विचित्र मण्डपपद विदग्ध गणिकादिभिरूपरंजनं समाश्रितम्'[76]। इन तमाम उद्धरणों से सामग्री गत साधारण्य की भी स्वीकृति मिलती है—यह अलग बात है कि वे संविदुपासक हैं—अतः सबकी परिसमाप्ति वहीं मानते हैं।

इन सबके साथ 'मधुमती भूमिका' का पातंजलदर्शनसम्मत स्वरूप क्या है—यह भी देख लेना चाहिए। तभी योगी और सहृदय का भेद तथा अभेद स्पष्ट हो सकेगा।

पातंजल-दर्शक के 'विभूतिपाद' में यह बताया गया है कि योगी चार प्रकार के होते हैं—प्रथमकल्पित, मधुभूमिक, प्रज्ञाज्योतिक तथा अतिक्रान्तभावनीय। मधुभूमिक का पर्याय है ऋतम्भरप्रज्ञ। इस योगी की चित्तभूमि 'मधुमती' कही जाती है। वाचस्पति मिश्र ने इस 'मधुमती' की व्याख्या करते हुए कहा है—'ऋतम्भरा प्रज्ञैव मधु—तद्वती मधुमती'[77]—ऋतम्भरा प्रज्ञा ही मधु है और उससे संवलित चित्तभूमि मधुमती है। संप्रज्ञातसमाधि की यह आरम्भिक (दूसरी) भूमि है। यह योगी भूतेन्द्रिय जय का इच्छुक होता है। प्रथमकल्पिक से इन्द्रादि देवताओं को कोई भय नहीं होता—न कोई आशंका ही—अतः इन्हें वे विभिन्न प्रलोभी वस्तुओं का आमन्त्रण नहीं दिया जाता। प्रज्ञाज्योति भूतेन्द्रियवशी होता है—अतः महेन्द्र आदि जिन विषयों के लिए उपनिमन्त्रित करना चाहते हैं—वे सब इन्हें स्वयं प्राप्त हैं—अतः इन्हें निमन्त्रित करने का कोई अर्थ ही नहीं है। रहे अतिक्रान्त भावनीय—सो इन्हें परवैराग्य रहता है—अतः इनमें किसी विषय की आसक्ति ही सम्भाव्य नहीं है—फलतः देवता लोग मधुभूमिक को ही च्युत करने के विचार से दिव्य वस्तुओं का उपभोग करने के लिए आमन्त्रित करते हैं[78]।

'मधु' का अर्थ है—ऋतम्भरा प्रज्ञा और ऋतम्भरा प्रज्ञा निर्वितर्क समापत्ति होने पर उदित होती है। समापत्ति ग्राह्य, ग्रहण (इन्द्रिय) तथा गृहीता—से चित्त की एकाकारता ही है। ग्राह्य विषय दो प्रकार के हैं—स्थूल और सूक्ष्म। स्थूल विषयक समापत्ति भी दो प्रकार की है—सवितर्का तथा निर्वितर्का। इसी प्रकार सूक्ष्मविषयक सविचारा-समापत्ति भी दो प्रकार की है—सविचारा और निर्विचारा। सवितर्का योगी का अपर प्रत्यक्ष है और निर्वितर्का परप्रत्यक्ष। पहले में वितर्क या विकल्प की स्थिति है और दूसरे में नहीं। वितर्क शब्द, अर्थ एवं ज्ञान की संकीर्ण ज्ञप्ति है और अर्थमात्र का निर्भास

निर्वितर्क समाप्ति है। यही निर्वितर्क समापत्ति परप्रत्यक्ष है। इसके अनन्तर सविचारा और फिर निर्विचारा की स्थिति है। इस समापत्ति के उदित होने पर अध्यात्म प्रसाद होता है। इस अवसर पर रज एवं तम रूप मल से रहित प्रकाशस्वभाव बुद्धि सत्त्व का स्वच्छ प्रवाह चलने लगता है। उस समय सम्पूर्ण अर्थजात एक साथ प्रत्यक्ष हो जाता है। इस समय वह योगी प्रज्ञा के उस प्रासाद पर स्थित रहता है, जहाँ से वह स्वयं अशोच्य रहकर शोचनीय तापत्रयपरीत प्राणी को देखता है। इस स्थिति की प्रज्ञा का नाम ऋतम्भरा प्रज्ञा है[79]। इस प्रज्ञा में वितर्क या विपर्यास की गन्ध भी नहीं रहती।

अब सोचने की बात यह है कि इस मधुमती प्रज्ञा से जहाँ समस्त वस्तु का प्रत्यक्ष होता रहता है—उस साधारणीकरण की भूमि का क्या सम्बन्ध—जहाँ केवल रसोपयोगी पदार्थ मात्र पर चित्त एकतान रहता है ? दोनों में कोई साम्य है, तो महज इतना ही कि उभयत्र सत्त्वोद्रक रहता है। इस प्रकार यद्यपि मिश्र जी का झुकाव अभिनवगुप्त के ही मत की ओर है—पर उसे योगियों की मधुमती भूमिका से एक करना विचारणीय हो जाता है।

आचार्य पं. नन्दुलारे वाजपेयी का योगदान

आचार्य वाजपेयी के 'साधारणीकरण' से सम्बन्धित विवेचन'[80] को इस प्रकार रखा जा सकता—(1) भट्टनायक का साधारणीकरण सिद्धान्त केवल काव्य के सामर्थ्य का लेखा न लगाकर दर्शक के सामर्थ्य का भी व्याख्यान करता है। (2) इस प्रसंग में आचार्य की यह दलील असाहित्यिक ही है जब कवि ने पूज्य व्यक्तियों या देवरतिभाव की अनुभूति द्वारा उसे प्रस्तुत किया है, तो वैसे ही भावसृष्टि प्रेक्षक या पाठक में क्यों कर न हो सकेगी ? (3) साधारणीकरण का अर्थ रचयिता और उपभोक्ता के बीच भावना का तादात्म्य है। (4) साधारणीकरण वास्तव में कवि कल्पित समस्त व्यापार का होता है—केवल किसी पात्र विशेष का नहीं है।

वाजपेयीजी के इस विवेचन में भट्टनायक का खण्डन उन्हें अभिनवगुप्त के ही उस मन्तव्य तक पहुँचाता है—जहाँ वे भावना को व्यंजना में समाहित करते हैं और व्यंजना को शब्दसामर्थ्य मानकर भी ग्रहण में प्रतिभा (ग्राहक की) की अपेक्षा करते हैं। अत्यन्त महत्त्वपूर्ण स्थापना है—दूसरी जहाँ वे अभिनव के अभिव्यक्ति पक्ष से भट्टनायक द्वारा उठाई गई आपत्तियों का अनायास निराकरण कर देते हैं। भट्टनायक ने कहा था कि अभिव्यक्ति पक्ष में देवतादि विषयक रत्यादि तथा समुद्रलंघन में राम-हनुमान के अलोक सामान्य उत्साह का आस्वाद ग्राहक कैसे कर सकेगा ? अत्यन्त सटीक और साधारणीकरण के चैन्तिनिक इतिहास में यह रेखांकनीय उत्तर है कि भट्टनायक द्वारा इस तरह की आपत्ति उठानी ही निरर्थक है। ग्राहक उसी भाव से संवाद करेगा, जो रचयिता की साहित्यिक मनोभूमि पर उभरा है और यदि रचयिता

की साहित्यिक मनोभूमि पर तत्तद् भाव उभरकर काव्य में वर्णित है–तो ग्राहक की मनोभूमि पर उभरने में कौन-सी क्षति है ? हाँ, यदि विधायक रचयिता की ही मनोभूमि असाहित्यिक है–तो फिर बात ही दूसरी है। यदि ऐसा है, तो असाहित्यिक मनोभूमि पर संवाद का सवाल ही नहीं उठता–फिर भी कोई उठाता है, तो यह उसका महान् साहस ही कहा जाएगा। अभिनव ने 'महत्साहसम्' शब्द का प्रयोग ही किया है। रहा यह कि साधारणीकरण रचयिता और उपभोक्ता के बीच भावना का तादात्म्य है–तो इसका आशय कदाचित् यही है कि रचयिता ने अपनी भावना को सर्वसाधारण तक पहुँचा दिया, साधारण कर दिया। उसने अपनी भावना को सर्वसंवेद्य बना दिया–यही असाधारण का होना है। ऐसा तभी होगा जब केवल पात्र का नहीं–वरन् समस्त काव्य सामग्री का साधारणीकरण होगा। कवि की कल्पना में आया हुआ जो कुछ है–सबकी साधारण भावना का तादात्म्य करा सकता है। पात्र विशेष का भाव सर्वसाधारण या सहृदय साधारण का किस प्रकार होता है–इसी प्रश्न का उत्तर साधारणीकरण द्वारा खोजा जाता है। अभिनवगुप्त इसका विचार आरम्भ करते हैं–सामग्री से पर्यवसित होते हैं–संविद् में। अभिप्राय यह कि उनमें पुङ्खवानुपुङ्खव विचार है–सीधे तादात्म्य पर नहीं पहुँच जाते। इस तरह के वक्तव्यों से बात साफ नहीं होती। वाजपेयी जी आचार्य शुक्ल के विपक्ष में यह अवश्य चाहते हैं कि साधारणीकरण केवल आलम्बन का नहीं, कविकल्पित समस्त व्यापार का होता है–तब उनके विचारों में व्यापकता अवश्य लक्षित होती है और एक क्रम का भी संकेत मिलता है। वास्तव में साधारणीकरण से तादात्म्य का फल मिलता है–सीधे तादात्म्य को साधारणीकरण से एक करना भ्रमापादक होता है।

डॉ. नगेन्द्र सम्मत साधारणीकरण

डॉ. नगेन्द्र ने साधारणीकरण पर व्यवस्थित रूप से विचार किया है और सभी मतों से कुछ-न-कुछ अपना स्वतन्त्र मत प्रस्तुत किया है। उन्होंने भट्टनायक, अभिनवगुप्त, विश्वनाथ महापात्र, पण्डितराज जगन्नाथ, रामचन्द्र शुक्ल तथा केशवप्रसाद मिश्र के मत प्रस्तुत किए हैं। इस सबका समालोचन मतोपस्थापन करते हुए डॉ. नगेन्द्र ने बताया है कि 'तादात्म्य' का जैसे-तैसे सहारा लेने वाले दर्पणकार, पण्डितराज तथा शुक्ल जी–इसलिए अमान्य हैं कि जिस कारण वे लोग इसका सहारा लेते हैं–वह कारण ही असाहित्यिक है। असाहित्यिक इसलिए कि रचयिता की ओर से जो अनुभूति रचना में व्यक्त की गई है–उससे ग्राहक को एकरस होने में क्या अड़चन है ? ग्राहक की ओर से यह आपत्ति ही क्यों उठाई जाय कि श्रद्धेय के प्रति रतिभाव कैसे जगे ? या कि अलोकसामान्य उत्साह आदि कैसे अनुभवगोचर हों ? समाधान यह है कि जब रचना की काव्योचित भूमि पर इनकी सृष्टि हुई है, तो उसी भूमि पर ग्राहक क्यों नहीं पहुँच सकता ? फिर डॉ. नगेन्द्र की यह

धारणा भी है कि ये पात्र (सीता, राम, हनुमान आदि) ऐतिहासिक हैं कहाँ ? ये तो रचयिता की सर्जनात्मक अनुभूति में से प्रस्फुटित हैं—उसी से सम्बद्ध रूप हैं और वह अनुभूति साधारणीकृत है तो उसकी रूपान्तरिक सामग्री भी साधारणीकृत है। इस प्रकार भट्टनायक द्वारा उठाई गई आपत्ति का समाधान डॉ. नगेन्द्र की दृष्टि में न तो अभिनवगुप्त दे पाते हैं और न ही विश्वनाथ और पण्डितराज। शुक्ल जी तो आलम्बन का साधारणीकरण मानते ही नहीं—उसके धर्म का साधारणीकरण मानते हैं और तादात्म्य से समस्या अन्ततः उलझती ही रहती है। पं. केशवप्रसाद जी प्रमातृचेतना का साधारणीकरण मानते हैं—जो डॉ. नगेन्द्र की दृष्टि से साधारणीकरण नहीं, प्रत्युत साधारणीकरण का फल है। डॉ. नगेन्द्र लिखते हैं—"यह सीधा सत्य है, जिसे एक ओर साधारणीकरण के आविष्कारक भट्टनायक और अभिनवगुप्त भरत की अव्यक्तिगत काव्य परम्परा के कारण, दूसरी ओर आधुनिक आलोचना में उसके सबसे प्रबल पृष्ठपोषक शुक्ल अपनी वस्तुपरक या नैतिक रसदृष्टि के कारण, अभिज्ञ होते हुए भी, सर्वथा स्पष्ट रूप में व्यक्ति नहीं कर पाए"[81] उनकी दृष्टि में सत्य यह है कि सीता के प्रति श्रद्धा मिश्रित रति तुलसी की कुण्ठा का और कुमारसम्भव में अभिश्रित रति कालिदास की अकुण्ठा का परिणाम है। सामग्री की साधारणीकृति मानने में डॉ. नगेन्द्र को एक यह आपत्ति और है कि उससे यह व्यापार यान्त्रिक हो जाएगा—जबकि कवि की अनुभूति का साधारणीकरण मानने से वह चैतन्य प्रक्रिया हो जाएगी और होना चैतन्य ही चाहिए। डॉ. नगेन्द्र की धारणा है कि कवि की अनुभूति का ही साधारणीकरण मान लेने से भट्टनायक, अभिनव तथा शुक्ल जी—सभी से सामंजस्य जम जाएगा।

'वाद' तत्त्वबोध के जिज्ञासुओं की कथा है[82]—'तत्त्वबुभुत्सोः कथा वादः'। इसमें निराग्रह होना चाहिए। यहाँ राग-द्वेष का सवाल नहीं है। भट्टनायक द्वारा उठाई गई आपत्तियों का अभिनव ने समाधान करते हुए कहा है—'रामादिचरितं तु न सर्वस्य हृदयसंवादीति महत्साहसम्। चित्रवासनाविशिष्टत्वाच्चेतसः'[83]—अर्थात् लोकोत्तर चरित के साथ भी सहृदयों का संवाद अनुभवसिद्ध है—फलतः भट्टनायक का यह कहना कि वहाँ साधारणीकरण नहीं होगा—यह उनका महान् साहस है। दूसरे, अभिनव का आशय स्पष्ट करते हुए आलम्बन के व्यक्तिगत रूप का शत-प्रतिशत विगलन भी सम्भव नहीं है—ऐसा ऊपर बताया जा चुका है। तीसरे, आराध्यबुद्धि को प्रतिबन्धक मानना—पण्डितराज की इस दलील को आचार्य नन्ददुलारे वाजपेयी असाहित्यिक कह चुके हैं। चौथे, काव्य में आए हुए प्रख्यात पात्रों की ऐतिहासिकता भी वासना के समुद्बोध में सहायक होती है—अन्यथा प्रख्यात और कल्पित का भेद ही समाप्त हो जाएगा—यदि सबको समान रूप से कवि की अनुभूति का सम्बद्धरूप ही मान लिया गया तो। पाँचवें, यह कि कवि की अनुभूति तो साधारणीकृत होती ही है—वह असाधारण या निजी है कहाँ—जो उसका साधारणीकरण होगा ? छठें, यह कि कवि

की अनुभूति के साधारणीकृत होने से उसके संवेद्यरूप में साधारणीकरण की स्वरूप योग्यता ही होगी—फलाधायक योग्यता नहीं। फलाधायक योग्यता तो सहृदय की आस्वाद-प्रक्रिया में प्रथम असाधारण रूप में प्राप्त सामग्री के साधारण्य से ही होगी। सारी क्रिया—चाहे सामग्री की हो या अनुभूति की—प्रतीत्यात्मक तो होगी और प्रतीति जड़ प्रक्रिया कैसे ? निष्कर्ष यह कि रस विचार सहृदय की ओर से है। सहृदय शब्दात्मक काव्य से अपना प्रस्थान (या मंचस्थ सामग्री से) आरम्भ करेगा। शब्द की अभिधा या प्रथम दृष्टि में काव्य तथा नाट्य की सामग्री असाधारण रूप में ही आएगी, यद्यपि कवि की साधारणीकृत अनुभूति को संवेद्य रूप होने से उसमें साधारणीकृत होने की स्वरूप योग्यता है, जैसे तंतुजाल में पट रूप की स्वरूपयोग्यता है—पर फलाधायकता तो वयन व्यापार के बाद ही होगा। सामग्रीगत स्वरूपयोग्यता को फलोपधायक बनाने के निमित्त साधारणीकरण व्यापार सामग्री का आवश्यक है—शनैः शनैः वह संवित्-साधारण्य तक गलता हुआ एकरस हो जाय—यह भिन्न बात है। अतः अभिनवगुप्त का मत आज भी अपनी जगह परिपुष्ट है और पुनः समझ की माँग करता है। अभिनवगुप्त के अनुसार उनकी साधारणीकरण सम्बन्धी मान्यता इस प्रकार है—

साधारणीकरण विभाव, अनुभाव, संचारी, स्थायी तथा प्रमाता—सबका होता है। विभावादि की वैयक्तिकता शत-प्रतिशत विगलित नहीं होती—पर इतना अवश्य है कि स्थायी के विभावन, अनुभावन तथा संचारण की प्रक्रिया में सहृदय साक्षिक प्रतिबन्धक अंश विगलित हो जाते हैं। साधारणीकृत विभावादि के विभावनादि व्यापार से सहृदय प्रमाता के स्थायी का भी साधारण्य होता है। प्रमाता का भी पारमित्य विगलित हो जाता है। इस प्रकार प्रत्यभिज्ञा के अनुसार सभी की संविदाकार पर्यवसिति होती है और अन्ततः यह संविद् भी एकाग्र होकर सामूहिक अर्थात् पूर्णरूप से उदित होती। इसलिए इनके यहाँ संविद् परिमित नहीं, प्रत्युत वितत होती है। इस प्रकार संविद् साधारण्य में सब कुछ पर्यवसित हो जाता है। इनकी दृष्टि में तन्मयी-भवन विषय की संविदाकार परिणति है—यही भोग या चर्वणा है।

> तस्याः शक्तेः स्वतन्त्रतायाः सामग्र्यैकीकार एव सः।
> स एव भोगः सा मुक्तिस्तदेव परमं पदम्।।[84]

काव्यात्मक शब्द से अर्थ की साक्षात्कार कल्प—प्रत्यक्षायमाण—प्रतीति का माना जाना आधुनिक समीक्षा के 'विशेष' या 'बिम्ब' वाली भावना को भी आत्मसात् करता है—साथ ही वह व्यावहारिक व्यक्ति की प्रतीति से भिन्न प्रतिबन्धक संकोचक सम्बन्धों से रहित भी होता है। अर्थात् 'विशेष' (वासनोद्‌बोधकसमान विशेषताओं से युक्त प्रत्यक्षायमाण रूप) भी सामान्य होता है। प्रत्यक्षगोचर 'व्यक्ति' और कलाकृति के 'विशेष' में भी अन्तर है—पहला प्रत्यक्ष है—दूसरा प्रत्यक्षायमाण है। इस प्रकार अभिनव भट्टनायक की आपत्तियों को असाहित्यिक कहते हैं और आधुनिक समीक्षा की धारणा

को आत्मसात् करते हैं, साथ ही दर्शन विशेष के आलोक में साधारणीकरण का स्वरूप निर्धारित कहते हैं।

सन्दर्भ

1. भारतीय संस्कृति और साधना-भाग-1 से उद्धृत, पृ. 214
2. नन्दा दास ग्रन्थावली–नन्ददास
3. ध्वन्यालोक-चौखम्बा (1940), पृ. 497
4. वही
5. वही, पृ. 63
6. काव्यप्रकाश-पूना, 1933–पृ. 90
7. नाट्यशास्त्र-काशी हिन्दू वि. वि. संस्करण, 1961, पृ. 678
8. अभिनवभारती-नाट्यशास्त्र, वही, पृ. 647
9. काव्यप्रकाश, चतुर्थ उल्लास, पूना संस्करण, पृ. 93
10. नाट्यशास्त्र, पृ. 620
11. वही, चौखम्बा संस्करण, सप्तम अध्याय, पृ. 80
12. अभिनवभारती–का.हि.वि.वि संस्करण, पृ. 641
13. सिद्धान्तकौमुदी–मुम्बई, खेमराज, पृ. 581, (1909)
14. अभिनवभारती, पृ. 641
15. ध्वन्यालोकलोचन, पृ. 182
16. वही, पृ. 183
17. वही, पृ. 183
18. अभिनवभारती, पृ. 643
19. ध्वन्यालोकलोचन, पृ. 183
20. वही, पृ. 66/91
21. काव्यप्रदीप, पृ. 66 निर्णयसागर, 1912
22. ध्वन्यालोकलोचन, पृ. 181
23. अभिनवभारती–भाग-1, पृ. 641, 642
24. साहित्यदर्पण, पृ. 172, शकाब्द 1867, कलकत्ता
25. काव्यप्रकाश, पृ. 67
26. ध्वन्यालोकलोचन, पृ. 38
27. वही, पृ. 188
28. ध्वन्यालोक–प्रथम उद्योत, पृ. 103
29. नाट्यशास्त्र–चौखम्बा सं., पृ. 79
30. अभिनवभारती, पृ. 646
31. वही, पृ. 114
32. तन्त्रालोक, 10/85
33. तन्त्रालोक–28, पृ. 159-160
34. अभिनवभारती, पृ. 14

35. काव्यप्रकाश, पृ. 92
36. काव्यप्रदीप, पृ. 67
37. काव्यप्रकाश—वामनी टीका, पूना, पृ. 92
38. काव्यप्रदीप-प्रभा, पृ. 67-68
39. अभिनवभारती, पृ. 114
40. साहित्यदर्पण, पृ. 74
41. साहित्यदर्पण टीका, पृ. 74
42. रस गंगाधर, पृ. 30, निर्णयसागर, 1947
43. चिन्तामणि भाग-1, साधारणीकरण और व्यक्तिवैचित्र्यवाद शीर्षक निबन्ध, पृ. 155-165
44. रसमीमांसा, पृ. 217, सभा, काशी, 1966
45. चिन्तामणि भाग-1, पृ. 157
46. चिन्तामणि, पृ. 66
47. चिन्तामणि-मंजूषा, पृ. 66
48. वही, पृ. 66
49. चिन्तामणि भाग-1 से उद्धृत, पृ. 164
50. देखिए—इस निबन्ध को (जो यहीं संगृहीत है)
51. व्यक्तिविवेक, पृ. 390-1, द्वितीय विमर्श
52. चिन्तामणि मंजूषा, पृ. 63
53. वही
54. चिन्तामणि, भाग-1, पृ. 157
55. साहित्यदर्पण, पृ. 74, कलकत्ता, 1810
56. ध्वन्यालोकलोचन से उद्धृत, पृ. 92
57. साहित्यलोचन, पृ. 288-289
58. नाट्यशास्त्र, अभिनवभारती, पृ. 654
59. अभिनवभारती, पृ.653
60. वही
61. वही, पृ. 654
62. साहित्यालोचन से उद्धृत, पृ. 287
63. अभिनवभारती—का.हि.वि.वि., पृ. 684
64. भारतीय संस्कृति और साधना से उद्धृत, पृ. 253
65. साहित्यालोचन से उद्धृत, पृ. 280
66. वही, पृ. 280
67. रसगंगाधर—निर्णयसागर, 1947, पृ.27
68. पातंजल योगदर्शन-भाष्य, पृ.88 (लखनऊ)
69. वही, पृ. 87 (1/42)
70. साहित्यालोचन से उद्धृत, पृ. 290
71. वही, 285/287
72. अभिनवभारती, पृ. 691
73. वही, पृ. 691
74. अभिनवभारती, पृ. 656—का. हि. वि. वि. संस्करण

75. वही, पृ. 116, गायकवाड़ संस्करण
76. वही, पृ. 116 (सन् 1980)
77. पातंजल योगदर्शन (लखनऊ वि. वि.), पृ. 99
78. वही, पृ. 287
79. वही, पृ. 98
80. नया साहित्य नए प्रश्न—काशी, 1959—रसनिष्पत्ति—एक नई व्याख्या, पृ. 121-23
81. रससिद्धान्त, पृ. 210, दिल्ली 1964
82. वही
83. लोचन, पृ. 187
84. भारतीय संस्कृति और साधना, पृ. 253 'प्रबोध पंचाशिका' से उद्धृत

वक्रोक्ति सिद्धान्त

काव्य की आत्मा या सारसत्ता पर निर्माण पक्ष से भी विचार किया गया और ग्रहण पक्ष से भी। प्रायः निर्माण पक्ष से विचार करने वालों की दृष्टि में 'चारुता' ही सामने रही है और किसी न किसी रूप में अलंकार ही उसका स्रोत रहा है। अलंकारवादियों की तो स्पष्ट घोषणा ही है कि गुणवादी भी गुण को व्यापक अर्थ में अलंकार ही मानते हैं। ये लोग अलंकार्य शब्दार्थ रूप शरीर को ही मानते हैं और व्यंग्यार्थ का अस्वीकार या विरोध करते हैं। इसलिए दार्शनिक पदावली में इन्हें देहात्मवादी भी कह दिया जाता है। इनके यहाँ आत्मा की जगह देह ही अलंकार्य है। इसी परम्परा में आने वाले राजानक कुन्तक या कुन्तल की प्रतिज्ञा है–

लोकोत्तरचमत्कारकारि वैचित्र्यसिद्धये।
काव्यस्यायमलंकारः कोऽप्यपूर्वो विधीयते।।

अर्थात् लोकोत्तर चमत्कारकारी (शास्त्र और व्यवहार की भाषा से काव्यभाषा के) वैचित्र्य की सिद्धि के लिए काव्य के किसी अपूर्व अलंकार का विधान किया जा रहा है। लोकोत्तर चमत्कार या चारुता के निमित्त निर्माण पक्ष से अलंकार की बात पहले भी की गई थी–पर यहाँ अपूर्व अलंकार की बात की जा रही है। यह अपूर्वता क्या है–द्रष्टव्य और विचारणीय है।

अलंकारवादियों का अलंकार जो चारुता का स्रोत है–'वक्रता' के बिना स्वरूपासादन कर ही नहीं सकता–इसलिए इनके यहाँ 'वक्रता' वह मिट्टी है, जिससे सारे अलंकार बनते हैं। दण्डी ने 'स्वभावोक्ति' के विपरीत 'वक्रोक्ति' को खड़ा करके उसका दायरा कम कर दिया। वामन ने तो उसकी सीमा 'सादृश्याल्लक्षणा वक्रोक्तिः' कहकर और संकुचित कर दी। इनकी दृष्टि में वह केवल सादृश्यगर्भ लाक्षणिक प्रयोगों तक ही सीमित रह गई। भोजराज ने इसे ही और ढंग से कहा–

अभिधेयाविनाभूतप्रतीतिर्लक्षणेति या।
सैषा विदग्धवक्रोक्तिजीवितं वृत्तिरिष्यते।।

अर्थात् वक्रता बिना लक्षणा के नहीं आ सकती। वामन की अपेक्षा इन्होंने

लक्षणा की सीमा विस्तृत अवश्य की है। निश्चय ही इन लोगों ने चारुता के स्रोत वक्रोक्ति का स्वरूप और उसकी सीमा का संकोच करते हुए अन्ततः रुद्रट के अनुसार एकमात्र शब्दालंकार के एक भेद तक पहुँचा दिया। वह वक्रोकित केवल काकुवक्रोक्ति और श्लेष वक्रोक्ति में सिमटकर रह गई। ध्वन्यालोककार आनन्दवर्द्धन ने अपने ग्रन्थ में इन दोनों रूपों का उल्लेख किया है। लोचनकार ने भामह स्वीकृत अलंकारमात्र में अनुस्यूत वक्रोक्ति का स्वरूप स्पष्ट करते हुए कहा है—

"शब्दस्य हि वक्रता अभिधेयस्य च वक्रता लोकोत्तीर्णेन रूपेणावस्थानमित्ययमेवासावलंकारभावः। लोकोत्तरत्वञ्चारितशयः तेनातिशयोक्तिः सर्वालंकारसामान्यम्। तथाहि—अनयाचातिशयोक्तया अर्थः सकलजनोपभोग पुराणीकृतोऽपि विचित्रतया भाव्यते। तया प्रमदोद्यानादिभिः विभावतां नोयते—विशेषेण च भाव्यते—रसमयीक्रियते"—अभिनव के कहने में ऐतिहासिक चेतना के निर्वाह की अपेक्षा अपनी दृष्टि का संचार ज्यादा है। भामह की दृष्टि में 'विभाव्यते' का अर्थ विचित्र रूप से विभावन तो हो सकता है—पर अर्थ का विभाव रूप से ग्रहण इसलिए संगत नहीं लगता कि उनकी दृष्टि में रसमयता से व्यापक परिधि वाली चारुता अभीष्ट है। अस्तु, मुझे यहाँ कहना यह है कि पूर्वाचार्यों की अपेक्षा कुन्तकसम्मत 'वक्रोक्ति' इसलिए 'अपूर्व' है कि पहले तो उसकी सीमा अभूतपूर्व रूप से बढ़ा दी गई। पहले वह वर्ण, पद या पदार्थ तक ही थी—क्योंकि चारुता स्रोत के रूप में गृहीत अंलकार ऐसे ही थे—कुन्तक की वक्रता वर्ण से लेकर प्रबन्ध व्यापी चारुता का स्रोत बताई गई। दूसरी बात यह भी है कि कुन्तक तत्त्वतः 'काव्य का अलंकार' यह प्रयोग ही गलत मानते हैं—उनकी दृष्टि में 'अलंकृत काव्य' प्रयोग ठीक है। कारण—अलंकार और अलंकार्य अपृथक् और अखण्ड होते हैं—यह तो समझने-समझाने के लिए वक्रोक्ति को अलंकार कहकर अलगाया हुआ मान लिया गया है। तीसरे यह वह कवि व्यापार है, जिसके बिना (वक्रत्वं कवि व्यापार) काव्य सत्तासादन ही नहीं कर सकता—शब्दार्थ 'चारु' हो ही नहीं सकता। यह कवि व्यापार रूप प्रतिभा का ही संस्पर्श है, पारस संस्पर्श है कि सामान्य शब्दार्थ 'कुछ और' हो ही जाता है, काव्य बन जाता है। निश्चय ही इस रूप में 'वक्रोक्ति' की कल्पना पहले नहीं हुई थी—सचमुच यह एक अपूर्व अलंकार है—चारुता, काव्यव्यवहारोचित-चारुता का स्रोत है।

कुन्तक के सामने इस स्थापना के विरोध में एक बाधा और है—और वह यह है कि इनसे पूर्व काव्योचित चारुता के स्रोत रूप में व्यंजकत्व की स्थापना आनन्दवर्द्धन ने कर दी है। कुन्तक का पक्ष है कि काव्य का शब्द एक ही प्रकार का होता है और वह होता है—लोक-शास्त्र-प्रयुक्त शब्द से भिन्न-विलक्षण, विचित्र-फलतः 'वक्र'। बस काव्य वक्र उक्ति है और कुछ नहीं—वक्रता ही उसका सर्वस्व है। यह उक्ति 'वकवाचक' है। अर्थ प्रत्यायक होने के कारण लक्षक और व्यंजक का भी इसी में अन्तर्भाव है—उसकी अलग से मान्यता देने की आवश्यकता

नहीं है। अतः आनन्द की ओर से भी कोई बाधा नहीं है।

कुन्तक ने 'वक्रता' का स्वरूप निर्दिष्ट करते हुए बताया कि वह–(1) प्रसिद्धप्रस्थानव्यतिरेकिणी विचित्र अभिधा है, अथवा (2) वक्रत्वं कविव्यापारः–है।

पहले लक्षण में उसे शब्द की एक विशिष्ट क्षमता या विशेष कहा गया है–उक्ति की क्षमता या व्यापार माना गया है–ऐसी क्षमता या व्यापार–जो शास्त्र और काव्य के भाषा सम्बन्धी विभिन्न प्रस्थानों में नहीं है–जो उनसे काव्यभाषा को अलगाती है–विशिष्ट बताती है या जान डाल देती है। इसीलिए उसे जीवितभूत कहा गया है। दूसरे उद्धरण में उसे सर्जक का व्यापार कहा गया है। वर्णना भी सर्जक का व्यापार ही है–यह 'वर्णना' ही काव्य है–'वर्णना काव्यमुच्यते'। इसकी तह में कवि का प्रातिभ व्यापार है–वक्रता का अन्तस्तात्विक रूप वह है–और उससे सम्बद्ध होने के कारण सब हैं–वक्रता है। प्रतिभा स्फुरण है–काव्योपयोगी जो चारु शब्दार्थ स्फुरित होता है–वह है–

> शब्दो विवक्षितार्थैकवाचकोऽन्येषु सत्स्यपि।
> अर्थः सहृदयाह्लादकारिस्वस्पन्द सुन्दरः।।

आनन्द ने भी इसी आशय से कहा था–

> सोऽर्थस्तद्व्यक्ति योगी शब्दश्च कश्चन।
> यत्नतः प्रत्यभिज्ञैयौ तौ शब्दार्थे महाकवेः।।

प्रतिभा में जो शब्द स्फुरित होते हैं, अन्य पर्यायवाची वाचकों के होते हुए भी विवक्षित अर्थ के बोध की क्षमता केवल उन्हीं में होती है और जिस अर्थ के बोध की क्षमता उनमें होती है, वे अपने स्पन्दात्मक स्व-भाव के कारण सहृदयों के लिए नितान्त आह्लादकारी होते हैं, लोकोत्तर आह्लादकारी होते हैं।

जिस प्रकार ग्रहण की ओर से विचार करने वाले आचार्यों ने 'रस' को दार्शनिक भूमिका प्रदान की, उसी प्रकार निर्माण के कोण से विचार करने वालों ने 'चारुता' को भी दार्शनिक भूमिका दी। दर्शन दोनों का कश्मीरी शैवागम ही है–एक का प्रत्यभिज्ञा है और दूसरे का 'स्पन्द' दर्शन। कुन्तक ने अपने ग्रन्थ में इस शब्द का शतशः प्रयोग यों ही नहीं किया है। प्रतिभा के समक्ष विचित्र अर्थ या चारु अर्थ या स्वभाव सुन्दर अर्थ स्फुरित होता है। यही नई शब्दावली में बिम्बार्थ है Image है। उपस्थापक शब्द चित्रभाषा है। इस स्वभाव सुन्दर वाच्यार्थ की चर्चा महिम, आनन्दवर्द्धन तथा कुन्तक–सबने की है और बड़े मनोयोग से की है। आनन्दवर्द्धन ने ऐसे ही वाच्यार्थ को 'सहृदय श्लाघ्य' कहा है। लोक और शास्त्र का वाच्यार्थ ऐसा नहीं होता। आवश्यकता भी नहीं है–वहाँ ऐसा होने की। सहृदय श्लाघ्यता को और भी स्पष्ट करते हुए चतुर्थ उद्योत में कहा है–

'वाच्यानां च काव्ये प्रतिभासमानानां यद्रूपं तत्तु ग्राह्यविशेषा। भेदेनैव प्रतीयते' –काव्य में वाच्यार्थ की सामान्य रूप में नहीं प्रतीति होती, अपितु प्रत्यक्ष ग्राह्य

अशेष-विशेष व्यक्तिगत विशेषताओं से युक्त-प्रतीति होती है—लगता है, जैसे प्रत्यक्ष देख रहे हों। इसीलिए महिमभट्ट भी कहते हैं—

उच्चते वस्तुनस्तावद्द्वैरूप्यमिह विद्यते।
तत्रैकमत्र सामान्यं यद्विकल्पैकगोचरः।।
विशिष्टमस्ययद्रूपं तत्प्रत्यक्षस्यगोचरः।
स एव सत् कविगिरां गोचरः प्रतिभाभुवाम्।
रसानुगुणशब्दार्थचिन्तास्तिमित चेतसः।।
क्षणं स्वरूपस्पर्शोत्था प्रज्ञैव प्रतिभा कवेः।
सा हि चक्षुर्भगवतस्तृतीयमिति गीयते।।
येन साक्षात्करोत्येव भावांस्त्रैलोक्यवर्तिनः।
यतः साक्षादिवाभान्ति तत्रार्थाः प्रतिभार्जिताः।।

अर्थात्, वस्तु के दो रूप होते हैं—सामान्य और विशेष या विशिष्ट। सामान्य पर तो मतभेद या सन्देह हो सकता है—पर जो दूसरा रूप होता है—वह एकमात्र प्रत्यक्षगोचर होता है। पहला शब्द की अभिधा शक्ति का विषय होता पर दूसरा विचित्र अभिधा का, क्योंकि प्रतिभा प्रसूत कवि की विचित्र वाणी का विषय सामान्य नहीं होता है। बात यह है कि रसावेश दशा में तदनुरूप शब्दार्थ के चिन्तन में एकतान चेतना ही—प्रज्ञा ही कवि की प्रतिभा है। वही शम्भु की तीसरी आँख है—जिससे अतीत और अनागत के व्यवहित और विप्रकृष्ट पदार्थ प्रत्यक्ष स्फुरित होने लगते हैं। यही कारण है कि ग्राहक की प्रतिभा के समक्ष भी लगता है, जैसे वे अर्थ प्रत्यक्षयमाण हो उठे हों। शास्त्रीय और व्यावहारिक भाषा की तुलना में काव्य की भाषा का यही वैशिष्ट्य है। आज की आलोचना में यही बिम्बार्थ है—जिसकी पहचान में निम्नलिखित बिन्दु दिए जाते हैं—

जो अर्थ—1. ऐन्द्रिय अनुभव के आधार पर कल्पित हों
2. मूर्त अर्थात् जो प्रत्यक्षायमाण हो
3. जिसमें सौन्दर्योद्रेकी क्षमता हो
4. जिसमें ताजगी, तीव्रता और संस्कारों को जगा देने की क्षमता हो
5. शीघ्र प्रस्फूर्तिमत्ता हो

कवि की प्रतिभा नामक क्षमता में जब ऐसा वक्र अर्थ उभरेगा, तो उसका वाहक शब्द भी वक्र हो जाएगा। कभी-कभी कुन्तक 'वक्रता' को वैचित्र्य भी कहते हैं—जिसमें उनका अभिप्राय अनभिज्ञ लोग 'अस्वाभाविक' समझते हैं। यह सर्वथा भ्रम है। वह कहते हैं—'आञ्जसेनरूपेण स्वभावस्य परिपोषणमेव वक्रतायाः परं रहस्यम्' —वक्रता या वैचित्र्य का परम रहस्य यह है कि वर्ण्यवस्तु का असाधारण स्वभाव उभर जाय। यह स्वभाव ही वक्रता का परम रहस्य है। यह स्वभाव स्पन्ददर्शन के आधार पर स्पष्ट किया गया है, चरमसत्ता की संकोच प्रसारात्मा शक्ति का रूपान्तर स्वयं ही

जगत् है। यह शब्द किंचित् चलनार्थक 'स्पदि' धातु से निष्पन्न हैं। इसका सामान्य रूप स्पन्द सामान्य वह शक्ति है–जहाँ अद्वैतभाव है–जहाँ आत्मा में अनात्मस्थित है। जब मायीय मल के कारण अनात्म में आत्मा विभाजित होती है, तब द्वैतमय गुणमय प्रवाह चलने लगता है–यही पदार्थजात स्पन्दविशेष है। इनके वैयक्तिक वैशिष्ट्य का प्रत्यक्ष सर्वसामान्य की आँखों से नहीं होता। इसका प्रत्यक्ष वह तीसरी आँख से करता है। तब वे परिचित होकर भी अपरिचित-सी लगती है–नई-सी जान पड़ती है। इसीलिए कुन्तक कहते हैं कि कवि सर्वसामान्य की दृष्टि से गोचर रूप ही वर्णन करे–तो उसकी ओर कोई क्यों आकृष्ट होगा ? यदि कल्पना के बल पर जैसा है नहीं–वैसा वर्णन करे, तो सब कुछ अविश्वसनीय लगेगा–फिर कवि क्या करता है ? तब वह इसी प्रातिभ चक्षु से वर्ण्य का अलोक सामान्य स्वभाव, परिस्पन्द सुन्दर रूप देखता है–जो शतशः उपभुज्यमान होकर भी रमणीय लगता है। इसीलिए कुन्तक कहते हैं–

यत् किंचनमपि वैचित्र्यं तत्सर्वं प्रतिभाद्भवम्।

वर्ण्यगत समस्त चारुता जो कुछ भी है–वह प्रतिभा, कवि व्यापार का प्रभाव है। पर क्या यह चारुता वस्तु की अपनी स्वभावगत विशेषता नहीं है–प्रतिभा द्वारा उद्भावित ऐंद्रजालिक है ? नहीं, कुन्तक कहते हैं कि है वह वस्तुगत ही परन्तु दिखाती और देखती तीसरी आँख है, इसीलिए उन्होंने कहा है–

लीनं वस्तुनि येन सूक्ष्म सुभगं तत्त्वं गिरा कृष्यते।
निर्मातुं प्रभवेन्मनोहरिमिदं वाचैव वा सत्कविः।
वन्दे द्वावपि तावुभौ...।

अर्थात् चारुता स्वभावगत चारुता है, वस्तु में ही लीन–सत्कवि की प्रतिभाप्रसूत वाणी, उसे खींचकर बाहर ले आती है और सबको दिखा देती है। कुछ कवि ऐसे भी हैं, जिन्हें कुछ कृत्रिम मनोहरता ही खींचती है, तो वे वर्ण्य पर अलंकार द्वारा सौन्दर्य पैदा कर देते हैं।

इस वक्रता के कारण शब्दार्थ का सहभाव या साहित्य कुछ और ही हो उठता है–

साहित्यमनयोः शोभाशालितां प्रति काप्यसौ।
अन्यूनानतिरिक्तत्वमनोहारिण्यवस्थितिः।।

काव्य या साहित्य के उत्कर्ष का यही मानदण्ड है। प्रतिभा में न वह छोटी पड़े और न बड़ी–पूरी की पूरी अँट जाय। समग्रता में साक्षात्कृत हो उठे–तभी सौन्दर्य गृहीत होता है।

अब तक के विवेचन से यह स्पष्ट है कि लोकोत्तर आह्लादकारी वैचित्र्य या चारुता काव्य का सर्वस्व है और इस चारुता या सौन्दर्य का स्रोत 'वक्रता' है–कवि-व्यापार है। यह कवि का प्रातिभ-व्यापार ही है, जिससे काव्य चारुता से

मण्डित हो उठता है। यह व्यापार वर्ण के स्वरूप और सन्निवेश से लेकर काव्य में प्रबन्ध तक व्याप्त रहता है। वक्र शब्दार्थात्मक काव्य में वर्ण, पद, वाक्य, प्रकरण और प्रबन्ध—जैसी अंग और अंगीभूत इकाइयाँ रहती हैं—फलतः उन्हीं के आधार पर वक्रता के निम्नलिखित भेद* सम्भव होते हैं—

(1) वर्णवक्रता
(2) पदपूर्वार्धवक्रता या प्रकृति-वक्रता
(3) पदपरार्धवक्रता या प्रत्यय-वक्रता
(4) वाक्य वक्रता
(5) प्रकरण वक्रता
(6) प्रबन्ध वक्रता।

(1) वर्णवक्रता

लोक और शास्त्र में प्रयुक्त अक्षर-विन्यास के पिटे-पिटाए ढंग की अपेक्षा सहृदयों को आह्लादकर काव्य में प्रयुक्त अक्षर-विन्यास वक्र या विलक्षण होना चाहिए। वर्ण से यहाँ व्यंजन-वर्ण का ही ग्रहण होता है। स्वर की आवृत्ति में चारुताकी प्रतीति नहीं होती। एक वर्ण, दो वर्ण और तीन वर्णों की व्यवहित अथवा अव्यवहित आवृत्ति से यह वर्ण-विन्यास-वक्रता तीन प्रकार की होती है। यह आवृत्ति कभी नियत स्थानवाली और कभी अनियत स्थान वाली भी होती है। इस प्रकार इसमें अनुप्रास और यमक का समावेश हो जाता है। अनियत स्थान वाली आवृत्ति में अनुप्रास तथा नियत स्थान वाली आवृत्ति में 'यमक' की स्थिति मानी जाती है। इस आवृत्ति के पीछे औचित्य का निर्वाह आवश्यक है। वर्ण्यमान के साथ उसी तरह की उत्कर्षक अनुरूपता होनी चाहिए। यही कारण है कि कुन्तक ने आदतन किए जाने वाले वर्ण-विन्यास पर रोक लगा दी है। अपेशल—जहाँ जो पेशल न लगे—ऐसे वर्ण-विन्यास का भी त्याग होना चाहिए। जो वर्ण पहले आवृत्त हो चुका है—यदि उससे ऊब की स्थिति सम्भावित है, तो उसका भी परित्याग होना चाहिए। नवीन वर्णों की आवृत्ति होनी चाहिए। इस वर्ण-विन्यास-वक्रता में उद्भट आदि आचार्यों द्वारा निरूपित परुषा, उपनागरिका और कोमला—जैसी वृत्तियों का भी समावेश हो जाता है। कवि के स्वभाव के अनुसार माधुर्यादि छह गुणों से मण्डित सुकुमार आदि मार्गों की ये वृत्तियाँ अनुवर्तिनी हैं—

मृदु मंद मंद मन्थर मन्थर
लघु तरणि हंसिनी-सी सुन्दर
तिर रही खोल पालों के स्वर—गुंजन

---

* *कवि व्यापार वक्रत्वप्रकाराः सम्भवन्ति, षट् 19/18, वक्रोक्ति*

(2) पदपूर्वार्ध-वक्रता

पाणिनि व्याकरण के अनुसार सुवन्त और तिङन्त की पद संज्ञा होती है। इस पद के दो भाग होते हैं—पूर्वार्ध और उत्तरार्ध। पूर्वार्ध को 'प्रकृति' कहते हैं और उत्तरार्ध को 'प्रत्यय'। 'प्रकृति' में 'धातु' और 'नाम'—दोनों का समन्वय है। 'नाम' को 'प्रातिपदिक' भी कहते हैं। प्रातिपदिक सुवन्त होने पर और धातु तिङन्त होने पर 'पद' बनते हैं। इस प्रकार 'प्रातिपदिक' और 'धातु' गत वक्रता ही पद-पूर्वार्ध-वक्रता है। इसके अनेक भेद हैं—रूढ़िवैचित्र्य-वक्रता, पर्यायवक्रता, उपचार-वक्रता, विशेषण-वक्रता, संवृति-वक्रता, पदमध्यान्तर्भूत प्रत्यय वक्रता, वृत्तिवैचित्र्य-वक्रता, लिंगवैचित्र्य-वक्रता, क्रियावैचित्र्य-वक्रता आदि।

रूढ़िवैचित्र्य-वक्रता—जहाँ रूढ़ शब्द का वाच्यार्थ अपने में स्वयं उत्कर्ष या अपकर्ष का बोध कराने के लिए कवि द्वारा उपनिबद्ध किया गया हो—

यह शाहजहाँ है एक व्यक्ति
जिसने इतना तो किया काम
दे दिया विरह को एक रूप
है 'ताज' उसी का व्यथित नाम।

'शाहजहाँ' शब्द व्यक्ति-विशेष में रूढ़ है। कवि इसमें उत्कर्ष का आरोप करना चाहता है।

(3) पदपरार्ध-वक्रता (प्रत्यय-वक्रता)

इसके अन्तर्गत काल-वैचित्र्य-वक्रता, कारक-वक्रता, संख्या-वक्रता, पुरुष वक्रता, प्रत्यय-वक्रता आदि की सोदाहरण चर्चा कुन्तक ने की है। प्रत्यय-वक्रता का एक उदाहरण लें—

'अहो मुनीस महाभट मानी'

लक्ष्मण परशुराम के विषय में अपनी टिप्पणी दे रहे हैं। यह मुनीश परशुराम 'महाभटमानी' हैं। यहाँ 'महाभटमानी'—में मन् धातु से इन् प्रत्यय का विधान किया गया है। इस प्रत्यय से वक्ता यह संकेत देना चाहता है कि परशुराम में अपने को महाभट मानकर ही सबसे कुछ कहने-सुनने की आदत पड़ गई है—लत लग गई है। राम के सान्निध्य में आने पर भी वही लत काम करती दिखाई पड़ रही है। इन्हें अब तो अपने स्वरूप का ठीक-ठीक बोध नहीं हो रहा है—तो करा देना आवश्यक है। ऐसे तमाम संकेत 'इन्' प्रत्यय से अनुरणन प्रक्रिया से प्रतिभावान् ग्राहक में उभरते रहते हैं—इससे कथ्य में रमणीयता आ गई है—उसका बाँकपन बढ़ गया है।

पद-वक्रता के सन्दर्भ में केवल 'पद' का एक और रूप भी कल्पित है—जहाँ कहा है—'नामाख्यातोपसर्गनिपाताः—चत्वारि पदजातानि।' पद के अन्तर्गत चार आते

हैं—नाम, आख्यात्, उपसर्ग और निपात। ऊपर नाम, आख्यात और उनके साथ जुड़ने वाले विविध प्रकार के प्रत्ययों का समावेश तो हो गया, परन्तु 'उपसर्ग' और 'निपात' की कोई चर्चा कहीं नहीं की गई। अतः कुन्तक ने उक्त पद-वक्रताओं से हटकर एक ऐसी 'पदवक्रता' की भी बात की जिसमें उपसर्ग तथा निपात का भी समावेश हो गया। ये उपसर्ग और निपात (कतिपय अव्यय) वाक्य के एकमात्र प्राणरूप में स्फुरित होने वाले रसादि का प्रकाशन करता है। उपसर्ग और निपात प्रकृति ही प्रकृति हैं—इनमें प्रत्यय का अलग से अस्तित्त्व नहीं है—

'अब लौं नसानी अब ना नसैहौं'

यहाँ 'अब' अव्यय है। इससे कवि विवेक की तीक्ष्ण निश्चयात्मक क्षमता का संकेत देता है। अविवेक के कारण इस क्षण के पूर्व तक मैंने अपनी सारी उच्चतम सम्भावनाओं को पानी की तरह निरर्थक बह जाने दिया—अब विवेक का बाँध इतना मजबूत हो गया कि उत्तर क्षण से वह न केवल नहीं बहेगा वरन् सार्थक दिशा में उसका सन्नियोजन ही होता रहेगा। इस वाक्य से अतीत के कृत पर ग्लानि और भावी प्रमह पर सन्तोष के भाव का द्ययोतन हो रहा है और अव्यय या निपात उसके प्रकाशन में सहकार कर रहा है। ये ही भाव इस वाक्य के जीवित हैं। पद-वक्रता में अभिधा और लक्षणा मूल ध्वनि के अनेक प्रभेद समाहित हैं।

(4) वाक्य-वक्रता

इसे वाक्य-वक्रता, वाच्य-वक्रता या वस्तु-वक्रता भी कहा गया है। वर्ण्य-वस्तु का स्वभावसिद्ध, सौकुमार्य—रमणीयता रचयिता को अपनी वर्णना में अभीष्ट है, जो एकमात्र 'वक्र-शब्द' के प्रयोग द्वारा ही सम्भव है। नैसर्गिक प्रतिभा सहज सौन्दर्य को उन्मीलित करती है और शक्ति तथा व्युत्पत्ति से अर्जित प्रतिभा आहार्य सौन्दर्य का विधान करती है। इस प्रकार यह वाक्य-वक्रता या वस्तु-वक्रता दो प्रकार की हो जाती है—सहजा और आहार्या। इस प्रकार कुन्तक ने अभिधान वक्रता के साथ अभिधेय वक्रता की भी बात कही है। वाक्य-वक्रता का तो प्रसंग ही है। सहज वक्रता वर्ण्य-वस्तु के स्वाभाविक सौन्दर्य और आहार्य-वक्रता अलंकार-वैचित्र्य को प्रस्तुत करती है।

वाक्य सन्निहित, साकांक्ष और योग्य पदों का समुच्चय है। ऐसे एकाधिक वक्र शब्दों से जब विवक्षित वर्ण्यगत रमणीयता उन्मिषित होती है—तब वहाँ 'वाक्य-वक्रता' की अवस्थिति मानी जाती है। प्रातिभ कवि को वस्तु के स्वाभाविक सौन्दर्य को मूर्त करने में रुचि रहती है—यदि वे अलंकार का प्रयोग करते भी हैं तो उसी नैसर्गिक रसमयता या सौन्दर्य की वृद्धि के लिए। यों तो अर्जित प्रतिभा वाले हैं, जिनका वक्रता-विधान अलंकार-वैचित्र्य की अपेक्षा करता है।

कुन्तक ने अपना मन्तव्य स्पष्ट करते हुए वाक्य-वक्रता के निरूपण के दौरान कुछ अन्य महत्त्वपूर्ण बातें भी की हैं। काव्यात्मक अभिव्यक्ति के स्वभाव परिचालित

मार्ग में वक्र शब्द, अर्थ, गुण और अलंकार का अपना सौन्दर्य तो है ही—पर इन सबकी तह में कवि की सहृदय संवेद्य विदग्धता प्राण की तरह अन्तःस्थित होती है—यही तो वाक्य-वक्रता है। उदाहरणार्थ एक चित्र लें—उसमें फलक, रेखा-विन्यास, रंग और कान्ति है—सभी आकर्षक है—पर जो समन्वित प्रभाव होता है—उसकी तह में चित्रकार की विदग्धता ही जीवित की तरह है। कुन्तक मानते हैं कि यह वाक्य-वक्रता ही है जिसमें सभी अलंकार अन्तर्भुक्त हैं। वाक्य की भंगिमा का कोई अन्त है ? वह अनन्त प्रकार की हो सकती है। वाक्य की यह और ही प्रकार की वक्रता है। कुन्तक स्थूल रूप से वक्रोक्ति को अलंकार और शब्दार्थमय काव्य को अलंकार्य कहते हैं—परन्तु तत्त्वतः अलंकार वर्ण्यगत स्वभाव या उस स्वभाव से व्यक्त रसात्मक प्रभाव के ही अंग हैं—अंगी या अलंकार्य 'स्वभाव' और 'प्रभाव' ही है—इसीलिए क्रमागत अलंकारों के सम्बन्ध में उनके अपने कुछ और ही विचार हैं। वह 'स्वभावोक्ति' और 'रसवदलंकार' को क्रमागत ढंग से अलंकार नहीं मानते। वर्ण्य का स्वभाव ही अलंकार होगा तो अलंकार्य क्या होगा ? पूर्ववर्ती आचार्यों के अलंकार विवेचन में अलंकार और अलंकार्य का स्पष्ट विवेक लक्षित नहीं हो पाता—उदाहरण के लिए रसवदलंकार को ही लें। कुछ आचार्य रसवदलंकार और इतर अलंकार का वर्ग विभाजन करते हुए यह मानते हैं कि जहाँ-जहाँ चेतन पदार्थों का वर्णन हो वहाँ रसवदलंकार और जहाँ अचेतन पदार्थों का वर्णन हो—वहाँ इतर अलंकार होते हैं। पर इस विभाजन का खण्डन आनन्दवर्द्धन पहले ही कर चुके हैं। अपना अभिमत देते हुए आनन्दवर्द्धन ने कहा है कि जहाँ वाच्य का प्रतिपाद्य कुछ और हो और रस उसका सुन्दरीकरण करता हो—वहाँ उसे होना चाहिए। कुन्तक इसका संशोधन करते हुए उसे 'रसालंकार' संज्ञा देना चाहते हैं, न कि रसवदलंकार। रसवदलंकार नाम देने से कुछ स्पष्ट नहीं होता। कारण, इसके दो ही अर्थ हो सकते हैं—रसवान् का अलंकार या रसवान् अलंकार। रसवान् से आशय यदि रसमय काव्य से है—तो उसमें तो सभी अलंकार सम्बद्ध हैं—फलतः उसका अर्थ हुआ—काव्य के अलंकार। कर्मधारय समास के अनुसार अलंकार को रसवान् समझें—तो उसमें विशेषण के रूप में प्रयोग निरर्थक है, क्योंकि वह विशेष्य (अलंकार) को किसी से अलगाता तो है नहीं। अतः यदि 'रसवदलंकार' का अर्थ यह करें कि जो रस की तरह आनन्दकारी अलंकार है—वे रसवदलंकार हैं—तो कुछ संगति बैठ सकती है।

जहाँ तक काव्य में वर्ण्य विषय का सम्बन्ध है—अपने मनोहारी स्वभाव के कारण यह दो प्रकार का है—चेतन प्राणी का स्वरूप और अचेतन प्राणी का स्वरूप। चेतन प्राणी भी दो प्रकार के हैं—एक वे जिनमें चैतन्य के सर्वोपरि गुण व्यक्त हैं—सुर, असुर, सिद्ध, विद्याधर तथा मनुष्य और दूसरे वे जो इनसे भिन्न पशु हैं। इन प्रधान और गौण चेतन के अतिरिक्त वृक्षादिक अचेतन पदार्थ भी हैं। जहाँ तक प्रधानभूत चेतनों का सम्बन्ध है—उनका रसभावक स्वरूप ही वर्ण्य होता है।

गौण चेतन का वह स्वरूप काव्य में वर्ण्य होता है जो अपनी-अपनी जाति के स्वभावानुसार सहृदय हृदय को आह्लादित करता है। गौण चेतन और अचेतन का वर्णन उद्दीपन रूप में भी होता है और सर्वोपरि यह कि इस वर्णन के पीछे हमारी चेतना में वे मूल्य परिचालक रूप में निहित रहते हैं, जिनसे हमारे जीवन की चरम सार्थकता सिद्ध होती है। ये मूल्य हैं–पुरुषार्थ-चतुष्ट्य। काव्य में प्रतीत सौन्दर्य इनसे जुड़ा रहे–यह आवश्यक है।

(5) प्रकरण-वक्रता

जिस प्रकार पद वर्णों का और वाक्य पदों का समूह है, उसी प्रकार प्रकरण वाक्यों का समूह है। कुन्तक ने इसके भी अनेक भेद-प्रभेद बताए हैं। 'भावूपर्ण' स्थिति की 'उद्‌भावना', काव्यजीवितभूत अविद्यमान प्रकरण की उद्‌भावना, विद्यमान प्रकरण का रसोचित परिष्कार, प्रकरणों का प्रधान प्रयोजन निष्पत्ति में उपकार्योपकारक भाव सम्पन्न रूप में प्रस्तुति, एक ही भावमय स्थिति का बार-बार नवनवायमान उपस्थापन, काव्य को रमणीय बनाने के लिए कथावैचित्र्य सर्जक जलक्रीड़ा आदि प्रसंगों का उद्‌भावन, रस-निष्पादन में असाधारण रूप से उल्लेख प्रकरण की उद्‌भावना, नाटक के मध्य नाटक की योजना, सन्धिसन्ध्यङ्ग की नितान्त सुसंश्लिष्ट योजना तथा प्रधान वस्तु की सिद्धि के लिए हृदयावर्जक प्रसंग की उद्‌भावना–आदि।

यदि सूरसागर को प्रबन्धायमान कहा जाय तो वात्सल्य रस के पोषक अभूतपूर्व भावमय प्रसंगों की उद्‌भावनाएँ इस सन्दर्भ में स्मरणीय हैं। 'कामायनी' में लज्जा सर्ग ही अपनी समग्रता में नितान्त भावमय उद्‌भावना है। निराला के 'तुलसीदास' में नवजागरण की शक्तिवादी मान्यता के अनुरूप रत्नावली में अज्ञान के कल्मष को ध्वस्त कर देने वाली सरस्वती का रूप उभार लाने की कल्पना प्रकरण-वक्रता का ही उदाहरण है–ये सब अविद्यमान की उद्‌भावनाएँ हैं। 'साकेत' में कैकेयी का राम के सम्बन्ध में मानस परिवर्तन विज्ञान के युग में मन्थरा की देव-प्रेरित बुद्धि बदलकर नहीं, अपितु एक सहज मनोविज्ञानसम्मत चिन्तन-क्रम से किया गया है। कैकेयी के मन में बार-बार यही भाव उठता है–

> 'भरत से सुत पर भी सन्देह'

निष्कर्ष यह कि रचनाकार अपनी प्रातिभ क्षमता और प्रातिभ स्वतन्त्रता से प्रबन्ध में बाँकपन लाने के लिए ऐसी प्रकरण कल्पनाएँ कर लेता है।

(6) प्रबन्ध-वक्रता

प्रबन्ध प्रकरणों का समुच्चय है–वह खण्ड और महाकाव्य भी हो सकता है और रूपक भी। प्रबन्ध-वक्रता के भी अनेक भेद हैं (1) उपजीव्य कथागत रस से भिन्न रसानुरूप प्रस्तुति (2) प्रबन्ध में गृहीत इतिवृत्त को समग्रता में लेना पर नीरसता

के भय से उसे समाप्ति से पहले ही अन्तिम रूप दे देना। (3) कार्यान्तर से आधिकारिक फल तक पहुँचाने वाले उपाय को तिरोहित कर उसी से उसी फल को सम्पन्न करा देना। (4) एक फल की प्राप्ति में प्रवृत्त नायक को अनेक फल प्राप्त करा देना। (5) नामकरण या प्रबन्ध की संज्ञा से ही उसकी कथा का सारा संकेत दे देना। (6) एक ही स्रोत से गृहीत कथा को विविध-विध प्रभावकारी प्रबन्धों की सृष्टि करना। (7) नए-नए उपायों से नीतिमार्ग का उद्भावन करना—आदि।

'एक कण्ठ विषपायी' की कथा पौराणिक सती-चरित पर आधारित है, परन्तु उसको प्रतीक बनाकर उसकी मूल भावना की जगह युगानुरूप सन्देश का वाहक बना दिया है। सती की सड़ती हुई लाश रूढ़ियों का प्रतीक बन गई है। उन्माद में शिव उसे छाती से चिपकाए नाच रहा है—देवगण सात्त्विक शक्तियाँ स्वरूपबोधपूर्वक शिव को शव से मुक्त कराती हैं।

कुन्तक ने प्रदेश और विषय को रीति या काव्य-मार्ग का नियामक न मानकर रचयिता के 'स्वभाव' को माना है। कवि के स्वभाव की कोई इयत्ता नहीं है, तथापि वह त्रिविध कहा गया है—सुकुमार, विचित्र और मध्यम। भ्रमर पराग और मकरन्द से आसिक्त पुष्पों के बीच से ही अपना मार्ग निर्धारित करता है, जबकि त्रिविध शक्ति सम्पन्न स्वभाव वाले कवियों का मार्ग विचित्र मार्ग है। मध्यम उभयात्मक है। छायावादियों में महादेवी और पन्त सुकुमार-मार्ग के हैं और निराला विचित्र मार्ग के। प्रसाद भी सुकुमार-मार्ग के ही हैं। प्रत्येक मार्ग में छह गुण मिलते हैं—नाम एक ही है, पर अर्थ भिन्न-भिन्न हैं। नाम हैं—प्रसाद, माधुर्य, लावण्य और आभिजात्य—जो प्रत्येक मार्ग के अपने-अपने विशेष गुण हैं, पर दो सामान्य हैं। औचित्य और सौभाग्य।

स्पन्दवादी दार्शनिक भूमि पर काव्यात्मक उक्ति में अपूर्व चारुता का उन्मेष करने वाले प्रतिभा नामक कवि के वक्रत्व-व्यापार का महत्त्वाख्यान करते हैं—कुन्तक। उनकी दृष्टि में यही व्यापार काव्य की जान है और काव्य में जो कुछ भी चारुता है—वह सब इसी प्रतिभा की प्रसूति है। सभी पूर्ववर्ती आचार्यों के बाद इस नई उद्भावना के आचार्य के आगमन का परिणाम यह हुआ कि उनकी उपलब्धियों का पूरा लाभ इन्हें मिला। अलंकार और रीतिवादियों की मान्यताओं की असंगति आनन्द ने स्पष्ट कर दी थी। इसका लाभ तो उन्हें मिला ही—आनन्दवर्द्धन की स्थापनाओं को भी पचा लिया। यही कारण है कि काव्य में शब्द के ध्वनिवादसम्मत विभिन्न रूपों का विरोध करते हुए उनकी जगह काव्योचित शब्द का एक ही रूप माना और वह कहा गया—वक्र शब्द। लोकप्रसिद्ध अभिधा से भिन्न विचित्र अभिधा से मण्डित वक्र वाचक शब्द। लक्षणा से उसमें सभी प्रकार के काव्योचित शब्दों का अन्तर्भाव मान लिया गया। वक्रता के प्रभेदों में ध्वनि के सभी प्रभेदों को कथंचित समाविष्ट करने का प्रयास भी किया गया। वर्ण्यस्वभाव और रस की अलंकार्यता भी प्रतिष्ठापित

रखी—पर गुण को संघटना का उपजीव्य न मानकर संघटना का धर्म ही रखा। अपेक्षा थी कि रसवादियों की गुण परिपाक कल्पना के विपक्ष में कुछ कहा जाता। ध्वनिवाद ने अथक श्रम करके जो सौन्दर्य स्रोतों का एक व्यवस्थित तरतम-भाव बैठाया था—कुन्तक ने उस पर ध्यान नहीं दिया। वक्रता के प्रकारों में तद्गर्भ उक्ति के प्रकारों में कहीं कोई प्रातिभ संरम्भ के उच्चावचभाव से कोई अन्तर ही नहीं है—यह एक खटकने वाली बात है—इस प्रस्थान में।

आधुनिक आलोचना में इस वक्रोक्ति की अभिव्यंजना से तुलना की जाती है। अभिव्यंजनावाद का उपस्थापक क्रोचे रोमैण्टिक आलोचक हैं, जिसने कला की स्वतन्त्रता को शिखर पर पहुँचा दिया। वह एक दार्शनिक की हैसियत से सौन्दर्य या कलात्मक सौन्दर्य पर विचार करता है। वह काण्ट और हीगल की मान्यताओं को आत्मसात् कर आगे बढ़ता है और केवल मानसिक क्रियाओं को ही एकमात्र मान्यता प्रदान करता है—बाह्य उपकरणों को केवल गौण साधन के रूप में ग्रहण करता है। वह माइण्ड और मैटर—दोनों को मानता है—क्योंकि दोनों के भेदक धर्म भिन्न-भिन्न हैं—माइण्ड चेतन है तो मैटर अचेतन, माइण्ड गत्यात्मक और साँचे (Form) वाला है, तो मैटर स्थिर और साँचों से शून्य है। मैटर के सम्पर्क से माइण्ड सक्रिय होता है—इस माइण्ड के व्यापार दो प्रकार के हैं—ज्ञानात्मक और व्यावहारिक। ज्ञानात्मक व्यापार दो प्रकार के हैं—इण्ट्यूटिव्ह और लाजिकल तथा व्यावहारिक भी दो प्रकार के हैं—नैतिक तथा आर्थिक। इण्ट्यूटिव्ह ज्ञान का विषय 'विशेष' होता है और लाजिकल का 'सामान्य'। यह विशेष विषयक ज्ञान कलात्मक ज्ञान है—काव्य इसी में परिगणित है। यह इण्ट्यूटिव्ह ज्ञान अखण्ड और निर्वियांत्रित व्यापार है। कुन्तक भी काव्य व्यापार को अखण्ड मानते हैं और उनके वर्ण्य विषय को 'विशेष' या 'विशिष्ट' रूप। इन दो समानताओं के अतिरिक्त और सब अन्तर ही अन्तर ही है। सबसे पहली बात तो यह कि दोनों की दृष्टि ही भिन्न है।—कुन्तक स्पन्दाद्वैतवादी हैं—उसके यहाँ सामान्यस्पन्द भेदरहित और विशेषस्पन्द भेदसहित है। प्रतिभा में कुन्तक के यहाँ वक्र शब्द और वक्र अर्थ सहभावापन्न होकर साथ-साथ उभरते हैं और वे ही यथावत वर्णना में आते हैं—अभिव्यक्त होते हैं—काव्यसंज्ञा पाते हैं क्रोचे के इंट्यूटिव्ह ज्ञान में केवल Form में मैटर व्यक्त होता है और वही सम्पूर्ण कला है—शब्द में तो वह बाहर अनूदित होता है—कला का वह गौण रूप है—मात्र स्मारक है। उसे देखकर ग्राहक में कलात्मक रूप का साक्षात्कार करने के लिए उन्हीं सारी प्रक्रियाओं से मन में गुजरना पड़ता है। क्रोचे के यहाँ काव्य की सत्ता आन्तरिक है, पर कुन्तक के यहाँ बाह्य। इसीलिए कुन्तक के काव्य में प्रयोजन का विचार होता है—क्रोचे के यहाँ नहीं। कुन्तक के यहाँ वस्तु-विशिष्ट वस्तु लोकोत्तर अनुभव पैदा करती है क्रोचे के यहाँ मात्र Form के रूप में अभिव्यक्त मनोगत कला सौन्दर्यबोध कराती है। क्रोचे का कलात्मक आनन्द मात्र व्यक्त हो जाने का आनन्द है—यहाँ अभिव्यक्त भाव का आनन्द है। इस तरह अन्तर ही अन्तर अधिक है।

वक्रोक्ति मत का स्वरूप

ऐतिहासिक और दार्शनिक पीठिकाएँ

Dealing with the concept of *Vakrokti* ("crooked or uncommon way of expression:" the author opines that it is a व्यापार and not a poetic figure (अलंकार). He points towards a close relationship of the concept of *spanda* in Kaśmirs Śaivism with the *Vakrokti* of Kuntaka and contends that though accepting *Vakrokti* as the lifesubstance (जीवितम्) of poetry, Kuntaka did not consider it to be an alternative of रस (aesthetic pleasure) but rather held the view that *Vakrokti* culminated in *rasa*.

भारतीय रचनात्मक तथा शास्त्रात्मक वाङ्मय में भामह-दण्डी जैसे अलंकारवादी आचार्यों से पूर्व वक्रोक्ति को उस तरह से उपस्थापित नहीं किया गया, जिस तरह से इन लोगों ने किया। भामह ने काव्य का केन्द्रीय तत्त्व 'चारुता' मानी और उसका स्रोत अलंकार।[1] उनकी धारणा है कि इन अलंकारों की स्वरूप निष्पत्ति वक्रता-सापेक्ष है।[2] इनकी दृष्टि में 'वक्रता' शब्द और अर्थ की लोकोत्तीर्ण रूप से अवस्थिति है।[3] इन्होंने 'अतिशय' को उसके पर्याय के रूप में प्रयुक्त किया है। यह मानना कि 'वक्रता' में उक्ति को घुमा-फिरा कर प्रयुक्त किया जाता है और 'अतिशय' में बढ़ा-चढ़ा कर—फलतः दोनों में भामह अन्तर करते हैं—ठीक नहीं।[4] भामह पर यह अपना आरोपण है, वास्तव कथन नहीं। दण्डी ने वाङ्मय को वक्रोक्ति और स्वभावोक्ति[5], जैसे दो भेदों में विभाजित किया है और कहा है कि शास्त्र में स्वभावोक्ति—तथ्य कथन—होती है और काव्य में वक्रोक्ति,[6] किन्तु इसका आशय यह नहीं कि काव्य में स्वभावोक्ति होती ही नहीं। निश्चय ही उनकी दृष्टि में शास्त्रीय 'स्वभावाख्यान' असुन्दर तथा काव्यगत स्वभावाख्यान सुन्दर होता है फलतः—

'काव्येष्वप्येतदीप्सितम्'[7]

काव्य में भी स्वभावोक्ति का प्रयोग अभीष्ट है। यह अवश्य प्रतीत होता है कि

स्वभावोक्ति अलंकार में भी जिस प्रकार भामह वक्रोक्ति की व्याप्ति मानते थे, उसी प्रकार दण्डी भी मानते हैं, यह नहीं कहा जा सकता। वे वक्रोक्ति के साम्राज्य से स्वभावोक्ति को पृथक् कर देते हैं और भामह की तुलना में वक्रोक्ति की व्याप्ति कम कर देते हैं। वामन ने वक्रोक्ति की अर्थव्याप्ति और भी कम की। उन्होंने कहा—'सादृश्याल्लक्षण वक्रोक्तिः।'[8]

सादृश्यमूलक लाक्षणिक प्रयोगों में ही वक्रोक्ति की संस्थिति कही जाती है। यद्यपि उन्होंने 'अतिशय'[9] की भी बात की है, पर उसकी व्याप्ति कतिपय इने-गिने अलंकारों में ही प्रदर्शित की है। रुद्रट[10] ने इस वक्रोक्ति को और सीमित कर दिया। उन्होंने उसे शब्दालंकार के एक भेद के रूप में स्वीकार किया, जिसके दो भेद किए गए—काकु-वक्रोक्ति और श्लेष वक्रोक्ति। इस आलंकारिकों ने अर्थालंकार के वर्गीकरण सन्दर्भ में वास्तव[11], औपम्य, श्लेष के साथ अतिशय का भी नाम लिया। पर 'अतिशय' भामह की वक्रोक्ति का पर्याय नहीं था, सीमित था। ध्वनिवादी आचार्य आनन्दवर्द्धन ने परम्परागत दोनों अर्थों में 'वक्रोक्ति'[12] का उल्लेख किया, पर वह जिस 'अलंकार' स्वरूप का निर्वतर्क माना गया, उसे व्यवस्थित कर दिया गया। सौन्दर्य स्रोतों में से एक और असाक्षात् (आत्म) सम्बद्ध तथा अनियत[13] निरूपित किया गया।

इस रूप में परम्परा चर्चित 'वक्रोक्ति' को निर्माण की दृष्टि से सोचने वाले कुन्तक ने काव्य को 'जीवित'[14] रूप में उपस्थापित किया।

प्रश्न यह खड़ा होता है कि 'जीवित' शब्द का आशय क्या है ? डॉ. राघवन् ने क्षेमेन्द्र के औचित्य सम्बन्धी चिन्तन के प्रसंग में 'रस' को **आत्मा** और 'औचित्य' को **जीवित** के रूप में ग्रहण कर यह सिद्ध करना चाहा है कि क्षेमेन्द्र (ध्वनित) रसवादी अभिनवगुप्त के विरोधी नहीं हैं, अन्यथा यदि 'औचित्यं रससिद्धस्य स्थिरं काव्यस्य **जीवितम्**' के 'जीवितम्' को 'आत्मा' से अभिन्नार्थक माना जाता तो क्षेमेन्द्र अभिनव के विपक्ष में चले जाते। निष्कर्ष यह कि काव्यात्मवाद के सन्दर्भ में डॉ. राघवन् ने आत्मा को Soul तथा जीवित को life के अर्थ में लेकर अभिनव और क्षेमेन्द्र के बीच एक संगति लगाई है लेकिन इस भिन्नार्थकता से एक दूसरी समस्या भी खड़ी होती है और वह यह कि कुन्तक के 'वक्रोक्तिः काव्यजीवितम्' में भी क्या इसी प्रकार 'जीवित' को समझा जाय ? काव्यस्यात्मा स (रसः) एवार्थः[16], 'काव्यस्यात्मा ध्वनिः'[17] 'रीतिरात्मा काव्यस्य'[18]—इन धाराओं में प्रयुक्त 'आत्मा' शब्द और वक्रोक्ति धारा का 'जीवित' शब्द क्या भिन्नार्थक माने जाएँ ? विचार करने से स्पष्ट प्रतीत होता है कि दृष्टान्त में भले ही 'आत्मा' और 'जीवित' भिन्नार्थक हों, पर 'काव्य' में दोनों शब्द समानार्थक ही सम्भव हैं। काव्यात्मवाद के सन्दर्भ में 'आत्मा' शब्द का आशय' सारसत्ता ही है, जो 'जीवित' का भी अभिप्रेत है। कुन्तक के प्रयोगों का भी साक्ष्य लिया जाय—

(1) उचिताख्यानजीवितम्-उदाराभिधानं जीवितं परमार्थो यस्य।[19]

(2) काव्यैकजीवितम्—काव्यस्य परः परमार्थ इत्यर्थः[20]।

(3) शरीरं जीवितेनैव स्फुरितेनैव जीवितम्।[21]

विना निर्जीवतां येन वाक्यं याति विपश्चिताम्।।

इन प्रयोगों को देखने से लगता है कि कुन्तक ने जीवित शब्द का प्रयोग सारसत्ता के ही अर्थ में किया है। निष्कर्ष यह कि आत्मवाद के सन्दर्भ में प्रयुक्त 'आत्मा' और 'जीवित' को समानार्थक ही माना जाना चाहिए। फिर 'औचित्यमत' के सन्दर्भ में जो भिन्नार्थकता बताई गई, उसका क्या होगा ? श्री रामपाल विद्यालंकार ने भी भेद नहीं माना[22], भेद तो डॉ. के. कृष्णमूर्ति ने भी नहीं माना[23], फलतः काव्य में रस को अंगी मानने वाले अभिनव ने 'औचित्य' को अंगी मानने वाले क्षेमेन्द्र को विरोधी बताया और कारण यह बताया कि क्षेमेन्द्र रसौचित्य को औचित्य का एक भेद मानते हैं। मेरा विचार यह है कि डॉ. राघवन् व्यर्थ ही अवरोध के लिए 'आत्मा' और 'जीवित' को भिन्नार्थक मानते हैं। भिन्नार्थक माने बिना भी उनका पक्ष सिद्ध हो सकता है। यदि यह मान लिया जाय तो क्षेमेन्द्र **आलोचक की दृष्टि** से महत्त्वपूर्ण तत्त्व का अनुसन्धान कर रहे हैं और अभिनव ग्राहक की ओर से—अतः पहला 'औचित्य' (जो जहाँ है, वह वहाँ ठीक तो है) को महत्त्व दे रहा है—रस को भी औचित्य की परिधि में ले रहा है और दूसरा ग्राहक रस को। अतः दृष्टि भेद से ही अभिनव तथा क्षेमेन्द्र के आपाततः प्रतीयमान विरोध का निरास हो जाता है—इसके लिए 'आत्मा और जीवित को भिन्नार्थक मानने का प्रयास निरर्थक है।

एक बात अवश्य है कि काव्य के सारतत्त्व पर आलोचक, सर्जक और ग्राहक—तीनों दृष्टियों से विचार हुआ है। आलोचक की दृष्टि से यह तत्त्व 'औचित्य' है। ग्राहक की दृष्टि से 'रस' और सर्जक की दृष्टि से अलंकार, रीति और वक्रोक्ति। सर्जक अभीष्ट प्रभाव उत्पन्न करने के लिए किस सार तत्त्व का उपयोग करे ? प्रभाव की प्रकृति क्या हो ? भामह की कारिका 'न कान्तमपि निर्मूलं विभाति वनिताननम्'[24] से स्पष्ट है कि जिस प्रकार अलंकारवादियों को वनिता के आनन पर राजमान कमनीयता आकृष्ट नहीं कर पाती—फलतः आकर्षण के लिए भूषण द्वारा उत्पादित या प्रवर्द्धित सौन्दर्य ही अपेक्षित होता है, उसी प्रकार इन अलंकारवादियों को सहज कमनीयता सँवलित उक्ति तब तक आकर्षक नहीं होती, जब तक उस पर आलंकारिक छटा न उभर जाय। रुचि-रुचि की बात है। रीतिवादी यौवन-प्रभाव सहज कमनीयता में ही कवित्व का प्रस्फुटन मान लेता है—अलंकार उसको प्रवृद्ध मात्र करते हैं।[25] भामह की कारिका बता रही है कि सहज कमनीयता की भित्ति तो अवश्य होनी चाहिए—पर वह आलंकारिक पेण्टिंग कवित्व के उन्मेष के लिए अपेक्षित है और इस पेण्टिंग के लिए रंग—'वक्रता' यह 'लोकोत्तर अतिशय'[26] का हो—यह शर्त है। यह अतिशय लोकोत्तर रूप से उक्ति की संस्थिति[27] पर निर्भर है—शास्त्र और व्यवहार की पिटी-पिटाई पद्धति से अलंकार निर्माण के लिए अपेक्षित

वक्रता कुछ और ही होती है। उक्ति में यह वक्रता सौन्दर्यानुभूति की अभिव्यक्ति के प्रातिभ आवेश में फूटती है। उक्ति की काव्यात्मक परिणति के लिए अलंकारवादी वक्रता-गर्भ अलंकारों की अनिवार्यता मानता है और रीतिवादी[28] गुणों की। एक अलंकारों में सभी सौन्दर्य स्रोतों को समाविष्ट करना चाहता है और दूसरा गुणों में। सौन्दर्य दोनों को अभीष्ट है—उस तरह का प्रभाव दोनों उत्पादित करना चाहते हैं—पर एक सहज और दूसरा कृत्रिम। लोचनकार ने इसी आशय को व्यक्त करते हुए कहा था—'चारुत्वं द्विविधं स्वरूपनिष्ठं, संघटनानिष्ठ'[29] च' अर्थात् चारुता या सौन्दर्य उक्ति के स्वरूप में भी है और संघटना में भी। स्वरूपनिष्ठ सौन्दर्य का स्रोत अलंकार है और संघटना (रीति) निष्ठ सौन्दर्य का स्रोत गुण। इन अलंकार और रीतिवादी आचार्यों की दृष्टि से श्रव्यकाव्य के अन्तर्गत 'रस' को वह सर्वातिशायी मान्यता प्राप्त नहीं थी—जो आनन्दवर्द्धन तथा अभिनवगुप्त के मत से आगे चल कर हुई।[30] भामह अलंकार में ही उसे अन्तर्भूत कर लेता है और रस व अलंकार नाम से कहता है जबकि वामन दीप्तरस वाले ओजोगुण से संपृक्त होने पर भी गौडीया[31] रीति को अनात्मभूत या तुच्छ समझता है। इससे स्पष्ट है कि आनन्दवर्द्धन से पूर्व श्रव्यकाव्य में चारुता का प्रवाह और दृश्यकाव्य में रसानुभूति का प्रवाह स्थापित था। यह आनन्दवर्द्धन है, जिसने उभयत्र 'रसप्रवाह'[32] के प्रामुख्य की बात की। दृश्यकाव्य में ही नहीं, मुक्तक काव्य[33] में भी रस की सर्वातिशायी प्रतिष्ठा की। इन्होंने गुण और अलंकार की जगह व्यंजकत्व[34] को चारुता स्रोत निरूपित किया और इस चारुता को रस में पर्यवसित किया। वैसे कवि की प्रतिभा सर्वोपरि है—मूलतः सौन्दर्य स्रोत वही है। जिसे चाहे, उसके सिर पर सौन्दर्यस्रोतस्कता का सेहरा बाँध सकती है। उसके लिए अभिधा, लक्षणा और व्यंजना का नियम नहीं है—वह नियतिकृत नियम रहित और स्वतन्त्र है। इसीलिए कालिदास की अभिधा समर्थित उपमा में जो सौन्दर्य फूटता है, वह उत्प्रेक्षा सम्राट हर्ष की व्यंजना-समर्पित उपमा में नहीं। इसीलिए प्रतिभावादी आनन्दवर्द्धन व्यंजकत्व को चारुता का स्रोत कहकर भी अभिधा की सम्भावना का निराकरण नहीं करते। यदि कवि की प्रतिभा-शक्ति का हस्तावलंब अभिधा को मिल गया, तब वह भी काव्योचित चारुता का स्रोत बन सकती है। इस गूढ़ तथ्य का संकेत आनन्दवर्द्धन ने **ध्वन्यालोक** के चतुर्थ उद्योत में किया है। उन्होंने कहा है, "वाच्यानां च काव्ये प्रतिभासमानानां यद्रूपं तत्तु ग्राह्यविशेषाभेदेनैव प्रतीयते"[35]—काव्य में शास्त्र और वाच्यार्थ की अपेक्षा काव्यार्थ की प्रतीति प्रत्यक्ष की भाँति प्रातिस्विक विशेषताओं से संवलित रूप में होती है—फलतः काव्योचित चारुता से मण्डित होती है। यह प्रत्यक्षायमाण वाच्यार्थ वाच्यार्थ ही नहीं होगा, यदि अभिधा का विषय नहीं होगा। व्यवहार और शास्त्र में **सामान्य** रूप से वाच्यार्थ की प्रतीति होती है, पर काव्य में **विशिष्ट** रूप में होती है। महिमभट्ट ने कहा है कि शब्द की अभिधा शक्ति से समर्थित अर्थ दो प्रकार के होते हैं—सामान्य और विशिष्ट[36]।

अभिधा लब्ध अर्थ का विशिष्ट रूप वही है, जो प्रत्यक्ष का विषय (व्यक्तिगत विशेषताओं से संवलित) होता है। महिम के मत से–'स एव सत्कविगिरां गोचरः।'[37]

यह व्यक्तिगत विशेषताओं से संवलित प्रत्यक्षगोचर अर्थ ही प्रतिभाप्रसूत कवि की वाणी या शब्द का अर्थ होता है। बात यह है कि प्रतिभा कवि की तीसरी आँख है, जिसके समक्ष अतीत और भूत का आवरण हट जाता है और सब कुछ वर्तमान सा हो जाता है–प्रत्यक्षायमाण हो जाता है। राजशेखर आदि समीक्षकों की धारणा है कि कवि में यदि प्रतिभा है, तो वह अप्रत्यक्ष को भी प्रत्यक्ष कर लेती है।[38] वह योगी हो या नहीं, पर प्रतिभाशक्ति उसे उस भूमि पर कभी-कभी उठा ले जाती है और वह सब कुछ दिखा देती है, जो योगी साधनावश देखता है। पं. केशवप्रसाद मिश्र के इस कथन में सचाई है कि योगी जिस भूमि पर साधना के बल से पहुँचता है, प्रतिभावैभव सम्पन्न कवि वहाँ अनायास ही प्रतिष्ठित हो जाता है।[39] लेकिन यह दृष्टान्त ही है, सर्वथा एकरूपता करनी सम्भव नहीं है। निष्कर्ष यह कि यदि प्रतिभाशक्ति है तो चारुता का कौन सा स्रोत किसके बल पर कब फूट जाय, यह नियम बनाना कला के क्षेत्र में असम्भव है। इसीलिए यद्यपि (अभिनवगुप्त और) आनन्दवर्द्धन व्यंजकत्व को काव्योचित सौन्दर्य का स्रोत निरूपित करते हैं, तथापि उपर्युक्त पंक्ति के आलोक में (वाच्यानां च...) प्रातिभ सामर्थ्य के समक्ष उसे शिथिल भी कर देते हैं। 'अभिनवभारती' में इस 'साक्षात्कारकल्पः' अर्थ का संकेत अभिनव गुप्त भी देते हैं। अतः के. कृष्णमूर्ति जी की यह स्थापना कि रस समर्थकता[40] के कारण ही काव्य-भाषा व्यवहार और शास्त्र की भाषा से पृथक् हो जाती है–विचारित नहीं है। उसके और भी स्रोत हैं। पश्चिमी समीक्षा में तो क्रोचे[41] ने Knowledge का विषय ही प्रत्यक्ष गोचर 'व्यक्ति'[42] को बताया है। बिम्बवादी आचार्यों ने इस पर इतना बल दिया है कि कवित्व का एकमात्र स्रोत ही बन गया।[43] आचार्य रामचन्द्र शुक्ल[44] तथा प्रायः समस्त छायावादी चिन्तकों[45] ने इसी अभिप्राय से काव्य भाषा को चित्र भाषा कह दिया–चित्रार्थ बिम्बार्थ समर्थक भाषा कह दिया। वहाँ तो Imagination उस शक्ति या Faculty को कहा गया जहाँ Image या बिम्ब गढ़ा जाता है। इसलिए भारतीय प्रतिभा उसकी आत्मसात् करती हुई भी उसका पर्याय नहीं है–विशेषकर कश्मीरी आलंकारिकों के सन्दर्भ में। आनन्दवर्द्धन, अभिनवगुप्त तथा कुन्तक उसी कश्मीरी धारा के आगमिक आचार्य हैं। इस चर्चा को यहाँ रोक कर प्रकृत में यह कहना चाहता हूँ कि श्रव्यकाव्य के क्षेत्र में काव्य-भाषा द्वारा जिस प्रकार का प्रभाव अलंकारवादी और रीतिवादी अभिव्यक्त करना चाहते थे–वह चारुतात्मक था। ये लोग रस को वह महत्त्व नहीं दे रहे थे जो आनन्द और अभिनव द्वारा दिया गया।

कुन्तक का काव्य प्रस्थान सर्जनापक्षीय है–इसलिए भाषा ही–शब्दार्थ ही–उसके लिए सब कुछ है–

आखर अरथ कविहिं बल साँचा।
अनुहरि ताल गतिहिं नट नाचा।।[46]

इसीलिए अलंकार और रीतिवादियों की भाँति उन्हें भी अपनी सारी क्षमता का उद्रेक शब्दार्थ को ही केन्द्र में रखकर (अलंकार्य बनाकर) बताना पड़ा। अलंकार और रीतिवादियों की तुलना में कुन्तक को विरासत में बहुत कुछ मिला था—इसीलिए उन्हें ध्वनि तथा रसवादियों की विरासत को आत्मसात् करके अपने को प्रस्तुत करना पड़ा। इसलिए उनकी दृष्टि में एक तरफ 'स्वभाव' और 'रस' अलंकार्य[47] हैं और दूसरी ओर 'शब्दार्थ' भी अलंकार्य है[48]। ग्रहण पक्ष से ये वस्तु सौन्दर्य पर भी बल देते हैं और पर्यवसित रसवत्ता या लोकोत्तराह्लाद पर भी। पर इन सबका स्रोत 'वक्रता' को ही निरूपित करना है, इसलिए उनकी स्थापना है—

लोकोत्तराह्लादकारिवैचित्र्यसिद्धये।
काव्यस्यायमलंकारः कोऽप्यपूर्वो विधीयते।[49]

सामान्य भाषा से काव्य भाषा का व्यावर्तक पूर्व सूरियों द्वारा अनुद्भावित 'वक्रता' का विधान कुन्तक का अपना पौरुष है। लोकोत्तराह्लादकारिता काव्यभाषा का लक्ष्य होने से व्यावर्तक है—सामान्य काव्यभाषा यह काम नहीं करती। लोकोत्तराह्लाद समर्थक होने से ही काव्यभाषा का सामान्य भाषा से प्रस्थान भेद है—काव्य-भाषा में यह समर्थकता कविव्यापार स्वरूप 'वक्रता' की है। काव्यगत वस्तु और काव्यगत आह्लाद व्यवहार और शास्त्रगत वस्तु और आह्लाद से भिन्न प्रकृति का है—इस भिन्नता को उभारने का श्रेय कवि व्यापार को है। अलंकार और गुण भी यह काम करते थे, पर 'वक्रता' की व्याप्ति उनसे बढ़कर है। अलंकार शब्दार्थ रूप भाषा की विशेषता है और वामन ने 'गुण' को भी भाषा धर्म रूप[50] से ही स्थापित किया है। कुन्तक ने अपनी 'वक्रता' में इन सबका समावेश करते हुए भी (वैभिन्न्य या वैचित्र्यसम्पादक काव्यभाषा गत धर्म) उसे और व्यापक भूमिका दी है। अलंकार या गुण (वर्ण, पद तथा वाक्य) शब्द तथा अर्थ के ही धर्म हैं, प्रकरण या प्रबन्ध के स्तर पर उभरने वाली चारुता के स्रोत रूप में उनका विधान नहीं है। ध्वनिवादी आचार्य की दृष्टि इस ओर गई—उसने प्रकरण और प्रबन्ध के सौन्दर्यस्रोत के रूप में 'ध्वनि' की व्याप्ति स्थापित की, कुन्तक ने इस विरासत को भी आत्मसात किया और आगे बढ़े। एक ओर ध्वनि के समस्त प्रभेदों को 'वक्रता' में आत्मसात किया और दूसरी ओर 'व्यंजकत्व' को भी सौन्दर्य स्रोत के रूप में आत्मसात कर सौन्दर्यस्रोत को और व्यापकता दी। व्यंजकत्व को सौन्दर्यस्रोत मानने से वाचकत्व की बिम्बार्थसमर्थ रूप में सौन्दर्यस्रोतस्कता छूट जाती है—'वक्रता' को मानने से काव्यभाषा की कोई शक्ति नहीं छूटती। कुन्तक ने अर्थप्रत्यायकत्व रूप साम्य से उपचारतः शब्दमात्र को काव्य में 'वाचक' कहा। काव्य में वही 'सटीक शब्द' है, जिसकी ओर आनन्दवर्द्धन ने कारिका द्वारा संकेत किया था[51]। अर्थात् आनन्दवर्द्धन ने कहा था कि अभीष्ट चारुता

के प्रकाशक सटीक शब्द को–जिसका कोई पर्याय किसी अन्य शक्ति से उसे समर्पित न कर सके–व्यंजक या ध्वनि शब्द कहते हैं। ध्वनिवादियों की धारणा ही हो गई थी–'न तादृशों कोऽपि वाच्यार्थो यो मनागनामृष्टप्रतीयमानः स्वत एव चमत्कारमाधातुं प्रभवति'[52]–अर्थात् ऐसा कोई वाच्यार्थ हो ही नहीं सकता, जो प्रतीयमानार्थ की अपेक्षा किए बिना स्वयं चमत्कारोत्पादन में सक्षम हो सके। कुन्तक इस सम्भावना का विस्तार करते हुए **काव्यभाषा** मात्र से उसे जोड़ना चाहते हैं। यह अवश्य है कि वे काव्य में न तो शब्द भेद स्वीकार करते हैं और न ही अर्थभेद, किन्तु व्यवहार और शास्त्र की जड़भाषा से काव्यभाषा का व्यतिरेक दिखाने के लिए उसे 'वक्र' या 'विचित्र' कहना चाहते हैं। उनका 'विचित्रैवाभिधा वक्रोक्तिः'[53] प्रमाण भूत वक्तव्य है। उन्हें काव्यभाषा में प्रसिद्ध प्रस्थान से व्यतिरेक इष्ट है। यद्यपि यह व्यतिरेक निम्नगामी या अपकृष्ट होने में भी सम्भावित है, तथापि सौन्दर्य के साथ लोकोत्तर आह्लाद के साथ जुड़े रहने के कारण उसे उत्कर्ष के साथ ही जुड़ना होगा। काव्यभाषा अभीष्ट सौन्दर्य के सम्प्रेषण में क्षम हो–वह चाहे जिस सामर्थ्य से हो। यह कवि व्यापार है, प्रतिभा है–जो अपने पारस स्पर्श से काव्यभाषा की प्रत्येक क्षमता को सौन्दर्य सम्प्रेषण का स्रोत बना सकती है–इसे कोई नियम रोक नहीं सकता। इसलिए तो वह नियतिकृत नियमरहित है।[54]

कुन्तक 'वक्रता' नामक अलंकृति को अलंकार्य काव्य से वस्तुतः अपृथक् सिद्ध मानते हैं–केवल समझने-समझाने के लिए अलग कर लेते हैं[55]। समूचा काव्य शब्द और उससे समर्थित अर्थ–ही 'वक्र' है–लोकोत्तर है–शास्त्र और व्यवहार की अपेक्षा 'कुछ और' है। वर्ण्य वस्तु यदि स्वभावसुन्दर है, तब तो कवि प्रतिभा उसे यथावत् उकेर ही देती है, यदि वैसी नहीं है, तो बना देती है। सामान्यतः औचित्य तो यही कहता है कि पेण्टिंग के लिए आधार को स्वभाव-सुन्दर होना चाहिए। स्वभाव पर ही वक्रता फबती है। कुन्तक ने तो यहाँ तक कह दिया है–'स्वभावस्यैव रूपेण निरूपणमेव हि वक्रतायाः परं रहस्यम्।'[56] वक्रता की अन्तरात्मा स्वभाव का ही सहज उभार है। मैं उन दोनों प्रकार के कवियों की वन्दना करता हूँ, जो वस्तु में निहित स्वभावसिद्ध अव्यक्त सुभग तत्त्व को वाणी के सहारे उभार देते हैं, अथवा जो भूत को अपनी क्षमता से सुन्दर बना देते हैं।[57] मतलब कवि लीन सौन्दर्य को उभारता भी है और अपनी प्रौढ़ से आहित भी करता है–और यह सब होता है, कवि व्यापार से। वर्ण्यवस्तु में लीन सुभग तत्त्व कहने का स्पष्ट आशय है कि सौन्दर्य लोकोत्तर–चारुतर उसमें स्वभावतः है, पर न तो वह सर्वसामान्य की आँखों में आता है और न ही वर्ण्य बन पाता है–उसके लिए तो कवि की तीसरी आँख अपेक्षित होती है–जिसकी ओर महिम ने संकेत किया है–

सा हि चक्षुर्भगवतस्तृतीयमिति गीयते
येन साक्षात्करोत्येव भावांस्त्रैलोक्यवर्तिनः।[58]

अर्थात् यह कवि की प्रतिभा नामक तीसरी आँख है, जिससे वह त्रैलोक्यवर्ती और त्रिकालवर्ती पदार्थ समुदाय को देख लेता है। इतना ही नहीं—वह उस लोकोत्तर सुभगतत्त्व भी साक्षात्कार करता है—जो सर्वसामान्य की आँखों का विषय नहीं बना।

प्रश्न यह भी है कि यह चारुता या सुभगतत्त्व है क्या ? कुन्तक क्या इस तरफ कोई दार्शनिक आलोक भी विकीर्ण करते हैं ? यह स्वभाव है क्या, जो वक्रता का परम रहस्य है ? कुन्तक इस वक्रता को केवल प्रौढ़ि प्रसूत भी नहीं मानते और न ही सर्वथा लोक रूढ़। वास्तव में कुन्तक कश्मीरी आलंकारिक हैं और शैवदर्शन (त्रिक्दर्शन या स्पन्ददर्शन) से परिचित है। परिचित ही नहीं हैं—'वक्रोक्ति जीवित' के 'मूल में वही दृष्टि अन्तर्निहित है'। आरम्भ के मंगलाचरण से ही उन्होंने कहा है कि उस शिव को नमस्कार है, जो विश्व चित्र का निर्माण करने में केवल परिस्पन्दस्वभाव आत्मशक्ति मात्र का सहारा लेता है।[59] आगम का व्यवर्तक लक्षण है—शक्ति की विशिष्ट अवधारणा।[60] इसके अनुसार मूलतत्त्व 'द्वयात्मक अद्वय' है। इस मत में जगत् मिथ्या नहीं है, मूलतत्त्व की चिन्मयी संकोच प्रसारात्मिका शक्ति का विस्फार है। एक तरफ श्रुति कहती है—'एकाकी न रमते'[61] 'स द्वितीयमैच्छत्'[62] और दूसरी तरफ कहती है—द्वितीयाद्वै भयं भवति'[63]—अर्थात् एक तरफ वह लीला के लिए 'द्वितीय' भी चाहता है और दूसरी ओर 'द्वितीय' को भयोत्पादक भी मानता है। इस अन्तर्विरोध का निवारण इसमें है कि वह स्वयं अपनी क्षमता से 'द्वितीय' बन जाय, इस तरह उसकी इच्छा शक्ति भी कार्यान्वित हो जाती है और भयोत्पादक की स्थिति भी नहीं आती शांकर अद्वैत में 'द्वितीय' सर्वथा भिन्न है। आगम में शक्तिमान् की अपनी शक्ति का ही रूपान्तरण है। यही वह शक्ति है, जिसका सहारा लेकर शिव या शक्तिमान् जगत् का निर्माण करता है।[64]

इस शक्ति का स्वरूप स्पन्दात्मक है—

जगत्त्रितयवैचित्र्यचित्रकर्मविधायिनम्।
शिवं शक्तिपरिस्पन्दमात्रोपकरणं नुमः।।

सृष्टिकाल में स्पन्द स्वभाव[65] यह शक्ति आनन्द लाभ करती है।

'स्पन्द' का शाब्दिक अर्थ है—कम्पन, जिसकी निष्पत्ति किंचिच्चलनार्थक 'स्पदि' धातु से होती है। यह एक ज्योतिर्मय बिन्दु है। कम्पनात्मक होते हुए भी इस तत्त्व को उस 'क्रिया' शब्द से बोधित नहीं किया जा सकता, जो जागतिक क्रिया का, काल विशेष से घटित होने वाली 'क्रिया' का द्योतक है। स्पन्द को यदि समझकर कहा जाय तो 'शक्ति' भी कहा जा सकता है, स्पन्द को इच्छा भी कहा जा सकता है, पर यह समझकर कि स्पन्द 'इच्छा' बनती है, पर 'इच्छा' 'स्पन्द' नहीं। अतः उसे 'इच्छा' से भिन्न भी नहीं कहा जा सकता। 'स्पन्द' सक्रिय भी है और निष्क्रिय भी। सक्रिय इसलिए कि उसमें कम्पन के कारण देश प्रच्युति रूप क्रिया रहती है, पर इस देश प्रच्युति की सन्तति नहीं चलती—अतः जागतिक

क्रिया के बोधक क्रिया शब्द का प्रयोग भी यहाँ नहीं किया जा सकता—फलतः इस दृष्टि से उसे निष्क्रिय भी कहा जा सकता है। वह चित् स्वरूप नहीं चित् शक्ति रूप है। वैसे शक्ति और चैतन्य पर्याय ही हैं। चित्स्वरूप शिव की स्वभावभूता 'शक्ति' उससे निकलकर पुनः उसी में समा जाती है—विश्रान्त होती रहती है। यही आवर्तात्मक कम्पन ही स्पन्द है; जो निष्क्रिय एवं सक्रिय के मध्य है।[66]

वैसे स्पन्दन नैयायिकों और वैशेषिकों के परमाणु में, सांख्यों के गुण में और शक्ति में तीनों जगह हैं। योग भाष्यकार ने कहा है—जितने समय में एक परमाणु स्वदेश प्रच्युति करता है—वही समय 'क्षण' है[67]। इसी का प्रतिबिम्ब बुद्धिगत समुदित होकर काल कहा जाता है, जिसमें भूत-भविष्य की कल्पना होती है।

यह 'स्पन्द' स्थिर भी है और गतिशील भी। गतिशील इसलिए कि यह कम्पन है और स्थिर इसलिए कि उसमें स्वदेश प्रच्युति नहीं होती। यही स्पन्द सारी सृष्टि का मूल स्रोत है—पर इसके लिए सामान्य स्पन्द में वैषम्य आना आवश्यक है। रामकण्ठ ने 'स्पन्द' की चर्चा करते हुए कहा है—'स्पन्दशब्दश्चायं स्वस्वभावपरामर्शमात्रस्य नित्यस्य शून्यव्यतिरेचनकारणभूतस्य तावन्मात्रसंरभात्मनः शक्त्यपराभिधानस्य पारमेश्वरस्य धर्मस्य किंचिंच्चलनात् 'स्पन्द' इति अर्थानुगमात् वाचकत्वेन व्यपदिश्यते'[68]—अर्थात् यह स्पन्द परमेश्वर की किंचिंच्चलनात्मक विशेषता है—उसे शक्ति भी कहा जाता है। यह स्पन्द दो प्रकार का है—सामान्यात्मक तथा विशेषात्मक। 'सामान्य स्पन्द' का स्वरूप इस प्रकार है—'एष उपादेयतमः परमकारणभूतस्य सत्यस्य आत्मस्वरूपस्य अयमहमस्मि—अतः सर्वं प्रभवति, अत्रैव च प्रविलीयते—इति प्रत्यवमर्शात्मको निजो धर्मः सामान्यस्पन्दः।'[69] अर्थात् इस संसार का परम कारण स्वरूप सत्य अपने स्वरूप का—यह मैं हूँ, इसी से सब का उद्भव होता है। इसी में सब प्रलीन हो जाते हैं—इस प्रकार का जो प्रत्यवमर्शात्मिक निज धर्म है—वही सामान्य स्पन्द है। यह कम्पनशील पदार्थ मात्र में अनुस्यूत सामान्य स्पन्द है। यह वह सदृश परिणामवाही ज्योतिर्मय बिन्दु है, जहाँ शिव और शक्ति समरस हैं। शिव तत्त्व की दृष्टि से वही निस्पन्द है और शक्ति तत्त्व की दृष्टि से सदृश परिणामवाही शक्ति। सांख्यों का पुरुष भी ज्योतिरूप है—पर परिणमनशील नहीं। वहाँ तो इसे छोड़कर प्रकृति और तत्प्रसूत भावमात्र परिणामशील हैं। यह सदृश परिणामवाही प्रकृति या सामान्यस्पन्द उस ऋतुमती स्नाता नायिका सी है, जिसमें केवल गर्भधारणा की स्वरूप योग्यता है कार्यकारी योग्यता नहीं। इस सामान्य स्पन्द में अशेष विशेष स्पन्द समाए हुए हैं। उसमें इच्छा (कामाख्य बीज) का प्रतिफलन हुआ कि विशेष स्पन्द व्यक्त हुआ। सामान्य स्पन्द के सहारे ही अनिच्छात्मक इच्छावश विशेष स्पन्द बनते हैं। विशेष स्पन्द का स्वरूप-निर्देश करते हुए कहा गया है कि विशेष स्पन्द के कारण ही अनात्मभूत देहादि में आत्माभिमान पैदा होता है, भिन्न-भिन्न माया प्रमाताओं में 'मैं दुःखी हूँ, मैं सुखी हूँ' इस तरह का त्रिगुणात्मक ज्ञानप्रवाह उत्पन्न होता रहता है। ये विशेष स्पन्द स्वरूप के आच्छादक

हैं[70] इस प्रकार कश्मीरी दर्शन में जिस 'स्पन्द' का अत्यन्त सूक्ष्म और गहन विवेचन हुआ है–उसकी चर्चा 'वक्रोक्ति जीवित' में अनेकशः हुई है। फलतः इस दार्शनिक विवेचन के आलोक में उसे समझने का प्रयास करना चाहिए।

कुन्तक ने 'वक्रोक्ति-जीवित' में 'स्पन्द' शब्द का प्रयोग विभिन्न रूपों में किया है। काव्यमार्ग में अर्थ का स्वरूप क्या होना चाहिए–इस पर कुन्तक का कहना है–"अर्थः सहृदयाह्लादकारि स्वस्पन्दसुन्दरः'[71] और इसकी व्याख्या में वे स्पष्ट कहते है।–'काव्ये ये सहृदयाः काव्यार्थविदः तेषामाह्लादमानन्दं करोति यः तेन स्वस्पन्देन आत्मीयेन सुन्दरः सुकुमारः'[72]–काव्य में जिस अर्थ का विधान हो–वह अपने स्पन्दात्मक स्वभाव से सुन्दर प्रतीत होकर सहृदयों को आह्लाद मग्न कर सके। यह स्पन्द वस्तु का स्वभाव है–उसके बिना तो वह कही ही नहीं जा सकती। इसी स्वभाव के कारण वस्तुगत उत्कर्ष की अभिव्यक्ति होती है। उन्होंने 'स्वभाव' का बहुत ही स्पष्ट व्याख्यान करते हुए कहा है–'अपरिम्लानः प्रत्यग्रपरिपोषपेशलः यः स्वभावः पारमार्थिको धर्मः...'[73] –स्वभाव वस्तु का परमार्थ रूप है, जो अभिनव और रसमय होता है, निष्कर्ष यह कि वर्ण्यगत जिस सुभग तत्त्व की लीनता या संस्थिति बताई जाती है–वह स्पन्दमयता ही है–वही वस्तु मात्र का स्वभाव है–जो अपनी समग्रता से कवि की प्रतिभा का ही विषय होता है। कवि प्रतिभाप्रसूत वाणी से उसे उभार कर भावयित्री प्रतिभा के सामने प्रस्तुत कर देती है।

अलंकारसर्वस्व के टीकाकार समुद्रबन्ध ने कुन्तक के आशय को और भी स्पष्ट किया है। उसने कहा और ठीक कहा कि शब्द और अर्थ की योजना में इनके अतिरिक्त कोई अलंकार नाम की वस्तु नहीं है। अपितु विलक्षण कविव्यापारपूर्वक अभिधान ही इसका अलंकार है–स्पष्ट ही इस प्रक्रिया में व्यापार की ही वक्रता की महत्ता है–उसी का प्राधान्य है–वही काव्य का जीवित है। इसीलिए कुन्तक ने अलंकृत को ही काव्य कहा, काव्य का अलंकार नहीं। आनन्दवर्द्धन ने कहा था कि व्यापार वाक्यार्थ नहीं होता, व्यापार से वाक्यार्थ निष्पन्न होता है और कलात्मक वाक्यार्थ व्यंग्यार्थ ही है–वही गुण और अलंकार का उपस्करणीय है–फलतः वही प्रधान है, वही विश्रान्तिधाम है–अतः आत्मा है। कुन्तक ने अर्थ का यह गौरव व्यापार के योग से सिद्ध करते हुए व्यापार प्राधान्यवाद चलाया, भट्टनायक ने भी व्यापार को ही महत्ता दी थी। अभिनवगुप्त ने कुन्तक और भट्टनायक से परिचित होने के कारण ध्वनन व्यापार को प्राधान्य देकर आनन्दवर्द्धन का समर्थन किया और कुन्तक की प्रतिस्पर्धिता की।

अब, दूसरा सवाल यह खड़ा होता है कि वक्रता नामक अलंकार के माध्यम से ही 'काव्य चमत्कार' की स्थिति सम्भव मानने वाला कुन्तक 'रस' के विषय में क्या सोचता है ? काव्य की आत्मा का प्रश्न उठने पर 'रस' के विषय में आखिर यह क्या कहता है ? यह तो पहले ही कहा जा चुका हैं कि वे सर्जना की दृष्टि

से सारसत्ता का अनुसन्धान करने चले हैं और मानते हैं कि कवि व्यापार का पारस-संस्पर्श उद्दिष्ट सौन्दर्य की निष्पत्ति में अपेक्षित है। उसकी वक्रता वस्तु के काव्योचित स्वभाव का अविच्छेद्य वैशिष्ट्य है—

उदारस्वपरिस्पन्दसुन्दरत्वेन वर्तनम्।
वस्तुनो वक्रशब्दैकगोचरत्वेन वक्रता।[74] 3/1

काव्योचित शब्द द्वारा वस्तु का काव्योचित रूप में प्रतीत होना ही उसका बाँकपन है। इस रूप में प्रतीत वस्तु आह्लाद पर्यवसित होती है। अतः यह कहना कि कुन्तक आत्मा की खोज करने चले और रह गए अलंकार तक ही—माध्यम तक ही—पूर्ण विचारित नहीं है। कुन्तक आनन्दवर्द्धन की भाँति किसी भी स्थिति में रस को अप्रधान नहीं करना चाहते। महिम की भी यही स्थिति है। वस्तु और अंलकार की तरह रस कभी वाच्य नहीं होता और व्यंग्य होते ही वह स्वतः अन्य अर्थों को उपाय बना देता है एवं स्वयं उपेय बन जाता है। निष्कर्ष यह कि उनका विवेचन आह्लाद तक जाता है—साध्य तक जाता है—बीच में ही नहीं रुकता।

सन्दर्भ ग्रन्थ

1. काव्यालंकार—भामह, पृ. 2 चौखम्बा 1958
2. काव्यालंकार—भामह, पृ. 17
3. **ध्वन्यालोकलोचन**
4. **काव्यालंकार**—सं.प्रो. देवेन्द्रनाथ शर्मा
5. **काव्यादर्श**—दण्डी
6. **वही।**
7. **वही।**
8. **काव्यालंकार सूत्रवृत्ति**—वामन
9. **वही।**
10. **काव्यालंकार**—रुद्रट
11. **वही।**
12. **ध्वन्यालोक**—आनन्दवर्द्धन
13. **काव्यप्रकाश**—मम्मट—अष्टम उल्लास
14. **वक्रोक्तिजीवित**—कुन्तक
15. Some Concepts of the Alankar Shastra में संकलित History of Auchitya in Sanskrit Poetics शीर्षक लेख—लेखक डॉ. वी. राघवन्, 1942
16. **ध्वन्यालोक**—प्रथम उद्योत, पृ. 84, चौखम्बा, काशी, संवत् 1997
17. **वही,** पृ. 9
18. **काव्यालंकारसूत्रवृत्ति**—वाणी विलास प्रेस, 1909, पृ. 15
19. **वक्रोक्तिजीवितम्, पृ.** 67, कर्नाटक विश्वविद्यालय, धारवाड़, 1970
20. **वही,** पृ. 69

21. **वही**, पृ. 26
22. **क्षेमेन्द्र की औचित्य दृष्टि,** 1960, मोतीलाल बनारसीदास, पटना, पृ. 9
23. **वक्रोक्तिजीवितम्**, भूमिका सं. के कृष्णमूर्ति, धारवाड़ विश्वविद्यालय, 1977
24. **काव्यालंकार**—भामह, पृ. 2 (1।13) चौखम्बा, 1985।
25. **काव्यालंकारसूत्रवृत्ति**—वामन, पृ. 69-70, वही संस्करण।
26. **काव्यालंकार**—भामह, चौखम्बा, पृ. 18
    'सैषा सर्वत्र वक्रोक्तिरनयाऽर्थो विभाव्यते'।
27. विशेषो गुणात्मा—**काव्यालंकारसूत्रवृत्ति**—वामन, पृ. 16
28. **ध्वन्यालोकलोचन**—चौखम्बा, काशी, संवत् 1967
    शब्दस्य हि वक्रता अभिधेयस्य च वक्रता लोकोत्तीर्णेन रूपेणावस्थानम्।
29. **वही**
30. **वही**।
31. **काव्यालंकारसूत्रवृत्ति,** पृ. 19
32. **ध्वन्यालोकलोचन**—चौखम्बा, पृ. 186
    ''काव्येऽपि च...इयमेव रसवार्ता'
33. **वही,** पृ. 360 तथा 325
34. **वही,** पृ. 358।
35. **वही,** चतुर्थ उद्योत, पृ. 543।
36. **व्यक्तिविवेक**—महिमभट्ट प्रणीत, पृ. 390, चौखम्बा, काशी, 1936
37. **वही,** पृ. 390
38. **काव्यमीमांसा**—राष्ट्रभाषा परिषद बिहार, पृ. 27, जून, 1945
39. **साहित्यालोचन** में उद्धृत—श्यामसुन्दरदास, 1942, पृ. 280
40. **अभिनवभारती,** भाग-1—अभिनवगुप्त, पृ. 287, गायकवाड़ सं. 1956
41. अप्रकाशित लेख से—पृ. 1—Abhinava Gupta's view of Aesthetic concepts-by K.Krishnamurthy, पृ. 136
42. **चिन्तामणि, भाग**-2 में उद्धृत, पृ. 156, सं. 2026
43. कविता क्या है—**चिन्तामणि** में संकलित लेख, पृ. 120, ना. प्र. सभा, 1976
44. **वही**।
45. **पल्लव**—सुमित्रानन्दन पन्त
46. **रामचरितमानस**—गीताप्रेस, गोरखपुर—अयोध्याकाण्ड
47. **वक्रोक्तिजीवित,** पृ. 129, 21।
48. **वही,** पृ. 20 'उभावेतावलंकार्यो।
49. **वही,** पृ. 2 प्रथमोन्मेष-2
50. **काव्यालंकारसूत्रवृत्ति,** पृ. 17, समग्रगुणगुम्फितावैदर्भी।
51. **ध्वन्यालोक,** पृ. 146
52. **रसगंगाधर** पण्डितराज जगन्नाथ—प्रथम आनन, पृ. 94
53. काशी हिं वि. वि., वाराणसी—संस्कृत साहित्यानुसन्धान समिति।
54. **काव्यप्रकाश**—मम्मट, 1/1, पृ. 2, भ. ओ. रि. इ., पूना 1922
55. **वक्रोक्तिजीवितम्**, पृ. 6
56. **वही,** पृ. 10

57. **वही,** पृ. 120
58. **व्यक्तिविवेक**—महिम भट्ट, चौखम्बा, 1936, पृ. 391
59. **वक्रोक्तिजीवितम्**—1/1, पृ. 1, कर्नाटक विश्वविद्यालय, धारवाड़, 1977
60. **तान्त्रिक वाङ्मय में शाक्त दृष्टि,** पृ. 3 (प्रस्तावना), बिहार राष्ट्रभाषा परिषद्, 1963
61. **बृहदारण्यक,** पृ. 39
62. **वही।**
63. **वही,** पृ. 38 (1 । 4 । 2) पूना, 1928
64. **वक्रोक्तिजीवितम्**—1 । 1, पृ. 1
65. **तन्त्रालोक**—कश्मीर सीरीज, 1918
66. **स्पन्दकारिकाविवृत्ति** 2 । 5
67. **पातंजल योग दर्शन**—व्यास भाष्य, पृ. 288, लखनऊ विश्वविद्यालय
68. रामकण्ठ प्रणीत—**स्पन्दकारिकाविवृत्ति,** 2 । 5
69. **वही।**
70. **वही।**
71. **वक्रोक्तिजीवितम्,** पृष्ठ 14, धारवाड़ संस्करण।
72. **वही,** पृ. 17
73. **वही,** पृ. 137
74. **वक्रोक्तिजीवितम्**—3 । 1, धारवाड़ संस्करण।

औचित्य प्रस्थान

1. व्युत्पत्ति

'औचित्य' शब्द 'उचित' से भावार्थ में ष्यञ् प्रत्यय का योग होने पर निष्पन्न हुआ है। 'उचित' शब्द की व्युत्पत्ति का जहाँ तक सम्बन्ध है—कई तरह के पक्ष उपलब्ध होते हैं। इस सन्दर्भ में 'परिभाषण' अर्थ में वच धातु तथा 'समवाय' अर्थ में उच धातु का उल्लेख किया जाता है। पं. महादेव शास्त्री ने समवाय से अभिप्राय गुणों के समवाय से किया है और बताया है, जहाँ सन्दर्भानुसार गुणों का समवाय हो—लोक उसे उचित कहता है। शास्त्रीजी ने दूसरी व्युत्पत्ति इस प्रकार दी है—'उच्चं चित्तं ज्ञानं विचारो वाभावकर्मव्युत्पत्या वक्तुं शक्यते। पृषोदरादित्वात् साध्यम्। समुन्नतं ज्ञानविषयविशेषविषयकत्वेन निष्पाद्यं प्रस्तुतोपयोगियत् तत् उचितम्।'

अर्थात् उच्च चित्त का भी 'उचित' बन सकता है। चित्त का अर्थ यहाँ ज्ञान समझना चाहिए। विषयविशेष के अनुरूप यदि उच्च अर्थ या ज्ञान या विचार रखा जाएगा, तो निश्चय ही प्रकरणोपयोगी होने के कारण वह उचित कहा जाएगा। शास्त्री जी ने तीसरी व्युत्पत्ति भी दी और कहा है—उत् चित्तम्-उत्कृष्टं चित्तमुचितम्। उत्कृष्ट अवबोध ही उचित है। उत्कृष्ट बोध का विषय, अर्थ, उस अर्थ के बोधक शब्द तथा उपस्कार अलंकार आदि को भी परस्पर या उचित कहा जा सकता है। यों 'वच परिभाषणे' से भी योग्य परिभाषण के अर्थ में उचित शब्द का प्रयोग सम्भव है। डॉ. सूर्यकान्त शास्त्री का पक्ष है कि उचित और ओकस् के मूल में एक ही धातु है, जिसका अर्थ प्रसाद है और उचित का अर्थ—प्रसन्न या प्रसादकारी या प्रिय। यद्यपि इस शब्द से समंजस, संवादी ऋजु और शिव—अनेक अर्थ होते हैं—पर काव्यशास्त्र में इसे समंजस अर्थ में ही लिया गया। शास्त्री जी की यह व्याख्या 'धातूनामने कार्थत्वात्' के ही कारण ली जा सकती है।

2. इतिहास में प्रयोग के आधार पर—प्रागानन्दवर्द्धन

नाट्यशास्त्रकार ने स्पष्टतः 'औचित्य' नाम का उल्लेख कहीं नहीं किया है—पर उसकी

अवधारणा अज्ञात भाव से वहाँ विद्यमान है। क्या विचित्र है कि अलंकारशास्त्रियों की परम्परा में सबसे बाद में पण्डितराज ने अनेकार्थक शब्दों की अभिधा के नियामक अनेक तत्त्वों के बीच 'औचिती' का भी उल्लेख किया है और बताया है कि–'औचिती योग्यता, योग्यता च युक्तभिदमिति लौकिक व्यवहारगोचरः।' साथ ही 'विषय' अलंकार के सन्दर्भ में उन्होंने यह भी कहा है कि अनुरूपता ही योग्यता है और विरूपता अयोग्यता। नाट्यशास्त्र इन दोनों धारणाओं का उत्स है। उन्होंने अनुरूपता को योग्यता और योग्यता को औचिती कहकर उसका नियामक लोक को माना। भरत ने नाट्य को अनुकरण कहा और अनुकरण के लिए लोक को प्रमाण माना–

'तस्मान्नाट्यप्रयोगं तु प्रमाणं लोक इष्यते'

लोक निर्दिष्ट 'योग्यता' ही औचिती है और यह योग्यता अनुरूपता है। नाट्यशास्त्रकार ने स्पष्ट कहा–

वयोऽनुरूपः प्रथमस्तु वेषः
वेषानुरूपश्च गतिप्रचारः।
गतिप्रचारानुगतं च पाठ्यम्
पाठ्यानुरूपोऽभिनयश्चं कार्यः।।

नाट्यशास्त्र में अनुरूप ग्रहण के अर्थ में ही नहीं, सामंजस्य और अनुपात के अर्थ में भी औचित्य की धारणा लक्षित होती है। नाट्यशास्त्र में पाकरस के दृष्टान्त से जहाँ रसनिष्पत्ति की बात की जाती है–वहाँ सामंजस्य और अनुपात का आशय निहित है। नाट्यशास्त्र नाट्य का सर्वस्व रस को मानता है–फलतः समस्त उपकरणों के अनुरूप विधान का विस्तार से विचार करता है। पण्डितराज ही नहीं, औचित्य प्रस्थान की बात करने वाला क्षेमेन्द्र भी यहीं से प्रेरणा ग्रहण करता जान पड़ता है। वैसे तो वह आनन्द और अभिनवगुप्त की परम्परा का है ही। नाट्यशास्त्रकार ने कहा है कि विरूप ग्रहण से शोभा नष्ट होती है–लोकरीति का अतिक्रमण नहीं करना चाहिए–

अदेशजो हि वेषस्तु न शोभां जनयिष्यति।
मेखलोरसि बन्धे च हास्यायैवोपजायते।।

इसी से अनुप्रेरित होकर रसजीवितभूत औचित्य पर विचार करते हुए कहता है–

कण्ठे मेखलया नितम्ब फलकेतारेण हारेण वा।
पाणौ नूपुरबन्धनेन, चरणे केयूरपाशेन वा।
शौर्येण प्रणते, रिपौ करुणया नायान्ति के हास्याताम्।
औचित्येन बिना रुचिं प्रतनुते नोऽलङ्कृतिर्नोगुणाः।।

रचनाकारों में माघ ने शब्दान्तर से और 'रामाभ्युदयकार' ने 'औचित्य' शब्द से ही इस चिन्ताधारा का उल्लेख किया है। माघ कहता है–

"तेजः क्षमा वा नैकान्तं कालज्ञस्य महीपतेः।
नैकत्रौजः प्रसादो वा रसभावार्थकः कवेः।।"

समय का अनुरोध मानकर जैसे राजा न एकान्ततः क्षमा का प्रयोग करता है और न ही एकान्ततः तेज का। अवसरोचित प्रयोग ही इनको सार्थकता देता है—वैसे ही रस-भाव-विद् कवि अवसर की अनुरूपता देखकर ओज या प्रसाद का प्रयोग करता है। आठवीं शती के पूर्वार्द्ध में यशोवर्मा स्पष्ट ही 'औचित्य' शब्द का प्रयोग करता है।—'औचित्यं वचसां प्रकृत्यनुगतम्'—इत्यादि।

काव्यशास्त्रकारों में प्रागानन्दवर्द्धन चूँकि 'रस' की अपेक्षा शास्त्रकारों की दृष्टि 'चारुता' पर अधिक थी—अतः उस दृष्टि से काव्य के उपकरणों के अनुरूप नियोजन पर विचार किया है। भामह स्पष्ट कहता है कि कोई गुण अपने आप में ग्राह्य या त्याज्य नहीं है—अनुरूप नियोजन से उसमें ग्राह्यता और त्याज्यता आती है—तब औचित्य की धुँधली चिन्ताधारा ही प्रेरणा देती लक्षित होती है। दण्डी ने भी स्वीकार किया है कि यदि कवि 'विधिदर्शित मार्ग' से उपकरणों का विनियोजन करता है तो ही वह वाणी के साथ रमण करता है। उद्भट में यह धारणा अनुरूप शब्द से धीरे-धीरे मुखर होने लगती है। जहाँ इस धारा में हमें पहले पहल 'अनौचित्य' शब्द सुनाई पड़ता है—

अनौचित्यप्रवृत्तानां कामक्रोधादिकारणात्।
भावानां च रसानां च बन्ध ऊर्जस्वि कथ्यते।।

टीकाकार प्रतीहारेन्दुराज ने भी इस स्वर का उपवृहण किया है। आनन्दवर्द्धन के पूर्व रुद्रट पहला आलंकारिक है, जिसने 'औचित्य' शब्द का स्पष्ट प्रयोग किया है। वृत्तियों का निरूपण करते हुए उन्होंने कहा है—

एताः प्रयत्नादधिगम्य सम्यगौचित्यमालोच्य तथार्थसंस्थम्।
मिश्राः कवीन्द्रेरनघाल्पदीर्घा कार्यामुहुश्चैव गृहीतमुक्ताः।।

गृहीतमुक्ताः में उनकी यही औचित्यपरक दृष्टि मुखर है।

3. इतिहास में आनन्दवर्द्धन और परवर्ती चिन्तक

आनन्दवर्द्धन में पुनः रस धारा उदग्र और मुखर हुई। इन्होंने अनेकत्र सभी उपकरणों के रसाभिमुख ढंग से नियोजन पर बल दिया और अन्ततः कह दिया—

अनौचित्याद् ऋतेनान्यद्रसभंगस्य कारणम्।
औचित्योपनिबन्धस्तु रसस्योपनिषत् परा।।

इन्होंने काव्य की आत्मा रस को—ध्वनित रस को कहा और औचित्य को उसकी परा उपनिषद् ठहराया। अभिनव ने इस पक्ष का पर्याप्त उपर्वृहण किया। उन्होंने आनन्दवर्द्धन द्वारा चर्चित विषयौचित्य, संघटनौचित्य विभावानुभावसंचार्यौचित्य, अलंकारौचित्य आदि विविध उपकरणगत औचित्य की भावना का पर्याप्त पल्लवन

किया। जिन लोगों ने 'औचित्यवती' 'अतिशयोक्ति' को ही काव्य का जीवित कहा था—उनका यह कहकर खण्डन किया कि वह भी अन्ततः रसभाव की अपेक्षा करके ही औचित्यवती होती है—अतः काव्य की आत्मा रस ही है और तदर्थ औचित्य का निर्वाह आवश्यक है। अभिनव ने कहा—'ललितोचितसन्निवेशचारुणा काव्येन' —अर्थात् शब्दार्थ सन्नियोजन गुणालंकार के अनुग्रह से 'ललित' और रसानुरोध से 'उचित' फलतः चारु जान पड़ता है।

क्षेमेन्द्र इसी अभिनवगुप्तपाद का शिष्य है। इसके पहले कि इनकी धारणा का उपस्थापन हो—वक्रोक्तिवादी कुन्तक की भी औचित्य सम्बन्धी भावना का साक्षात्कार कर लिया जाय। कुन्तक कहते हैं—

आंजसेन स्वभावस्य महत्त्वं येन पोष्यते।
प्रकारेण तदौचित्यमुचितारव्यानजीवितम्।।
यत्र वक्तुः प्रभातुर्वा वाच्यं शोभातिशायिना।
आच्छद्यते स्वभावेन तदप्यौचित्यमुच्यते।।

महिमभट्ट ने वक्रता को औचित्य का ही पर्याय माना है। उन्होंने कहा है कि प्रसिद्ध प्रस्थान से काव्य प्रस्थान में भाषा का व्यतिरेक या तो औचित्य से या व्यंजकत्व से सम्भव है। अग्निपुराणकार ने उभयालंकार के छह भेदों में एक औचित्य ही कहा है। उसके स्वरूप में सन्दर्भानुरूपता पर ही जोर है। इसी प्रकार भोजराज में भी भाविक नामक शब्द गुण में भी औचित्य को आधारभूत तत्त्व कहा है। दर्पणकार विश्वनाथ ने भी अनुरूपता को दृष्टिपात कर कहा है—

अन्येषाममपि दोषाणाभित्यौचित्यान्मनीषिभिः।
अदोषता च गुणता ज्ञेया चानुभयात्मना।।

निष्कर्ष यह कि आनन्दवर्द्धन से पहले से ही रस-भावसापेक्ष औचित्य पर सकेन्द्रण होता आ रहा था—दृश्यकाव्य में तो था ही—श्रव्यकाव्य चिन्तन में भी उद्भट और रुद्रट ने अनौचित्य और औचित्य—पदों का प्रयोग स्पष्टतः किया और उसे रसभाव से जोड़ दिया। आनन्द और अभिनव ने रस और औचित्य की सम्यक् प्रतिष्ठा की। काव्य की आत्मा रस और रस का जीवितभूत औचित्य।

क्षेमेन्द्र इसी सन्दर्भ में और इसी परम्परा में 'औचित्य विचार चर्चा' लेकर प्रस्तुत होते हैं। उनका संकल्प है—

औचितूयस्य चमत्कारकारिणश्चारुचर्वणे।
रसजीवितभूतस्य विचारः क्रियतेऽधुना।।

चारुचर्वण में हेतुभूत फलतः चमत्कारकारी औचित्य, जो रस (काव्यात्मभूत रस) का जीवित है—विचारणीय है। उनकी दृष्टि में काव्य का कोई भी उपकरण, गुण, अलंकार, रीति, वृत्ति—अपनी सार्थकता औचित्य के अनुरोध से ही सिद्ध कर पाते हैं। उनकी दृष्टि में—

उचितं प्राहुराचार्याः सदृशं किल यस्य यत्।
उचितस्य च यो भावस्तदौचित्यं प्रचक्षते।।

आचार्यों ने कहा है कि जो जिसके अनुरूप है, सदृश है—वह उसके लिए उचित है और इसी उचित का भाव औचित्य है। आगे अपनी धारणा को और अधिक स्पष्ट करते हुए कहा है—

''अलंकारास्त्वलंकारा गुणा एव सदा गुणाः।
औचित्यं रससिद्धस्य स्थिरं काव्यस्य जीवितम्।।''

काव्य में अलंकार अलंकार ही हैं और गुण गुण, परन्तु रससिद्ध काव्य का स्थिर जीवित तो औचित्य ही है। औचित्य ही रस में जान डाल देता है। काव्य की आत्मा रस तो सर्वत्र किसी न किसी रूप में रहता ही है—पर उसमें जान आती है—व्यंजक सामग्री और कलात्मक अभिव्यक्तिपरक उपकरणों में औचित्य का निर्वाह करने से। जिस प्रकार रसायन से सिद्ध शरीर में जीवित स्थिर हो जाता है, वैसे ही रससिद्ध काव्य का औचित्य स्थिर जीवन है। विशिष्टाद्वैतवादियों के अन्तर्यामी की भाँति औचित्य आत्मा की भी आत्मा है। जिस प्रकार आत्मा में अन्तर्यामी की स्थिति मानी जाती है—उसी प्रकार यहाँ भी रस में औचित्य की।

यहाँ क्षेमेन्द्र के इस औचित्य-प्रस्थान पर अनेक प्रश्न खड़े होते हैं। डॉ. राघवन् का यह पक्ष है कि क्षेमेन्द्र का यह कोई नया प्रस्थान नहीं है—वह आनन्द और अभिनव गुप्त की धारा के रसवादी आचार्य हैं और काव्य की आत्मा रस है—इसमें उन्हें प्रगाढ़ आस्था है। इसीलिए जानबूझकर उन्होंने औचित्य के लिए आत्मा शब्द का प्रयोग नहीं किया—'जीवित' शब्द का किया। आत्मा और जीवित का अन्तर रखा। आत्मा या अंगी के स्थान पर रस और प्राण के स्थान पर औचित्य। इस प्रकार क्षेमेन्द्र का कोई स्वतन्त्र प्रस्थान नहीं है। यदि स्वतन्त्र प्रस्थान होता तो पूर्ववर्ती प्रस्थानवादियों की भाँति पूर्ववर्ती मतों का खण्डन करते और अपना पक्ष रखते। दूसरे औचित्य एक आपेक्षिक सम्बन्ध मात्र है—तत्त्व नहीं।

इसके विपरीत मत है—डॉ. रामपाल विद्यालंकार का। उनका पक्ष है कि क्षेमेन्द्र का यहाँ एक स्वतन्त्र प्रस्थान है। यदि ऐसा न होता और वह रसवाद के पक्षधर रूप में यह पक्ष रखते तो उसे औचित्य के प्रभेद में परिगणित न करते। उन्होंने जब औचित्य के सत्ताईस भेद कहे—तो उनमें एक औचित्य को भी रखा और ऐसा करके अंगी रूप में औचित्य को रखा न कि रस को। औचित्य के तमाम भेदों में रस भी एक है। ऐसा कहने वाला आचार्य अपना पक्ष रसवाद के अंग रूप में कैसे रख सकता है ?

मेरा कहना यह है कि इस प्रकार का अन्तर्विरोध करना ठीक नहीं है। निश्चय ही क्षेमेन्द्र आनन्दवर्द्धन और अभिनव की रसवादी परम्परा में आस्था रखते हैं—लेकिन इन्होंने अपना पक्ष 'ग्रहण' की दृष्टि से रखा ही नहीं है—'आलोचक' की दृष्टि से

रखा है। ग्रहण की दृष्टि से रस ही अंगी है और क्षेमेन्द्र इसे मानते हैं–पर आलोचन की दृष्टि या कोण से काव्य को देखने पर यह परीक्षणीय हो जाता है। औचित्य अर्थात् काव्य में जहाँ पर जो कुछ है–वह वहाँ उपयुक्त तो है–यह पक्ष सर्वप्रमुख हो जाता है। रस भी यदि वहाँ ग्रहण की दृष्टि से प्रधान है, तो औचित्य की दृष्टि से तो परीक्षणीय है ही, अतः वह औचित्य का अंग ही होगा। पर इस दृष्टिभेद (ग्रहणपरक) से होने वाली प्रधानता कहाँ बाधित है ? इसीलिए 'आत्मा' और 'जीवित' का अर्थभेद (Soul and life) मानने की भी आवश्यकता नहीं। कुन्तक की पंक्तियों के साक्ष्य पर यदि जीवित और आत्मा का अर्थभेद माना जाय, तो वहाँ यह सवाल खड़ा होगा कि कुन्तक किसे आत्मा और किसे जीवित मानते हैं ? रस या लोकोत्तराह्लाद में तो उन्हें भी ग्रहण की दृष्टि से आस्था है–पर निर्माण की दृष्टि से वह महत्त्वपूर्ण व्यापार को ही मानते हैं–अतः उसे ही जीवित कहते हैं। डॉ. राघवन के अनुसार तो यह भी रसवाद के अंगभूत व्याख्याता होंगे–इनका भी प्रस्थान स्वतन्त्र नहीं होगा। इसलिए आत्मा और जीवित का अर्थ-भेद मानना उचित नहीं है। फिर इस सन्दर्भ में ये दोनों शब्द अभिधा में तो प्रयोग योग्य हैं ही नहीं। लक्षणा से इनका अर्थ–सारवस्तु ही होगा–फलतः दोनों को पर्यायवाची ही मानना चाहिए। कुन्तक ने माना भी ऐसा ही है। अतः आलोचन के कोण से इसे स्वतन्त्र प्रस्थान मान लेने में कोई हानि नहीं है–विपरीत इसके सारी संगति बैठ जाती है।

औचित्य का स्वरूप और प्रस्थान का स्वरूप पर विचार कर लेने के बाद उसके

जोड़ा जाप

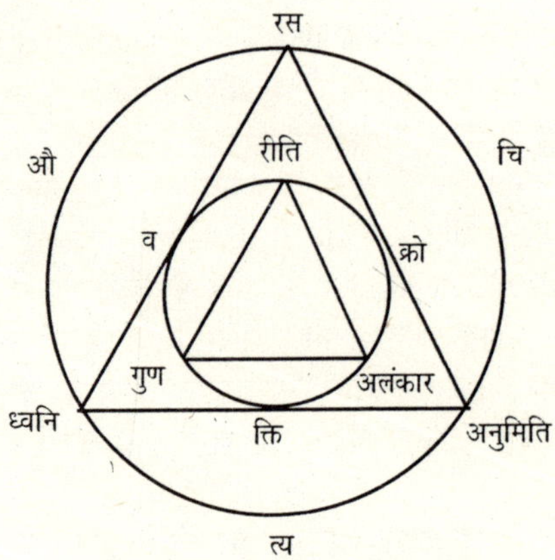

औचितीमनुधावन्ति सर्वे ध्वनिरसोन्नयाः।
गुणालंकाररीतीनां नयाश्चानृजुवाङ्मयाः।।

प्रभेद पर विचार उपस्थित होता है। प्रभेद क्षेमेन्द्र ने तो सत्ताईस बताए ही हैं और स्वयं की उत्प्रेक्षा पर आलोचकों के लिए छोड़ दिया है। वर्तमान सन्दर्भ में औचित्य का द्विधा विभाजन सम्भव है—वस्तुगत और अभिव्यक्तिगत। वस्तुगत औचित्य सामाजिकता का पर्याय है। सामाजिकता अर्थात् समाजानुमोदित मान्यता। ग्राहक को स्वादकर ढंग से व्युत्पादित करने के लिए विभिन्न समाजानुमोदित मान्यताओं से संवलित सामग्री सँजोई जाती है। काव्य को देखने का यह एक सामाजिक एप्रोच या प्रस्थान भी है। हमारी अपनी सामाजिक गतिशील मान्यताएँ हैं। वस्तुपक्षीय परीक्षा हम इस दृष्टि से कर सकते हैं, अतः हमारी समीक्षा पद्धति पर यह आक्षेप कि वह अव्यावहारिक सामाजिक सरोकार से कटा हुआ है—लोकोत्तर और ऐसा-वैसा है—ठीक नहीं है। हमारी अक्षमता प्रस्थान पर क्यों थोपी जाय ? अभिव्यक्तिगत औचित्य से आनुपातिक तथा अंगागिभाव से कलात्मक उपकरणों का संयोजन परीक्षणीय है।

उभयविध औचित्य का स्रोत लोक और शास्त्र—दोनों की गतिशील परम्परा है—फलतः वह जड़ीभूत नहीं, परिवर्तनशील है।

औचित्य के समानान्तर पश्चिमी समीक्षा में प्रचलित एक शब्द सिमेट्री या आवयविक संगति है। भारत में भी कहा गया है—

"सौन्दर्यमंगकानां यः सन्निवेशो यथायथम्"

अंगों का यथायथ सन्निवेश ही सौन्दर्य है। अवयव संगति में भी बहिरंगों का अंगों में यथोचित संयोजन और सन्निवेश माना जाता है। क्लैसिकल कला नियमानुधाविनी होती है—वहाँ बाह्य अंगों की नाप-जोख के साथ संयोजन होता है। औचित्य में न केवल बहिरंग अवयवों का ही सम्यक् संयोजन होता है, अपितु अन्तरंग घटकों या उपकरणों की भी सम्यक् योजना होती है। यों सामंजस्य, समंजन तथा अन्विति आदि के आधार पर पश्चिमी चिन्तकों ने जो विचार किए हैं, उनका समावेश समानान्तर अध्ययन करने के लिए हो सकता है।

चमत्कार प्रस्थान

काव्यास्यात्मा चमत्कृति

काव्यशास्त्र में अनेक प्रस्थान है, जिन पर विचार किया जा चुका है। इस सन्दर्भ में चमत्कार प्रस्थान का आविर्भाव अपेक्षाकृत परवर्ती है। इतना तो हम सभी अनुभव करते हैं कि काव्य में चाहे शब्दालंकार हो या कोई भी रस-ध्वनि आदि काव्योचित उपकरण—सहृदय के हृदय पर उनका एक सुखद प्रभाव तो पड़ता है। यह भी एक संयोग ही है कि 'रस' के समान 'चमत्कार' शब्द भी पाकशास्त्र से ही अलंकारशास्त्र में आया है। इस शब्द का ऐतिहासिक अनुक्रम में अर्थविकास उतना स्पष्ट नहीं है, पर कोश-ग्रन्थों में जो अर्थ मिलते हैं—उनमें दो प्रमुख हैं—अद्भुत तत्त्व और काव्यास्वाद। डॉ. राघवन की धारणा है कि मूलतः यह शब्द 'चमत्कार' एक ध्वन्यर्थव्यंजक (onomotopiec words) रहा होगा—ध्वन्यनुकरणात्मक रहा होगा—खासकर उस ध्वनि क्लिक ध्वनि का जो किसी चटपटी चीज के लेहन या आस्वादन के समय जिह्वा से पैदा होती है। समय के दौरान अपने अर्थ विकास के क्रम में धीरे-धीरे यह शब्द सभी प्रकार के आस्वादजन्य प्रभाव का बोधक हो गया होगा। इस प्रकार वह काव्यास्वाद के लिए भी प्रचलित हो गया होगा।

साहित्यदर्पणकार के एक पूर्वज पं. नारायण ने 'चमत्कार' शब्द की व्याख्या करते हुए उसे 'हृदय विस्तार'—'चित्तविस्फार' कहा है और यह भी कहा है कि ऐसा विस्फार प्रायः सभी रसों के आस्वाद पर होता है। इस सन्दर्भ का निर्विवाद स्थल अद्भुत का आस्वाद है—इसमें आँखें तक फैल जाती हैं। मुँह फैला का फैला रह जाता है। सामान्यतः व्यापक रूप में काव्यास्वाद के अर्थ में 'चमत्कार' शब्द का प्रयोग ध्वन्यालोक में भी मिलता है। 'लोचन' में तो इसी अर्थ में यह चमत्कार शब्द लगभग चौदह बार आया है। इसी 'लोचन' में भट्टनायक का भी एक सन्दर्भ आया है और लगता है कि उन्होंने भी इसी अर्थ में 'चमत्कार' शब्द का उपयोग किया है। अभिनव ने तो एक जगह रस को चमत्कार स्वभाव कहा है। अग्निपुराणकार ने आत्म चैतन्य, रस और चमत्कार को परस्पर पर्यायवाची ही माना है। दर्पणकार कहते हैं—''चमत्कार

और विस्मय पर्याय है और वह चित्त का विस्फार है।"[1]

अभिनवगुप्त ने इसकी बड़ी ही मार्मिक व्याख्या की है। उन्होंने प्रत्यभिज्ञाविवृत्ति विमर्शिनी में कहा है–(भाग-1, पृ. 179)।

"तस्मादनुपचरितस्य संवेदनरूपतानान्तरीयकत्वेन अवस्थितस्य स्वतन्त्रस्यैव रसनैकघनतया परामर्शः परमानन्दः निर्वृतिः चमत्कारः"–अभिनव ने उसे पुनः अपनी दार्शनिक भूमि पर रखकर स्पष्ट किया है। दर्पणकार ने रखा उन्हीं का मत है–यों वह अपने पूर्वज की धारणा से अधिक प्रभावित है। अभिनव स्पष्ट कहते हैं–

"सा च अविघ्ना संवित् चमत्कारः" (अभिनवभारती, भाग-1)

अर्थात् साधारणीकृत भाव की भूमिका में सात प्रकार के लौकिक विघ्नों से विरहित होकर परिपूर्ण प्रकाशमय स्वरूप का विमर्श शक्ति द्वारा जब सहृदय करता है–तब जो एक विलक्षण, अद्भुत विस्मयावह, लोकोत्तर अनुभव करता है–अनुकरणात्मक शब्द 'चमत्' –उसी को प्रकाशित करता है। 'कार' प्रत्यय उसे लगकर 'चमत्कार' बनता है।

इसी अभिनवगुप्त के शिष्य हैं–क्षेमेन्द्र। इन्होंने भी 'चमत्कार' के कोण से काव्य को देखा। उन्होंने 'कविकण्ठाभरण' नाम की अपनी एक पुस्तक में चमत्कार-ग्रहण के दश बिन्दुओं का उल्लेख किया है। उन्होंने कहा है, "तत्र दशविधश्चमत्कारः–अविचारित रमणीयः, विचारित रमणीयः समस्तसूक्तिव्यापी, सूक्तैकदेशदृश्यः, शब्दगतः अर्थगतः, शब्दार्थगतः, अलंकारगतः, रसगतः, प्रख्यातवृत्तिगतश्च (चमत्कारकथन, कविकण्ठाभरण, तृतीय सन्धि)।

निर्माण के कोण से विचार करते हुए क्षेमेन्द्र कहते हैं–

सुकविरतिशयार्थी वाक्चमत्कार लोभात्।
अभिसरति मनोज्ञे वस्तुशब्दार्थसार्थे।
भ्रमर इव वसन्ते पुष्पकान्ते वनान्ते।
नवकुसुमविशेषास्वादमामोदलोलः।।1।। (वही)

वाणी में चमत्कार पैदा करने के लोभ से 'अतिशय' का आधान करने के लिए मनोज्ञ वस्तु, शब्द और अर्थ की ओर प्रस्थान करता है–ठीक उसी प्रकार जैसे आमोदकामी चंचल भ्रमर वसन्त ऋतु में पुष्पों से लदे फलतः आकर्षक वनप्रान्त में कुसुम विशेष के आस्वाद के लिए चल पड़ता है। यहाँ दृष्टान्त और दार्ष्टान्तिक बेमेल से लगते हैं–सुकवि चमत्कार पैदा करता है–भ्रमर उसका आस्वाद लेता है। दोनों की प्रवृत्ति का निमित्त भेद है। जिस कवि की उक्ति में चमत्कार नहीं–वह कवि क्या ? जिस प्रकार पश्चिम में बिम्बवादी और पूर्व में ध्वनिवादी पद्य या काव्य में एक बिम्ब या व्यंजक या प्रतीकात्मक सटीक शब्द के प्रयोग से कवित्व के उन्मेष की बात कहते हैं।–उसी प्रकार क्षेमेन्द्र भी कहते हैं–

"एकेन केनचिदनर्थमणिप्रभेण
काव्यं चमत्कृतिपदेन विना सुवर्णम्।
निर्दोषलेशमपि रोहति कस्य चित्ते
लावण्यहीनमिव यौवनमंगनानाम् ।।2।। (वही)

चमत्काराथायक पद सोने की अंगूठी में बहुमूल्य मणि की तरह जड़ा हुआ होता है। कविता में भले ही सुन्दर वर्णों का विन्यास हो, दोष का लेशमात्र भी न हो तथापि चमत्कारकारी पद का विधान जब तक नहीं होता—तब तक सहृदय के चित्त पर वह चढ़ता ही नहीं—ठीक वैसे ही जैसे अंगना कितनी ही चढ़ती जवानी की हो, रूप कितना ही सुघर हो—पर जब तक लावण्य न हो—तब तक क्या वह किसी रसिक के चित्त पर चढ़ सकती है ? अर्थात् जिस कवि में वाणी द्वारा चमत्कार पैदा कर सकने की क्षमता न हो—वह भी कोई कवि है—उसकी कविता भी कोई कविता है ? क्षेमेन्द्र दो उदाहरणों से चमत्कार विषयक अवधारणा को स्पष्ट कर रहे हैं—एक उदाहरण है—चमत्कारविरह का—

वेल्लत्पल्लव, सम्मिलल्लत, लसत्पुष्प, स्फुरत्कुड्मल
स्फूर्जद्गुच्छभर, कणन्मधुकर क्रीड़ाविनोदाकर।
रक्ताशोक, सखे दयां कुरु, हर प्रारब्धमाडम्बरः।
प्राणाः कण्ठमुपागताः प्रियतमो दूरे, त्वमेवम्विधः।।

और दूसरा सचमत्कार उदाहरण है—कालिदास का

रक्तस्त्वं नवपल्लवैरहमपि श्लाघ्यः प्रियाया गुणैः
त्वामायान्ति शिरहीमुखा स्मरधनुर्मुक्ता, सखे, मामपि ?
कान्तापादतला हतिस्तव मुदे तद्वत् ममाप्यावयोः
सर्व तुल्यमशोक केवलमहं धात्रा सशोकः कृतः।।

दोनों श्लोक विरह की व्यंजना कर रहे हैं—एक विरहिणी की उक्ति है और एक विरही की। विप्रलम्भ शृंगार की उभयत्र समान व्यंजना है। विरहिणी अशोक को आद्यंत उद्दीपक के रूप में ग्रहण कर रही है—विरही अन्यथा देख रहा है—उसका आक्रोश विधाता पर है—वह अशोक को अपने समान होने से सखा के रूप में देख रहा है—अतः सखा कहना संगत है—विरहिणी का सखे, सम्बोधन अभिधा में असंगत है—हाँ, यह हो सकता है कि सम्भोगकाल के संस्कार से सखा कहकर अनुकूल करना चाहती हो—फलतः अपनी दयनीयता को इजहार भी कर रही है। विरही अपनी परवशता का इजहार कर रहा है—विधाता ने सब कुछ तो बेमेल कर ही रखा है—एक ही समान वृक्ष बनाया, पर उसमें भी अन्ततः एक को अशोक और दूसरे को सशोक करके बेमेलपन भर दिया। एक ही सखा पर आशा टिकी थी कि स्निग्ध जन पर दुःख को बाँटकर हलका हो पाता—वह भी सम्भव न हुआ। अशोक, इसमें तेरा क्या दोष है—विधाता ही प्रतिकूल है—हमारे। मेरा दुःख सुनने वाला कोई नहीं। ग्रहण के कोण

से तो उभयत्र विप्रलम्भ है—अतः जो लोग रस को चमत्कार प्राण मानते हैं—उनकी दृष्टि से यहाँ चमत्कार विरह कैसे ? लगता है क्षेमेन्द्र निर्माण के कोण से विचार करते हुए 'अतिशय' का निर्वाह देख रहे हैं। यहाँ 'अतिशय' उक्तिगत लोकोत्तरता है—यह ठीक है कि वह उत्कर्ष भी रसभाव निरपेक्ष नहीं, रसभाव सापेक्ष ही होता है—तथापि उक्ति कौशल के साथ अतिशय—अपेक्षाकृत अधिक जुड़ा है। दोनों उदाहरणों में पहले में सुवर्णविन्यास है—दोषराहित्य भी है—पर 'सखे' सम्बोधन में जो कौशल—अतिशय कालिदास द्वारा निबाहा गया है—वह यहाँ नहीं। कालिदास का अशोक बराबरी में रहना चाहता है—पर विधाता ही विपरीत है, तो वह क्या करे ? रुद्रमालव का अशोक सखाधर्म का निबाह नहीं करता—चाहे तो कर सकता है और तब विरहिणी की व्यथा कम हो सकती है—पर कालिदास का विरही नितान्त परवश और हताश है। उसकी इस हताशा से उसकी दयनीयता या विप्रलम्भ की व्यंजना सान्द्र हो जाती है।

इससे लगता है कि यहाँ क्षेमेन्द्र ने 'चमत्कार' का विवेचन निर्माण की दृष्टि से 'अतिशय' परक किया है—यह चमत्कार अभिनव के ग्रहण के कोण से नहीं है। यहाँ 'चमत्कार' के जिन प्रकारों के उदाहरण दिए हैं—वे सब उनके अपने ही बनाए हुए हैं। इससे लगता है कि 'चमत्कार' की निर्माण की दृष्टि से उनकी अपनी अवधारणा विशेष है और उसी के उदाहरण दे रहे हैं। 'औचित्य विचार चर्चा' में वह कहते हैं...

औचित्यस्य चमत्कार कारिणश्चारुचर्वणे।
रसजीवितभूतस्य विचारः क्रियतेऽधुना।।

रस के जीवितभूत औचित्य को भी वह 'चमत्कार' का स्रोत मानते हैं। औचित्य को तो वह सर्वोपकारी मानते ही हैं। कविकण्ठाभरण में जो दश भेद गिनाए हैं—उनमें से एक है—रसगत। इससे भी स्पष्ट है कि इनका 'चमत्कार' मात्र रसवर्ती विशेषता नहीं है। यही स्थिति इन्होंने 'औचित्य' की भी की है—वह मात्र रसमयता का साधक नहीं है—रसौचित्य भी एक है। निर्माण के कोश से जिस चारुता, दृश्यता, रमणीयता की बात होती आ रही है—उसी धारा में इस योगदान को भी होना चाहिए। मात्र प्रस्थान या एप्रोच भिन्न है।

वस्तुतः 'चमत्कार प्रस्थान' का श्रेय 'चमत्कार चन्द्रिका' कार विश्वेश्वर को है—जो शिंगभूपाल का आश्रित था (1330 ए.डी.)। उसने ग्रन्थ के आरम्भ में ही 'चमत्कार' का स्वरूप निर्देश करते हुए कहा—

चमत्कारस्तु विदुषामानन्दपरिवाहकृत्।
गुणं रीतिं रसं वृत्तिं पाकं शय्यामलंकृतिम्।
सप्तैतानि चमत्कारणं ब्रुवते बुधाः।।

चमत्कार विद्वानों के लिए आनन्द की धारा प्रवाहित करता है। इसमें सात

तत्त्व कारण है–गुण, रीति, रस, वृत्ति, पाक, शय्या, अलंकार। कुछ लोग कुब्जक (वामन) आदि काव्य का एकांग (गुण-अंग) रूप से विवेचन करते हैं, कोई-कोई अर्थात् भोजराज गुण, भूषण और रस–जैसे तीन अंगों का विवेचन करते हैं–पर वस्तुतः जैसे साम्राज्य सप्तांग होता है–उसी प्रकार काव्य भी सप्तांग होता है। इन्होंने काव्य की परिभाषा भी चमत्कार को ही केन्द्र में रखकर दी–

वागर्थो सचमत्कारौ काव्यं, काव्यविदो विदुः।
वाक् शब्द इति पर्यायो वागुमार्थः शिवः स्मृतः।।

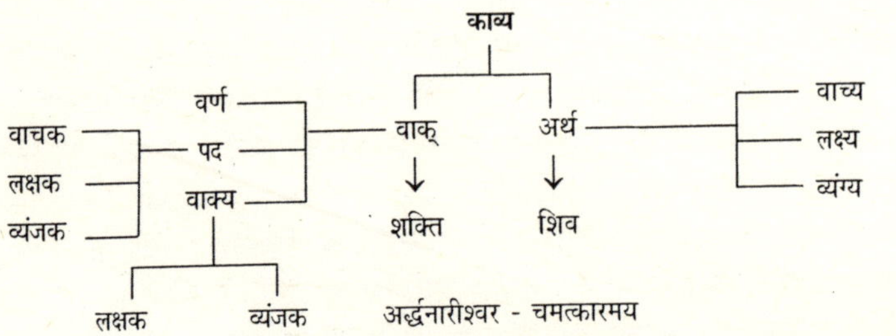

इस शब्दार्थात्मक काव्य में चमत्कार के सात स्रोत हैं। (1) गुण रूप की भाँति स्वरूपगत उत्कर्षाधायक धर्म हैं–ये संख्या में 23 हैं–श्लेष, प्रसाद, समता, माधुरी, सुकुमारता, अर्थव्यक्ति, उदारता, ओज, क्रान्ति, उदात्तता, प्रेयान्, समाधि, और्जित्य, सौक्ष्म्य (सौख्य), गाम्भीर्य, विस्तर, संक्षेप, शब्द संस्कार, भाविक, सम्मिति, गति, उक्ति, रीति। (2) रीति पद घटना का ही नामान्तर है–यह असमासा, मध्यमसमासा, अतिदीर्घसामासा तथा मिश्रा–रूप से चार प्रकार की है। (3) वृत्ति छह हैं–कैशिकी, आरभटी, सात्वती, भारती, मध्यभारभटी तथा मध्यम कैशिकी। (4) पाक-आस्वादमेदुर वाक्यपरिपाक को पाक कहते हैं–संक्षेप में यह दो प्रकार का है–मृदुपाक और खरपाक। द्राक्षाप्राक और नारिकेल पाक इन्हीं का नामान्तर है। (5) शय्यापदों की अन्योन्यमैत्री है–यह शब्दार्थ सहभाव की पराकाष्ठा है। (6) रस अष्टमूर्ति शिव ही हैं और काव्य तन्मय है। रहे वक्रोक्ति और स्वभावोक्ति, पर ग्राह्यतम रसोचित ही है। शेष छह के रहने पर भी रसरहित वागर्थ अनुरागहीन दम्पती की भाँति अशोभनीय है। (7) अलंकार प्रसिद्ध ही है।

इन्होंने चमत्कार की प्रकृति के आधार पर काव्य को तीन प्रकार बताया है–चमत्कारी-शब्दचित्र, चमत्कारितर-अर्थचित्र और गुणीभूत व्यंग्य तथा चमत्कारितम–व्यंग्यार्थप्रधान।

1729 ई. में मथुरामिश्र गंगेश के पुत्र हुए–हरिप्रसाद। इन्होंने एक पुस्तक लिखी–काव्यालोक। इन्होंने काव्य की आत्मा पद पर चमत्कार को अभिषिक्त कर इस विचार परम्परा को एक अन्तिम बिन्दु पर पहुँचा दिया। उन्होंने कहा–

"विशिष्टशब्दरूपस्य काव्यस्यात्मा चमत्कृतिः।
उत्पत्तिभूमिः प्रतिभा मनागत्रोयपादितम्।।"

अन्ततः पण्डितराज जगन्नाथ ने इस चमत्कार के आधार पर अत्यन्त सूक्ष्म और गम्भीर परिभाषा दी। उन्होंने कहा कि रमणीय अर्थ के प्रतिपादक शब्द को काव्य कहते हैं। अर्थगत यह रमणीयता लोकोत्तर आह्लाद पैदा करती है। रमणीय अर्थ की भावना से लोकात्तर आह्लाद पैदा होता है। लोकोत्तरता ही आह्लादगत चमत्कार है—अनुभव ही इसका साक्षी है। इसे जातिविशेष या अखण्ड उपाधि कहा जा सकता है।

इस प्रकार काव्यशास्त्र में चमत्कार पर निर्माण और ग्रहण—दोनों दृष्टियों से विचार हुआ है। निर्माण के कोण से यह रसमयता की अपेक्षा व्यापक है, यद्यपि 'चमत्कारचन्द्रिका' कार ने चमत्कार को व्यापक अर्थ देकर भी रसपर्यवसायिता को ही महत्त्व दिया है और कहा है कि किसी भी स्रोत से चमत्कार पैदा हो—जब तक वह रसपर्यवसायी न हो तब तक शब्दार्थ रूपी दम्पती अनुरागहीन की ही भाँति आनन्दमग्न नहीं लगते। क्षेमेन्द्र ने निर्माण के ही कोण से विचार करते हुए उसे 'अतिशय' पर समाधृत कर दिया है और स्वानुभवसाक्षिक भेद किए हैं। अनिभव गुप्त ने ग्रहण के कोण से विचार करते हुए उसे परामर्श, परमानन्द, निर्वृत्ति या चमत्कार कहा है (प्र. वि. वि.)। विश्वनाथ का चमत्कार विस्मय का पर्याय है। उन्होंने स्पष्ट ही कहा है—

"चमत्कारश्चित्तविस्तार रूपो विस्मयापरपर्यायः" (सा. द.)

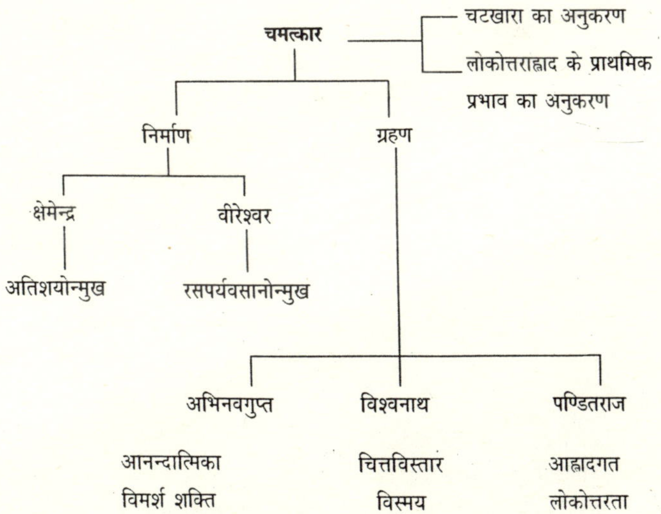

पण्डितराज आह्लादगत लोकोत्तरता को चमत्कार कहते हैं। ग्रहण की दृष्टि से विश्वनाथ, पण्डितराज और अभिनव—तीनों चमत्कार पर विचार करते हैं—पर अभिनव उसे दार्शनिक भूमि पर परमानन्द का पर्याय ही मानते हैं, जबकि विश्वनाथ चित्त विस्तार मानते हैं और पण्डितराज रस की अपेक्षा व्यापक काव्यास्वादगत अनुभव साक्षिक एक जातिविशेष या अखण्डोपाधि। डॉ. राघवन इसे चटखारा का और अभिनव अनुभूत विशेष का अनुकरणात्मक शब्द कहते हैं।

1. रसे सारश्चमत्कारः सर्वत्राप्यनुभूयते।
तच्चमत्कारसारत्वं सर्वत्राप्यनुभूयते।।
तस्माददद्भुतमेवात्र कृती नारायणः रसम्—सा.द., परि. 3, पृ. 67।

अनुमितिवाद

महिमभट्ट-सम्मत

ध्वनि सिद्धान्त के विरोधी परवर्ती आचार्यों में महिमभट्ट का नाम सुविख्यात है। इन्होंने अनुमान में सम्पूर्ण ध्वनि का अन्तर्भाव करने की प्रतिज्ञा की है और आनन्दवर्द्धन द्वारा निर्मित ध्वनि के लक्षण का जमकर खण्डन किया है। ध्वनिकार द्वारा निर्मित ध्वनि का लक्षण इस प्रकार है–

यत्रार्थः शब्दो वा तमर्थमुपसर्जनीकृतस्वार्थौ।
व्यङ्क्तः काव्यविशेषः स ध्वनिरिति सूरिभिः कथितः।

अर्थात् जहाँ अर्थ अपने आपको (उपसर्जनीकृतात्मा) और शब्द अपने अर्थ (उपसर्जनीकृतार्थ) को गौण रखकर उस प्रतीयमान नामक अर्थ की व्यंजना करते हों, वहाँ ध्वनि नाम का काव्यविशेष होता है। विद्वान वैयाकरणों के अनुयायियों ने ऐसा कहा है।

'उपसर्जनीकृतस्वार्थौ' अर्थात् 'उपसर्जनीकृतस्व-उपसर्जनीकृतात्मा' तथा 'उपसर्जनीकृतार्थ'। 'उपसर्जनीकृतात्मा' विशेषण है–**अर्थ** का और 'उपसर्जनीकृतार्थ' विशेषण है–**शब्द** का। अर्थ और शब्द दोनों व्यंजक हैं। काव्य में अर्थ शब्द-निरपेक्ष नहीं हो सकता और शब्द अर्थनिरपेक्ष नहीं रह सकता। जहाँ अर्थ होगा–वहाँ शब्द होगा ही और जहाँ शब्द होगा, वहाँ अर्थ होगा ही। अतः उक्त कारिका में प्रयुक्त केवल 'अर्थ' या 'शब्द' का आशय व्यंजन में अपेक्षाकृत प्रधानता को लेकर बताया जाता है। ध्वनि के 'विवक्षितान्यपरवाच्य' नामक भेद में प्रधानतः 'अर्थ' व्यंजक होता है और 'अविवक्षितवाच्य' नामक भेद में 'शब्द'।

उक्त लक्षण में प्रयुक्त प्रत्येक पद का खण्डन महिमभट्ट ने इस प्रकार किया है–

(1) 'उपसर्जनीकृतात्मा' –विशेषण, जो 'अर्थ' का है, निरर्थक है।

'विशेषण' का प्रयोग वहीं सार्थक होता है, जहाँ न केवल विशेष्य में उसके

होने की 'सम्भावना' हो बल्कि 'व्यभिचार'* भी हो। 'व्यभिचार' से आशय यह है कि वह 'विशेष्य' में कभी हो और कभी न हो। उदाहरण के लिए यदि 'नीलकमल' में 'कमल' का विशेषण 'नील' प्रयुक्त है, तो वह इसलिए कि 'कमल' विशेष्य में 'नीला' होने की सम्भावना भी है और वह 'नीला' ही हो—यह अनिवार्य नहीं। अतः विभिन्न रंगों वाले कमल में से जब वक्ता केवल 'नीले' रंग वाले कमल को ही कहना चाहता है, तब 'नील' विशेषण का प्रयोग करता है। यदि 'कमल' केवल नीले रंग का ही अनिवार्य रूप से होता—तो इसे विशेषण रूप से कहने की आवश्यकता न होती। वह तो कमल के स्वरूप से ही स्पष्ट हो जाता। अभिप्राय यह कि यदि कोई विशेषता वस्तु या व्यक्ति की अनिवार्यतः स्वरूपगत विशेषता हो—तो उसके द्योतन के लिए अलग से विशेषण का प्रयोग नहीं होता। 'गरम आग' जैसा प्रयोग नहीं होता, कारण यह है कि आग में 'गर्मी' का 'व्यभिचार' नहीं है। जहाँ आग होगी, वहाँ ऊष्मा होगी ही। अतः 'आग' के प्रयोग से ही 'ऊष्मा' या 'गर्मी' का बोध हो जाएगा—उसके लिए अलग से विशेषण रूप में 'ऊष्मा' या 'गर्मी' शब्द का प्रयोग निरर्थक है। ठीक यही बात महिम की दृष्टि से ध्वनि काव्य में 'अर्थ' के विशेषण 'उपसर्जनीकृतात्मा' के लिए भी कही जा सकती है। ध्वनिकाव्य में 'उपसर्जनीकृतात्मता' अर्थगत अनिवार्यतः होती है—ऐसा हो ही नहीं सकता कि 'अर्थ' व्यंजक हो और अपने आपको गौण न कर देता हो—साधन न बनाता हो। बिना गौण किए—बिना साधन बने 'प्रतीयमान' की व्यंजना कैसे करेगा ? इसलिए विशेषण के रूप में इसका प्रयोग निरर्थक है।

'गुणीभूतव्यंग्य' में 'प्रतीयमान' भी होता है और 'वाच्य अर्थ' भी। यहाँ कहा जा सकता है कि 'वाच्य अर्थ' गत 'उपसर्जनीकृतात्मता' जैसी विशेषता 'व्यभिचार' ग्रस्त है। मतलब ध्वनि स्थल में जो 'प्रतीयमान' है, वहाँ वाच्य अर्थ में 'उपसर्जनीकृतात्मता' यानी उसकी गौणरूपता 'सम्भव' है पर 'गुणीभूतव्यंग्य' स्थल वाले 'प्रतीयमान' अर्थ में सम्भव नहीं है—उसका अभाव है। अतः जहाँ-जहाँ 'प्रतीयमान' अर्थ होगा—वहाँ-वहाँ सर्वत्र वाच्य अर्थ गौण ही होगा—यह अनिवार्य नहीं है। 'गुणीभूतव्यंग्य' स्थल में स्थित प्रतीयमान की अपेक्षा वाच्य अर्थ प्रधान है—गौण नहीं है—अतः 'व्यभिचार' भी है और 'सम्भव' तो है ही। फलतः 'उपसर्जनीकृतात्मता' जैसी विशेषता के द्योतन के लिए—अनेक सम्भावित रूपों से अभीष्ट रूप को अलगाने के लिए 'उपसर्जनीकृतात्मा' विशेषण सार्थक है—निरर्थक नहीं है। ध्वनिकार के पक्ष से यह तर्क दिया जा सकता है, पर निम्नलिखित कारण से उसका भी खण्डन हो जाता है।

** सम्भवव्यभिचाराभ्यां स्याद् विशेषणमर्थवत्'—अर्थात् विशेषण तब सार्थक होता है, जब विशेष्य में उसकी 'सम्भावना' और 'व्यभिचार'—दोनों हों।*

प्रधानता के तीन कारण हैं—1. उपेय तथा साध्य होना, 2. अपेक्षाकृत चारु या सुन्दर होना और 3. उपकार्य होना। इसके विपरीत अप्रधानता गौणता या उपसर्जनीकृत के तीन कारण होंगे—उपाय या साधन होना, अचारु या असुन्दर होना तथा अनुपकार्य होना। प्रसंग काव्यविशेष या ध्वनि काव्य का है न कि गुणीभूत व्यंग्य का। यहाँ ध्वनिकाव्य के सन्दर्भ में 'उपसर्जनीकृतात्मा' या 'गौणरूपता' का विचार चल रहा है। ध्वनिकाव्य में वाच्य अर्थ तीनों ही रूपों में 'गौण' या अप्रधान या 'उपसर्जनीकृतात्मा' है—अतः उसका 'सम्भव' ही है 'व्यभिचार' नहीं। इस स्थल में वाच्य अर्थ 'प्रतीयमान' की अपेक्षा साधन होने से भी गौण है, असुन्दर होने से गौण है और प्रतीयमान का अनुपकार्य होने से भी गौण है। मतलब हर तरह से विचार करने पर वह 'गौण' या 'उपसर्जनीकृतात्मा' ही रहता है। फलतः ध्वनि के किसी भी रूप में इसका अभाव नहीं है। जहाँ-जहाँ ध्वनि काव्य होगा, वहाँ-वहाँ वाच्य अर्थ अप्रधान ही होगा। इस प्रकार जो विशेषता ध्वनिकाव्य के कहने से उसके स्वरूप-सामर्थ्य से ही आ जाती है—उसके लिए उसके वाचक शब्द का प्रयोग पौनरुक्त्य दोष है। इस आक्षेप का निराकरण सम्भव नहीं है।

रहा यह कि गुणीभूतव्यंग्य स्थल के 'प्रतीयमान' में वाच्यार्थगत अप्रधानता का अभाव है—वह भी सुविचारित नहीं है। यहाँ जो वाच्यार्थ को प्रतीयमान की अपेक्षा प्रधान कहा जाता है वह **प्राकरणिक** होने के कारण। समासोक्ति गुणीभूतव्यंग्य का ही एक रूप है। यहाँ वाच्यार्थ प्राकरणिक होता है और प्रतीयमान अप्राकरणिक। यह प्रतीयमान वाच्यार्थ को आकर्षक बनाने में साधन होता है—फलतः उपकारक होने से प्रतीयमान गौण हो जाता है और वाच्य अर्थ उपकार्य होने से प्रधान। ध्वनिकार जिस निमित्त से वाच्यार्थ को 'उपसर्जनीकृत' या गौण कहना चाहते हैं—वह प्रतीयमान की प्रतीति में वाच्यार्थ के साधन होने के कारण। इस निमित्त से होने वाली अप्रधानता या गौणरूपता या उपसर्जनीकृतात्मता तो गुणीभूत-व्यंग्य स्थल में भी वाच्य अर्थ की होगी। मतलब यहाँ भी उसका अभाव या व्यभिचार (होना न होना) सम्भव नहीं है। प्रतीयमान के प्रति वाच्य-अर्थ के साधन होने से वह सर्वत्र गौण ही होगा। एक बात और। महिमभट्ट का पक्ष है कि शब्द का एक ही अर्थ होता है—वाच्य अर्थ। लक्ष्य या व्यंग्य (प्रतीयमान) जैसे जो अर्थ कहे जाते हैं, वे सभी वाच्यार्थ से नियत सम्बन्ध के कारण अनुमित या अनुमेय होते हैं। अनुमेय अर्थ वाच्य की अपेक्षा सुन्दर होता ही है—फलतः गुणीभूतव्यंग्य जैसे स्थलों में भी वाच्यार्थ अनुमेयार्थ से असुन्दर होने के कारण गौण या उपसर्जनीकृतात्मा ही होगा। यहाँ भी गौणरूपता बरकरार है—वाच्य अर्थ की। विशेषण 'सम्भव' और 'व्यभिचार' (सद्भाव और असद्भाव)—दोनों के होने पर शब्दशः प्रयुक्त किया जाता है—अन्यथा निरर्थक है ही।

(2) (उपसर्जनीकृतार्थ) **'शब्द'** का भी लक्षण में ग्रहण ठीक नहीं है। प्रस्तुत लक्षण में—ध्वनि के उपर्युक्त लक्षण में—'शब्द' शब्द व्यंजन क्रिया के कर्ता रूप

में प्रयुक्त है–जो सम्भव नहीं है। वस्तुतः महिम मानते हैं कि शब्द की एक ही क्रिया होती है–व्यापार होता है और वह है–अभिधा। कहा है–

"शब्दस्यैकाभिधा शक्तिः"

इस प्रकार उनके मन में जब शब्द का अभिधा के अतिरिक्त दूसरा व्यापार है ही नहीं–तब उस अतिरिक्त व्यापार (चाहे वह लक्षणा हो या व्यंजना) का कर्ता किस प्रकार सम्भव होगा ? शब्द का व्यापार केवल संकेत-ग्रह-सापेक्ष या 'संकेतित' वाच्यार्थ का ही बोध कराता है–अतिरिक्त अर्थ का बोध वह कराता ही नहीं। फलतः तदर्थ कल्पित अर्थबोध कराने वाला व्यंजना नाम का कोई व्यापार 'शब्द' का नहीं हो सकता। इसीलिए महिम इसे असंगत और असम्भव मानते हैं।

इसी प्रकार 'शब्द' में दिया गया विशेषण 'उपसर्जनीकृतार्थ' भी अयुक्तिसंगत है। 'उपसर्जनीकृतार्थ'–का अर्थ है, 'जहाँ अर्थ उपसर्जन-गौण या अप्रधान कर दिया गया हो' अर्थात् वाचक 'शब्द' प्रधान हो और उसका अर्थ (वाच्यार्थ) अप्रधान हो। यह भी असम्भव है। वाचक शब्द वाच्य अर्थ का बोध कराने के लिए ही प्रयुक्त किया जाता है, फलतः 'शब्द' साधन होने के कारण गौण होगा और 'अर्थ' साध्य होने के कारण प्रधान। इस स्थिति में यह कहना कि 'अर्थ' गौण होता है और साधनीभूत 'शब्द' प्रधान–सर्वथा गलत है। जो विशेषता विशेष्य में **सम्भव** ही न हो–उसका बोध कराने के लिए 'विशेषण' का प्रयोग सर्वथा अयुक्तिसंगत है।

हाँ, यदि उच्चरित 'शब्द' अनुकरणात्मक हो, तब अवश्य वह अनुकृत 'शब्द' का ही बोध कराता है–वहाँ अर्थबोध कराना वक्ता को अभीष्ट ही नहीं होता–फलतः गौण हो जाता है। उदाहरणार्थ, यदि कोई कहे–"उसने 'राम' **ऐसा** कहा न कि 'श्याम'।" तो वह 'राम' शब्द का बोध कराना चाहता है न कि उसके अर्थ का। 'ऐसा'–शब्द का प्रयोग (संस्कृत में इसकी जगह 'इति' शब्द का प्रयोग होता है) शब्द को अपने 'स्वरूप-बोध' में नियन्त्रित कर देता है–फलतः 'अर्थबोध' से वह विरत हो जाता है। इस प्रकार 'अनुकरणात्मक' शब्द के प्रयोग के स्थलों में उपसर्जनीकृतार्थता (अर्थ का गौण होना) सम्भव है, लेकिन ध्वनिकाव्य के सन्दर्भ में शब्द अपने 'अर्थ' का बोध कराता हुआ ही व्यंजक बन सकता है–अन्यथा नहीं। फलतः इस सन्दर्भ में यह सम्भावना ही नहीं है। सम्भावना न होने से इस विशेषता का बोध कराने के लिए विशेषण का प्रयोग निरर्थक और असंगत है।

एक बात और। 'शब्द' जिस 'अर्थ' का बोध कराने के लिए प्रयुक्त किया जाता है–उस अर्थबोध में वह 'शब्द' ही साधन होगा, न कि इसके विपरीत। अर्थ बोध में शब्द उपसर्जन होगा, न कि शब्द के प्रति अर्थ उपसर्जन होगा। इसलिए भी इस (उपसर्जनीकृतार्थ) विशेषण का प्रयोग गलत होगा। शब्द का प्रयोग अर्थबोध के लिए होता है, न कि इसका उलटा। जल के लिए घड़े का उपयोग होता है न कि घड़े के लिए जल का। यही कारण है कि घड़े का स्थानापन्न (बाल्टी आदि) हो

सकता है—साधन के बदलने में स्वतन्त्रता हो सकती है—साध्य में नहीं—उसका स्थानापन्न नहीं हो सकता। इस प्रकार नियम यह है कि जो साधन हो वही उपसर्जन या अप्रधान हो और जो साध्य हो वह प्रधान। 'प्रधान' और 'अप्रधान' के व्यवहार का यही नियम है। साध्य साधन भाव को देखकर ही प्रधान-अप्रधान का व्यवहार करना चाहिए—अनावश्यक इस नियम का भंजन नहीं होना चाहिए। निष्कर्ष यह है कि जो विशेषता (अर्थ उपसर्जन और शब्द प्रधान) जिस विशेष्य में 'सम्भव' न हो, उसका बोध कराने के लिए विशेषण का प्रयोग ठीक नहीं। यह लक्षण (ध्वनि का लक्षण) गत 'असम्भव' दोष है। लक्षण में न 'अव्याप्ति' होनी चाहिए, न 'अतिव्याप्ति' और न ही 'असम्भव'।

विपक्ष में एक और तर्क है। 'तुष्यतु दुर्जनन्याय' से यह मान भी लिया जाय कि शब्द में 'उपसर्जनीकृतार्थ' जैसी विशेषता सम्भव है—तब भी ये बातें 'ध्वनि' काव्य में होती ही हैं—अर्थात् उसका 'व्यभिचार' नहीं है। 'व्यभिचार' होने का भाव यह कि ध्वनि हो और 'ध्वन्यालोक' के अनुसार उक्त दोनों शर्तें या बातें न हों। सो, ऐसा होता ही नहीं। फलतः 'ध्वनिकाव्य' के स्वरूप की जब यह अनिवार्य विशेषता है—तब इन विशेषताओं का सन्दर्भ से बोध हो ही जाएगा—फिर शब्दशः कहना पौनरुक्त्य है। पौनरुक्त्य भी तो एक दोष ही है। आग की अनिवार्य विशेषता 'ऊष्मा' है—अतः 'ऊष्म आग' जैसा प्रयोग कभी नहीं किया जाता।

(3) तीसरा दोष यह है कि जिस प्रकार लक्षण कारिका में 'शब्द' और 'अर्थ' का प्रयोग हुआ है, उसी प्रकार उनके मध्यवर्ती 'अभिधा' नामक व्यापार का भी प्रयोग होना चाहिए था—पर नहीं हो सका। कारण यह है कि अलंकार से भी अलंकार की व्यंजना होती है और अलंकार अभिधा के ही प्रकार हैं। 'दीपक' से 'उपमा' की व्यंजना होती है। यह भी लक्ष्य है और यहाँ भी लक्षण की व्याप्ति का संचार—होना चाहिए। इसलिए लक्षण में अभिधा का प्रयोग होना चाहिए—अन्यथा 'अव्याप्ति' ही होगी और अव्याप्ति लक्षण का एक दोष है।

कहा जा सकता है कि यह 'लक्ष्य' ही नहीं है, अतः अव्याप्ति कैसे ?

> अलंकारान्तस्यापि प्रतीतौ यत्र भासते।
> तत्परत्वं न वाच्यस्य, नासौ मार्गो ध्वनेर्मतः।।

जिस स्थल में वाच्य (दीपक जैसे) अलंकार से दूसरा अलंकार (उपमा जैसे) व्यंग्य तो होता हो, किन्तु वाच्यार्थ का उस व्यंजना में तात्पर्य न हो—तो वहाँ 'ध्वनि' नहीं होती। फलतः जब ऐसे स्थल ध्वनि के लक्ष्य ही नहीं हैं, तब 'अव्याप्ति' की गुंजाइश ही कहाँ है ? वस्तुतः ऐसा सोचना गलत है। बात यह है, जिसे आनन्दवर्द्धन प्रतीयमान या व्यंग्य कह रहे हैं, तत्त्वतः वह शब्द की शक्ति का विषय ही नहीं है, वह एक अर्थ से दूसरे अर्थ के नियत साहचर्यवश प्रतीत होता है—दोनों अर्थों की व्याप्ति के ज्ञान से प्रतीत होता है—अतः प्रतीयमान नहीं, अनुमान प्रमाण से प्राप्त होने के

कारण 'अनुमीयमान' है। ऐसे अनुमीयमान अर्थ को लाने में वाच्यार्थ सदा **साधन** होता है। साथ ही यह कि अनुमीयमान वाच्यार्थ की अपेक्षा स्वभावतः सुन्दर होता ही है–अतः उसमें **काव्यत्व** होता ही है। आनन्दवर्द्धन का काव्य ध्वनि ही तो है और है क्या ? अतः ऐसे स्थल भी लक्ष्य होते हैं, और लक्षण होते हैं तो लक्ष्य की व्याप्ति भी होनी चाहिए। इस व्याप्ति के लिए लक्षण-कारिका में 'अभिधा' शब्द का ग्रहण नितान्त आवश्यक है।

इस पर से भी यह कहा जा सकता है कि जब 'अर्थ' यानी (व्यंजक रूप से) वाच्यार्थ का ग्रहण या प्रयोग लक्षण-कारिका में है, तब क्या वह बिना 'अभिधा' के ही होगा ? मतलब अर्थ या वाच्यार्थ के ग्रहण से अभिधा की बात स्वतः आ ही जाती है–प्रतीति हो ही जाती है–फिर कारिका में उसका ग्रहण पौनरुक्त्य नहीं पैदा करगा। जिस अर्थ की प्रतीति सन्दर्भ से हो ही रही हो–उसको पुनः वाचक शब्द से कहना–यही तो पुनरुक्ति है।

इस आक्षेप का उत्तर देते हुए महिमभट्ट कहते हैं कि यदि यहाँ पौनरुक्त्य के भय से 'अभिधा' का प्रयोग नहीं हो रहा है–तो अन्यत्र भी इस नीति का ध्यान आनन्दवर्द्धन को रखना था। ध्वनिकाव्य में 'अर्थ' 'उपसर्जनीकृतात्मा' होता ही है–अर्थात् (वाच्यार्थ) व्यंजक अपने को गौण बनाकर ही होता है, फलतः 'अर्थ' की यह विशेषता ध्वनिकाव्य के सन्दर्भ से स्वतः सिद्ध और अव्यभिचारित है–फिर उसे शब्दशः क्यों कहा गया ? यही बात 'शब्द' के विशेषण 'उपसर्जनीकृतार्थ' के लिए भी कही जा सकती है। ध्वनिकाव्य में यह सब नियत है–अव्यभिचारित है–अतः सन्दर्भ से भी वह बात मालूम हो जाती है, जो शब्दशः कहा जा रहा है। पौनरुक्त्य इन स्थलों में भी है–फिर वहाँ उक्त पद्धति क्यों नहीं अपनाई गई ?

एक बात और। जब शब्द अपने अर्थ को और अर्थ अपने आपको ध्वनिकाव्य में गौण या साधन रूप में रखता ही है–तब शब्द (वाचक) अर्थ (वाच्य) की शक्ति स्वतः अप्रधान होगी ही–अतः उसे शब्दशः कहने की क्या आवश्यकता। यदि अभिधा की प्रधानता होगी, तो शब्द अपने वाच्यार्थ को अप्रधान या उपसर्जन कैसे रख सकता है ? अर्थात् 'उपसर्जनीकृतार्थ' शब्द का विशेषण हो ही नहीं सकता और होगा तो असंगत और असम्भव। जब अभिधा प्रधान होगी, तब उससे प्राप्त होने वाला अर्थ अप्रधान कैसे होगा ?

इस पर से भी यह कहा जा सकता है कि यदि ऐसी ही बात है–सब कुछ सन्दर्भ से ही गम्य हो रहा है, तो लक्षण में 'शब्द' शब्द के प्रयोग की ही क्या आवश्यकता थी ? 'अर्थ' की प्रतीति क्या बिना 'शब्द' के ही हो जाएगी ? मतलब यह कि लक्षण में या तो 'शब्द' और 'अभिधा' दोनों का ग्रहण न किया जाय और किया ही जाय तो फिर दोनों का किया जाय। एक (शब्द) ग्रहण किया जाय और एक (अभिधा) का ग्रहण न किया जाय–यह उचित नहीं है। महिम यह भी कहते हैं कि 'शब्द'

का ग्रहण न करने से—व्यंजक या प्रत्यायक 'शब्द' का ग्रहण न करने से 'अर्थ' में प्रतीयमानता कैसे आएगी—वह व्यंग्य कैसे कहा जाएगा ?—और इसका उत्तर यह देते हैं कि वह प्रतीयमान अर्थ की सत्ता मानते ही कहाँ हैं ? अर्थ 'प्रतीयमान' होता ही कहाँ है ? शब्द की उनकी दृष्टि में एक ही शक्ति होती है और वह है 'अभिधा'—जिससे मात्र 'वाच्य' अर्थ की प्रतीति होती है। शब्द की एक मात्र शक्ति 'वाच्य' का बोध कराकर विरत हो जाती है। नियत साहचर्यवश एक अर्थ से दूसरे अर्थ का अनुमान ही होता है—अतः वाच्यार्थ के साहचर्यवश प्रतीत वाच्येतर अर्थ अनुमीयमान होते हैं—अनुमान जैसे शब्द—भिन्न प्रमाण से मिलते हैं। शब्द का अर्थ वही होता, जो दूसरे प्रमाण से नहीं मिलता—शब्द प्रमाण से ही मिलता है।

महिम की इस प्रकार यह मान्यता है कि शब्द की एक ही शक्ति और एक ही अर्थ होता है—आनन्दवर्द्धन सम्मत अतिरिक्त अर्थ शब्द का अर्थ होता ही नहीं। अपने इस पक्ष का समर्थन करते हुए महिम कहते हैं कि समस्त शब्द द्वारा किया जाने वाला व्यवहार साध्य-साधन-भाव-गर्भ होता है। उसकी तह में कोई न कोई युक्ति होती है। फलतः उसे अनुमान स्वरूप ही मानना चाहिए। बात यह है कि शब्द का प्रयोग प्रायः किसी को क्रिया विशेष में प्रवृत्त करने के लिए होता है या क्रिया विशेष से निवृत्त करने के लिए। सचेत श्रोता संदिग्ध मनोदशा में प्रवृत्त या निवृत्त नहीं होता—प्रवृत्ति या निवृत्ति के लिए निश्चयात्मक मनोदशा होनी चाहिए और इस मनोदशा या बौद्धिक स्थिति में पहुँचने के लिए युक्ति चाहिए। केवल शब्द प्रयोग से या कुछ सुन मात्र लेने से न कोई कहीं प्रवृत्त होता है और न निवृत्त। श्रोता जब तक यह निश्चय नहीं कर लेता कि वक्ता का वचन उसके अभीष्ट का साधन या अनिष्ट का निवारक है—तब तक न वह प्रवृत्त होता है और न ही निवृत्त। इस प्रकार प्रवर्तक-निवर्तक वाक्य मात्र युक्ति-गर्भ होता है। अनुमान में यही युक्ति या सद् हेतु ही तो होता है और होता क्या है ?

व्यवहार में वक्ता वाक्य का ही प्रयोग करता है। वाक्य ही भाषा की इकाई है। समझने-समझाने के लिए इसे 'पद' में विभाजित किया जाता है। कुछ लोग पदों के दो भाग करते हैं, कुछ लोग चार और कुछ लोग पाँच। रहा इन पदों से प्राप्त होने वाला अर्थ—वह दो प्रकार का होता है—वाच्य और अनुमेय। वाच्य अर्थ शब्द की (अभिधा) शक्ति से और अनुमेय अर्थ अर्थ की शक्ति से। कारण स्पष्ट है, 'वाच्य' अर्थ से **लक्ष्य** और **व्यंग्य** कहे जाने वाले अर्थ **नियत सम्बन्ध** या साहचर्यवश खींच लिए जाते हैं। यह कार्य अनियत सम्बन्ध से सम्भव नहीं है। नियत साहचर्य या साहचर्य-नियम ही तर्कशास्त्र की परिभाषा में 'व्याप्ति' है। व्याप्तिज्ञान ही अनुमान है। हेतु और साध्य के नियत साहचर्य का सामान्य ज्ञात तह में रहकर विशेष रूप से ज्ञान हेतु से विशेषरूप साध्य का अनुमान करा देता है। इस प्रकार वाच्य अर्थ से नियत सम्बद्ध आनन्दवर्द्धन सम्मत लक्ष्य और व्यंग्य अनुमेय ही ठहरते हैं। यह

अनुमेय अर्थ काव्य में तीन प्रकार का होता है—वस्तु, अलंकार और रस। प्रथम दो वाच्य भी होते हैं, परन्तु अन्तिम—'रस'—अनुमेय ही होता है। 'पद' का अर्थ 'वाच्य' ही होता है—क्योंकि उससे साध्य-साधन-भाव की समाई नहीं है। वाक्य के अर्थ में ही साध्य साधन भाव की सम्भावना है। वहाँ अंशांशिभाव की स्थिति है। वाक्यार्थ में (वाक्य में) एक अंश **उद्देश्य** होता है और दूसरा **विधेय**। विधेयांश भी दो प्रकार का होता है—सिद्ध और असिद्ध या साध्य। जो सिद्ध है—उसके उपपादन की कोई आवश्यकता नहीं है। जो असिद्ध या साध्य है—उसके उपपादन की निश्चय ही अपेक्षा है। मतलब यह कि वाक्यार्थ में प्रतीयमान उद्देश्य-विधेय भाव उपपादन-सापेक्ष भी होता है और उपपादन निरपेक्ष भी। उपपादन के लिए उपपादक का ग्रहण होना चाहिए—वह शब्दशः भी कहा जाता है और सन्दर्भ-गम्य भी होता है। शब्दशः वहाँ है, जहाँ उपपादक का ग्रहण स्पष्टरूप से हेतु रूप में हो और अर्थतः प्राप्त या सन्दर्भगम्य वहाँ है, जहाँ शब्दशः न कहा जाकर भी सन्दर्भ से उभर आए। इस प्रकार यह उपपादक-उपादान-सापेक्ष साध्य साधन भाव चार प्रकार का हुआ।

उपपादकोपादान सापेक्ष साध्य साधन भाव

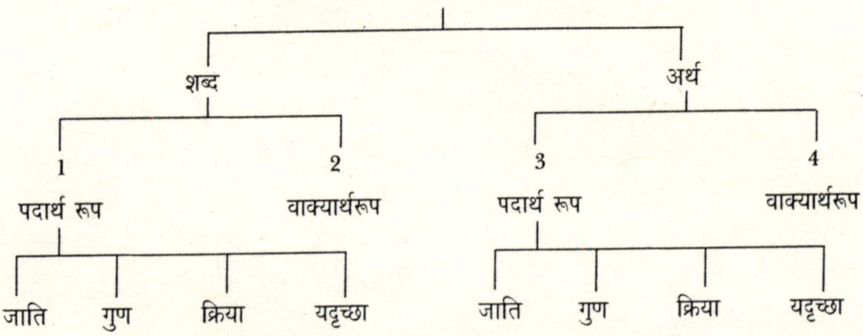

यह हेतुहेतुमद्भाव पदार्थ का पदार्थ के साथ और वाक्यार्थ का वाक्यार्थ के साथ होता है। यह हेतुहेतुमद्भाव अपनी प्रामाणिकता के लिए जिन प्रमाणों की अपेक्षा करते हैं, वे तीन हैं—लोक, वेद और अध्यात्म। यह हेतुहेतुमद्भाव—जो शब्द द्वारा किए जाने वाले व्यवहार में आवश्यक होता है—दो प्रकार हुआ—शाब्द और आर्थ। इनमें से प्रत्येक के दो-दो रूप—पदार्थात्मक और वाक्यार्थात्मक। पदार्थ भी चार प्रकार के हैं—जाति, गुण, क्रिया और यदृच्छा। ये पदार्थ धर्म रूप भी हो सकते हैं और धर्मीरूप भी। धर्म समानाधिकरण और व्याधिकरण रूप से भिन्न-भिन्न हो सकते हैं। रहा—वाक्यार्थ—वह क्रियात्मक होता है—जो कारक के भेद से भिन्न-भिन्न प्रकार का सम्भव है। यथायोग्य परस्पर सम्मिश्रण से ये भी तरह-तरह के हो सकते हैं। यह तो हुई शब्द की बात। जहाँ तक 'अर्थ' का सम्बन्ध है—वह दो प्रकार का है—वाच्य और अनुमेय। वाच्य भी वस्तु और अलंकार रूप—दो प्रकार का होता है।

अनुमेय अर्थ पदार्थरूप भी हो सकता है और वाक्यार्थ रूप भी। साथ ही यह कि यह अनुमेय अर्थ वस्तु और अलंकार के साथ-साथ रसात्मक भी होता है। चित्र इस प्रकार का होगा—

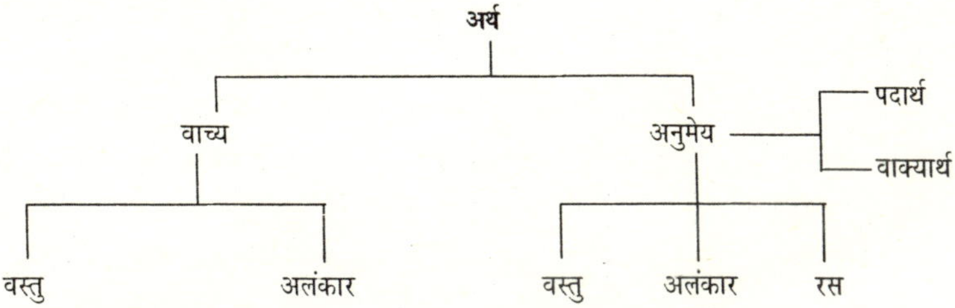

शाब्द व्यवहार में साध्य-साधनभाव शाब्द भी होता है और आर्थ भी, शब्दतः भी प्राप्त होता है और अर्थतः भी। यह साध्य-साधनभाव जहाँ आर्थ होता है, अर्थतः आता है—वहाँ अनुमेय होता है। वाक्यार्थ वाक्यार्थ के बीच जहाँ साध्य-साधनभाव होता है, वहाँ कहीं क्रम लक्षित होता है और कहीं लक्षित नहीं होता है। जहाँ क्रम लक्षित होता है, वहाँ वस्तु और अलंकार की प्रतीति होती है और जहाँ क्रम लक्षित नहीं होता है, वहाँ 'रस' की प्रतीति होती है। इसीलिए दो संलक्ष्यक्रम है और तीसरा असंलक्ष्यक्रम।

वाच्य अर्थ वैसा चमत्कारकारी नहीं होता, जैसा वही अर्थ काकु या अनुमान द्वारा प्राप्त होने पर चमत्कार प्रदान करता है। इस लक्ष्य या तथ्य से आनन्दवर्द्धन भी अवगत है। जहाँ साध्य-साधनभाव का क्रम स्पष्ट प्रतीत होता है—वहाँ गम्यगमक या अनुमाप्य-अनुमापक-भाव माना जाना चाहिए। अतः श्रूयमण ध्वनि और गम्यमान स्फोट में परस्पर व्यंग्य-व्यंजक-भाव नहीं, अपितु गम्यगमक भाव सम्बन्ध ही माना जाना चाहिए। इसीलिए व्यंजकता के साम्यवश ध्वनि व्यवहार को संगत नहीं कहा जा सकता। ध्वनिवादी श्रूयमाण ध्वनि और गम्यमान स्फोट में व्यंग्य-व्यंजक-भाव-सम्बन्ध स्वीकार कर उसी के साम्य पर काव्य में भी गमक 'शब्द' को ध्वनि संज्ञा प्रदान करते हैं। रस प्रतीति के सन्दर्भ में प्रतीत (रस) और प्रत्यायक (शब्दार्थ) का क्रम स्पष्ट लक्षित नहीं होता, पर स्पष्ट लक्षित न होने का अर्थ यह नहीं है कि वह है ही नहीं। इसलिए 'घट-प्रदीप' का दृष्टान्त लेकर यहाँ 'प्रकाश्य-प्रकाशक' या 'व्यंग्य-व्यंजक' भाव का व्यवहार संगत नहीं है। ध्वनिकार का पक्ष है कि 'गम्य-गमक-भाव' सम्बन्ध जिन दो के बीच होता है। उनमें पौर्वापर्य होता है—साथ ही दोनों की प्रतीति भिन्नकालिक होती है—दोनों की प्रतीति का सहअस्तित्त्व नहीं होता, जबकि घट और प्रदीप—जैसे स्थलों में, जहाँ दोनों का प्रकाश्क-प्रकाशय भाव सम्बन्ध है—व्यंग्य-व्यंजक-भाव सम्बन्ध है—स्थिति भिन्न है। यहाँ प्रदीप घट (अंधकार में पड़े हुए) के स्वरूप का प्रकाश करता हुआ स्वमन् साथ-साथ अपने स्वरूप का भी प्रकाश करता है। फलतः गम्य-गमक-भाव

के व्यवहार के स्थल से प्रकाश्य-प्रकाशक या व्यंग्य-व्यंजक-भाव सम्बन्ध की स्थितियों में भेद है। रस व्यंग्य है—कारण, उसकी प्रतीति के काल में प्रकाशक विभावादि सामग्री की भी प्रतीति होती है और साथ ही साथ रस्यमान रति आदि स्थायी भाव की भी। इस प्रकार रस प्रतीति की स्थिति भिन्न है। यहाँ गम्य-गमक-भाव का व्यवहार संगत नहीं है। महिम इनके विपक्ष में अपने पक्ष का समर्थन करते हुए कहते हैं कि उक्त दृष्टान्त से यह सिद्ध नहीं होता कि विभावादि सामग्री और रति आदि स्थायीभाव के बीच कार्यकारण भाव सम्बन्ध नहीं होता। यह सम्बन्ध तो स्वयं आनन्दवर्द्धन और रस सूत्रकार भरत—सभी मानते हैं, तभी तो सूत्र विभावादि के साथ हेतु के अर्थ में पंचमी विभक्ति का प्रयोग करते हैं (विभावानुभाव व्यभिचारि संयोगात्)। फिर सामग्री ही रस नहीं है—वह कारण है। वाच्यसामग्री और अनुमेय रस में कार्यकारण भाव मानना होगा—पौर्वापर्य स्वीकार करना होगा—इसे कथमपि अस्वीकार नहीं किया जा सकता। फलतः दोनों में यहाँ पर भी गम्य-गमक या अनुमाप्य-अनुमापक-भाव-सम्बन्ध मानना ही होगा। निष्कर्ष यह कि वस्तु, अलंकार और रस—तीनों रूपों में ध्वनि का अन्तर्भाव अनुमान में हो ही जाएगा। यह पदार्थानुमान है। पदार्थानुमान दूसरों को कराया जाता है—स्वार्थानुमान अनुमाता स्वयं अपने लिए करता है। यहाँ साध्य-साधन का ही उपादान रहता है, दृष्टान्त का नहीं। वह प्रसिद्ध होने से आक्षिप्त हो जाता है—अर्थात्—अर्थतः—आक्षिप्त हो जाता है।

इस प्रकार जहाँ रस गम्य या अनुमेय है—वहाँ क्रम के, पूर्वापरीभाव के लक्षित न होने से उसे उपचारतः व्यंग्य कहा जा सकता है और इस औपचारिक या लाक्षणिक प्रयोग का प्रयोजन होगा। आस्वादातिशय की प्रतीति कराना, परन्तु वस्तु और अलंकार जहाँ गम्य हों—वहाँ क्रम के स्पष्ट प्रतीत होने के कारण लाक्षणिक या औपचारिक रूप से भी उन्हें व्यंग्य नहीं कहा जा सकता। कारण, न वैसी रूढ़ि है और न ही प्रयोजन।

यह कहना कि रत्यादिभाव अनुमीयमान होकर—परोक्ष ज्ञान का विषय होकर आनन्दप्रद नहीं हो सकते—अनुभव विरुद्ध है। इस सन्दर्भ में पहली बात यह है कि लोकानुभव और काव्यानुभव में ही विरोध है। वे ही लौकिक पदार्थ जब शब्द द्वारा परोक्ष ज्ञान के विषय बनते हैं—शब्द निवेदित होते हैं, तब काव्योचित ग्रहण की प्रक्रिया से और ही प्रकार का प्रभाव पैदा करते हैं—शर्त यह है कि निवेदक सत्कवि हो और निवेदन प्रतिभा-प्रसूत वाणी से कर रहा हो। इसी प्रकार ग्राहक भी विमल प्रतिभानशाली हो और ग्रहण भी भावयित्री प्रतिभा से कर रहा हो। इस तरह भावक द्वारा गृहीत शब्दार्थ भी चमत्कृत करते हैं—वाच्य की अपेक्षा अनुमेय होकर तो और भी चमत्कृत करते हैं।

रहा यह कि वे कवि प्रयुक्त शब्द से निवेदित अर्थ सत्य हैं या असत्य—लोक की तरह काव्य में परीक्षणीय नहीं हैं। काव्य शब्दार्थ सामग्री तो महज साधन है—अतः महत्त्व उसका नहीं है—महत्त्व उस प्रभावी चमत्कार का है, जो उसके द्वारा ग्राहक

के मानस पटल पर पड़ता है। काव्य में यही प्रभावी प्रतीति सब कुछ है—वही काव्य का परमार्थ है। अनुमीयमान स्थायी भले ही परोक्ष ज्ञान का विषय हो—पर काव्य में वह आस्वाद्य ही होता है—इसमें बहस की कोई गुंजाइश नहीं है। जो अनुभव सिद्ध है—उसमें बहस क्या ? असत्य अर्थ भी कभी-कभी अभीष्ट प्रयोजन प्राप्त करा देता है। भ्रान्ति भी सम्बन्ध विशेष वश कभी-कभी प्रमा का काम करा देती है। मणि की प्रभा और प्रदीप की प्रभा—उभयत्र मणि का बोध भ्रान्त है—पर मणि-प्रभा में मणिबुद्धि से आकृष्ट होकर भ्रान्त ग्राहक जब प्रवृत्त होता है, तब वह अभीष्ट अर्थ पा ही लेता है। इस प्रकार शब्द से जो दो प्रकार के अर्थ मिलते हैं—वाच्य और अनुमेय—वे दोनों ही अपनी काव्योचित प्रतीति में लौकिक प्रतीति की अपेक्षा चमत्कारी होते हैं। लक्षणा से अर्थ का तीसरा प्रकार (व्यंग्य) भी हो सकता है।

वाच्य और प्रतीयमान के बीच आनन्दवर्द्धन-सम्मत व्यंग्य-व्यंजक-भाव सम्बन्ध सम्भव नहीं है। कारण है, उस पर उसके 'लक्षण' का न लगना। 'अभिव्यक्ति' (व्यजंक से व्यंग्य की अभिव्यक्ति) के लिए आवश्यक है—**सम्बन्ध-स्मरण-निरपेक्ष प्रकाश और प्रकाशक की सहावस्थिति**। उदाहरण के लिए अंधकार में स्थित प्रकाश्य 'घट' और उसके प्रकाशक 'दीप' को लिया जा सकता है। दीप घट का प्रकाशन 'दीप-घट-सम्बन्ध' के ज्ञान की अपेक्षा नहीं करता—पर शब्द अपने अर्थ के बोध में सम्बन्ध ज्ञान की अपेक्षा करता है।

प्रकाश्य अर्थ दो प्रकार का होता है—सत् और असत्। सत् अर्थ, जिसकी 'अभिव्यक्ति' मानी जाती है—वह भी तीन प्रकार का बताया गया है। एक तो सांख्य दर्शन के अनुसार—जहाँ यह माना जाता है कि कार्यमात्र अपने कारण में 'शक्ति' रूप से निरन्तर विद्यमान रहता है—व्यापार से अभिव्यक्त हो जाता है—प्रकाशित हो जाता है—इन्द्रियगोचर हो जाता है। उस अनभिव्यक्त 'शक्ति' स्वरूप कार्य का इन्द्रियगोचर हो जाना है—उसका अभिव्यक्त होना या प्रकाशित होना इस प्रकार अभिव्यक्ति या प्रकाशन का स्वरूप—**इन्द्रियगोचरतापत्ति** है—इन्द्रियगोचर होना है। उदाहरण के लिए दूध से दही का, तिल से तेल का प्रकाशन (अभिव्यक्ति) माना जा सकता है। दही या तेल पहले से ही सम्भावना या क्षमता के रूप में दूध या तिल में विद्यमान है। व्यापार विशेष से वे इन्द्रियगोचर हो जाते हैं। नैयायिक इस रूप में कार्य की पूर्वतः स्थिति नहीं मानते, इसलिए वे लोग 'अभिव्यक्ति' की जगह 'उत्पत्ति' का प्रयोग करते हैं। अभिव्यक्ति का ('सत्' प्रकाश्य अर्थ का) दूसरा उदाहरण वहाँ माना जाता है, जहाँ प्रतिबन्धक के कारण कोई पदार्थ प्रकाश में न आ रहा हो और प्रतिबन्धक के हट जाने पर प्रकाशक उपाय के साथ ही प्रकाश्य भी प्रकाश में आ जाय। उदाहरण के लिए दीप और घट को ले लें। अन्धकार घट के प्रकाश्य होने में प्रतिबन्धक है। प्रकाशक दीप के आ जाने से उसका भी स्वरूप प्रकाश्य में

आ जाता है। प्रकाश्य सत् अर्थ की अभिव्यक्ति की तीसरी अवस्था वहाँ होती है, जहाँ चित्तगत संस्कार रूप से पड़ा हुआ कोई अर्थ किसी नियत सम्बद्ध कारण या प्रतिपादक के ज्ञान से उद्बुद्ध हो जाय—स्मरणात्मक ज्ञान में आ जाय। अभिव्यक्ति का यह भी एक प्रकार है। नियत सम्बद्ध कारण के रूप में आलेख्य, पुस्तक और प्रतिबिम्ब आदि हैं और प्रतिपादक के गवादि शब्द। प्रकाश्य असत् अर्थ का एक ही उदाहरण है—उसका दूसरा प्रकार सम्भव ही नहीं है। उदाहरण के लिए सूर्य के प्रकाश से जलद में इन्द्रधनुष की अभिव्यक्ति। जो है ही नहीं—उसके भेद-प्रभेद क्या होंगे ?

'अभिव्यक्ति' की ये स्थितियाँ शब्द के 'वाच्य' पर तो लागू होती ही नहीं, कारण कि वह सम्बन्ध स्मरणपूर्वक ज्ञात होता है—पर प्रतीयमान जैसे आनन्दवर्द्धन-सम्मत अर्थ पर भी लागू नहीं होतीं। प्रकाशन की पूर्ववर्ती दोनों स्थितियाँ इन्द्रियगोचर होने में हैं—प्रकाश्य के इन्द्रियगोचर होने में है—प्रतीयमान अर्थ इन्द्रियगोचर कहाँ है ? रही तीसरी स्थिति—वहाँ अनुमान की प्रक्रिया सम्भव है—'अभिव्यक्ति' की नहीं। नियत सम्बन्ध के कारण यदि एक अर्थ दूसरे का स्मरण कराता है—तो वहाँ अनुमान की ही प्रक्रिया मानी जाती है, न कि अभिव्यक्ति की। निष्कर्ष यह कि अभिव्यक्ति की उक्त परिस्थितियाँ और शर्तें वाच्य और प्रतीयमान के बीच सम्भव नहीं हैं। कारण, एक तो वह सम्बन्ध-स्मरण सापेक्ष है—साहचर्यवश आता है और दूसरे सहप्रकाश्य भी नहीं है—दोनों के बीच पौर्वापर्य क्रम है। जहाँ रसात्मक प्रतीति है, वहाँ भी क्रम है ही—यह बात भिन्न है कि शीघ्रता वश प्रकाश में नहीं आता। जैसे-तैसे रस-स्थल में अभिव्यक्ति की स्थिति मान भी ली जाय—तो भी पूरे लक्ष्य पर लक्षण कहाँ संगत हो पा रहा है ? रस प्रतीति में विभावादि प्रकाशक सामग्री की प्रतीति भी सम्मिलित है—फलतः दोनों का सहावस्थान कह लें—तो कहें। इससे भी सम्पूर्ण लक्ष्य में लक्षण की अव्याप्ति तो बनी ही रहती है और ध्यान से देखा जाय तो विभावादि कारणवश नट गत अनुकृत स्थायी का अनुमान ही होता है। तत्त्वतः नट के अन्तस् में मूल स्थायी की प्रतिबिम्बात्मक स्थिति ही है। मतलब यह कि अभिव्यक्ति का लक्षण जहाँ घटता है, वह काव्य भी नहीं है 'काव्यविशेष' तो दूर की बात है।

जिस प्रकार 'प्रकाश्य' अर्थ तीन प्रकार का है, उसी प्रकार प्रकाशक अर्थ के भी दो प्रकार हैं—वह कहीं तो 'उपाधि' स्वरूप होता है और कहीं 'स्वतन्त्र'। ज्ञान, प्रदीप और शब्द—ये तीनों उपाधि स्वरूप हैं और धूमादि हेतु स्वतन्त्र। उपाधि से महिम का अभिप्राय है, उस सबसे जो प्रकाश्य से सम्बद्ध होकर ही प्रकाश में आए। धूम के साथ यह बात नहीं है। स्वतन्त्र धूम रूप प्रकाशक व्यंजक नहीं, अनुमापक माना जाता है और शेष पूर्ववर्ती प्रकाश्य के साथ ही सम्बद्ध रहकर प्रकाश में आते हैं—अतः व्यंजक हो नहीं सकते। व्यंजक का व्यंग्य से सहावस्थान नहीं होता। मतलब ध्वनि के लक्षण में **असम्भव नामक** दोष भी है। वाच्य-प्रतीयमान मात्र पर इसका

संचार सम्भव नहीं है।

अगली आपत्ति यह भी है कि 'लक्षणा' में प्रयुक्त 'अर्थ' शब्द वाच्य परक है—अतः आनन्दवर्द्धन सम्मत जहाँ अ-वाच्य अर्थात् व्यंग्य अर्थ व्यंजक होगा, वहाँ लक्षण अव्याप्त होगा—नहीं जाएगा। यदि 'अर्थ' शब्द को अ-वाच्य (व्यंग्य) परक मान लिया जाय, तो वह दो-तीन व्यंग्यार्थों से व्यवहित 'व्यंग्य' पर भी लागू होगा—उसे भी काव्य माना जाएगा—उसके कारण भी काव्य व्यवहार होगा। सहृदयों का अनुभव है कि दो-तीन व्यंग्यार्थों से व्यवहित व्यंग्य अर्थ में चारुता नहीं होती। इस प्रकार 'अर्थ' को 'अ-वाच्य'—व्यंग्य परक मान लेने से अलक्ष्य (अ-काव्य) में लक्षण संक्रान्त हो जाएगा अर्थात् अतिव्याप्ति हो जाएगी। व्यंग्यान्तर से व्यवहित व्यंग्यार्थ में भी चारुता होती है—पर जहाँ वह व्यभिचारी भाव या अलंकार से व्यवहित हो, पर ऐसा कोई संकेत लक्षण में कहाँ विद्यमान है ?

ध्वनिकार ने एक* जगह यह भी कहा है कि काव्य की आत्मा सहृदयश्लाघ्य वाच्य अर्थ भी है—प्रतीयमान तो है ही—वह भी असंगत है। कारण, ध्वनिकार काव्योचित चारुता का निमित एक मात्र प्रतीयमान को मानते हैं, फिर वाच्यार्थ कैसे सहृदयश्लाघ्य और काव्य की आत्मा बन गया ?

मूल ध्वनि-लक्षण में 'वा' का प्रयोग भी ठीक नहीं है। ठीक इसलिए नहीं है कि या तो उसका प्रयोग 'विकल्प' के अर्थ में होगा अथवा 'समुच्चय' के। पहला पक्ष इसलिए असंगत है कि ऊपर शब्द की व्यंजकता खण्डित हो चुकी है और वह सम्भव भी हो (जो कि नहीं है) तो उसकी क्रिया (व्यङ्क्तः) एक वचन में होनी चाहिए—द्विवचन में कैसे ? द्विवचन में क्रिया का प्रयोग तब संगत होता, जब 'वा' समुच्चय के अर्थ में होता। वह 'समुच्चय' अर्थ भी इसलिए संगत नहीं है कि उनमें से प्रत्येक की संज्ञा 'ध्वनि' दी जाती है—शब्द भी व्यंजक होने से 'ध्वनि' है और 'अर्थ' भी व्यंजक होने से ध्वनि है।

कुछ लोग, जो अपने को बड़ा पण्डित समझते हैं—कहते हैं कि लक्षण में जहाँ 'शब्द' और 'अर्थ' का प्रयोग है—उसका अभिप्राय यह है कि 'शब्द के साथ अर्थ' और 'अर्थ के साथ ही शब्द'—का प्रयोग अभिप्रेत है। अर्थात् केवल एक का ही ग्रहण अपेक्षाकृत उसकी प्रधानता बताने के लिए है। मतलब जहाँ 'शब्द' है, उसका आशय है 'अर्थ और शब्द' में प्रधानतः जहाँ 'शब्द' व्यंजक हो अथवा 'शब्द और अर्थ' में प्रधानतः जहाँ 'अर्थ' व्यंजक हो, वहाँ-वहाँ ध्वनि नामक काव्यविशेष होता है। अभिप्राय यह कि 'वा' वस्तुतः 'विकल्प' के ही अर्थ में है—पर 'शब्द' और 'अर्थ'—के बीच नहीं—अपितु उनकी आपेक्षिक प्रधानता के बीच। यह पाण्डित्य,

---

* *योऽर्थः सहृदयश्लाघ्यः काव्यात्मेति व्यवस्थितः।*
वाच्यप्रतीयमानाख्यौ तस्य भेदावुभौ स्मृतौ।। ध्वन्यालोक

पाण्डित्य नहीं, चाण्डित्य ज्यादा है। कारण, उनका उक्त अभिप्राय 'विवक्षितान्य पर वाच्य ध्वनि' तथा 'अविवक्षित वाच्य ध्वनि' पर लागू करना है—पर जब यह बात अनेक बार कही जा चुकी है कि 'अर्थ' में 'शब्द' की 'व्यंजना' के प्रति सहकारिता ही नहीं है—तो उक्त व्याख्या के चाण्डित्य की—सार्थकता क्या है ? उनका आशय यही तो है कि 'अर्थसहकृत **शब्द**' और 'शब्दसहकृत **अर्थ**'—प्रधानतः व्यंजक होता है—पर यह बात बनती कहाँ है ? शब्द की तो मात्र एक ही शक्ति है—अभिधा—अतः अर्थ द्वारा होने वाली व्यंजना में शब्द की सहकारिता सम्भव ही नहीं है।

उक्त 'लक्षण' में 'शब्द' के विशेषण 'उपसर्जनीकृतार्थ' का ग्रहण भी इसलिए अनावश्यक है कि उसकी प्रतीति 'अर्थ' के विशेषण 'उपसर्जनीकृतात्मा' से ही हो जाती है। इसीलिए तो लक्षण में 'अभिधा' का ग्रहण नहीं हुआ, क्योंकि उसका कारण उसकी अर्थतः प्रतीति है।

आलोच्य 'लक्षण' में 'तम्' का पुल्लिंग में निर्देश भी ठीक नहीं। बात यह है कि सर्वनाम सदा अव्यवहित पूववर्ती संज्ञा का ही परामर्शकारी होता है—व्यवहित का नहीं। इस लक्षणकारिका से पूर्ववर्ती* श्लोक में जो संज्ञा प्रयुक्त है—वह है 'प्रतीयमानम्'। वह नपुंसक लिंग में है, अतः उसके बदले उसकी याद दिलाने वाला सर्वनाम (तत्) नपुंसक लिंग में ही प्रयुक्त होना चाहिए। फलतः यह भी असंगत प्रयोग है।

विचारणीय ध्वनि लक्षण में 'काव्याविशेष' का क्या अभिप्राय है ? यह विशिष्टता या विशेष कैसा ? काव्य तो एक ही प्रकार का है—ध्वनि काव्य और वह भी जहाँ 'रसध्वनि' हो। विशेष तो अनेक के बीच होता है। जो रसात्मकता निरतिशय सुखास्वाद स्वरूप हो—वहाँ 'विशेष' कैसा ? सातिशयता कैसी ?-सामान्य-विशेष कैसा ?

'काव्यविशेष' का प्रयोग किसी भी तरह संगत नहीं है। बात यह है कि काव्य कवि का कर्म है और वह कर्म है—विभावादि का संयोजन। काव्य चाहे श्रव्य है या दृश्य है तो यह कर्म उभयत्र। श्रव्य और दृश्य रस-प्रतीति के माध्यम से सहृदयग्राहक को शास्त्र की तरह व्युत्पन्न भी बनाता है। सुकुमार श्रोताओं का व्युत्पादन रसमय काव्य से ही सम्भव है—फलतः काव्य में ध्वनित रस की सत्ता अनिवार्यतः होनी ही चाहिए—इसमें 'विशेष' होने की क्या बात है ? 'विशेष रस' से युक्त होने के कारण विशिष्ट या विशेष कहना इसलिए संगत नहीं है कि उससे भिन्न 'रस' से युक्त काव्य फिर अ-काव्य हो जाएगा अर्थात् लक्षण वहाँ अव्याप्त माना जाएगा। कहने को—समर्थन करने को—यह भी कहा जा सकता है कि सामान्य काव्य के लिए 'गुण और अलंकार से सुसंस्कृत शब्दार्थ' मात्र होना आवश्यक है—'विशेष'

---

* *प्रतीयमानं पुरन्यदेव वस्त्वस्ति वाणीषु महाकवीनाम्।*
यत्तत् प्रसिद्धावयवातिरिक्तं विभाति लावण्यमिवाङ्गनासु।। ध्वः

होने के लिए 'रसात्मक व्यंग्य' अर्थ का योग होना चाहिए–ध्वनिकाव्य में ऐसा होता है–अतः वह 'विशेष' है–पर यह भी सुविचारित वक्तव्य नहीं है। काव्य को काव्य होने के लिए 'रसात्मकता' अनिवार्य शर्त है–वह सामान्य काव्य का निमित्त है–न कि विशिष्ट या विशेष का।

यह समझ भी ठीक नहीं है कि रसात्मकता व्यंजक-गत वस्तु आदि की विशेषता से विशिष्ट हो जाएगी। आकृति जाति की व्यंजक होती है–पर क्या आकृति का रंगबिरंगापन जाति में–सामान्य (आकृति प्रकाश्य) जाति में विशेष पैदा कर देगी ? गाय की आकृति रंग-बिरंगी हो तो 'गोत्वजाति' पर उसका क्या प्रभाव पड़ेगा ? इसी प्रकार व्यंजक की विशेषता से व्यंग्य में विशेषता नहीं हो सकती।

एक बात और कही जा सकती है कि ध्वनिवादी व्यंग्य की स्थिति प्रधान भी मानता है और अप्रधान भी–और चमत्कारी व्यंग्य के उभयत्र विद्यमान होने से दोनों को काव्य के अन्तर्गत लिया जाता है। इसलिए दो भेदों में से ध्वनिकाव्य को, जहाँ व्यंग्य प्रधान ही होता है–विशिष्ट या विशेष कहा जा सकता है। पर विचार करने पर यह तर्क भी गले के नीचे नहीं उतरता। कारण इस प्रकार है। रसमयता काव्य की अनिवार्य शर्त है और प्रतीयमान रस चमत्कारकारी होने से सर्वथा और सर्वदा प्रधान ही होगा–अप्रधान होगा ही नहीं। प्रधानता का आधार चमत्कार ही तो है। रस चाहे जिस भी स्थिति में हो–चमत्कार तो उसकी जान है और इसी चमत्कार से प्रधानता का निर्णय होता है। फलतः काव्य के दो भेद होते ही नहीं–हो ही नहीं सकते–अतः इस कारण भी ध्वनि काव्य को 'काव्यविशेष' नहीं कहा जा सकता।

आलोच्य लक्षण में 'सूरिभिः कथितः' के प्रयोग की भी कोई आवश्यकता नहीं थी। यहाँ एक दोष है–अवाच्यवचन। जब कथन है, तो कहने वाला होगा ही। जब कथन विशेष है, तो उसका कथयिता भी विशेष होगा। फलतः लक्षण करना ही है, तो काव्य का इस तरह करना चाहिए–

वाच्यस्तदनुमितो वा यत्रार्थोऽर्थान्तरं प्रकाशयति।
सम्बन्धतः कुतश्चित् सा काव्यानुमितिरित्युक्ता।।

इस प्रसंग में ध्यान देने की बात यह है कि अनुमिति लोकानुमिति नहीं है–काव्यानुमिति है। इसमें वाच्य या अनुमित अर्थ नियत साहचर्य या सम्बन्ध वश अर्थान्तर का प्रकाशन करता है।

इस सन्दर्भ में यह भी ध्यान में रखने की बात है कि अनेक प्रकार की शक्ति का आश्रय 'अर्थ' ही होता है, न कि 'शब्द'। ये शक्तियाँ साथ-साथ काम कर सकती हैं। उदाहरण के लिए अग्नि रूपी अर्थ में कई शक्तियाँ हैं–दाहकता, पाचकता, प्रकाशकता आदि। शब्द में अनेक प्रकार की शक्ति की कल्पना निराधार है। कहा जा सकता है कि 'बाहीक बैल है'–इस प्रयोग में बैल शब्द में अनेक प्रकार के अर्थबोध कराने की शक्तियाँ हैं–उससे चतुष्पाद पशु विशेष का बोध तो होता

है—उसकी तरह द्विपाद (बाहीक) मनुष्य का भी बोध होता है, साथ ही उस मनुष्य में जड़ता तथा मन्दता का अतिरेक भी बोध में आता है। विचार करने पर शब्द में अनेकविध शक्ति होने की बात नहीं ठहरती। बैल शब्द की एक ही शक्ति है, जो पशु विशेष का बोध कराती है—मनुष्य वाला अर्थ सादृश्य सम्बन्ध वश प्रतीत होता है। पशु विशेष रूप अर्थ विशेष से सादृश्य वश उसकी प्रतीति होती है। रही बात जड़ता-मन्दता की—वह भी बैल सदृश होने से अनुमित है—न कि शब्द की शक्ति वश।

कुछ लोग कहते हैं कि जिस प्रकार सशक्त धनुर्धर द्वारा छोड़ा हुआ वाण* एक ही वेग (शक्ति) से शत्रु का कवच भी फोड़ता है, छाती भी विदीर्ण करता है और प्राण भी ले लेता है, उसी प्रकार एक सशक्त प्रयोक्ता द्वारा प्रयुक्त शब्द अपनी एक ही शक्ति (अभिधा) से कई स्तरों के अर्थ की प्राप्ति करा सकता है। एक मान्यता* यह भी है कि प्रयोक्ता जिस अभिप्राय से शब्द का प्रयोग करता है—वही शब्द का अर्थ होता है। उसके द्वारा प्रयुक्त वाक्य (शब्द) का विधेयांश में तात्पर्य होता है—उद्दिष्ट अंश तो पहले से ज्ञात रहता ही है। वह तो ज्ञात अर्थ का महज अनुवाद होता है। फलतः इन सभी अर्थों को जो शब्द की एक ही शक्ति से मिलते हैं—वाच्य कोटि ही में नहीं रखा जा सकता, इस विषय में भी महिम का कहना है कि ये सभी भ्रामक वक्तव्य हैं। वाण का एक ही वेग अज्ञात रहकर काम करता है—शब्द की शक्ति ज्ञात होकर ही काम करती है। जितने अर्थ में शब्द की शक्ति ज्ञात या संकेतित होती है—उतनी ही दूर तक जाती है। साथ ही एक बार सक्रिय होकर विरत हो जाती है। संकेतित अर्थ शब्द की शक्ति अभिधा का ही विषय है।

इसी प्रकार विधेयांश वाली बात भी कुछ और ही है। वाक्य में दो अंश होते हैं—उद्देश्य तथा विधेय। शब्द की एक ही शक्ति से दोनों मिलते हैं—उनमें रेखांकनीय विधेयांश होता है। अतः वह भी अभिधा का ही विषय है। वक्ता उसी अर्थ पर बल देता है।

इसी प्रकार कुन्तक ने भी कोई नई बात नहीं कही है। उनका कहना है—

शब्दार्थौ सहितौ वक्रकविव्यापारशालिनि।
बन्धे व्यवस्थितौ काव्यं तद्विदाह्लादकारिणि।

अर्थात् समप्रधान सहभाव वाले शब्दार्थ ही उस बन्ध में व्यवस्थित होकर काव्य कहे जाते हैं—जो वक्रकवि व्यापार से युक्त तथा काव्य-मर्मज्ञों को आह्लाददायी होता है। इससे जिस 'वक्रता' या 'वैचित्र्य' को काव्य का लक्षण बताया गया है—वह या

---

* *सोऽयामिवोरिव दीर्घदीर्घतरो व्यापारः*

* *यत्परः शब्दः स शब्दार्थः*

तो काव्योचित चारुता का नियामक 'औचित्य' हो सकता है अथवा 'प्रतीयमान'। 'प्रतीयमान' अर्थ का ऊपर खण्डन किया जा चुका है। रहा—औचित्य वह काव्य का स्वरूप गत वैशिष्ट्य है। काव्य कहने से ही उसका बोध हो जाता है—अलग से कहने की कोई आवश्यकता ही नहीं है। निष्कर्ष यह कि काव्य का उपर्युक्त लक्षण ही ठीक है। कवित्व की जान एक मात्र रसमयता है और वह काव्यानुमान से गृहीत होती है। काव्य का यह अतिरिक्त अर्थ अनुमान से आता है। शब्द की तो एक ही शक्ति होती है और होती है—अभिधा जो साक्षात् संकेतित अर्थ का बोध कराती है। शब्द में व्यंजकता नाम की कोई क्षमता नहीं है।

महिम की उपर्युक्त स्थापना में एक बाधा और आती है। बाधा यह है कि यदि शब्द में व्यंजकता या द्योतकता न माने तो उपसर्गों की स्थिति क्या होगी ? उपसर्ग प्रतीत अर्थ के वाचक हैं या द्योतक (व्यंजक) ? उदाहरण के लिए 'प्राप्त' शब्द को लें। यदि प्रतीयमान या व्यंग्य—जैसे अर्थ से निरपेक्ष रहकर शब्द को व्यंजक या द्योतक न माना जाय तो 'प्राप्त' में 'प्र' को क्या कहा जाय—वह 'प्रकर्ष' का वाचक माना जाय या द्योतक ? द्योतक, प्रकाशक तथा व्यंजक—ये तीनों परस्पर पर्याय ही हैं। यदि 'प्र' को वाचक माना गया, तो धातु का स्वरूप होगा—प्राप्त—यानी हलादि—व्यंजनादि। व्यंजनादि धातु से व्याकरण के नियमानुसार यहाँ 'यङ्' प्रत्यय का विधान प्राप्त होगा—जो प्रयोग सम्मत नहीं है। दूसरा, यह कि 'आप्त' से आप्त-सामान्य का बोध होगा, जिसमें प्रकर्ष-अप्रकर्ष—सभी समाहित माने जाएँगे—'प्र' केवल उस (प्रकर्ष) का द्योतक ही माना जाएगा। इन दोनों कुतर्कों में से पहले का उत्तर यह है कि व्यंजकता शब्द में उपचारतः ही मानी जा सकती है—मुख्यतः नहीं। फलतः यङ् प्रत्यय के विधान का तो प्रसंग ही नहीं प्रस्तुत होता। रहा दूसरा तर्क—उसका समाधान यह है कि सामान्यरूप से सभी की सम्भावना होने पर भी वाच्य-विशेष अर्थात् 'प्रकर्ष' परक अर्थ का बोध 'प्र' के प्रयोग पर ही सम्भव होगा—अन्यथा नहीं होगा। इससे निष्कर्ष यह निकालना चाहिए कि जिस शब्द के प्रयोग से जो अर्थ मिले—उसे उसका वाचक ही कहना चाहिए न कि द्योतक। स्पष्ट है कि 'प्र' का प्रयोग करने पर ही 'प्रकर्ष' अर्थ मिलेगा—अन्यथा नहीं—फलतः उसे (प्र) वाचक ही कहा जाना चाहिए। यदि यह नियम नहीं माना जाएगा, तो 'रंग' शब्द में सभी तरह के रंग का बोध कराने की क्षमता है—अतः यदि विशेष रंग (नील) का बोध अभीष्ट हो तो (नील रंग) शब्द का प्रयोग किए जाने पर नील द्योतक माना जाएगा ? इस प्रकार 'प्राप्त' आदि प्रयोगों 'प्र' को वाचक ही मानना पड़ेगा—द्योतक नहीं। 'प्रपचति' प्रयोग में 'प्रकर्ष' की प्रतीति का होना न होना 'प्र' के प्रयोग होने न होने पर ही निर्भर है—इसलिए वह वाचक ही है। यही स्थिति सभी विशेषणों के साथ है। इसका विवरणात्मक चित्र इस प्रकार होगा—

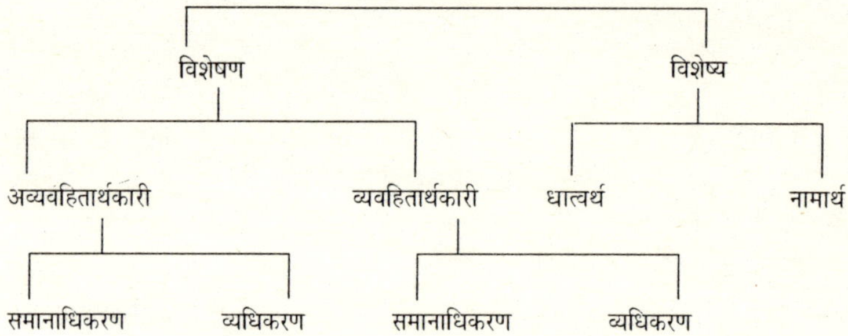

उपसर्गों का प्रयोग प्रायः धातु के साथ होता है—इसीलिए उनका विषय धात्वर्थ है। 'च' आदि निपातों का सम्बन्ध नाम और धातु—दोनों से है। अन्तर इतना ही है कि किसी का पहले और किसी का बाद में, जैसा सम्भव हो—वैसा प्रयोग होता है। इस विशेष विवरण में न जाकर कहना यह है कि 'प्राप्तम्' में 'प्र' का धातु से योग होने पर भी दोनों को अलग ही माना जाएगा। अन्यथा दोनों (उपसर्ग और धातु) के बीच अड् आदि का व्याकरण सम्मत विधान नहीं हो सकेगा।

काव्य का स्वरूप बताते हुए उसके व्यावर्तक 'सामान्य लक्षण' का ही संकेत करना चाहिए और उसके आधार पर काव्य के एक प्रकार का ही—एक रूप का ही विधान करना चाहिए। ऐसा नहीं कि सामान्य लक्षण के प्रधान तथा अप्रधान रूप स्थिर करके उसके आधार पर दो भेद मान लेने चाहिए। वस्तुस्थिति यह है कि काव्योचित चारुता का निमित्त है—अनुमेयार्थ का संस्पर्श—उसमें प्राधान्य-अप्राधान्य का विकल्प कहाँ आता है। अनुमेय वस्तु तो, अलंकार हो या रस—अनुमेय तीनों हैं—फलतः अनुमेयता का संस्पर्श जब सब जगह एक सा है—तो उसमें भेद की कल्पना का सवाल कहाँ उठता है ?

कुल मिलकार अब तक यह कहा गया कि न तो शब्द और अर्थ का विशेषण 'उपसर्जनीकृतार्थता' संगत है और न अर्थ का विशेषण उपसर्जनीकृतात्मता। व्यभिचार और असम्भव जैसे दोनों के कारण यह विशेषण-विशेष्य भाव संगत नहीं है। वाच्य और प्रतीयमान का व्यंग्य-व्यंजक-भाव तो बनता ही नहीं। इसलिए 'ध्वनि' जैसी संज्ञा भी सार्थक नहीं है, क्योंकि उसका आधार 'व्यंजकत्व' ही शब्द में सम्भव नहीं। इतना ही नहीं 'विवक्षितान्यपरवाच्य' 'अविवक्षितवाच्य' 'अर्थान्तर संक्रमितवाच्य' तथा अत्यन्तरिस्कृतवाच्य—जैसी संज्ञाएँ भी असंगत हैं। इसे और स्पष्ट कर लिया जाय।

'अविवक्षितवाच्य' में 'अविवक्षित' का अर्थ क्या है अनुपादेय या अन्यपरकता ? अनुपादेय अर्थ भी हो तो वह सर्वांश में है या अंशतः ? यदि सर्वांश में अनुपादेय है, तो उसकी 'व्यंजकता' भी उसमें समाहित है और इस तरह वह पूर्णतः अनुपादेय हो जाता है—जो ध्वनिकार की दृष्टि में सम्भव नहीं है। यदि अंशतः अनुपादेय है तो बताना होगा कि यह अंश कौन सा है ? कहा जा सकता है कि यह आंशिक अनुपादेयता वाच्य अर्थ की अप्रधानता है। ऐसा मान लेने का अर्थ है कि अविवक्षित,

अप्रधान और उपसर्जनीकृतात्मता—ये सब एक ही हैं। फिर इस क्रम से वही पुरानी बात दुहरा दी गई—इसमें नवता क्या हुई ? इसमें विशेष क्या हुआ ? भेद या विशेष तो वह हुआ या होता है, जहाँ सामान्य लक्षण संक्रान्त हो और फिर उसमें अवान्तर विशेष आ जाय। यहाँ तो ऐसा कुछ नहीं है। ध्वनि के लक्षण सीधे विशेष या भेद के ही लक्षण किए गए हैं—वहाँ सामान्य ध्वनि का लक्षण नहीं है। मतलब कहने का यह कि पहले सामान्य ध्वनि का लक्षण किया जाता—फिर उसके अवान्तर विशेष बताकार उपभेद किए जाते। इस सर्व-सामान्य पद्धति का यहाँ निर्वाह नहीं है।

फिर यह 'विवक्षितान्यपरवाच्य'—क्या है ? स्पष्ट नहीं है। जो विविक्षित होगा, वह अन्य अर्थ के प्रतिपादन का साधन क्या होगा ? अन्य अर्थ के प्रतिपादन का साधन ही हो गया तो विवक्षित कैसा ? यह तो परस्पर विरोध का आभास देता है। दूसरी बात यह कि वाच्य की अन्यपरकता—अतिरिक्त अर्थबोधन के साधन की क्षमता-वाला आशय ध्वनि के सामान्य लक्षण से ही आ जाता है—उसके प्रभेद में सामान्य की शर्त का उल्लेख क्यों ? अवान्तर रूप में अवान्तर भेदक विशेषता की चर्चा होनी थी।

इस प्रकार एक प्रयोग है—'अर्थान्तर संक्रमित वाच्य'—इसमें स्पष्ट ही नहीं है कि कौन-सी लक्षणा काम कर रही है ? फिर शब्द की तो एक ही शक्ति होती है—लक्षणा नाम की कोई शक्ति ही जब नहीं है—तब उसके आधार पर यह भेद ही अनुपपन्न है। यहाँ वाच्यार्थ से जो वाक्यार्थोपयोगी अन्य सम्बद्ध अर्थ प्राप्त मिलता है—वह नियत-साहचर्य-सापेक्ष होने से अनुमेय होगा। निष्कर्ष यह कि 'अर्थान्तर संक्रमित' का अन्तर्भाव अनुमान में तो जाएगा—उसका अस्तित्त्व ही निःशेष हो जाएगा।

यही बात 'अत्यन्ततिरस्कृतवाच्य ध्वनि' में कमोबेश है। वह भी 'गौर्वाहीक' की भाँति पदार्थोपचार ही है। इसका भी अनुमान में ही अन्तर्भाव हो जाता है।

शब्द शक्ति मूल व्यंग्य तो सम्भव ही नहीं है। कारण—यह तथ्य शतशः प्रतिपादित किया जा चुका है कि शब्द की एक ही शक्ति होती है और वह है अभिधा—अतः शब्द शक्ति मूल व्यंजना का प्रसंग ही नहीं उठता।

कुल मिलाकर निष्कर्ष यह निकला कि ध्वनि न तो अपने सामान्य रूप में तर्कसंगत है और न ही अपने प्रकारों के रूप में। विवेचन से उन सबका अन्तर्भाव अनुमिति में ही हो जाता है। हाँ, लौकिक अनुमान की अपेक्षा रसपर्यवसायी यह अनुमान काव्यानुमिति के नाम से कहा जा सकता है। संक्षेप में महिमभट्ट का यही काव्यानुमितिवाद है।

इस प्रकार काव्य की आत्मा के सम्बन्ध में जैसा कि पहले कहा गया है—पाँच वाद ही मुख्य हैं, पर शास्त्रों में जहाँ जो कुछ भी वाद के रूप में (पूर्वपक्ष या सिद्धान्त रूप में) कहा सुना गया है—यहाँ परिचय के लिए सबका उपस्थापन कर दिया गया है।

परिशिष्ट

नाट्य-स्वरूप (भारतीय अवधारणा)

मानव में स्व-भाव (मानवता) के तिरोधान से देवताओं को चिन्ता हुई कि संसार के स्वास्थ्य का क्या होगा—वह कैसे चलेगा और श्रेय तथा प्रेय रूप अपनी ऊर्ध्वगामी सम्भावनाओं को कैसे चरितार्थ करेगा ? बात यह है कि संसार 'प्रकृति' और 'मानव' के परस्पर सहयोग से चलता है और सहयोग का निर्धारित रूप 'यजन' है, जो वेदार्थ ज्ञान से सम्पाद्य है। लोग ग्राम्यधर्म में प्रवृत्त हो चले हैं—मानव की स्वता तिरोहित हो रही है—उस सत्त्व की कमी होती जा रही है, जिससे वेदार्थ का ठीक धारण होता है—फलतः यजन का सम्पादन या 'देवता और मानव' का 'परस्पर भावन'—जिसे हम यजन कहते हैं, कैसे सम्पन्न होगा ? फलतः चिन्तित देवगण सृष्टिकर्ता प्रजापति के पास जाते हैं और अपनी चिन्ता उनके समक्ष व्यक्त करते हैं। वर्णसांकर्य के कारण अब त्रिवर्ण की शुद्धता भी संदिग्ध हो गई है। ऊर्ध्वगामी सम्भावना की चरितार्थता का सम्बन्ध त्रिवर्ण से नहीं है—सर्ववर्ण से है अतः एक ऐसा वेद बनना चाहिए जो सार्ववर्णिक हो और अ-सात्त्विक जन द्वारा भी आनन्दपूर्वक ग्राह्य हो—ताकि सर्ववर्ण कर्तव्य-अकर्तव्य का बोध कर सकें और हमारा संसार ठीक चल सके, हम अपने लक्ष्य को पा सकें। फलतः उन लोगों ने कहा—

क्रीडनीयकमिच्छामि दृश्यं श्रव्यं च यद् भवेत्

देवताओं की चिन्ता जायज थी। प्रजापति को उनकी समस्या ठीक जान पड़ी। फलतः उन्होंने नाट्य नामक पंचम वेद के निर्माण की आवश्यकता महसूस की। फलतः ऋग्वेद से पाठ्य, सामवेद से गीत, यजुर्वेद से अभिनय और अथर्ववेद से रस-तत्त्वों को लेकर इस सार्ववर्णिक पंचम वेद की रचना की। देवता प्रकृति की अधिष्ठात्री शक्तियाँ हैं, जो 'स्वभाव' से मानव के हित का पोषण करती हैं—वह अपना स्वभाव परित्याग नहीं करतीं।—पर मानव में स्व-भाव परित्याग देखा जा रहा है—वे ग्राम्यधर्म में प्रवृत्त हो रहे हैं—फलतः उन्हें कैसे स्व-भाव में व्युत्पन्न कर प्रतिष्ठापित किया जाय—प्रजापति की दृष्टि में इसका सच्चा समाधान 'नाट्य' में ही दिखाई पड़ा। सृष्टि को स्वस्थ रखने के लिए अपेक्षित व्युत्पत्ति का आधार शास्त्र से भी हो सकता

है—पर उसकी अपेक्षा अद्यतन मानव की गिरती हुई क्षमता को देखते हुए काव्य-नाट्य ही शक्त उपाय है। काव्य से नाट्य द्वारा अपेक्षित व्युत्पत्ति सुकर है। यह सब सुन और सोचकर विधाता ने नाट्यवेद की सृष्टि की।

'नाट्य' की निर्मिति हो जाने के बाद प्रजापति को चिन्ता हुई कि इसका ग्रहण, धारण, ज्ञान और प्रयोग कौन करेगा ? देवताओं ने कहा—

> ''ग्रहणे धारणे ज्ञाने प्रयोगे चास्य सत्तम।
> अशक्ता भगवन् देवा अयोग्या नाट्यकर्मणि।। 1/22
> य इमे वेदगुह्यज्ञा ऋषयः संशित व्रताः।
> एतेऽस्य ग्रहणे शक्ताः प्रयोगे धारणे तथा।।''

देव नहीं, मानव ही इसके लिए समर्थ है—उन्हीं में ऋषित्व निहित है और ऋषित्व की अभिव्यक्ति से ही यह सब सम्भव है। यह ऋषित्व ही है, जो व्रत और तप से सम्भावना के रूप में रहकर व्यक्त होता है—मानव में—अतः उन लोगों में ही गहन और असामान्य ज्ञान के धारण की क्षमता है—फलतः यह काम ऋषियों को ही दिया जाय। फिर महर्षि भरत की याद की गई और उन्हें यह कार्य सौंपा गया। उन्होंने अपने पुत्रों को इसमें दीक्षित किया।

पुत्रों को दीक्षित कर लेने पर (नट-कर्म) नाट्य में उपयोगी सभी व्यापार (काय, वाक् तथा मन से साध्य) इन पुत्रों ने साध लिया—कायिक, वाचिक तथा मानसिक अर्थात् आरभटी, भारती और सात्वती वृत्तियाँ तो कार्यान्वित हो गईं—पर 'कैशिकी' व्यापार इन मानव पुरुषों से नहीं बन पड़ा। भरत ने कहा कि ये तीन वृत्तियाँ तो प्रजापति से मिलीं—पर 'कैशिकी' का प्रत्यक्ष शंकर के रसभाव विवर्जित ताण्डव में दिखाई पड़ा है—वहाँ से हमें उसका ज्ञान तो हो गया, पर उसका कार्यान्वयन नारी ही कर सकती है—फलतः एतदर्थ अप्सराएँ दी जाएँ। वृत्तियों को नाट्य की माता कहा गया है—'वृत्तयो नाट्य मातरः'—चूँकि नाट्य नट सम्पाद्य 'कर्म' विशेष है और वह कर्म काय, वाक् तथा मन—इन तीनों से सम्पाद्य है—फलतः नाट्योपयोगी कायसाध्य वृत्ति या व्यापार आरभटी है, वाक्साध्य व्यापार 'भारती' है और 'मनः प्रयत्न निर्वर्त्य' सत्त्व से साध्य सात्त्विक है। इन तीनों में 'अर्थक्रियाकारिता' है—पर 'कैशिकी' केवल सौन्दर्यवर्द्धन के लिए शृंगारोपयोगी है। केश का सिवाय सौन्दर्यवर्द्धन के और कोई प्रयोजन नहीं है—अतः केश की भाँति यह 'कैशिकी' सौन्दर्य के लिए अत्यन्त आवश्यक है—यह कोमल या मसृणता नारी—अप्सरा—से ही सम्भव है। अतः नाट्य-माता वृत्तियों में कैशिकी सम्पादन के लिए इनका भी सहयोग आवश्यक है। सभी प्रकृति और पुरुष के सहयोग से यजन सम्भव है। तभी कहा गया—

> देवानाभिद्मामनन्ति मुनयः क्रान्तं क्रतुं चाक्षुषम्—

निष्कर्ष यह कि सृष्टि को स्वस्थ रखने के लिए सार्ववार्णिक पंचमवेद नाट्य की और 'नाट्य' के लिए उसकी सम्पादिका जननी 'वृत्ति' की और तदर्थ

प्रकृति-पुरुष-सहयोग की आवश्यकता है। इसी तथ्य को द्योतित करने के लिए नाट्यशास्त्र के मंगल श्लोक में 'पितामह-महेश्वरो' को शिरसा प्रणम्य कहा गया है।

प्रणम्य शिरसा देवो पितामह महेश्वरो

अर्थात् वृत्तियों में—नाट्य सम्पाद्य वृत्तियों में तीन के उत्स ब्रह्मा और एक के महेश्वर हैं—फलतः इन दोनों आद्य स्रोतों का स्मरण किया गया है।

नाट्यवेद, नाट्य प्रयोक्ता—सबके सम्पन्न हो जाने पर स्वर्गलोक में इन्द्रध्वज महोत्सव के मांगलिक पर्व पर एक नाट्य का आयोजन हुआ, जिसमें देवों की दानवों पर विजय दिखाई गई। रंगशाला में पितामाह के दोनों बेटे—दैत्य और देवता—बैठे हुए थे। प्रस्तुति में अपनी पराजय देखकर दानवों ने उपद्रव आरम्भ किया और सब तहस-नहस कर डाला। वैसे इन्द्र ने 'जर्जर दण्ड' द्वारा सब कुछ ठीक कर दिया, परन्तु, असन्तुष्ट दानवों ने पितामह से पूछा कि आपने नाट्य द्वारा पक्षपात—देवताओं के प्रति आसक्ति क्यों दिखाई ?

इस पर समाधान देते हुए पितामह ने 'नाट्य' का तात्त्विक स्वरूप निरूपित किया। उन्होंने कहा—

''भवतां देवतानामत्र्च शुभाशुभविकल्पकः।
कर्मभावान्वयापेक्षी नाट्यवेदो मया कृतः।। 1/106
नैकान्ततोऽत्र भवतां देवानां चानुभावनम्।
त्रैलोक्यस्यास्य सर्वस्य नाट्यं भावानुकीर्तनम्।'' 1-107 ना.शा.

'नाट्य' देव और दानव—सभी के शुभाशुभ का एक विकल्प है—सुख तथा दुःख के विधायक धर्म तथा अधर्म के उपदेश का माध्यम है। इस नाट्य में बाह्य लोकोपकारी कर्म, आन्तर अनुरूप आशय और इनके संवाहक अभिजन—सबका उपयोग होता है। इस प्रस्तुति में ग्राहक न तो देव को और न ही दानव को वैयक्तिक रूप में ग्रहण करता है—अपितु उन्हें स्वयं अनासक्ति—वैयक्तिक राग-द्वेषपरक भावों से रहित होकर—सम्पन्न होकर अ-व्यक्तिगत रूप में ग्रहण करता है। बात यह है कि नाट्य है—नट का कर्म और कर्म होता है कर्ता का अभीष्टतम व्यापार। यह व्यापार या कर्म होता है—फलाश्रय और यहाँ फल है—आनन्द या रस, जिसका आश्रय है—सामाजिक। नट का व्यापार जो फल पैदा करता है—वह दूसरों के लिए, सामाजिक के लिए। तभी तो वह 'यजन' होगा। यजन यही व्यापार है, जो अनासक्त होकर अपने लिए फलाकांक्षा से मुक्त होकर दूसरे को केन्द्र में रखकर सम्पन्न किया जाता हो। हाँ, तो ब्रह्मा ने कहा कि नाट्यात्मक प्रस्तुति में ग्राहक अभिनेता का व्यक्तिगत रूप में ग्रहण ही नहीं करता—अन्यथा राग-द्वेष सम्पृक्त मन से गृहीत कर्म भी 'रस' पैदा ही नहीं कर सकता। प्रस्तुति की इस राग-द्वेषग्रस्त भूमि से ग्रहण करने की मनःस्थिति से दानवों ने रस का ग्रहण या आस्वाद नहीं लिया, अपितु उद्वेग्न हो उठे। असल में 'नाट्य' में 'प्रतीत' और 'प्रतीति'—दोनों ही लोकोत्तर अर्थात् अनासक्त

भूमि के होते हैं। प्रतीत प्रस्तुति को लें–तो ग्राहक मंचस्थ 'राम' को–निम्नलिखित लौकिक दशा की समस्त प्रतीतियों में से किसी भी प्रकार की नहीं समझता–

1. तात्विक या यथार्थ–सावधारण
2. सदृश (यमलकवत्)
3. भ्रान्त (मिथ्या)
4. आरोप
5. अध्यवसाय
6. उत्प्रेक्षा
7. प्रतिकृति
8. अनुकार
9. तात्कालिक इन्द्रजाल
10. युक्ति विरचित तदाभासी हस्तलाघव या माया

मंचस्थ पात्र की प्रतीति **यथार्थ** या **तात्त्विक** नहीं है। यथार्थ यह तात्त्विक प्रतीति दो तरह की हो सकती है...

(क) यह राम ही है अथवा

(ख) यही राम है

ग्राहक की रसग्राही की बुद्धि में पहली प्रतीति मंचस्थ पात्र में राम से भिन्न सम्भावना का आत्यन्तिक विच्छेद करा देती है और दूसरी में अभिनेता की भिन्नता की सम्भावना समाप्त हो जाती है। अनुभव दोनों की साखी नहीं देता। दूसरा प्रतीति विकल्प यह है कि जिस तरह जुड़वाँ में सादृश्य होता है, उस तरह का सादृश्य–प्रत्यय अनुकार्य और अनुकर्ता के बीच हो–यह भी अनुभवसम्मत नहीं। कारण, राग उसी के प्रति होता है–उसके सदृश के प्रति नहीं। तृतीय विकल्प यह कि अनुकर्ता में अनुकार्य की प्रतीति भ्रान्त है–फिर ग्राहक की चेतना पर अनुकूल असर ही नहीं होगा और फिर भ्रान्त प्रतीति में आरोप्यमाण की स्मृति होती है, फिर अन्यथा समझ। यहाँ यदि मूल पात्र कल्पित या ऐतिहासिक हो–तो उसकी स्मृति किस प्रकार होगी इस ज्ञान को आरोपारोप में सम्यक् ज्ञान से बाध के बावजूद वह ज्ञान आनन्दकर (स्वारसिक) प्रतीति के अनुरोध से चलता रहता है–यहाँ यदि अनुकर्ता के सम्यक् ज्ञान से अनुकार्य का बाधपूर्वक आरोप परम्परा निर्बाध रूप से प्रतीतिगोचर होकर चलती है, सो नहीं। इस ज्ञान को अध्यवसायात्मक भी (गौर्वाहक) यह बैल ही है–इस जैसा नहीं माना जा सकता। कारण, अनुकार्यप्रतीति से अनुकर्ता की प्रतीति ही सर्वात्मना निगीर्ण हो जाती है–फलतः अनुकार्यात्मना अनुकर्ता की प्रतीति होती है–ऐसा भी नहीं है। द्रष्टा का ध्यान अनुकार्य पर ही रहता है–अनुकार्यात्मना अनुकर्ता की प्रतीति पर नहीं। उत्प्रेक्षात्मक प्रतीति तो है ही नहीं–कारण वहाँ उत्कटैककोटिक सन्देह ही रहता है। अनुकर्ता के रूप में अनुकार्य की सम्भावना से काम नहीं चलता।

चित्रपुस्तवत् तो सम्भावना ही नहीं है। शिष्य जिस प्रकार गुरु का अनुकार करता है–वैसा ही यहाँ अनुकार्य का अनुकर्ता का (करण का अनुकरण) व्यापार नहीं है। इन्द्रजाल की भाँति तात्कालिक नव-निर्मिति हो–यह भी नहीं। युक्तिपूर्वक हस्तलाघववश जैसे कुछ का कुछ मायावी व्यक्ति दिखा देता है–ऐसा ही सूत्रधार की ओर से सम्भव नहीं होता। इन सभी प्रकार की प्रतीतियों में असाधारणता सुरक्षित है–जो रसात्मक प्रभाव पैदा करने के पक्ष में नहीं जाती। अनुकर्ता सम्बन्धी इन सभी प्रकार की सम्भाव्य प्रतीतियों के प्रति सहृदय प्रेक्षक उदासीन ही रहता है। इस प्रकार इन सब व्यवहार दृष्ट प्रतीतियों से भिन्न कलात्मक प्रतीति एक और ही प्रकार की होती है–जिसकी अपनी ही कोटि होती है–उसी प्रतीति से समग्र वस्तु रसमय हो जाती है।

'नाट्यं भावानुकीर्तनम्' की व्याख्या करते हुए अभिनव ने यह भी कहा–'अनुकीर्तनमनुव्यवसाय:'–अनुकीर्तन का अर्थ 'अनुव्यवसाय' है। 'अनुव्यवसाय' न्यायदर्शन का पारिभाषिक शब्द है, जिसका अर्थ होता है–ज्ञान का ज्ञान (घट ज्ञानवानहमस्मि) ज्ञान का ज्ञान अनुभूत की अनुभूति है। अनुभवजन्य वासना ही पुनः अनुभूति या चर्वणा है। इस अनुव्यवसाय में 'अहम्' का अनुप्रवेश प्रत्यभिज्ञा के अनुसार–

प्रकाशस्यात्मविश्रान्तिरहम्भावो हि कीर्तितः

कुछ और वैशिष्ट्य भी संकेतित करता है। काव्यानन्द में विमर्शांश ही स्फुरता, अहन्ता अथवा आनन्द है।

वैसे अवस्थानुकृति नाट्य है। **अनुकरण** ही नाट्य है। इस नाट्य या अनुकरण की व्याख्या सर्जन, अभिनयन तथा ग्रहण–तीनों भूमियों पर हुई है। सर्जन की दृष्टि से अनुकरण पुनः सृष्टि है–नई सृष्टि है। बात यह है कि जिजीविषा को चरितार्थ करते हुए जीवन यापन के सन्दर्भ में प्राप्त अनुभूतियाँ संस्कार के रूप में अन्तस् में संचित रहती हैं। सर्जनात्मक अनुभूति से आविष्ट प्रातिभ व्यापार की प्रक्रिया में ये ही संस्कार गलकर नया रूप ग्रहण करते हैं। फलतः सर्जना के कोण से अनुकरण रचना या नई सृष्टि ही है। अभिनेता की दृष्टि से अनुकर्ता का अनुकार्य से तादात्म्यापत्ति ही नाट्य है। ग्रहण की दृष्टि से नाट्य अनुव्यवसाय या रस ही है–यह ऊपर कहा ही गया है।

तत्र नाट्यं नाम लौकिक पदार्थ व्यतिरिक्तं तदनुकार प्रतिबिम्बालेख्य
सादृश्ययारोपाध्यवसायोत्प्रेक्षास्वप्नमायेन्द्रजालादिविलक्षणं तद्
ग्राहकस्य सम्यग्ज्ञान, भ्रान्ति, संशयानवधारणनध्यवसायविज्ञानभिन्न
वृत्तान्तास्वादनरूपसंवेदनसंवेद्यं वस्तु रसस्वाभावमिति वक्ष्यामः

–अभिनवभारती, नाट्यशास्त्र, प्रथम अध्याय, पृ. 16

●●●